Strothmann / Busche (Hrsg.)
Handbuch Messemarketing

Karl-Heinz Strothmann
Manfred Busche
(Herausgeber)

Handbuch Messemarketing

GABLER

Die Deutsche Bibliothek – CIP-Einheitsaufnahme

Handbuch Messemarketing / Karl-Heinz Strothmann ;
Manfred Busche (Hrsg.). – Wiesbaden : Gabler, 1992
  ISBN 3-409-13665-7
NE: Strothmann, Karl-Heinz [Hrsg.]

Der Gabler Verlag ist ein Unternehmen der Verlagsgruppe Bertelsmann International.

© Betriebswirtschaftlicher Verlag Dr. Th. Gabler GmbH, Wiesbaden 1992
Lektorat: Gudrun Böhler

Alle Rechte vorbehalten. Das Werk einschließlich aller seiner Teile ist urheberrechtlich geschützt. Jede Verwertung außerhalb der engen Grenzen des Urheberrechtsgesetzes ist ohne Zustimmung des Verlages unzulässig und strafbar. Das gilt insbesondere für Vervielfältigungen, Übersetzungen, Mikroverfilmungen und die Einspeicherung und Verarbeitung in elektronischen Systemen.

Höchste inhaltliche und technische Qualität unserer Produkte ist unser Ziel. Bei der Produktion und Verbreitung unserer Bücher wollen wir die Umwelt schonen: Dieses Buch ist auf säurefreiem und chlorarm gebleichtem Papier gedruckt. Die Einschweißfolie besteht aus Polyäthylen und damit aus organischen Grundstoffen, die weder bei der Herstellung noch bei der Verbrennung Schadstoffe freisetzen.

Die Wiedergabe von Gebrauchsnamen, Handelsnamen, Warenbezeichnungen usw. in diesem Werk berechtigt auch ohne besondere Kennzeichnung nicht zu der Annahme, daß solche Namen im Sinne der Warenzeichen- und Markenschutz-Gesetzgebung als frei zu betrachten wären und daher von jedermann benutzt werden dürften.

Umschlaggestaltung: Schrimpf und Partner, Wiesbaden
Satz: Satzstudio REschulz, Dreieich-Buchschlag
Druck: Wilhelm & Adam, Heusenstamm
Bindung: Osswald & Co., Neustadt/Weinstraße
Printed in Germany

ISBN 3-409-13665-7

Geleitwort

Der Stellenwert von Messen im Rahmen des unternehmerischen Marketing- und Kommunikations-Mix nimmt laufend zu. Das Instrument Messe und seine Wirkungen werden immer vielschichtiger. So sind Messen längst über die engen Grenzen ihrer ursprünglichen Funktion, nämlich Angebot und Nachfrage punktuell zusammenzuführen, hinausgewachsen. Aus dem reinen Vertriebsinstrument haben sich Foren für Ideen und Meinungen entwickelt, auf denen sich Vertreter aus Unternehmen, Verbänden, Politik, Administration und Wissenschaft austauschen.

Charakteristisch für das Phänomen Messe ist die Tatsache, daß dieses Instrument weltweit immer stärker genutzt wird. Zahlreiche Investitionen in bestehende Messefazilitäten sowie das Entstehen neuer Messeplätze und Veranstaltungsthemen untermauern diese Feststellung. Darüber hinaus wächst die Akzeptanz bei der ausstellenden Wirtschaft, nicht nur ihre unmittelbare Beteiligung zu finanzieren, sondern auch zahlreiche Maßnahmen im engeren und weiteren Messeumfeld mitzutragen. So finanzieren und initiieren die ausstellenden Unternehmen mit ihrer Entscheidung für ein bestimmtes Messeprojekt einen Kommunikationsrahmen, der weit über das unmittelbare absatzpolitische Interesse hinausgeht. Immerhin sind die sich hieraus für die Unternehmen ergebenden Effekte weit weniger quantifizierbar und zurechenbar als die eigentliche Messebeteiligung.

Vor diesem Hintergrund wird unternehmerische Messepolitik immer mehr zu einer Gratwanderung zwischen den kurz- und mittelfristigen Verkaufszielen eines Unternehmens und den langfristigen Wirkungen, die eine Beteiligung für das Unternehmen als Ganzes haben kann. Die Verantwortlichen in den Unternehmen und den Messegesellschaften sind gefordert, mit Blick auf diese mehrdimensionale Funktion von Messen Systeme zu entwickeln, die eine Zuordnung von Kosten und langfristigen Erfolgen möglich machen.

Das vorliegende Handbuch richtet sich denn auch an Messegesellschaften sowie die Verantwortlichen für die Messeplanung und -beteiligung in Unternehmen, ferner an Verbände, Kammern, Behörden sowie Universitäten, Fachhochschulen, Redaktionen und Werbeagenturen. Aufgrund seiner alle Aspekte des Messewesens umfassenden Konzeption spricht das Buch somit all diejenigen an, die in irgendeiner Form mit dem Instrument Messe und seinen vielschichtigen Auswirkungen befaßt sind. Nicht zuletzt leistet das Handbuch einen wertvollen Beitrag, die bisweilen widerstreitenden Interessen aller am Messewesen Beteiligten transparenter zu machen, Spannungsfelder abzubauen und das Verständnis füreinander zu fördern.

DR. LUDOLF V. WARTENBERG
Hauptgeschäftsführer und
Mitglied des Präsidiums Bundesverband
der Deutschen Industrie e. V.

Vorwort

Permanent steigen weltweit die Zahlen von Messeveranstaltungen, Ausstellern und Besuchern. Mit zunehmender Häufigkeit wird in der Tages- und Wirtschaftspresse über Messen berichtet. Unstreitig wachsen Umfang, Vielfalt und Bedeutung des Messewesens.

In wissenschaftlichen und praxisorientierten Büchern, Dissertationen und Fachaufsätzen werden Messen vermehrt Gegenstand der Betrachtung und Analyse. Dennoch ist die Frage zu stellen, ob der Stand der Literatur auf diesem Gebiet der dem Messewesen zukommenden Bedeutung entspricht. Nach unserer Einschätzung fehlt bisher ein Werk, das das Messewesen in seinem Facettenreichtum beschreibt. Insbesondere erscheint es notwendig, die verschiedenen Positionen der an Messen Beteiligten zu charakterisieren und die unterschiedlichen Interessenlagen von Ausstellern, Messebesuchern, Messegesellschaften und anderer Messepartner zu präzisieren. Die Verwirklichung eines derartigen Vorhabens konnte nur in der Konzeption eines Handbuchs bestehen. Ein solches Handbuch stellen Herausgeber und Verlag hiermit vor. Viele herausragende Persönlichkeiten, die durch verschiedenartige Aufgaben und Anliegen mit Messen verbunden sind, decken mit ihren Beiträgen das faszinierend breite Spektrum des Messewesens ab.

Es handelt sich um Wissenschaftler, die Messen zu ihrem Erkenntnisobjekt machten, um die Manager bedeutender Messegesellschaften und ausstellender Unternehmen, die Repräsentanten nationaler und internationaler Verbände sowie um Fachexperten der Messewirtschaft verschiedener Herkunft. Dabei konnte die Auswahl so gestaltet werden, daß sowohl das Absatz- als auch das Beschaffungsmarketing, das mit und auf Messen gestaltet wird, inhaltsbestimmend wurde.

Eine derartige Autorenprominenz konnte nur deshalb gewonnen werden, weil zwei Herausgeber zusammenwirkten, die in ihrem Berufsleben weitgehend unterschiedliche und überschneidungsfreie Beziehungen zu Persönlichkeiten des Messewesens aufbauen konnten. Beide Herausgeber sind den Autoren zu aufrichtigem Dank verpflichtet, denn ihrer Zustimmung und ihrem sachkundigen Mitwirken ist das Zustandekommen dieses Handbuchs entscheidend zu verdanken.

Das erste Kapitel zeigt die bisherige und zukünftige Entwicklung des Messewesens auf. Der geschichtliche Rückblick macht deutlich, wie sehr Messen als Resultat wirtschaftlicher und kultureller Entwicklungsprozesse zu verstehen sind und gleichermaßen seit ihrer Existenz zur Prägung ökonomischer und gesellschaftlicher Verhältnisse beitragen.

Die Gegenwart rückt ins Blickfeld mit den Beschreibungen des Messewesens in Deutschland, im Europamarkt und in der Welt. Hier wird deutlich, daß Messen eben nicht mehr nationale Angelegenheiten sind, daß sie vielmehr als Institutionen in einem international verflochtenen Netzwerk verstanden werden müssen.

Es gehört in den Kontext, daß Messen ihre Eigenarten am technischen Entwicklungsprozeß herausbilden und daß dieser durch Messen entscheidende Impulse erfährt. Dieser

Aspekt ist ebenso grundlegend wie die Tatsache, daß Messen nur in einer fruchtbaren Kooperation von Staat und Wirtschaft als Träger und Gestalter des Messewesens gedeihen können.

In Kapitel 2 wird von wissenschaftlicher Seite der Versuch unternommen, von der in manchen Handbüchern geübten Praxis einer eher globalen Behandlung des zur Erklärung anstehenden Phänomens abzugehen. Angesichts der von Messen ausgehenden Vielfalt von Wirkungsdeterminanten sind diese nur unter Zuhilfenahme interdisziplinärer Erklärungs- und Deutungsmuster zu betrachten. Die Behandlung von speziellen, aber wichtigen Teilphänomenen des Messewesens wächst in ihrer Zusammenschau zu einem umfassenden Bild des Erkenntnisobjektes „Messen".

Kapitel 3 und 4 sind Kernstücke des vorliegenden Handbuchs. Vornehmlich von herausragenden Praktikern aus Messegesellschaften und ausstellenden Unternehmen wird herausgearbeitet, daß Messen ihre eigentliche Sinngebung darin haben, daß sie Instrumente des Marketing sind. Dabei geht es primär um den Marketingerfolg der Aussteller. Daß dieser nur gewährleistet werden kann, wenn es zu einer Verknüpfung des Marketing von Ausstellern und Messegesellschaften kommt, wird offenkundig.

Plastisches Element des Handbuchs ist das Kapitel 5. Hier werden Fallbeispiele ausstellender und einkaufender Unternehmen zur Darstellung gebracht. Alle diese Beiträge geben Einblick in die Situation eines Wirtschaftsbereichs und den besonderen, daraus resultierenden Anforderungen an Messen. Nahezu alle Autoren dieses Kapitels arbeiten die von ihnen gesehenen Vorteile des für sie bedeutsamen Messewesens heraus. Sie haben dort, wo sie Nachteile erkannten, diese in Offenheit angesprochen, es bei der Kritik nicht belassen, sondern konstruktive Vorschläge unterbreitet.

Messen werden oft einseitig als Instrumente des Absatzmarketing verstanden. Mit den Beiträgen des fünften Kapitels wird deutlich gemacht, daß Messen Garant für die Gleichrangigkeit des Beschaffungsmarketing sind.

Mit Kapitel 6 wird ein abgerundetes Bild der Verbundveranstaltungen im Messewesen gezeichnet. Daß diese immer ihren Platz im Messewesen hatten, ist sicherlich historisch nachweisbar. Begleitveranstaltungen von Messen oder auch Kongresse mit begleitender Ausstellung haben jedoch in den 80er Jahren eine zunehmende Bedeutung erlangt. Sie sind in organisierter Form als jüngere Produkte des Messewesens zu verstehen und haben sich lange Zeit der Systematisierung und Erklärung entzogen. Mittlerweile gibt es eine Reihe wissenschaftlicher Beiträge, die sich diesem Thema zugewandt haben. Dieses Kapitel dient der Fortschreibung der begonnenen Diskussion um Verbundveranstaltungen in Wissenschaft und Praxis.

In den Kapiteln 7–10 spiegelt sich das gesamte Spektrum der an der Messewelt Beteiligten wider. Messen wären nicht denkbar und machbar, wenn sie nicht von dienstleistenden Institutionen, wie Standbauunternehmen und Presseorganen begleitet würden. Die damit befaßten Unternehmen sind unerläßliche Garanten für den Messeerfolg. Ähnliches läßt sich für die Verbände im Messewesen aussagen. Ihrer Existenz und Aktivität ist vieles zu verdanken, das die heutige Position des Messewesens ausmacht.

Es dient der ganzheitlichen Darstellung, wenn im vorliegenden Handbuch auch die Messegesellschaften ohne Messegelände sowie Weltausstellungen Erörterung finden und die Aus- und Weiterbildung im Messewesen unter die Lupe genommen wird.

Die Herausgeber haben sich zu diesem Handbuch entschlossen, um allen, die im und am Messewesen arbeiten, ein Nachschlagewerk zur Verfügung zu stellen. Dies gilt für die Fachleute in ausstellenden Unternehmen wie für jene in den Messegesellschaften und in den Verbänden des Messewesens. Den Studierenden der Wirtschafts- und Kommunikationswissenschaft wird ein Buch an die Hand gegeben, das ihnen das Eindringen in die Materie des Messewesens erleichtern soll. Schon beim Studium vieler Beiträge dieses Handbuchs und erst recht in ihrem späteren Berufsleben werden sie erkennen, daß Messen einen Schlüssel für das Verständnis des Wirtschaftslebens bieten. Wer Wirtschaft verstehen will, muß auch ihre Zentralereignisse, die Messen, verstehen.

Mit den vielen Autoren war zu sprechen und zu verhandeln. Zahlreiche Manuskripte mußten redigiert und dem Verlag druckreif abgeliefert werden. Der damit verbundene organisatorische Aufwand war erheblich. Bei all diesen Arbeiten wurden die Herausgeber von Frau Dipl.-Kauffrau Susanne Prüser, iMW Hamburg, hervorragend unterstützt. Dafür sei ihr an dieser Stelle ganz herzlich gedankt. Besonderen Dank möchten wir auch Frau Gudrun Böhler vom Gabler Verlag sagen. Sie hat mit Frau Prüser und uns hervorragend kooperiert, ihrer immer freundlichen und planvollen Steuerung unserer Arbeit ist es zu verdanken, daß wir den verabredeten Zeitplan einhalten konnten.

KARL-HEINZ STROTHMANN

MANFRED BUSCHE

Inhaltsverzeichnis

Geleitwort von *Ludolf v. Wartenberg* V
Vorwort der Herausgeber VII

Kapitel 1
Situation und Zukunft des Messewesens

Wolfram Fischer
Zur Geschichte der Messen in Europa 3

Hans-Gerd Neglein
Das Messewesen in Deutschland 15

Philippe Lévy
Messen im Europa-Markt 29

Dieter Ebert
Weltweite Entwicklungstendenzen im Messewesen 39

Klaus E. Goehrmann
Messen im technischen Entwicklungsprozeß 51

Manfred Busche
Staat und Wirtschaft als Träger und Gestalter des Messewesens 67

Kapitel 2
Messen als Gegenstand der Wirtschaftswissenschaften

Klaus Backhaus
Messen als Institution der Informationspolitik 83

Karl-Heinz Strothmann
Segmentorientierte Messepolitik 99

Rainer Ziegler
Messen – ein makroökonomisches Subsystem 115

Lothar Hübl / Ulrike Schneider
Messen als Instrument der Regionalpolitik 127

Klaus Krone / Bernd Huber
Messen als Instrument der Unternehmenspolitik 143

Kapitel 3
Das Marketing der Messegesellschaften

Claus Groth
Determinaten der Veranstaltungspolitik von Messegesellschaften 157

Werner Marzin
Produktgestaltung und Produktpflege als Aufgabe von Messegesellschaften 179

Bodo Böttcher/Herbert Zimmermann
Die Messe als Dienstleister von Wirtschaftsverbänden 191

Eberhard Roloff
Die Öffentlichkeitsarbeit von Messegesellschaften 201

Reginald Földy
Werbung von Messegesellschaften 221

Adolf Tauberger/Wilfried Wartenberg
Serviceleistungen von Messegesellschaften 235

Heike Langner
Die Messe-Marktforschung 249

Kapitel 4
Das Marketing der Aussteller

Karl Erich Haeberle/Karl Bühler
Messe-Logistik als Determinante des Messeerfolgs 271

Hans-Ullrich Wenge
Planung von Messebeteiligungen 287

Hans Burkhard
Standgestaltung und Exponatpräsentation 303

Hans-Georg Döring
Gestaltung der Kommunikation am Messestand 319

Peter M. Winter
Fachbesucherwerbung auf Messen und Ausstellungen 335

Sven Prüser
Marketingaktivitäten im Nachmesse-Geschäft 345

Rainer Winnen/Andreas Beuster
Kontrolle des Messeerfolgs 365

Kapitel 5
Fallbeispiele unternehmensspezifischer Messepolitik

Teil A
Ausstellende Unternehmen

Ulrich Schmitz
Messepolitk eines Unternehmens der Investitionsgüterindustrie 383

Hermann Bahlsen
Messepolitik eines Unternehmens der Ernährungsindustrie 397

Gerd Seidensticker
Messepolitik eines Unternehmens der Bekleidungsindustrie 407

Michael Goebel
Messepolitik eines Dienstleistungsunternehmens 421

Teil B
Einkaufende Unternehmen

Peter Müller
Messepolitk eines Versandhauses 441

Walter Oberhorner
Messepolitik eines Einkaufsverbandes 455

Marc Ramelow
Messepolitik eines Einzelhändlers 463

Horst Sandvoß
Messepolitik eines Industrieunternehmens 475

Kapitel 6
Verbundveranstaltungen im Messewesen

Hannelore Selinski
Begleitveranstaltungen von Messen 485

Karl-Albert Winkler
Kongreß mit Ausstellung 501

Manfred G. Heinicke
Das verhaltenssteuernde Potential firmenindividueller Begleitveranstaltungen 511

Kapitel 7
Dienstleistende Institutionen des Messemarketing

Georg Lippsmeier
Das Standbau-Unternehmen 537

Karl Ohem
Messe-Zeitschriften, Fachschriften und Tageszeitungen 547

Kapitel 8
Die Sonderformen des Messewesens

Bryan Montgomery
Messegesellschaften ohne Messegelände 559

Franz Kirchmair
Weltausstellungen 571

Kapitel 9
Verbände im Messewesen

Hans Haupt
Organisationen der Wirtschaft als Partner der Messen: Kammern und Verbände ... 585

Claus H. Boerner
Der Ausstellungs- und Messe-Ausschuß der Deutschen Wirtschaft e.V. (AUMA)
und seine Aufgaben 597

Gerda Marquardt
Die Union des Foires Internationales (UFI) und ihre Aufgaben 607

Mathias Treinen
Nationale und internationale Verbände des Messewesens 617

Kapitel 10
Aus- und Weiterbildung und Organisationen im Messewesen

Dieta Simon
Aus- und Weiterbildung im Messewesen 637
Organisationen des Messewesens 651

Stichwortverzeichnis 673

Autoren und Autorinnen

Prof. Dr. Klaus Backhaus	Professor für Betriebswirtschaftslehre Westfälische Wilhelms-Universität, Münster
Konsul Hermann Bahlsen	Persönlich haftender Gesellschafter H. Bahlsens Keksfabrik KG, Hannover
Dipl.-Betriebswirt (BA) Andreas Beuster	Geschäftsführer Winnen & Partner Unternehmensberatung, Braunschweig
Dr. Claus H. Boerner	Geschäftsführendes Vorstandsmitglied Ausstellungs- und Messe-Ausschuß der Deutschen Wirtschaft e.V. (AUMA), Köln
Dr. Bodo Böttcher	Geschäftsführer Zentralverband Elektrotechnik- und Elektronikindustrie e.V. (ZVEI), Frankfurt am Main
Karl Bühler	Abteilungs-Direktor ZA Messen/Spezialverkehre Schenker Eurocargo AG, Frankfurt am Main
Hans Burkhard	Mitglied des Vorstandes Grundig AG, Fürth
Dr. Manfred Busche	Vorsitzender der Geschäftsführung AMK Berlin Ausstellungs-Messe-Kongreß GmbH, Berlin Lehrbeauftragter am Institut für Marketing, Freie Universität Berlin
Hans-Georg Döring	ehem. Hauptreferent Siemens AG, Hauptbereich Werbung und Design, Referat Messepolitik Siemens AG, Erlangen
Dipl.-Kfm. Dieter Ebert	Hauptgeschäftsführer KölnMesse, Köln
Prof. Dr. Wolfram Fischer	Professor für Wirtschafts- und Sozialgeschichte Freie Universität Berlin
Prof. Dr. Reginald Földy	Geschäftsführer Wiener Messen & Congress GmbH, Wien

Dr. Michael Goebel	Sprecher des Vorstands Touristik Union International GmbH & Co KG, Hannover
Prof. Dr. Dr. h.c. Klaus E. Goehrmann	Vorsitzender des Vorstands Deutsche Messe AG, Hannover
Prof. Claus Groth	Vorsitzender der Geschäftsführung Düsseldorfer Messegesellschaft mbH NOWEA, Düsseldorf
Karl Erich Haeberle	Wirtschaftsingenieur / Unternehmensberater K.E. Haeberle Industrieberatung für Marketing, Seeheim-Jugenheim
Dr. Hans Haupt	Leiter der Abteilung Absatzwirtschaft Deutscher Industrie- und Handelstag (DIHT), Bonn
Prof. Manfred G. Heinicke	Honorarprofessor für Pragmatik der Kommunikationsplanung Hochschule der Künste, Berlin
Dr. Bernd Huber	Vorstandsassistent Krone AG, Berlin
Prof. Dipl.-Ing. Dr. rer. pol. Lothar Hübl	Direktor des Instituts für Volkswirtschaftslehre Konjunktur- und Strukturpolitik Universität Hannover
Dr. Franz Kirchmair	Leiter des Wirtschaftsförderungsinstituts österreichische Bundeswirtschaftskammer, Wien
Klaus Krone	Vorsitzender des Vorstands Krone AG, Berlin
Dr. Heike Langner	Geschäftsführerin iMW Institut für industrielle Markt- und Werbeforschung Prof. Dr. Strothmann, Hamburg
Lic. oec. Philippe Lévy	Generaldirektor Schweizer Mustermesse, Basel
Dr. Ing. Georg Lippsmeier †	Architekturbüro Dr. Ing. Lippsmeier + Partner, Starnberg
Gerda Marquardt	Generalsekretärin Union des Foires Internationales UFI, Paris

Dr. Werner Marzin	Hauptgeschäftsführer Münchener Messe- und Ausstellungsgesellschaft mbH, München
Bryan Montgomery	Chairman Andry Montgomery Group, London
Dr. Peter Müller	Mitglied des Vorstandes Marketing und Werbung Otto Versand, Hamburg
Hans-Gerd Neglein	ehem. Vorstandsmitglied Siemens AG, München
Walter Oberhorner	Vorsitzender des Vorstandes hadeka-Verbundgruppe, Schwalbach im Taunus
Karl Ohem	Wirtschaftsredakteur Frankfurter Allgemeine Zeitung, Stuttgart
Dipl.-Kfm. Sven Prüser	Wissenschaftlicher Mitarbeiter Institut für Marketing Freie Universität Berlin
Dipl.-Kfm. Marc Ramelow	Verkaufsleiter Anson's Herrenhaus, Essen Peek & Cloppenburg KG, Düsseldorf
Dr. Eberhard Roloff	Leiter der Abteilung Presse und Öffentlichkeitsarbeit Deutsche Messe AG, Hannover
Dipl.-Kfm. Horst Sandvoß	Direktor Zentralabteilung Einkauf Robert Bosch GmbH, Stuttgart
Ulrich Schmitz, Werbefachwirt	Leiter der Konzernwerbung Thyssen AG, Düsseldorf
Dipl.-Ökonomin Ulrike Schneider	Wissenschaftliche Mitarbeiterin Institut für Volkswirtschaftslehre Konjunktur- und Strukturpolitik Universität Hannover
Gerd Seidensticker	Persönlich haftender Gesellschafter Seidensticker Herrenwäschefabrik GmbH, Bielefeld
Prof. Dr. Hannelore Selinski	Professorin für Betriebswirtschaftslehre, insbesondere Marketing Fachhochschule Köln

Dr. Dieta Simon	Hochschulassistentin Institut für Marketing Freie Universität Berlin
Prof. Dr. Karl-Heinz Strothmann	Professor für Investitionsgüter- und Systemmarketing Institut für Marketing Freie Universität Berlin
Dipl.-Volkswirt Adolf Tauberger	Leiter Zentrales Marketing und Unternehmensplanung AMK Berlin Ausstellungs-Messe-Kongreß GmbH, Berlin
Dipl.-Volkswirt Mathias Treinen	Direktor und geschäftsführendes Aufsichtsratmitglied Société des Foires Internationales de Luxembourg, S. A., Luxemburg
Dipl.-Kfm. Wilfried Wartenberg	Abteilungsleiter Ausstellungs-Service-Center AMK Berlin Ausstellungs-Messe-Kongreß GmbH, Berlin
Dr. Ludolf von Wartenberg	Hauptgeschäftsführer und Mitglied des Präsidiums Bundesverband der Deutschen Industrie e.V., BDI, Köln
Dr. Hans-Ullrich Wenge	Vorsitzender der Geschäftsführung debis Marketing Services GmbH, Frankfurt
Karl-Albert Winkler	Kongreßdirektor Kongreßdirektion Mainz - Rheingoldhalle, Mainz
Rainer Winnen, Betriebswirt-VWA	Geschäftsführender Gesellschafter Werbeteam Internationale Messe-Fullservice GmbH, Braunschweig
Peter M. Winter, BDW	Werbeleiter Ressort Kunststoffe BASF Aktiengesellschaft, Ludwigshafen
Prof. Dr. Rainer Ziegler	Professor für Betriebswirtschaftslehre Technische Fachhochschule, Berlin
Dipl. Volkswirt Herbert Zimmermann	Leiter der Abteilung Absatzförderung Zentralverband Elektrotechnik- und Elektronikindustrie e.V. (ZVEI), Frankfurt am Main

Kapitel 1

Situation und Zukunft des Messewesens

Wolfram Fischer

Zur Geschichte der Messen in Europa

1. Der Usprung der Messen im europäischen Mittelalter

2. Deutsche Messen im Mittelalter und früher Neuzeit

3. Von der Waren- zur Mustermesse

4. Der Aufschwung der Messen nach dem zweiten Weltkrieg

Literatur

1. Der Ursprung der Messen im europäischen Mittelalter

Mittelalterlichen Messen sind privilegierte Märkte. Jahreszeitlich wiederkehrende Märkte, meist zu Kirchenfesten, gab es an vielen Orten. Das Recht, eine Messe abzuhalten, beruhte jedoch auf einem besonderen Privilegium, das der Stadtherr, der Landesherr, vor allem aber Kaiser und Könige verliehen. In Portugal z. B., wo Messen seit dem 12. Jahrhundert bekannt sind, verliehen ihnen die Könige Steuerfreiheit und machten sie dadurch zu ‚feiras francas'. Auch die älteste als Messe bekannte Veranstaltung, die von St. Denis im Norden von Paris, beruhte auf einem Privileg, das der Merowingerkönig Dagobert I. 629 der Abtei von St. Denis verlieh. Es gewährte Zollvergünstigung und den besonderen Schutz des Königs. Spätere Kaiser, darunter Karl der Große, haben dieses Privileg immer wieder erneuert, so daß St. Denis eine überregionale Austrahlung gewann und Kaufleute von weither, auch aus England und Friesland, anzog (Ganshof, 1980, S.192).

In manchen Messestädten wurde die Zoll- oder Abgabenfreiheit nur Messegästen aus bestimmten Städten gewährt, durchweg aber galt für die Messezeit, die Messefreiheit, d. h. auch Fremde, die sonst vom Handel ausgeschlossen waren, durften ihren Stand aufschlagen. Ein besonderes Messegericht entschied in Rechtsstreitigkeiten und beurkundete rechtliche Vorgänge, was außerhalb der Messen oft ein sehr zeitaufwendiger Vorgang war. Messebesucher erhielten zudem militärischen Schutz, besonders das freie Geleit. Das galt auch für Schuldner und Geächtete, die außerhalb des Messegeleits jederzeit verhaftet werden konnten.

Den Kaufleuten „Geleit" zu geben, gehörte zu den Aufgaben der Landesherren auf dem Wege zu den Messen. Sie zogen aus diesem Geleit über viele Jahrhunderte, z. T. bis an die Schwelle des 19. Jahrhunderts, beträchtliche Einnahmen, was manche von ihnen jedoch nicht hinderte, selbst Kaufleute überfallen zu lassen und sie so zu Sonderzahlungen zu zwingen, so daß 1209 der König von Frankreich das sichere Geleit selbst zu garantieren übernahm.

In größerer Zahl lassen sich Messen seit dem 11. und 12. Jahrhundert nachweisen. Die wichtigsten Messen des hohen Mittelalters waren die Messen der Champagne, die zu sechs verschiedenen Zeiten an vier Orten in der Grafschaft Champagne stattfanden. Hier trafen sich Kaufleute vor allem aus den Niederlanden, Frankreich, Mitteleuropa und Italien, um außer mit Produkten des Landes wie Wein und Vieh mit Seiden, Spezereien und Farbstoffen aus dem Mittelmeerraum, mit Tuchen aus Flandern und Brabant, mit Leinen und Metallwaren aus Mitteleuropa und Pelzen aus dem nordöstlichen Europa zu handeln und Finanztransaktionen vorzunehmen. Meßwechsel, die meist auf der nächsten Messe fällig wurden, bildeten die Grundlage dieser Transaktionen, aber auch beträchtliche Zahlungen der deutschen Bistümer an die Kurie in Rom liefen über die Champagnermessen. Handel und Kreditverkehr waren also schon früh an den Messezentren vereint. Bis um 1320 waren die Messen der Champagne das größten Finanzzentrum Westeuropas.

Die Kaufleute der Niederlande zogen in geschlossenen Gruppen zu den Champagnermessen, angeführt vom Bürgermeister oder dem Vorstand der Kaufmannschaft, begleitet von Notaren und bewaffneten Garden. Sie unterhielten außerdem Boten, um jederzeit

Nachrichten absenden oder empfangen zu können. Zwischen den Messeplätzen und den italienischen Handelsstädten, in denen die Bankhäuser domizilierten, pendelten wöchentlich Geschäftskuriere, die Preislisten und Marktanalysen mitbrachten und Aufträge weitergaben.

Gegen Ende des 13. Jahrhunderts verloren die Messen der Champagne an Bedeutung, und um 1320 war ihre große Zeit vorüber. Die Gründe dafür sind umstritten: Veränderungen im Verkehrsnetz, vor allem die wachsende Bedeutung des Seeverkehrs vom Mittelmeer nach den Nordseehäfen, das Seßhaftwerden der Kaufleute, häufige Kriege zwischen den Grafen von Flandern und den französischen Königen, die andere Plätze favorisierten, und die Konkurrenz der mittel- und südeuropäischen Messen werden als Ursachen genannt. In Frankreich kamen nun der ‚lendit', die Messe von St. Denis, die die Großstadt Paris vor allem mit Tuchen versorgte, aber auch Chalon-sur-Saône zur Blüte. Der Hundertjährige Krieg schädigte aber besonders die Pariser Messe; sie mußte von 1418 bis 1425 und von 1428 bis 1444 unterbrochen werden (Favier, 1980, S. 319 f., Dubois 1986, S. 631).

In den Niederlanden gab es nun Messen in Brügge, Ypern und Gent, dann in Antwerpen und Bergen-op-Zoom sowie in Deventer in Friesland. Die größte Messe in Deutschland fand in Frankfurt a.M. statt, dessen erstes kaiserliches Messeprivileg für eine Herbstmesse aus dem Jahr 1240 stammt und durch ein Privileg Kaiser Ludwigs des Bayern 1330 um eine Frühjahrsmesse erweitert wurde. Vor allem aber traten nun die Messen im südlicheren Frankreich, in der Schweiz, in Italien und Spanien in den Vordergrund: Genf, Lyon, Besançon, Piacenza und Medina del Campo. Medina del Campo und seine kastilischen Nachbarstädte drängten die anderen spanischen Messen in den Hintergrund, vor allem seit Kaiser Karl V. ihnen die Geschäfte der königlichen Finanzverwaltung anvertraute. Sie wurden zu einem wichtigen Verbindungsglied zu den niederländischen, französischen und italienischen Messen, gerieten jedoch in den Strudel des mehrfachen Zahlungseinstellungen der spanischen Könige und schlossen 1575 ihre Pforten (Vásquez de Prada, 1986, S. 768).

Von 1320 bis 1464 waren die Genfer Messen die größten in Europa, und sie blieben das ganze 15. Jahrhundert über die wichtigsten der Schweiz, wo sie den Hauptabsatzmarkt für einheimische Produkte und das Einkaufszentrum für ausländische Produkte bildeten. In Urkunden seit 1262 genannt, in Wirklichkeit aber weit älter, gehörten sie zu den Messen, die den Handel zwischen den Regionen südlich und nördlich der Alpen vermittelten. Sie fanden viermal im Jahr für je zehn Tage statt. Spanier und Osteuropäer traten auf ihnen nur selten auf, meist waren sie durch süddeutsche Kaufleute vertreten; auch Engländer erschienen kaum. Der Schweizer Wirtschaftshistoriker François Bergier gibt eine anschauliche Schilderung vom Leben und Treiben auf den Messen: „Um diese Gäste von Rang und Namen wimmelte es von Kleinverdienern, Schaustellern, Abenteurern, Bettlern und Gaunern, die der Reichtum der großen Geschäftsleute und die Hoffnung auf gute Einnahmen hierher getrieben hatten. Während dieser wenigen Tage verdoppelte sich die Bevölkerungszahl der Stadt. In den speziell hergerichteten Hallen..., aber auch in den Läden und auf den Straßen und Plätzen der Unterstadt drängte sich der Pöbel, und die Notare hatten alle Hände voll zu tun, hastig Schuldscheine, zurückgestellte Kauf- und Transportverträge, Protokolle über verspätet oder beschädigt angekommene Warentransporte, ja sogar Wetten in ihre Hefte zu kritzeln. Abends floß der herbe einheimische Wein an den Spieltischen in den Tavernen; Schlägereien brachen aus, vor allem an schlecht beleumundeten Orten, in den öffentlichen Bädern und zahlreichen Bordellen, deren gewählte Königin die Interessen ihres Berufsstandes vor den städtischen Behörden durchzusetzen verstand: Dies war das einzige organisierte Gewerbe in Genf" (Bergier, 1986, S. 915).

Der Menge nach waren auch in Genf die Textilien die wichtigste Warengruppe. Dem Wert nach aber standen Luxusartikel und Edelmetalle an der Spitze: Seide, Gewürze, Bunt- und Edelmetalle, daneben Farbstoffe, Felle und Häute, Südfrüchte und Wein, Manuskripte und Musikinstrumente. Denn leichte, hochwertige Waren eigneten sich besonders für den Landtransport.

Im Spätmittelalter bildeten sich Netze von Messen aus, die in einzelnen Regionen – ähnlich wie früher in der Champagne – jahreszeitlich auf mehrere Städte verteilt waren: In der Wetterau neben Frankfurt a. M vor allem Friedberg, daneben am oberen Rhein Worms und Straßburg, in Oberdeutschland und den Alpenländern Nördlingen, Zurzach, Linz und Bozen, in Mitteldeutschland Erfurt, Magdeburg, Naumburg und vor allem Leipzig, im östlichen Mitteleuropa u.a. Breslau, Frankfurt a. d. Oder, Danzig, Prag, Preßburg und Buda. Hamburg erhielt zwar ein Privileg, nutzte es aber nicht, und auch Köln besaß keine Messe. In beiden Städten waren die einheimischen Kaufleute so stark, daß sie sich erfolgreich gegen die Zulassung von Fremden zu Sonderbedingungen wehren konnten. In Köln behinderte besonders das Stapelrecht die Ausbildung einer Messe.

Während die kleineren Messen vorwiegend Warenmessen waren, spielten auf den wichtigsten Messen die Finanztransaktionen eine wachsende Rolle. Dabei ging es nicht nur um Wechselgeschäfte, sondern auch um die Festsetzung von Wechselkursen und den Devisenverkehr. Damit die großen Transaktionen kalkulierbar blieben, schufen sich die Bankiers und Kaufleute auf den Messen künstliche Messewährungen, die sich ähnlich wie heute die Sonderziehungsrechte oder der écu entweder an eine starke, international anerkannte Währung, etwa den Venezianischen Dukaten, anlehnten oder einen Währungskorb zugrunde legten. So galt auf den Finanzmessen des späteren 16. Jahrhunderts zuerst in Besançon, dann in Piacenza als Rechnungseinheit der ‚écu de marc' bzw. ‚schudo di marche', dessen Wert die die Messe beherrschenden Genuesen aus dem Durchschnitt von sieben Goldmünzen errechneten, nämlich dem écu de marc von Antwerpen, Spanien, Florenz, Genua, Neapel und Venedig und dem französischen écu de soleil.

Auf diesen Messen sonderte sich der Kreditverkehr immer deutlicher vom Warenverkehr ab. Seit 1462, als die Medici ihre Bankfiliale von Genf nach Lyon verlegten, war Lyon, gestützt durch die Krone Frankreichs, zu einem der wichtigen Zentren des Welthandels und des Kredits geworden. Auch dort herrschten die Italiener vor; 1569 entrichteten sie zwei Drittel des Einfuhrzolls für Messeartikel. Auch den Geld- und Kreditverkehr kontrollierten die Bankiers aus der Toskana, aus Mailand und Genua. Nach einer zweiwöchigen Handelsmesse, die viermal im Jahr stattfand, folgte eine einwöchige Devisenmesse (‚foire de change'). Auf ihr herrschten strenge Regeln. Während der ersten beiden Tage versammelten sich die Kaufleute vor dem Florentiner Konsulat, wo die fälligen Zahlungen öffentlich aufgerufen wurden. Hier wurden Wechsel akzeptiert, zu Protest gegeben oder unter Protest akzeptiert. Jeder Teilnehmer trug seine Schulden und Forderungen in ein Buch (‚carnet') ein und zog eine Bilanz, die für rechtlich verbindlich erklärt wurde. Der dritte Tag war dem Zahlungsausgleich gewidmet. Die Kaufleute versammelten sich nach ‚Nationen'. Der

Konsul der Florentiner Nation machte die Daten der nächsten Messe in Lyon und der nächsten Zahlungstermine auf den anderen Messen Europas bekannt. Nachdem die Kaufleute zugestimmt hatten, traten die Florentiner, Genuesen und Luccaner zusammen und bestimmten den Wechselkurs. Er wurde vom Konsul von Florenz verkündet und galt für alle Zahlungsvorgänge. Alle vorkommenden Währungen wurden auf die gleiche Rechnungseinheit, den ‚écu de marc', umgerechnet. Nach der Festlegung der Wechselkurse wurde der Diskontsatz für französische Inlandswechsel festgelegt, danach der Zins für Kredite bis zur nächsten Messe. Dem ‚jour de change' folgte am vierten Tag der ‚virement de parties', der tatsächliche Zahlungsausgleich. Die Konten wurden gegeneinander aufgerechnet, die Spitzen entweder in bar bezahlt oder bis zur nächsten Messe kreditiert. Jeder Kaufmann erschien mit seinem ‚carnet' und rechnete mit seinen Handels- und Kreditpartnern direkt ab; er konnte jedoch auch Dritte einschalten, die Schulden oder Kredite übernahmen, so daß es zu einem multilateralen Zahlungsausgleich kam. Wer die Spitzen nicht in bar bezahlen wollte, konnte sie von den Bankiers, meist Genuesen, zu dem vorher festgelegten Zinssatz, der von 1540 bis 1600 meist zwischen $2\,^{1}/_{4}$ und 3% pro Quartal lag, bis zur nächsten Messe kreditieren lassen (Ball, 1977, S. 76; Fischer, 1982, S. 342 f.).

2. Deutsche Messen im Mittelalter und früher Neuzeit

Auch in Deutschland gehen die ältesten Messen auf das Mittelalter zurück. Die Reichsstadt Frankfurt a. M. hatte seit 1240 eine Herbstmesse und erhielt 1330 die Privilegien für eine zweite Messe, die in der Fastenzeit vor Ostern stattfand. Auch sie profitierte vom Niedergang der Champagnermessen und bildete zusammen mit der Messe in Friedberg einen Zyklus von Wetterauer Messen. Kaiser Karl IV. gab 1368 auch Hamburg Messeprivilegien, konnte aber seine Messe nicht durchsetzen. Im Norden blieben die Schonenmärkte, auf denen neben Fisch (vor allem Hering) auch Wachs, Tuche, Holz, Pelze, Eisen und Agrargüter gehandelt wurden, wichtiger.

Mit dem Aufstieg der mitteldeutschen und böhmischen Silber-, Kupfer- und Zinnproduktion und der Zunahme des Ost-West-Handels gewannen die mitteldeutschen Messen im Spätmittelalter an Bedeutung. Zu ihnen gehörten Erfurt, Naumburg, Magdeburg, Halle und Braunschweig, vor allem aber Leipzig, das 1497 und 1507 zwei große kaiserliche Privilegien für schließlich drei Messen im Jahr erhielt, die 1514 vom Papst bestätigt wurden. Sie sicherten Leipzig das Stapelrecht für Waren im Umkreis von 15 Meilen.

Frankfurt a. M. und Leipzig wurden die beiden bedeutendsten Messezentren in Deutschland. Vom 14. bis zum 16. Jahrhundert war Frankfurt der wichtigere Platz. Es hatte in der Nähe des Zusammenflusses von Main und Rhein einen günstigen Standort, denn viele Waren wurden auf dem Wasser transportiert. Aber es war auch gut an das europäische Straßennetz angeschlossen – nach Norden über Paderborn, Münster nach Holland, nach Nordosten über Erfurt nach Braunschweig bzw. Frankfurt an der Oder, nach Nordwesten über Köln nach Maastricht bzw. Antwerpen und nach Südwesten nach Mainz, Speyer und Straßburg, nach Südosten vor allem nach Nürnberg, Regensburg und Passau.

Obwohl viele Waren auf dem Wasserwege nach Frankfurt gelangten, waren auch die Straßentransporte beträchtlich. 1446, in einem eher schlechten Messejahr, kamen zur Herbstmesse aus Nürnberg, Regensburg, Straubing und Landshut in vier Abteilungen 86 Reiter unter Geleit zur Messe. Den Rückweg traten 51 berittene Nürnberger, Regensburger und Passauer Kaufleute mit 69 vierspännigen Frachtwagen an, das waren mit Bedienung und Gefolge etwa 250 Personen und 450 Pferde.

Frankfurt bildete das ‚Meßgeleit' zu einem farbenprächtigen Zeremoniell aus. Es wurde „an den Grenzen unter Anführung von Senatoren durch die Bürgerkavallerie feierlich eingeholt und unter Paradierung des Garnisonskommandos an den Toren und unter Kanonendonner in die Stadt hereingebracht... An der Friedberger Wache ... erschienen von Bergen her zwei Reiter, ein hessischer Schultheiß und sein Diener, letzterer mit zwei schönen Jagdhunden am Stricke, dann kam von Roßbach her ein darmstädtischer Kavalier mit 14 Berittenen, alle mit entblößtem Degen, an den Schlag geritten... Das Nürnberger Geleit wurde am Schlag zu Oberrad von einem Ratsherrn mit 20 blaugekleideten Reitern abgeholt und unter Lösung von drei Kanonen in den Nürnberger Hof geführt." (Dietz, 1910, S. 44)

In Frankfurt besuchten nicht nur Fernhandelskaufleute, sondern auch Handwerker und Krämer die Messe. Die Warenpalette reichte von Heringen aus den Schonen und russischem Pelzwerk über Brabanter Tuch, Wolle und Farbstoffen bis zu ungarischen Ochsen, elsässischem Wein, Seide, Juwelen und wertvollen Büchern. Der Buchhandel galt als besondere Attraktion der Messe. „Kein größerer Buchhändler des In- oder Auslandes konnte ohne ihren Besuch auskommen. Auf eine Vorladung des Frankfurter Rates erschienen am 14. September 1569 neunzig Buchdrucker und Buchhändler, 12 aus Cöln, 9 aus Basel, 7 aus Nürnberg, je 5 aus Antwerpen und Straßburg, 4 aus Lyon, je 3 aus Genf und Venedig, 1 aus Leipzig usw. Alle großen Bibliotheken machten hier allmessentlich ihre Einkäufe." (Dietz, 1910, S. 70)

Wie andere große Messeplätze pflegte Frankfurt auch das Wechsel- und Kreditgeschäft; seit 1585 wurden hier Wechsel- und Geldkurse festgelegt und damit ein regelrechter Börsenverkehr eröffnet. Auch Kaufleute, die nicht zum Warenhandel kamen, erschienen zur Messezeit, um ihre Außenstände und Schulden zu regeln.

Im Laufe des 17. Jahrhunderts ging die Bedeutung der Frankfurter Messe jedoch zurück. Die Konkurrenz Leipzigs machte sich mehr und mehr bemerkbar. Trotzdem blieb Frankfurt a. M. bis ca. 1700 der wichtigste Messeplatz in Deutschland. Nachdem nach Einführung des gregorianischen Kalenders im protestantischen Deutschland im Jahr 1700 die Frankfurter Messe so verlegt werden mußte, daß sie sich mit der Leipziger überschnitt, und Leipzig sich weigerte, seine Messe später zu beginnen, erschienen immer mehr Kaufleute, die zu beiden Messen gegangen waren, nur noch in Leipzig. Das spiegelt die wachsende Bedeutung des Ost-West-Verkehrs wider. 1764 wanderte die Buchmesse von Frankfurt nach Leipzig ab. Denn nach Leipzig kamen die Kaufleute auch aus Ostmitteleuropa. Seit den 1770er Jahren blieben französische und italienische Seidenhändler fern. Frankfurt verlor seinen internationalen Charakter. Nur die Schweizer hielten Frankfurt die Treue. 1791 besuchten noch Kaufleute von 265 deutschen und 70 nichtdeutschen Plätzen (darunter allein aus 20 Schweizer Städten) die Frankfurter Messe. Das größte Kontingent kam mit 153 Geschäftshäusern vom Niederrhein, noch vor den Hessen, die mit 111 Geschäftshäusern – davon allein 38 aus Hanau – vertreten waren. An dritter Stelle standen die Sachsen und Thüringer mit 73 Geschäftshäusern. Insgesamt besuchten 1791 noch etwa zweitausend Kaufleute (aus 1200 Firmen) die Frankfurter Messe (ohne Krämer, Handwerker und Hausierer); in Leipzig wurden zur Ostermesse des gleichen Jahres hingegen 5320 „christliche wie jüdische" Fremde gezählt, zur Michaelismesse noch einmal 4080. Und 1802, als die Frankfurter Messe wegen der napoleonischen Kriege darniederlag, erschienen in Leipzig zu Ostern 6577 Besucher, so daß die Stadt die Masse der Fremden kaum beherbergen konnte. Schon 1780 waren in Leipzig 380 Polen, 116 Griechen, 69 Franzosen, 41 Russen, 33 Italiener, 22 Ungarn, 12 Engländer und 8 Türken gezählt worden (Dietz, 1910, S. 96 ff.; Döring, 1956, S. 63).

3. Von der Waren- zur Mustermesse

Schon im Laufe des 18. Jahrhunderts war die Bedeutung der Messen an vielen Orten Westeuropas zurückgegangen. Leipzig und die osteuropäischen Messen, vor allem die führende russische Messe in Nishnij Nowgorod bildeten eine Ausnahme. 1756 hatte der Generalkontrolleur der Finanzen im Königreich Frankreich festgestellt, daß der Messehandel, seit die Regierungen „die Zölle auf die meisten Exportartikel und die importierten Rohstoffe abzubauen begannen, von Jahr zu Jahr mehr verfällt, da der Vorzug ja gerade in der Aufhebung dieser Abgaben bestanden hatte, und daß es von Jahr zu Jahr üblicher wird, mit diesen Waren direkt Handel zu treiben, statt sie über die Messen zu leiten" (Braudel, 1986, S. 92). Und ein Jahr später meinte der französische Physiokrat Turgot in der Encyclopédie Française, daß Messen keine „natürlichen Märkte" seien, die „aus praktischen Erwägungen zustande kommen", weil Käufer und Verkäufer gleichermaßen an einem Zusammentreffen interessiert sind." Der Vorteil, der mit großen Kosten veranstalteten Messen erwachse nicht „aus der Natur der Dinge, sondern aus Vorrechten und Vergünstigungen, die dem Handel an bestimmten Orten eingeräumt werden, während sonst überall Steuern und Abgaben auf ihm lasten." (Ebd.)

Nach der Einführung der Gewerbefreiheit bzw. von Privilegien beschränkenden Gewerbeordnungen zu Beginn des 19. Jahrhunderts schien daher das Ende der Messen unaufhaltsam. Im Sinne der neuen Wirtschaftspolitik war es nur konsequent, wenn der preußische Staat nach 1815 mehrmals das Begehren der nun preußischen Stadt Köln, dort eine Messe einzurichten, ablehnte. Die Verbesserung der Verkehrsverhältnisse durch die Eisenbahn und die industrielle Produktion machten es zudem unnötig, die Waren an bestimmten Plätzen zu bestimmten Zeiten anzubieten. Kaufleute reisten nun mit Mustern umher und nahmen Bestellungen entgegen. Manche Messen, so Frankfurt a. M. und Braunschweig, stellten ihre Tätigkeit ganz ein. Leipzig jedoch hielt sich, indem es seine Messe von einer Waren- in eine Mustermesse umwandelte. Nachdem einzelne Handelszweige, z. B. die Glaswaren-, Keramik-, Spielwaren- und Musikinstrumentenindustrie, schon seit der Mitte des Jahrhunderts nur noch Muster nach Leipzig gesandt hatten, wurde im Frühjahr 1895 zum ersten Mal eine reine Mustermesse veranstaltet. 1918 kam eine technische Messe hinzu.

Waren bis dahin vor allem Großkaufleute die Aussteller auf Messen, so wurden es nun die Fabrikanten, während der Großhandel das Angebot prüfte und danach orderte. Mit dem Wegfall der Meßprivilegien in einer liberalen Wirtschaftsordnung verlor die Messe auch rechtlich ihren besonderen Status. Zudem nahm sie Elemente von Ausstellungen in sich auf. Schon im späten 18. Jahrhundert hatte es Gewerbeausstellungen u.a. in London, Paris und Prag gegeben; in der ersten Hälfte des 19. Jahrhunderts waren sie dank rühriger Gewerbevereine und Staatsverwaltungen häufig geworden. Den Höhepunkt bildeten schließlich die großen Weltausstellungen in London (1851, 1862), Paris (1855, 1867, 1878, 1889, 1900), Wien (1873), Philadelphia (1876), Chicago (1893), St. Louis (1904) und San Francisco (1915). Sie führten technischen Neuheiten sowohl einem Fach- wie einem großen, allgemein an Technik interessierten Publikum vor (Haltern, 1973, S. 1).

Erst während und nach dem Ersten Weltkrieg entstanden nach dem Muster von Leipzig mehrere andere Messen, darunter auch wieder in Frankfurt a.M., London, Lyon, Mailand, Köln, Königsberg und Breslau. Keine kam jedoch an Bedeutung Leipzig gleich, das sowohl Konsumgüter wie Investitionsgüter ausstellte. 1925 wurde die Union des Foires Internationales (UFI) gegründet (1972 mit 134 Mitgliedern in 38 Ländern, davon 85 Fachmessen und 49 allgemeine Messen).

Zeitgenössische Beobachter im Deutschland der Weimarer Republik stellten eine „hypertrophische Entwicklung" fest, die „eine überaus starke, verhängnisvolle Belastung der Wirtschaft" zur Folge habe, und führten sie auf „Währungsverfall, Absatznot usw." bzw. kommunalpolitische Sonderinteressen zurück (Zadow, 1929, S. 1). Kritisiert wurde vor allem die schnelle Ausdehnung kleiner Messen von 10 im Jahr 1919 auf 112 im Jahre 1924 allein im Deutschen Reich. Während der Inflationsperiode waren eine Reihe sog. „Grenzmessen" installiert worden, um deutsche Waren dem Ausland bequem anzubieten, darunter einige an alten Messestandorten wie Frankfurt a. M., Breslau, Königsberg, Kiel und Köln, aber auch in Wesel. Leipzig blieb jedoch die einzige internationale und universale Messe mit 1928 wieder mehr als 10 000 Ausstellern.

Auch das übrige Europa war übersät mit Messestandorten. 1924 fanden in Europa außerhalb Deutschlands 102 Messen statt, während auf dem amerikanischen Kontinent insgesamt nur zwölf Messen existierten. Messen blieben also eine Besonderheit Europas, insbesondere Deutschlands.

In Köln, wo nach mehrjährigen Vorbereitungen 1924 die erste Messe stattfand, wurde der Ausstellungscharakter der Messe bewußt gepflegt, d. h. technische Neuheiten vorgestellt und wissenschaftliche Vorträge veranstaltet. Die Kölner Herbstmesse 1925 verband zum ersten Mal technisch-wissenschaftliche Sonderausstellungen mit einer Mustermesse. Kritik an der Vermischung beider Veranstaltungsarten wurde zwar vielfach vorgebracht, änderte aber nichts an der Tatsache, daß sie immer stärker miteinander verschmolzen.

4. Der Aufschwung der Messen nach dem Zweiten Weltkrieg

Während des Zweiten Weltkriegs wurden einzelne Messen zunächst in beschränktem Rahmen noch weitergeführt, schlossen dann jedoch und die Messegelände wurden grossenteils durch Bomben zerstört. Nach dem Krieg versuchte Leipzig, seine führende Stellung wieder aufzubauen. Mit Genehmigung der sowjetischen Militärverwaltung fand schon 1946 die erste Nachkriegsmesse statt. Die Länder des Ostblocks waren bald mit eigenen, nationalen Pavillons vertreten, und auch aus dem Westen kamen schon 1955 wieder mehr als tausend Anbieter. Unter den Bedingungen des entstehenden „realen Sozialismus" konnte die Messe nur konkurrieren, wenn man sie und ihre Besucher – wie im Mittelalter – privilegierte, sie sozusagen als kapitalistische Insel in einer sozialistischen Umwelt behandelte. Das gelang jedoch nur unzureichend, denn im Westen entwickelten sich in schneller Folge neue Messen, die sich immer stärker spezialisierten. Den größten Erfolg hatte die Neugründung in Hannover, die 1947 zum ersten Mal als Exportmesse veranstaltet wurde und schnell zum Schaufenster der Investitionsgüterindustrie aufstieg. In Frankfurt a. M. konnte 1948 die erste Nachkriegsmesse auf dem teilweise wieder aufgebauten alten Messegelände stattfinden. Hier etablierte sich u.a. die Internationale Automobilausstellung – im Wechsel mit Genf –, und die Frankfurter Buchmesse entwickelte sich schnell zur größten der Welt, die sie vom 16. bis 18. Jahrhundert schon einmal gewesen war. Im benachbarten Offenbach findet seit 1950 die Lederwarenmesse statt. Köln konnte seine erste Nachkriegsmesse im Herbst 1947 veranstalten, Nürnberg begründete 1950 eine Spielwarenmesse, und München machte u.a. die Handwerksmesse zu seiner Spezialität.

In Westeuropa entwickelte besonders Paris große Messeaktivitäten. 1973 fanden hier nicht weniger als 62 Fachmessen und Ausstellungen statt. Daneben stiegen Mailand, Brüssel, Lyon, Barcelona u.a. zu großen internationalen Messeplätzen auf. In den USA, wo die periodisch wiederkehrenden Messen gegenüber den ständigen Verkaufsausstellungen, den ‚marts', nie recht Fuß fassen konnten, wurde Chicago noch vor New York der größte Messeplatz, in Kanada wurden es Toronto und Montreal, in Australien Melbourne, in Japan Tokio und Osaka.

Im Ostblock versuchten (neben Leipzig) vor allem die alten Messestädte Prag, Brünn und Posen auch unter den neuen Bedingungen wieder Messen zu installieren, die von der westlichen Industrie in beschränktem Umfang auch als Schaufenster benutzt wurden.

Wie nach dem Ersten Weltkrieg so belebte sich auch nach dem Zweiten Weltkrieg die Debatte wegen einer Überflutung durch Messen. Mit der Einführung neuer Technologien wuchs jedoch auch die Spezialisierung, und die Anwenderorientierung nahm zu (Beispiel CeBIT). Die Information über das Neue, sei es in der Mode, seien es technische Entwicklungen in der Mikroelektronik, trat immer stärker in den Mittelpunkt. Die Globalisierung von Wirtschaft und Technik zeigte sich auch bei den Messen; die führenden Messen wurden zum Treffpunkt nicht nur von Verkäufern und Käufern, sondern von Fachleuten und interessierten Laien aus aller Welt.

Literatur

AMMANN, H.: Die deutschen und schweizer Messen des Mittelalters, in: Receuils de la Société Jean Bodin V (La Foire), Brüssel 1953, S. 149–173.
BALL, G.N.: Merchants and Merchandise. The Expansion of Trade in Europe 1500–1630. London 1977.
BERGIER, J.-F.: Les Foires de Genève et l'Économie internationale de la Renaissance. Paris 1963.
BERGIER, J.-F.: Die Schweiz 1350–1650, in: Fischer, W. u.a. (Hrsg.), Handbuch der Europäischen Wirtschafts- und Sozialgeschichte. Stuttgart, Bd.3, 1986, S. 894–926.
BEYER, P.: Leipzig und Frankfurt am Main. Leipzigs Aufstieg zur ersten deutschen Messestadt. In: Jahrbuch für Regionalgeschichte 2. 1967, S. 62–86.
BRAUDEL, F.: Sozialgeschichte des 15. bis 18. Jahrhunderts. Der Handel. München 1986.
DIETZ, A.: Frankfurter Handelsgeschichte. Frankfurt a. M. 1910 (Unveränderter Nachdruck, Glashütten 1970).
DÖRING, W.: Handbuch der Messen und Austellungen. Darmstadt 1956.
DUBOIS, H.: Frankreich 1350–1500. In: Fischer, W. u.a. (Hrsg.): Handbuch der Europäischen Wirtschafts- und Sozialgeschichte. Stuttgart, Bd. 3, 1986, S. 608–639.
FAVIER, J.: Frankreich im Hoch- und Spätmittelalter. In: Kellenbenz, H. (Hrsg.): Handbuch der Europäischen Wirtschafts- und Sozialgeschichte. Stuttgart, Bd. 2, 1980, S. 297–326.
FISCHER W.: Markt- und Informationsnetze in der (neuzeitlichen) Wirtschaftsgeschichte des atlantischen Raums. In: Streißler, E. (Hrsg.): Information in der Wirtschaft. Berlin 1982, S. 337–359.
GANSHOF, F. L.: Das Fränkische Reich. In: Kellenbenz, H. (Hrsg.): Handbuch der Europäischen Wirtschafts- und Sozialgeschichte. Stuttgart, Bd. 2, 1980, S. 151–205.
HALTERN, U.: Die „Welt als Schaustellung", Zur Funktion und Bedeutung der internationalen Industrieausstellung im 19. und 20. Jahrhundert. In: Vierteljahrsschrift für Sozial- und Wirtschaftsgeschichte, Vol. 60, 1973, S. 1–40.
HASSE, E.: Geschichte der Leipziger Messe. Leipzig 1885 (Neudruck Leipzig 1963).
HUYNEN, J.M.M.: Trends in Trade Fairs, ohne Ort und Jahr (Diss. Tilburg, NL, 1973).
KELLENBENZ, H.: Messen. In: Handwörterbuch zur deutschen Rechtsgeschichte. Berlin, Bd.3, 1984, S. 510–517 (mit ausführlichen Literaturangaben).
KELLENBENZ, H.: Wirtschaft und Gesellschaft Europas 1350–1650. In: Fischer W. u.a. (Hrsg.): Handbuch der Europäischen Wirtschafts- und Sozialgeschichte. Stuttgart, Bd. 3, 1986, S. 1–388.
LEIPZIGER MESSEAMT: Vom Jahrmarkt zur Weltmesse. Leipzig/Jena 1957.
MARPERGER, P. J.: Beschreibung der Messen und Jahr-Märkte. Leipzig 1711 (Neudruck Frankfurt a. M. 1968).
MAURER, E.: Geschichte der europäischen Messen und Fachausstellungen. München/Hannover 1970.
MAURER, E.: Missa profana, Geschichte und Morphologie der Messen und Fachausstellungen. Stuttgart 1973.
TIETZ, B.: Messen und Ausstellungen. In: Handwörterbuch der Betriebswirtschaft. Stuttgart, 4. Aufl., Bd. I,2, 1975, S. 2646–2654.
VÁSQUEZ DE PRADA, V.: Spanien 1350–1660. In: Fischer, W. u.a. (Hrsg.): Handbuch der Europäischen Wirtschafts- und Sozialgeschichte. Stuttgart, Bd. 3, 1986, S. 706–735.
ZADOW, F.: Die deutschen Handelsmessen. Berlin 1929.

Hans-Gerd Neglein

Das Messewesen in Deutschland

1. Gesamtwirtschaftliche Bedeutung

2. Veranstaltungstypen in Deutschland

3. Partner in der deutschen Messewirtschaft und ihre Organisationen
   3.1 Veranstalter
   3.2 Ausstellende Wirtschaft
   3.3 Besuchende Wirtschaft
   3.4 Serviceunternehmen

4. Kooperation zwischen den Partnern der Messewirtschaft

5. Qualitätsmerkmale der deutschen Messewirtschaft
   5.1 Quantitativ und qualitativ führende Messegelände
   5.2 Hohe Internationalität
   5.3 Mit der Wirtschaft abgestimmte Messeprogramme
   5.4 Internationale Fachmessen für das gesamte Branchenspektrum

6. Auslandsmesseaktivitäten der deutschen Wirtschaft

1. Gesamtwirtschaftliche Bedeutung

Wie in kaum einem anderen Land sind in Deutschland Messebeteiligungen selbstverständlicher Bestandteil des Marketingmix der Unternehmen. So gibt die Wirtschaft allein für Beteiligungen an überregionalen Messen in Deutschland jährlich schätzungsweise rund 7 Mrd. DM aus. In den wichtigsten Branchen der Investitionsgüterindustrie entfallen nahezu ein Drittel aller Marketingausgaben auf Messebeteiligungen. Einschließlich der Ausgaben der Besucher dürfte die Durchführung von Messen einen Gesamtumsatz von weit über 10 Mrd. DM induzieren.

Da die Veranstaltung von Messen eine standortgebundene Dienstleistung ist, entfällt ein Großteil dieser Umsätze auf die jeweilige Messestadt und ihre Umgebung. Dazu gehören zunächst die Umsätze der Messeveranstalter selbst, aber auch z. B. die von Hotels und Gaststätten, Transportunternehmen, einem Teil der Standbauunternehmen und anderen Servicebetrieben. Dementsprechend haben Messen eine erhebliche regionalwirtschaftliche Bedeutung. Gemessen am Umsatz des Messeveranstalters, lösen Messen in der Region einen bis zu fünffachen zusätzlichen Umsatz aus. Voraussetzung dafür ist aber, daß die Veranstaltungen auf der Aussteller- und Besucherseite einen mindestens überregionalen Charakter haben. Diese zweifellos respektablen regionalwirtschaftlichen Effekte bedeuten aber nicht, daß die Veranstaltung von Messen aus gesamtwirtschaftlicher Sicht ein effizientes Mittel der regionalen Wirtschaftsförderung ist. Denn die verursachten Ausgaben sind weit überwiegend Kosten der Aussteller und – zu einem kleineren Teil – der Besucher. Priorität bei der Bewertung von Messen hat deshalb aus gesamtwirtschaftlicher Sicht das Kosten/Nutzen-Verhältnis für die ausstellende und besuchende Wirtschaft und nicht der in der Region entstehende Umsatz.

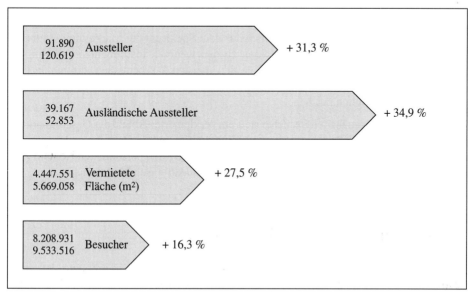

Abbildung 1: Messeplatz Deutschland 1987–1991 (Quelle: AUMA)

Die Beschreibung einer Branche mit Umsatzzahlen ist zwangsläufig abstrakt. In realen Größen ausgedrückt, stellt sich der deutsche Messemarkt folgendermaßen dar: 1991 fanden 102 Messen mit überregionaler Ausstrahlung auf der Besucherseite statt. Nach Berechnungen des Zentralverbandes der deutschen Messewirtschaft, des Ausstellungs- und Messe-Ausschusses der deutschen Wirtschaft e. V. (AUMA), kamen zu diesen Veranstaltungen 121.000 Aussteller und 9,5 Mio. Besucher. Es wurden 5,67 Mio. m² Standfläche vermietet. Dazu kamen 140 Ausstellungen mit regionaler Ausstrahlung auf der Besucherseite, die von Veranstaltern aus den Mitgliederkreis des AUMA durchgeführt wurden. Diese hatten 1991 rund 42.500 Aussteller und 9,4 Mio. Besucher. Die vermitete Standfläche umfaßte rund 1,75 m².

Bei den überregionalen Messen ist die internationale Ausstrahlung ein wesentlicher Qualitätsfaktor. So kamen 1991 rund 53.000 Aussteller (= 44 %) aus dem Ausland, davon über 25 % aus Ländern außerhalb Europas. Rund 1,6 Mio. ausländische Besucher informieren sich jährlich auf den deutschen Messen, davon fast 15 % aus Übersee.

So ist die Exportförderung eine weitere, unter allen Beteiligten unstrittige gesamtwirtschaftliche Wirkung von Messen. Ein hoher Anteil ausländischer Besucher sorgt dafür, daß Aussteller auch auf – relativ kostengünstigen – heimischen Messen eine Vielzahl von Kontakten zu ausländischen Interessenten herstellen können. Für viele kleinere und mittelständische Unternehmen ist dies der erste Schritt zur Erschließung von Exportmärkten.

Dazu kommt – quasi als zweite Stufe – die Teilnahme an Messen im Ausland. Sie ist für die deutsche Wirtschaft wesentlicher Bestandteil ihrer Messepolitik. Die exportfördernde Wirkung von Auslandsmessebeteiligungen wird auch von der öffentlichen Hand seit langem anerkannt. So gibt allein das Bundesministerium für Wirtschaft jährlich rund 40 Mio. DM für die Förderung von Auslandsmessebeteiligungen deutscher Unternehmen aus. Dazu kommen noch rund 20 Mio. DM aus entsprechenden Programmen der Bundesländer sowie Mittel aus dem Etat des Bundesministeriums für Ernährung, Landwirtschaft und Forsten.

Die gesamtwirtschaftliche Bedeutung von Messen und auch deren Anerkennung auf politischer Ebene hebt die Messen deutlich aus dem Spektrum der Marketinginstrumente heraus. Grund dafür ist auch, daß Messen zu den wenigen Instrumenten gehören, die Dialogmedien sind, im Gegensatz z. B. zu den meisten Werbemedien, die nur in eine Richtung wirken und allenfalls einen zeitlich verzögerten Dialog mit entsprechendem Wirkungsverlust möglich machen.

Außerdem sind Messen für den Besucher stets ein verkleinertes Abbild des Gesamtmarktes, das dem Interessenten für einen begrenzten Zeitraum an einem Ort nahezu das gesamte Angebot einer Branche zugänglich macht und gleichzeitig den persönlichen Kontakt zum Anbieter ermöglicht. Messen schaffen damit nahezu idealtypisch Markttransparenz.

2. Veranstaltungstypen in Deutschland

Die Begriffe Messen und Ausstellungen werden häufig parallel verwandt, ohne daß ihnen bestimmte Merkmale zugeordnet werden. Definiert sind sie jedoch in der seit 1977 gültigen Fassung der Gewerbeordnung.

Eine Messe ist dementsprechend eine zeitlich begrenzte, im allgemeinen regelmäßig wiederkehrende Veranstaltung, auf der eine Vielzahl von Ausstellern das wesentliche Angebot eines oder mehrerer Wirtschaftszweige ausstellt und überwiegend nach Muster an gewerbliche Wiederverkäufer, gewerbliche Verbraucher oder Großabnehmer vertreibt. Der Veranstalter kann in beschränktem Umfang an einzelnen Tagen während bestimmter Öffnungszeiten Letztverbraucher zum Kauf zulassen.

Eine Ausstellung ist eine zeitlich begrenzte Veranstaltung, auf der eine Vielzahl von Ausstellern ein repräsentatives Angebot eines oder mehrerer Wirtschaftszweige oder Wirtschaftsgebiete ausstellt und vertreibt oder über dieses Angebot zum Zweck der Absatzförderung informiert. (GewO 1977)

In der Praxis ist diese Differenzierung jedoch nicht immer ausreichend. Der AUMA unterscheidet deshalb in seinen Veröffentlichungen zunächst zwischen überregionalen und regionalen Veranstaltungen, wobei sich die Begriffe „regional" und „überregional" auf das Einzugsgebiet auf der Besucherseite beziehen. Außerdem ist eine Differenzierung nach dem Angebotsspektrum zweckmäßig, also nach Fach (Einbranchen)- und Mehrbranchenveranstaltungen. Schließlich ist zu unterscheiden nach den Zulassungsregelungen für Besucher, also nach Veranstaltungen, die sich an Fach- oder Privatbesucher richten.

Die kongreßbegleitende Ausstellung ist häufig eine Spezialform der regionalen Fachausstellung für Fachbesucher. Sie kann aber auch eine überregionale Besucherschaft aufweisen. Aufgrund der extremen Spezialisierung des Angebots derartiger Veranstaltungen erscheint aber zweifelhaft, ob man in diesen Fällen von Kongreßmessen sprechen sollte.

Ein weiteres Kriterium ist die Internationalität einer Veranstaltung; sie wird im Sprachgebrauch meistens von der Ausstellerseite her definiert. So fordern die Regeln der Gesellschaft zur freiwilligen Kontrolle von Messe- und Ausstellungszahlen (FKM) mindestens 10 % ausländische Aussteller, damit eine Veranstaltung die Bezeichnung „international" führen darf.

In der Praxis haben die meisten Veranstaltungen mit überregionaler Ausstrahlung auf der Besucherseite auch ein internationales Angebot, so daß diese sich im Regelfall auch „international" nennen. Es gibt aber auch eine Reihe Ausstellungen mit regionaler Besucherschaft, die gleichzeitig „international" auf der Angebotsseite sind, so z. B. Ausstellungen in Grenznähe oder Touristikausstellungen.

Der in Deutschland vorherrschende Veranstaltungstyp auf überregionaler Ebene ist eindeutig die Fachmesse, die sich ganz oder überwiegend an Fachbesucher richtet. Von den Veranstaltungen, die im AUMA-Handbuch Messeplatz Deutschland verzeichnet sind, gehören fast 95 % zu diesem Typ.

Darüberhinaus gibt es in Deutschland ein dichtes Netz regionaler Fach- und Verbraucherausstellungen. Insbesondere die regionalen Fachausstellungen für Fachbesucher bilden eine wichtige Ergänzung zu den internationalen Messen einer Branche und sprechen in relativ kurzen Abständen vorwiegend kleine und mittelständische Unternehmen an. Verbraucherorientierte Regionalausstellungen greifen häufig Themen auf, deren Messen auf überregionaler Ebene nur Fachbesuchern vorbehalten sind. Unter den Regionalausstellungen entfallen etwa je ein Drittel auf regionale Fachausstellungen für Fachbesucher, regionale Fachausstellungen für Privatbesucher und regionale Mehrbranchen-Ausstellungen für Privatbesucher. Überregionale Mehrbranchenveranstaltungen gibt es in Deutschland nur noch in Einzelfällen, Universalveranstaltungen gar nicht mehr.

Der hohe Anteil an Fachveranstaltungen ist ein wichtiges Indiz für den hohen Entwicklungsstand der deutschen Messewirtschaft und eine der wichtigsten Voraussetzungen für ihren weltweiten Erfolg.

3. Partner in der deutschen Messewirtschaft und ihre Organisationen

3.1 Veranstalter

Messen und Ausstellungen werden in Deutschland im Regelfall von Veranstaltergesellschaften durchgeführt, die dies als Hauptunternehmenszweck betreiben, finanziell und juristisch unabhängig von den Unternehmen und Verbänden der ausstellenden Wirtschaft sind und gleichzeitig das Messegelände besitzen, auf dem sie ihre Veranstaltungen durchführen. Dies mag selbstverständlich klingen, ist aber im weltweiten Vergleich eher die Ausnahme. Vor allem in den angelsächsischen Ländern, aber auch in Frankreich, Italien oder in Ostasien werden viele Messen von Verbänden oder deren Tochtergesellschaften durchgeführt, die zur Durchführung ihrer Messen jeweils Messehallen anmieten, oder aber von Veranstaltergesellschaften, die kein Messegelände besitzen und also ebenfalls Hallen anmieten müssen.

Eng verbunden mit der Einheit von Veranstalter und Hallenbetreiber sind die Eigentumsverhältnisse der deutschen Messegesellschaften; denn größere Messegelände sind – auch weltweit gesehen – nur ausnahmsweise nicht im Eigentum öffentlicher Institutionen. Von den 17 deutschen Messegesellschaften, die auch überregionale Veranstaltungen durchführen und gleichzeitig ein Messegelände besitzen, sind 14 fast vollständig im Eigentum der öffentlichen Hand. Im Regelfall hat die Kommune einen Anteil zwischen 50 und 100 %, während das jeweilige Bundesland einen Anteil zwischen 50 und 0 % hält. Üblich sind auch geringe Anteile der örtlichen Industrie- und Handelskammern und Handwerkskammern und anderer regionaler Wirtschaftsorganisationen. Diese Anteile bewegen sich insgesamt bei maximal 10 %.

Ungeachtet der Eigentumsverhältnisse haben aber die deutschen Messegesellschaften privatrechtliche Organisationsformen, in der Regel als GmbH, in Ausnahmefällen als AG.

Unternehmensziel ist nicht Gewinnmaximierung, sondern Kostendeckung. Sie wird im Regelfall – ungeachtet turnusbedingter Schwankungen – auch erreicht mit Ausnahme der Gesellschaften, die gleichzeitig große Kongreßzentren betreiben.

Die größeren Veranstalter haben Tochtergesellschaften, die Auslandsmessebeteiligungen oder eigene Veranstaltungen im Ausland durchführen, oder aber Standbau, Gastronomie oder andere Serviceleistungen anbieten. Der Umsatz der deutschen Messe- und Ausstellungsveranstalter liegt bei mehr als 2,5 Mrd. DM, wobei allein auf die zehn größten Gesellschaften im Jahr 1991 rund 2 Mrd. DM entfielen.

Die Zahl der Beschäftigten der Veranstalter liegt zwischen 4500 und 5000, die zehn größten Unternehmen beschäftigen rund 3700 Mitarbeiter. Diese Zahlen umfassen nur festangestellte Mitarbeiter; während der Messen werden von Veranstaltern und Ausstellern darüberhinaus in erheblichem Umfang Aushilfskräfte beschäftigt.

Die Unternehmensgröße der Veranstalter gehört im internationalen Vergleich zu den besonderen Merkmalen der deutschen Messewirtschaft. In anderen wichtigen Messeländern wie Frankreich, Großbritannien, Italien oder den USA gibt es allenfalls ein oder zwei Unternehmen, die die Dimensionen der größten deutschen Messegesellschaften erreichen.

Neben den Veranstaltern im öffentlichen Eigentum gibt es eine Reihe von Gesellschaften in Privateigentum ohne eigenes Gelände, die in Einzelfällen überregionale Messen, weit überwiegend aber regionale Fach- und Verbraucherausstellungen oder aber kongreßbegleitende Veranstaltungen durchführen. Auch organisieren einzelne Verbände der ausstellenden und besuchenden Wirtschaft Messen in eigener Regie.

Organisationen der Veranstalterseite sind in Deutschland die Interessengemeinschaft deutscher Fachmessen und Ausstellungsstädte (IDFA) und der Fachverband Messen und Ausstellungen (FAMA). Die IDFA wurde 1952 gegründet. Zu den wesentlichen Zielen der heute zehn Mitgliedsgesellschaften gehört es, durch gemeinsame Anstrengungen den Qualitätsstandard ihrer Veranstaltungen zu verbessern, den Service für Aussteller und Besucher zu erhöhen und Erfahrungen in allen gemeinsam interessierenden Fragen auszutauschen. Ein wichtiges Instrument dafür ist das Internationale Messe-Seminar, das alljährlich gemeinsam von der IDFA und den Schwesterverbänden in Österreich (Arbeitsgemeinschaft Messen Austria – AMA) und der Schweiz (Vereinigung schweizerischer Fachmessen und Ausstellungen) durchgeführt wird.

Darüberhinaus setzt sich die IDFA für die Wahrung der Belange ihrer Mitgliedsgesellschaften bei Behörden, Verbänden und Organisationen ein und betreibt Öffentlichkeitsarbeit für die unter dem Dach der IDFA zusammengeschlossenen Gesellschaften.

Mitglieder der IDFA sind gegenwärtig die Messegesellschaften in Dortmund, Essen, Friedrichshafen, Hamburg, Karlsruhe, Nürnberg, Offenbach, Pirmasens, Saarbrücken und Stuttgart.

Der 1951 gegründete FAMA ist ein Zusammenschluß von Messe- und Ausstellungsveranstaltern, die schwerpunktmäßig Regionalausstellungen, aber auch einige überregionale Fachmessen durchführen. Ihm gehören gegenwärtig 31 Veranstalter an; sie sind weit überwiegend Unternehmen in Privateigentum; aber auch einige kommunale Ausstellungsveranstalter zählen zu den FAMA-Mitgliedern. Der FAMA gilt insbesondere als Vertretung der Veranstalter von qualitativ hochstehenden Regionalausstellungen. Ziele der Arbeit des FAMA sind insbesondere die Verbesserung der Leistungsangebote der Mitglieder und des Qualitätsstandards der Veranstaltungen, die Verbesserung der Messetransparenz und die Herausstellung der Qualitäten des „Mediums Regionalausstellungen". Zu den Aufgaben des FAMA gehört auch die Zusammenarbeit mit allen am Messe- und

Ausstellungswesen beteiligten Behörden, Instituten, Verbänden und der Fachpresse sowie die Beratung der Mitglieder.

Die Mitgliedschaft im FAMA gilt heute als Gütezeichen für Veranstalter von Regionalausstellungen.

Die Mitglieder der IDFA und die IDFA selbst, aber auch die nicht verbandsgebundenen sechs größten Messeveranstalter sind darüber hinaus Mitglied im Ausstellungs- und Messe-Ausschuss der deutschen Wirtschaft (AUMA), dem Zentralverband der deutschen Messewirtschaft. Auch der FAMA ist Mitglied des AUMA, so daß die FAMA-Veranstalter als indirekte AUMA-Mitglieder gelten. Außerdem gehören dem AUMA auch fast alle übrigen Veranstalter überregionaler Messen an, die in Privat- oder Verbandseigentum sind.

3.2 Ausstellende Wirtschaft

Zur ausstellenden Wirtschaft zählen praktisch alle produzierenden Unternehmen, aber auch Importeure, Großhändler und zahlreiche Dienstleistungsanbieter, mit Ausnahme weniger Bereiche, in denen Produktion und Vertrieb stark regionalisiert sind oder nur ein extrem kleiner Kreis von Nachfragern existiert.

Planung und Durchführung von Messebeteiligungen liegen üblicherweise in den Händen der Marketing- oder Werbeabteilungen; in Kleinunternehmen sind Messebeteiligungen in der Regel „Chefsache", Großunternehmen haben oft eigene zentrale Messeabteilungen, die für die einzelnen Produktbereiche bzw. auch für Tochtergesellschaften Messebeteiligungen organisieren. Das gilt insbesondere für Messen mit internationaler Ausstrahlung. Beteiligungen an Veranstaltungen mit regionaler Bedeutung werden dagegen häufig von regionalen Niederlassungen direkt organisiert.

Vertragspartner des Veranstalters ist natürlich das individuelle Unternehmen, das selbständig über seine Messebeteiligung entscheidet.

Darüber hinaus beschäftigten sich aber in den einzelnen Branchen die Messeinteressenten als Ganzes mit Fragen der Messewirtschaft. So haben die Spitzenverbände und die großen Fachverbände der ausstellenden Wirtschaft spezielle Arbeitskreise, die sich mit Messefragen beschäftigen. Sie dienen dem Erfahrungsaustausch, aber auch der Formulierung von Standpunkten gegenüber den Veranstaltern, etwa im Zusammenhang mit neuen Messeprojekten oder Veränderungen bei bestehenden Messen. Auch wird hier darüber diskutiert, welche ausländischen Branchenveranstaltungen sich für die Durchführung offizieller Beteiligungen der Bundesrepublik Deutschland eignen.

Entsprechend haben nahezu alle Verbände Messereferenten oder zumindestens Mitarbeiter, die sich auch mit der Messewirtschaft in der jeweiligen Branche beschäftigen.

Spezielle Interessenvertretungen der ausstellenden Wirtschaft als Ganzes existieren in Deutschland nicht. Vielmehr sind die Spitzenverbände der Wirtschaft und zahlreiche Fachverbände wichtiger messeintensiver Branchen Mitglieder im AUMA und vertreten dort die Interessen der ausstellenden Wirtschaft.

In einigen Fällen veranstalten Verbände der ausstellenden Wirtschaft auch selbst Messen und Ausstellungen. Teilweise beauftragen sie Messegesellschaften mit der technischen Durchführung der Messe, teilweise übernehmen sie auch diese Aufgabe selbst.

3.3 Besuchende Wirtschaft

Messen werden letztlich für den Besucher veranstaltet. Nur die Existenz eines ausreichenden Besucherpotentials rechtfertigt die Durchführung einer Messe und die Beteiligung der Aussteller. Unter der besuchenden Wirtschaft im engeren Sinne ist der Kreis der Fachbesucher zu verstehen, also derjenigen, die aus beruflichen oder geschäftlichen Gründen eine Messe besuchen.

Zur besuchenden Wirtschaft zählen im Prinzip alle Unternehmen, die Handelsware, Investitionsgüter, Hilfs- und Betriebsstoffe oder auch Dienstleistungen einkaufen bzw. beschaffen oder sich über das entsprechende Angebot informieren wollen. Messebesucher sind auf Konsumgüterveranstaltungen, die sich an Groß- oder Einzelhandel richten, meistens die jeweiligen Facheinkäufer; bei Investitionsgütermessen und anderen Veranstaltungen sind es zunächst diejenigen, die für die Beschaffung der entsprechenden Produkte oder Dienstleistungen zuständig sind, aber auch diejenigen, die die jeweiligen Produkte und Dienstleistungen anwenden, sich über den aktuellen Stand der Technik informieren und anschließend bei der Beschaffungsentscheidung mitwirken.

Die Interessen der Besucher aus den einzelnen Branchen sind deutlich weniger systematisch gebündelt als auf der Ausstellerseite. Am ehesten ist dies in Verbänden des Groß- und Außenhandels, des Einzelhandels und der Handelsvertreter der Fall.

Dort existieren auch – vergleichbar mit der Ausstellerseite – Messeabteilungen in den Verbänden bzw. entsprechende Gremien, in denen die messepolitischen Interessen der Einkäufer formuliert werden.

Die Dachverbände der Handelsseite sind ebenfalls Mitglied im AUMA und vertreten dort die Gesamtinteressen der einkaufenden Wirtschaft.

In einzelnen Fällen treten Verbände der einkaufenden bzw. beschaffenden Wirtschaft auch als Veranstalter und in seltenen Fällen gleichzeitig als Durchführer von Messen auf.

3.4 Serviceunternehmen

Zur Durchführung von Messen bzw. von Messebeteiligungen nehmen Veranstalter und Unternehmen eine Vielzahl von Serviceunternehmen in Anspruch. Das Spektrum reicht von Consulting- und Standbauunternehmen sowie Spediteuren bis zu Gastronomiebetrieben, Reinigungs- und Bewachungsunternehmen und Dolmetscherdiensten. Die meisten dieser Unternehmen sind jedoch nur teilweise für Messegesellschaften oder Aussteller tätig, so daß sie nicht als integraler Bestandteil der Messewirtschaft betrachtet werden können, mit Ausnahme des Messebaus. Er bildet auch den größten Sektor in der Gruppe der Serviceunternehmen.

Verband der Branche ist der Fachverband Messe- und Ausstellungsbau (FAMAB). Er ist ein Zusammenschluß von rund 125 führenden Fachunternehmen der Branche. Mitglieder des 1963 gegründeten FAMAB sind Messebauunternehmen, Regieunternehmen, Messearchitekten und -designer, Messeconsulter, Systemhersteller und Fach-Zulieferanten.

Zu den Aufgaben des FAMAB gehört die Vertretung der wirtschaftlichen, fachlichen und sozialpolitischen Interessen seiner Mitglieder. Er setzt sich ein für die Sicherung eines möglichst hohen Qualitätsstandards im Messebau. Ein weiteres wichtiges Aufgabenfeld ist die Zusammenarbeit mit Messegesellschaften, nationalen und internationalen Verbänden, Gesetzgeber, Behörden und anderen Institutionen.

Ein besonderes Anliegen des FAMAB ist die Beratung der Mitglieder sowie die Aus- und Weiterbildung der Mitarbeiter der Mitgliedsunternehmen.

4. Kooperation zwischen den Partnern der Messewirtschaft

Über die rein vertraglichen Beziehungen hinaus pflegen in Deutschland die Partner der Messewirtschaft zahlreiche formelle und informelle Kontakte. So gibt es bei nahezu allen wichtigen deutschen Messen Ausstellerbeiräte oder aber Fachbeiräte, in denen die Aussteller- und Besucherseite vertreten sind. In einzelnen Fällen existieren auch spezielle Gremien nur für die Besucherseite. Mitglieder dieser Beiräte sind Vertreter der ausstellenden bzw. besuchenden Unternehmen und der entsprechenden Branchenverbände. Diese Gremien dienen insbesondere dazu, Messekonzepte, -termine und zahlreiche andere organisatorische und technische Fragen zwischen Veranstalter und beteiligter Wirtschaft abzustimmen. Die Beteiligung der ausstellenden und besuchenden Wirtschaft trägt aber auch grundsätzlich dazu bei, ein Vertrauensverhältnis zwischen den Partnern herzustellen.

Bei zahlreichen Fachmessen treten darüber hinaus Verbände als ideelle Träger oder Mitveranstalter auf. Dies ist ein nach außen sichtbares Zeichen, daß sich eine Branche mit einer Messe identifiziert. Insofern ist die Trägerschaft eine wichtige Orientierungshilfe für Aussteller und Besucher; in diesem Rahmen engagiert sich der Verband häufig auch bei der Werbung und Pressearbeit. Dies erleichtert dem Veranstalter die Positionierung der Messe und trägt im Sinne der Wirtschaft zu einem rationellen Messeangebot bei.

Neben dieser veranstaltungsbezogenen Zusammenarbeit sind in einigen Fällen Vertreter der ausstellenden und besuchenden Wirtschaft auch Mitglieder in Aufsichtsräten von Messegesellschaften oder aber in speziellen Unternehmensbeiräten.

Auf gesamtwirtschaftlicher Ebene arbeiten die Partner der Messewirtschaft im AUMA zusammen, der einerseits die Interessen der gesamten Branche nach außen vertritt und andererseits für ein Mindestmaß an freiwilliger Koordnierung innerhalb der Branche sorgt, also zwischen den Veranstaltern, aber auch, falls notwendig, zwischen Veranstaltern und Wirtschaft (siehe auch S. 597 Claus H. Boerner: Der AUMA und seine Aufgaben).

5. Qualitätsmerkmale der deutschen Messewirtschaft

Der hohe Stellenwert der deutschen Messen als Marketinginstrument, aber auch ihre hervorragende internationale Position sind im wesentlichen Ergebnis der geschilderten Strukturen der deutschen Messewirtschaft.

Diese speziellen Ausprägungen der Veranstalter-, Aussteller- und Besucherseite haben zur Entwicklung einer Reihe von Qualitätsmerkmalen geführt, die ihrerseits die quantitative Dimensionen der deutschen Messen bestimmen.

5.1 Quantitativ und qualitativ führende Messegelände

In ursächlichem Zusammenhang mit der Qualität der deutschen Messegelände steht die spezifische Konstruktion der deutschen Messegesellschaften, nämlich die Einheit von Veranstaltereigenschaft und Halleneigentümerschaft. Sie ermöglicht eine kontinuierliche Anpassung von Qualität und Quantität der Messekapazitäten an die Bedürfnisse der Veranstaltungen. Ein Veranstalter ohne eigenes Gelände dagegen muß den Zustand der von ihm angemieteten Hallen normalerweise als kurz- und mittelfristig unveränderbare Determinante betrachten.

Die deutschen Messeplätze, auf denen überregionale Veranstaltungen durchgeführt werden, verfügen gegenwärtig über eine Hallen-Bruttofläche von 2,1 Mio. m^2 und investieren jährlich rund 500 Mio. DM in die Verbesserung von Hallen und Serviceeinrichtungen. Drei der fünf größten Messegelände der Welt liegen in Deutschland. Dementsprechend gehören Größe und Ausstattung der Messeplätze zu den wichtigsten Erfolgsdeterminanten des Messeplatzes Deutschland. Allerdings ist auch festzuhalten, daß die ausländische Konkurrenz starke Anstrengungen zur Verbesserung von Quantität und Qualität ihrer Messeplätze unternimmt.

5.2 Hohe Internationalität

Weitere wichtige Qualitätsfaktoren haben ihre Ursache in der Größe der Messegesellschaften; insbesondere ermöglicht sie eine relativ kontinuierliche Beschäftigung im Zeitablauf, das Sammeln von Erfahrungen in einem breiten Branchenspektrum und vor allem eine kontinuierliche und kompetente weltweite Aussteller- und Besucherakquisition, die in dieser Form nur bei einem ausreichend großen Veranstaltungsprogramm realisierbar ist. Infolgedessen ist die Internationalität der Aussteller- und Besucherseite zu einem Hauptmerkmal der deutschen Messen geworden. Gegenwärtig kommen 44 % der Aussteller und rund 20 % der Besucher aus dem Ausland.

Von großer Bedeutung ist aber auch die grundsätzliche Bereitschaft der beteiligten deutschen Wirtschaft, eine so starke internationale Konkurrenz auf den heimischen Messen zuzulassen. Mit dieser Bereitschaft ist aber letztlich ein hohes Eigeninteresse verbunden. Denn je umfangreicher das internationale Angebot einer Messe ist, umso stärker ist die Anziehungskraft auf ausländische Besucher, und gerade daran ist die deutsche Wirtschaft mit ihrem hohen Exportanteil besonders interessiert.

5.3 Mit der Wirtschaft abgestimmte Messeprogramme

Darüber hinaus hat das Engagement der Wirtschaft in Beiräten oder als Träger von Messen sehr früh zur Ausbildung von Messehierarchien innerhalb Deutschlands geführt, die wiederum Voraussetzung dafür waren, die entsprechenden nationalen Spitzenveranstaltungen auch auf dem Weltmessemarkt durchzusetzen.

Die Kooperation zwischen Veranstalter und Wirtschaft hat auch dazu beigetragen, auf überregionaler Ebene ein weitgehend überschneidungsfreies Messeangebot zu entwickeln. So bieten die jährlich 100 bis 120 überregionalen Messen gerade den ausländischen Interessenten eine relativ hohe Sicherheit, sich für die richtige Messe zu entscheiden. Eine Vielzahl nahezu gleichwertiger und sich überschneidender Branchenmessen würde dagegen vor allem Interessenten aus Übersee, die möglichst große Märkte abdecken wollen, die Entscheidung für den Messeplatz Deutschland erschweren.

5.4 Internationale Fachmessen für das gesamte Branchenspektrum

Schließlich kann der Messeplatz Deutschland für nahezu alle Branchen Veranstaltungen anbieten, die auch international renommiert sind, auch wenn sie nicht immer die weltweit wichtigsten Messen sind. In Einzelfällen weist der Messeplatz Deutschland auch für solche Branchen Weltmessen auf, die in Deutschland kaum mehr eine Produktionsbasis haben. Die Existenz solcher Veranstaltungen in Deutschland ist zweifellos ein hoher Vertrauensbeweis der internationalen Ausstellerschaft in die Fähigkeiten und Erfahrungen der deutschen Messegesellschaften.

Andererseits spielt das Volumen des Absatzmarktes Deutschland und seine Lage im Zentrum Europas eine wichtige Rolle. Gemäß der Erkenntnis, daß Messen letztlich für den Besucher gemacht werden, haben Messen im Mittelpunkt einer Region von mehreren hundert Millionen kaufkräftiger Konsumenten in Verbindung mit den übrigen Qualitätsfaktoren einen überragenden Standortvorteil.

6. Auslandsmesseaktivitäten der deutschen Wirtschaft

Neben den internationalen Messen in Deutschland nutzt die deutsche Wirtschaft intensiv ausländische Messen zur Unterstützung ihres Exports. Denn die Beteiligung an deutschen Messen mit hohem Anteil ausländischer Besucher ermöglicht zwar wichtige Kontakte zu Kunden in anderen Ländern; zur konzentrierten Bearbeitung einzelner nationaler und regionaler Märkte ist dies jedoch nicht ausreichend. Das Auftreten „vor Ort" ermöglicht eine individuelle Ansprache entsprechend den nationalen Gepflogenheiten und eine marktgerechte Auswahl von Exponaten. Darüber hinaus wird ein deutlich breiterer Kundenkreis, vor allem aus dem Bereich kleiner und mittelständischer Unternehmen, erreicht. Grundsätzlich ist zwischen zwei Beteiligungsformen zu unterscheiden: der individuellen Beteiligung und der Beteiligung im Rahmen von Firmengemeinschaftsständen, die von der Bundesregierung bzw. von Landesregierungen gefördert werden.

Individuelle Beteiligungen sind in Westeuropa der vorherrschende Beteiligungstyp, da viele deutsche Unternehmen traditionelle Exportbeziehungen zu den Nachbarländern haben und selbst kleinere Unternehmen dort über Niederlassungen oder Vertretungen verfügen. Diese Märkte werden oft auch über Messebeteiligungen hinaus nahezu genauso intensiv und kontinuierlich bearbeitet wie der deutsche Markt.

Mit wachsender „Schwierigkeit" der Märkte sinkt jedoch die Zahl individueller Beteiligungen zugunsten offizieller Firmengemeinschaftsausstellungen, die gerade das Ziel haben, die deutsche Wirtschaft bei der Erschließung und Sicherung schwieriger Exportmärkte zu unterstützen. Zu dieser Kategorie gehören die meisten Überseemärkte, aber auch Osteuropa. Dementsprechend haben die Auslandsmesseprogramme des Bundes und der Länder dort ihre Schwerpunkte. Ziel der Programme ist einerseits die finanzielle und organisatorische Unterstützung insbesondere für kleine und mittelständische Unternehmen, aber auch die angemessene Präsentation der deutschen Wirtschaft als Ganzes im Vergleich zu anderen Nationen. Dies war und ist noch auf den großen Universalmessen, z. B. in Osteuropa oder in außereuropäischen Entwicklungs- und Schwellenländern, von besonderer Bedeutung.

Zur wirksamen Unterstützung der Auslandsauftritte der deutschen Wirtschaft hat der AUMA in Abstimmung mit den Verbänden und den Ministerien ein Corporate-Identity-Konzept entwickelt. Kern dieses Konzeptes ist ein Logo in den Farben schwarz-rot-gold, kombiniert mit dem Slogan „Made in Germany".

Festgelegt werden die Beteiligungen der Bundesministerien für Wirtschaft sowie für Ernährung, Landwirtschaft und Forsten im Arbeitskreis Auslandsmessebeteiligungen beim AUMA. Diesem Gremium gehören Vertreter der Ministerien und exportorientierter Verbände sowie auch einige Unternehmensvertreter an. Jährlich werden rund 120 von der Bundesregierung geförderte Firmengemeinschaftsausstellungen durchgeführt, an denen mehr als 3500 deutsche Unternehmen teilnehmen.

Die Beteiligungen einzelner Bundesländer werden jeweils auf Landesebene festgelegt. Ein Mindestmaß an Koordinierung der Länderförderung untereinander, aber auch zwischen Bund und Ländern erfolgt ebenfalls in einem Arbeitskreis beim AUMA.

Neben den offiziellen Beteiligungen an ausländischen Messen werden auch selbständige Präsentationen der deutschen Wirtschaft veranstaltet. Solche von der Bundesregierung geförderten Veranstaltungen werden ebenfalls im Arbeitskreis für Auslandsmessebeteiligungen festgelegt. Schauplatz dieser Präsentationen sind im allgemeinen Länder, in denen keine geeigneten Messen stattfinden oder in denen aus anderen Gründen ein konzentriertes Auftreten der deutschen Wirtschaft zweckmäßig erscheint.

Zu diesen Sonderveranstaltungen im Ausland zählen selbständige Deutsche Industrie-Ausstellungen, Technische Ausstellungen der Bundesrepublik Deutschland, Ausstellungen ausgewählter Produkte der Konsum- oder Investitionsgüterindustrie sowie Hotelausstellungen einzelner Branchen. Häufig werden solche Veranstaltungen durch Fachvorträge und Symposien ergänzt.

Die umfassendste und repräsentativste Form ist die Deutsche Industrie-Ausstellung, die jeweils alle drei bis vier unter dem Namen TECHNOGERMA stattfindet und zuletzt 1991 in der südkoreanischen Hauptstadt Seoul durchgeführt wurde. Sie wird jeweils gemeinsam vom Bundesministerium für Wirtschaft in Zusammenarbeit mit dem AUMA veranstaltet.

Philippe Lévy

Messen im Europa-Markt

1. Ein kurzer Blick zurück: Die nationalen Mehrbranchenmessen

2. Ein zweiter Rückblick: Die Fachmessen

3. Der EG-Binnenmarkt und der „Messeplatz Europa"

4. Großinvestitionen auf dem Messeplatz Europa – Segen oder Fluch?

5. Mehr Qualität bei den Dienstleistungen – mehr Transparenz

6. Die Neudefinition des Kompetenzmarktes eines Europa-Messeplatzes

7. Ein Blick auf Osteuropa

Literatur

Parallel mit der Industrialisierung Europas haben moderne Messen in diesem Kontinent ihren Aufschwung als Marketinginstrumente erlebt. Zuerst als auf nationale Märkte ausgerichtete Mehrbranchenmessen („Mustermessen"), später als Fachmessen mit internationalem Angebot, aber anfänglich vor allem nationaler Nachfrage. Durch die raschen wirtschaftlichen und politischen Veränderungen vor allem struktureller Natur (Zusammenschluß Westeuropas zur EG, wirtschaftlicher und politischer Wandel in Osteuropa) verschärft sich zwar in unmittelbarer Zukunft der Wettbewerb der großen europäischen Messeplätze untereinander bedeutend; für innovative Messegesellschaften bestehen aber faire Chancen, ihre gegenwärtigen Positionen zu halten und sogar auszubauen.

1. Ein kurzer Blick zurück: Die nationalen Mehrbranchenmessen

Messen, die sich aus Märkten und Bazars entwickelt haben, gab es – vor allem im Orient – schon im Altertum. In Europa gewann die temporäre Zusammenführung von Angebot und Nachfrage an einem Ort in Form von Märkten, aus denen sich *Verkaufsmessen* an den traditionellen Handelswegen (Nord-Süd und West-Ost) entwickelten, vor allem im Mittelalter mehr und mehr an Bedeutung.

Zu einem unverzichtbaren *Marketing-Instrument im modernen Sinne* wurden jedoch Messen erst mit dem Durchbruch der *technisch-industriellen Revolution*. Die Herstellung großer und gleichartiger Mengen (Serienproduktion) ermöglichte, *Muster* anstelle von Warenlagern zu präsentieren, wie dies zuvor bei der traditionellen Verkaufsmesse üblich war.

Ein weiterer Promotor moderner Messen in Europa war – so absurd dies aus heutiger Sicht erscheinen mag – der im Zeitalter des Ersten Weltkriegs besonders prestigeträchtige *Nationalismus*. Es ist sicher kein Zufall, daß die meisten noch heute bestehenden „nationalen" Messeplätze in Europa unmittelbar vor, während und nach dem Ersten Weltkrieg gegründet worden sind: *Paris* (1914, fußend auf älteren Einrichtungen, die bis auf das Jahr 1904 zurückgehen), *London* (1915), *Basel* (1916), *Lyon* (1916), *Lausanne* (1917), *Utrecht* (1917), *Göteborg* (1918), *Birmingham* (1919), *Barcelona* (1920), *Brüssel* (1920) und *Mailand* (1920). Selbst der auf einen Schutzbrief von 1268 zurückzuführende, bis zum Zweiten Weltkrieg wichtigste deutsche Messeplatz *Leipzig* gab sich 1917 eine neue, straffere Organisationsform.

Diese Struktur des europäischen Messewesens mit ihren nationalen Mehrbranchenmessen (sog. „nationalen Leistungsschauen") war bis in die Nachkriegszeit des Zweiten Weltkriegs bestimmend, wenn auch daneben – vor allem in eher föderalistisch organisierten Staaten wie z. B. in Deutschland und in der Schweiz – eine Anzahl weiterer, primär regionale Bedeutung einnehmender Messeplätze entstand.

Als wirklich bedeutender Messeplatz für große nationale Mehrbranchenmessen ist – als Folge der Aufteilung Deutschlands und damit des Verlustes von Leipzig für den Westen – nach dem Zweiten Weltkrieg nur noch *Hannover* (1948) entstanden. Eine größere Zahl europäischer Messeplätze ist hingegen seither in Zusammenhang mit internationalen Fachmessen ausgebaut oder neugeschaffen worden. Darauf soll im nächsten Kapitel eingegangen werden.

Heute können sich nationale Mehrbranchenmessen, wegen des Aufkommens der Fachmessen ihrer Investitionsgütersektoren und im Zuge des wirtschaftlichen Zusammenschlußes Europas auch ihrer national definierten Märkte weitgehend beraubt, nur noch an wenigen Orten (etwa in der Schweiz) halten. Allein in den Jahren 1990 und 1991 haben zwei europäische Messeplätze, *Mailand* und *Wien, die Aufgabe ihrer allgemeinen Mehrbranchenmessen beschlossen*. Bei den noch verbleibenden Veranstaltungen dieser Art dürfte sich in den nächsten Jahren entscheiden, ob das Publikum ihre angestrebte verstärkte Ausrichtung auf den Erlebnischarakter für Besucher honoriert.

Überdies wird sich bald erweisen, ob die Staaten *Osteuropas*, die (wieder) eine echte Unabhängigkeit erlangt haben, das Bedürfnis empfinden werden, ihr Leistungsangebot auf nationaler Mehrbranchenebene dem europäischen (resp. weltweiten) Markt vorzustellen. Angesichts der europaweiten bzw. weltweiten wirtschaftlichen Vernetzung, in welche gegenwärtig die erwähnten altneuen Länder rasch eingebunden werden, dürfte eine solche Perspektive wenig wahrscheinlich sein.

2. Ein zweiter Rückblick: Die Fachmessen

Noch während der Zwischenkriegszeit entstanden die ersten Fachmessen in Europa (im Unterschied zu Branchenausstellungen, die es schon früher gegeben hat, finden Fachmessen regelmäßig, wenn auch teilweise in Mehrjahreszyklen statt). Den eigentlichen Durchbruch schafften diese Fachmessen mit internationalem Angebot in der Nachkriegszeit. Zwei Gründe waren dafür besonders maßgebend:

– Erstens: Die mit dem Fortschreiten der industriellen Revolution einhergehende Rationalisierung der Produktion ließ die *Menge und Vielfalt* der Güter und Dienstleistungen so *stark anwachsen*, daß auch die größten europäischen Messeplätze nicht mehr imstande gewesen wären, das gesamte Angebot der Wirtschaft gleichzeitig zu präsentieren.

– Zweitens: Die sich weltweit verstärkende Arbeitsteilung und wirtschaftliche Vernetzung machten mit dem *„nationalen" Leistungsprinzip* ein rasches *Ende* und führten unausweichlich zur Internationalisierung des Angebotes.

In den letzten dreißig bis vierzig Jahren ist die *Durchführung von Fachmessen zur Hauptaufgabe* aller bedeutenden Messeplätze Europas (und der Welt) geworden. Im stark industrialisierten Westeuropa ist die Dichte dieser Messeplätze und die Zahl der Fachmessen heute besonders groß. In den ehemaligen Staatshandelsländern gibt es vorderhand nach wie vor zumeist einen einzigen internationaler Messeplatz pro Land, doch sind zum Zeitpunkt der Abfassung dieses Textes Ansätze zu einer Neuentwicklung, die auch dort zu einer größeren örtlichen Diversifizierung führen könnten, erkennbar.

3. Der EG-Binnenmarkt und der „Messeplatz Europa"

Für den „Messeplatz Europa" bedeuten die weit fortgeschrittenen Bemühungen der EG zum wirtschaftlichen Zusammenschluß des Kontinentes (Vollendung des Binnenmarktes ab Anfang 1993, im Prinzip beschlossene Währungsunion usw.) *Chancen und Herausforderungen* zugleich.

Die folgenden Gründe sprechen dafür, daß das Messewesen gestärkt aus diesen Veränderungen hervorgehen wird:

- die (weitere) Beschleunigung des technologischen Fortschritts;
- die (weitere) Ausweitung des Produkteangebotes;
- die Verkürzung der Innovationszyklen;
- die zunehmende Komplexität der Problemstellungen, namentlich im Investitionsgüterbereich;
- die wachsende Bedeutung der Dienstleistungsbranche;
- die relative Konjunkturresistenz des Messewesens (antizyklisches Verhalten der Wirtschaft bei Konjunktureinbrüchen).

Der EG-Binnenmarkt wird zudem *diverse Barrieren* sofort oder allmählich *beseitigen*, wie:

- die physischen Grenzbarrieren;
- die technischen Handelshemmnisse (z. B. die Vielzahl von nationalen Normen);
- die Steuergrenzen (v.a. die Verbrauchssteuern, die unterschiedlichen Mehrwertsteuersätze);
- die starke Regulierung einzelner Märkte (wie z. B. das öffentliche Beschaffungswesen, der Verkehrsmarkt, der Telekommunikationssektor oder der Kapitalmarkt);

Eher als *Herausforderungen* zu werten sind dagegen:

- die Verschärfung des Wettbewerbs unter den Messeplätzen Europas infolge sprunghaft anwachsender Investititionen;
- die Verschärfung dieses Wettbewerbs durch die Konzentration auf eine Leadermesse („Europamesse", „Weltmesse") pro Branche;
- die relativ starke Reaktion des Messewesens auf strukturelle Veränderungen in der Wirtschaft;
- die Erreichung von Kapazitätsgrenzen im Transportbereich (Personen- und Warentransporte) und damit eine substantielle Verteuerung aller Transporte;
- die „Verdichtung" der Außengrenzen des EG-Binnenmarktes.

Eine Abwägung der Chancen und Herausforderungen ergibt jedoch einen eindeutigen Saldo zugunsten der Chancen. Innovative Messeplätze werden sie zu nützen wissen.

4. Großinvestitionen auf dem Messeplatz Europa – Segen oder Fluch?

Angesichts dieser Chancen ist die Bereitschaft von europäischen Messeplätzen zu großen Investitionen vor allem im EG-Gebiet ungebrochen. Ein paar Beispiele: Allein vier der insgesamt sieben großen *deutschen Messeplätze* planen zur Zeit eine Erweiterung ihrer Ausstellungsflächen und wollen dafür insgesamt etwa sechs Milliarden Mark aufwenden. In Italien sieht der drittgrößte Messeplatz der Welt, *Mailand*, für 1993 eine Erweiterung der Bruttofläche um 80 000 Quadratmeter vor. In Frankreich konzentriert sich das Messegeschehen immer noch in erster Linie auf *Paris*, dessen beide Messeplätze (Nord/Villepinte und Porte de Versailles) in den nächsten Jahren etappenweise insgesamt über 100 000 Quadratmeter Brutto-Ausstellungsfläche zulegen wollen. *Madrid* hat Ende 1991 ein neues Messegelände mit 97 200 Quadratmetern Bruttofläche eröffnet. Schließlich wäre in dieser unvollständigen Aufstellung der Messeplatz *Birmingham* zu erwähnen, der seine gegenwärtige Brutto-Hallenfläche von 125 000 Quadratmetern 1993 auf 155 000 und 1994 auf 200 000 Quadratmeter zu erweitern gedenkt.

Zwar *floriert das Marketing-Instrument* Messen in der Zwölfergemeinschaft immer noch in hohem Ausmaß, finden doch gemäß den im Auftrag der EG-Kommission durch den Ausstellungs- und Messeausschuß der Deutschen Wirtschaft e. V. ermittelten Zahlen jährlich statt:

– ca. 3 000 Messen mit
– ca. 90 Millionen Besuchern,
– ca. 700 000 Ausstellern und
– ca. 20 Milliarden Ecu Aufwendungen.

Trotzdem ist die Frage, ob durch diese *Investitionen* auf dem Messeplatz Europa nicht *Überkapazitäten* entstehen, die den *Marktbedürfnissen nicht mehr entsprechen*, ernsthaft zu prüfen. *Wettbewerbsverzerrungen* können sich überdies dadurch ergeben, daß die *Finanzierungsmodelle* für die drei Trägerschaftsstufen (Grund/Boden, Infrastruktur sowie Betrieb) von Messeplatz zu Messeplatz sehr verschieden sein können und von der Vollfinanzierung aller Stufen durch die öffentliche Hand über Mischformen bis zur Privatfinanzierung reichen. Die EG-Kommission in Brüssel hat dieser Ungleichheit der Spieße bisher wenig Beachtung geschenkt, doch dürfte sich dies mit der Niederlassung großer Messeverbände am Hauptstandort der EG-Behörden und der Bereitschaft dieser Verbände, als Ansprechpartner zur Verfügung zu stehen, möglicherweise ändern.

5. Mehr Qualität bei den Dienstleistungen – mehr Transparenz

Unabhängig davon, ob und wieweit inskünftig „Brüssel" auf den Messeplatz Europa auch normativ einwirken wird, müssen alle Anstrengungen unternommen werden, die zu *qualitativen Verbesserungen bei den Dienstleistungen* und zu *mehr Transparenz* im europäischen Messewesen führen. Von den technischen Dienstleistungen bis zur administrativen Betreuung von Ausstellern und Besuchern läßt sich auch heute noch vieles perfektionieren. Dazu gehören neben der Infrastruktur ebenso sachgerecht ausgebildete Mitarbeiterinnen und Mitarbeiter an den einzelnen Messeplätzen. Ein *europäisches Ausbildungszentrum* mit einem einschlägigen Kursangebot könnte hier wesentlich zur Qualitätssteigerung, aber auch zu einer besseren Verständigung der wichtigen europäischen Messegellschaften in grundsätzlichen Fragen führen, ohne daß dabei die Tatsache, daß die einzelnen Messeplätze untereinander im Wettbewerb stehen, verdrängt werden muß.

Eine gewisse Koordination der Durchführungsdaten von internationalen Fachmessen würde den Firmen helfen, die Auswahl bei der Messebeteiligung zu treffen. Großfirmen müssen schon aus Prestigegründen an den meisten Branchenfachmessen mit dabei sein (und zwar je diversifizierter ihr Angebot ist, an desto mehr Veranstaltungen). Vor allem für kleinere und mittlere Unternehmungen, die aus Kosten- und Personalgründen ihre Beteiligungen auf eine kleine Zahl von Veranstaltungen beschränken müssen, wäre dies eine gute Hilfe.

Damit ist überdies die allgemeine Transparenz von Messedaten angesprochen. Noch immer sind heute in Europa diese Daten (v. a. Grunddaten wie Aussteller- und Besucherzahlen, Brutto- und Nettoausstellerflächen, die Kriterien der Internationaliät usw.) nicht durchwegs miteinander vergleichbar. Mit den *Organisationen zur freiwilligen Kontrolle der Messedaten (FKM)*, wie sie zuerst in Deutschland, später in Belgien, Frankreich, Luxemburg, den Niederlanden, Oesterreich und neuerdings in der Schweiz geschaffen worden sind, sind erste wichtige Schritte in der richtigen Richtung getan worden. Das Ziel sollte jedoch mittelfristig eine Art FKM Europa sein.

6. Die Neudefinition des Kompetenzmarktes eines Europa-Messeplatzes

Der auf jeden Fall *härter werdende Wettbewerb* – und voraussichtlich auch die bevorstehende und wohl kaum mehr vermeidbare *Verteuerung der Transportkosten* für Waren und Personen – zwingen die einzelnen Messegesellschaften, hinsichtlich ihrer internationalen Fachmessen (von den „Weltmessen" einmal abgesehen) vermehrt und gezielter den *Distanzenschutz* in ihre Marketing-Ueberlegungen einzubeziehen. Sie müssen, in anderen Worten, ihren Heim- bzw. *Kompetenzmarkt neu definieren.*

Dies wird umso evidenter als mit der Verwirklichung des EG-Binnenmarktes (bzw. des Europäischen Wirtschaftsraumes) auch *Vertriebs- und Vertreternetze* sich nicht mehr primär an nationalen Grenzen, sondern an *Großregionen orientieren werden*, die in vielen Fällen auch *grenzüberschreitend* sein werden (allenfalls spielen dabei noch Sprachgrenzen eine gewisse Rolle). Damit werden nicht zuletzt hinsichtlich der Standorte der Messeplätze im Europa-Markt die Karten neu gemischt.

Neue Möglichkeiten der Standortwahl eröffnen jedoch *innovativen* Messeorganisationen bedeutende *Chancen*.

Dies soll am Beispiel der *Messe Basel* kurz dargelegt werden:

Die Messe Basel wurde als *nationale Leistungsschau* – wie bereits oben erwähnt – 1916 und damit weitgehend *zeitgleich* mit den meisten wichtigen Messeplätzen Europas ins Leben gerufen (die erste Messe fand im Frühjahr 1917 statt). Seit den fünfziger Jahren führt sie, abgesehen von einigen „Weltmessen", eine größere Zahl von *Fachmessen* durch, die zwar vom Angebot her international sind, sich aber schwergewichtig an schweizerische, also nationale Nachfrager richten. Dies, obwohl dieser größte Messeplatz der Schweiz sich in einer Distanz von *weniger als zwei Kilometer zur EG-Außengrenze* befindet. Mit andern Worten: Das Aussteller- und das Besucherpotential nördlich und westlich der an der Dreiländerecke gelegenen Stadt Basel aus *Deutschland* und *Frankreich* ist bisher nicht oder bestenfalls unvollständig erfaßt worden. Nicht zuletzt im Hinblick auf die immer schneller erfolgende politische Entwicklung in der trinationalen Region am Oberrhein und dem bereits erwähnten Trend zu grenzüberschreitenden Vertriebsstrukturen, betrachtet die Messe Basel heute nicht nur die Schweiz, sondern mindestens auch das Elsaß, Baden-Württemberg und die angrenzenden Gebiete im Norden, Westen und Süden als ihren Kompetenzmarkt, den sie immer gezielter und intensiver bearbeitet.

Damit nicht genug, befaßt sich die Messe Basel zurzeit mit dem *Projekt eines Neuen Messezentrums*, das teilweise oder ganz auf EG-Territorium zu liegen kommen soll. Ausschlaggebend für das Studium eines solchen Projektes waren nicht nur Zollprobleme (die im Falle eines Beitritts der Schweiz zur EG ohnehin ihre Bedeutung verlieren), sondern auch eine teilweise nicht mehr den heutigen Bedürfnissen entsprechende Hallen-Konzeption, eine nicht mehr durchwegs als optimal zu bezeichnende Anbindung des heutigen Messegeländes an den öffentlichen und privaten Verkehr, eine ziemlich starke Beeinträchtigung durch das städtische Umfeld und vor allem die Tatsache, daß sich erkannte Schwachstellen nicht oder kaum mehr am bisherigen Standort beheben lassen.

(Zum Zeitpunkt der Abfassung dieses Textes stehen noch *zwei mögliche Standorte* für das Projekt „Neues Messezentrum" im Gespräch: Der eine liegt im *schweizerisch-deutschen Grenzgebiet*; der andere in *Frankreich*, direkt neben dem EuroAirport Basel-Mulhouse-Freiburg).

Die Realisierung dieses Projektes „Neues Messezentrum" mit trinationaler Trägerschaft und Finanzierung – da man sich hier weitgehend auf Neuland bewegt, sind noch nicht alle Abklärungen abgeschlossen – könnte dem europäischen Messewesen vor allem in den bisherigen Grenzregionen (die oft als „nationale Randgebiete" vernachlässigt worden sind) einen wichtigen Impuls verleihen, indem sie ihm neue Dimensionen eröffnet.

7. Ein Blick auf Osteuropa

Zum Europa-Markt gehören (im weiteren Sinne schon jetzt und im engeren Sinne mittel- bis langfristig) auch jene Länder Osteuropas, in denen sich seit einigen Jahren tiefgreifende *politische und wirtschaftliche Veränderungen* vollziehen.

Klammern wir den Sonderfall des durch die Wiedervereinigung Deutschlands bereits in die EG integrierten Gebiets der ehemaligen DDR aus, deren früher zentraler Ost-West-Messetreffpunkt Leipzig zurzeit zu einem „normalen" deutschen Fachmesseplatz umgeformt wird, so leitet sich aus der früheren zentralistischen Außenhandelsstruktur die Tatsache ab, daß die meisten dieser Länder noch immer je einen echt internationalen Messeplatz aufweisen. In Bulgarien ist es *Plovdiv*, in der CSFR *Brno*, in Jugoslawien/Serbien *Belgrad*, in Polen *Poznan*, in Rußland *Moskau* und in Ungarn *Budapest*, um nur die wichtigsten Messeplätze zu nennen. Eine Prognose läßt sich in diesen Ländern gegenwärtig kaum stellen, doch wird auch hier der Trend von den nationalen Mehrbranchenmessen zu den Fachmessen führen. Dabei dürften diese Fachmessen zunächst vor allem von Ausstellern aus westlichen Ländern beschickt werden, da sie die Aufgabe übernehmen müssen, Grundinformationen über den Entwicklungsstand jeder Branche zu vermitteln. Wie weit die Länder des Ostens vorläufig überhaupt finanziell in der Lage sein werden, westliches Know-how zu erwerben (wohl am ehesten über Kooperationsverträge oder Joint Ventures) ist gegenwärtig schwierig zu beurteilen. In diesem Bereich dürften sich auch von Land zu Land bedeutende Unterschiede herausstellen. Hingegen darf wohl die Prognose gewagt werden, daß *Messen* als direkte Begegnungspunkte von Angebot und Nachfrage auch auf dem mühsamen Weg, den heute die Länder Osteuropas gehen müssen, um zum *Ziel einer marktorientierten Wirtschaft* zu gelangen, eine *wichtige Rolle* spielen werden.

Literatur

AUMA (Hrsg): Die Entwicklung des europäischen Messewesens, insbesondere des Messeplatzes Deutschland, unter den veränderten wirtschaftlichen Rahmenbedingungen des EG-Binnenmarktes. Bergisch Gladbach 1991.

DÖRING, W. (Hrsg): Handbuch der Messen und Ausstellungen. Darmstadt 1956.

EUROPEAN TRADE FAIR and Exhibition Statistics 1990.

HEIL, E. B.: Messen und Ausstellungen, Entwicklung und Ausgestaltung nach dem Zweiten Weltkrieg in Deutschland. Nürnberg 1966.

MORTSIEFER, J.: Messen und Ausstellungen als Mittel der Absatzpolitik mittelständischer Herstellerbetriebe. Göttingen 1986.

Dieter Ebert

Weltweite Entwicklungstendenzen im Messewesen

1. Das Messegeschehen weltweit im letzten Jahrzehnt

2. Messeplatz Deutschland

3. Veränderungen in Europa

4. Der Export internationaler Fachmessen

5. Hallenvermietung als Ersatz für eigene Messen

6. Die Entwicklung in Fernost und Nordamerika

7. Elektronische Medien kein Messe-Ersatz

1. Das Messegeschehen weltweit im letzten Jahrzehnt

Zwischen 1981 und 1991 stieg die Zahl der Messen und Ausstellungen weltweit von gut 1.000 auf mittlerweile weit über 2.000. Die Ausstellungsflächen wuchsen weltweit in dieser Zeitspanne von 6,0 auf 9,2 Millionen Quadratmeter Hallenfläche. Dieses Wachstum in Sachen Messeveranstaltungen und Flächenausbau beschränkt sich aber im wesentlichen auf drei Wirtschaftsregionen: Auf Nordamerika, auf West-Europa und auf Fernost. Also exakt auf jene drei Regionen, die auch weltwirtschaftlich führend und in starker Konkurrenz zueinander stehen.

Der Zusammenhang zwischen Wirtschaftskraft und Messeentwicklung ist in Europa traditionell und hat vor allem in den letzten vier Jahrzehnten nach dem 2. Weltkrieg zu einem ausgeprägten Messewesen geführt, in West- und in Osteuropa. Nordamerika – insbesondere die USA – und einige Staaten in Fernost haben das Absatzförderungsinstrument Messe erst vor 10–15 Jahren entdeckt, aber seither auch forciert ausgebaut. Das Resultat heute: Von den weit über 2.000 Messen finden gut 1.000 in West-Europa, 200 in Ost-Europa, 200 in Nordamerika und 400 im asiatisch-pazifischen Raum statt. Der Rest verteilt sich auf Lateinamerika, auf Afrika, auf den Nahen Osten, auf Australien.

Diese Zahlen sagen allerdings noch nichts aus über die Funktion dieser Messen für die Wirtschaft. Rund 1.300 – also über die Hälfte der weltweit mehr als 2.000 Messen und Ausstelllungen – sind Publikumsveranstaltungen, Endverbrauchermessen mit regionaler oder nationaler Bedeutung. Rund 800 Messen weltweit können als Fachmessen bezeichnet werden, nur geöffnet für den Dialog zwischen Industrie und Handel, bzw. der Fachnachfrage. Von diesen 800 Fachmessen können 150 eine international führende Bedeutung für ihre Branchen und Wirtschaftszweige aufweisen. Über 100 dieser Messen und Fachausstellungen mit Ausstrahlungskraft, mit Anziehungskraft auf die Wirtschaft aller Kontinente finden in der Bundesrepublik Deutschland statt.

2. Messeplatz Deutschland

Daß in der Bundesrepublik Deutschland zwei Drittel aller international führenden Fachmessen stattfinden, ist das Ergebnis des frühzeitigen Aufbaus marktgerechter Fachmessen mit internationalem Zuschnitt. Natürlich wurde dies begünstigt durch die geografische Lage im Herzen Europas sowie durch die Struktur und Kapitalkraft der deutschen Wirtschaft im Zuge ständig wachsender Auslandsverflechtungen, der hohen Exportorientierung der deutschen Industrie.

Von den etwa 100 internationalen Fachmessen und Fachausstellungen in der Bundesrepublik Deutschland entfallen über 80 % auf die sechs großen Messeplätze Köln, Düsseldorf, Hannover, Frankfurt, Berlin und München. Diese Messen sind jeweils das Branchenforum für Import und Export, Produktmarketing, Kooperationsinitiativen, Ideenaustausch, Know-how und Information mit weltweiter Ausstrahlung. Die Fachmessen in Deutschland sind heute mehr denn je multilaterale Drehscheiben, auf denen die Aussteller alle wichtigen Entscheider aus allen wichtigen Märkten treffen. Hier machen Italiener Geschäfte mit

Japanern, Deutsche mit Amerikanern, Dänen mit Briten, Franzosen mit Australiern, ja sogar US-Aussteller mit Einkäufern aus Chicago oder Dallas. Im Mittelpunkt dieser internationalen Fachmessen steht die Neuanbahnung von Geschäften und Kontakten. Marktführende, internationale Fachmessen gelten nicht ohne guten Grund als zuverlässige Stimmungsbarometer für Branchenkonjunkturen, für Firmenkonjunkturen, für Produktkonjunkturen. Die ausstellende und einkaufende Wirtschaft nutzt diese Fachmessen zur Überprüfung ihrer absatzorientierten Strategien: durch Information, Wettbewerbsbeobachtung, Erfahrungsaustausch, Trenderkenntnisse. Von Messetermin zu Messetermin erhält die beteiligte Branche realistische Indikatoren für die jeweiligen Märkte weltweit, erhält Entscheidungshilfen für die mittel- bis langfristige Unternehmensstrategie, Handelspolitik, Produkt- und Sortimentsstruktur. Diese international anerkannte Dienstleistung des deutschen Messewesens für den weltweiten Warenabsatz ist von einzelnen Messegesellschaften unabhängig voneinander, gerade im Wettbewerb miteinander, aber über viele Jahre mit gleicher Zielsetzung aufgebaut worden, durch marktgerechte Messekonzepte, durch bedarfsgerechte Investitionen – möglichst wie in Köln eigenfinanziert – und durch ein internationales Messemarketing.

Plätze wie Köln, Düsseldorf, Hannover, Berlin, München oder Frankfurt – aber auch Messestandorte und Ausstellungsplätze wie Essen, Nürnberg, Pirmasens oder Offenbach haben dafür gesorgt, daß fast jede Branche der Konsum- und Investitionsgüterwirtschaft ihre weltweit führende Fachmesse in der Bundesrepublik Deutschland hat.

Die erreichte weltweite Spitzenposition der deutschen Messewirtschaft wird allgemein akzeptiert. Allerdings ist nicht zu verkennen, daß die nationale und internationale Wettbewerbssituation sich im Messewesen kontinuierlich verschärft hat und daß die internationalen Wettbewerber mit großen Anstrengungen versuchen, die Vormachtstellung des Messeplatzes Deutschland durch Investitionen in Messegelände und Infrastrukturausstattung sowie eigene Leistungssteigerung in Service und Marketing in Frage zu stellen, um den Wettbewerbsvorsprung zu verkürzen. Dies gilt nicht nur für die europäischen Konkurrenten, sondern auch für das Messewesen in den USA und in Südostasien.

Die gegenwärtige Wettbewerbssituation und Wettbewerbsposition des Messeplatzes Deutschland ist auf die kontinuierliche Weiterentwicklung der Wettbewerbsfaktoren sowohl durch partnerschaftliche Zusammenarbeit der Messewirtschaft als auch durch den Leistungswettbewerb der Messegesellschaften zurückzuführen. Der Messewirtschaft in der Bundesrepublik Deutschland ist es gelungen, durch große finanzielle und konzeptionelle Anstrengungen bedeutende Wettbewerbspositionen in der Vergangenheit auf- und auszubauen und zu Wettbewerbsvorteilen gegenüber den Mitbewerbern in europäischen und weltweiten Messeländern auszugestalten.

Dafür gibt es vier wesentliche Gründe:

1. Das Messewesen der Bundesrepublik hat aufbauen können auf eine lange historische Entwicklung der Messen in Deutschland. Ich nenne nur das Beispiel Leipzig. Dieser lange, historische Weg war auch zugleich die Entwicklungslinie von den Universalmessen über die Viel- oder Mehrbranchenmesse bis zur konsequenten Einführung von Fachmessen in den frühen 50er Jahren dieses Jahrhunderts.

2. Die deutsche exportorientierte Wirtschaft hat gleich nach dem Zweiten Weltkrieg erkannt, daß international angelegte Fachmessen ein vorzügliches Instrument zur Absatzförderung darstellen. Wirtschaft und Medien entwickelten eine steigende Akzeptanz gegenüber der Plattform Messe als Drehscheibe für neue Marktzugänge.

3. Ohne Zweifel hat das deutsche Messemanagement ebenso frühzeitig diese Fachmessen international geöffnet – was heute in mancher Weltregion immer noch nicht der Fall ist – und gleichzeitig Ausstellungseinrichtungen, Servicestrukturen sowie Messe-Know-how auf- und ausgebaut, um höchsten internationalen Ansprüchen gerecht zu werden. Und schließlich haben wir hier …

4. den härtesten Wettbewerb. Um gut zu sein, braucht man gute Wettbewerber. Diese leistungssteigernde Situation in der Bundesrepublik geht einher mit dem Wissen aller Beteiligten, daß jeder Flop allen schadet, daß jeder Erfolg – wo auch immer er erzielt wird – dem ganzen Medium Messe nutzt.

Die Entwicklung der deutschen Wirtschaft und ihres Außenhandels in den nun mehr als über 40 zurückliegenden Jahren steht in engem Zusammenhang mit der Entwicklung des deutschen Fach-Messewesens. Es hat ebenfalls von Anfang an nicht nur eine nationale, eine europäische, sondern eine globale Strategie verfolgt. Dies alles hat Deutschland einen großen Vorsprung verschafft im internationalen Messewettbewerb. Er wird – mit Blick auf Veränderungen in der Zukunft – so groß nicht bleiben, aber immer noch vorhanden sein. Das wiedervereinigte Deutschland verfügt derzeit über insgesamt mehr als 2,0 Millionen qm Bruttohallenfläche an 18 bedeutsamen Messestandorten. Auf die sechs Großmesseplätze Köln, Düsseldorf, Hannover, Frankfurt, Berlin und München entfallen davon fast 1,4 Millionen qm Bruttohallenfläche, also 70 %. Im einzelnen: Hannover 480.000 qm – davon ist allerdings ein großer Teil mit festen Standeinbauten für eine Mehrfachnutzung blockiert, Frankfurt 263.000 qm – auch hier gibt es feste Standeinbauten, die eine Mehrfachnutzung blockieren, Köln 260.000 qm, Düsseldorf 180.000 qm, München 105.000 qm und Berlin 100.000 qm.

Ein besonderes Kapitel im aktuellen Messegeschehen ist die deutsche Einheit. Sie hat eine Flut von Messen und Ausstellungen in den neuen fünf Bundesländern gebracht – meist organisiert und initiiert von westdeutschen Veranstaltern, die nicht immer den Markt, sondern die eigene „schnelle Mark" dabei im Auge hatten. Hier wird sich noch die Spreu vom Weizen trennen.

Die Möglichkeiten der Messe- und Ausstellungsplätze in den neuen fünf Bundesländern – und das ist ja nicht nur Leipzig, von dem jetzt alles spricht, es entstehen ja auch Aktivitäten in Dresden, Erfurt, Frankfurt/Oder, in Rostock oder Halle – muß man differenziert sehen. Natürlich hat Leipzig, die älteste Messe der Welt, wohl die besten Chancen, nach über 40 Jahren Staats- und Parteiräson als Abteilung des Außenhandelsministeriums, nun seine Rolle neu zu definieren und aufzubauen.

Das gelingt ohne Zweifel umso besser und schneller, wenn die Ansprüche öffentlich nicht zu hoch angesetzt werden. Man beginnt dort nun mit kleinen Fachmessen, zunächst mit regionaler, vielleicht nationaler Anziehungskraft – ausbaubar zu Ereignissen mit etwas weiterreichender Ausstrahlung. Wenn später auch die Infrastruktur in Leipzig stimmt –

neben dem Bau des neuen Messegeländes gehört auch eine bessere Verkehrs- und Hotelstruktur dazu – dann wird Leipzig eine neue, eigenständige Rolle im Messegeschehen entwickeln können. Vor allem dann, wenn eigene Messekonzepte entwickelt werden können.

3. Veränderungen in Europa

In den über 40 Jahren nach dem Zweiten Weltkrieg hat sich ein internationales Messewesen entwickelt, in das nun durch die Veränderungen in Europa neue Bewegung kommt. Ich nenne nur die Stichworte EG-Binnenmarkt ab 1993, die Anbindung der EFTA-Staaten an die EG zum Europäischen Wirtschaftsraum (EWR), die deutsche Einheit und die geradezu dramatischen Veränderungen in den osteuropäischen Ländern. Der Liberalisierungsprozeß, der dort eingesetzt hat und sich mittel- bis langfristig im Sinne marktwirtschaftlicher Neuorientierungen durchsetzen wird, berührt auch die Funktion von Messen im bisherigen West-Ost-Verhältnis.

Messeplätze wie beispielsweise Posen, Budapest oder Brünn werden einen anderen Stellenwert im zukünftigen Ost-West-Handel bekommen, wenn Angebot und Nachfrage aus den osteuropäischen Ländern nun wesentlich leichter und vermehrt auch auf westeuropäische Messen gehen können, um dort den dringend notwendigen Zugang zu internationalen Märkten zu finden, um Marktwirtschaft dort zu lernen, wo sie geradezu mustergültig funktioniert. Andererseits werden Messeplätze wie die genannten eine neue Bedeutung als Veranstaltungsorte für neue, auch regionale und nationale Fach- und Verbraucherausstellungen erhalten, denn die in großer Zahl neu entstehenden Kleinbetriebe haben – ebenso wie die Konsumenten dieser Länder – einen erheblichen Nachholbedarf an Informationen über Produkte und Dienstleistungen.

Das Europa der 90er Jahre hat durch die Entwicklung im europäischen Osten eine neue, zusätzliche Dimension für die Wirtschaft erhalten. Der Messeplatz Köln z. B. spürt das bereits sehr konkret. Die Zahl der Teilnehmer an Kölner Messen aus den osteuropäischen Staaten hat sich positiv verändert: Statt früher im Schnitt 100 Ausstellerbeteiligungen am Kölner Messeprogramm sind es nun nahezu 300, statt zuvor knapp 2.500 Fachbesucher aus Osteuropa kommen nun rund 20.000 nach Köln. Das ist nicht verwunderlich. Wer jahrzehntelang von den Weltmärkten abgeschnitten war, sucht nun dringend den Zugang zu ihnen.

Eines wird bei dieser Entwicklung besonders deutlich werden: Der Wettbewerb im Messewesen erhält durch die neuen, veränderten Aktivitäten in Osteuropa einschließlich der neuen Situation von Leipzig zusätzliche Impulse. Diese Messeplätze werden mehr als bisher auch zueinander Wettbewerber, so wie es andere Messeplätze inner- und außerhalb von EG und EFTA schon lange sind. Binnenmarkt und osteuropäische Entwicklung haben auch die Aufmerksamkeit der außereuropäischen Wirtschaft gesteigert: In den USA und in Japan ist deutlich eine stärkere Hinwendung zu den europäischen Märkten und damit auch zu den führenden europäischen Messen zu spüren – als Tor für einen hochinteressanten Markt zwischen Helsinki und Rom, zwischen Madrid und Moskau.

Das Europa der 90er Jahre steckt voller neuer Chancen und Risiken für jeden einzelnen Messeplatz in einem sicherlich weiter zunehmenden Wettbewerb – vor allem in den drei wesentlichen Weltmärkten: Europa West, Nordamerika, Fernost. Eine Dynamisierung der europäischen Wirtschaft bedeutet auch eine Dynamisierung der Messen in Europa in ihrer Funktion als Absatz- und Marketinginstrument – zuerst einmal innerhalb der Gemeinschaft betrachtet. Hinzu kommt, daß noch große Reserven in Europa auf der Angebots- und Nachfrageseite vorhanden sind: fast 90 % aller Firmen sind mittelständisch und bislang noch nicht in hohem Maße für Messebeteiligungen gewonnen – das wird sich ändern. Denn gerade für kleinere und mittlere Unternehmen sind Messen ein kostengünstiges Medium, um auf Exportmärkten Fuß zu fassen.

Der Europäische Wirtschaftsraum (EWR) mit über 370 Millionen Verbrauchern wird aber auch für überseeische Aussteller und Einkäufer noch attraktiver als er schon heute ist. Weil die Freizügigkeit von Waren, Dienstleistungen und Kapital, die Angleichung technischer Normen in der europäischen Gemeinschaft Wettbewerbshindernisse abbauen wird – auch für nichteuropäische Unternehmen. Ich habe schon vor vier Jahren die Prognose gewagt, die inzwischen viele übernommen haben, daß im Europa von morgen im Grundsatz nur zwei Typen von Messen eine besondere Zukunft haben werden:

1. die wirklich internationale Messe mit weltweiter Pilotfunktion für die jeweilige Branche und ihr thematisch verbundener Wirtschaftszweige – also die internationale Fachmesse, die die Nr. 1 für die jeweilige Branche darstellt, sowie
2. die klar auf einen regionalen oder nationalen Raum – auch Sprachraum – zugeschnittene Fachveranstaltung.

Beide können gut nebeneinander existieren und sich sogar ergänzen. Noch weniger Chancen als bisher werden in Zukunft Mini-Veranstaltungen und Splittermessen haben. Also Veranstaltungen, die versuchen, ein einzelnes, schmales Segment einer Branche messefähig zu machen.

Der Binnenmarkt muß für deutsche Messen keine grundsätzlichen konzeptionellen Veränderungen bedeuten, wenn man – wie in Köln – die globale Konkurrenzfähigkeit als festen Bestandteil der Unternehmensstrategie noch ausbaut. Dabei müssen die deutschen Messen die wachsende Konkurrenz in Europa schon jetzt fest im Visier haben:

– Paris z. B. will ein drittes Messegelände bauen, um die Ausstellungskapazitäten von fast 500.000 qm auf 700.000 qm zu erhöhen.
– Mailand will ebenfalls mit Blick auf den Binnenmarkt eine Steigerung der Hallenfläche um 80.000 auf 350.000 qm erreichen, evtl. sogar ein neues Messegelände bauen.
– Plätze wie Zürich, Madrid, Luxemburg, Amsterdam, Birmingham, aber auch Basel, Wien oder Bologna planen oder realisierten bereits quantitative und qualitative Verbesserungen – ebenfalls mit Blick auf die Verschärfung des Wettbewerbs demnächst.

Natürlich ist das Thema Investitionen auch für deutsche Messen hochaktuell. Nach einer Schätzung des AUMA – des Ausstellungs- und Messe-Ausschusses der Deutschen Wirtschaft und eigener Recherchen – summieren sich die laufenden Investitionsprogramme und Investitionspläne deutscher Messen bis 1997 auf mehr als 6 Mrd. DM. Allein München muß für den Neubau seines Messegeländes sicherlich mit einem Investitionsvolumen von über 2 Mrd. DM rechnen. Berlin rechnet für seine Ausbaupläne mit 1 Mrd. DM, der Neubau der Leipziger Messe ist mit rund 1,4 Mrd. DM veranschlagt.

4. Der Export internationaler Fachmessen

Eine neue Gefahr sehe ich für internationale Fachmessen, wenn ihre Veranstalter dazu übergehen, renommierte Messen, renommierte Messetitel nach Fernost und in die USA zu exportieren. Ist das eine großartige Idee?

Vor allem deutsche, aber auch verschiedene andere Messegesellschaften haben seit einigen Jahren damit begonnen, am heimischen Messeplatz etablierte Veranstaltungskonzepte ins Ausland zu transferieren. So gehen Frankfurt, München, Essen Utrecht, Brüssel und Mailand mit eigenen Veranstaltungen ins Ausland. Mit diesem Konzept sollen zusätzliche Besucherschichten erschlossen werden. Ich skizziere ein theoretisches Beispiel: Da gibt es eine in Deutschland ansässige Fachmesse, die für ihre Branche das Weltereignis Nr. 1 ist, nennen wir sie „ABC-Messe". Durch einen Titelexport nach Fernost, also „ABC-Asia" in Hongkong werden wichtige fernöstliche Einkäufergruppen vom Besuch der „ABC-Messe" hier bei uns abgehalten. Diese Einkäufer fehlen den Ausstellern.

Kommt eine „ABC-USA" dazu, so schmilzt auch das Besucherpotential aus dem nordamerikanischen Markt. Die „ABC-Messe" in der Bundesrepublik wird zu einer europäischen Rumpfveranstaltung, ohne Frage mit negativen Auswirkungen auf die Marktchancen der noch beteiligten Anbieter, weil dem Ausstellerpotential nicht mehr wie bisher Einkäufer aus Übersee zugeführt werden. Damit wird im zweiten Schritt auch das Ausstellerpotential der „ABC-Messe" hier in der Bundesrepublik zurückgehen. Eine solche Messe-Exportpolitik mag für private Messeveranstalter, die über kein eigenes, Investitionen erforderndes Messegelände verfügen, noch angehen und zwar unter dem Gesichtspunkt, daß es für einen Messeveranstalter ohne eigenes Gelände gleich ist, wo er seinen Umsatz macht. Aber Messeverantwortliche mit eigenem Gelände müssen das anders sehen und sich auch die Frage nach dem „return on investment" stellen.

Ein anderer Punkt ist, daß Unternehmen im Rahmen eines aktiven Marketings auch direkt zu den fernöstlichen oder nordamerikanischen Märkten gehen und über Beteiligungen an Messen dort ihre Absatzpolitik vor Ort betreiben, und zwar im Hinblick auf nationale oder regionale Käuferkreise, da natürlich nicht immer alle Fachbesucher zu den Spitzenmessen in die Bundesrepublik kommen können.

Seit vielen Jahren unterstützen Bundesregierung und Bundesländer deshalb exportorientierte deutsche Industrien, um ihnen die Chance zu geben, über das Marketinginstrument Messen auf ausländischen Märkten Fuß zu fassen. Vor allem die Regionen im asiatisch-pazifischen Raum – speziell Japan – sowie die USA lagen in letzter Zeit im Blickpunkt der Förderung des Bundes mit jährlich 35 Millionen DM, und der Länder mit jährlich fast 20 Millionen DM – also insgesamt weit über 50 Millionen DM. Die deutschen Messegesellschaften begleiten und betreuen Jahr für Jahr fast 10.000 deutsche Aussteller auf Messen im Ausland. Köln macht dies z. B. durch die Auslandsabteilung ISC-International Service Center KölnMesse, Düsseldorf durch ihre Auslandstochter NOWEA International. Auch in diesem Geschäft ist natürlich Wettbewerb, aber auch Kooperation. So organisierten beispielsweise ISC KölnMesse und NOWEA International gemeinsam – als Arbeitsgemeinschaft – im Auftrag der Bundesregierung die offizielle Beteiligung der Bundesrepublik Deutschland an der Weltausstellung EXPO' 92 in Sevilla, Spanien.

Messebeteiligungen im Ausland zu organisieren, bedeutet aber nicht, daß damit eigene Messen geschwächt werden. Mehr Messen in Übersee müssen nicht zwangsläufig zu einer Verminderung der Beteiligung aus diesen Ländern an Messen in der Bundesrepublik führen. Wahrscheinlich ist und auch durch Zahlen der letzten Jahre belegt: Die Vermehrung von Messen in den USA und Asien hat den Zustrom der Kunden aus diesen Weltregionen nicht beeinträchtigt, sondern offensichtlich noch verstärkt. Das hat seine Ursache in der Erhöhung des Gesamtpotentials. Bisher den Messen fernstehende Firmen haben dieses Instrument entdeckt und nutzen es nun weltweit als Absatz- oder Beschaffungsmärkte.

Die Internationalisierung des Messewesens wird weiter zunehmen. Messebeteiligungen von ausländischen Ausstellern und Besuchern, die bei führenden Veranstaltungen schon heute die Zahlen einheimischer Teilnehmer deutlich überschreiten, werden gerade auch im Hinblick auf den Binnemarkt noch an Bedeutung gewinnen. Sie werden zugleich erleichtert durch verbesserte und verbilligte Transportmöglichkeiten und den Wegfall der Grenz- und Zollkontrollen.

5. Hallenvermietung als Ersatz für eigene Messen

Ein besonderes, aktuelles Phänomen ergibt sich zwangsläufig aus den Strukturen des Messewesens weltweit – ein Phänomen, das uns alle noch sehr beschäftigen wird. Und das ist die Situation, daß es auf der einen Seite Hallenbesitzer gibt, die keine Messe machen wollen oder können, und auf der anderen Seite Messeveranstalter, die Messen machen wollen, manchmal auch können, aber kein Gelände haben.

Es ist nach marktwirtschaftlichen Abläufen völlig klar, daß diese beiden Gruppierungen im zusätzlichen Maße miteinander ins Geschäft kommen werden. Nichts ist für einen Hallenvermieter einfacher, als sich Gesellschaften zu suchen, die in seinem Gelände Aktivitäten aller Art veranstalten. Und nichts ist für eine Veranstaltungsgesellschaft, die kein Gelände hat, leichter, als ohne jede Verantwortung für jedes Investment Messen mal hier oder dort durchzuführen.

Während die eine Seite, die Vermieter, zufrieden sind, wenn sie eine gewisse Miteinnahme verzeichnen und sich darüber hinaus an der mehr oder weniger bedeutsamen Verbesserung ihres Hotel- oder Taxiwesens erfreuen, können die anderen ohne großes Risiko Gewinne maximieren und schnell realisieren. Das Ergebnis sind, und das wird noch viel deutlicher erkennbar werden, alle möglichen neuen Veranstaltungen mit allen möglichen Themen an allen möglichen Orten. Hierzu gehört auch das Kapitel, daß Messen mittlerweile gekauft werden wie die Praxis eines Steuerberaters, um sie weiter privat durchzuführen. Viele dieser

Unternehmen werden langfristig keinen Erfolg haben, weil die Kunden nicht mitspielen. Es nützt – wie im Falle der öffentlich subventionierten Messeinvestitionen – wenig, sich über diese Situation zu beklagen. Wichtiger ist es, daß jeder, der über Messefaszilitäten verfügt, sich selbst klar wird, welche Politik er betreiben will. Leichter ist es allemal, einen Fremdveranstalter ins Gelände zu nehmen, als eigene Konzepte zu entwickeln. Ob es nachhaltig erfolgreicher ist, ist eine andere Frage.

6. Die Entwicklung in Fernost und Nordamerika

Um die regionale Wirtschaft anzukurbeln, entstehen immer neue Messeplätze oder Messezentren auch in Amerika und Asien – Modernisierung und Ausbau gehören ebenso dazu. Neue und modernisierte Faszilitäten werden zunehmend auch für Sport, Kultur und Kongresse genutzt. Wie in Europa ist ein Trend zur Kombination von Ausstellung mit Kongress zu beobachten. Vor allem in Asien wird das Messewesen immer professioneller. Je mehr die jungen Industrieländer Ostasiens sich einen festen Marktanteil unter den Technologieanbietern international sichern, desto wichtiger wird für die High-Tech anbietenden Unternehmen der asiatisch-pazifischen Region auch die Messepräsentation. Neben Japans führender Rolle als Messeland in Ostasien bemühen sich nunmehr auch verstärkt Hongkong, Korea, und Taiwan darum, große Fachmessen zu organisieren.

Hongkong, das sich als natürliches Tor zu China versteht, veranstaltet jedes Jahr zunehmend mehr Fachmessen und zieht dabei vor allem Besucher aus China an. Ziel dieser Bemühungen ist vor allen Dingen, auch ausländische Messebeteiligungen – vor allem aus den USA, Japan und Europa – zu gewinnen, und somit ein internationales Forum für führende Anbieter weltweit zu schaffen.

Die meisten Messen dieser Region haben aber noch nationalen Charakter mit internationaler Beteiligung. Mit zunehmender Bedeutung dieses Wirtschaftsraumes, wachsen auch zunehmend einzelne Fachmessen. Größter Messeplatz in Fernost ist Tokio mit 150.000 qm Ausstellungsfläche – allerdings in zwei Messegeländen. Von den 200 bedeutenden Messen und Ausstellungen in den USA genügen nur ein kleiner Teil europäischen Maßstäben von internationalen Messen. Allerdings werden hier große Anstrengungen unternommen in Angebotserweiterung, Internationalität und Service-Verbesserung. Die Flächenkapazitäten in nordamerikanischen Messegeländen sind zuletzt deutlich gewachsen. Im Zeitraum August 1990 bis Juli 1991 nahm die Bruttoausstellungsfläche der USA und Kanadas um 200.000 qm oder 22 % auf 1,1 Millionen qm zu. Eine Analyse der Fachzeitschrift „Tradeshow Week" zeigt, daß der Anteil neuer Messegelände am Gesamtzuwachs rückläufig ist. Künftig werden Erweiterungsmaßnahmen auf bestehenden Geländen einen zunehmenden Anteil am gesamten Flächenzuwachs ausmachen.

Größtes fertiggestelltes Messegelände der vergangenen Periode war das Sands Expo & Convention Center in Las Vegas mit über 57.000 qm Ausstellungsfläche. Die umfangreichsten Erweiterungsmaßnahmen wurden am New Orleans Convention Center mit rund 33.000 durchgeführt. Chicago, mit derzeit 150.000 qm das größte Messegelände in Nordamerika, will seine Flächenkapazität bis 1995 auf 200.000 qm erweitern. Relativ große Bedeutung haben in Nordamerika noch die Hotelausstellungsfaszilitäten. Rund 50 % aller US-Ausstellungen finden in Hotels statt.

7. Elektronische Medien kein Messe-Ersatz

Mit dem Blick nach vorne kann eindeutig festgehalten werden: Das Messewesen wird weltweit Wachstumsbranche bleiben. Es gibt auch kein anderes Medium, das die Funktion der Messen als Plattform für den Dialog zwischen Angebot und Nachfrage substituieren könnte.

Ende der siebziger Jahre beherrschte das Thema „Einsatz der neuen elektronischen Medien als Ersatz von Messen" die Diskussion. Viele – auch aus den eigenen Reihen – meinten, Messen würden überflüssig, weil Angebot und Nachfrage per Elektronik nun direkt und zeitsparend miteinander kommunizieren und ordern könnten.

Wir waren sicher: Bildschirme werden Messen nie ersetzen, sondern nur Ergänzung zum Vorteil aller Beteiligten im Messewesen sein. So ist es gekommen: Neue elektronische Medien vervielfältigen die Möglichkeiten der Kommunikation auf Messen, ohne sie überflüssig zu machen. Im Gegenteil, die Menschen suchen vermehrt das persönliche Gespräch, auch und gerade auf Messen. Sie wollen die Begegnung mit dem Menschen, den Reiz, die Vielfalt der Angebote sinnlich erleben, die Suppe kosten, den Stoff zwischen den Fingern halten, das Fachsimpeln genießen, das innovative Klima einer Messe riechen.

Die Messen der 90er Jahre bekommen mehr und mehr eine menschliche Dimension. Diese zu erhalten und noch zu vertiefen, ist sicher nicht der unwesentlichste Beitrag, um Messen auch morgen, in dem wachsenden und werdenden Europa der 90er Jahre als effektive und zugleich sympathische Dienstleistung für Angebot und Nachfrage gesichert zu wissen. Denn immer wird der Mensch im Mittelpunkt des wirtschaftlichen Geschehens stehen – oder anders ausgedrückt: Marktwirtschaft hat für den Verbraucher stattzufinden.

Klaus E. Goehrmann

Messen im technischen Entwicklungsprozeß

1. Einführung

2. Technischer Entwicklungsprozeß

3. Technologien im Wettbewerb
    3.1 Strategie als die dritte Dimension
    3.2 Globaler Technologiewettbewerb
    3.3 Marketing vor den Produkten

4. Messen auf neuen Wegen
    4.1 Produktregeneration durch Forschungsmärkte
    4.2 Technologiemessen für Diffusionsaufgaben
    4.3 Entwicklung eines Idealmodells

5. Entwicklungspotential für Messen

6. Zusammenfassung

Literatur

1. Einführung

Das einzig Beständige ist der Wandel. Vergessen sind die Zeiten, als Fabriken erst modernisiert wurden, wenn die Ausrüstung verschlissen war. Heute ist es in vielen Industriezweigen schon so, daß Unternehmen jährlich 25% bis 30% ihrer Produktionsprozesse dem neuesten Stand anpassen.

Alarmiert von krassen Gegenteilen und vor dem Hintergrund, daß in den USA 23 % des Bruttosozialprodukts und die Hälfte aller Exporte von der produzierenden Wirtschaft erarbeitet werden, begann die amerikanische National Academy of Engineering (NAE) sich des Problems ernsthaft anzunehmen (vgl. NAE, 1991).

Zehn Grundsätze wurden erarbeitet als ‚Grundlagen für Fertigungssysteme der Weltklasse' und NAE-Präsident Robert M. White beschwor die amerikanische Wirtschaft, die ‚Schlacht nicht in den Werkhallen zu verlieren'.

In der Tat gewann die Produktionstechnik eine Schlüsselfunktion im Wettbewerb, denn Produktionskosten entscheiden nicht mehr allein über den Markterfolg. Die Qualität der Produkte, die Schnelligkeit ihrer Markteinführung und vor allem die Zufriedenheit des Kunden sind wichtigere Kriterien geworden.

William C. Hanson, Vizepräsident für Logistik bei der Digital Equipment Corp., definierte als Ziel: „create a cohesive whole that has a common focus and is committed to delivering customer satisfaction"(NRC). Knapper läßt es sich nicht sagen.

Die Konsequenz daraus ist das ‚integrierte Unternehmen' mit der Forderung: engste Zusammenarbeit zwischen den drei Bereichen Forschung/Entwicklung, Fertigung und Marketing. Die Vertriebsabteilungen der Unternehmen gehen nicht mehr allein zur Messe.

2. Technischer Entwicklungsprozeß

Der technische Entwicklungsprozeß in Unternehmen kann also heute nicht mehr isoliert für sich gesehen werden. Er deckt das gesamte Feld ab zwischen Forschung und Markt, beschreibt die ständige Interaktion zwischen den Möglichkeiten der Forschung und dem Bedarf im Markt (vgl. Teece, 1991).

Vermarktet wird Technologie in letzter Konsequenz. Das klassische Beispiel dafür: den Bedarf nach einer persönlichen, hochpräzisen Zeitmessung deckt heute die Quarz-Armbanduhr, eine Kombination verschiedener Technologien, die alle nicht für die Verwendung in einer Armbanduhr entwickelt worden waren.

Die billigste Uhr schon verbindet die Technologien
– der Mikrobatterien zur Energieversorgung,
– der Quarz-Eigenfrequenzmessung zur hochgenauen Zeitgebung,
– der Mikroelektronik zur Aufbereitung dieser Information und
– der Flüssigkristallanzeige zur Darstellung der Zeit.

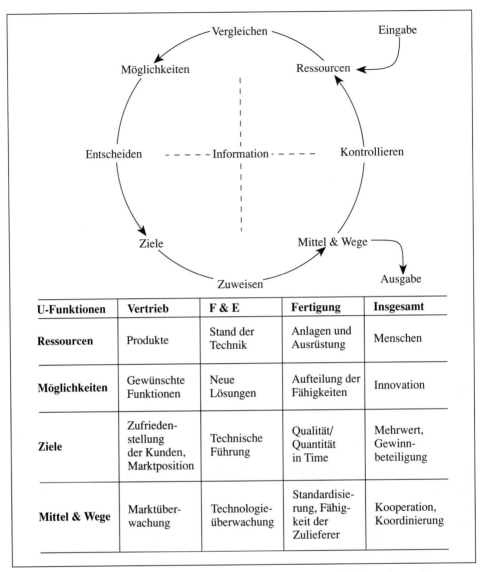

Abbildung 1: Optimierung der Wertschöpfung aus Technologien durch Information und Koordination
(EIRMA 1990)

Sie wird heute hergestellt im vollautomatischen Produktionsprozeß für ein marktgerechtes Angebot in beliebiger modischer Vielfalt.

Technologien haben die gleiche Bedeutung für Konsum- und Investitionsgüter. Sie stellen technische Problemlösungen dar, sind Ergebnisse aus Forschungs- und Entwicklungsprojekten. Eingesetzt werden sie, wo immer sie nützlich sind.

Sehen wir den technischen Entwicklungsprozeß im Zusammenhang, so läßt er sich durch drei Aussagen beschreiben:

1. Industrieunternehmen leben ausschließlich von der Wertschöpfung aus Technologien, die sie in Produkten, in Produktionsverfahren oder in Dienstleistungen vermarkten.
2. Um wettbewerbsfähig zu bleiben und der sich wandelnden Nachfrage zu folgen, müssen die eingesetzten Technologien verbessert, erneuert oder ersetzt werden.
3. Neue Technologien können den Unternehmen völlig neue Märkte eröffnen oder schaffen, ihnen zumindest aber zu einem entscheidenden (strategischen) Wettbewerbsvorsprung verhelfen.

Technologien sind der Treibstoff im Motor des technischen Entwicklungsprozesses und die tragende Kraft im industriellen Wettbewerb. Die firmeninterne Information und Koordination erlaubt dann, die Wertschöpfung aus Technologien zu optimieren (vgl. Abb. 1).

3. Technologien im Wettbewerb

Messen sind die Arena des Wettbewerbs, in dem die Ergebnisse des technischen Entwicklungsprozesses um ihren Platz im Markt kämpfen. Sie sind der einzige Platz, in dem sich die internationale Konkurrenz mit ihren Leistungen greifbar gegenübersteht. Nirgendwo sonst als auf Messen lassen sich technische Entwicklungsprozesse und ihre Rahmenbedingungen leichter verfolgen.

3.1 Strategie als die dritte Dimension

Bisher haben Messen gezeigt, daß das breite Feld der Anbieter auf den Messen weitgehend auf dem gleichen Stand der Technik war und ist, abgestützt auf gleiche oder ähnliche Technologien. Erst der Vorgriff auf neue Technologien schafft den strategischen Vorteil, mit dem sich Unternehmen vom Feld absetzen in eine ‚dritte Dimension'.

Überzeugende Beispiele dafür lieferte die Industrie Japans. Fixiert auf strategisches Denken und Handeln, hat Japans Industrie Marktziele über große Zeitdistanzen anvisiert und konsequent durch strategische Projekte verfolgt. Das Problem für Japans Wettbewerber ist schwerwiegend, denn strategische Projekte lassen sich nicht einholen.

Die dritte Dimension des Wettbewerbs liegt also in der strategischen Orientierung, im Faktor ‚Zeit'. Hier setzt die sogenannte „systematische Innovation" an, in der die Fusion von traditionellen und neuen Technologien systematisch betrieben wird, ebenso die Kettenreaktionen in der Aufspaltung bzw. Auffächerung von Technologien (vgl. Danielmeyer, 1990).

Hier liegt auch ein Konfliktherd für die Wirtschaftsrelationen zwischen Japan und Europa. Während in Europa die öffentliche Hand versucht, vielversprechende Technologien zu fördern, bis sie eine Anwendung im Markt erreicht haben, definiert man in Japan zuerst das strategische Marktziel und baut die Innovationskette von rückwärts auf. Damit wird der Innovationsprozeß planbar, die Motivation der Beteiligten läßt sich orientieren.

Die Überraschungen aus Japan werden sich fortsetzen. So lief beispielsweise 1985 ein siebenjähriges F&E-Programm zur Vollautomatisierung der Bekleidungsindustrie an. In 1992 wird voraussichtlich die problematische Handhabung flexiblen Materials durch Roboter gelöst sein. In der Folge werden wir dann Anlagen zu erwarten haben, deren Import sich auch im Arbeitsmarkt auswirken wird.

3.2 Globaler Technologiewettbewerb

Wer also am weitesten ausholt, der ‚dreht das Rad'. Es verbirgt ohnehin schon eine erschreckende Eigendynamik (vgl. Abb. 2):
- wachsende F&E-Investitionen verlangen nach größeren Märkten,
- größere Märkte intensivieren den Technologiewettbewerb,
- verstärkter Technologiewettbewerb verkürzt Innovationszyklen,
- kürzere Innovationszyklen verlangen nach Wettbewerbsvorsprüngen,
- strategische Vorteile erarbeitet die Wissenschaft,
- mehr Wissenschaft erhöht die Komplexität,
- mehr Komplexität führt zu höheren F&E-Investitionen,
- und weiter von vorn.

In den zehn Jahren zwischen 1980 und 1990 verkürzte sich die Produktlebenszeit für Computer von 7,8 auf 4,4 Jahre. Produktlebenszeit und Amortisationszeit kommen sich so nahe, daß Verzögerungen in der Entwicklung eines Produkts schon gravierende Folgen haben können.

Um die wachsenden F&E-Investitionen in die Entwicklung neuer Technologien rückzugewinnen, um den Erfolg der darauf aufbauenden Produkte vorzubereiten, verlagert sich der Wettbewerb langsam vor das Produkt, auf das Feld der Technologien. In der Folge stehen sich im Markt alternative technische Lösungen gegenüber, forciert durch langfristige Marktstrategien (vgl. Imai/Baba, 1990).

Und das in einer globalen Dimension! Die weltweite Kommunikation in der Wissenschaft und deren wachsende Interaktion mit der Wirtschaft hat uns einen globalen Technologiewettbewerb beschert, der zu strategischen Orientierungen zwingt (vgl. Michalet, 1990). Er trug zur Globalisierung der Wirtschaft bei, gegen alle Versuche nationaler Abschottung. Er zeigte auch, daß Länder, die sich aus dem freien Wettbewerb stehlen wollen, die Wettbewerbsfähigkeit ihrer Industrie riskieren.

Alle Versuche eines Protektionismus wurden rasch unterlaufen durch eine Triade-Strategie, der die meisten multinationalen Konzerne inzwischen folgen. Sie bedeutet: präsent sein in den drei großen Wirtschaftsregionen der Welt mit Vertrieb, Produktion und Forschung. Damit ist die Nähe zum Kunden gesichert, den Kunden vor Ort zufriedenzustellen ist leichter.

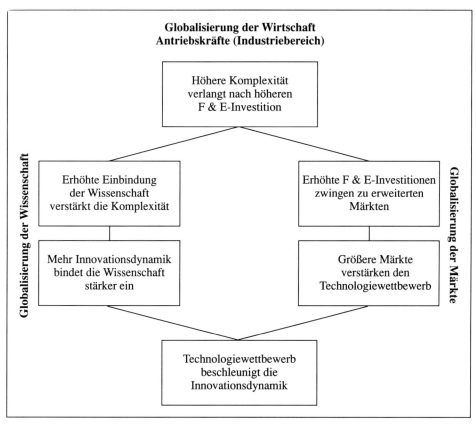

Abbildung 2:   Antriebskräfte des Technologiewettbewerbs in der Globalisierung der Wirtschaft

So ist es heute beispielsweise unmöglich, sich gegen strategische Programme oder Projekte in Japan abzuschotten. Japans Industrie baut ‚auf der anderen Straßenseite', eingeladen zur Schaffung von Arbeitsplätzen in Europa und abgestützt auf die strategischen F&E-Programme und Projekte daheim. Europas Industrie bleibt unter diesen Bedingungen nur eines: ebenso gut zu sein wie die Industrie Japans.

3.3 Marketing vor den Produkten

Kennzeichen langfristiger Strategien, auf den Messen bereits erkennbar, ist das ‚Marketing vor den Produkten'. Dabei geht es der japanischen Industrie weniger um das Ausflaggen technologischer Kompetenz als vielmehr um eine langfristige Vorbereitung des Marktes, den Aufbau einer Erwartungshaltung, um Strategiemarketing.

Mehr und mehr Unternehmen folgen dem japanischen Beispiel und gestatten auf Messen einen Blick auf die kommende Technologie, auf ihre firmeneigenen Grundlagen für die nächsten Gerätegenerationen. Für sie steht allerdings ‚Kompetenzmarketing' im Vordergrund, bedingt durch den Trend zum Vertrieb integrierter Systeme und technischer Problemlösungen, die auf die individuellen Bedürfnisse der Kunden eingehen. Für Aufträge zu solchen maßgeschneiderten Lösungen wie auch für Großprojekte mit langen Vorlaufzeiten steht Technologiekompetenz an der ersten Stelle der notwendigen Qualifikationen.

Dieses Systemmarketing mit dem Griff in die Schublade weist sehr deutlich auf die Notwendigkeit einer engen Zusammenarbeit der Bereiche F&E und Marketing innerhalb der Unternehmen. Das Geschäft mit Problemlösungen in Hardware und Software verlangt ganz selbstverständlich die enge Kopplung zwischen dem Entwickler und dem Nutzer (vgl. Abb. 3).

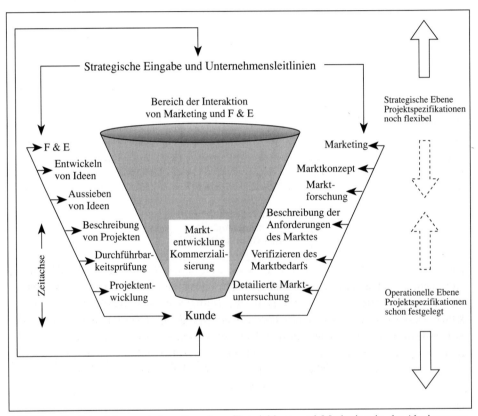

Abbildung 3: Interaktion zwischen Forschung/Entwicklung und Marketing in der Abstimmung auf den Kundenbedarf (EIRMA 1990)

Für das Messemarketing und die Messen als Interface zum Kunden stellen sich daraus neue Aufgaben. Zunächst bedürfen Technologien als Problemlösung der Erklärung. Sie müssen in ihrem Potential und ihrer Integration interpretiert werden. Begleitende Firmenvorträge und übergreifende Konferenzen sind heute eine absolute Notwendigkeit, ja ein Kern des Systemmarketings.

Zwischen dem wissenschaftlichen Fachkongress mit Foyer-Ausstellung und der Produktmesse mit Interpretation der angebotenen Technologien schließt sich allmählich die Lücke.

4. Messen auf neuen Wegen

Dieser Trend gab den Messen Anreiz, selbst neue Wege einzuschlagen, aktive Funktionen im technischen Entwicklungsprozess zu übernehmen und so aus ihrer passiven Rolle herauszutreten. Eine Rückblende zeichnet diesen Weg nach.

Für das Marketing von Investitionsgütern begann die historische Entwicklung des Messewesens mit den Weltausstellungen, deren erste 1851 in London stattfand. Es waren – und sie sind es bis heute – Leistungsschauen im internationalen Vergleich. Die meisten der großen technischen Errungenschaften der Vergangenheit und selbst unserer Zeit feierten ihre Premieren auf einer Weltausstellung.

Branchen- und Mustermessen schließlich belebten und intensivierten diese Marketing-Idee und das Messegeschäft. Mehrbranchenmessen waren der nächste wichtige Entwicklungsschritt, der Aufbau synergetischer Zusammenhänge zwischen den Märkten. Das Angebot an den Einkäufer, durch eine Reise an einem Ort fast alles zu finden, führte zu Messen mit erstaunlichen inneren Strukturen und äußeren Dimensionen.

Die Industriemesse Hannover deckte sehr rasch den gesamten Produktionszyklus ab, strukturiert in einem zweidimensionalen Raster mit Vorprodukt- und Zuliefermärkten, Produkt- und Anlagenmärkten, sowie Nachprodukt- und Anwendermärkten. Lediglich die ‚dritte Dimension' zur Regeneration der Produkte und Märkte war noch nicht angetastet.

4.1 Produktregeneration durch Forschungsmärkte

Den Anlaß zu diesem nächsten Schritt gaben Anfang der 70er Jahre Lizenzmessen, die Unternehmen auf dem Lizenzweg neue Umsatzträger und Produktionsverfahren vermitteln wollten. Dieser erste Schritt aus amerikanischer Initiative hat sich jedoch nicht durchsetzen können. Die kritische Masse an Besuchern kam jeweils nicht zusammen, um den hochselektiven Vermittlungsprozess kommerziell zu tragen.

So lag es nahe, Lizenzangebote in große Messen zu integrieren, um deren Spektrum bis in die Regeneration der Umsatzträger und ihrer Fertigungsverfahren zu erweitern. In 1976 startete ein solcher ‚Innovationsmarkt' in der HANNOVER MESSE und komplettierte das Bild einer technischen Verbundmesse (vgl. Abb. 4).

Das Ergebnis war selbst für den Veranstalter überraschend: direkte Lizenzgeschäfte blieben völlig im Hintergrund, es bildete sich ein Kooperationsmarkt für die Übertragung neuer technischer Problemlösungen in analoge Anwendungen. Der Aussteller repräsentiert ein Know-how, der Besucher einen Marktzugang, und der Dialog klärt die Übertragbarkeit der vorgestellten Problemlösung. Dieser ‚horizontale' Technologietransfer wurde ein Erfolg, der Innovationsmarkt eine Bereicherung für die Mehrbranchenmesse.

Eindrucksvoll ließ sich nachweisen, daß Technologien multifunktional sind, einsetzbar in allen Branchen. Die Firma Bayer Leverkusen war unter den ersten, die diese Erkenntnis systematisch untersuchten und nutzten: jede Messe brachte rund 600 Vorschläge für neue

Marktebenen	Hardware	Software	Dienstleistungen	
Vorprodukt-ebene	Microtronic Neue Werkstoffe Optec	**Innovationsmarkt** Technologie **Oberflächentechnik**	Forschung Zuliefermesse	Forschungs-anwendungen → Technologien
Produkt-ebene	Automatisierungs-technik, Energietechnik, Fertigungstechnik, Betriebsausrüstung, Installation, Klimatechnik, Umwelttechno-logien	C-Techniken für die Fertigung		Technologie-anwendungen → Produkte
Nachprodukt-ebene			Internationales Zentrum für Anlagenbau, Zentrum der Werbung, Wirtschafts-förderung	Produkt-anwendungen → Dienstleistungen

Abbildung 4: Matrix einer Verbundmesse am Beispiel der Hannover Messe Industrie 1990

Anwendung der jeweils vorgestellten 8–10 neuen Technologien aus allen denkbaren Anwendungsbereichen. Und hinter jeder Anwendung stand ein neuer Markt!

Der Begriff des „Technologiemarketing" gewann Gestalt und Inhalt.

Es liegt auf der Hand, daß traditionelles Marketing die Anwendungsbreite und -tiefe neuer Technologien nicht auszuloten vermag, auch unsere Phantasie tut sich schwer darin. Es bedarf unverzichtbar des Dialogs mit dem Besucher, der sein Problem daheim mit einer der vorgestellten Problemlösungen in Deckung zu bringen sucht und deren Übertragbarkeit im Dialog klärt.

Die Forschungspolitik hat dieses Instrument zur Technologiediffusion noch nicht entdeckt. Die Hochschulen aber lernten schnell, Forschungsmärkte für die Beschaffung von Dritt-mitteln zu nutzen. Die jungen Wissenschaftler aus den Hochschulen waren begeistert von dem Direktkontakt mit der Industrie und der Anerkennung für ihre Arbeiten und kehrten hochmotiviert in ihre Labors zurück.

Durch einen Lernprozeß über mehr als zehn Jahre wurden Hochschulen professionell im Marketing. Selbst nichttechnische Hochschulen wie die Universität Tübingen schafften es, über fünf Jahre lang jeweils 80 % der vorgestellten Forschungsprojekte und -ergebnisse in die industrielle Anwendung überzuführen. Die notwendige Anpassungsentwicklung führt dann jeweils zur Kooperation.

Zwischen den rund 1000 jungen Wissenschaftlern im Forschungsmarkt ergaben sich zwangsläufig interdisziplinäre Kontakte, die zu Kooperationsprojekten auch zwischen den Disziplinen und Hochschulen führten. Daß sich Wissenschaftler mit den Ergebnissen aus der Messe selbstständig machten, gehörte ebenso zur Regel.

Der volkswirtschaftliche Impuls dieser Form des Forschungsmarketing blieb weitgehend unbeachtet. Jedenfalls haben sich inzwischen Universitäten wie Forschungszentren mehr und mehr auch auf ausgewählte Nutzerzielgruppen orientiert und nehmen an zahlreichen Fachmessen teil.

4.2 Technologiemessen für Diffusionsaufgaben

In den 80er Jahren kamen Messen in den Ruf, nicht nur im konjunkturellen und wirtschaftspolitischen Sinn Barometer oder gar Trendsetter zu sein. Die Erkenntnis griff Platz, daß Messen immer auch eine technologische Leistungsschau sind, in der die Masse der Aussteller von den gleichen Technologien abhängt, etwa auf dem gleichen Niveau steht und sich einigermaßen im ‚Gleichschritt' bewegt.

Dies gab Anlaß, von „Technologiemessen" zu sprechen. Die Bindung der industriellen Entwicklungsabteilungen an die Messetermine gab den Messen schließlich gar den Ruf eines Taktgebers.

In zweiter Linie wurde schließlich klar, daß der Begriff einer ‚Technologiemesse' auch Ansprüche stellt. Technologie wird weiterentwickelt, kontinuierlich wie auch in Sprüngen, hat sich mit dem Markt abzustimmen oder schafft neue Märkte. Technologiemessen folgen dieser Entwicklung und tragen sie mit. Sie haben den ganzen Innovationszyklus abzudecken (vgl. Abb. 5) und die Diffusion der (multifunktionalen) Technologie in die verschiedenen Anwendungen zu fördern. Sie helfen, neue Produkte und Märkte zu gestalten.

Ein Beispiel für die Entwicklungsmöglichkeit dieser Messeform ist die CeBIT in Hannover, orientiert auf die Marktdurchsetzung der Informationstechnologie im weitesten Sinn. Ihr interner Aufbau gleicht dem einer Pyramide (vgl. Abb. 6): die Grundfläche vielfältiger Anwendermärkte trägt die Produktmärkte, Vorproduktmärkte, einen Forschungsmarkt und – als Spitze der Pyramide – ein Zentrum für langfristige strategische Forschung.

Technologiemessen bieten neue faszinierende Möglichkeiten für die Zukunft: aus den ersten Ansätzen zu einer neuen Basistechnologie läßt sich eine neue Technologiemesse entwickeln. Das Kommunikations- und Marketinginstrument ‚Messe' wird für die Marktdurchsetzung der neuen Basistechnologien eingesetzt und hilft, einen Anwendungsverbund zu entwickeln.

4.3 Entwicklung eines Idealmodells

In Hannover war klar, daß nach der Informationstechnologie die Biotechnologie eine ähnlich breite und tragende Funktion für die Zukunft haben wird. Also wurde 1985 in Hannover die BIOTECHNICA geschaffen, um die Entwicklung der Biotechnologie und ihre Diffusion in den Markt mitzutragen.

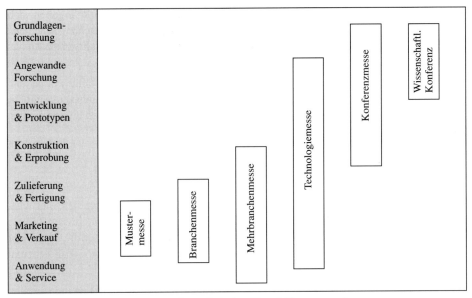

Abbildung 5: Evolution der Messen im technischen Entwicklungsprozeß

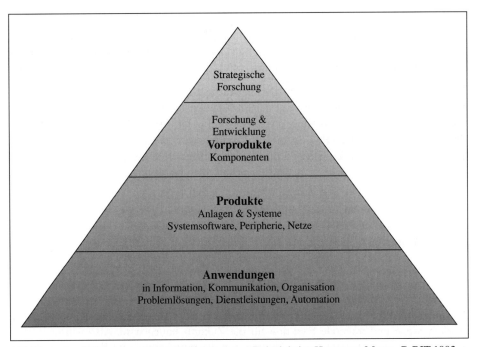

Abbildung 6: Aufbau einer Technologiemesse am Beispiel der Hannover Messe CeBIT 1992 – Auffächerung einer Basistechnologie in die Anwendungen

Besondere Chancen lagen darin, daß bei einem Start vom Punkt Null das optimierte Modell einer Technologiemesse angestrebt werden konnte. Einen intensiveren Eingriff in den technischen Entwicklungsprozeß kann man sich messeseitig kaum vorstellen, da es sich bereits um einen Griff in die Werkzeugkiste der Technologiepolitik handelt.

Das Konzept der Technologiemesse BIOTECHNICA zielt auf höchste Effizienz für alle Beteiligten. Ihr BIO-JOURNAL hält den Kontakt zu rund 25.000 Entscheidungsträgern im Bereich Biotechnologie weltweit, die in der Messe einen vielschichtigen, wohlabgestimmten Verbund von Kommunikations- und Marketinginstrumenten finden.

Das Angebot umfaßt Hardware, Software und Services von der Forschung bis zu kompletten Produktionsanlagen sowie alle infrastrukturellen Hilfen für den technischen Entwicklungsprozeß: die Vermittlung von Partnern, Personal, Finanzen, Informationen usw. Selbst der Zugriff auf externes Know-how über Datenbanken und die Berufsorientierung für den Nachwuchs sind eingeschlossen.

Die BIOTECHNICA, deren Entwicklung noch nicht abgeschlossen ist, verfolgt nach wie vor als Ziel das Modell einer weitestgehend auf den Bedarf abgestimmten Kommunikationsplattform höchster Effizienz für alle Beteiligten mit der Aufgabe der Technologiediffusion.

5. Entwicklungspotential für Messen

Für die Zukunft ist zu erwarten, daß Messen immer stärker in den technischen Entwicklungsprozeß eingreifen werden. Das breite Feld der etablierten anwendungsorientierten Fachmessen wirkt wie ein Baumstamm, aus dem beständig neue Triebe ausbrechen, die sich zu starken Zweigen entwickeln können.

Chancenreich sind insbesondere die Anwendungsbereiche der Technik. Hier bilden sich neue Service-Messen, die den Ausbau des Dienstleistungssektors unterstützen und so neue Märkte aufbauen helfen.

Die internationale Wissenschaft ist der zweite Baum, der hochspezielle Kongresse mit angegliederten Ausstellungen wie Früchte aussät in unübersehbarer Vielfalt und in allen Disziplinen. Aus ihnen werden sich neue anwendungsorientierte Fachmessen oder gar Technologiemessen entwickeln können.

Neben diesen „Diffusionsmessen", die neue Technologien sowohl geographisch wie interindustriell verbreiten, werden neue Perspektiven von zwei Projekten zu erwarten sein.

Das erste wird der Idee der Weltausstellungen völlig neue Inhalte geben. So sieht das Konzept der EXPO 2000 in Hannover vor, Technologien zur Lösung von Weltproblemen zusammenzutragen und als Optionen für die Zukunft vorzustellen, an der Schwelle zum nächsten Jahrtausend. Im Dienste der Menschheit erhält hier die Wissenschaft eine Marketinghilfe, wie es sie bisher nicht gab.

Hilfestellung auf dem Weg dahin soll ein zweites Projekt geben, das anläßlich der CeBIT '92 seine Premiere hatte: ein Zentrum für strategische Forschung. Dieses Modell forciert die

Kooperation in Forschungsprojekten von strategischer Bedeutung und generiert selbst neue Projekte. Vor allem aber unterstützt es strategisches Denken und Handeln der Industrie, um langfristige Perspektiven aufzubauen.

Zwischen diesen beiden, in Größe wie in der Rolle extremen Beispielen liegt die Erkenntnis, daß sich Messen auf die notwendige strategische Orientierung der Unternehmen einstellen sollten. Die zunehmende Interaktion der Abteilungen Forschung und Marketing in den Unternehmen eröffnet völlig neue Aspekte (vgl. EIRMA, 1991). Wir werden uns an neue Begriffe gewöhnen wie

– Politikmarketing
– Strategiemarketing
– Kompetenzmarketing
– Technologiemarketing
– Projektmarketing

und andere. Sie zeigen, daß Messen eine Rolle im gesamten technischen Entwicklungsprozeß haben, von der Idee über das Produkt bis zum Kundendienst.

6. Zusammenfassung

Messen sind in ihren Möglichkeiten als Kommunikations- und Marketingplattformen immer unterschätzt worden. In den letzten 20 Jahren wurde jedoch erkennbar, wie sie noch effizienter gestaltet werden können.

Technische Messen hatten zwangsläufig auf den Ablauf technischer Entwicklungsprozesse einzugehen, wobei sie unwillkürlich in eine aktive Rolle gerieten. Wie weit hier ihr fördernder und gestaltender Einfluß entwickelt werden kann, läßt sich noch nicht absehen.

Sicher ist jedoch, daß in einem hochentwickelten Messewesen eines der wichtigsten Instrumente zur Stärkung der industriellen Wettbewerbsfähigkeit gesehen werden kann.

Literatur

Danielmeyer, H. G.: The Importance of Information for Company Strategy. In: EIRMA, Mastering the Groth of Scientific and Technological Information, European Industrial Research Management Association-EIRMA, Annual Conference, Berlin 1990, S. 11–19.

EIRMA: Mastering the Groth of Scientific and Technological Information, European Industrial Research Management Association-EIRMA, Annual Conference, Berlin 1990.

EIRMA: New Aspects of Interface Between R+D and Marketing, European Industrial Research Management Association-EIRMA, Working Group Reports No. 42, Paris 1971, (1991).

IMAI, K./BABA, Y.: Systematic Innovation and Cross-Border Network. In: EIRMA (1990), Mastering the Groth of Scientific and Technological Information, European Industrial Research Management Association-EIRMA, Annual Conference, Berlin 1990, S. 389–405.

MICHALET, C.-A.: Global Competition and its Implications for Firms. In: EIRMA (1990), Mastering the Groth of Scientific and Technological Information, European Industrial Research Management Association-EIRMA, Annual Conference, Berlin 1990, S. 79–88.

NAE: Manufacturing Systems: Foundation of World-Class Practice, National Academy of Engineering, National Academy Press, Washington 1991.

NRC (o. J.): National Research Council, News report Vo. XLI No. 7, S. 19–21.

TEECE, D. J.: Technological Development and the Organisation of Industry, in: Technology and Productivity: The Organisation of Industry. In: Technology and Productivity: The Challange for Economic Policy, OECD, The Technology Economy Program (TEP). Paris 1991, S. 409–418.

Manfred Busche

Staat und Wirtschaft als Träger und Gestalter des Messewesens

1. Der Rahmen: Gesellschaftsordnung und Messen
   1.1 Messen brauchen Freiheit und Marktwirtschaft
   1.2 Messen sind auf ein entwickeltes Rechts- und Finanzsystem angewiesen

2. Die Grundlagen: Das Eigentum und die Messegesellschaften
   2.1 Staat oder Private als Eigentümer von Messegesellschaften
   2.2 Investitionen und Bauten
   2.3 Investitionen und Rentabilität
   2.4 Gremien von Messegesellschaften und Messen

3. Der Ablauf: Mitwirkung und Zurückhaltung des Staates
   3.1 Der Staat soll sich im Messewettbewerb neutral verhalten
   3.2 Der Staat soll den „Messefrieden" gewährleisten
   3.3 Staat und Wirtschaft nutzen die Öffentlichkeit von Messen für den Dialog

4. Zusammenfassung

1. Der Rahmen: Gesellschaftsordnung und Messen

1.1 Messen brauchen Freiheit und Marktwirtschaft

Eine Messe ist ein Treffen von Kaufleuten. Eine Messe muß zusätzlich definiert werden als Ort der Freiheit wirtschaftlichen Handelns: der freien Information und Meinung, sodann der Vorbereitung wirtschaftlicher Vereinbarungen und schließlich des Vertragsabschlusses. Eine Messe ist offen für alle Geschäfte, nicht nur die des einfachen Verkaufens von Waren, die Aussteller anbieten, sondern für alles, was Unternehmen zu beraten, zu erwägen, zu verhandeln und zu vereinbaren für richtig halten. Also ist auch die unbeschränkte, unzensierte, auch mengenmäßig beliebige Information über das Produkt, das Unternehmen und den Markt in dem es tätig ist, die unkontrollierte Verteilung von Material, Druckschriften, Filmen, Tonträgern an bisherige, jetzige und möglicherweise zukünftige Geschäftspartner und andere Interessenten vielfältiger Art, an Journalisten, Studenten, Werbeagenturen, Abnehmer, Lieferanten, Stellungssuchende, Forscher und auch Konkurrenten konstituierend und lebenswichtig für eine Messe.

Diese Freiheit ist zunächst ein allgemeines und dann auch für die Messe in Anspruch genommenes Recht und wird nur durch die wiederum allgemeinen, auch außerhalb von Messen geltenden gesetzlichen Vorschriften beschränkt, also etwa solche, die Warenzeichenrechtsverletzungen verbieten.

Dieses Recht auf freie Messen wird in Ländern mit freiheitlicher Rechtsordnung und Marktwirtschaft im größten Umfange wahrgenommen und zugleich für vollkommen selbstverständlich gehalten. Die Selbstverständlichkeit aber ist keineswegs gegeben, wie ein Blick in typische „Messen" von Zentralverwaltungswirtschaften, etwa der Leipziger Messe zu DDR-Zeiten zeigt.

Es wäre eine gesonderte Arbeit wert, die Abweichungen vom Pflichtenkatalog einer wirklichen und dann auch noch internationalen Messe darzustellen, die die sozialistische Staatsmesse Leipzig zu DDR-Zeiten aufwies.

Es würde sich dann wahrscheinlich ergeben, daß eine Messe im marktwirtschaftlichen Sinne planmäßig verhindert werden sollte. Freiheit von Information und Meinung, Freiheit von Handel und Wandel sollten verhindert werden. Das ist weitgehend gelungen. Das Ereignis als solches mag für die sozialistischen Lenker erfolgreich gewesen sein. Allerdings war es keine Messe.

Das für Messen lebenswichtige Prinzip der Offenheit gilt natürlich umfassend. Ein Beispiel ist der Bereich nationale und internationale Kontakte und Geschäfte. Findet eine Messe statt, so sind prinzipiell auch alle Auslandskontakte zugelassen und bedürfen keiner weiteren Genehmigung. Dabei spielt es keine Rolle, ob eine Messe als regional, national oder international deklariert ist. Gespräche mit Marktpartnern aus dem Inland oder Ausland müssen einfach stattfinden können, ohne jegliche Nachfrage bei irgendeiner Regierungsstelle. Jegliche Behinderung unmittelbarer Art oder in begleitenden Bereichen wie Presse und Werbung würde die Grundfunktion der Messe beeinträchtigen und damit ihre marktwirtschaftliche Funktion außer Kraft setzen.

1.2 Messen sind auf ein entwickeltes Rechts- und Finanzsystem angewiesen

Was für das Wirtschaftsleben in der Marktwirtschaft generell gilt, gilt herausgehoben, konzentriert in ihren Zentralereignissen, den Messen. Das Rechtssystem, und mit ihm das Gerichtssystem und auch das Verwaltungssystem, ist Fundament für das Funktionieren der Wirtschaft, der Marktwirtschaft, der Messewirtschaft. Länder, in denen das Rechtssystem den geordneten Umgang zwischen Wirtschaftssubjekten nicht gewährleistet, können keine funktionierenden Messen und erst recht keine internationalen Messen organisieren. Das Bürgerliche Recht sowie das Handelsrecht und das Gesellschaftsrecht hauptsächlich, aber auch das Öffentliche Recht und das Strafrecht müssen zuverlässig vorhanden sein und gegebenenfalls mit Sanktionsmaßnahmen durchgesetzt werden können.

Es erweist sich in vielen Teilbereichen, daß Messen, insbesondere internationale Messen, in Wahrheit außerordentliche Ansprüche an den allgemeinen wirtschaftlichen und technischen Standard, sehr wohl auch an den kulturellen und zivilisatorischen Entwicklungsstand des Landes stellen, in dem die Messe stattfindet.

Bei näherer Betrachtung gilt das dann noch einmal konzentriert für den Messeort, die Messestadt. Eine internationale Messe kann in Paris leben, aber würde in einem romantischen Heidedorf in Aquitanien untergehen.

Eine Fülle vielfältiger, zahlreicher und anspruchsvoller „Dienstleistungen" von Gesellschaft und Staat muß ganz selbstverständlich in großem Umfang und in kürzester Frist zur Verfügung stehen und in Anspruch genommen werden können, wenn eine große internationale Messe stattfinden soll.

Zu diesen anspruchsvollen Grundvoraussetzungen und Basisleistungen gehört auch ein zuverlässiges und leistungsfähiges Finanzsystem.

Ohne ein funktionierendes Banken- und Zahlungssystem sind erfolgreiche Messen nicht möglich. Die Währung eines Landes, in dem Messen stattfinden sollen, muß berechenbar zuverlässig sein, dem Ideal der Stabilität des Geldwertes möglichst nahekommen. Ist die Währung nicht in Ordnung, so wird die Gefahr einer Wert-Reglementierung, also einer „Bewirtschaftung", einer „Zwangsbewirtschaftung" mit Zuteilungen und Nichtzuteilungen von Devisen naheliegen. Entsprechend wird in einem solchen Land ein internationales Messewesen nicht gedeihen können, wenn Messeteilnehmer aus dem Ausland als „Devisenausländer" behandelt werden und ihre grenzüberschreitenden Messegeschäfte mit Ausstellern und Einkäufern aus dem Inland und dem Ausland Zahlungs-Kontrollen vielfältiger Art unterworfen werden.

An diesem Beispiel wird übrigens erkennbar, daß die Bundesrepublik Deutschland auch aus diesem Grunde das weltweit wichtigste Messeland wurde: die DM und der außenwirtschaftliche Umgang mit ihr wurden frühzeitig weitgehend frei von Restriktionen. Aber auch das Fakturieren von Messekaufverträgen in anderen Währungen wurde weitgehend und frühzeitig freigestellt.

2. Die Grundlagen: Das Eigentum und die Messegesellschaften

2.1 Staat oder Private als Eigentümer von Messegesellschaften

Staat und Wirtschaft sind in einer gesellschaftlich korrigierten Marktwirtschaft in einem vielfältigen Maße, beginnend in den Strukturen, fortführend in den Abläufen, miteinander verwoben. Das gilt auch für das in hohem Maße der Öffentlichkeit zugewandte und der gesellschaftlichen Beurteilung unterliegende Messewesen.

Die Eigentums-Situation im Messewesen ist grundlegend wichtig. Es sind theoretisch zwei Grundmodelle möglich, aus denen sich dann viele Mischformen ergeben können.

Im Modell 1 wäre der Staat, zum Beispiel die Zentralregierung, der alleinige Eigentümer von Grund und Boden, also dem „Messegelände" und auch von sämtlichen darauf errichteten Gebäuden, den „Messehallen". Auch die Administration, das Management läge dann folgerichtig in den Händen von Staatsdienern, vielleicht Beamten, die – vielleicht als „Messeamt" – einem Ministerium zugeordnet wären und den Weisungen des Ministers zu folgen hätten. Grundlegende Entscheidungen wären in der Regierung, im Kabinett zu treffen, ein Parlament hätte die ihm zustehenden Kontrollrechte und politische Richtlinien-Kompetenz. Messeangelegenheiten wären unmittelbar Staatsangelegenheiten.

In einem Modell 2 wären Private, also selbstverantwortliche handelnde Wirtschaftssubjekte Eigentümer von Grund und Boden, würden auf Grund eigener Erwägungen und Entscheidungen dort Messehallen errichten, zuvor wahrscheinlich ein entsprechendes Unternehmen, eine „Messegesellschaft" gegründet haben und diesem dann auch das Management übertragen. Dieses würde dann nach den Grundlinien der privaten Eigentümer zu handeln haben, festgehalten wahrscheinlich in einem Gesellschaftsvertrag und ausgestaltet durch grundlegende Beschlüsse von Gesellschafterversammlungen und eines Aufsichtsrates.

Die Annahme wäre naheliegend, daß die privaten Kapitalgeber des Modells 2 in erster Linie auf eine langfristige und angemessene Verzinsung ihres eingesetzten Kapitals achten und das Management entsprechend auswählen und bezahlen würden.

Im Modell 1 sind manche politischen Ziele denkbar, die den Staat zur Hergabe von materiellen Ressourcen und entsprechend zur Zurückstellung alternativer Verwendungsmöglichkeiten von Grund und Boden, Kapital und Arbeitskraft veranlassen können.

Denkbar wäre das Ziel, dem eigenen Volk, vielleicht auch anderen Staaten, auf Messen in einer repräsentativen Weise die Leistungsfähigkeit der eigenen Wirtschaft auf möglichst beeindruckende Weise vorzuführen und dabei durchaus auch durch den Messeablauf Handel und Wandel zu fördern, also Wirtschaftsförderung zu betreiben. Entsprechend geringer könnte dann die Verpflichtung des „Messeamtes" sein, für die Rentabilität des eingesetzten Kapitals zu sorgen.

In der Realität kommen Modell 1 und Modell 2 tatsächlich ebenso vor wie die ungleich zahlreicheren Mischformen.

Das Modell 1 war zu DDR-Zeiten in großen Zügen so im Fall Leipzig zu beobachten, wo tatsächlich dem Ministerium für Außenhandel (in Berlin) die politische und kommerzielle

Koordinierung des Leipziger Messeamtes oblag. Das Modell 2 ist beispielsweise im größeren Maßstab in Chicago, Atlanta und Las Vegas zu beobachten, in kleinerem Maßstab und mit kleineren Abweichungen aber durchaus auch in Friedrichshafen, Saarbrücken und Pirmasens.

Vorherrschend sind jedoch Mischformen staatlichen und privaten Engagements.

In Deutschland überwiegt dabei das Modell eines Unternehmens privater Rechtsform, meist eine GmbH, in einem Fall eine AG (Hannover), dessen Anteile überwiegend der jeweiligen Stadt und zum geringen Teil dem jeweiligen Bundesland (wenn es ein Flächenstaat ist, in dem die Messestadt liegt) sowie zu einem noch geringeren Anteil von etwa 1–5 % regionalen Wirtschaftsverbänden, Industrie- und Handelskammern, Handwerkskammern etc. gehören. Bemerkenswerterweise gibt es in Deutschland keinerlei Eigentümer-Beteiligung des Bundes an irgendeiner Messegesellschaft.

Diesen Messegesellschaften ist zwar mannigfaltige öffentliche Aufmerksamkeit und auch staatliche Zuwendung sicher. Durchaus aber sollen die Messegesellschaften möglichst kostendeckend, wenn möglich gewinnbringend arbeiten, im Idealfall schließlich auch ihre Investitionen (Messehallen) selbst finanzieren.

In England dominiert eine andere Variante. „Messegesellschaften" sind in England in fast allen Fällen privat. Sie sind zumeist nicht Eigentümer von Messegeländen, sondern mieten von anderen Gesellschaften oder auch von Städten und Gemeinden Messehallen oder Messegelände, um dort fallweise oder wiederkehrend Messen zu veranstalten.

Entsprechend sind englische oder britische Messegesellschaften bereits „geübt", wenn es gilt, auch im Ausland auf fremden Messegeländen Messen durchzuführen. Sie sind geradezu „trainiert", unter höchst wechselhaften und zum Teil extrem schwierigen Bedingungen im Ausland zu arbeiten. Ihre im eigenen Lande nachteiligen Bedingungen qualifizieren sie im Ausland zu besonders erfolgreicher Arbeit.

In Paris hingegen spielt die Handelskammer, also eine Organisation der Wirtschaft, eine entscheidende Rolle. Zusammen mit der Stadt Paris ist sie Eigentümerin des zweiten großen Messegeländes im Norden der Stadt und teilt sich mit der Stadtverwaltung den Einfluß auf das Messegeschehen von Paris. Weitere Mischformen staatlichen und privaten Engagements in Messegesellschaften ergeben sich durch unterschiedliche Einbeziehung von Verbänden, wie sie etwa in Japan zunehmend zu beobachten ist.

2.2 Investitionen und Bauten

Zu den grundlegenden Aufgaben von Messegesellschaften gehört es, mit den Eigentümern, seien sie öffentlich-rechtliche Träger oder seien sie privat, für Übereinkunft über eine sachgerechte, auch langfristig angemessene Kapazität des jeweiligen Messegeländes zu sorgen. Dazu gehört zunächst eine langfristige Sicherung von geeignetem Grund und Boden. Dieser muß verkehrsgünstig gelegen sein, also für Fracht und Personen gut erreichbar sein. Autobahn- und Straßenanschlüsse müssen ebenso vorteilhaft sein wie Eisenbahn- und S- oder U-Bahnverbindungen. Schließlich ist Flugplatz-Nähe von großer Bedeutung. Andererseits wären extreme Randlagen ungünstig, eine wenigstens relative Nähe zur Stadt und ihrem Zentrum nützlich.

Diese Grund-Anforderungen machen deutlich, daß ohne große Aufgeschlossenheit der jeweiligen Kommune, aber oft auch benachbarter Kreise, Regierungsbezirke und schließlich des Bundeslandes keine zukunftsorientierte und sachgerechte Unternehmenspolitik einer Messegesellschaft möglich ist.

Viele Grundstücke befinden sich im öffentlich-rechtlichen Besitz und könnten auch an andere Interessenten vergeben werden. Bei diesen sind häufig höhere Grundstückspreise erzielbar und würden zumeist auch einen wirklichen Mittelfluß bewirken, was bei Kaufpreisstundungen für die „eigene" Messegesellschaft oder eine parallele Finanzierung des Grundstücksgeschäfts über eine Kapitalerhöhung, an der die Kommune mitwirken muß, nicht der Fall wäre.

Wohl noch wichtiger ist die Bereitschaft und Beharrlichkeit der öffentlichen Hand, der Messegesellschaft im Planungsrecht, im Baurecht und verwandten Verwaltungsbereichen behilflich zu sein. Hier ist Verständnis für die übergreifende Nützlichkeit aber auch die Besonderheiten des Messegeschäfts erforderlich. Das beginnt mit der verständnisvollen oder auch ignoranten Einordnung des Messe- und Ausstellungswesens in den „richtigen" größeren Baurechtszusammenhang. Fragen des öffentlichen Baurechts berühren aber keineswegs nur die Errichtung von Messehallen auf einem Messegelände, sondern im Messealltag vor allem die Errichtung von Messeständen in den Messehallen. Das hier vorhandene Regelwerk ist nicht nur in Deutschland umfangreich, kompliziert und bedarf einer verständnisvollen Handhabung durch die zuständigen Ämter. Ohne guten Willen geht hier nichts. Ob und wie ein Eisenbahn-Anschluß, ein S-Bahn-Anschluß, ein Autobahn-Anschluß an ein Messegelände realisiert wird, erfordert viel Kooperations-Bereitschaft bei vielen im engeren oder weiteren staatlichen Bereich, und hängt dann auch entscheidend von dem öffentlichen Bewußtsein ab, welchen allgemeinen Nutzen eine gut funktionierende Messegesellschaft stiftet.

Besondere Aufmerksamkeit der Öffentlichkeit werden immer die Hochbauten einer Messegesellschaft finden, weil ja auch hier die Erfahrung gilt, daß über Architektur, also über Geschmack und Vorteil, über Stil und Funktion ein jeglicher mitzureden berechtigt ist. Zuzugeben ist freilich, daß der architektonische Rang von Messegeländen und Messehallen weltweit im weitesten Maße auseinanderklafft und selten an die Spitze strebt.

2.3 Investitionen und Rentabilität

Die öffentlich-rechtlichen Eigentümer von Messegesellschaften haben die Frage zu beantworten, warum sie öffentliche Mittel in Messegelände, Messehallen und die begleitende Infrastruktur investieren. Wenn die Investitionen sich nach kurzer Anlaufzeit und ohne Fehlschlag in späterer Zeit so auszahlen, daß der am Kapitalmarkt erzielbare Zins erwirtschaftet wird und auch die Abschreibungen verdient werden, dürfte sich keine Opposition regen. Es sei denn, daß die berechtigte Frage gestellt würde, warum denn die öffentliche Hand diesen Wirtschaftsbereich angesichts einer problemlosen Finanzierungs- und Ertragslage nicht der privaten Wirtschaft überlasse.

Die Antwort wird in fast allen Fällen sein, daß sich die Investition in diesem Maße eben nicht auszahlt und die öffentliche Hand diese Leistungen aus übergeordneten und langfristigen Erwägungen zu erbringen hat. Dabei muß hervorgehoben werden, daß Messegesellschaften nach Erreichen eines definierbaren, errechenbaren Umsatz- und Ertragsvolumens, also bei Erreichen bestimmbarer Größenordnungen, Reifegrade und Leistungsklassen sehr wohl in die Lage kommen können, ihre Folge-Investitionen aus eigener Kraft zu finanzieren.

Damit ist für viele Fälle erklärt, warum der „staatliche Bereich" trotz Nichterreichens oder Nochnichterreichens dieser Position die Finanzierung von Messe-Investitionen ermöglicht. Nicht nur die Erwartung einer Besserung der wirtschaftlichen Situation der Messegesellschaft könnte Beweggrund sein. Wichtiger könnte die Erkenntnis sein, daß ungeachtet einer unmittelbaren Defizit-Situation gleichzeitig eine mittelbare Rentabilität solcher Investitionen nachweisbar ist. Eine solche „Umweg-Rentabilität" beruht auf der Eigenart des Messegeschäfts, daß ein Großteil und sogar der überwiegende Anteil der durch die Messe induzierten Umsätze nicht bei der örtlichen Messegesellschaft, sondern in benachbarten Wirtschaftsbereichen anfallen, vornehmlich im Hotel- und Gaststättengewerbe, im Transportgewerbe, also bei Fluggesellschaften, Eisenbahnen, Speditionen, weiterhin bei Messebau-Firmen, Werbeagenturen etc., sodann im örtlichen Einzelhandel und wohl auch zuweilen im Bereich Kultur. Entsprechende Untersuchungen sind vielfach veröffentlicht worden. Beispiele: Berlin, Nordrhein-Westfalen, Hamburg, München etc.

Es gibt Angaben von Industrieunternehmen, wonach lediglich 20 % des Messeaufwands durch Zahlungen an die Messegesellschaften verursacht werden und 80 % des Personal- und Materialaufwands an Dritte gehen.

Eine solche „Umwegrentabilität", die der allgemeinen Beobachtung entspricht, daß eine gut funktionierende Messe Handel und Wandel in der jeweiligen Stadt voranbringt und „fremde" Kaufkraft zur eigenen macht, würde sich dann allerdings für ein nicht direkt dem Gemeinwohl verpflichtetes Unternehmen nicht „rechnen". Nur einer Kommune, auch einem mitwirkenden Bundesland wäre es möglich, eine solche übergeordnete Rechnung aufzumachen und sie bei Plausibilität und nachfolgender Realisierung zu vertreten. So geschieht es denn auch.

2.4 Gremien von Messegesellschaften und Messen

Interessenvertretung und Interessenausgleich in Messegesellschaften finden in einem hohen Maße in den gesellschaftsrechtlich üblichen Gremien wie Gesellschafterversammlung, Verwaltungsrat und Aufsichtsrat, aber wohl noch mehr in den messespezifischen Gremien wie Messebeiräten, Fachbeiräten, etc. statt. Somit ist es interessant zu wissen, wie in diesen Gremien das Zusammenspiel Staat und Wirtschaft stattfindet.

In Deutschland sind die gesellschaftsrechtlich üblichen Gremien, vornehmlich also die Aufsichtsräte, keineswegs zwingend nach den Eigentumsverhältnissen zusammengesetzt. In Köln und München z. B. dominieren Vertreter von Stadt und Land im Aufsichtsrat der Messegesellschaft. In Hannover und Berlin z. B. haben die Eigentümer den Vertretern der Wirtschaft die Mehrzahl der Sitze und Stimmen im Aufsichtsrat überlassen.

Im ersten Fall wird niemand annehmen wollen, daß die Vertreter der Stadt und des Landes die Interessen der Wirtschaft und ihrer Messen geringschätzen würden. Dennoch ist die Geste unübersehbar, wenn im zweiten Fall Vertretern der Wirtschaft Sitz und Stimme in einem Aufsichtsrat eingeräumt werden, obwohl sie unmittelbar keine Gesellschaftsanteile vertreten. Es soll sichtbar werden, daß der Staat die Wirtschaft zur entscheidenden Mitwirkung einlädt.

Noch signifikanter wird das in den messespezifischen Gremien. Diese Messebeiräte werden nicht von den Eigentümern der Messegesellschaft sondern im Normalfall von deren Management, also dem Vorstand oder der Geschäftsführung berufen. Das geschieht zwar im wechselseitigen Einvernehmen zwischen dem Messe-Management und dem jeweiligen Wirtschaftsbereich und dessen Verbands- und Firmenrepräsentanten, selten aber unter Mitwirkung der öffentlich-rechtlichen Eigentümer der Messegesellschaft.

Noch wichtiger als die Art der Berufung ist die faktische Zusammensetzung solcher Gremien. In Messegremien in Deutschland sind eindeutig und überwiegend die Vertreter der Wirtschaft, oder jenes Wirtschaftszweiges, mit dem die jeweilige Messe zu tun hat, in der Mehrzahl. Es gibt sogar eine bemerkenswerte Anzahl von Messegremien in Deutschland, die kaum einen oder überhaupt keinen Vertreter des unmittelbar staatlichen Bereichs aufweisen. Das wiegt um so schwerer, wenn man prüft, wo die relevanten Messe-Entscheidungen getroffen werden. Selten werden sie in den Aufsichtsräten, meist in den Messegremien getroffen.

Relevante Messeentscheidungen betreffen vor allem: den Kreis der zur Messeteilnahme einzuladenden Aussteller, die Hauptkonditionen, unter denen deren Teilnahme stattfinden soll, den Kreis der zum Besuch hauptsächlich einzuladenden Wirtschaftspartner aus dem In- und Ausland, die Häufigkeit (Turnus) der Messe und schließlich der anzustrebende oder zu bewahrende Rang der Messe im Verhältnis zum nationalen und internationalen Konkurrenz-Umfeld.

Da zumeist die Messegesellschaft rechtlicher und wirtschaftlicher Träger auch der jeweiligen Messe ist, werden „Entscheidungen" von Messegremien zwar oft zu „Empfehlungen" relativiert werden. Dennoch bleibt im Ergebnis festzuhalten, daß die Vertreter der Wirtschaft, zumeist Vertreter der Aussteller, aber auch ihrer Marktpartner, im Verhältnis zu den Eigentümern, also zu den öffentlich rechtlichen Vertretern, praktisch allein Entscheidungen treffen oder grundlegende Empfehlungen geben.

Jedenfalls in deutschen Messegremien ist das die vorherrschende Praxis. Der Staat regiert hier nicht. Die Wirtschaft regelt ihre Angelegenheiten überwiegend selber.

Die Eigentumsverhältnisse in den Messegesellschaften in Deutschland spiegeln sich damit in den Entscheidungsgremien für die einzelnen Messen praktisch nicht wider. Den an der Messe beteiligten Marktpartnern, ob auf der Aussteller- oder Besucherseite, bleibt es überlassen, wie sie „ihre" Messe gestalten. Der Staat hält sich abseits von solchen Erwägungen und Entscheidungen. Er ist nicht Marktpartner und beteiligt sich deshalb nicht. Dem von den Eigentümern der Messegesellschaft eingesetzten Management bleibt die abschließende Abwägung und Entscheidung überlassen, ob die von den Messegremien empfohlene Richtung der Messe mit dem unternehmerischen Gesamt-Konzept der Messegesellschaft in Übereinstimmung zu bringen ist.

Die Offenheit für Entscheidungen der an den einzelnen Messen beteiligten Marktpartner und entsprechend die Zurückhaltung und häufig sogar der Verzicht der Eigentümer der Messegesellschaft auf Einflußnahme tragen zur wirtschaftlichen Relevanz und damit zur Marktstärke der jeweiligen Messe entscheidend bei.

In Messegremien von prinzipiell marktwirtschaftlich orientierten Ländern Europas, Amerikas und Asiens ist das heute nicht grundlegend anders. Aber die Grundrichtung ist in der Bundesrepublik Deutschland früher und konsequenter eingeschlagen worden.

Die Abkehr von Dirigismus und Intervention, von Autonomiestreben und weltwirtschaftlicher Isolierung hat nicht nur die Wirtschaft der Bundesrepublik allgemein, sondern auch ihre Messewirtschaft frühzeitig und entscheidend geprägt. Der Staat hat frühzeitig Verzicht geübt und Vorteile für das Gemeinwesen geerntet.

Die Staatsferne und Wirtschaftsnähe von Messegremien in Deutschland ist beeindruckend und signifikant. Sie steht für eine durch kluge Zurückhaltung geprägte Grundeinstellung der Vertreter der öffentlichen Hand und eine durch Verantwortungsbewußtsein geprägte Haltung der mit dem Messewesen verbundenen Wirtschaft.

3. Der Ablauf: Mitwirkung und Zurückhaltung des Staates

3.1 Der Staat soll sich im Messewettbewerb neutral verhalten

Grundlegend für die Gesamtentwicklung des Messewesens in Deutschland ist der Verzicht der Bundesregierung auf eine eigene wesentliche Beteiligung am Messegeschäft im eigenen Land. Kein Bundeswirtschaftsminister hat jemals versucht, hier ein „eigenes Profil", etwa eine eigene Messe-Beteiligungspolitik oder eine eigene Messe-Politik zu entwickeln. Der Verzicht auf Messeintervention und Messedirigismus, die Abwesenheit einer Messepolitik der Bundesregierung haben der deutschen Messewirtschaft entscheidend geholfen. Eine eigene Bundesmessepolitik wäre prinzipiell durchaus möglich gewesen und ist theoretisch auch heute noch möglich. Die tatsächliche Messesituation in Italien und Frankreich, die vornehmlich durch Konzentration auf die Messeplätze Mailand und Paris geprägt ist, könnte durchaus zu Erwägungen verführen, den Einfluß der Bundesregierung auf ähnliche Konzentrationen zu lenken. Eine solche Verführung käme zu spät. Die Konsequenz der Zurückhaltung oder sogar Abstinenz der staatlichen Zentralgewalt im Messewesen der Bundesrepublik Deutschland hat längst zu einem außerordentlichen Aufblühen der Messeaktivitäten in den Kommunen und Ländern geführt. Deren Wettbewerb, deren uneingeschränkte Konkurrenz untereinander hat im höchsten Maße die Leistungsfähigkeit des deutschen Messewesens begründet.

Die Messegesellschaften in der Bundesrepublik haben durch ihre jeweiligen Städte und Gemeinden einerseits und die Bundesländer andererseits eine Basis-Förderung erhalten, sich dann aber im Wettbewerb untereinander durchsetzen müssen.

Selbst in jenen Bundesländern wie Nordrhein-Westfalen oder Bayern, in denen zwei, drei oder vier größere Messegesellschaften untereinander den Wettbewerb aufnahmen, gab es immer eine Grundsatz-Entscheidung, den regionalen Wettbewerb nicht einzuschränken. Ohne Zweifel hat das in den Landesregierungen von Nordrhein-Westfalen und Bayern häufig schwierige Diskussionen verursacht. Zum Nutzen des Ganzen ist letzten Endes immer im Sinne des Wettbewerbs entschieden worden.

Die förderative Struktur des Messewesens in Deutschland ist durch die Abstinenz der Bundesregierung geprägt worden. Diese wirtschaftspolitische Abstinenz war wesentliche Ursache für das im Wettbewerb zur Weltmarktführerschaft aufgestiegene Messewesen der Bundesrepublik Deutschland. Selten gibt es ein so schönes Beispiel für die segensreichen Wirkungen staatlicher Untätigkeit.

3.2 Der Staat soll den „Messefrieden" gewährleisten

Zu den Grundleistungen des Gemeinwesens für alle Bürger, also auch für alle Wirtschaftssubjekte, gehören das Bestehen und das Aufrechterhalten von Ordnung und Sicherheit. Es ist nicht verwunderlich, daß Messen in ihrer Komplexität und oft auch Internationalität in einem besonderen Maße auf diese Basis-Leistungen angewiesen sind.

Der Anspruch einer weltweit organisierten Messe geht aber noch weiter. Weil es sich häufig um Zentralereignisse des jeweiligen Wirtschaftszweiges handelt, um Messen, die alle wichtigen Entscheidungsträger zusammenführen und damit auch um Marktveranstaltungen, die außerordentlichen Umfang haben und riesige Investitionen und Umsätze weltweit beeinflussen oder sogar an Ort und Stelle zur Entscheidung bringen, reicht die Messe ihren Sicherheitsanspruch an den Staat weiter. Sie weitet ihn aus zur Forderung eines „Messefriedens". Unabhängig von politischen Differenzen aller Art soll allen, die an der Messe als Marktpartner mitwirken wollen, Zugang und Marktteilnahme gestattet werden, ob als Aussteller oder Besucher. Das heißt dann, daß politische Teilnahmekriterien eine Messeteilnahme nicht behindern oder gar ausschließen dürfen. Derartige Bedingungen sollen in Teilnahmebedingungen von Messegesellschaften für Messeteilnehmer nicht zu finden sein und auch nicht durch staatliche Beschlüsse irgendwelcher Art diesen „übergestülpt" werden.

Die Frage ist vielfältig interessant. Der Forderung nach einem generellen Vorrang der Politik steht die Forderung nach der Respektierung der Messe als zeitlich und örtlich beschränktes Reservat für wirtschaftliche Aktivitäten gegenüber.

Der politischen Argumentation wird geantwortet, daß eine Messe dann zu schützen sei, wenn sie sich ihrerseits vollständig unpolitisch verhalte. Das läuft im Ergebnis auf einer scharfe Trennung, aber auch gegenseitige Respektierung von Politik und Wirtschaft hinaus. Ähnliche Argumentationen gibt es ja auch in den Berührungsbereichen zwischen Politik und Kultur.

Praktische Bedeutung hatte diese Frage in der Bundesrepublik Deutschland bis in die jüngste Zeit, als in kommunalen und Landesgremien die Forderung erhoben wurde, „Südafrika" von der Teilnahme an Messen und Ausstellungen auszuschließen. Die Messegesellschaften sahen sich mancherlei Druck ausgesetzt. Der Druck geschah öffentlich und nichtöffentlich, verständnisvoll und ignorant, nach oder ohne Diskussion, mit oder ohne Androhung empfindlicher Übel für den Fall der Zuwiderhandlung.

Hoffentlich unabhängig von der letzten Möglichkeit ist in den deutschen Messegesellschaften durchaus verschieden entschieden worden. Einige Messen behielten ihre Aussteller aus der Republik Südafrika, andere entledigten sich ihrer und bei wiederum anderen erlahmte tatsächlich oder vorgeblich das Messeteilnahme-Interesse der Südafrikaner.

Bemerkenswert an dieser Auseinandersetzung war, daß sie zum Teil unter Inanspruchnahme der Öffentlichkeit geführt wurde. Auch Demonstrationen vor Messegeländen und Messehallen, etwa „Menschenketten", selbst unter Teilnahme eines Oberbürgermeisters, sollten die Messeverantwortlichen zur Aufgabe ihres „falschen politischen Handelns" – wie ihnen vorgeworfen wurde – oder zumindest ihres lediglich wirtschaftlich orientierten Handelns bewegen. Die Rechtslage jedoch war von Anfang an außerordentlich klar und verbot nahezu jeglichen Eingriff. Auch die Heranziehung immer weiterer Gutachter brachte kein anderes Ergebnis: Die Pflicht zur Gleichbehandlung aller Wirtschaftsubjekte darf nicht durch politische Erwägungen, etwa verschieden zu bewertender staatlicher Zugehörigkeit, aufgehoben werden. Bei Einhaltung von Teilnahmebedingungen ist willkürlicher Ausschluß nicht statthaft.

Die Angelegenheit „Südafrika auf deutschen Messen" ist wichtig, weil sie über den Einzelfall hinaus lehrreich ist. Sie berührt das Verständnis und das Selbstverständnis von Messen als weltweit hochrelevanten Wirtschaftereignissen ebenso wie die weitaus ältere und weitreichende Frage, wann und wo „die Politik" in Angelegenheiten der Wirtschaft eingreifen soll und darf. Das wäre dann die ebenfalls alte Frage, inwieweit die Politik an der Rechtsordnung vorbei, also zwar möglicherweise ohne unmittelbare Verletzung rechtlicher Vorschriften, aber doch unter Umgehung von Rechtsprinzipien ihren Willen durchsetzen will und kann.

Der Fall „Südafrika" stellte den Versuch dar, außenpolitische Aktionen im Inland zum Erfolg zu bringen. Mit Effekten im Inland sollten außenpolitische Auffassungen bekräftigt werden. Umgekehrt gibt es auch Bestrebungen von Regierungen, auf Messegesellschaften im Ausland einzuwirken, um deren Verhalten dem eigenen politischen Standpunkt anzupassen.

Beharrlich und konsequent ist zum Beispiel die Regierung der Volksrepublik China seit Jahrzehnten bemüht, in den Staaten, mit denen sie diplomatische Beziehungen unterhält, durchzusetzen, daß auf Messen keinerlei Anzeichen einer völkerrechtlichen oder staatsrechtlichen Gleichbehandlung von Unternehmen oder Organisationen aus Taiwan erkennbar werden. Über die jeweiligen Botschaften werden die Außenministerien und Wirtschaftsministerien, in aller Regel aber auch die Messegesellschaften direkt und mit großem Nachdruck auf die völkerrechtliche Auffassung der Regierung der Volksrepublik China hingewiesen, daß Taiwan sich auch auf der Messe X im Land Y nicht als „Republic of China" (oder „R.O.C.") bezeichnen dürfe, keine Staatsembleme wie Flaggen etc. zeigen dürfe, auch die Messegesellschaft selber keinerlei entsprechende Handlungen vornehmen dürfe und im Gegenteil auf Aussteller aus Taiwan umgehend und nachdrücklich einzuwirken habe. Konsequent wird mit eigenem Rückzug von der Messe gedroht und dieser durchaus binnen kürzester Frist vollzogen, wenn den Forderungen nicht nachgekommen wird.

Ein solches Handeln, in Frankreich und Italien genauso konsequent vollzogen wie in Deutschland, findet einerseits in den völkerrechtlichen Feststellungen und Vereinbarungen zwischen der Volksrepublik China und den mit ihr in diplomatischen Beziehungen stehenden Staaten durchaus eine Grundlage. Andererseits verzichtet die Regierung der Bundesrepublik Deutschland auf Zwangsmittel, diese Auffassung im eigenen Land gegenüber Messegesellschaften durchzusetzen. Es gibt lediglich Empfehlungen des Auswärtigen Amtes, weitergetragen auch vom Ausstellungs- und Messe-Ausschuß der deutschen Wirtschaft e.V. (AUMA).

Da der politische Wunsch lediglich auf einen politischen und sogar nur äußeren politischen Bereich, nämlich Staatsbezeichnung, Flaggenverwendung etc. und keineswegs auf Teilnahme-Verhinderung der Aussteller aus Taiwan gerichtet ist, haben sich Politiker und Messeverantwortliche in den betroffenen Ländern ganz allgemein daran gewöhnt, diesen Wünschen, wenn auch widerstrebend, zu folgen. Ausstellern und Besuchern aus Taiwan soll die Messeteilnahme nicht verwehrt werden, also werden die Querelen hingenommen.

3.3 Staat und Wirtschaft nutzen die Öffentlichkeit von Messen für den Dialog

Messen sind überwiegend auf öffentliche Wirksamkeit angelegt. Alle Beteiligten sind sich mehr oder weniger bewußt, daß ihre Mitwirkung öffentliche Resonanz finden kann, soll oder sogar muß, um ihre volle Wirksamkeit zu entfalten. Der Zutritt zu Messen ist grundsätzlich frei. Jeder kann Auskünfte verlangen und Auskünfte geben. Die Messe ist immer auch ein Markt für Informationen und Meinungen. Journalisten sind deshalb auf Messen wichtige Partner. Eine Messe ohne Journalisten ist tot. Eine Messe mit vielen Journalisten ist eine gute Messe.

Somit ist bei einer gut organisierten und gut funktionierenden Messe auch der Dialog zwischen Politik und Wirtschaft bereits mit einer wichtigen Grundlage versehen: die Berichterstatter und Kommentatoren sind schon da.

Die Wirtschaft nutzt die auf Messen gebotenen Dialog-Möglichkeiten mit den Vertretern des Staates vielfältig. Besonders markante Dialog-Ereignisse sind die Eröffnungsveranstaltungen und die Eröffnungs-Pressekonferenzen von Messen. Die Vertreter des jeweiligen Wirtschaftszweiges nutzen planmäßig die Gelegenheit, dem Staat, und unmittelbar dem anwesenden Minister oder Staatssekretär, die Auffassung ihrer Branche nahezubringen. Da eine Rede bei einer Messe-Eröffnung buchstäblich in aller Öffentlichkeit stattfindet, ist einerseits die Wirkung gesteigert, andererseits eine „gesellschaftliche Kontrolle" des möglicherweise als „Interessen-Standpunkt" qualifizierten Beitrags gegeben.

Jedenfalls ist in aller Regel festzustellen, daß wirtschaftspolitische Forderungen, Kommentare und Meinungsäußerungen von Branchensprechern, Verbandsvorsitzenden und Messebeirats-Vorsitzenden, große Aufmerksamkeit in der Öffentlichkeit und damit auch bei Vertretern des Staates finden. Kaum eine andere Gelegenheit eignet sich für diesen Dialog zwischen Staat und Wirtschaft so wie eine Messeeröffnung.

Somit werden in den Eröffnungsreden von Messebeirats-Vorsitzenden und Verbandsvorsitzenden ganz selbstverständlich grundsätzliche und aktuelle Steuerfragen, Fragen der

Strukturpolitik, der Außenwirtschaftspolitik, der Wettbewerbspolitik und andere unmittelbare und mittelbare Grundfragen des jeweiligen Wirtschaftszweiges vorgetragen und mit Leidenschaft vertreten. Eigentliche Adressaten sind die Öffentlichkeit und der Staat, die unmittelbaren Zuhörer sind häufig der Kern der wirklich Beteiligten. Eine solche Praxis hat einige Vorzüge. Der Hauptvorteil besteht in der Öffentlichkeit des Vorgangs. Ein praktischer, rationalisierender Vorteil für die unmittelbar Mitwirkenden besteht in der zeitlichen und örtlichen Konzentration auf den Messetermin.

Da zum Dialog wenigstens zwei Partner gehören, nutzen natürlich umgekehrt auch die Vertreter des Staates die günstige Gelegenheit einer Messeeröffnung zu Meinungsäußerungen. Forderungen und Wünsche des Staates an die Wirtschaft und den jeweiligen Wirtschaftszweig werden wirkungsvoll und sinnvoll an anwesende Partner übermittelt. Somit kann ein Minister oder ein Staatssekretär mit guten Gründen und Argumenten für seine Branchenpolitik werben, zu einem bestimmten Verhalten des Wirtschaftszweiges aufrufen, etwa eine spezifische Beschäftigungspolitik oder eine besondere Preispolitik vorschlagen, ein bestimmtes Verhalten in der Umweltpolitik fordern, die Bereitstellung von mehr Lehrlingsstellen anmahnen oder eine kritische Wettbewerbs- und Konzentrationspolitik anprangern. Auch diese Äußerungen dürften im Normalfall eine breite und hoffentlich auch gründliche und nachhaltige Aufmerksamkeit finden.

Messen sind Orte des öffentlichen Dialogs zwischen Staat und Wirtschaft geworden. Darüber hinaus bieten Messen in ihrem weiteren Verlauf eine Fülle von umfassenden Möglichkeiten zu vertieften und gründlichen Auseinandersetzungen, wie sie in Büros von Parlamentariern und in den Amtsstuben der Ministerialräte einfach technisch nicht realisierbar sind. Wenn für Kaufleute untereinander gilt, daß Messen an einem bestimmten Ort in einem vorab definierten Zeitraum eine sonst nicht erreichbare Häufigkeit von geplanten und nützlichen Gesprächen ermöglichen, daß also eine Reise zu einer Messe viele andere Reisen überflüssig macht, dann gilt das nicht minder für den Dialog zwischen Politikern und Beamten einerseits und Vertretern der Wirtschaft andererseits.

4. Zusammenfassung

Messen sind Marktveranstaltungen. Sie bringen Verkäufer und Käufer zusammen. Messen sind oft die Zentralereignisse ihres jeweiligen Wirtschaftszweiges.

Der Staat errichtet die Wirtschaftsordnung, das Finanzsystem und das Rechtssystem, in denen Kaufleute und Private möglichst störungsfrei handeln können. Messen sind auf die Gültigkeit, auf das Funktionieren vielfältiger, staatlicher, gesellschaftlicher Rahmenbedingungen angewiesen. Die Vielzahl und Vielfalt von Messen, ihre Überregionalität und häufig auch Internationalität verstärken ihre Abhängigkeit von staatlichen Garantien. Diese sollen wirksam, aber möglichst nicht auffällig sein.

Denn der Kern des Messegeschäfts bleibt immer ein Handeln von Kaufleuten mit Kaufleuten. Der Markt soll stattfinden, der Staat hat Hindernisse von ihm fernzuhalten, ihm Freiräume zu schaffen, soll ihn aber nicht regieren und nicht ersetzen.

Kapitel 2

Messen als Gegenstand der Wirtschaftswissenschaften

Klaus Backhaus

Messen als Institutionen der Informationspolitik

1. Informationsasymmetrien im Investitionsgütermarketing

2. Informationspolitik und Geschäftstypen

3. Die Messe als Instrument der Informationspolitik
   3.1 Die Messefunktionen
   3.2 Kosten-Nutzenunterschiede zwischen Messen und anderen kommunikationspolitischen Instrumenten

4. Messen unter informationsökonomischer Perspektive: Zusammenfassende Thesen

Literatur

1. Informationsasymmetrien im Investitionsgütermarketing

In einer kaum noch übersehbaren Vielzahl von Beiträgen ist gezeigt worden, daß viele Beziehungen einer Unternehmung zu ihrer Umwelt durch asymmetrische Informationsverhältnisse und dadurch bedingte Unsicherheiten gekennzeichnet sind (vgl. z. B. Schneider, 1987; Hopf, 1983; Spremann, 1990; Elschen, 1991; Kaas, 1991b). Dies gilt auch und gerade für viele Vermarktungsprozesse auf Investitionsgütermärkten. So ist das industrielle Anlagengeschäft z. B. dadurch gekennzeichnet, daß ein Nachfrager oftmals aufgrund einer nicht umfassenden Spezifikation im Angebot eines Lieferanten nicht in der Lage ist, das technische Lösungsangebot zu beurteilen. Aber auch der Anbieter befindet sich in einer Unsicherheitsposition: Um die Anlage errichten zu können, muß er sich darauf verlassen können, daß die Informationen, die ihm der Kunde z. B. über die Beschaffenheit des Standortes gegeben hat, zuverlässig sind.

Informationsasymmetrien treten aber nicht nur bei individuell ausgehandelten Leistungsangeboten im Investitionsgütermarketing auf, sondern auch bei Produkten, die in Serien- oder Massenfertigung – quasi für einen anonymen Markt – von den Anbietern erstellt werden. Auch hier benötigen die Nachfrager Informationen über die Qualität der angebotenen Leistung und werden sich deshalb auf Informationssuche begeben.

Die durch Informationsasymmetrien ausgelöste Informationssuche ist aber nicht nur ein isoliertes Problem zwischen Anbietern und Nachfragern. Vernünftige Entscheidungen setzen beim Nachfrager Informationen über alle Marktteilnehmer voraus (vgl. Kaas, 1991a, S. 358). Die Problematik muß damit vor dem Hintergrund des in Abbildung 1 dargestellten Marketing-Dreiecks gesehen werden, da neben dem Nachfrager und Anbieter auch die Rolle der Konkurrenz zu berücksichtigen ist.

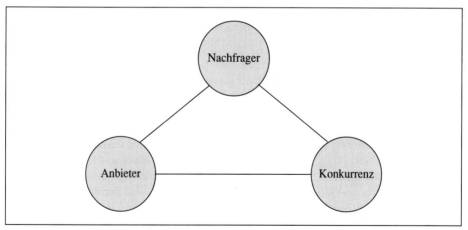

Abbildung 1: Das Marketing-Dreieck

In einer systematischen Betrachtung der Bedeutung der Information müssen alle Elemente des Dreiecks wechselseitig untersucht werden (vgl. Kaas, 1991a, S. 359), um die Auswirkung der Informationsverteilung für den Nachfrager umfassend beschreiben zu können.

Darüber hinaus müssen auch die Auswirkungen vieler verschiedener Beziehungen zu unterschiedlichen Marktteilnehmern berücksichtigt werden, da Einzelinformationen in der Synthese zu einer Gesamtaussage zusätzlich indirekte Informationen enthalten können (vgl. Kaas, 1991a, S. 359).

2. Informationspolitik und Geschäftstypen

Die Bedeutung der Informationspolitik zur Reduzierung von Informationsasymmetrien wird aber davon abhängen, welchen Typus von Investitionsgütern man betrachtet. Nelson und Darby/Karni haben gezeigt, daß der Einsatz von Strategien der Informationsgewinnung von der Art der Produkte und den daraus resultierenden Möglichkeiten zur Beschaffung von Informationen zur Beurteilung der Qualität des Leistungsangebotes abhängt (vgl. Nelson, 1970, S. 311 ff.; Darby/Karni, 1973, S. 81 ff.). Dabei werden drei Gütertypen unterschieden:

a) Güter, deren Qualitätseigenschaften bereits *vor Beschaffung inspiziert* werden können: Bei Gütern, die dieser Kategorie zugeordnet werden, werden die Qualitätseigenschaften als ‚search quality' (Inspektionsqualität) und die Güter selber als Inspektionsgüter bezeichnet. Inspektionsgüter sind typisch für das sog. industrielle *Produktgeschäft,* bei dem isolierte Leistungen für den anonymen Markt erstellt werden (vgl. Backhaus, 1990, S. 205). Wegen der geringen Spezifität der Leistungsangebote steht als Instrument die Informationspolitik im Vordergrund (vgl. Spremann, 1988, S. 622), weil aufgrund des relativ hohen Standardisierungsgrades von Leistungserstellungsprozeß und -ergebnis mit relativ geringen Kosten hinreichend genaue Informationen vermittelt werden können. Die Informationspolitik bezieht sich dabei inhaltlich auf die Vermittlung von konkreten produktbezogenen Qualitätsinformationen wie z. B. den Auflösungsgrad bei Graphiken am PC-Bildschirm. Durch Besichtigung kann der Kunde dabei unmittelbar erkennen und beurteilen, ob die Information zutreffend ist oder nicht.

b) Güter, deren Qualitätseigenschaften erst *nach Erfahrung* mit dem Gebrauch des Gutes *beurteilt* werden können: Bei Gütern, die dieser Kategorie zugeordnet werden, werden die Qualitätseigenschaften als ‚experience quality' (Erfahrungsqualität) und die Güter selber als Erfahrungsgüter bezeichnet. Typisches Beispiel ist das industrielle *Anlagengeschäft,* bei dem für den Nachfrager die Funktionsfähigkeit der Gesamtanlage von entscheidender Bedeutung ist. Aufgrund der hohen Komplexität des Leistungsangebotes versucht der Nachfrager deshalb, durch entsprechende Maßnahmen, wie z. B. den Nachweis der Funktionsfähigkeit durch Einholen von Referenzen, die Qualität des Leistungsangebotes zu beurteilen. Entscheidend ist dabei, daß der Anbieter seine Erfahrungen bei der Erstellung von Anlagenobjekten nachweisen kann, wodurch sich der Qualitätsbeurteilungsprozeß des Nachfragers von der Ebene der rein funktionalen Eigenschaften auf die Ebene des Problemlösungspotentials eines Anbieters verlagert. Qualitätsunsicherheiten können also im Anlagengeschäft nur noch bedingt durch search qualities reduziert werden. Es steht vielmehr die *experience quality* im Vordergrund, mit der der Anbieter einen Nachweis über seine Erfahrungen bei der Erstellung entsprechender Anlagen erbringen muß.

Bei Erfahrungsgütern spielt die *Garantiepolitik* eine besondere Rolle im Vermarktungsprozeß (vgl. Spremann, 1988, S. 620 f.). Aufgrund der Individualität im Anlagengeschäft kann die Unsicherheit für den Kunden durch produktbezogene Information nur zum Teil reduziert werden. Das liegt vor allem daran, daß Anlagen in der Regel nicht in identischer Form wiederbeschafft werden, so daß nur „Prinzip-Informationen" übermittelt werden können. Die Unsicherheitsreduktion läßt sich bei diesem Geschäftstyp besser durch andere Maßnahmen begrenzen oder kompensieren. Garantiepolitik ist das Mittel, mit dem der Anbieter dem Kunden verspricht, evtl. eintretende Nutzenminderungen auszugleichen. Auch hier hat die Informationspolitik natürlich eine Bedeutung. Die konkrete Produktinformation tritt allerdings gegenüber „Funktionsnachweisen" z. B. in Form von Flußbildern oder Simulationen in den Hintergrund. Die Information hat generell in ihrer Bedeutung für den Verlauf des Transaktionsprozesses gegenüber der Garantie jedoch einen untergeordneten Stellenwert.

c) Güter, deren Qualitätseigenschaften selbst *nach Erfahrung* mit dem Gut *nicht oder nur unbefriedigend beurteilt* werden können: Bei Gütern, die dieser Kategorie zugeordnet werden, werden die Qualitätseigenschaften als ‚credence quality' (Vertrauensqualität) und die Güter selber als Vertrauensgüter bezeichnet. Typisches Beispiel für diesen Typ ist das *Systemgeschäft*. Das *Systemgeschäft* ist dadurch gekennzeichnet, daß mehrere aufeinander folgende Kaufakte einen inneren Verbund über die sogenannte Systemarchitektur aufweisen. Für den Erfolg im Systemgeschäft kommt es darauf an, nicht den einzelnen Kaufakt isoliert, sondern den schnittstellenbeeinflußten Gesamtprozeß eines Systemkaufs zu betrachten. Aus diesem Grunde können sich weder auf der Anbieter- noch auf der Nachfragerseite ausreichend Erfahrungspotentiale herausbilden, die es dem Nachfrager erlauben würden, eine Qualitätsbeurteilung der Teilkomponenten im Sinne von search oder experience qualities vorzunehmen. Wegen der Entwicklungsunsicherheiten stellen Informationen und Garantien kein hinreichendes Instrument zur Risikoreduktion dar. Für die produktbezogene Informationspolitik fehlt die Bezugsbasis, da die Leistungsmerkmale der zukünftigen Systemkomponenten zum Kaufzeitpunkt nicht bekannt sind. Da die Auswirkungen von Garantien für den Anbieter nicht antizipierbar sind, scheidet das Instrument der Garantiepolitik häufig ebenfalls aus. Damit wird die Qualitätsbeurteilung im Systemgeschäft in signifikanter Weise auf die Ebene des Vertrauens in die unternehmensbezogene Leistungsfähigkeit eines Anbieters gehoben. Diese konkretisiert sich z. B. in der Marktbeständigkeit, dem Innovationspotential und dem Integrations-Know-how eines Anbieters (Zur Bedeutung des Konstrukts „Vertrauen" vgl. vor allem Albach, 1980). Als Marketinginstrument tritt hier die *Reputation* in den Vordergrund. Die Schaffung von Reputation, ein relativ langfristiger Prozeß, erfordert ebenfalls den Einsatz informationspolitischer Instrumente. Aber auch hier verändert sich der Inhalt der Informationspolitik: An die Stelle der produktbezogenen Information tritt die unternehmensbezogene Information zur Vermittlung von Kompetenz (vgl. Weiss, 1992).

Ein typisches Beispiel für den Einsatz von Reputation liefert die Firma IBM im Geschäft mit EDV-Systemen: Wegen des vertikalen Zeitverbundes und der dadurch bedingten Entwicklungsunsicherheit entscheiden sich viele Käufer für ein IBM-System, weil es ein IBM-System ist. Mit anderen Worten: Sie setzen auf die Reputation von IBM, auch bei systembedingten Folgekäufen noch akzeptable Alternativen verfügbar zu haben. Etwas salopper hat ein Vertriebsleiter von IBM diesen Sachverhalt in folgende Worte gekleidet: „Wir verkaufen schließlich nicht nur ein Produkt, sondern eine Perspektive" (Albrecht, 1991, S. 16).

Während Nelson und Darby/Karni die drei Güterkategorien relativ isoliert betrachten, ist – wie die Ausführungen schon deutlich gemacht haben – bei Investitionsgütern jedoch grundsätzlich davon auszugehen, daß bei *jeder* Transaktion immer alle drei Qualitätstypen relevant sein werden, allerdings in unterschiedlicher Ausprägung.

Inspektionsgüter werden in der Regel Leistungen darstellen, die in Mehrfachfertigung für weitgehend anonyme Märkte erstellt werden und damit einen relativ geringen Spezifitätsgrad aufweisen. Ihre Qualitätseigenschaften sind im wesentlichen vor der Beschaffung beurteilbar, ggfs. sogar überprüfbar. Ein Beispiel für ein Gut mit Inspektionsqualitäten ist der Normmotor einer bestimmten Baureihe mit klar definierten und für den Käufer nachprüfbaren Qualitätseigenschaften wie Anzugsdrehmoment etc. Die Tatsache, daß der Kunde einem neuen Anbieter am Markt nicht traut, weil er nicht sicher ist, ob dieser lange genug überleben wird, um seine Gewährleistungspflicht erfüllen zu können, zeigt, daß auch Vertrauensqualitäten eine Rolle bei der Entscheidung spielen können. Insgesamt liegt die *Dominanz* der Qualitätsunsicherheit aber im Bereich der Inspektionsqualitäten und die *produktbezogene Information* tritt damit in den Vordergrund.

Anders dagegen im Fall hochspezifischer Leistungen, bei denen viele relevante Teilqualitäten nicht vor Vertragsabschluß beurteilt werden können, da der Fertigungsprozeß zum Beispiel erst nach dem Vertriebsprozeß beginnt (vgl. Backhaus, 1990, S. 388.). Hier treten andere Qualitätstypen in den Vordergrund der Qualitätsbeurteilung: Über Referenzen (Erfahrungen anderer Käufer) und Vertrauen in den Anbieter (*Unternehmens*qualität statt *Produkt*qualität) wird die Qualitätsunsicherheit reduziert. Aber auch hier spielen natürlich Inspektionsqualitäten eine Rolle: die unspezifischen Leistungskomponenten werden vor dem Kauf beurteilt, aber dieser Qualitätstyp tritt in seiner Bedeutung gegenüber Erfahrungs- und Vertrauensqualitäten zurück. Abbildung 2 gibt einen Überblick über die Stellung der drei Güterarten zueinander.

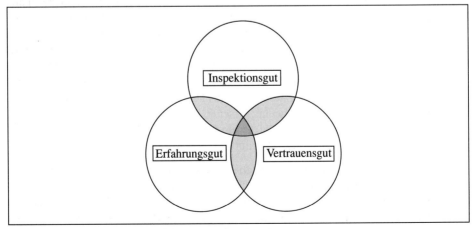

Abbildung 2: Die Stellung der drei Güterarten zueinander

Aus diesen theoretischen Überlegungen ergibt sich, daß wegen der vorhandenen Informationsasymmetrien *bei allen Investitionsgütern* die *Informationspolitik* eine Rolle spielt – allerdings in unterschiedlichem Ausmaß und mit unterschiedlichem Inhalt.

Im Produktgeschäft übernimmt die Informationspolitik mehr „Unsicherheitsreduktions-Funktionen" als im Anlagen- und Systemgeschäft, weil dort zusätzliche Maßnahmen erforderlich sind, um zu einem Abschluß zu kommen. Der *Wert der Information* ist damit geschäftstypspezifisch von unterschiedlicher Bedeutung.

Auch die Inhalte unterscheiden sich geschäftsartenspezifisch: Anstelle der produktbezogenen Informationen im Produktgeschäft treten im Anlagen- und Systemgeschäft verschiedene Arten von *Surrogat-Informationen* (vgl. dazu im einzelnen Backhaus/Weiss, 1989).

Da die Informationsgewinnung Kosten verursacht, Informationen also nicht frei sind, muß geprüft werden, ob und in welcher Form durch die Marktveranstaltung Messe das in differenzierten Formen auftretende Informationsproblem effizienter gelöst werden kann als für den Fall, daß die Marktparteien nicht an dieser Marktveranstaltung partizipieren. Mit anderen Worten: Es geht darum zu überprüfen, ob und inwieweit Messen die Informationsbedürfnisse in bezug auf die Kosten-/Nutzen-Relation besser befriedigen, als dies durch andere Instrumente der Informationspolitik möglich ist.

3. Die Messe als Instrument der Informationspolitik

3.1 Die Messefunktionen

Messen spielen in der Informationspolitik von Investitionsgüteranbietern und -nachfragern eine große Rolle. Es handelt sich dabei um Marktveranstaltungen, die zeitlich begrenzt und allgemein regelmäßig wiederkehrend sind, wobei eine Vielzahl von Ausstellern das wesentliche Angebot eines oder mehrerer Wirtschaftszweige ausstellt und überwiegend nach Muster an gewerbliche Wiederverkäufer, gewerbliche Verbraucher oder Großabnehmer vertreibt (vgl. o.V., 1986, S. 75). Diesen Marktveranstaltungen läßt sich eine Vielzahl von Teilfunktionen zuordnen. Abbildung 3 gibt eine Übersicht über die verschiedenen Funktionen, die Messen im allgemeinen zugeschrieben werden (Meffert, 1988, S. 11).

Empirische Untersuchungen belegen, daß in den letzten Jahren aus der Vielzahl der Messefunktionen die Informationsfunktion stark in den Vordergrund gerückt ist (vgl. z. B. Täger/Ziegler, 1984). Die Messe wird mehr und mehr als *„Markt für Informationen"* verstanden. Untersuchungen von Täger/Ziegler (1984, S. 26 ff.) belegen, daß die Informationsfunktion gerade bei Investitionsgütermessen sehr stark in den Vordergrund der Betrachtungen gerückt ist, während die Verkaufsfunktion sich deutlich auf das Nachmessegeschäft verlagert hat. *Investitionsgüter-Messen können daher heute überwiegend als Institutionen bezeichnet werden, die primär informationspolitische Zwecke verfolgen.*

Funktionen	Relevante Zielrichtungen
Informationsfunktion	
– Informationsweitergabe	Erhöhung der Markttransparenz, Verbesserung des Informationsstandes über Produkt und Unternehmung
– Informationsbeschaffung	Erkundung technischer und wirtschaftlicher Trends
– Markttest	Verbesserung der marktadäquaten Produkt- und Leistungsgestaltung
Motivationsfunktion	Verbesserung der Besuchsmotivation, Förderung der Teamarbeit der Mitarbeiter, Vermittlung von Erfolgserlebnissen
Beeinflussungsfunktion	Erhöhung der Besucherfrequenz, Dokumentation der Präsenz, Interesseweckung, PR- und Imagepflege
Verkaufsfunktion	
– Verkaufsvorbereitung	Kontaktschaffung, Bedarfsermittlung
– Verkaufsdurchführung	Festigung der Marktposition, Tätigung von Geschäftsabschlüssen
– Verkaufserhaltung	Erhöhung der Kundentreue

Abbildung 3: Funktionen der Messe

Damit tritt die Messe in substitutive und komplementäre Beziehungen zu anderen Informations- bzw. Kommunikationsinstrumenten wie klassische Werbung, persönlicher Verkauf, Verkaufsförderung oder Public Relations.

3.2 Kosten-Nutzenunterschiede zwischen Messen und anderen kommunikationspolitischen Instrumenten

Kostenvergleiche zwischen verschiedenen kommunikationspolitischen Instrumenten sind immer wieder im Rahmen der Messeerfolgskontrolle diskutiert worden. Dabei ist eine Vielzahl von Kennwerten entwickelt worden, die sich jeweils danach unterscheiden, welches die Bezugsbasis für die Kostengröße ist (vgl. z. B. Carman, 1968, S. 43; Funke, 1987, S. 256 ff.). Abbildung 4 zeigt eine Auswahl von Kennzahlen zur Berechnung von Kosten-Nutzen-Relationen für Messen.

Im Prinzip liefern diese Kosten-Nutzen-Relationen Vergleichsgrößen zu dem in der Werbeplanung entwickelten Tausenderpreis, der ausdrückt, wieviel aufgewandt werden muß, um 1.000 Kontakte mit einem Werbemedium zu erzielen (vgl. z. B. Nieschlag/ Dichtl/Hörschgen, 1991, S. 516).

$$\text{Veranstaltungsbesucherpreis} = \frac{\text{Messekosten}}{\text{Messebesucher}}$$

$$\text{Hallenbesucherpreis} = \frac{\text{Messekosten}}{\text{Anzahl der Hallenbesucher}}$$

$$\text{Zielgruppenpreis} = \frac{\text{Messekosten}}{\text{Zielgruppe}}$$

$$\text{Besucherpreis} = \frac{\text{Messekosten}}{\text{Alle Besucher}}$$

$$\text{Fachbesucherpreis} = \frac{\text{Messekosten}}{\text{Fachbesucher}}$$

Abbildung 4: Kennzahlen der Messebeurteilung

Abgesehen davon, daß die Berechnung der Messekosten erhebliche Zurechnungsprobleme beinhaltet (vgl. z. B. Berghäuser, 1983, S. 17), variieren die Messekosten von Messeplatz zu Messeplatz erheblich (vgl. z. B. AUMA, 1989). So ist es nicht verwunderlich, daß in Veröffentlichungen Messe-Kontaktkosten zwischen 23,35 DM (Rost, 1982, S. 50) und 276,– DM pro Messekontakt (Jaspersen, 1978, S. 461) genannt werden, die auch noch wegen der genannten Zurechnungsproblematik zu hinterfragen sind. Trotz dieser Probleme ist jedoch festzuhalten, daß Messekontakt-Kosten deutlich höher liegen als z. B. die Kontaktkosten in Fachzeitschriften. So liegt zum Beispiel der Einzelkontaktpreis (Stand: 1992) für die „VDI-Zeitschrift" bei 0,32 DM, der Fachzeitschrift „Logistik im Unternehmen" bei 0,42 DM und des „Handelsblattes" bei 0,06 DM.

Vor diesem Hintergrund läßt sich feststellen, daß Messen unter isolierter Betrachtung von Kostengesichtspunkten anderen Instrumenten der Kommunikationspolitik unterlegen sind. Allerdings ist zu berücksichtigen, daß die Vergleiche der Kontaktkosten von Anzeigen, Direct-Mail-Aktionen oder auch gegenüber dem persönlichen Verkauf durch die jeweiligen *Kontaktqualitäten* ergänzt werden müssen.

Die besonderen Kontaktqualitäten von Messen ergeben sich im wesentlichen aus den Besonderheiten von Messen gegenüber anderen Kommunikationsinstrumenten (vgl. Meffert, 1988, S. 11).

a) Messen als Interaktionsveranstaltungen:
Der persönliche Kontakt zwischen Anbieter und Nachfrager

Investitionsgüter werden sehr viel stärker als Konsumgüter interaktiv vermarktet (vgl. Backhaus, 1990, S. 79). Strothmann (1979, S. 170 f.) berichtet, daß ganz offenbar „der Hang einkaufsentscheidender Fachleute zunimmt, *persönliche Kontakte* mit Repräsentanten anbietender Firmen wahrzunehmen. Dieses dürfte darauf zurückzuführen sein, daß die Anbieter von Investitionsgütern in Auswirkung wachsender und unüberschaubarerer Märkte immer weniger befähigt sind, jenseits des Vertreterbesuches persönliche Verbindungen aufrechtzuerhalten. Die abnehmenden Möglichkeiten der Kontaktpflege sind durch indirekte werbliche Maßnahmen, auch wenn diese mit Konstanz verfolgt werden, nur bedingt zu kompensieren. Die zunehmende Bedeutung der indirekten werblichen Maßnahmen hat vielmehr die Nebenwirkung, daß sich einkaufsentscheidende Fachleute in eine *unpersönliche Distanz* zur Angebotsseite versetzt sehen. Sie entwickeln deshalb ein verstärktes Bedürfnis, *Begegnungen* mit Repräsentanten der anbietenden Firmen herbeizuführen."

Die Möglichkeit zu interaktivem Informationsverhalten spielt vor allem im Anlagen- und Systemgeschäft eine Rolle, bei dem die Leistungen nicht für einen anonymen Markt erstellt, sondern Leistung und Gegenleistung in individuellen Verhandlungsprozessen ausgehandelt werden. Da es bei diesem Geschäftstypen weniger um produktbezogene, sondern vielmehr um Surrogatinformationen geht, tritt das konkrete Objekt (Produkt) bei Messen für diesen Geschäftstyp stärker in den Hintergrund. Damit ist das geforderte Informationspotential weniger vorab konkretisierbar. Die Messe dient in diesem Fall auch dazu, das gewünschte Informationspotential zu definieren. Das erfordert die Möglichkeit zur Interaktion.

Messen erfüllen von allen kommunikationspolitischen Instrumenten zusammen mit dem persönlichen Verkauf am besten den Wunsch nach persönlicher Interaktion. In der Regel stehen mehrere Fachspezialisten des Anbieters zur Verfügung, um auftretende Rückfragen zu klären und Unklarheiten zu beseitigen. Darüber hinaus ist oftmals die Gelegenheit für den Anbieter gegeben, mehrere Personen aus einem Buying Center (vgl. z. B. zu diesem Begriff Webster/Wind, 1972, S. 34) zu erreichen. Vor allem weiß er im Gegensatz zum Einsatz von indirekten kommunikationspolitischen Instrumenten, welche Funktionsträger er beim potentiellen Interessenten erreicht hat.

Für den Anbieter ist der Messekontakt aber auch insofern von Nutzen, als er etwas über den Informationsbedarf der Nachfrager erfährt und er somit konkrete Hinweise für die Gestaltung seiner gesamten Informationspolitik erhält. Darüber hinaus kann durch den interaktiven Charakter der Messe die Informationspolitik auf die unterschiedlichen Typen des Informationsverhaltens abgestellt werden (zu den Informationsverhaltenstypen vgl. Strothmann, 1979, S. 94).

b) Möglichkeit der Objektbesichtigung

Anders als im Anlagen- und Systemgeschäft bieten Messen insbesondere im Produktgeschäft die Möglichkeit der Objektbesichtigung. Dies ist offenbar ein von Nachfragern als besonders wichtig empfundener Gesichtspunkt zur Risikoreduktion (vgl. Strothmann, 1979, S. 169).

Messen erlauben im Gegensatz zur Produktpräsentation über indirekte Medien die Darstellung der Objekte in Funktion. Der Nachfrager kann damit beim Produktgeschäft durch Objektbesichtigung überprüfen, ob und in welchem Ausmaß die zugesicherten Eigenschaften tatsächlich erfüllt werden.

„Die Schaffung der Möglichkeiten zur Objektbesichtigung am Messestand wird allerdings von Produktkategorie zu Produktkategorie unterschiedlich große Probleme bereiten, die aus der Messefähigkeit der einzelnen Exponate resultieren. Äußerst komplexe

Anlagen, beispielsweise auf dem Gebiet der Energietechnik, sind gar nicht oder nur mit hohen Investitionen auf einer Messe demonstrierbar. In diesen Fällen muß mit werblichen Surrogaten gearbeitet werden, etwa mit graphischer Demonstration oder mit Filmen" (Strothmann, 1979, S. 170). Da der Nachfrager das Objekt aber in der Regel nicht in identischer Form beschafft, verbleibt im Anlagengeschäft ein größeres Restrisiko als im Produktgeschäft. Beim Anlagengeschäft muß daher deutlich sein, daß Informationspolitik in ihrer Konsequenz für die letztendliche Entscheidung hinter das Instrument der „Garantiepolitik" zurücktritt.

Ähnliches gilt für das Systemgeschäft. Die Funktionalität des Gesamtsystems ist regelmäßig nur eingeschränkt darstellbar. Das Ziel der Informationspolitik liegt eher darin, dem Kunden Vertrauen in die Leistungsfähigkeit des Gesamtsystems zu vermitteln.

c) Geringe Disponibilität von Messen

Messen haben Ereignischarakter. Sie finden nur zu limitierten Zeitpunkten an bestimmten Orten statt und stehen deshalb als permanente, überall zugängliche Informationsquelle nicht zur Verfügung. Dies schafft einerseits Nachteile: „Damit sind verschiedene Beeinträchtigungen des Informationsverhaltens einkaufsentscheidender Fachleute vorgezeichnet, die diktiert von entscheidungsprozeßbedingten Sachzwängen, zu anderen Zeitpunkten Informationen benötigen als zum Messetermin. Inwieweit die Messe dennoch als Informationsquelle in Betracht kommt, hängt weitgehend davon ab, ob die Deckung eines Informationsbedarfs aufschiebbar ist oder nicht. Bei einer zeitlich gebundenen Informationssuche muß – davon ausgehend – ein an sich erforderliches Medium Messe durch andere sofort verfügbare Informationsmittel ersetzt werden" (Strothmann, 1979, S. 167).

Andererseits schafft der Ereignischarakter einen zusätzlichen Anreiz, sich intensiv mit anstehenden Entscheidungen auseinanderzusetzen. Der Aktivierungsgrad der Messebesucher ist daher relativ hoch und entsprechend die Informationsaufnahmebereitschaft.

d) Umfassender Konkurrenzvergleich

Der Ereignischarakter der Messe führt dazu, daß in der Regel – insbesondere auf Fachmessen – alle relevanten Anbieter vertreten sind. Für den Nachfrager bedeutet dies, daß er mit einem vergleichsweise geringen Aufwand in relativ kurzer Zeit einen weitgehend kompletten Marktüberblick gewinnen kann. Wegen der Interaktionsmöglichkeiten in Kombination mit der Objektdarstellung kann er auch subjektiv wichtige Informationen durch Rückfragen abklären und die für ihn wichtigen Leistungsbeurteilungen im Konkurrenzvergleich durchführen und so auf der Messeveranstaltung die relative Wettbewerbsposition beurteilen.

e) Informationsspezifische Messetypen

Den verschiedenen Informationsfunktionen von Messen kann in der Praxis durch unterschiedliche *Typen von Messen* Rechnung getragen werden. Im Hinblick auf die hier relevante Problematik lassen sich folgende Typen unterscheiden:

- Breite des Waren- und Informationsangebotes: Universalmessen, Mehr-Branchen-Messen sowie Fachmessen,
- Schwerpunkt des Informationsangebots: Objektmessen, Funktionsmessen, Reputationsmessen.

Diese unterschiedlichen Messetypen unterscheiden sich vor allem im Hinblick auf das Informationsangebot, das sie zielgruppenspezifisch bereitstellen.

Universalmessen verfügen über das breiteste und am wenigsten spezialisierte Waren- und Informationsangebot (vgl. auch Mortsiefer, 1986, S. 211 ff.) Es handelt sich bei solchen Messen häufig um regional begrenzte Veranstaltungen, die sich verstärkt an die Allgemeinheit wenden. Wegen oft mangelnder Repräsentanz bestimmter Wirtschaftszweige oder Branchen werden Fachbesucher häufig nicht angesprochen.

Mehr-Branchen- und *Fachmessen* verzichten demgegenüber auf eine möglichst große Breite zugunsten einer zunehmenden Tiefe. Mehr-Branchen-Messen geben daher einen möglichst geschlossenen Überblick über das Angebot mehrerer Branchen. Sie richten sich gleichermaßen an allgemein- und fachinteressierte Besucher.

Die größte Informationstiefe erreichen *Fachmessen*. Sie sind inhaltlich auf eine Branche ausgerichtet und wenden sich fast ausschließlich an den Fachbesucher (vgl. Goschmann, 1988, S. 101).

Die Konzeption der Anwendungs- und Zielgruppenorientierung der Fachmesse erleichtert es dem Fachbesucher aufgrund eines möglichst klar abgegrenzten Angebots, sich über den für ihn interessanten Produktbereich schnell und kostengünstig zu informieren. Bei der fachtechnisch ausgerichteten Messe wird ihm ein relativ homogenes Produktangebot vorgestellt. Die anwendungstechnisch ausgerichtete Fachmesse kombiniert das Angebot verschiedener Erzeugungsbereiche, so daß sie den Bedarf eines speziellen Anwendungsbereiches vollständig abdeckt (vgl. Strothmann, 1979, S. 162 f.). Durch die unterschiedlichen Typen von Messen kann die Information sehr zielgruppengenau, d. h. mit zielgruppenspezifisch hoher Kontaktqualität vermarktet werden.

Je nachdem, welcher Geschäftstyp auf der Messe dominiert, sprechen wir von Objekt-, Funktions- oder Reputationsmessen. Steht die konkrete produktbezogene Information im Vordergrund, sprechen wir von Objektmessen. Tritt das konkrete zu vermarktende Produkt im Falle von Erfahrungs- und Vertrauensgütern in den Hintergrund, geht es also um Informationen über die Funktionalitäten einer Leistung oder gar um die firmenspezifische Reputation, sprechen wir von Funktions- und Reputationsmessen. Vor diesem Erklärungshintergrund wird auch deutlich, daß die Informationsziele, die Anbieter (und Nachfrager) mit dem Messeauftritt verbinden, geschäftstypabhängig sehr unterschiedlich sein können.

f) Grundsätzliche Erreichbarkeit der Zielgruppe

Schließlich schaffen Messen in manchen Ländern die einzige Möglichkeit, Informationen an die einkaufsentscheidenden Fachleute heranzutragen. So lassen sich z. B. in China wegen der besonderen Zusammensetzung der Buying Center die letztendlichen Verwender des Investitionsgutes häufig nur auf Messen erreichen.

4. Messen unter informationsökonomischer Perspektive: Zusammenfassende Thesen

1. Bei Investitionsgütertransaktionen bestehen in der Regel zwischen den beteiligten Marktparteien asymmetrische Informationsverteilungen. Das heißt, es besteht Unsicherheit zwischen den Marktparteien über die Leistungsqualität.

2. Bei den verschiedenen Geschäftstypen (Produkt-, Anlagen-, Systemgeschäft) beziehen sich die Qualitätsunsicherheiten auf unterschiedliche Leistungsdimensionen. Wir unterscheiden Search-Qualities, Experience- und Credence-Qualities (Inspektions-, Erfahrungs- und Vertrauensqualitäten).

3. Zum Abbau der Informationsasymmetrien als Voraussetzung für den Vermarktungserfolg eignen sich je nach Geschäftstyp besondere Transaktionsdesigns:

   – Produktgeschäft: Informationspolitik
   – Anlagengeschäft: Garantiepolitik
   – Systemgeschäft: Reputationspolitik.

   Die verschiedenen Transaktionsdesigns bezeichnen Schwerpunkte. Es wurde aber deutlich gemacht, daß bei allen Geschäftstypen die Informationspolitik (mit unterschiedlicher Bedeutung) eine Rolle spielt.

4. Messen stellen eine der Institutionen im Rahmen der betrieblichen Informationspolitik dar. Es stellt sich die Frage, wann und unter welchen Bedingungen Messen effiziente Institutionen der Informationspolitik darstellen, also Vorteile gegenüber anderen informationspolitischen Instrumenten bieten.

5. Es wurde deutlich gemacht, daß ein reiner Kostenvergleich zwischen den verschiedenen Medien der Fragestellung nicht gerecht wird. Vielmehr erzeugen die verschiedenen Medien unterschiedliche Kontaktqualitäten:

   – Für den Anbieter handelt es sich zwar oftmals um ein relativ teures Instrument, es ist jedoch im Einzelfall zu prüfen, inwieweit die zusätzlichen Kontaktqualitäten eventuell anfallende Mehrkosten nicht überkompensieren.
   – Für den Nachfrager ist die Messe eine hervorragende Möglichkeit, relativ umfassende Marktübersichten zu gewinnen. Die für den Messebesuch zusätzlich anfallenden Kosten dürften dabei wenig ins Gewicht fallen. Allerdings führt der geringe Disponibilitätsgrad der Messe dazu, daß auf andere informationspolitische Instrumente nicht verzichtet werden kann. Die Messe kann insofern nur ein ergänzendes Instrument der Informationspolitik sein.

6. Messe ist nicht gleich Messe. Je nach Messetypus erhält die Ausprägung der Informationsfunktion eine andere Konkretisierung.

7. Ob Messen in den verschiedenen Ausprägungen ein sinnvolles Instrument der Informationspolitik darstellen, kann nicht generell beantwortet werden. Erst die Konkretisierung der (Grenz-) Kosten- und (Grenz-) Nutzenbeiträge der verschiedenen Informa-

tionsinstrumente ermöglicht eine abschließende Beurteilung. Insbesondere der Quantifizierung der Kontaktqualitäten auf Messen wird in der Zukunft mehr Beachtung zu schenken sein. Denn erst dann wird es möglich sein zu beurteilen, ob die Grenzkosten der Informationsbeschaffung auf Messen geringer, gleich oder höher sind als der Grenznutzen, der aus der besonderen Informationsqualität entsteht (vgl. auch Hopf, 1983, S. 59).

Literatur

ALBACH, H.: Vertrauen in der ökonomischen Theorie, in: Zeitschrift für die gesamte Staatswissenschaft, 1980, S. 2–11.
ALBRECHT, K.: (Statement im PC-Magazin), Nr. 10, 1991, S. 16.
AUMA: AUMA (Ausstellungs- und Messeausschuß der Deutschen Wirtschaft e.V.) Handbuch Messeplatz Deutschland '90, Köln, 1989.
BACKHAUS, K.: Investitionsgütermarketing. München, 2. Aufl., 1990.
BACKHAUS, K./WEISS, P. A.:Kompetenz – die entscheidende Dimension im Marketing. In: HARVARDmanager, Nr. 3, 1989, S. 107–115.
BERGHÄUSER, B.: Messen als Entscheidungsproblem. In: Deutsche Werbewissenschaftliche Gesellschaft (DWG) – Jahrestagung. Bonn, 1983, S. 5–33.
CARMAN, J. U.: Evaluation of Trade Show Exhibitions. In: California Management Review, Nr. 2, 1968, S. 35–44.
DARBY, M. R./KARNI, E.: Free Competition and the Optimal Amount of Fraud. In: Journal of Law and Economics, April, 1973, S. 67–86.
ELSCHEN, R.: Gegenstand und Anwendungsmöglichkeiten der Agency-Theorie. In: Zeitschrift für betriebswirtschaftliche Forschung, 1991, S. 1002–1012.
FUNKE, K.: Messeentscheidungen – Handlungsalternativen und Informationsbedarf. Frankfurt am Main, 1987.
GOSCHMANN, K.: Die erfolgreiche Beteiligung an Messen und Ausstellungen von A–Z. Landsberg am Lech, 1988.
HOPF, M.: Informationen für Märkte und Märkte für Informationen. Frankfurt am Main, 1983.
JASPERSEN, H.: Messen beschicken oder Anzeigen schalten? In: Marketing Journal, Nr. 5, 1978, S. 456–462.
KAAS, K. P.: Marktinformationen: Screening und Signaling unter Partnern und Rivalen. In: Zeitschrift für Betriebswirtschaft, 1991a, S. 357–370.
KAAS, K. P.: Kontraktmarketing als Kooperation von Prinzipalen und Agenten. Arbeitspapier Nr. 12, Hrsg. von Kaas, Klaus Peter, u. a.. Frankfurt am Main, 1991b.
MEFFERT, H.: Messen und Ausstellungen als Marketinginstrument. In: Meffert, H. (Hrsg.): Messen als Marketinginstrument. Düsseldorf, 1988, S. 7–30.
MORTSIEFER, J.: Messen und Ausstellungen als Mittel der Absatzpolitik mittelständischer Herstellerbetriebe. Göttingen, 1986.
NELSON, P.: Information and Consumer Behaviour. In: Journal of Political Economy, 1970, S. 311–329.
NIESCHLAG, R./DICHTL, E./HÖRSCHGEN, H.: Marketing. Berlin, 16. Aufl., 1991.
o. V.: Gewerbeordnung (GwO) vom 1.1.1978, zuletzt geändert durch das Gesetz vom 15.5. 1986.
ROST, D.: Ausstellen oder Aussteigen? In: Absatzwirtschaft, Nr. 1, 1982, S. 46–52.
SCHNEIDER, D.: Allgemeine Betriebswirtschaftslehre. München, Wien, 3. Aufl., 1987.
SPREMANN, K.: Reputation, Garantie, Information. In: Zeitschrift für Betriebswirtschaft, 1988, S. 613–629.
SPREMANN, K.: Asymmetrische Information. In: Zeitschrift für Betriebswirtschaft, 1990, S. 561–586.
STROTHMANN, K.-H.: Investitionsgütermarketing. München, 1979.
TÄGER, U. C./ ZIEGLER, R.: Die Bedeutung von Messen und Ausstellungen in der Bundesrepublik Deutschland für den Inlands- und Auslandsabsatz in ausgewählten Branchen. Studien zu Handels- und Dienstleistungsfragen Nr. 25 des Ifo-Instituts für Wirtschaftsforschung e.V.. München, 1984.
WEBSTER, F. E./WIND, Y.: Organizational Buying Behavior, Englewood Cliffs, 1972.
WEISS, P. A.: Die Kompetenz von Systemanbietern – Ein neuer Ansatz im Marketing von Systemtechnologien, Berlin 1992.

Karl-Heinz Strothmann

Segmentorientierte Messepolitik

1. Besonderheiten von Messen

2. Der entscheidungsorientierte Ansatz als Grundlage einer messespezifischen Segmentierung

3. Der Messe-Transaktionsansatz

4. Die Messebesucher-Typologie als personenbezogene Segmentierungsmöglichkeit

5. Hinweise zur Operationalisierung der Segmentierung im Messewesen
    5.1 Folgerungen für das Veranstaltungsmarketing
    5.2 Die Umsetzung in die Praxis des Ausstellermarketing

6. Schlußbetrachtung: Zur Dynamisierung von Marktsegmenten

Literatur

1. Besonderheiten von Messen

Messen sind zweifellos ein Marketinginstrument besonderer Art. Dies läßt sich damit begründen, daß auf Messen die Gesamtheit der im Marketingalltag eingesetzten Instrumente zum Einsatz gebracht werden können. Der Einsatzort ist der Messestand des einzelnen Unternehmens. In Form der Exponate werden am Messestand die Ergebnisse der Produkt- und Entwicklungspolitik vorgestellt. Desweiteren sind die verwendeten Werbemittel in Form von Plakaten, Prospekten und Katalogen verfügbar. Die Produktverkäufe begleitenden Dienstleistungen können am Messestand verbal und visuell erläutert werden. Hauptsächlich finden jedoch Gespräche statt, die von Verkäufern und Beratern bestritten werden. Zusammenfassend läßt sich feststellen, daß am Messestand die Marketingbilanz des Unternehmens präsentiert wird, es wird sozusagen im Zeitraffer das Marketinggeschehen ganzer Planungsperioden verdeutlicht (vgl. Strothmann 1982, S. 1624).

Diese Eigentümlichkeiten von Messen verführen oftmals zu einer Überforderung dieses Instruments. Es läßt sich beobachten, daß eine nicht unerhebliche Zahl von Ausstellern mit der Messe alles nur Denkbare zu erreichen sucht. Zurückzuführen ist dies auf den beachtlichen Ereigniswert, der sich mit diesem Instrument verbindet (vgl. Strothmann 1982, S. 1625). Messen finden normalerweise nur in relativ langen Zeitabständen statt. Der Messeort und -termin sind fixe Daten, auf die der einzelne Aussteller gar nicht oder nur indirekt Einfluß nehmen kann. Der Ereigniswert bringt es mit sich, daß in den ausstellenden Unternehmen mit aller Energie auf den Messetermin hingearbeitet wird. Der mit dem Messeauftritt verbundene finanzielle Aufwand ist beträchtlich, die menschlichen Ressourcen werden im Messegeschehen an die Grenzen der Belastbarkeit herangeführt. Daraus läßt sich logischerweise nur ableiten, daß sich die Kraftanstrengung lohnen soll – immer wieder werden deshalb mit der jeweiligen Messe hohe Erwartungen verknüpft.

Einleuchtend ist, daß diese vom Ereigniswert determinierten Erwartungen nicht immer durch das objektiv meßbare oder subjektiv wahrgenommene Messeergebnis erfüllt werden. Es stellt sich die Frage, ob nicht eine klarere Zielplanung angezeigt ist, die die Messepolitik nicht unerläßlich vor die Aufgabe der Erfüllung eines „Übersolls" stellt. Mit den Maßnahmen der Messepolitik müßte dann natürlich den eingeschränkten Zielsetzungen entsprochen werden. Selbstverständlich kann dieser Verzicht auf messepolitische Ziele und die damit ermöglichte Konzentration auf Hauptziele nur dann gerechtfertigt werden, wenn damit eine Effizienzsteigerung der Messepolitik verbunden ist. Auf jeden Fall wird ein derartiges zielgerichtetes Vorgehen davor bewahren, mit dem Messeauftritt allzu hochgesteckte Erwartungen zu verbinden und entsprechend Enttäuschungen hinnehmen zu müssen.

Die Umsetzung dieses Gedankens bedeutet dann eine Spezialisierung der Messepolitik im Gegensatz zu der verbreitet üblichen universalistischen Zielverfolgung. Damit wird bereits die Frage aufgeworfen, welche Möglichkeiten bestehen, eine Zielauswahl vorzunehmen und sich als Aussteller in eine „Spezialistenrolle" hinein zu definieren. Den Ansatz dafür liefert die Segmentierungslehre der Marketingwissenschaft, die den Unternehmen eine segmentorientierte Marketingplanung und -politik nahelegt. Im wesentlichen beschreibt die Segmentierungslehre Kriterien zur Segmentabgrenzung; dabei kommt es darauf an,

Segmente herauszubilden, die eine größere Homogenität aufweisen als der Gesamtmarkt. Außerdem sollen sie der Forderung nach Zeitstabilität genügen (s. Günter 1990).

Im folgenden wird nun der Versuch unternommen, den Segmentierungsgedanken auf die Messepolitik zu übertragen. Dabei ist zunächst zu sehen, daß der Markt „Messe" nicht mit dem Gesamtmarkt identisch sein muß, dem sich die Unternehmen in ihrem Marketingalltag gegenüber sehen. In Auswirkung der vom Messeveranstalter und von den Ausstellern betriebenen Werbung in der Vor-Messezeit, kann eine von der Gesamtabnehmerschaft abweichende Struktur von Marktteilnehmern im Messemarkt erzeugt werden. Es lohnt sich dementsprechend, einen Strukturvergleich zwischen der Gesamtheit der Marktteilnehmer und den Teilnehmern am Messemarkt vorzunehmen. Dies kann anhand üblicher Segmentierungskriterien auf der Makroebene geschehen, indem die Größe der die Besucher entsendenden Unternehmen, deren Branchenzugehörigkeit usw. zum Vergleich herangezogen werden. Auf der Persönlichkeitsebene sind so offenkundige Merkmale wie der betriebliche Funktionsbereich der Marktteilnehmer sowie deren hierarchische Position anwendbar.

Vergleichsdaten bestimmen in der Regel schon den Prozeß der Auswahl, wenn es um die Festlegung derjenigen Messen geht, auf denen ausgestellt werden soll. Diese Wahl vollzieht sich unter der Zielsetzung, eine weitgehende Strukturkongruenz von Gesamtmarkt und Messemarkt zu erreichen.

Die Besonderheiten, die Messen als Marketinginstrument aufweisen, sollten veranlassen, über die von der Marktsegmentierungslehre vorgestellten Kriterien hinaus zu denken. So ist die Frage zu prüfen, ob nicht andere, nämlich messespezifische Kriterien verfügbar und angebracht sind, an denen Messepolitik zielgerichteter orientiert werden kann. Dabei können probate theoretische Modelle des Marketing eine Rolle spielen, aber auch empirische Forschungsergebnisse, die weitergehende Einblicke in spezifische Eigenarten von Messebesuchern vermitteln.

2. Der entscheidungsorientierte Ansatz als Grundlage einer messespezifischen Segmentierung

Während einer stattfindenden Messe befinden sich die in den Abnehmerunternehmen der Aussteller verlaufenden Entscheidungsprozesse in sehr unterschiedlichen Phasen (vgl. Strothmann 1979, S. 174 ff.). In einem unbestimmten Anteil von Unternehmen stehen zur Zeit der Messe keine Anschaffungen an. Gegenüber diesen Unternehmen besteht die Aufgabe der Messe darin, anschaffungsgerichtete Entscheidungsprozesse zu initiieren. In anderen Unternehmen befinden sich die Entscheidungsprozesse in ihrem Anfangsstadium. Dementsprechend werden globale Informationen benötigt, die die Auswahl potentieller Anbieterunternehmen ermöglichen.

Andere Entscheidungsprozesse sind bereits soweit gediehen, daß in den betreffenden Unternehmen Angebote der potentiellen Lieferanten vorliegen. Diese können auf der Messe auf ihre Eignung hin überprüft werden.

Die globale Betrachtung ablaufender Entscheidungsprozesse besagt weiter, daß eine ebenfalls unbestimmte Zahl von Abnehmerunternehmen kurz vor der Entscheidungsfindung steht. Eine Absicherung insbesondere risikobelasteter Entscheidungen ist auf einer Messe möglich.

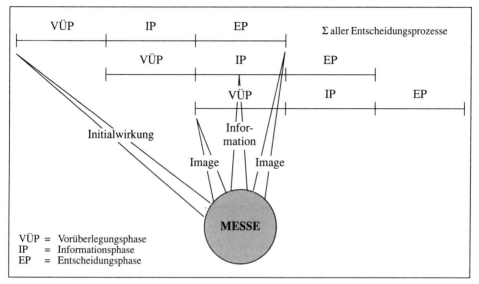

Abbildung 1: Einwirkung der Messe auf Entscheidungsprozesse

Die Betrachtung macht deutlich, daß es unter dem Aspekt verlaufender Entscheidungsprozesse ein recht heterogen zusammengesetztes Besucherpotential gibt. Die Heterogenität verdeutlicht sich in den unterschiedlichen Informationsanliegen und Kommunikationsbedürfnissen, die in den verschiedenen Phasen ablaufender Entscheidungsprozesse entstehen (vgl. Strothmann 1983, S. 393 f.). Für den einzelnen Aussteller entsteht damit ein Problem. Soll er sich mit allen Schattierungen von Informationsanliegen abfinden oder kommt es nicht vielmehr darauf an, eine Möglichkeit zur Selektion zu finden, um relativ homogenen Gruppierungen und deren Informationsbedürfnissen gerecht zu werden? So wäre es bspw. denkbar, die Messepolitik nur auf diejenigen auszurichten, die zu Anschaffungen stimuliert werden können, oder auf den Anteil von Messebesuchern, die Kommunikationserwartungen hegen, etwa zum Zweck der Entscheidungsabsicherung. Andere Spielarten sind denkbar.

Eine erste Möglichkeit zur Vorselektion unter den beschriebenen Segmentierungskriterien besteht in der Vor-Messewerbung. Anhand einer fundierten Kundendatei, die Entscheidungsprozeß-bezogene Kriterien pro Kunde ausweisen sollte, kann gezielt werblich auf diejenigen potentiellen Messebesucher eingewirkt werden, auf die das eigene Informationsangebot abgestimmt werden soll. Natürlich muß das durch den Messestand und am Messestand Angebotene auch den informatorischen Erwartungen der gemeinten Zielgruppe entsprechen. Wie dies zu geschehen hat, läßt sich aus vorliegenden Ergebnissen empirischer Forschung nur dürftig belegen. Erste Hinweise ergeben sich jedoch aus einem Befund, nach dem zwei grundlegend verschiedene Standkonzeptionen deshalb erfolgreich sind, weil sie gezielt auf derartige, Entscheidungsprozeß-bedingte Segmente einzuwirken vermögen.

Es handelt sich um den

- informationsfreundlichen Messestand und den
- kommunikationsfreundlichen Messestand.

Mit dem informationsfreundlichen Messestand können Entscheidungsprozesse in Abnehmerunternehmen initiiert werden. Mit diesem Standtyp wird primär auf Imagebildung bzw. -pflege hingewirkt. Mit ihm und an ihm wird einseitig informiert, auf eine vertiefende Information durch Kommunikation mit dem Besucher wird bewußt verzichtet. Dementsprechend verhält sich das Standpersonal zurückhaltend, es wird nur nach Ansprache durch den Besucher aktiv. Prospekt- und sonstiges Werbematerial wird an einem derartigen Stand reichhaltig verfügbar gehalten und für jeden Besucher offenkundig ausgebreitet. Demgegenüber befinden sich etwaige zur Kommunikation animierende Standelemente wie Sitzmöglichkeiten oder Besprechungskabinen im Hintergrund und werden nur genutzt, wenn eine vom Kundenanliegen diktierte Situation dieses herausfordert.

Anders der kommunikationsfreundliche Stand, mit dem primär auf Messebesucher Einfluß genommen wird, die sich in der Diskussion mit dem Standpersonal eine Informationsvertiefung wünschen. Diese Besucher sind in ihrem Unternehmen an einer konkreten Entscheidungsprozeßphase beteiligt, in der es um eine Angebotspräzisierung bzw. um eine Entscheidungsabsicherung geht. An einem derartigen Stand ist das Standpersonal aktiver als an dem informationsfreundlichen, es fordert die Kommunikation heraus, indem es zur Unterhaltung einlädt. In Entsprechung zu dieser Aufgabe sind kommunikationsproduzierende Standelemente gut sichtbar, einladend im Vordergrund der Standfläche plaziert (vgl. Strothmann 1982, S. 1634 f.).

Trotz der vorgeschlagenen Spezialisierung der Standkonzeption sollte nicht darauf verzichtet werden, die aufwendige Nutzung des Ereignisses Messe voll auszuschöpfen. Möglichkeiten dazu bestehen in der Durchführung von Begleitveranstaltungen wie Tagungen, Symposien, Empfängen und dergleichen außerhalb des Messestandes in den zumeist vorhandenen Kongreß- und Tagungszentren auf dem Messegelände. Denkbar ist, daß eine derartige Begleitveranstaltung für diejenigen konzipiert wird, die von der Messestandkonzeption nicht erreicht bzw. angesprochen wurden, weil diese ihren Entscheidungsprozeß-bedingten Informationsanliegen nicht gerecht wird. Diese, einem anderen Segment entstammenden Messebesucher können dann zu einer ihnen entsprechenden Begleitveranstaltung eingeladen werden. Damit werden Einwirkungsmöglichkeiten auf ein weiteres Segment erschlossen (s. a. Selinski 1983).

3. Der Messe-Transaktionsansatz

Eine erweiterte Form des Entscheidungsprozeß-orientierten Ansatzes stellt der Transaktionsansatz dar (vgl. Backhaus 1990, S. 79 ff.). Dieses Modell hat insofern einen stärkeren Realitätsbezug, weil die auf der Anbieter- und Nachfragerseite verlaufenden Entscheidungsprozesse Gegenstand der Betrachtung sind. Damit wird die einseitige Orientierung an den abnehmerseitig verlaufenden Entscheidungsprozessen aufgegeben. Es ist vielmehr das Zusammenwirken von Anbietern und Nachfragern, das in den Mittelpunkt des Interesses rückt.

Der Transaktionsansatz hat insbesondere im Investitionsgütermarketing eine lange Tradition. Es ist deshalb unverständlich, daß dieses Modell bislang nicht zur Erklärung des Geschehens auf Messen herangezogen wurde. Sind doch gerade Messen das prädestinierte Instrument, Transaktionen zu initiieren und deren Vollzug zu begünstigen. Darüber hinaus wirken Messen auf bereits zuvor eingeleitete Transaktionen, sie schaffen desweiteren als Transaktionsergebnis Potentiale, die auch außerhalb der Messe weiterführende Transaktionsepisoden erzeugen (Nachmessegeschäft).

Vor diesem Hintergrund stellt sich die Frage nach den Übertragungsmöglichkeiten, die für das Modell der Transaktion auf das Messegeschehen zu sehen sind. Es sei vorausgeschickt, daß dieser wohl erste Versuch zur Klärung der Übertragungsfähigkeit nicht nur für Investitionsgüter-Messen von Aussagekraft sein kann. Letztlich herrschen auf manch anderen Messen Investitionsgüter-ähnliche Verhältnisse. So auf allen Veranstaltungen, auf denen Fachleute z. B. aus Handelsunternehmen als Fachbesucher auftreten, um Informationen für eine sachgerechte Ordertätigkeit zu gewinnen oder gar auf der Messe selbst Aufträge nach vorangegangenem Auswahlprozeß zu erteilen.

Im folgenden werden die in der Marketingliteratur unter dem Transaktionsansatz behandelten Interaktionsformen zur Darstellung gebracht (vgl. Backhaus 1990, S. 83 ff.). Dabei wird deutlich, daß die einzelnen Interaktionsformen im wesentlichen denkbare Begegnungsformen zwischen Standbesuchern und dem Standpersonal beschreiben und insofern für das Aussteller-Marketing von Relevanz sind. Allerdings muß angemerkt werden, daß auch das Veranstalter-Marketing tangiert wird, weil die Interaktionstypologie Messegesellschaften zu Entscheidungen darüber herausfordert, welche Art von Interaktionen im Interesse der Aussteller durch entsprechende Marketingmaßnahmen begünstigt werden soll.

– *Die dyadisch-personale Interaktion*

Hier handelt es sich um die Begegnung zwischen einem Aussteller (A) und einem Fachbesucher (B). Dabei kann eine einseitige Information des Besuchers durch den Aussteller stattfinden (Informations-Interaktion), aber auch eine mehr oder weniger intensive Kommunikation zwischen beiden Seiten (Kommunikations-Interaktion).

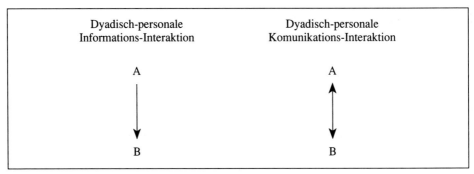

Abbildung 2: Dyadisch-personale Interaktion

– *Einseitig multi-personale Interaktion*

Diese Form der Interaktion beschreibt die Begegnung mit mehreren Fachbesuchern an einem Ausstellerstand. Es wird unterstellt, daß diese Besucher aus einem Unternehmen stammen, eventuell Angehörige eines Entscheidungsgremiums sind. Auch hier ist zu unterscheiden zwischen der einseitigen Information durch den Aussteller und der Kommunikation zwischen dem Aussteller und dem Besuchergremium.

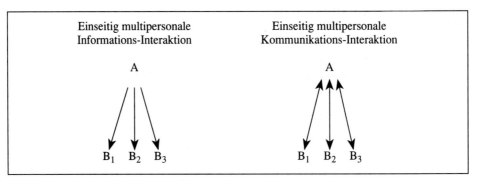

Abbildung 3: Einseitig multipersonale Interaktion

– *Einseitig multi-organisationale Interaktion*

Dieser Ansatz beschreibt das gemeinsame oder auch isolierte Einwirken mehrerer Aussteller auf einen Fachbesucher. Wie bei den zuvor vorgestellten Ansätzen ist auch hier zwischen Informations- und Kommunikations-Interaktion zu unterscheiden.

Ein derartiger Interaktionsfall kann eintreten, wenn mehrere Anbieter – z. B. auf dem Gebiet komplexerer Technologien – kooperieren müssen, um einen anstehenden Investitionsfall optimal zu behandeln. Denkbar ist auch, daß auf der Ausstellerseite Lieferanten von Investitionsgütern mit Finanzierungs- oder Beratungsunternehmen zusammenwirken. Die Interaktion kann sich nach Verabredung an einem Stand vollziehen; der Besucher hat aber auch die Möglichkeit, die einzelnen Teilanbieter gesondert aufzusuchen und isolierte Interaktionen zu veranlassen.

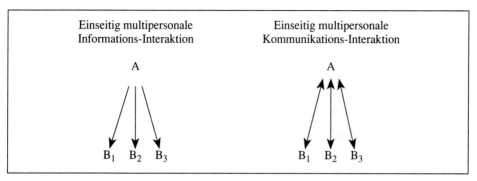

Abbildung 4:   Einseitig multiorganisationale Interaktion

– *Dyadisch-multi-organisationale Interaktion*

In diesem Fall stehen mehreren ausstellenden Unternehmen mehrere Fachbesucher gegenüber, die ebenfalls unterschiedlichen Organisationen entstammen. Beispiel: Mehrere Aussteller sind nur gemeinsam zur Information über ein Angebot imstande und auch die Repräsentanten eines potentiellen Abnehmerunternehmens können den Investitionsfall nur in Gegenwart eines Beraters behandeln.

Wie bei den zuvor dargestellten Ansätzen ist von der Möglichkeit einseitiger Information und intensiver Kommunikation auszugehen.

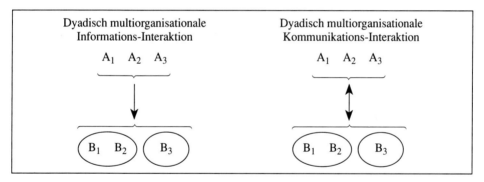

Abbildung 5:   Dyadisch multiorganisationale Interaktion

In dem vorgestellten System deutet sich eine weitergehende Segmentierungsmöglichkeit an. Diese fordert den Ausstellern die Entscheidung ab, ob sie mit einer „offenen Standpolitik" jeden Interaktionsfall akzeptieren oder – das wäre die Alternative – ihre Standkonzeption und Standpolitik auf ausgewählte Interaktionsfälle hin präparieren wollen. Die zuerst angesprochene Globalstrategie würde allerdings die Notwendigkeit mit sich bringen, das Standpersonal auf die denkbaren Interaktionsfälle hinzuweisen und ihnen ein interaktionsbezogenes Verhalten in einer Schulung nahe zu bringen.

Beim gegenwärtigen Stand ist davon auszugehen, daß der Transaktionsansatz in messespezifischer Auslegung als Grundlage für weiterführende Forschungsbemühungen zu sehen ist. Bevor es zu einer Implementierung dieses Modells in die Praxis kommt, bedarf es zusätzlicher Erkenntnisse auf dem Gebiet der darauf gerichteten Messeforschung. Dabei kann mutmaßlich auf eine kürzlich im Auftrag des Spiegel Verlags entwickelte Typologie zurückgegriffen werden, die bereits Hinweise für das Besucherverhalten in Interaktionsprozessen bietet (vgl. Spiegel Verlag 1992).

4. Die Messebesucher-Typologie als personenbezogene Segmentierungsmöglichkeit

Personenbezogene Merkmale kommen im Rahmen der allgemeinen Segmentierungslehre – wie bereits festgestellt – auf einer zweiten Ebene zur Anwendung. Auch im Rahmen der Messeforschung wird eine derartige, an den Merkmalen von Personen orientierte Segmentierung praktiziert. Normalerweise werden allerdings mit Hilfe von Besucherbefragungen recht vordergründige Beschreibungen von Messebesuchern vorgenommen. Es handelt sich dabei um die Erfassung der Institutionen, denen die Besucher entstammen, um den Funktionsbereich, in dem sie tätig sind, die Zugehörigkeit zu ihrer Altersgruppe, ihre Ausbildung u.a.m. Darüber hinaus werden in der Regel Feststellungen zu den auf der Messe wahrgenommenen Aufgaben getroffen. Außerdem interessieren im allgemeinen die Ausstellungsbereiche, denen sich die Besucher zuwenden (s. FKM 1986).

Derartige Besuchermerkmale sind natürlich nicht ohne Wert. Das gilt insbesondere dann, wenn die einzelnen Aussteller gleichartige Standbefragungen durchführen lassen und auf diese Weise eine Vergleichsmöglichkeit zwischen der Besucherschaft ihrer Stände und der Gesamtbesucherschaft einer Messe schaffen. Der Vergleich zwischen beiden, nach Personenmerkmalen segmentierten Modellen führt zu der Erkenntnis, inwieweit es dem einzelnen Aussteller gelungen ist, mit seinem Messestand und einer entsprechenden Standpolitik ein hinreichendes Besucherpotential aus der von ihm anvisierten Zielgruppe zu erreichen.

Eine kritische Betrachtung der üblichen Fachbesuchererhebungen macht indessen deutlich, daß diese eine wesentliche Zielsetzung des Marketing und auch des Messemarketing vernachlässigen. Marketing ist nicht zuletzt vor die Aufgabe gestellt, das Verhalten potentieller Abnehmer zum Erkenntnisgegenstand zu machen, damit nicht nur verhaltensangepaßte Maßnahmen konzipiert werden können, sondern auch verhaltenssteuernd agiert werden kann. Angesichts der hohen Kosten, die mit Messebeteiligung verbunden sind, muß die Verfolgung dieser Marketingziele dem Instrument Messe abverlangt werden.

Für die Messeforschung ist damit die Aufgabe gezeichnet, das Verhalten von Messebesuchern zu analysieren und möglichst realitätsnah zu beschreiben. Einen ersten Versuch in diese Richtung stellt eine kürzlich durchgeführte Spiegel-Untersuchung dar, die unter dem Titel „Messen und Messebesucher in Deutschland" veröffentlicht wurde. Im Rahmen dieser Untersuchung wurde eine Typologie von Messebesuchern entwickelt, die im wesentlichen auf verhaltensbeschreibenden Merkmalen basiert (vgl. Spiegel Verlag 1992).

Beschreibung der Messebesucher-Typologie

Die im folgenden dargestellten Typen des Messe-Besuchsverhaltens haben für den Kreis von Besuchern Gültigkeit, die auf Bürokommunikations- / EDV-Messen anzutreffen sind. Mit Hilfe einer Clusteranalyse wurden auf der Grundlage einer Repräsentativbefragung von 424 mündlichen Interviews mit investitionsentscheidenden Fachleuten des Verarbeitenden Gewerbes in Deutschlands alten Bundesländern vier Typen erkannt. Dabei handelt es sich um

– den intensiven Messenutzer
– den punktuellen Messenutzer
– den Messebummler
– den praxisorientierten Messenutzer

Diese vier Typen lassen sich wie folgt beschreiben:

– *Der intensive Messenutzer*

Dieser Besuchertyp betreibt eine gründliche Vorinformation, bevor er eine Messe aufsucht. Messen haben für ihn im Vergleich zu den sonst genutzten Informationsquellen einen relativ hohen Stellenwert.

Ein derartiger Besucher hält sich mehrere Tage auf einer Messe auf. Im Durchschnitt werden von ihm 21 Aussteller besucht. Keine Möglichkeit, die die Messe bietet, wird ausgelassen. Die Aktivitäten reichen von der Produktinformation, der Kontaktpflege, der Marktbeobachtung bis hin zum Preisvergleich.

Wenn Kaufabschlüsse auf einer Messe möglich sind, dann besteht bei einem derartigen Messebesucher dazu eine gute Chance.

Absatzrelevant ist, daß dieser Typus meistens in Unternehmen arbeitet, die lediglich ein mittleres bis niedriges Innovationspotential aufzuweisen haben. Die Aussteller haben es hier also mit einem Repräsentanten von Firmen mit nicht übersehbaren Investitionserfordernissen zu tun.

– *Der punktuelle Messebesucher*

Auch dieser Besuchertyp bereitet sich intensiv auf den Messebesuch vor. Schon weil er von der Bedeutung der Messe überzeugt ist, nimmt er sich für diese Vorbereitungen mehrere Tage Zeit.

Ein derartiger Besucher ist auf der Messe auf der Suche nach innovativen Investitionsmöglichkeiten. Dies ist damit zu erklären, daß er zum überwiegenden Teil aus Unternehmen stammt, die bereits ein hohes Innovationspotential aufweisen und auf die Erhaltung des erreichten Standards bedacht sind.

Seine Messe-Verweildauer beträgt lediglich ein bis zwei Tage. Etwa 10 Aussteller werden in dieser Zeit nach intensiver Vorselektion besucht. An ihren Ständen wird recht konkret verhandelt, weil offenkundig geplante Anschaffungen zum Messebesuch veranlaßt haben. Damit ist ein Typ gezeichnet, bei dem sich gute Chancen für ein Nachmessegeschäft abzeichnen.

– *Der Messebummler*

Mit diesem Namen wird ein Typ gekennzeichnet, der sich nur oberflächlich auf den Messebesuch vorbereitet. Er nutzt die Messe primär als Instrument zur Marktbeobachtung.

Nur einen Tag „bummelt" dieser Typ über die Messe, um sich einen Überblick zu verschaffen. Nicht mehr als fünf bis zehn Aussteller werden dabei besucht, der Kontakt mit dem Standpersonal wird möglichst vermieden.

Investitionsabsichten sind beim Messebummler nicht zu unterstellen. Dies verwundert, weil er zum überwiegenden Anteil aus Unternehmen auf recht niedrigem Innovationsniveau stammt.

Auch ein sehr eingeengtes Informationsverhalten charakterisiert diesen Typ. Es werden im wesentlichen nur Informationen zur Kenntnis genommen – und das gilt auch unabhängig von Messen – die vom Hersteller gestaltet und direkt vermittelt werden.

– *Der praxisorientierte Messenutzer*

Bei diesem Typ dominiert das Ziel, wichtige Informationen über technische Neuerungen, Systeme und Produkte zu gewinnen. Auf diese Aufgabe bereitet sich ein derartiger Messebesucher intensiv vor.

Das Messepensum wird in der Regel an einem Tag absolviert. Etwa zehn Aussteller werden aufgesucht.

Auf der Messe, aber auch im normalen Geschäftsalltag schätzt ein derartiger Typ die personale Kommunikation mit Fachkollegen sowie den Repräsentanten aus Herstellerfirmen.

Es ist nicht zu erwarten, daß Messen von Einfluß auf die Auftragsvergabe sind. Dies steht nur im scheinbaren Widerspruch zu der Tatsache, daß ein derartiger Besuchertyp in einem Unternehmen beschäftigt ist, das sich auf einem niedrigen bis mittleren Innovationsstand befindet.

Die Beschreibung dieser Besuchertypen verdeutlicht, daß sich Messebesucher in grundlegenden Eigenschaften und Verhaltensweisen voneinander unterscheiden. Anhand der Typen lassen sich gesonderte Segmente auf der Persönlichkeitsebene herausbilden.

Damit entsteht die Frage, ob ein globales Marketing von Messegesellschaften und Ausstellern noch als wirkungsvoll erkannt werden kann oder ob nicht eher ein differenziertes Eingehen auf die Eigenarten von Messebesuchern nahezulegen ist. Dies tangiert bereits das Problem, ob sich Erkenntnisse aus einer derartigen typologischen Betrachtung in die Messepraxis einbringen lassen.

5. Hinweise zur Operationalisierung der Segmentierung im Messewesen

Vorschläge zur praktischen Umsetzung theoretischer Modelle in die Praxis des Messewesens müssen sich sowohl auf das Marketing der Messegesellschaften als auch auf das Ausstellermarketing beziehen. Dabei ist zu berücksichtigen, daß es nur in seltenen Fällen möglich ist, von theoretischen Erkenntnissen auf die unmittelbar naheliegende Handlungsempfehlung zu schließen. Es bedarf vielmehr eines kreativen Prozesses, der auf der Grundlage empirischer Ergebnisse seinen Ausgang nimmt und in naheliegende Handlungsalternativen einmündet. Dies ist auch bei der Anwendung einer messespezifischen Segmentierungslehre auf das Messemarketing zu beachten. Dennoch lassen sich einige Denkrichtungen beschreiben, die der Umgang mit den zuvor dargestellten Segmentbildungen nahelegt (vgl. Strothmann 1992, S. 164).

5.1 Folgerungen für das Veranstaltungsmarketing

Auf dem Gebiet der Veranstaltungspolitik wird verbreitet darüber diskutiert, ob eine Messe primär eine Orderfunktion erfüllt oder ob es sich vornehmlich um eine informations- bzw. kommunikationspolitische Veranstaltung handelt. Dieser Gegensatz spielt immer dann eine besondere Rolle, wenn Messen der angestrebten Orderfunktion nicht gerecht geworden sind. In derartigen Fällen werden sie zumeist rechtfertigend als Veranstaltungen unter kommunikationspolitischer Zielsetzung interpretiert. Es fragt sich, ob es dabei bleiben muß, daß der Gegensatz zwischen Order- und Kommunikationsfunktion erst in Kenntnis des Veranstaltungsverlaufs zum Diskussionspunkt wird. Wäre es nicht möglich, daß die eine oder andere Funktionsausprägung bereits bei der Konzeptionsentwicklung für neue Messen oder bei einer Veranstaltungsmodifikation berücksichtigt wird?

Denkbar wäre es, den Ordercharakter von Messen stärker auszuprägen, wenn eine Abstimmung aller Marketingmaßnahmen auf folgende Segmente vorgenommen würde:

– Fachleute, die in anschaffungsgerichtete Entscheidungsprozesse eingebunden sind, die sich in der Schlußphase vor dem Herstellerentscheid befinden.
– Messebesucher, die mit der Absicht zur Kommunikations-Interaktion, möglichst multipersonaler oder multi-organisationaler Art, zu einer Messe reisen.
– Messebesucher, die dem Typ des intensiven bzw. des punktuellen Messenutzers entsprechen, bei denen also Chancen für Abschlüsse auf der Messe und im Nachmessegeschäft zu sehen sind.

Eine andere Konstellation ist für eine primär informations- bzw. kommunikationspolitische Veranstaltung zu zeichnen. Für eine derartige Messe sind die folgenden Segmente von größerer Relevanz:

– Fachleute, die an anschaffungsgerichteten Entscheidungsprozessen beteiligt sind, die sich in der Initialphase oder in der Informationsphase befinden.

- Messebesucher, die auf eine dyadisch-personale Informations-Interaktion bedacht sind.
- Messebesucher, die dem Typ des Messebummlers und des praxisorientierten Messenutzers nahekommen. Beide Typen sind ganz offenkundig in erster Linie auf Informationsgewinn bedacht, die Chancen für Geschäfte auf und nach der Messe sind gering.

Eine schwerpunktliche Ausrichtung von Veranstaltungen auf derartige Segmente ist im Messemarketing nur möglich, wenn die für eine Messe-Vorwerbung zur Verfügung stehenden Medien analoge Leser- und Nutzersegmente herausbilden. Beim gegenwärtigen Stand der Leserschaftsforschung spielen derartige Segmentierungskriterien keine Rolle. Die Messegesellschaften sind deshalb bei der Mediaplanung für die Messe-Vorwerbung auf Erfahrung und Intuition angewiesen, wenn sie eine segmentorientierte Medienauswahl vornehmen wollen.

Anders sieht es auf dem Gebiet der Gestaltung der Werbemittel aus. Hier ist die Messewerbung frei, sich jeweils derjenigen Argumente zu bedienen, die einen segmentspezifischen Zugang erschließen.

5.2 Die Umsetzung in die Praxis des Ausstellermarketing

Das für das Veranstaltungsmarketing Ausgesagte hat auch für das Ausstellermarketing Gültigkeit. Die Aussteller sehen sich jedoch mit dem Problem konfrontiert, daß sie diejenigen Messebesucher akzeptieren müssen, die der vom Veranstalter gestaltete Messetyp auf sich zieht. Dennoch bietet sich den Ausstellern unter einer segmentorientierten Zielsetzung die Möglichkeit zur eigenständigen Messepolitik. Schon in der Messe-Vorwerbung ist das Instrument zu sehen, ganz bestimmte Besuchersegmente zu gewinnen, d. h. für den eigenen Messestand zu interessieren. Dem hat die Standgestaltung zu folgen. Die Möglichkeit, mit einem kommunikationspolitisch ausgerichteten Stand die Orderfunktion zu forcieren, wurde bereits angedeutet. Demgegenüber wird der informationsfreundliche Stand den Anliegen der auf einseitige Information bedachten Messebesucher eher gerecht.

Natürlich ist auch das Standpersonal entsprechend zu schulen. Die mit dem Messebesuch verbundenen Erwartungen der Fachleute des antendierten Besuchersegments sind zu veranschaulichen, segmentorientierte Strategieempfehlungen für den Umgang mit diesen Besuchern sind nahezulegen.

Zu berücksichtigen ist bei alledem, daß eine höhere Messe-Effizienz dann gegeben sein wird, wenn es zu einer Koordinierung segmentorientierter Auffassungen in bezug auf die Marketingpolitik von Messeveranstaltern und Ausstellern kommt. In den dazu erforderlichen Abstimmungsgesprächen sollten Diskussionen um eine segmentbezogene Ausrichtung des Messegeschehens keine untergeordnete Bedeutung haben.

6. Schlußbetrachtung: Zur Dynamisierung von Marktsegmenten

Eine in der Unternehmenspraxis vorgenommene Marktsegmentierung genügt nur bedingt oder gar nicht dem Anspruch nach Zeitstabilität (s. Günter 1990). Zunächst ist das vom Unternehmen ausgehende Marketing selbst eine der Ursachen für die Instabilität von Marktsegmenten, aber auch die Wettbewerbsaktivitäten sowie dynamisch verlaufende wirtschaftliche und gesellschaftliche Prozesse sind ausschlaggebend für Segmentveränderungen und die abnehmende Bedeutung von Segmentierungskriterien, die nach der Maxime der Zeitstabilität gewählt wurden.

Diese Feststellungen haben in besonderer Weise für das Messemarketing und das auf die Messebesucherschaft angewandte Segmentierungssystem Gültigkeit. Die Besuchersegmente bilden sich – wie dargelegt – heraus in Auswirkung des von den Veranstaltungsgesellschaften und von den Ausstellern konzipierten Marketing. Die Konsequenz, mit der Marketingkonzeptionen langfristig aufrecht erhalten werden, ist dementsprechend auch ausschlaggebend für die Erhaltung der Besucherstrukturen, also der Segmente, in die Besucherschaften eingeteilt werden können.

Auch eine Reihe von exogenen Faktoren wirken auf das einmal angelegte Segmentierungssystem. In Abhängigkeit von der konjunkturellen Situation können Besucherstruktur-Veränderungen eintreten, weil in Rezessionszeiten weniger Fachleute mit Anschaffungsambitionen zur Messe reisen. Demgegenüber sind derartige Messebesucher in Zeiten der Hochkonjunktur überdurchschnittlich vertreten. Auch technologische Entwicklungsprozesse haben verändernde Wirkungen auf die Zusammensetzung der Messebesucherschaft. Finden Messen in Zeiten statt, in denen ein hohes Innovationstempo vorherrscht, dann ist das Interesse an den daraus resultierenden Produkten groß. Umgekehrt erlahmt dieses Interesse, wenn ehemals technische Neuerungen zu gewohnten Produkten geworden sind. Entsprechend verändert sich der Anteil der Besucher, die auf der Suche nach innovativen Investitionsmöglichkeiten sind.

Andere Faktoren, auch gravierende politische Ereignisse, können ausschlaggebend für Veränderungen eines konzipierten und praktizierten Segmentierungsansatzes sein.

Für die Messeforschung ist nach alledem die Aufgabe zu sehen, ihre Untersuchungskonzeptionen auf realitätsnahen Segmentbildungen zu begründen, die segmentverändernden Faktoren unter Kontrolle zu halten und Segmentverschiebungen möglichst frühzeitig zu erkennen.

Literatur

BACKHAUS, K.: Investitionsgütermarketing. München, 2. Auflage, 1990.

FKM: Satzung und Regeln der Gesellschaft zur freiwilligen Kontrolle von Messe- und Ausstellungszahlen. Köln 1986.

GÜNTER, B.: Markt- und Kundensegmentierung in dynamischer Betrachtungsweise. In: Kliche, M. (Hrsg.): Investitionsgütermarketing. Wiesbaden 1990.

SELINSKI, H.: Messe- und Kongreßmarketing. Dissertation an der Freien Universität Berlin, Institut für Markt- und Verbrauchsforschung, Berlin 1983.

SPIEGEL VERLAG (Hrsg.): Messen und Messebesucher in Deutschland. Hamburg 1992.

STROTHMANN, K.-H.: Investitionsgütermarketing. München 1979.

STROTHMANN, K.-H.: Die Messe- und Ausstellungswerbung. In: Tietz, B. (Hrsg.): Die Werbung. Landsberg am Lech, Bd. 2, 1989.

STROTHMANN, K.-H.: Verbundveranstaltungen des Messe- und Kongreßwesens im Investitionsgüter-Marketing. In: Rost, D., Strothmann, K.-H. (Hrsg.): Handbuch der Werbung für Investitionsgüter. Wiesbaden 1983.

STROTHMANN, K.-H. : Im Verhalten unterscheiden sich Messe-Besucher beachtlich. In: Marketing Journal, Heft 2, Hamburg 1992.

Rainer Ziegler

Messen – ein makroökonomisches Subsystem

1. Das Marketing-Instrument Messe: Ein Abbild des Marktes

2. Die Gestaltungsfaktoren des Marketing-Instruments Messe

3. Die Wettbewerbsfaktoren der Messe

4. Messen als zeitliche und räumliche Marktkonzentration
   4.1 Einordnung der Messeveranstaltungen durch die Marktpräsenz
   4.2 Einfluß der politischen Rahmenbedingungen auf die Einordnung der Messen

5. Ausblick

Literatur

1. Das Marketing-Instrument Messe: Ein Abbild des Marktes

Messen gründen ihre starke Anziehungskraft für Aussteller und Fachbesucher auf die Mittlerrolle, die sie zwischen der anbietenden und der nachfragenden Wirtschaft einnehmen. Sie ermöglichen durch ihren Ereignischarakter nicht nur eine Zusammenführung von Anbietern und Nachfragern, sondern begründen das Marktgeschehen durch die Gleichzeitigkeit der Präsenz der Marktpartner.

Durch die Konzentration von Angebot und Nachfrage einer oder mehrerer Branchen bzw. Branchenaggregate entsteht ein Markt, der für die Dauer und am Ort der Messeveranstaltung das makroökonomische System von Angebot und Nachfrage widerspiegelt.

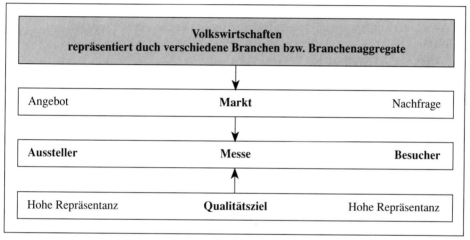

Abbildung 1: Messen als makkroökonomisches Subsystem

Aussteller, Besucher und Messegesellschaften gewährleisten gemeinsam das Marketing-Instrument Messe; sie stehen deshalb in einer verantwortungsvoll gestaltenden Interaktion zueinander, um dadurch die Voraussetzung für eine erfolgreiche Funktionenerfüllung der Messeveranstaltung zu leisten.

Messen haben in ihrer optimalen Form neben der Ausstrahlung als Branchenereignis mit ihren kommunikations- und absatzorientierten Zielsetzungen die Funktionen, wirtschaftliche, gesellschaftliche, technologische und soziale Ereignisse von hoher aktueller und zukunftsprägender Bedeutung zu gestalten.

So gesehen haben heute Messen eine Qualität erreicht, in der die ursprüngliche Absatzfunktion durch die Informations- und Kommunikationsfunktion zum Nutzen der unternehmerischen Entscheider aller hierarchischen Ebenen und in unterschiedlichen Phasen der unternehmerischen Entscheidungsprozesse ergänzt wurde. Die immer schneller fortschreitende technologische Innovation als dynamischer Impulsgeber in vielen Bereichen der Wirtschaft, der ständige Ausbau der Kommunikation zwischen Anbietern und Nachfragern und die wachsende Zahl der Marktteilnehmer bedingen die gestiegene Ausstrahlungs- und Anziehungskraft der Messeveranstaltungen. Sie werden in verstärktem Maße in der Zukunft als Spiegel für konjunkturelle Entwicklungen, Branchenentwicklungen sowie für strukturelle und inhaltliche Veränderungen in der Wirtschaft und in der Gesellschaft dienen.

Der Stellenwert des Marketinginstruments Messe leitet sich aus den funktionalen Vorzügen der Messe gegenüber anderen kommunikationspolitischen Marketing-Instrumenten ab:

– je nach Messekonzeption Abbild des Branchenmarktes oder eines Branchenaggregates durch Repräsentation von Angebot und Nachfrage
– persönlicher Kontakt zwischen Anbieter und Nachfrager im Marktgeschehen der Messeveranstaltung
– Möglichkeit eines umfassenden Marktüberblicks an einem Ort und zu einer festgelegten Dauer
– Produktbesichtigung und Exponatdemonstration während der Messedauer
– Wahlmöglichkeit des Fachbesuchers zwischen anonymer Information und gezieltem persönlichem Gespräch
– Kontaktanbahnung oder Kontaktvertiefung auf adäquatem hierarchischem Niveau.

Eine Erweiterung finden diese Basisfunktionen durch die zunehmende Nutzung der Messen für Aktivitäten der Aussteller in den Bereichen Personal- und Finanzmarketing.

2. Die Gestaltungsfaktoren des Marketing-Instruments Messe

Das Marketing-Instrument Messe wird durch eine Vielzahl von Gestaltungsfaktoren geprägt. Die Auswahl und Darstellung der wichtigsten Faktoren des Marketing-Instruments Messe – speziell im Investitionsgütermarketing – belegt ihre zugleich konstitutiven wie prägenden Wirkungen (vgl. Ziegler 1990).

– Messen als Märkte

Bei einer optimalen Veranstaltungskonzeption repräsentieren die Messen als national bzw. international ausgerichtete Branchenereignisse den Markt durch die Präsentation eines lückenlosen Angebotes vermittelt durch die Teilnahme eines breiten Ausstellerspektrums. Die Nachfrageseite reagiert bei national bzw. international etablierten Veranstaltungen mit der Präsenz hochkarätiger nationaler und internationaler Fachbesucher. Ein Zusammentreffen eines breiten nationalen und internationalen Aussteller- und Fachbesucherspektrums begründet die Qualität des Messeereignisses.

– Messen als Spiegelbild der Marktdynamik

Ausgelöst durch die zunehmende Innovationsgeschwindigkeit in den innovativen Branchen werden die Innovationszyklen bei den Investitions- und Konsumgütern immer kürzer. Häufigere Produktinnovationen auf der Angebotsseite bei zunehmend gesättigten herkömmlichen Märkten auf der Nachfrageseite kennzeichnen die nationale und internationale

Wettbewerbssituation im Konsumgütersektor. Im Investitionsgüterbereich hat die technische Entwicklung in fast allen Sektoren eine ebenfalls hohe Innovationsgeschwindigkeit erreicht. Die kürzeren Innovationszyklen in der Produktentwicklung rufen in gleichem Maße einen starken Innovationszwang bei Abnehmern der Produkte oder Anlagen bzw. bei den Anwendern von Problemlösungen hervor.

– *Messen als Ausgleich für die erhöhte Erklärungsbedürfigkeit der innovativen Produkte und Systeme in der Anbieter-Abnehmer-Kommunikation*

Innovative Systemtechnologien stellen das Marketing für Investitionsgüter vor neue Aufgaben. Diese sind zunächst bedingt durch den hohen Grad an technischer Komplexität der Produkte, Systeme und Anlagen. Daraus resultieren ein wachsendes Informationsbedürfnis über die neuen Technologien und ihre Anwendungsmöglichkeiten auf der Abnehmerseite und das Erfordernis eines immensen Erklärungsaufwandes auf der Anbieterseite. Produkte und Problemlösungen verlangen in hohem Maße zur Erklärung die persönliche Kommunikation. Für diese Informationsübertragung ist die Messe im Rahmen des Marketing-Mix an hervorragender Stelle geeignet, das durch das Informationsdefizit ausgelöste Entscheidungsrisiko auf der Nachfrageseite zu verringern. Produktinformation und Anwendungserklärung sowie Systemdemonstration sind in allen wesentlichen Phasen des abnehmerseitigen Kaufentscheidungsprozesses die Domäne der Messen. Sie können unter diesem Blickwinkel als unverzichtbares Element des Marketing-Instrumentariums angesehen werden.

– *Messen als Antwort auf die Internationalisierung der Märkte*

Die zunehmende Sättigung heimischer Märkte und die Intensivierung des internationalen Beziehungsgeflechtes in politischer, handelspolitischer, kommunikationstechnischer, verkehrstechnischer, kultureller und touristischer Hinsicht haben Angebot und Nachfrage internationalisiert. Für die Erschließung neuer Märkte im internationalen Maßstab erlauben die internationalen Fachmessen einheimischen Unternehmern das Ausnutzen des Heimvorteils bei ihren ersten akquisitorischen Schritten. Die verstärkte Internationalisierung auf Seiten der Aussteller bedeutet für die einheimischen Aussteller jedoch auch zunehmende Konkurrenz auf dem Inlandsmarkt mit sich dadurch verändernden Marktverhältnissen. Ein hoher Anteil internationaler Besucher wird Fachmessen immer dann besuchen, wenn die Bedeutung innovativer Spitzentechnologien der einheimischen Anbieter in einer Branche besonders ausgeprägt ist. Der Zusammenhang zwischen der Dominanz der Anbieterstellung, Stärke im internationalen Wettbewerb und Qualität des Messeplatzes bzw. der Messeveranstaltung wird hier deutlich.

Bei einer räumlich konzentrierten Nachfrage ergeben sich für die Ausstellerpräsenz ähnliche Bedingungen. Bei Auslandsmärkten erfordert diese Konstellation das Bearbeiten der Märkte vor Ort; wobei die Beteiligung an Auslandsmessen ein Weg zum Erfolg sein kann.

– *Messen als Schlüssel zur hohen Differenzierung der Märkte*

Internationale Absatzbemühungen und ständige Veränderung der geographischen Schwerpunkte der Märkte durch politische Veränderungen sowie eine im nationalen und internationalen Bereich gewachsene Zahl von Anbietern und Nachfragern haben die Märkte zunehmend unübersichtlicher werden lassen. Auch die angesichts der Ausdehnung und der Anwendungsbedingungen immer komplexer werdenden Marktgegebenheiten lassen erkennen, daß hier weitere funktionale Stärken der Messe liegen. Der nationale und internationale Wettbewerb erfordert zwingend, daß Marketingkonzepte abnehmerorientiert angelegt sein müssen. Die Märkte werden von den Wünschen der Abnehmer dominiert. Als Konsequenz dieser Tatsache ist die Erkenntnis abzuleiten, Bedürfnisse beim Abnehmer zu wecken und zu befriedigen. Dies kann, bezogen auf die Entwicklung des Messewesens, bedeuten, Märkte und Marktnischen durch Veranstaltungsweiterentwicklungen oder Veranstaltungsneukonzeptionen abzudecken.

Im Wachstumsbereich der innovativen High-Tech-Produkte und High-Tech-Problemlösungen sind die Marktveränderungen besonders rasant. Nachfrager können ihren gestiegenen Informationsbedarf über die einkanalige Kommunikation der Print-Medien nicht ausreichend befriedigen. Unter diesen Bedingungen hat das Marketing-Instrument Messe auch hier eine große Bedeutung. Messen stellen das ideale Medium dar, High-Tech-Produkte und High-Tech-Problemlösungen durch ein geeignetes kommunikatives Angebot auf dem Messestand erlebbar, begreifbar und kommunizierbar zu machen.

An die internationalen Branchenereignisse wird als Voraussetzung für deren Erfolg der Anspruch geknüpft, den internationalen Anbietermarkt vollständig in der Breite und der Tiefe zu repräsentieren. Internationale Repräsentativität des Angebotes ist in Zeiten zunehmenden Wettbewerbs der Messeplätze und Messeveranstaltungen die Voraussetzung für einen Erhalt bzw. für eine Steigerung der Anziehungskraft auf die internationalen Fachbesucher.

3. Die Wettbewerbsfaktoren der Messe

Messegesellschaften bzw. Messeveranstalter präsentieren sich durch Messeveranstaltungen im nationalen und internationalen Wettbewerb der Messeplätze und Messeveranstaltungen. Hierbei spielen Wettbewerbsfaktoren eine erfolgsbestimmende Rolle.

– Konzeption der Fachmessen

Das Konzept der Fachmessen berücksichtigt sowohl die Ansprüche der Aussteller und Fachbesucher nach Information und Kommunikation als auch den Trend der technologischen Entwicklungen, die unter anderem auch eine starke Ausweitung des Produkt- bzw. Problemlösungsangebotes zur Folge hatten. Das Prinzip der Fachmessen stößt allerdings gelegentlich dort an Grenzen, wo relevante Teile einer Branche nicht mehr die Gelegenheit haben, sich im Branchenzusammenhang präsentieren zu können. Kapazitätsprobleme der Messegesellschaften können hier zu Restriktionen in der Standzuteilung führen und Irritationen auf der Aussteller- und Fachbesucherseite auslösen. Der nationale und internationale Warenaustausch beruht auf Verbindungen, die auf Messen angebahnt werden. Deshalb ist jede Messe Teil eines umfassenden Marktsystems. Die zur Erzielung einer erfolgreichen Marktkommunikation notwendige Qualität der Veranstaltungen ist die

Summe aus der Gestaltung der Wettbewerbsfaktoren und den eingebrachten Erfahrungen der Messegesellschaften bzw. der Messeveranstalter.

– *Effizientes Dienstleistungssystem der Messegesellschaften*

Eine intakte und effiziente Messe-Infrastruktur, die innovativ und wettbewerbsorientiert den aktuellen und zukünftigen Anforderungen auf Anbieter- und Nachfragerseite gerecht wird, gilt als tragfähige Grundlage für die Erreichung einer herausragenden Position im Messewettbewerb. Messetechnologie, Messeinfrastruktur und Servicefunktionen erfordern eine permanente Weiterentwicklung, um den sich wandelnden Anforderungen der Nachfrager nach Messedienstleistungen gerecht zu werden.

– *Geographische Lage des Messestandortes*

Eine günstige geographische Lage mit gut ausgebauten regionalen und internationalen Verkehrsverbindungen gelten als Grundvoraussetzungen für einen erfolgreichen Messestandort. Leistungsfähige Verkehrsverbindungen auf der Straße, auf der Schiene und in der Luft, die möglichst direkt die nationalen und internationalen Wirtschaftszentren miteinander verbinden, gehören heute zu den selbstverständlichen Voraussetzungen eines erfolgreichen Messelandes und einer Messestadt.

– *Image der Messestadt*

Die erfolgreichen Messeplätze verdanken ihre Attraktivität auch ihrer kulturellen und touristischen Ausstrahlung. Ein positives Image einer Stadt übt eine starke, positiv abstützende Wirkung auf das Image des Messeplatzes aus. Ausländische und auswärtige Messebesucher, die ja auch unter touristischen Gesichtspunkten anzusprechen sind, erkennen den Unterschied, der den Stellenwert einer Messestadt mit einem gewachsenen und entwickelten kulturellen, geselligen und touristischen Angebot gegenüber weniger attraktiven Städten bestimmt.

– *Messen unter starkem Konkurrenzdruck*

Der nationale und internationale Wettbewerb der Messegesellschaften und Messeveranstalter untereinander gleicht einer Gratwanderung zwischen thematischer Vielfalt, vollständiger Repräsentation der Branchen, struktureller Anpassung an die Veränderungen des Marktes sowie Differenzierung des Veranstaltungsangebotes. Wie sich die Innovationsfähigkeit der Messegesellschaften unter dem nationalen Konkurrenzdruck in einer Spirale der Angebotsverbesserung realisierte, so ist auch diese aufwärtsgerichtete Niveauveränderung in der Messewirtschaft weltweit zu beobachten.

– *Messen und ihre Reaktionen auf die Entwicklungen der Ausstellerseite*

Generell läßt sich feststellen, daß das Wachstum vor allem der internationalen Messen auch in den Jahren mit einer verhaltenen Konjunkturentwicklung nicht auffallend abgeschwächt wurde. Die Messeveranstaltungen haben in der Vergangenheit eine relativ konjunkturunabhängige Entwicklung durchlaufen. Ursachen können unter anderem darin gesehen werden, daß die Beteiligung an Messen und Ausstellungen längerfristigen Marketingstrategien folgt, bzw. die Beteiligungsentscheidungen über längere Zeiträume hinweg festgelegt werden. Überlegungen der Aussteller, die davon ausgehen, daß einmal belegte Standflächen bei Kapazitätsengpässen in Folgejahren sicher sind, führen ebenfalls zu einer gewissen Stabilität der Messeentwicklung.

– *Messen und ihre Reaktionen auf Entwicklungen der Fachbesucherseite*

Ein nicht zu unterschätzender Vorteil für Auslandsaussteller und Auslandsbesucher besteht nicht nur darin, einen speziellen Auslandsmarkt bearbeiten zu können, sondern auch in der Möglichkeit – bedingt durch die hohe Internationalität – Drittländergeschäfte anbahnen oder abwickeln zu können. Nicht zuletzt diese Möglichkeit einer Geschäftstätigkeit bringt einem Messeplatz neben seiner Professionalität und Leistungsfähigkeit hohe internationale Akzeptanz ein.

4. Messen als zeitliche und räumliche Marktkonzentration

Messeveranstaltungen gewinnen ihre Bedeutung als Marktplatz aus der Zusammenführung von Angebot und Nachfrage. Dabei können unterschiedliche Branchen in ihrer Gesamtheit oder in Teilen repräsentiert werden oder ein umfassender weltweiter oder abgegrenzter geographischer Einzugsbereich für Angebot und Nachfrage als Markt eröffnet werden.

Branchenereignisse von weltweiter Ausstrahlung und Anziehungskraft stellen ein möglichst lückenloses und umfassendes Bild von Angebot und Nachfrage her, das sich aus der Gesamtheit von Märkten zusammensetzt, die sich in unterschiedlichen Entwicklungsstufen befinden können.

Messen repräsentieren unter einer optimalen Veranstaltungskonzeption internationale Märkte durch die Präsentation eines möglichst umfassenden Angebotes vermittelt durch die Teilnahme eines möglichst kompletten Ausstellerspektrums. Die Nachfrageseite reagiert je nach Stellenwert und Akzeptanz der Veranstaltung im Messemarkt mit der Präsenz hochkarätiger nationaler und internationaler Fachbesucher.

Messen vereinen in ihrer optimalen Konzeption und Realisierung eine Vielzahl von Funktionen:

– Branchenereignis mit marketing-orientierten Zielsetzungen
– Wirtschaftspolitisches Forum mit der Möglichkeit einer Prognose für die Branchenentwicklung und einer allgemeinen konjunkturellen Vorausschau
– Technologische Plattform mit richtungsweisenden Erkenntnissen für Entscheider
– gesellschaftspolitisches und soziales Ereignis mit zukunftsorientiertem Charakter.

Der Grad der erfolgreichen Zusammenführung der Marktpartner läßt sich auch an der vollständigen oder ausschnittsweisen geographischen Abdeckung des Aussteller- und Fachbesucherpotentials messen. Hierbei gilt es jedoch, die verfolgte Konzeption in Bezug auf einen derartigen Anspruch und ihren Realisierungserfolg mit in die Charakterisierung einzubeziehen.

4.1 Einordnung der Messeveranstaltungen durch die Marktpräsenz

Bei einer derartigen Einordnung ist davon auszugehen, daß fließende Übergangsformen und nationale Besonderheiten der Märkte eine hohe Trennschärfe nicht erlauben. Ferner werden die beschriebenen Entwicklungen und Ausprägungen weder punktuell noch ad hoc sich in Veranstaltungen der beschriebenen Art manifestieren. Es sind hier gewachsene Entwicklungen und kontinuierliche Veränderungen auf der Aussteller- und Besucherseite zu unterstellen. Die Rahmenbedingungen der Märkte werden sich ebenfalls in unterschiedlicher Form und Zeitdauer auf das Messegeschehen auswirken. Die Summe der erkennbaren oder vorhersehbaren Entwicklungen unter den nationalen und internationalen Wettbewerbsbedingungen des Messemarktes ist mit dem Begriff „Evolution" besser charakterisiert als mit dem der „spontanen Veränderung".

Abbildung 2 stellt die geographische Repräsentanz der Angebotsseite und der Nachfrageseite auf Messen gegenüber und ermöglicht eine allgemeine Beschreibung der jeweiligen Marktkonstellation auf der Messeveranstaltung. Die Gestaltung der Typologie und ihrer Interpretation stellt die Weiterentwicklung von empirischen Befunden dar, die erstmals im Rahmen einer umfassenden Studie unter den Implikationen des Europäischen Binnenmarktes erarbeitet wurden (vgl. AUMA 1991a).

Messetyp	Angebotsseite	Nachfrageseite
I	weltweit	weltweit
II	weltweit	europäisch
III	europäisch	weltweit
IV	national	europäisch/weltweit
V	europäisch	national/interregional
VI	national/interregional	national/interregional
VII	regional	regional

Abbildung 2: Messeveranstaltungen und Marktpräsenz

Veranstaltungen vom Messetyp I galten in der Vergangenheit und gelten in der Gegenwart als Ereignisse von Weltbedeutung. Je nach Akzeptanz durch Aussteller und Fachbesucher sind die Fachmessen als Nr. 1 in der Welt zu werten oder sie haben ebenbürtige Konkurrenz in anderen Messeländern Europas. In Zukunft wird diese Marktkonstellation von überragender Bedeutung sein, denn für die Bearbeitung des Weltmarktes wird sich in mittel- bis langfristiger Perspektive die Singularität eines Branchenereignisses herausbilden, das dann eine eindeutige Führungsposition erreichen wird. Dieser Prozeß wird durch eine Selektion und Konzentration begleitet werden. Von diesem Messetyp wird sich im Weltmaßstab eine Veranstaltung für eine Branche oder Branchenkombination im Urteil der Aussteller und Fachbesucher herausbilden.

Veranstaltungen vom Messetyp II dürften nur in solchen Branchen von Bedeutung sein, in denen sich zwar ein weltweites Angebot zeigt, dieses jedoch nur auf eine auf Europa konzentrierte Nachfrage trifft. Diese Nachfrage wird bestimmt von europäischen Produktpräferenzen und Kaufgewohnheiten, die sich auf anderen Märkten außerhalb Europas nicht ergeben haben.

Veranstaltungen vom Messetyp III führen ein europaweites Angebot mit einer weltweiten Nachfrage zusammen. Diese Marktkonstellation ist häufig anzutreffen und wird in Zukunft von großer Bedeutung sein, da der europäische Markt als Beschaffungsmarkt durch weltweite Akzeptanz bedacht wird. Dies gilt vor allem für solche Branchen, in denen europäische Anbieter Weltgeltung erlangt haben.

Veranstaltungen vom Messetyp IV führen ein auf nationaler Basis entstandenes Angebotspotential mit einer europaweiten bzw. weltweiten Nachfrage zusammen. Dies gilt vor allem für solche Länder Europas, die in gewissen Branchen eine dominante Stellung im europäischen bzw. weltweiten Markt haben. Die Nachfrage setzt sich aus allen (oder vielen) europäischen sowie außereuropäischen Ländern zusammen, die durch die quasi-monopolistische Angebotsstruktur der Hersteller gezwungen sind, ihre Beschaffungen im Herstellerland zu tätigen. Gerade durch den kommenden Europäischen Binnenmarkt und die politische und wirtschaftliche Öffnung Osteuropas wird dieser Veranstaltungstyp an Bedeutung gewinnen. Der Begriff „nationales Angebot" darf sich dabei nicht nur an politischen oder verwaltungstechnischen Grenzen orientieren, sondern muß mögliche über Landesgrenzen hinausgehende multinationale Wirtschaftsregionen mit einbeziehen.

Der Veranstaltungstyp V führt europäische Anbieter einem nationalen Absatzmarkt zu. Durch die Bildung des Europäischen Binnenmarktes, die Wiedervereinigung Deutschlands und die wirtschaftlichen Öffnung Osteuropas wird dieser Veranstaltungstyp von wachsender Bedeutung sein: zum einen um die nationalen Märkte mit dem „EG-Angebot" zu bearbeiten und dabei nationale Kaufgewohnheiten zu berücksichtigen; zum anderen um den kurz- bis mittelfristigen Nachholbedarf für spezielle Ländermärkte gezielt bearbeiten zu können. Ob diese Veranstaltungen im jeweiligen Absatzland stattfinden werden, hängt von den jeweiligen vorzufindenden Messegeländen und ihrer Kapazität sowie der Qualität der Infrastruktur ab. Auch hier wird sich die Existenz von gewachsenen Wirtschaftregionen auswirken, die sich nach dem Abbau der Handelsgrenzen in ihrer ursprünglichen Struktur wieder bilden werden. Diese europäischen Veranstaltungen werden durchaus mehrsprachig auf der Aussteller- und Fachbesucherseite sein und müssen sich in hohem Maße an den „europa-regionalen" Marktgegebenheiten ausrichten. Historische Wirtschaftsräume, die sich bisher multinational und auch mehrsprachig entwickelt haben, werden wieder eine neue Einheit im Marktgeschehen bilden. Drei Beispiele von jedoch unterschiedlicher Wirtschaftskraft lassen sich anführen:

– das Saarland und die angrenzenden französischen Gebiete
– der Wirtschaftsraum Luxemburg mit dem Raum Köln – Aachen – Maastricht und den angrenzenden Gebieten sowie
– der Wirtschaftsraum, der sich zwischen Karlsruhe und Straßburg erstreckt.

Der Veranstaltungstyp VI wird ein Angebot aus einem „nationalen oder interregionalen" Wirtschaftsraum mit einer Nachfrage aus dem gleichen „nationalen oder interregionalen" Wirtschaftsraum zusammenführen. Diese Messeereignisse können in den Dimensionen von

„Europa 92 und danach" oder einem künftigen „Gesamteuropäischen Wirtschaftsraum" (einschließlich Osteuropas) durchaus auf mehr als das Einzugsgebiet eines bisherigen nationalen Marktes ausstrahlen. Eine strenge Abgrenzung wird nicht möglich sein. Im gesamteuropäischen Denken können diese „nationalen oder interregionalen Veranstaltungen" dann besser mit der Bezeichnung „Regionale Marktveranstaltung" charakterisiert werden. Ihre Bedeutung wird dadurch nicht geschmälert; sie haben eine wichtige Funktion in der Zusammenführung bzw. Befriedigung der „regionalen bzw. interregionalen" Nachfrage und des „regionalen bzw. interregionalen" Angebots.

In „Regionalen Ausstellungen" nach der AUMA-Klassifikation (vgl. AUMA 1991b), die die Veranstaltungstypen V, VI und VII umfassen, werden die Absatz- und Kaufgewohnheiten in einem – nach wirtschaftlichen und geographischen Gesichtspunkten abzugrenzenden – regionalen bzw. interregionalen Einzugsbereich für Aussteller und Besucher realisiert.

Der Begriff „Regionale Ausstellungen" umfaßt nach den Kriterien für die Aufnahme im „AUMA-Handbuch Regionale Ausstellungen" solche Ausstellungen, die „mit überwiegend regionalem Einzugsgebiet auf der Besucherseite" von den zum Mitgliederkreis des AUMA gehörenden Veranstaltern durchgeführt werden. Es sind drei Gruppen von Regionalausstellungen zu unterscheiden:

– allgemeine Verbraucherausstellungen
– Fachausstellungen für Fachbesucher
– Fachausstellungen für die privaten Verbraucher
– Fachausstellungen für Fachbesucher (mit tageweisem Zugang für die privaten Verbraucher).

4.2 Einfluß der politischen Rahmenbedingungen auf die Einordnung der Messen

Trotz der durch die Vollendung des Europäischen Binnenmarktes beabsichtigten Vereinfachung des Handelsverkehrs bleiben die Kaufgewohnheiten der Konsumenten und die Beschaffungsentscheidungen der industriellen Einkäufer individuelle Entscheidungen, die ihre Verankerung im privaten oder unternehmerischen Umfeld haben. Die Individualität wird in der Einheit des Europäischen Marktes weiterbestehen. Aus dieser Tatsache resultiert die Erkenntnis, daß auch das Messewesen durch die Fähigkeit zur Anpassung an die Vielgestaltigkeit der Marktbedingungen seine Konkurrenzfähigkeit weiter beweisen muß.

Auch hier müssen sich Konzepte der Vertriebswege und Vertriebsformen den Ansprüchen und Bedürfnissen der Abnehmer unterordnen bzw. von ihnen mitbestimmen lassen. Es wird im Unternehmen zu entscheiden sein, ob sich das Unternehmen auf einzelne „nationale" Märkte konzentriert oder eine internationale bzw. interregionale Absatzstrategie umsetzen will.

Auch werden sich die Unterschiede in der Produktpräsentation auf Konsumgüter- und Investitionsgütermessen sowie den Fachausstellungen für den Fachbesucher oder Verbraucher weiter vergrößern. Auf Messen mit weltweitem Einzugsbereich werden Produkte und Problemlösungen für den Weltmarkt zu finden sein, während auf Messen (auch interregionale Fachausstellungen für Fachleute oder Verbraucher) mit spezifischem Länder- bzw. Regioneneinzugspotential differenzierte „Landesprodukte" in sinnvoller Ergänzung zu internationalen Fachmessen zu finden sein werden.

5. Ausblick

Gerade unter den veränderten Rahmenbedingungen des Europäischen Binnenmarktes wird es dem Marketing-Instrument Messe gelingen, seinen funktionalen Stärken im Marketing-Mix voll gerecht zu werden. Anbieter und Nachfrager werden sich den veränderten Marktkonstellationen stellen und durch ihre Beteiligungsentscheidung für den zu bearbeitenden Zielmarkt die notwendigen Marketingaktivitäten treffen. Auch hier gilt es, die Beteiligungsentscheidung für Aussteller und Fachbesucher durch Bereitstellung und Nutzung von aussagefähigen Entscheidungshilfen auf der Grundlage von FKM-geprüften Aussteller- und Fachbesucheranalysen abzusichern. Dies ermöglicht eine optimale Nutzung des makroökonomischen Subsystems Messe zur Erzielung von Wettbewerbsvorteilen.

Literatur

AUMA: Die Entwicklung des europäischen Messewesens, insbesondere des Messeplatzes Deutschland unter den veränderten wirtschaftlichen Rahmenbedingungen des EG-Binnenmarktes; Ergebnisse einer Ifo-Untersuchung im Auftrag des AUMA – Ausstellungs- und Messeausschuss der Deutschen Wirtschaft e.V., Ifo-Projektleitung: Ziegler R., AUMA-Red.: Neven ‚P./Kötter H.; Bergisch-Gladbach: Heider, 1991.
AUMA: AUMA Handbuch Regionale Ausstellungen 1992, Nr. 4, 15. September 1991; Köln: AUMA, 1991.
ZIEGLER, R.: Der Abstand zum Ausland ist geringer geworden – Messeplatz Deutschland: Gefahr durch zu starke Zersplitterung. In: Küffner, G./Mortsiefer, J.(Hrsg.): Messeplatz Europa: Messen als Bestandteil des betrieblichen Marketings. Frankfurt am Main: Frankfurter Allg. Zeitung, 1990.

Lothar Hübl
Ulrike Schneider

Messen als Instrument der Regionalpolitik

1. Gesamtwirtschaftliche Bedeutung der Messewirtschaft

2. Regionalwirtschaftliche Effekte von Messen
    2.1 Quantifizierbare Messewirkungen auf Beschäftigung und Einkommen
        2.1.1 Multiplikator- und regionalökonomisches Exportbasiskonzept
        2.1.2 Methodik und Ergebnisse empirischer Wirkungsanalysen
    2.2 Bedeutung der Messen für die Standortqualität

3. Regionalpolitische Konsequenzen

Literatur

1. Gesamtwirtschaftliche Bedeutung der Messewirtschaft

Der Messeplatz Deutschland erwartet 1992 mehr als 9 Millionen Besucher zu 117 international beachteten Veranstaltungen. Daß der damit verbundene Geschäftsreiseverkehr, die Aufträge und die Umsätze das ökonomische Stellwerk der bundesdeutschen und ihrer regionalen Wirtschaften in Bewegung bringen, verlangt wenig Vorstellungskraft. Doch der Versuch, die allgemeine, gesamtwirtschaftliche Bedeutung von Messen statistisch einzufangen, bringt auf den ersten Blick enttäuschende Resultate hervor:

Die Arbeitsstättenerhebung, welche 1987 im Verbund mit der Volkszählung durchgeführt wurde, weist die Zahl der (Voll- und Teilzeit-) Beschäftigten im Dienstleistungsbereich mit 16 Millionen aus. Das entspricht einem Anteil von über 60% an der Gesamtbeschäftigung. Im Messewesen sind davon jedoch dauerhaft lediglich 7656 Personen oder 0,03% der im Inland Beschäftigten tätig.

Diese Relationen werden der tatsächlich viel größeren Bedeutung von Messen deshalb nicht gerecht, weil zusätzlich die in anderen Bereichen induzierten „Sekundäreffekte" sowie die messewirtschaftliche „Umwegrentabilität" (Becker, 1986, S. 2) in Rechnung zu stellen sind. Allein die im Zusammenhang mit den hannoverschen Messen getätigten Ausgaben sichern gesamtwirtschaftlich knapp 9 000 Arbeitsplätze und übersteigen damit den direkten Beschäftigungsbeitrag aller bundesdeutschen Messeplätze. Gleichzeitig erhöhen sich durch die Messeaktivitäten Hannovers die Steuereinnahmen des Bundes aus der Einkommen- und Umsatzsteuer um 140 Mio. DM (Sternberg/ Kramer/ Brandtner, 1990, S. 12).

Direkte ökonomischen Messewirkungen ebenso wie Sekundäreffekte sind in ihrem Ausmaß unmittelbar an den Geschäftsverlauf der Unternehmen gekoppelt und vergleichsweise gut zu quantifizieren. Sie werden im nachfolgenden Abschnitt 2.1 zunächst theoretisch erörtert und anschließend empirisch beleuchtet.

Umwegrentabilität bezeichnet dagegen ökonomische Impulse der Messeunternehmen, die diese allein durch ihre Existenz am Standort und unabhängig von der jeweiligen Umsatzleistung bewirken. Der eher qualitative und damit schwer rechenbare Stellenwert von Messen für die regionale Standortattraktivität, wird unter 2.2 behandelt. Die regionalpolitische Quintessenz aus den vielfältigen Standortwirkungen von Messen bleibt abschließend in Abschnitt 3 zu ziehen.

2. Regionalwirtschaftliche Effekte von Messen

2.1 Quantifizierbare Messewirkungen auf Beschäftigung und Einkommen

2.1.1 *Multiplikator- und regionalökonomisches Exportbasiskonzept*

Das Multiplikatormodell

Die Trennung zwischen dem primären Anstoß und den sekundären Folgeeffekten von ökonomischen Aktivitäten wurde in der volkswirtschaftlichen Theorie mit dem sogenannten Multiplikatortheorem entwickelt und ausformuliert. Es fußt zunächst auf der simplen

Feststellung, daß die Ausgaben einer Wirtschaftseinheit gleichzeitig Einkommen eines anderen Wirtschaftssubjektes darstellen. Da Einkommenszuwächse zu einem gewissen Prozentsatz, der durch die sogenannte „marginale" Konsum- und Investitionsneigung bestimmt ist, erneut verausgabt werden, pflanzt sich der primäre Impuls in einer Vielzahl von sich abschwächenden Ausgabenrunden fort. Der von einem Sektor ausgehende Nachfrageimpuls entfaltet daher über den Einkommenskreislauf eine Streuwirkung auch in solchen Wirtschaftsbereichen, zu denen kein produktionswirtschaftlicher Zusammenhang besteht.

Zulieferverflechtungen leisten einen eigenen Beitrag zur Potenzierung von Ausgangsimpulsen. Die steigende Vorleistungsnachfrage durch den anstoßgebenden Sektor bewirkt, daß sich das Produktions- und Beschäftigungsniveau in den vorleistenden Bereichen nach oben anpaßt.

Der Multiplikator bringt zusammengefaßt zum Ausdruck, wie groß das Gewicht indirekter Produktions- und/oder induzierter Einkommenseffekte gegenüber dem direkten Ausgangsimpuls ist.

Auch die ökonomische Bedeutung der Messen erschöpft sich nicht in ihrer direkten Umsatzleistung und in den durch die Messeunternehmen selbst angebotenen Arbeitsplätzen. Produktions- und Beschäftigungseffekte werden bei zuliefernden Unternehmen, wie beispielsweise im Standbau oder im Hotel- und Gaststättengewerbe ausgelöst („indirekter Messeeffekt"). Die dort erwirtschafteten Einkommen wirken ebenfalls in einer Vielzahl von messefernen Zweigen nach, („induzierte Messewirkung"). Ein regionaler Bezug besteht dabei insofern, als durch regionale Zulieferanteile und die regionalen Anteile am wiederverausgabten Einkommen ein größerer oder kleinerer Anteil der Sekundäreffekte in der Standortregion gebunden wird.

Regionalökonomischer Exportbasis-Ansatz

Um die regionale Wertigkeit von Multiplikatorprozessen näher zu bestimmen, wurden die Multiplikatorüberlegungen durch den Exportbasisansatz für Regionen ausdifferenziert. Im Exportbasisansatz (auch „economic-base approach") wird die außerregionale Nachfrage zur dominierenden Entwicklungskraft für die Region stilisiert.

Nach dem Exportbasiskonzept zerfällt die regionale Wirtschaft in einen exportaktiven Bereich und einen lokal orientierten Bereich. Der Exportsektor zieht zusätzliche Kaufkraft in die Region und löst über den oben beschriebenen Multiplikator einen intraregionalen Einkommenskreislauf aus. Die durch Export erzielten Umsätze wirken zu dem Teil regionsintern nach, zu dem sie nicht auf Importe verwendet oder aber der Ersparnis zugeführt werden. Die marginale Importneigung der regionalen Unternehmen und Haushalte bestimmt sich dabei einerseits aus Präferenzen, andererseits auch aus Verfügbarkeiten. Je stärker demnach die Zulieferverflechtung des Exportsektors mit dem lokalen Bereich, desto geringer werden „Sickerverluste" durch Vorleistungsimporte zu veranschlagen sein. (Armstrong/ Taylor, 1987, S. 8 ff.; Schätzl, 1988, S. 106 ff.).

Messen erhöhen die regionalen Exportaktivitäten in zweifacher Hinsicht. Zunächst stellt der Umsatz mit regionsfremden Messetouristen, welcher bei überregionalen Veranstaltungen zu verzeichnen ist, Exportumsatz dar. Auswärtige Besucher, Angestellte von regionsfremden Ausstellungsunternehmen und deren „privater Anhang" verbringen im Durchschnitt drei bis vier Tage (Becker, 1986, S. 82) am gastgebenden Standort und fragen dort Beherbergungsleistungen ebenso nach, wie kulturelle Angebote oder Sortimentsartikel des lokalen Einzelhandels.

- Der Münchner Messebesucher z. B. gab 1989 durchschnittlich 310 DM während seines Aufenthaltes aus. Ausländische Gäste überschreiten diesen Betrag deutlich. So wurde für ausländische Messegäste der hannoverschen Cebit 1990, die sich knapp zwei Tage in Niedersachsen aufhielten, ein Ausgabenbetrag von 829 DM ermittelt (Sternberg et al., 1990, S. 13). Die Zahl ausländischer Besucher bundesdeutscher Messen erreichte 1989 mit 1,65 Millionen einen neuen Höchststand (AUMA, 1991, S. 20).
- Von den 4,6 Millionen Übernachtungen, die in Köln jährlich registriert werden, entfallen 1,6 Millionen, also 30%, auf Messegäste (Fruhner, 1990, S. 42). Auch für andere zentrale bundesdeutsche Standorte gelten ein Drittel der Beherbergungen als messeinduziert.
- Nach vorsichtiger Schätzung flossen dem Land Niedersachsen 1990 aus den überregionalen Veranstaltungen der Messe AG Hannover 655 Mio. DM an Kaufkraft zu (Sternberg et al., 1990, S. 116).

Der Messetourismus mündet zudem in kulturell und erholungsorientierten Tourismus, wenn Besuche verlängert oder für spätere Zeitpunkte ins Auge gefaßt werden. Eine Befragung unter Friedrichshafener Messeteilnehmern ergab, daß jeder zehnte Besucher erstmals in die Stadt gekommen war. Eine Mehrheit dieser Erstbesucher äußerte Rückkehrabsichten (Hugger, 1986, S. 115 f.).

Regionsexporte werden zweitens dadurch stimuliert, daß sich für die ortsansässige Wirtschaft durch eine Messebeteiligung der Absatzradius vergrößert. Je höher der Anteil regionsfremder Besucher, desto größer ist die regionale Reichweite der Kundenansprache für die ausstellenden Unternehmen.

Im nachfolgenden Abschnitt ist nun zu zeigen, daß sich die konzeptionell angedeutete Regionalwirkung der Messen empirisch bestätigt findet.

2.1.2 Methodik und Ergebnisse empirischer Wirkungsanalysen

Standort- und Veranstaltungsspezifität

Der Messeplatz Deutschland zeichnet sich dadurch aus, daß sich anstelle eines zentralen und dominierenden Messestandortes sechs große Messeunternehmen etabliert haben, die im Markt der überregionalen Veranstaltungen miteinander konkurrieren. Die eine, einzige empirische Wahrheit zur regionalökonomischen Messebedeutung kann es schon aus diesem Grund nicht geben. Jede Veranstaltung ist durch eine eigene, das Niveau des Primäreffekts deutlich determinierende, Besucher- sowie Ausstellerstruktur charakterisiert. Zusätzlich differieren auf Grund von regionstypischen Beschäftigungs- und Einkommensmultiplikatoren die Sekundäreffekte. Fallstudien, welche einen einzelnen Standort betrachten, vermitteln daher nur tendenzielle Vorstellungen über die ungefähre Dimension und Struktur der Messewirkungen.

Methodenpluralismus

Die bisher vorliegenden Studien zu den Standortwirkungen bundesdeutscher Messen (vgl. Sternberg et al., 1990, S. 56 ff.) sind zusätzlich aus methodischen Gründen nur eingeschränkt miteinander zu vergleichen und zu generalisieren. Unterschieden werden können:

– *Analysen des messewirtschaftlichen Primäreffekts*
  Eine Reihe von Studien beschränkt sich darauf, regionale Kaufkraftzuflüsse und Messeumsätze zu bestimmen. Dazu werden Befragungen der Besucher, des Standpersonals und der ausstellenden Unternehmen zu deren Ausgabenverhalten durchgeführt. Im Befragungsmodus und -umfang bestehen hier große Unterschiede.

– *Fallstudien zu Primär- und Sekundärwirkungen*
  Andere Untersuchungen erfassen zusätzlich die Sekundärwirkungen der Messen, dies jedoch in unterschiedlichem Ausmaß: berücksichtigt finden sich entweder nur die induzierten Einkommenseffekte oder aber induzierte Einkommens- und indirekte Beschäftigungseffekte. Außerdem werden unterschiedliche Multiplikatoren angesetzt, die entweder aus Vergleichsstudien übertragen, als „plausibel" angenommen oder mit großem Aufwand berechnet werden.

– *Kosten-Nutzen-Analysen*
  Schließlich besteht der Anspruch, neben den Nutzwirkungen von Messen auch deren aus Steuermitteln zu finanzierenden Kosten zu berücksichtigen. Probleme stellen sich hier bei der Definition von Nutzen- und Kostenkategorien, der Diskontierung künftiger Nutzen- und Kostenströme oder der Berücksichtigung von Verteilungswirkungen (Hugger, 1986, S.43 ff, S. 66).

An dieser Stelle sollen exemplarisch zwei jüngere Studien des Messewesens betrachtet werden, die der zweiten Analysegruppe zugerechnet werden können. Sowohl die Analyse der 1990 in Hannover durchgeführten überregionalen Veranstaltungen durch die wirtschaftsgeographische Abteilung der Universität Hannover (Sternberg et al., 1990), als auch das Gutachten des Ifo-Instituts (Goldrian/Täger, 1990) zu den Münchner Messen 1989, betrachten quantifizierbare Nutzeffekte in mehreren Wirkungsrunden. Zunächst wurden direkte Messewirkungen durch repräsentative Befragungen auf ausgewählten Messen erhoben:

Primäreffekte der Messen

Mit der Durchführung originärer Erhebungen bestand bei beiden Untersuchungen von Beginn an die Möglichkeit, Kaufkraftzuflüsse sektoral und regional differenziert zu erfassen. Da Befragungen sehr aufwendig sind, beschränkten sich die Studien auf eine Stichprobe von Veranstaltungen. Im nächsten Schritt wurden dann messebedingte Ausgaben der Besucher, des Standpersonals und der Aussteller für die Veranstaltungen ökonometrisch geschätzt, die nicht primärstatistisch berücksichtigt worden waren.

In der Tabelle 1 sind die im Rahmen der Hannover-Studie erhobenen Ausgaben von Besuchern, Ausstellern und deren Standpersonal wiedergegeben. Neben die auf Niedersachsen insgesamt entfallenden Ausgabenbeträge unterschiedlicher Kategorien sind auch die jeweiligen Anteile für die Stadt und den Landkreis Hannover ausgewiesen:

Tabelle 1: Messeausgaben von Besuchern, Standpersonal und Ausstellern nach regionaler Verteilung und Ausgabenart (Hannover 1990)

Ausgabenart	Niedersachsen Mio. DM (i. v. H.)		Stadt Hannover Mio. DM (i. v. H.)		Landkreis Hannover Mio. DM (i.v.H.)	
Übernachtung	213	(32,5)	118	(25,5)	50	(54,3)
Verpflegung auf der Messe	70	(10,7)	67	(14,5)	3	(3,3)
Verpflegung etc. außerhalb der Messe	97	(14,8)	74	(16,0)	9	(9,8)
ÖPNV	5	(0,8)	4	(0,9)	0,3	(0,3)
Pkw[1]	71	(10,8)	42	(9,1)	10	(10,9)
Kultur[2]	2	(0,3)	2	(0,4)	0,1	(0,1)
Einkäufe	29	(4,4)	28	(6,0)	0,5	(0,5)
regionale Aushilfskräfte	22	(3,4)	11	(2,4)	11	(12,0)
Werbung/PR	61	(9,3)	48	(10,4)	4	(4,3)
Dienstleistung – Handwerk – Spedition/Vermietung – Reinigung/sonstiges	67 6 11	(10,2) (0,9) (1,7)	53 5 11	(11,5) (0,2) (2,4)	4 0,2 0,4	(4,3) (0,2) (0,4)
Insgesamt[3]	655	(100)	462	(100)	92	(100)

[1] Ausgaben für Privat-Pkw, Taxi, Leihwagen   [2] Ausgaben für Theater, Oper, Konzerte
[3] Differenzen sind durch Rundungen bedingt

Quelle: Veränderte und ergänzte Darstellung nach Sternberg/Kramer/Brandtner, 1990, S. 158

Die Betrachtung der einzelnen Ausgabearten zeigt erwartungsgemäß, daß die Ausgaben für Verpflegung und Übernachtung absolut und relativ dominieren. Die Dienstleistungsausgaben der Aussteller und die mit der PKW-Nutzung verbundenen Ausgaben folgen auf dem dritten und vierten Rangplatz. Der Stadt Hannover gelingt es, 70 % des Kaufkraftzuflusses zu binden. Überdurchschnittlich hoch ist der lokale Ausgabenanteil bei den Einkäufen im Einzelhandel und bei ausstellerorientierten Diensten. Aufgrund des unzureichenden Bettenangebotes in der Landeshauptstadt fließt dagegen ein beachtlicher Teil der Übernachtungsausgaben in das Umland ab. Der Messestadt München fließen demgegenüber 90 % der generierten Kaufkraft zu (Sternberg/ Kramer, 1991, S. 124 f.).

Nachdem die diversen Ausgabenkategorien einzelnen Sektoren, wie sie in der volkswirtschaftlichen Gesamtrechnung abgegrenzt werden, zugeschlüsselt sind, lassen sich in einem ersten Zwischenergebnis direkte Beschäftigungs- und Produktionswirkungen des hannoveraner Messewesens beziffern: In der Stadt Hannover sichern die Messeausgaben und der darüber hinausgehende Umsatz der Messe-Gesellschaft direkt 2300 Vollzeitarbeitsplätze im Gaststätten- und Beherbergungsgewerbe, mehr als 1200 im Bereich der privaten Dienste und gut 450 im Baugewerbe. Sie tragen mit 1,5 % zur Bruttowertschöpfung der Landeshauptstadt bei (Sternberg et al., 1990, S. 14 f.).

Sekundäreffekte der Messen

Im nächsten Analyseschritt sind die sekundären Messewirkungen zu betrachten, welche die sektoralen und regionalen Inzidenzen gegenüber der ersten Wirkungsrunde noch etwas verschieben. Um solche Sekundärwirkungen der Messen zu ermitteln, zogen beide Studien die Input-Output-Analyse heran, die zunächst knapp skizziert werden soll.

Die Technik der Input-Output-Analyse wurde von Leontief in den 30er Jahren entwickelt. Sie fußt auf der sogenannten „Input-Output-Tabelle", welche Zuliefer- und Absatzverflechtungen zwischen den Sektoren der gesamten Volkswirtschaft erfaßt. Um ein solches ökonomisches Transaktionstableau zu erstellen, müssen in einer erweiterten volkswirtschaftlichen Gesamtrechnung zusätzliche Daten erhoben und Annahmen über die Produktionstechnologie des betrachteten Wirtschaftsraumes getroffen werden, so beispielsweise über Zulieferungen, die ein Sektor je Produktionseinheit von den anderen Sektoren benötigt.

Da die Erstellung von sektorspezifischen Bilanzgleichungen zur Input- und Absatzstruktur methodisch und kostenmäßig sehr aufwendig sind, wäre die notwendige Datenerhebung und -anpassung durch ein lediglich beschreibendes Interesse nicht zu rechtfertigen. Die Input-Output-Analyse erlaubt es jedoch, die Verflechtungstabellen zusätzlich für Wirkungsanalysen zu nutzen, und beispielsweise folgende Fragen zu beantworten:

– Wie wirken sich sektorspezifische technologische Neuerungen auf die Beschäftigungsverhältnisse der zuliefernden Sektoren aus ?
– Welche zusätzlichen Produktionserfordernisse stellen sich aus einer Erhöhung der Endnachfrage in den unterschiedlichen Sektoren ? Und nicht zuletzt:
– Wie verteilen sich indirekte Effekte eines (messeinduzierten) Produktionsimpulses auf zuliefernde Sektoren ?

Die Input-Output-Analyse übersetzt Informationen aus den Verflechtungstableaus rechentechnisch in eine Matrix- und Vektorenschreibweise und kann nach den jeweils gesuchten Unbekannten auflösen. Die Spaltenvektoren lesen sich dann als sektoral gegliederte Vorleistungsbezüge und erforderlicher Faktoreinsatz, die Zeilen der Matrix bilden die Absatzstruktur ab. (Armstrong/ Taylor, 1987, S. 27 ff.; Hübl et al. 1986, S. 84 ff.).

Zur Analyse regionalökonomischer Messewirkungen wird dementsprechend ein spezifischer Spaltenvektor für die Vorleistungen und Faktoreinsätze der betrachteten Messen gebildet und im Idealfall eine regionale Input-Output Tabelle herangezogen. Liegen keine auf die Standortregion bezogenen Input-Output-Tabellen vor, besteht nur die Möglichkeit, hilfsweise auf die nationalen Tableaus auszuweichen und diese gegebenenfalls anzupassen.

Das Ifo-Institut in München hat im Rahmen der Messestudie eine gesamtwirtschaftliche Verflechtungstabelle des Statistischen Bundesamtes für 1986 auf das Jahr 1989 projiziert und mit Hilfe unterstützenden Datenmaterials auf die regionalen Verhältnisse abgestimmt (Goldrian/ Täger, 1990, S. 35). Dagegen zog es die Studiengruppe in Hannover vor, auf aufwendige und angreifbare Plausibilitätsüberlegungen zu verzichten und verwandte die nationale Input-Output-Tabelle des Statistischen Bundesamtes ohne Änderungen (Sternberg et al. 1990, S. 157).

Der Einsatz von Produktionsfaktoren durch das Messewesen wird unter anderem durch die Bruttowertschöpfung erfaßt, welche – bereinigt um Steuern und Abschreibungen – Aufschluß über die von den Haushalten messebedingtbezogenen Bruttoeinkommen gibt. Hieran anknüpfend wurden in der hannoverschen Untersuchung die Methoden der Input-Output- und der Multiplikatoranalyse kombiniert (Sternberg/Kramer, 1991, S. 120 u. S. 123 f.) und auf diese Weise sowohl die Einkommenswirkungen als auch die steuerliche Inzidenz der Messen geschätzt:

Die direkten, zusätzlichen Bruttoeinkommen, welche aus den Messen in Hannover resultierten, können für 1990 mit 560 Mio. DM beziffert werden. An induzierten Einkommen waren im gleichen Jahr ca. 850 Mio. DM. zu veranschlagen. Dieser Einkommensanstieg und die mit den Veranstaltungen gekoppelten Umsätze vergrößerten auch die Basis für die Einkommens- und Umsatzbesteuerung. Am Umsatzsteuermehraufkommen ist die Stadt Hannover als unmittelbarer Messestandort nicht beteiligt, doch von den rund 70 Mio. DM fließen zumindest dem Land Niedersachsen 35% zu. An dem zusätzlichen Aufkommen der Einkommensteuer, welches sich auf geschätzte 68 Mio. DM belief, hatte die Stadt einen Anteil von etwa 5 Mio. DM (Sternberg et al., 1990, S. 168 f.). Nicht zuletzt gelangen die Stadtkämmerer als „stille Gesellschafter der Gewerbetreibenden" (Klüber, 1974, S. 178) in den Genuß messeinduzierter, gewerbesteuerlicher Zuflüsse.

Gesamteffekt

Zur Illustration der kumulierten Umsatz- und Beschäftigungseffekte werden in der Tabelle 2 direkte, indirekte und kumulierte Wirkungen der Münchner Messen, sowie deren sektorale und regionale Streuung ausgewiesen:

Tabelle 2: Direkt und indirekt induzierte Umsätze und Beschäftigungswirkungen der Münchner Messen 1989

	München		Planungsregion 14		Bayern	
	Beschäftigte	Umsatz (TDM)	Beschäftigte	Umsatz (TDM)	Beschäftigte	Umsatz (TDM)
Direkte Wirkungen	9 188	1 184,4	10 226	1 278,3	10 226	1 278,3
Indirekte Wirkungen	3 350	612,4	4 819	909,9	7 412	1 303,1
Direkte und Indirekte Wirkungen	12 538	1 796,6	15 045	2 188,2	17 638	2 581,4
Direkte und Indirekte Wirkungen nach Sektoren						
– Primärer Sektor	45	19,1	118	27,9	823	118,8
– Verarbeitendes Gewerbe	2 108	290,7	2 792	407,9	4 031	702,4
– Handel und Verkehr	1 212	226,2	1 522	279,5	1 801	321,4
– Dienstleistungen	9 172	1 260,6	10 612	1 472,9	10 976	1 438,7

Quelle: Goldrian /Täger (1990, S. 36)

Die Münchner Messen sichern in Bayern rund 18 000 Arbeitsplätze, mehr als zwei Drittel hiervon in der Messestadt selbst. Für Niedersachsen und seine Landeshauptstadt wurden demgegenüber Beschäftigungseffekte von 8 000 und 5 000 fiktiven Vollzeitsarbeitsplätzen ermittelt. „Fiktiv" bringt einschränkend zur Beachtung, daß die Zahl der tatsächlich gesicherten Beschäftigungsverhältnisse aufgrund von Teilzeitarbeitsplätzen höher angesetzt werden kann. In diesen Werten sind auch kurzfristige Aushilfstätigkeiten nicht enthalten. Die Messearbeitsämter in Hannover und Frankfurt vermittelten 1991 beispielsweise 12 000 bzw. 6 800 Aushilfen an Aussteller oder Service-Töchter der Messegesellschaften.

Die messeinduzierten Effekte bei Beschäftigung und Umsatz entfielen 1989 zu rund 60 % auf den bayrischen Dienstleistungssektor. An zweiter Stelle partizipierte das verarbeitende Gewerbe an den Beschäftigungs- und Produktionseffekten. Letzterer Sektor war oben, bei der Betrachtung der ersten Wirkungsrunde, nicht auffällig geworden. Es ist hier insbesondere die Nahrungs- und Genußmittelindustrie, welche als Versorger des Gaststättengewerbes und des Handels indirekt vom Messegeschehen profitiert. Analog zu den beachtlichen Ausgaben der Messeteilnehmer für die PKW-Nutzung und Speditionsleistungen zählt auch der Fahrzeugbau zu den Nutznießern im verarbeitenden Gewerbe. Der Tendenz nach bestätigen auch andere Studien diese sektorale Struktur der Messewirkungen.

Zu der räumlichen Inzidenz läßt sich allgemein anmerken, daß der regionale Zulieferungsradius für Handels- und sonstige Dienstleistungen vergleichsweise gering bemessen ist. Die Produktions- und Beschäftigungseffekte dieser Sektoren entfallen zum größeren Teil auf die Messestädte: In der engeren „Messeregion" München partizipierten Dienstleistungen an den Produktions- und Beschäftigungswirkungen mit überdurchschnittlichen 70 %. Effekte in den übrigen Sektoren wachsen dagegen mit der Größe des betrachteten Gebietes (Goldrian/ Täger, 1990, S. 36).

Summa summarum belegen die vorliegenden Studien, daß quantifizierbare Messewirkungen gesamtwirtschaftlich eine beachtliche Größenordnungen erreichen und sektorale und regionale Schwerpunkte ausbilden. Das läßt sich kaum besser ausdrücken als mit den Messemultiplikatoren: Jede hannoversche Messemark führt gesamtwirtschaftlich zu einem Umsatz von ca. 1,50 DM; insgesamt waren das 1990 nahezu 1,3 Mrd. DM. Und an einer Millionen Mark messeinduzierter Ausgaben knüpfen rechnerisch etwa 10 Beschäftigungsverhältnisse an (Sternberg et. al. 1990, S. 160 ff.).

2.2 Bedeutung der Messen für die Standortqualität

Harte und weiche Standortfaktoren

Regionen werden von ihrer Wirtschafts- und Wohnbevölkerung durch unterschiedliche Brillen betrachtet. Was in das jeweilige Blickfeld gelangt sind selektiv wahrgenommene Standortcharakteristika.

Als für das unternehmerische Kalkül bedeutende Standortfaktoren hebt die Standortforschung zunächst „harte", unmittelbar kostenwirksame Einflüsse heraus: Anzahl, Qualifikation und Vergütungsansprüche der regionalen Arbeitskräfte, Gewerbeflächen, steuerliche Belastung und nicht zuletzt die vorhandene Verkehrs-, Kommunikations- und Forschungsinfrastruktur. Zunehmend finden aber auch „weiche" Standortfaktoren, wie das regionale und lokale Image, welches auf das der ansässigen Unternehmen ausstrahlen kann (Bergler, 1991) oder das „Wirtschaftklima" Beachtung (Hübl, 1991, S. 5 f.).

Die Erholungs- und Freizeitinfrastruktur als weitere qualitative Faktoren determinieren weniger den räumlichen Produktions- als vielmehr den Wohnwert. Doch da auf dem Arbeitsmarkt branchen- und qualifikationsspezifische Engpässe auftreten können, erleichtert ein attraktives Wohnumfeld indirekt die Rekrutierung von Beschäftigten.

Standortfaktor Messe

Messen steuern in zweierlei Hinsicht zum Standortpotential ihres Stammsitzes bei. Einmal bilden sie selbst ein Element der lokalen Kommunikationsinfrastruktur, indem sie das beschaffungs- und absatzpolitische Instrumentarium der ortsansässigen Unternehmen erweitern. Beschaffung und Absatz über Messen ist insbesondere für kleine und mittelständische Unternehmen sinnvoll, die kaum überregionale Betriebsstrukturen unterhalten. Befragungen des Instituts für Mittelstandsforschung unter Aussteller- und Besucherbetrieben von Messen bestätigen dies. So gaben 61 % von 456 ausstellenden Betrieben mit bis zu 500 Beschäftigten an, daß Messen und Ausstellungen für ihre Absatzpolitik wesentlich sei. In einer Kontrollgruppe von 96 größeren Unternehmen waren nur 43 % dieser Ansicht (Mortsiefer, 1982, S. 42).

Positive Auswirkungen auf andere Standortfaktoren

Neben diesem direkten Fühlungsvorteil für ansässige Betriebe entstehen weitere Begünstigungen dadurch, daß andere Standortfaktoren messebedingt auf- und ausgebaut werden. Das betrifft sowohl harte Standortfaktoren, wie die Verkehrsinfrastruktur, als auch weiche Standortfaktoren, wie etwa das kulturelle Angebot oder das Wirtschaftsklima:

Die Durchführung von Messen beansprucht die Verkehrsinfrastruktur der Standortregion:

- Auf den Friedrichshafener Straßen bewegten sich 1986 gut 112 000 Kraftfahrzeuge mehr, als dies ohne die Messen der Fall gewesen wäre (Hugger, 1986, S. 112). Die An- und Abfahrten des auswärtigen Standpersonals sind noch nicht in diese Zahl eingerechnet. Dazu kommt außerdem der messebedingte Schwerlastverkehr, welcher zwangsläufig mit dem Transport von Exponaten auftritt.
- Die hannoverschen Verkehrsbetriebe befördern zu Messezeiten zusätzliche 400 000 Fahrgäste (Sternberg et al., 1990, S. 124).
- Etwa jeder zehnte auf dem Flughafen Köln/ Bonn eintreffende Fluggast besucht eine Kölner Messe (Tillack, 1990, S. 63).

In Reaktion auf den zusätzlich zu bewältigenden Verkehr wird an den Messestandorten in die notwendige Infrastruktur investiert. Die Frankfurter Messe erhält derzeit einen U-Bahn Anschluß, eine S-Bahn-Station und einen direkten Autobahnzubringer. Es bestehen koordinierte Bebauungspläne für die aneinandergrenzenden Parzellen der Messe und des Hauptgüterbahnhofs. Das Ergebnis dieser und weiterer Projekte ist ein Erschließungsvertrag zwischen Stadt, Bundesbahn und Messe über 150 Millionen DM (Sattler, 1988).

Solche Wirkungen von Großveranstaltungen auf die Verkehrsinfrastruktur sind ambivalent zu bewerten. Ob eine messeorientierte Anpassung von innerstädtischen Verkehrswegenetzen gleichzeitig der Wohnbevölkerung zu Gute kommt, hängt vom Mikrostandort der Messe ebenso ab, wie von den lokalen Präferenzen für einzelne Verkehrsträger im Vergleich zu den Verkehrsansprüchen auswärtiger Messebesucher. Der messepolitisch sinnvolle Ausbau überörtlicher Anbindungen verbessert zugleich die logistische Situation der ortsansässigen Unternehmen und vergrößert aufgrund der verbesserten Ein- und Auspendelmöglichkeiten den Arbeitsmarkt. Die in Anpassung an messebedingte Spitzenbelastungen gewachsene Verkehrsleitkapazität schöpft sich auf diese Weise neue Nachfrage. Umweltbewußte Kritiker befürchten einen circulus vitiosus der Verkehrsmehrung.

Zum Finanzbedarf für die Verkehrswegefinanzierung ist anzumerken, daß er einerseits die ohnehin knappen, öffentlichen Kassen belastet, die Investitionen aber gleichzeitig einen neuerlichen ökonomischen Impuls darstellen.

Messen beeinflussen zweitens auch die „Elemente großstädtischen Lebens" (Claaßen, 1974, S. 189).

– Ein Teil der Messefazilitäten kann in der veranstaltungsfreien Zeit für kulturelle Ereignisse genutzt werden.
– Die messebedingte Zusatzauslastung des institutionalisierten Kulturbereichs schafft Spielräume für die Unterhaltung des Normalbetriebs zur messefreien Zeit. Ähnliches gilt für die Quantität und Qualität des Hotelangebotes.
  In Leipzig wurden vor der politischen Wende der Stadt zu den Messen 100–120 kulturelle Zusatzangebote „verordnet", die aber primär an die Besucher und nicht an die eigene Bevölkerung adressiert waren (Fischer, 1990, S.81). Auch die Messegala in Hannover ist primär für die Gäste, nicht für die Gastgeber gedacht.
– Schließlich bereichern die Veranstaltungen selbst, soweit sie der interessierten Öffentlichkeit zugänglich sind, das lokale Unterhaltungsangebot. Dieser Ereignischarakter von Messen und Ausstellungen lenkt den Blick abschließend auf deren imagebildende Funktion.

Messen können sich zum „Markenzeichen" ihres Standortes entwickeln. Die große Zahl von veranstaltungsbegleitenden Presseberichten transportiert den Namen der gastgebenden Stadt in das Wahrnehmungsfeld der nationalen und internationalen Mediennutzer. Auch der word-of-mouth Effekt, welcher durch auswärtige Messeteilnehmer erzielt wird, erhöht den Bekanntheitsgrad des Standortes. Neben dem Fremdimage erfährt zudem die Identifikation der Bürger eine Stärkung, wenn mit dem Messebetrieb internationaler Flair Einzug hält.

3. Regionalpolitische Konsequenzen

Um abschließend die vielfältigen Wirkungen des Messewesens regionalpolitisch zu bewerten, und gegebenenfalls zu instrumentalisieren, ist zunächst ein Blick auf die Ziele der Regionalpolitik angebracht. Diese wurden etwa von der Bundesregierung in Ziffer 4 der

„Grundsätze der regionalen Wirtschaftspolitik" auf den Punkt gebracht (Eberstein, 1988, S. 14):

„Allgemeines Ziel der regionalen Wirtschaftspolitik ist ... in allen Gebieten dafür zu sorgen, daß ungenutzte bzw. schlecht genutzte Produktionsfaktoren für das allgemeine Wirtschaftswachstum mobilisiert werden. Durch die regionale Wirtschaftspolitik ... wird die Wirtschaftskraft in den zu begünstigenden Räumen gesteigert. Es werden bessere Arbeits- und Einkommensmöglichkeiten geschaffen und dadurch soziale Härten dauerhaft beseitigt, die ... auch in Verdichtungsgebieten auftreten können."

Gemessen an diesen Zielstellungen können Messen regionalpolitisch grundsätzlich sinnvoll eingesetzt werden, was in fünf zentralen Aspekten resümiert wird:

1. Messebezogene Investitionsvorhaben der Trägergesellschaften und öffentlichen Hände stellen temporäre Beschäftigungsprogramme für die Standortregionen dar. Derzeit soll vor den Toren Leipzigs ein neues Messegelände entstehen, in das mehr als eine Milliarde DM investiert werden soll. Für die durch hohe strukturelle Arbeitslosigkeit belastete Region ist dies ein denkbar günstiger Zeitpunkt.

2. Das Messewesen sichert nicht nur im Zuge der Erstellung von Fazilitäten sondern erst recht bei deren betrieblichen Nutzung eine beachtliche Zahl von Arbeitsplätzen. Beschäftigungswirkungen können unter Umständen noch erhöht werden, wenn es gelingt, regionale Zulieferungsanteile zu steigern und die Veranstaltungsstrukturen zu optimieren.

3. Regionale Potentiale werden dadurch besser ausgeschöpft, daß der Faktor Kapital durch komplementäre Infrastrukturleistungen eine Aufwertung erfährt und Innovationsimpulse erhält.

4. Auf Grund der Fühlungsvorteile und der Werbeträgerfunktion von Messen, erzielen diese auch eine „langfristig ... wirtschaftsfördernde Wirkung, die bis zur Wirtschaftsansiedlung geht" (Gösseln, 1974, S. 187). Dies verbessert regionale Wachstumsperspektiven.

5. Schließlich werden Messen und Ausstellungen von den Regionalpolitikern zur Darstellung ihres Standortes genutzt. Im Trade-Center und im Informations-Centrum der Hannover-Messe Industrie präsentieren sich die Bundesländer und beraten Ansiedlungsinteressenten hinsichtlich der Standorteignung und öffentlicher Unterstützungsleistungen (o.V., 1987, S. 5). Zudem bieten sich die Eröffnungs- und Schlußveranstaltungen als Forum für appellative Beeinflussung an.

Die Förderung des Messewesens geht auch mit zentralen Prinzipien der Regionalpolitik konform. Sie entsprechen dem Grundsatz der Schwerpunktförderung, welcher zentrale Orte, also Standorte die überörtliche Funktionen ausfüllen, in den Mittelpunkt gestellt sehen möchte. Zum zweiten wird der Absicht entsprochen, gemäß dem Exportbasiseffekt den Primärbereich zu stimulieren.

Bei allen regionalpolitischen Vorteilen ist aber auch zu beachten:

– Die messebedingten Beschäftigungseffekte sind großteils im Dienstleistungsbereich zu verzeichnen und dort in Leistungszweigen, die eher geringer qualifizierte Arbeitskräfte nachfragen.

- Für eine regionalpolitische Würdigung ist außerdem eine umfassende Kosten-Nutzen-Analyse der Messen sicherlich angemessener, als eine lediglich auf Nutzenaspekte verkürzte Betrachtung. In der Bundesrepublik hat Hugger (1986) einen Referenzrahmen für messebezogene Kosten-Nutzen-Analysen entwickelt und diesen auf Veranstaltungen in Friedrichshafen angewandt. Für das Jahr 1982/83 errechnet er, daß die direkten regionalwirtschaftlichen Nutzen (55,6 Mio. DM) die messebedingten Kosten (14,5 Mio.) mit einem Nettonutzwert von 41 Mio. DM übersteigen (Hugger, 1986, S. 17 u. S. 197 f.).
- Die regionalpolitisch positiven Effekte von etablierten Messeplätzen können auf Grund hoher Markteintrittsbarrieren nicht ohne weiteres auch für Neugründungen angenommen werden: im Messewesen ist der Kapitaleinsatz groß, goodwill und Tradition sind gewichtig und die internationale Konkurrenz verschärft sich.

Literatur

ARMSTRONG, H./ TAYLOR, J.: Regional Economics & Policy. Oxford: 1987.
AUMA: AUMA Bericht '90. Tätigkeitsbericht des Austellungs- und Messeausschusses der Deutschen Wirtschaft e.V. für das Jahr 1990. Köln 1991.
BECKER, W: Messen und Ausstellungen – eine sozialgeographische Untersuchung am Beispiel München. Regensburg; Lassleben 1986 (Münchner Studien zur Sozial- und Wirtschaftsgeographie, Band 31).
BERGLER, R.: Der Standort als Image Faktor, in: pr-magazin, Nr.7/91, S. 31–38, 1991.
CLAASSEN, G.: Messen und Ausstellungen im Verhältnis zu ihrer Gemeinde, am Beispiel Essen. In: Kommunalwirtschaft, Heft 5/1975, S. 189 f.
EBERSTEIN, H.H.: Grundlagen der Regionalpolitik und ihre wesentlichen Grundsätze. In: Handbuch der regionalen Wirtschaftsförderung. Köln 1991.
FISCHER, S.: in: Prognos AG, 1990, S. 79–83.
FRUHNER, K.-O., in: Prognos AG (1990), S. 42–53, 1990.
GÖSSELN, H. VON: Messestadt Hannover. In: Kommunalwirtschaft, Heft 5,1975, S. 189.
GOLDRIAN, G./ TÄGER, U.CH.: Wirtschaftliche Bedeutung der Münchner Messeveranstaltungen. In: ifo-schnelldienst, Nr.26–27, 1990, S. 28–42.
GOMBEL, H. in: Prognos AG, 1990, S. 61–67.
HÜBL. L.: Der Raum Hannover als Unternehmensstandort im europäischen Wettbewerb. In: Hansen, U./Haslinger, F./ Hübl, L. (Hrsg.): Der Wirtschaftsraum Hannover. Universität Hannover, Vorträge im Fachbereich Wirtschaftswissenschaften, Band 10, S. 1–17, 1991.
HÜBL, L./HARTWIG, R./SCHEPERS, W.: Einführung in das gesamtwirtschaftliche Rechnungswesen. Darmstadt 1986.
HUGGER, P.F.: Nutzen-Kosten-Analyse der regionalwirtschaftlichen Auswirkungen von Messen und Ausstellungen: Eine empirische Analyse am Beispiel Friedrichshafen. München 1986 (Volkswirtschaftliche Forschung und Entwicklung; Bd.23).
KLÜBER, H.: Messen und Ausstellungen, in: Kommunalwirtschaft, Heft 5/1974, S. 175 ff.
MORTSIEFER, J.: Die Bedeutung von Messen und Ausstellungen für mittelständische Betriebe. Ergebnisse empirischer Untersuchungen bei Ausstellern und Besuchern. Göttingen 1982 (Beiträge zur Mittelstandsforschung; H. 89).
o.V. : Wirtschaftsförderung auf der Hannover-Messe. Die richtigen Partner zusammenbringen. In: Wirtschaft und Standort, 19. Jg., Themenheft 3/4 1987, S. 5.
PROGNOS AG (Hrsg.): Messen und Kongresse als Instrumente des Städtemarketing (Dokumentation eines Seminars am 15.Mai 1990 in Köln) 1990.
SATTLER, H.: Kooperation zwischen Bahn, Stadt und Messe bei Planung und Realisierung von Großprojekten im Stadtgebiet von Frankfurt am Main. In: Die Bundesbahn, Heft 3/1988, S. 227–232.
SCHÄTZL, L.: Wirtschaftsgeographie I. Paderborn, 2. Aufl., Schöningh 1988.
STATISTISCHES BUNDESAMT (Hrsg.): Unternehmen und Arbeitsstätten. Arbeitsstättenzählung vom 25. Mai 1987. Fachserie 2, Heft 2, Arbeitsstätten und Beschäftigte. Stuttgart 1987.
STERNBERG, R./ KRAMER, J./ BRANDTNER, A. (1990): Regionalökonomische Wirkungen der Messe in Hannover. Hannover 1990 (Geographisches Institut, Universität Hannover, Abteilung Wirtschaftsgeographie: Geographische Arbeitsmaterialien, Band 12).
STERNBERG, R./ KRAMER, J. (1991): Zur Quantifizierung direkter und indirekter Effekte von Messen für die regionale und lokale Wirtschaft, dargestellt am Beispiel Hannover. In: Raumforschung und Raumordnung, 1991, Heft 2–3, S. 119–128.
TILLACK, J. in: Prognos AG 1990 S. 54–60.

Klaus Krone
Bernd Huber

Messen als Instrument der Unternehmenspolitik

1. Einführung

2. Unternehmenspolitik und Unternehmensführung

3. Der Instrumentalcharakter von Messen für die Unternehmenspolitik
   3.1 Handlungsoptionen – eine Systematisierung
   3.2 Handlungsoptionen – zum Wissensstand in der Literatur

4. Der Instrumentalcharakter von Messen aus Ausstellersicht
   4.1 Messen und Corporate Identity
   4.2 Messen und Unternehmensimage
   4.3 Die strategische Ausrichtung der Messepolitik
   4.4 Messen, Agenda Setting und „Lobbying"

5. Zusammenfassung und Bewertung

Literatur

1. Einführung

Die Ressourcen, die eine Messe heute in fast allen Branchen bindet, sind gewaltig. Dies gilt sowohl für Finanz- als auch für Personalressourcen, die für die Vorbereitung, Durchführung und Nachbereitung von Messen zur Verfügung gestellt werden. So bewegten sich z. B. die Kosten des Gemeinschaftsstandes der deutschen Telekommunikationsindustrie auf der Weltmesse dieser Branche „Telecom" 1992 in Genf im Rahmen zweistelliger Millionenbeträge. Großunternehmen wie z. B. die BASF beteiligen sich jährlich an über 70 großen nationalen und internationalen Messen (Berghäuser 1989, S. 6). KRONE beteiligt sich weltweit pro Jahr an ca. 60 nationalen und internationalen Messen.

Diesem Aufwand steht der hohe Nutzen und die große Bedeutung des Instruments Messe gegenüber – wenn auch dieser Nutzen schwer zu quantifizieren ist. Das Instrument „Messe" muß wegen dieser Bedeutung und seinen Kosten als Instrument und Entscheidungstatbestand der Unternehmensführung angesehen werden.

Dieser Beitrag behandelt diese Bedeutung von Messen für die Ziele und Aufgaben der Unternehmensführung bzw. der Unternehmenspolitik. Dabei soll sowohl der aktuelle Stand der wissenschaftlichen Literatur kritisch beleuchtet als auch die Sichtweise der praktischen Unternehmensführung integriert werden.

Nach den einführenden Kapiteln 1 und 2 wird das Thema in Kapitel 3 umfassend, d. h. aus Aussteller- und Besuchersicht, und eher strukturierend behandelt. Kapitel 4 konzentriert sich dann auf besondere Aspekte des Instrumentalcharakters von Messen für die Unternehmenspolitik aus Sicht eines Ausstellerbetriebes.

2. Unternehmenspolitik und Unternehmensführung

Unternehmenspolitik ist die Ausgestaltung von Entscheidungen grundsätzlicher Art (Mellerowicz 1963, Ulrich 1984, Hahn/Taylor 1990). Sie bestimmt die Vorgabe der grundsätzlichen Ziele und Strategien, die den Handlungsrahmen für die konkrete Ausgestaltung der Strukturen und Aktionen eines Unternehmens darstellen.

Unternehmenspolitik ist damit die zentrale Aufgabe des Management. Sie ist Kernaufgabe der Unternehmensführung, die für die Festlegung dieser Politik und seine Durchführung verantwortlich ist.

Aufgaben der Unternehmensführung (vgl. z. B. Köhler 1985) sind die Gestaltung bzw. Entscheidungen über

– die Vision oder Mission eines Unternehmens (Zweck und Ziel)
– die Corporate Identity
– die grundsätzlichen Vorgehensweisen hinsichtlich der Marktbearbeitung und der Ausgestaltung der Aktionsprogramme der Funktionsbereiche,
– das gesamte Produktprogramm und Produktprofil,

- die für die Unternehmensziele wichtigen „strategischen" Außenbeziehungen (z. B. zu anderen Unternehmen, Politik, Gesellschaft, Banken)
- die Koordinierung der einzelnen Unternehmensteileinheiten,
- die Besetzung der relevanten Führungspositionen,
- Steuerung und Überwachung der (operativen) Aktionsprogramme.

Ziel der Unternehmenspolitik ist es, das langfristige Überleben des Unternehmens zu sichern, indem die Ansprüche bzw. Ziele der am Unternehmen direkt oder indirekt Beteiligten hinreichend befriedigt werden (z. B. hinsichtlich der Rendite, des Kundennutzen, der Arbeitsplätze, der Umweltverträglichkeit, der Rückzahlung von Fremdkapital etc).

3. Der Instrumentalcharakter von Messen für die Unternehmenspolitik

3.1 Handlungsoptionen – eine Systematisierung

Das Phänomen „Messe" kann empirisch in sehr unterschiedlich ausgeprägten Erscheinungsformen vorgefunden werden. Systematisierungen versuchen diese Erscheinungsformen z. B. anhand der folgenden Kriterien zu strukturieren (z. B. Funke 1986, S. 4):

- geographische Herkunft der Messebeteiligten
- Breite des Angebots,
- angebotene Güterklassen
- beteiligte Branchen und Wirtschaftsstufen
- Funktion der Veranstaltung (Informations- oder Ordermesse)

Das Instrument „Messe" bietet der Unternehmensführung damit ein breites Spektrum an Handlungsoptionen zur Durchsetzung seiner genannten Aufgaben an. Diese möglichen Handlungsoptionen sollen in der folgenden Abbildung systematisiert werden. Die Darstellung orientiert sich dabei an den Gestaltungseinheiten der Unternehmensführung, den Unternehmensfunktionen, die strategisch gesehen die Wertschöpfungskette des Unternehmens widerspiegeln.

Diese Systematisierung soll einen theoretischen Rahmen für die Betrachtung des strategischen Nutzens von Messen bieten. Dabei werden in dieser Abbildung sowohl Nutzenaspekte aus Sicht eines Messeausstellers als auch Nutzenaspekte für den Fachbesucher integriert.

3.2 Handlungsoptionen – zum Wissensstand in der Literatur

Das Phänomen „Messe" wird in den Wirtschaftwissenschaften überwiegend als Marketingthema behandelt, viele der in Abbildung 1 aufgezeigten Nutzenaspekte von Messen sind kaum oder nur relativ allgemein bearbeitet worden. Thematisch dominieren Analysen über Messen als Instrument der Marketingkommunikation, über Fragen der Standgestaltung sowie Kosten-Nutzenbetrachtungen, Budgetierungen und Fragen der Messeerfolgs-

Marketing	Personal	F & E	Beschaffung	Logistik	Produktion	Vertrieb
– Ganzheitliche Darstellung der Corporate Identity	– Personalmarketing	– Informationen über neue Technologien	– Informationen über neue Beschaffungsmärkte	– Informationen über neue logistische Konzepte/Strategien	– Informationen über neue Produktions-Verfahren und -Technologien	– Bewertung der eigenen Vertriebsstrategien
– Kommunikation des Unternehmensimage	– Darstellung des Unternehmens als attraktiver Arbeitgeber	– Präsentation/ Akzeptanz als attraktiver Arbeitgeber	– Informationen über neue Beschaffungsstrategien		– Analyse und Informationssammlung für Strategische Fremd-/Eigenfertigungsentscheidungen	– Analyse der Wettbewerber-Vertriebsstrategien
– Strategische Positionierung der Kern-Kompetenzen des Unternehmens und der Produkte	– Motivation/ Profilierung für eigene Mitarbeiter	– Analyse der Technologiestrategien des Wettbewerbs	– Analyse der Marketingstrategien der Lieferanten			– Aufbau und Erhalt strategisch bedeutender Kundenkontakte
– Strategische Marktforschung – Wettbewerberstrategien – neue Märkte/ Anwendungen		– Analyse von Technologierisken				
– Agenda Setting		– Agenda Setting für neue Technologien				

Abbildung 1: Messen: Strategischer Nutzen für das Unternehmen und Handlungsoptionen für die Unternehmenspolitik

kontrolle. Eine umfassende theoretische Ausarbeitung, über die Entscheidungen, die im Zusammenhang mit einer Messe aus Marketingsicht zu treffen sind, gibt Funke (1986).

Neben rein systematisierenden Darstellungen wird das Phänomen „Messe" theoretisch entweder durch Ansätze der betriebswirtschaftlichen Entscheidungstheorie (Funke 1986), der Systemtheorie, durch Ansätze der Kommunikationstheorie (Rafée 1983, S. 78) oder der Interaktionstheorie (Merdian 1983) erklärt.

Überwiegend besteht die Literatur über Messen jedoch aus Fallstudien-orientierten Berichten von Praktikern.

Über Messen als Instrument der Unternehmenspolitik und die sich bietenden Handlungsoptionen für die Unternehmensführung gibt es äußerst wenig Literatur (Ausnahme: Neglein 1989). Dies verwundert, da insbesondere im Investitionsgütermarketing die Messe ein wichtiges Instrument mit hoher Relevanz für die Unternehmensführung ist.

Wie im Folgenden ausgeführt wird, bieten Messen eine hervorragende Möglichkeit der Präsentation der strategischen Zielsetzung eines Unternehmens sowie seiner Markt- und Produktstrategien. Sie sind ideales Mittel für die komplette synergetische Darstellung der strategischen Kompetenzen eines Anbieters – so wie Messen auch äußerst nützlich im Rahmen der (strategischen) Wettbewerbs- und Marktforschung sein können.

In der Investitionsgüterindustrie mit der typischen Marktstruktur von (relativ) wenigen Anbietern und (relativ) wenigen Nachfragern bieten Messen der Unternehmensführung aber auch die ideale Möglichkeit, in kurzer Zeit sowohl alle wichtigen Entscheidungsträger der Zielgruppen und des Wettbewerbs, als auch politische und andere gesellschaftliche Entscheidungsträger zu kontaktieren.

Einige der genannten Aspekte von Messen als Instrument der Unternehmenspolitik sollen im Folgenden ausführlicher behandelt werden. Die Ausführungen beschränken sich dabei auf die Sicht eines Ausstellerbetriebes.

4. Der Instrumentalcharakter von Messen aus Ausstellersicht

4.1 Messen und Corporate Identity

Corporate Identity wird in Übereinstimmung mit dem Ansatz von Birkigt/Stadler (1985, S. 23) als die Ganzheit des Selbstverständnisses, des Verhaltens, des Erscheinungsbildes und der Kommunikation eines Unternehmens verstanden. Diese Elemente der CI umfassen:

a) das Selbstverständnis
  – Unternehmenshistorie
  – Unternehmenszweck und Unternehmensziele
  – Gesamtwirtschaftliche und soziale Rolle des Unternehmens

b) das Unternehmensverhalten
- Angebotsverhalten (Grundsätzliches Marktverhalten, Produktprogramm, Preisverhalten, …)
- Sozialverhalten (Mitarbeiterführung, Unternehmensmythen, …)

c) das Erscheinungsbild
- Gestalterische Aufmachung aller im und vom Unternehmen benutzen Objekte (Briefbögen, Arbeitskleidung, Fahrzeuge, Architektur, …)

d) Unternehmenskommunikation
- alle Maßnahmen der Botschaftsübermittlung innerhalb des Unternehmens und nach außen.

Das Unternehmensimage ist die Abbildung der Ganzheit CI bei den Marktpartnern des Unternehmens. Das Unternehmensimage ist nicht nur das Ergebnis der nach außen gerichteten Unternehmenskommunikation, sondern aller Elemente der spezifischen CI eines Unternehmens (Schneider 1989).

Entscheidend ist der ganzheitliche Charakter der Corporate Identity. Dies ist in den gestaltpsychologischen Gesetzmäßigkeiten der Wirkung und Wahrnehmung von Objekten („Gestalt") begründet (einen Überblick über die Gestaltspsychologie geben Ertel, Kemmler/Stadler 1975). Demnach hat die umfassende, ganzheitliche Wirkung eines Objektes bzw. einer „Gestalt" eine andere und intensivere psychische Wirkung als die Summe der Wahrnehmungseffekte seiner einzelnen Elemente. D. h. die Ganzheit wirkt, wenn seine Elemente zusammenpassen, sehr positiv. Herrscht jedoch Diskrepanz zwischen einzelnen Elementen, wirkt die Ganzheit allerdings verstärkt negativ.

Messen sind, da sie ein Bündel vielfältiger Maßnahmen sind, als solche Ganzheiten zu begreifen; kein anderes Kommunikationsinstrument hat diese Vielfalt an Gestaltungsoptionen zu bieten, die jedoch zu einer effektiv wirkenden Ganzheit zusammengebracht werden müssen. Dadurch wird, gerade im Investitionsgüterbereich, die hohe Bedeutung von Messen klar und auch erklärbar.

Dieses Bündel „Messe" kann aus einer vielfältigen Auswahl sehr unterschiedlicher Maßnahmen der Unternehmenskommunikation zusammengestellt werden.

Dies umfaßt Möglichkeiten visueller Kommunikation (Text/Bild, Print/Bewegtbild, Objekt- und Raumgestaltung), auditiver Kommunikation (Sprache/Ton), ja sogar olfaktorischer Kommunikation (Hermanns 1982, Trommsdorff 1989, S. 66 f.). Neben dem Einsatz typischer (Massen-)Kommunikationsmittel sind Messen auch ein wichtiger Einsatzort für sinnvoll geplante persönliche Kommunikation. Die persönliche Kommunikation zwischen Anbieter und Nachfragern ist zentrales Element jeder Messe (zur verhaltensbeeinflussenden Wirkung der persönlichen Kommunikation (vgl. Kroeber-Riel 1984, S. 524 ff.) auf.

Diese Bandbreite an Gestaltungsparametern bietet die Chance, die eigene Corporate Identity umfassend, vom Wettbewerb stark differenzierend und damit alleinstellend zu kommunizieren. Denn alle oben genannten Elemente der Corporate Identity können umfassend präsentiert sowie umgesetzt werden und so zu einem durchdringend wirkenden „Ganzen" verbunden werden.

4.2 Messen und Unternehmensimage

Messen wirken auf das Unternehmensimage. Dies gilt gerade im Bereich der Investitionsgüter, und dort insbesondere im Projektierungs- und Anlagengeschäft. Neben den direkten Kundengesprächen sind Messen das Instrument der Kommunizierung des Unternehmensimage. Die oben dargelegte ganzheitliche Kommunikationsmöglichkeit sowie der direkte Wettbewerbsvergleich zeigt die hohe Bedeutung und auch Wirkung einer Messepräsentation auf das Unternehmensimage. Eine Analyse des Manager-Magazins (Imageprofile, o.V. 1988) der Unternehmensimages extrahierte 5 allgemeine Dimensionen, nach denen Images von Unternehmen beurteilt werden: (1) Management-Qualität (2) Innovationskraft (3) Kommunikationsaktivität (4) Preis- Leistungs-Verhältnis (5) Mitarbeiter-Orientierung (Dowling 1986 kommt zu ähnlichen Erkenntnissen). Bis auf die „Mitarbeiter-Orientierung" können alle genannten Dimensionen auf Messen hervorragend und zusammen präsentiert werden – auch dies verdeutlicht die hohe Eignung von Messen als Kommunikationsmedium für das Unternehmensimage.

Messen als Präsentationen eines ganzen Unternehmen (bzw. wesentlicher Unternehmensteile) und seiner Produkte bzw. Produktgruppen, sind prädestiniert für die Übertragung von Unternehmensimages auf Marken- bzw. Produktimages (Hätty 1989). Gleiches gilt natürlich für den etwaigen Transfer von Konzernimages (z. B. Daimler Benz) auf die Images der einzelnen Konzernunternehmen (Mercedes Benz, debis, ...). Interessant diesbezüglich ist das Phänomen der Präsentationen von kleineren Spezial-Softwareunternehmen auf den Messeständen großer EDV-Anbieter, wie z. B. IBM oder Apple. Neben der Darstellung von Produktsynergien wird hier ein für beide Seiten äußerst interessanter Imagetransfer erreicht.

Krone mißt gerade den großen Messen der Telekommunikation, der im 4jährigen Rhythmus stattfindenden Telecom in Genf sowie der jährlichen CeBIT große Bedeutung für die Darstellung der Corporate Identity und für das Unternehmensimage zu. Dies spiegelt sich in unseren Messezielsetzungen, der Messeplanung und der Gestaltung aber auch in den Ressourcen, die das Unternehmen für diese Imagemessen zur Verfügung stellt, wider. Es sei hier nur am Rande erwähnt, daß das Problem der äußerst schwierigen Nutzen- bzw. Erfolgsmessung gerade bei Imagemessen die Budgetierung einer solchen Messe im Haus ähnlich schwierig gestaltet.

4.3 Die strategische Ausrichtung der Messepolitik

Es muß wesentliche Aufgabe der Unternehmensführung sein, die Strategien der Messepolitik an die strategischen Ziele hinsichtlich der Marktpositionierung eines Unternehmens und seiner Produkte anzupassen. Der Zweck einer Messe muß dem Unternehmenszweck entsprechen. Zielgruppenfestlegungen und Strategieentscheidungen über zu bearbeitende Marktsegmente, Internationalisierung, Technologieführerschaft etc. entscheiden maßgeblich über die Strategien in der Messepolitik sowie über die strategischen Entscheidungen über die Präsenz bzw. Nichtpräsenz auf bestimmten Messen (Raffée 1983, S. 78).

Mit der zunehmenden Strategieorientierung des Managements geht auch eine stärkere Strategieorientierung der Messepolitik und auch der Messezielsetzungen einher. Messen sind heute immer mehr Imagemessen, weniger Ordermessen (Neglein 1989, S. 15). Die Ziele der Messepolitik betreffen mehr die Positionierung des Unternehmens und seiner Kernkompetenzen, die Präsentation strategisch bedeutender Produktinnovationen und die Profilierung im direkten Wettbewerbsvergleich.

Die Unternehmenspolitik muß sich hierauf sowohl mit ihren Vorgaben für die Messepolitik als auch der Bereitstellung der nötigen Budgets einstellen. Konsequenz dieser Strategieorientierung der Messepolitik ist nämlich, sich bei der Kosten/Nutzenbetrachtung der Messepolitik von kurzfristigen Wirtschaftlichkeitsüberlegungen zu lösen. Messeaufwendungen sind strategische Investitionen, keine Gegenüberstellung von Order- bzw. Auftragseingang zu Messekosten. Es geht um strategische Positionierung und Profilierung.

4.4 Messen, Agenda Setting und „Lobbying"

Messen sind Konzentrate einer oder mehrerer Branchen. In einem Zeitraum von nur wenigen Tagen präsentiert sich an einem Ort meist der gesamte Wettbewerb; aus den Zielgruppen finden sich Repräsentanten aus den verschiedensten Funktionen der relevanten Buying Centers ein. Die Wirtschafts- und Branchenverbände präsentieren sich und werden z. B. durch Industrieforen oder gemeinsame Messestände zur Thematisierung bedeutender Fragestellungen einer Branche aktiv. Ebenso sind die Führungspersönlichkeiten aus Politik und aus anderen an der Branche interessierten gesellschaftlichen Gruppen bei den großen Messen präsent.

Auch erreicht eine Branche durch Messen eine hohe Präsenz in den Medien. Bei den großen Messen führt dies mittlerweile zu einer immensen Präsenz in der überregionalen und weltweiten Presse. Auch bei den kleineren Messen sollte die Bedeutung des damit möglichen „agenda setting", d. h. der Möglichkeit relevante Themen der Branche in die öffentliche Berichterstattung zu bringen (McCombs/Shaw 1972), nicht unterschätzt werden.

Für die Unternehmensführung ergeben sich diesbezüglich zwei Handlungsalternativen. Zum einen die Mitwirkung bei den Inhalten des agenda setting, zum anderen die Nutzung der Präsenz der wichtigsten Entscheidungsträger aus den Zielgruppen, dem Wettbewerb sowie Politik und Gesellschaft („Lobbying").

Die Frage des „agenda setting" ist gerade bei den großen Messen von hoher Bedeutung. Seien es Probleme der ordnungspolitischen Rahmenbedingungen oder internationale Handelsbedingungen wie derzeit in der Telekommunikation; handelt es sich um Fragen des Umweltschutzes im privaten Individualverkehr oder um den sanften Tourismus in der Touristikbranche: die großen Messen bringen diese Themen auf die Agenda der journalistischen Berichterstattung.

Die Unternehmensführung muß hier entweder direkt oder über die Branchenverbände involviert sein, um die eigenen Zielsetzungen mit den Brancheninteressen abzustimmen und in das Meinungsbild der Öffentlichkeit zu bringen. Sollte eine solche Einflußnahme nicht möglich oder erfolgreich sein, ist eine Beteiligung an diesem Prozeß trotzdem wichtig, um die Entwicklungen im Meinungsbild frühzeitig erkennen zu können und in der Unternehmenspolitik entsprechend reagieren zu können.

Das Zusammentreffen einer immensen Anzahl von hochrangigen Entscheidungsträgern aus allen Beziehungsgruppen des Unternehmens in nur wenigen Tagen ist ebenso ein wichtiger Nutzenaspekt von Messen. Zum einen können die Entscheidungsträger gerade der Politik bezüglich der Entwicklungen und Probleme der Branche informiert und sensibilisiert werden. Zum anderen ist es bei kaum einer anderen Gelegenheit so einfach und effektiv möglich, eine so große Anzahl an Gesprächen mit wichtigen Entscheidungsträgern zu führen, wie auf einer Messe. Und dabei ist der hohe Grad der Sensibilität der Entscheidungsträger für die aktuellen Entwicklungstendenzen und Probleme einer Branche während der Messen bedeutend.

5. Zusammenfassung und Bewertung

Das bisher Gesagte läßt sich zu folgenden Statements zusammenfassen:

- Messen sind – gerade in Investitionsgüterbranchen – Entscheidungsobjekte der Unternehmensführung.
- Messen dienen der strategischen Profilierung durch Darstellung der Kernkompetenzen im direkten Wettbewerbsvergleich.
- Messen sind ganzheitlich zu verstehende und wirkende Kommunikationsobjekte der Corporate Identity.
- Messen müssen als Instrumente des agenda setting und des Lobbying genutzt werden.
- Messen sind strategische Investitionen, die als solche geplant und budgetiert werden müssen.

Es ist festzuhalten, daß Messen in ihrer Bedeutung für die Unternehmenspolitik in der Vergangenheit zugenommen haben und diese Bedeutung in der Zukunft wichtiger wird. Die zukünftige Entwicklung hängt jedoch entscheidend davon ab, wie gut sich die Messepolitik der Unternehmen aber auch die Messegesellschaften selber an die Herausforderungen der Zukunft anpassen werden.

In den Unternehmen sind klarere und mutigere Messestrategien hin zu deutlicheren Profilierungen und Abgrenzungen gefordert. Auch gilt es, den Chancen und Risiken, die durch die neuen elektronischen Medien sowie die Informationsüberlastung im kommunikativen Bereich (Kroeber-Riel 1987) auftreten, kreativ zu begegnen.

Die Messegesellschaften müssen sich verstärkt den neuen Anforderungen an Ausstattung und Infrastruktur der Messeplätze stellen sowie ein noch gezielteres und ebenfalls strategischer orientiertes Marketing für die einzelnen Messen entwickeln.

Literatur

BERGHÄUSER, B.: Messen als Entscheidungsproblem. In: THEXIS, 2/1989, S. 6–9.
BIRKIGT, K., STADLER, M.: Corporate Identity – Grundlagen. In: Birkigt, K., Stadler, M.: Corporate Identity. Grundlagen, Funktionen, Fallbeispiele. Landsberg am Lech, 2. Aufl., 1985, S. 17–62.
DOWLING, G.R.: Managing Your Corporate Image. In: Industrial Marketing Management, 15/1986, S. 109–115.
ERTEL, S., KEMMLER, L., STADLER, M.: Gestaltpsychologie in der modernen Psychologie. Darmstadt 1975.
FUNKE, K.: Messeentscheidungen – Handlungsalternativen und Infomationsbedarf. Frankfurt a.M. 1986.
HAHN, D., TAYLOR, B.: Strategische Unternehmenplanung. Strategische Unternehmensführung. Stand und Entwicklungstendenzen. Heidelberg, 5. Aufl., 1990.
HERMANNS, A.: Marketingaktivitäten eines Produktionsgüterherstellers für Folgemärkte: Überprüfung alternativer Beduftungen für den Relaunch einer im Markt befindlichen Schaumbadmarke. Bericht über ein Studienprojekt Bd.1 Studien- und Arbeitspapiere Marketing an der Hochschule der Bundeswehr München, München 1982.
HÄTTY, H.: Der Markentransfer. Heidelberg 1989.
KÖHLER, R.: Strategisches Marketing: Auf die Entwicklung eines umfassenden Informations-, Planungs- und Organisationssystems kommt es an. In: MARKETING Zeitschrift für Forschung und Praxis, 7/1985, S. 213–216.
KROEBER-RIEL, W.: Informationsbelastung durch Massenmedien und Werbung in Deutschland. In: Die Betriebswirtschaft, 47/1987, S. 257–264.
KROEBER-RIEL, W. : Konsumentenverhalten. München, 3. Auflage 1984.
MANAGER-MAGAZIN (Hrsg.): Imageprofile '88. Das Deutsche Image-Jahrbuch. Düsseldorf 1988.
MC COMBS, M. E., SHAW, D. L. : The Agenda Setting Functin of the Media. In: Public Opinion Quarterly 36/1972, S. 176–187.
MELLEROWICZ, K.: Unternehmenspolitik, Bd.1. Freiburg, 1963.
MERDIAN, M.: Die Tragfähigkeit des Systemansatzes und der typologischen Definitionsform für die Darstellung von IG-Messen unter Berücksichtigung einer sozial-wissenschaftlich verstandenen Kommunikationstheorie, Dissertation, FU Berlin 1983.
NEGLEIN, H.-G.: Stellenwert des Messewesens für die Unternehmensführung. In: Meffert, H., Wagner, H. (Hrsg.): Messemarketing – Bestandsaufnahme und Perspektiven, Dokumentation des 16. Münsteraner Führungsgesprächs vom 13./14. März 1989, Wissenschaftliche Gesellschaft für Marketing und Unternehmensführung e.V., Münster 1989, S. 3–19.
RAFFÉE, H. : Messen als Herausforderung für die Marketing-Theorie. In: DWG Deutsche Werbewissenschaftliche Gesellschaft, Messen als Marketing-Instrument, DWG Jahrestagung 1983, S. 73–96.
SCHNEIDER, D. J. G.: Corporate Culture und Corporate Image als strategische Erfolgsfaktoren. In: Marktforschung & Marktmanagement, 33/1989, S. 103–109.
TOMMSDORFF, V.: Konsumentenverhalten. 1989.
ULRICH, HANS-U.: Management. Bern 1984.

Kapitel 3

Das Marketing der Messegesellschaften

Claus Groth

Determinanten der Veranstaltungspolitik von Messegesellschaften

Einleitung

1. Organisationsform der Messeveranstalter
   1.1 Messeveranstalter mit Gelände
   1.2 Messeveranstalter ohne Gelände

2. Messekonzeption und -struktur
   2.1 Messekonzept
   2.2 Messestruktur
   2.3 Wettbewerbsfaktoren

3. Management und Mitarbeiter
   3.1 Marktziele
   3.2 Organisationsziele
   3.3 Finanzziele

4. Messegelände
   4.1 Kapazität
   4.2 Qualität
   4.3 Kongreßeinrichtungen

5. Standortfaktoren
   5.1 Marktnähe
   5.2 Verkehrsinfrastruktur/Hotelsituation
   5.3 Ambiente

6. Positionssicherung des deutschen Messeplatzes durch Schaffung verbindlicher Qualitätsnormen

Literatur

Einleitung

Veranstaltungspolitik als Bestandteil zielgruppenspezifischer Unternehmenssteuerung orientiert sich am Markt. Da der Markt sich nicht als amorphes Gebilde, sondern theoretisch, formal und praktisch immer als Konglomerat von Teilmärkten darstellt, die wiederum durch Messen repräsentiert werden oder werden sollen, ist die Veranstaltungspolitik einer Messegesellschaft auf zwei generelle Ziele ausgerichtet:

1. Konsolidierung und marktkonforme Entwicklung des Programms im Sinne der Absicherung des vorhandenen Programms (Marktsicherungspolitik)
2. Ausbau des vorhandenen Programms durch Entwicklung und Etablierung von Innovationen (Innovationspolitik).

Der Entscheidungsbereich eines Veranstalters von Messen und Ausstellungen ist der Aktionsraum zwischen dem aus der Marktsicherungs- und Innovationspolitik her abgeleiteten Zielsystem und bestimmter Determinanten, denen die Veranstaltungspolitik unterliegt.

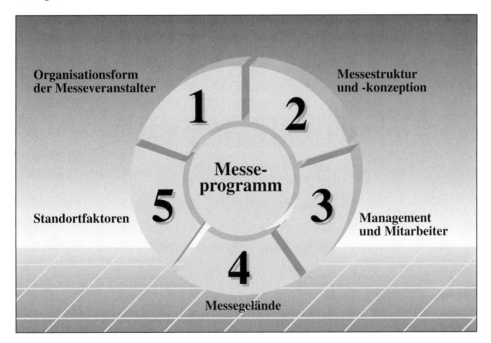

Abbildung 1: Die fünf Determinanten der Veranstaltungspolitik

Im Rahmen der Veranstaltungspolitik, hier definiert als alle auf die Durchsetzung bestimmter Ziele und Zwecke von Messen, Ausstellungen und Kongressen ausgerichtete Entscheidungen der Messeveranstalter, werden im folgenden die Determinanten in ihrer Kausalität zur Veranstaltungspolitik betrachtet. Diese Determinanten gliedern sich in fünf Bereiche:

1. Organisationsform der Messeveranstalter
2. Messestruktur und -konzeption
3. Management und Mitarbeiter
4. Messegelände
5. Standortfaktoren.

Bestimmung und Gewichtung dieser Determinanten sind aber auch immer abhängig von der Unternehmensphilosophie und -konzeption als Leitlinie der Veranstaltungspolitik von Messegesellschaften. Dabei wird die Messegesellschaft als Organisationsform selbst zur Determinante. (Die im weiteren Verlauf benutzten Begriffe Messegesellschaft und Messeveranstalter werden synonym behandelt).

1. Organisationsform der Messeveranstalter

Die dynamische Entwicklung des Messewesens hat nicht nur eine Reihe unterschiedlicher Typen von Messen und Ausstellungen gebracht, sondern als Ergebnis unterschiedlicher Marktentwicklungen und Unternehmensphilosophien auch unterschiedliche Organisationsformen von Messegesellschaften entstehen lassen. Dabei sind in der Typologie der

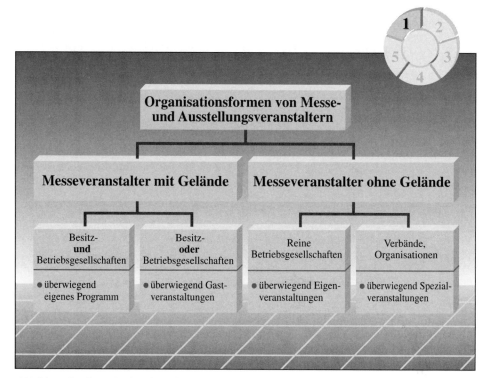

Abbildung 2: Organisationsform der Messeveranstalter

Organisationsformen von Messe- und Ausstellungsveranstaltern als Determinante der Veranstaltungspolitik zwei generelle Systeme zu erkennen, die sich wiederum in jeweils zwei Varianten untergliedern.

1.1 Messeveranstalter mit Gelände

1.1.1 Messeveranstalter als Besitz- und Betriebsgesellschaft

Dies sind Messeveranstalter mit eigenem Gelände und überwiegend eigenem Programm, die ganz oder teilweise im kommunalen und/oder landeseigenen Besitz sind und als Besitz- *und* Betriebsgesellschaft auftreten. Diese Struktur entspricht dem Typus der großen deutschen Messegesellschaften. Bezogen auf die vom AUMA-Ausstellungs- und Messe-Ausschuß der Deutschen Wirtschaft e V, Köln, veröffentlichten überregionalen Messen des Messeplatzes Deutschland decken die sechs Großmesseplätze Hannover, Frankfurt, Köln, Düsseldorf, München und Berlin ca. 80–90 % des Marktbedarfs ab.

1.1.2 Messeveranstalter als Besitz- oder Betriebsgesellschaft

Hier handelt es sich um Messeveranstalter mit eigenem Gelände, die als Besitz- *oder* Betriebsgesellschaft überwiegend privaten Messegesellschaften reine Betriebsrechte für Gast- oder Fremdveranstaltungen erteilen. Diese Struktur herrscht in Frankreich, Italien und England vor. Stellvertretend hierfür stehen u. a. die Messeplätze Paris, Mailand und Birmingham.

1.2 Messeveranstalter ohne Gelände

1.2.1 Reine Betriebsgesellschaften

Diese Definition erfaßt die privaten Messeveranstalter (-betreiber), die an einem oder mehreren Messeplätzen national und international tätig sind. Diese Messeveranstalter treten einerseits mit eigenständigen, monostrukturierten Spezialveranstaltungen auf. Andererseits gilt diese Organisationsform für Messeveranstalter mit eigenständigem, polystrukturierten Veranstaltungsprogramm, das sowohl eigeninitiierte wie auch durch den Aufkauf kleinerer Veranstaltungsgesellschaften erworbene Messeveranstaltungen beinhaltet.

1.2.2 Verbände, Organisationen und sonstige Messeveranstalter

Als weitere Organisationsform gelten Verbände bzw. Organisationen, die Messen – vorwiegend an einem Standort – für ihre Branche oder Verbandsmitglieder als Gastveranstaltung (aus Sicht der Messegesellschaft) durchführen. Hierbei handelt es sich in erster Linie um Branchen, die über eine langjährige, eigenständige Messetradition verfügen.

Beispielhaft für verbandseigene Messeorganisationen, die für ihre Verbandsmitglieder Veranstaltungen an einem oder mehreren festen Messe-Standorten ausrichten, stehen:

- Deutsche Gesellschaft für Chemische Apparaturen, Chemische Technik und Biotechnik (DECHEMA), mit ihrer Ausstellung ACHEMA (Internationales Treffen für Chemische Technik und Biotechnik)
- Verband der Automobilindustrie e. V. (VDA) mit der IAA (Internationale Automobil-Ausstellung)
- Gesellschaft für Handwerksausstellungen und -messen (GHM) mit der Messe IHM (Internationale Handwerks-Messe)
- Verein Deutscher Werkzeugmaschinenfabriken (VDW) mit der Messe EMO (Weltausstellung der Metallbearbeitung), die an drei festen Standorten im zeitlichen Wechsel ausgerichtet wird.

Darüber hinaus existieren noch Mischformen von Messeveranstaltern, die in der Praxis überwiegen. Hierbei handelt es sich in erster Linie um im Auslandsbereich tätige Tochtergesellschaften bzw. Abteilungen großer deutscher Messegesellschaften, die als Eigenveranstalter bzw. Durchführungsgesellschaft für Fremdveranstalter ohne eigenes Gelände qualifizierte Messeveranstaltungen durchführen.

Diese Differenzierung der Veranstaltungsformen impliziert unterschiedliche Einflüsse der Determinanten auf die Veranstaltungspolitik. So wird die Veranstaltungspolitik der Verbände primär durch ihre Verbandspolitik bestimmt, während in der Zielhierarchie privater Veranstalter die Gewinnorientierung und/oder Rentabilität Priorität besitzt.

2. Messekonzeption und -struktur

Das Unternehmenskonzept von Messeveranstaltern in der Bundesrepublik, deren Gesellschafter sowohl Städte als auch Bundesländer sind, geht von einem komplexen Zielsystem aus. Im Gegensatz zu privaten Messeveranstaltern und Verbänden bzw. Organisationen stehen bei den großen deutschen Messeveranstaltern nicht nur betriebswirtschaftliche, sondern auch gesellschafts- und regionalpolitische Grundsätze im Mittelpunkt des Handelns. Auch sozio-ökonomische und strukturpolitische Aspekte sind unter dem Gesichtspunkt der Geländeauslastung Bestandteile des unternehmerischen Denkens und Handelns.

Aufgrund der weltweiten Führungsposition der großen deutschen Messeplätze mit ihren international ausgerichteten Veranstaltungen geht die folgende Darstellung von der Veranstaltungspolitik dieser Messegesellschaften (mit eigenem Gelände) aus, deren Anteilseigner mehrheitlich die jeweilige Kommune und/oder das jeweilige Bundesland sind.

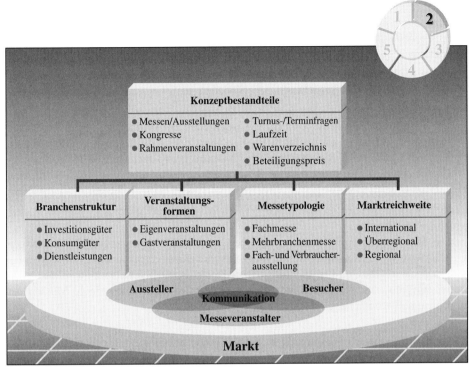

Abbildung 3: Messekonzeption und -struktur

2.1 Messekonzept

Messen mit optimalem Konzept repräsentieren Märkte durch die Darstellung eines möglichst umfassenden Angebotes. Die Nachfrageseite reagiert je nach Stellenwert und Akzeptanz der Veranstaltung im Messemarkt mit der Präsenz hochkarätiger Besucherbeteiligung (AUMA, 1991, Seite 63). Messekonzeptionen müssen sich im Schnittpunkt der drei Marktpartner Aussteller, Besucher und Messegesellschaft bewähren. Diese Wirkung entscheidet über die Marktqualität einer Messe.

Eine Messekonzeption setzt sich aus verschiedenen Konzeptbestandteilen und Konzeptdetails zusammen. In einem ersten Schritt müssen die grundsätzlichen marktabhängigen Elemente, die Konzeptbestandteile, in einzelner oder Kombinationsform festgelegt werden. Dazu zählen:

– *Messen/Ausstellungen*
  (Erfassung der quantitativen und qualitativen Struktur der ausstellenden Branche)
– *Kongreß, Seminare, Workshops*
  (Abhängig von der Komplexität des Problems und des Informationsbedürfnisses der jeweiligen Branche)

- *Rahmenveranstaltungen*
(Kommunikationssichernde Veranstaltungen für Aussteller und Besucher wie z. B. Ausstellerseminare, Vertretertagungen, Pressekonferenzen, gesellschaftliche Veranstaltungen etc.).

Nach der Definition der grundsätzlichen Konzeptbestandteile werden mit den Messepartnern auf Aussteller- und Besucherseite die Konzeptdetails abgestimmt. Dazu zählen:

- *Messeturnus:*
Der Turnus von Messen unterliegt im wesentlichen zwei Faktoren: Dem Innovationsrhythmus der Branche und des Marktes sowie dem Orderrhythmus der jeweiligen Abnehmerseite. Große Investitionsgütermessen finden aufgrund der technisch bedingten langfristigen Innovationsrhythmen in der Regel alle drei bis fünf Jahre statt, während Messen z. B. im Bereich Mode wegen des Orderrhythmusses im Handel bzw. der sich verändernden Modetrends zweimal oder sogar noch häufiger im Jahr ausgerichtet werden.

- *Messetermin:*
Die Messeterminierung unterliegt generell der Wettbewerbssituation des jeweiligen Marktes und der Messeveranstalter untereinander (Konkurrenzveranstaltungen).
Einer marktbedingten Terminierung unterliegen z. B. die bereits erwähnten Modemessen aufgrund der Nachfrage auf Seiten des Handels, aber auch einige Messen der Konsumgüterbranche.

- *Laufzeit:*
Die Laufzeit einer Veranstaltung ist abhängig von Informationsangebot und Informationsbedarf. Das weltweite Angebot einer Investitionsgütermesse erfordert eine längere Laufzeit. Mit Blick auf den Informationsbedarf der Besucherzielgruppe einer Verbraucher- oder Freizeitmesse müssen auch Wochenenden in die Laufzeit-Überlegungen einbezogen werden, beispielsweise der arbeitsfreie Samstag, der dem Handwerker den Besuch seiner speziellen Fachmesse ermöglicht. Eine Orderfachmesse der Modebranche (Zielgruppe Facheinkäufer) umfaßt durchschnittlich zwei bis vier Tage, während sich bei Fachmessen des Investitionsgüterbereiches (Zielgruppe Fachpublikum der jeweiligen Branche) eine durchschnittliche Laufzeit von fünf Tagen, mit Spitzen bis zu 14 Tagen, durchgesetzt hat.

- *Warenverzeichnis:*
Die Nomenklatur des Warenangebotes ist abhängig von der Konzeption. Sie bedarf einer permanenten Überarbeitung, orientiert an den Anforderungen des Marktes. Der Anspruch an die Nomenklatur resultiert aus der Repräsentativität des Angebotes.

- *Beteiligungspreis:*
Der Beteiligungspreis für eine Messe, d. h. der Preis, den die Ausstellerseite in Form von Flächenmiete und Leistungen des Veranstalters, die Besucherseite in Form von Eintrittsgeld an den Messeveranstalter zu leisten hat, berücksichtigt primär drei Faktoren: betriebswirtschaftliche Kosten des Hallenbetreibers, die Marktsituation sowie das Leistungsangebot des Veranstalters (z. B. weltweite Besucher- und Ausstellerakquisition). Die Preispolitik richtet sich nach dem Marktverhalten und den Zielen des Veranstalters.

Die Konzeptbestandteile zusammen mit den aufgeführten Details ergeben in ihrer Summierung die Messestruktur eines Messeplatzes.

2.2 Messestruktur

Messestruktur und -konzeption sind mitentscheidend für die Qualität von Veranstaltungen. Die Determinante wird somit zum Qualitätsmaßstab der Veranstaltungspolitik. Die Programmstruktur und damit die Marktqualität setzt sich aus vier Faktoren zusammen und prägt somit das Gesamtbild eines Messeplatzes:

– Branchenstruktur
– Veranstaltungsform
– Messetypologie
– Marktreichweite.

2.2.1 Branchenstruktur

Alle großen deutschen Messegesellschaften haben gewisse Schwerpunkte in der Branchenstruktur ihrer Messeveranstaltungen gebildet. Düsseldorf und Hannover haben eindeutig Präferenzen im Bereich Investitionsgüter, während sie in Köln und Frankfurt im Bereich Konsumgüter liegen. Diese Bildung von Schwerpunkten resultiert zum einen aus der Tradition eines Messeplatzes, zum anderen aus der Qualität und Quantität des vorhandenen Messegeländes (Fläche, Hallenqualität, umgebende Infrastruktur etc.). Ein weiterer wesentlicher Umstand ist die Nähe zum Markt, bestimmt von den Faktoren Kaufkraft, Bevölkerungsdichte (Verbraucher) und Einzugsgebiet.

2.2.2 Veranstaltungsformen

Der Begriff Veranstaltungsformen definiert sich aus der unterschiedlichen Sicht der jeweiligen Messeveranstalter (s. Pkt. 1; Organisationsform der Messeveranstalter). An dieser Stelle erfolgt die Definition der Veranstaltungsformen aus Sicht der großen deutschen Messeveranstalter, die in Abb. 2 als Besitz- *und* Betriebsgesellschaften ausgewiesen werden. Unter dem Gesichtspunkt der Gewährleistung eines hohen Qualitätsstandards von Messen ist das Bestreben von Messeveranstaltern mit eigenem Gelände zu verstehen, ihr Programm durch Ausrichtung von Eigenveranstaltungen weitgehend selbst zu verantworten und zu realisieren. Das schließt die Akzeptanz von Gastveranstaltungen nicht ganz aus, die zu einem Bestandteil der Veranstaltungspolitik einer Messegesellschaft werden können. Die Politik in Richtung Gastveranstaltungen ist jedoch mit Risiken behaftet. Dazu gehören:

– die Einengung preis- und konditionenpolitischer Spielräume (Sortiments-/Umsatzrisiko);
– die Identifizierung von Mißerfolgen und mangelhafter Qualifikation der Betreiber von Gastveranstaltungen mit der jeweiligen Messegesellschaft (Image- und Qualitätsrisiko).

Dabei ist der Erfolg dieser Determinante von einer Vielzahl von Einflußfaktoren abhängig. Private Messeveranstalter ohne Gelände, die aus Sicht der Besitz- *und* Betriebsgesellschaften in der Mehrzahl als Gastveranstalter mit ihren Eigenveranstaltungen auftreten, können flexibler auf unterschiedliche Marktveränderungen reagieren. Sie unterliegen nicht den Einschränkungen aus den Faktoren Standortpolitik, Hallenauslastung und der damit einhergehenden Programmpolitik. Auch Verbände und Organisationen (im Sinne der Definition aus Pkt. 1.2.2) können relativ unabhängig von den o. g. Faktoren agieren.

2.2.3 Messetypologie

– Fachmesse

Die Effizienz des Fachmessekonzeptes wurde in Deutschland frühzeitig erkannt und ständig weiterentwickelt. Die weitaus größte Zahl der Leitmessen, d. h. die führende Messe einer Branche, findet in Deutschland statt. Bis Ende der 70er Jahre waren Fachmessen konzeptionell angebotsorientiert. Danach setzte sich als Reaktion auf die Wandlung vom Verkäufer- zum Käufermarkt die absatzorientierte Konzeptionsausrichtung durch. „Die Weiterentwicklung der Fachmessekonzeption berücksichtigte vor allem folgende Komponenten, die zu ihrer stabilen und führenden Erfolgsposition beigetragen haben:

— die Beschleunigung der technologischen Entwicklung und die starke Ausweitung des Produktangebotes im Konsumgüter- und Investitionsgütersektor
— die Verkürzung der Innovationszyklen auf der Anbieterseite und die Anpassung der Investitionen auf der Abnehmerseite
— die zunehmende Komplexität der Problemstellungen und Problemlösungen im Investitionsgüterbereich und
— die Zunahme der Bedeutung des Dienstleistungsbereiches.

Die aktuellen Fachmessekonzepte verfolgen die genannten Zielrichtungen mit Veranstaltungsformen, die sich in der Bandbreite

— zwischen Mehrbranchenmesse mit der Berücksichtigung der unterschiedlichen Absatzwege bzw. Anwender- und/oder Abnehmerkonstellationen
und
— der Fachmesse mit Konzentration auf eine Anwender- und Abnehmergruppe bewegen." (AUMA, 1991, Seiten 38/39)

– Mehrbranchenmesse

Die traditionelle Mehrbranchenmesse hat im Zuge der Entwicklung zu Fachmessen an Marktbedeutung verloren. Die Mehrbranchenmesse ist als Treffpunkt und Imageträger zwar bedeutend. Die Praxis hat aber gezeigt, daß die Effizienz einer Fachmesse wesentlich größer ist. Leipzig, das innerhalb der früheren Planwirtschaft aus politischen Gründen zweimal jährlich Mehrbranchenmessen veranstaltete, strukturiert um und setzt auf Fachmessen.

– Verbraucherausstellungen

Bei den Verbraucherausstellungen spricht man von abnehmerorientierten Veranstaltungen. Die Konzeption orientiert sich zunächst an den Bedingungen des regionalen Marktes, wie

Bevölkerungsdichte, Kaufkraft etc. Diese Verbraucherausstellungen sind nicht zu verwechseln mit den Konsumgütermessen, die von ihrem Charakter her reine Fachmessen sind, auch wenn sie an einem oder einzelnen Tagen für das allgemeine Publikum zugänglich sind (z. B. Internationale Möbelmesse in Köln). Diese Einrichtung dient in erster Linie dem Akzeptanztest der vorgestellten neuen Produktlinie durch den Konsumenten. Desweiteren gibt es eine Vielzahl von privaten Veranstaltern, die Verbraucherausstellungen in Zelthallen oder an sonstigen Standorten z. B. Stadthallen, Mehrzweckhallen ausrichten.

2.2.4 Marktreichweite

Messeveranstaltungen erlangen ihre Bedeutung als Marktplatz aus der Zusammenführung von Angebot und Nachfrage. Dabei kommt ein umfassendes weltweites (globales) oder abgegrenztes geografisches (überregionales, regionales) Einzugsgebiet für Anbieter und Abnehmer in Frage. Jede Messe ist daher Teil eines Marktsystems. Die zur Erzielung einer umfassenden Marktreichweite notwendigen Veranstaltungskonzeptionen bemühen sich um eine repräsentative geografische Abdeckung des Aussteller- und Fachbesucherpotentials, also um eine Akzeptanz der Messekonzeption.

– *International*

Messen mit internationaler Marktreichweite lassen sich auf Basis folgender Kriterien definieren:

– Messen mit globalem Anspruch, wo sich Angebot und Nachfrage aus der ganzen Welt treffen
– Messen mit Erdteil-Anspruch, d. h. mit bestimmter geografischer Gewichtung auf z. B. Europa, Nordamerika oder Süd-Ost-Asien.

– *Überregional*

Der AUMA definiert den Begriff *Überregional* folgendermaßen: „Inlandsmessen und -ausstellungen, die auf der Ausstellerseite ein repräsentatives Angebot eines oder mehrerer Wirtschaftszweige zeigen und deren Einzugsgebiet auf der Besucherseite über die jeweilige Region deutlich hinausgehen". (AUMA-Handbuch Messeplatz Deutschland). Ein Beispiel für Messen mit überregionalem Anspruch ist: didacta – Internationale Bildungsmesse.

– *Regional*

Die Definition des AUMA für den Begriff *Regional* lautet: „Veranstaltungen mit überwiegend regionalem Einzugsgebiet auf der Besucherseite, die von den zum Mitgliederkreis des AUMA gehörenden Veranstaltern durchgeführt werden". (AUMA-Handbuch Regionale Ausstellungen). Das können kleinere Fach-/Verbraucherausstellungen an festen Messeplätzen, aber auch in Zelthallen sein.

2.3 Wettbewerbsfaktoren

Die entscheidenden Faktoren einer erfolgreichen Positionierung des Messeprogramms einer Messegesellschaft im internationalen Wettbewerb liegen in der stetigen quantitativen, vor allem aber qualitativen Verbesserung der Infrastruktur des Geländes und des Standortes zum einen und der Servicefunktionen für Aussteller und Besucher zum anderen. Die Bewährung eines Messekonzeptes ist entscheidend für die Marktqualität einer Messe. Die Wettbewerbsfaktoren umfassen folgende Kriterien:

2.3.1 Internationalität

Bei Messen mit internationalem, überregionalem und – mit Einschränkungen – auch regionalem Anspruch wird die Qualität primär an der Internationalität gemessen. Für den Begriff „Internationale Messe" gibt es allerdings bislang keine einheitliche Definition. Bisher bekannt sind folgende Bewertungsmerkmale, die auf der Basis der Ergebnisse internationaler Fachmessen in Deutschland aber eindeutig zu niedrig angesetzt sind:

– UFI *(Union des Foires Internationales)*
  – mindestens 20 % ausländische Aussteller
  oder
  – mindestens 20 % ausländische Gesamtnettofläche
  oder
  – 4 % ausländische Besucher
– FKM *(Gesellschaft zur freiwilligen Kontrolle von Messe- und Ausstellungszahlen)*
  – 10 % Auslandsanteil auf der Ausstellerseite

Hinzu kommt die fast einseitige Ausrichtung auf die Internationalität der Ausstellerschaft und damit des Warenangebotes, was problematisch und deshalb nicht sinnvoll ist. Um Messen mit weltweitem Maßstab vergleichbar machen zu können, sollte auch die zu ermittelnde Internationalität der Besucherseite als zentraler Bestimmungsfaktor der Marktqualität berücksichtigt werden. Aufgrund der Strukturen und der Erfahrungen eines internationalen Messeplatzes müßte das „Qualitätssiegel" für eine internationale Messe folgende Kriterien umfassen:

– mindestens 20 % ausländische Aussteller
und
– mindestens 20 % ausländische Besucher
und
– mindestens 20 % ausländische Gesamtnettofläche

2.3.2 Ausstellerqualität

Da die Internationalität als quantitative Größe zur Definition der Ausstellerqualität nicht ausreicht, gilt es, weitere qualitative Faktoren zu suchen, die die Repräsentativität der Ausstellerseite definieren. Dazu gehört im wesentlichen:

- die Beteiligung der „Marktführer" des dargestellten Messemarktes sowie der jeweiligen Marktsegmente.
- Beteiligung der wichtigsten Wettbewerber aus den Teilmärkten der jeweiligen Messeveranstaltung.
- Die Präsenz von Ausstellern möglichst vieler Länder in bezug auf die jeweilige Marktreichweite einer Messe.

2.3.3 Besucherqualität

In Nachfragemärkten, die die Marktwirtschaften heute prägen, wird dem Messebesucher besondere Aufmerksamkeit zuteil. Dies gilt um so mehr in Zeiten konjunktureller Stagnation oder sogar Rezession. Die Besucherqualität wird damit im Vergleich zur Quantität zum primären Erfolgsfaktor. Darauf können sich Messen einstellen, indem sie qualitative Verbesserungen im Service- und im infrastrukturellen Bereich vornehmen. Dazu gehört zum einen die architektonische Gestaltung der Hallen (s. auch Pkt. 4.1 sowie Pkt. 4.2). Zum anderen müssen sich die Leistungen der Messegesellschaften im Bereich der Servicefunktionen für Fachbesucher noch stärker auf die Hilfestellung bei der Entscheidungsfindung für einen Messebesuch richten.

Die Besucherqualität einer Messe wird bei den hier angesprochenen deutschen Messeveranstaltern mittels Besucherstrukturanalysen ständig untersucht und die Ergebnisse werden dem Aussteller im Dialog transparent gemacht. Auf der Grundlage langjähriger Besucherbefragungen kann unterstellt werden, daß Besucher, die aus dem Ausland und/oder aus einer größeren Entfernung anreisen, in ihrem Unternehmen zum kaufmännischen oder technischen Management, also zu den Entscheidungsträgern gehören.

Größe und Bedeutung der Messen bestimmen dabei die Art und den Umfang dieser Strukturtests, die in der Regel von unabhängigen Meinungs- oder Marktforschungsinstituten durchgeführt werden. Ihnen liegen Besucherinterviews zugrunde, die einen repräsentativen Querschnitt darstellen.

Die deutschen Messegesellschaften konnten die Validität der Ergebnisse in den vergangenen Jahren deutlich verbessern, z. B. durch Einsatz elektronischer „Interviewer"-Terminals. Die Düsseldorfer Messe hat als erster Messeveranstalter Deutschlands im Jahre 1986 computergestützte Besucher-Befragungs-Systeme eingeführt. Die Erfahrungen mit dem neuen System haben seine außergewöhnlichen Vorteile deutlich gemacht. Die erreichte Reduzierung wesensfremder Einflußvariablen zwischen Interviewer und Befragten sowie die erweiterten Möglichkeiten im Sprachangebot konnten die Transparenz der Ergebnisse deutlich verbessern.

3. Management und Mitarbeiter

Die Veranstaltungspolitik einer global orientierten Messegesellschaft setzt Kenntnisse weltweiter Märkte, angefangen von Entwicklungs- über Schwellen- bis hin zu hochindustrialisierten Märkten voraus. In einem globalen Research und durch weltweite Akquisition sowie den daraus resultierenden Kontakten zu Vertretern unterschiedlicher Zielgruppen wird die dritte der fünf Determinanten zum wichtigen Bestandteil der Veranstaltungspolitik. Die vielfältigen Aspekte des Marketing einer Messegesellschaft erfordern von den Mitarbeitern eine hohe Qualifikation und ein überdurchschnittliches persönliches Engagement. Die Qualität der Kommunikation zwischen Ausstellern und Besuchern setzt eine hohe, über zahlreiche Messen hinwegreichende Service- und Kommunikationskompetenz voraus. Gefragt ist der qualifizierte Generalist, der mit einem hohen Maß an Flexibilität im Zusammenspiel mit der jeweiligen Fachabteilung die Managementhaltung einer Messegesellschaft prägt.

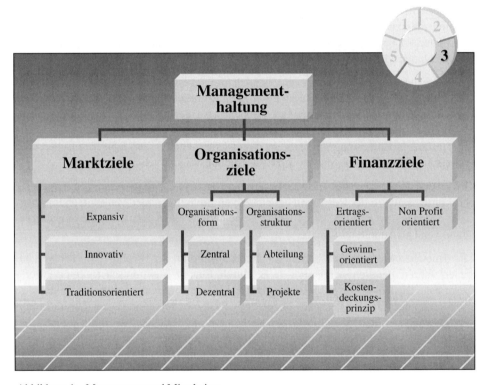

Abbildung 4: Management und Mitarbeiter

Die Veranstaltungspolitik im Rahmen dieser Determinante richtet sich nach folgenden drei Zielfaktoren:

3.1 Marktziele

– Expansive Marktziele

Die Organisationsform einer Messegesellschaft (s. Determinante 1) ist u. a. entscheidend für die Zielsetzung. Eine expansiv orientierte, dies kann eine stark an Gastveranstaltungen oder auch an z. B. Special Interest-Veranstaltungen orientierte Messepolitik sein, wird überwiegend von reinen Betriebsgesellschaften praktiziert.

– Innovative Marktziele

Zukunftsorientierte und den Wettbewerbsvorsprung stärkende Messekonzepte sind Beleg für eine innovative Ausrichtung der Marktziele. Innovative Messepolitik zur Sicherung und zum weiteren Ausbau der Marktqualität steht häufig im Vordergrund von Besitz- *und* Betriebsgesellschaften. Neue Messen müssen einem nachgewiesenen Marktbedarf entsprechen. Die Kenntnisse von Marktentwicklungen, die in einer neuen Messe oder Ausstellung einfließen müssen, verlangen ein eigenes, permanentes Marketing Controlling. Dabei steht die Beschaffung und Analyse der notwendigen Informationen über externe und interne Einflußfaktoren im Mittelpunkt. Die unternehmenseigene und externe Marktforschung erfährt durch die engen Branchenbeziehungen sowie Kontakte zu Ausstellern und Messepartnern die notwendige Rückkoppelung, die Entscheidungen im Bereich des innovationsorientierten Zielsystems des Unternehmens ermöglichen.

– Traditionelle Marktziele

Traditionsorientierte Marktziele verfolgen in der Regel kleinere Messegesellschaften, die auf Wahrung und Bestand der zum Teil jahrzehntealten Messeveranstaltungen in bestimmten Marktsetgmenten Wert legen.

3.2 Organisationsziele

Die Organisationsform im Managementbereich ist bei einem international agierenden Messeveranstalter zumeist nach dem divisionalen Prinzip, d. h. dezentral ausgerichtet. Zielgruppenspezifisch orientiert ist die Form der Querschnittsorganisation im Zusammenspiel der projektorientierten Fachabteilungen am häufigsten zu beobachten. Kundennähe und die Sortimentsvielfalt einer Messegesellschaft spiegeln sich in der Organisationsform wider. Ein zentrales Management findet sich dagegen oft noch bei Verbandsorganisationen, begründet in der monostrukturierten Form von Veranstaltungen für ihre Mitglieder.

3.3 Finanzziele

Eine befriedigende Auslastung des Messegeländes, die sich in der Umschlaghäufigkeit widerspiegelt, hat hinsichtlich der Veranstaltungspolitik einen besonderen Stellenwert.

Große deutsche Messegesellschaften arbeiten als öffentlicher Dienstleistungsbetrieb zwar nicht gewinnorientiert, wohl aber nach dem Prinzip der Ertragsorientierung, zumindest kostendeckend, mit dem Ziel der Gewinnthesaurierung, um die Optimierung der Servicequalität und den Ausbau des Geländes aus eigener Kraft finanzieren zu können. Einer Reihe von Messeunternehmen gelingt es nicht, das Kostendeckungsprinzip zu realisieren. Sie sind aus diesem Grunde auf Subventionen der Eigentümer angewiesen.

Die Liquidität und Rentabilität einer Messegesellschaft ist nur gewährleistet, wenn nicht nur die eigenen Aktivitäten, sondern auch Unterhalts- und Wartungskosten sowie notwendige Investitionen und Abschreibungen aus eigenen Mitteln finanziert werden. Stärker gewinn- und rentabilitätsorientiert dagegen verhalten sich die privaten Messeveranstalter (s. Pkt. 1.1.2 und 1.2.1), während die Verbandsorganisationen in ihren Finanzzielen durch ihre Verbandspolitik bestimmt werden.

4. Messegelände

Kapazität und Qualität des Messegeländes bestimmen als Determinante in mehrfacher Hinsicht die Veranstaltungspolitik im Sinne der Qualifizierung eines Messeplatzes.

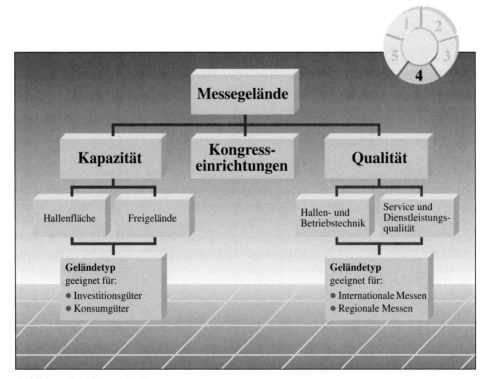

Abbildung 5: Messegelände

4.1 Kapazität

Die Kapazität eines Messegeländes wird von der zur Verfügung stehenden Hallen- und Freigeländefläche bestimmt. Aber auch mehrstöckige Hallen vergrößern die gesamte nutzbare Geländefläche. Ergänzung findet der Begriff auch um die Bereiche Parkplatzflächen, Lagermöglichkeiten für Exponate-Collis und eventuell vorhandene Grünflächen sowie – eingeschränkt – auch für Kongreßräumlichkeiten, da bestimmte Messen Einfluß auf die Kongreßkapazitäten haben. Erweiterungen der Geländekapazität sind zumeist im ursächlichen Zusammenhang mit der Anpassung an die Erfordernisse des Marktes zu sehen. Der flächenerweiternde Aspekt muß allerdings immer im ausgewogenen Verhältnis zum normalen Wachstum stehen.

4.2 Qualität

Die stetige Verbesserung der Messeinfrastruktur ist die notwendige Voraussetzung für eine erfolgreiche Positionierung des Messeplatzes im internationalen Wettbewerb. Die entscheidenden Faktoren für die Wettbewerbssituation werden dabei im qualitativen Bereich erzielt. Multifunktional ausgerichtete Messegelände erhöhen den veranstaltungspolitischen Entscheidungsspielraum bei der Ausrichtung von Messen. Ebenerdige Hallen z. B. erlauben, im Gegensatz zu mehrstöckigen Hallen, die flexible Präsentation großer Exponate des Investitionsgütersektors wie auch die Standpräsentation im Konsumgüterbereich. Auf- und Abbauzeiten werden begünstigt. Die rein technischen Begebenheiten entscheiden also mit, ob der Typus des Geländes schwerpunktmäßig etwa nur für Konsumgüter- oder auch für Investitionsgütermessen ausgelegt ist. Aber auch die Freigeländefläche hat Einfluß auf die Veranstaltungspolitik. So muß beispielsweise bei Bau- und Automobilmessen eine bedarfsadäquate Freigeländekapazität vorhanden sein. Unter qualitätsorientiereten Gesichtspunkten muß auch die architektonische Gestaltung der Hallen betrachtet werden. Als eine Voraussetzung für die Überschaubarkeit und Erfaßbarkeit des Angebotes gilt die Beibehaltung einer Dimension in einem Maßstab, der informationsentlastend wirkt. Voraussetzungen, die den Aufenthalt auf einem Messegelände nicht nur in fachlich kommunikativer Hinsicht zum Erlebnis werden lassen.

Ein hoher Qualitätsstandard des Messegeländes ist in der heutigen Zeit Voraussetzung für die Veranstaltung internationaler Messen. Unter dem Aspekt der Marktsicherungspolitik gewährleistet dieser Anspruch einen hohen Auslastungsgrad. Bedarfsgerechte Hallen- und Betriebstechnik im Bereich der Ausstattung, Versorgungsmöglichkeiten, Klimatisierung, Besuchertransportsysteme müssen Weltstandard prägen. Ebenso messen lassen muß sich der Bereich der Service- und Dienstleistungseinrichtungen in Form einer vielseitigen Gastronomie, des Angebotes an Kommunikationstechnik, Techno-Services und Sonstigem, wie Service-Center für z. B. Banking, Reinigung oder Standausstattungen.

4.3 Kongreßeinrichtungen

Bestimmte Fachmessen (z. B. medizinischer Bereich) benötigen Kongreßeinrichtungen, die bei erklärungsbedürftigen Bereichen oder Produkten im Sinne einer Informations- und Erlebniswertsteigerung zur Effizienz und Qualität einer Messe beitragen. Darüber hinaus dienen diese Einrichtungen auch der Kommunikation der Aussteller- und Besucherseite beispielsweise bei gesellschaftlichen Anlässen (Ausstellerabende), oder dienen den Ausstellern anläßlich von Messen zu Vertretertagungen. Sie ermöglichen eine Vielzahl von Veranstaltungen, die letztlich mit über die Eignung eines Messeplatzes für bestimmte Messen entscheiden, und somit zur wichtigen Determinante der Veranstaltungspolitik werden.

Zwischen den Messelaufzeiten kann die Auslastung der Kongreßräumlichkeiten durch andere Veranstalter, etwa Aktionärs-Hauptversammlungen oder durch Veranstaltungen aus dem Unterhaltungsbereich, erreicht werden.

5. Standortfaktoren

Der Standortfaktor spielt als 5. Determinante eine bedeutende Rolle in der Messepolitik und damit in der Qualitätsbewertung. Die Wirkungen sind wechselseitig. Zum einen bedingen internationale Messeereignisse eine gute Standortqualität. Zum anderen wirken sich Messen auf die Struktur eines Standortes und einer ganzen Region in sozio-ökonomischer und strukturpolitischer Hinsicht aus.

5.1 Marktnähe

Die Wirtschaft vor Ort wird damit zur Determinante der Veranstaltungspolitik. Messegesellschaften, die vorwiegend internationale Veranstaltungen im Programm haben, werden ihre Messemärkte selbstverständlich am Bedarf der Angebots- und Nachfrageseite nicht nur im engeren regionalen Bereich, sondern einem sehr viel weiter gefaßten Wirtschaftsgebiet orientieren. Kapazität, Export-/Importvolumen der Region, Quantität und Branchenstruktur der Unternehmensansiedlungen, aber auch die Beschäftigtenzahl (Verbraucher) und die damit verbundene Kaufkraft vor Ort sind entscheidende Faktoren für den Internationalitätsgrad einer Wirtschaftsregion. Diese internationale Ausrichtung der angesiedelten Wirtschaft prägt auch immer die Internationalität der Aussteller und Besucher und damit auch den jeweiligen Messestandort.

Desweiteren drückt sich das angesprochene hohe Nachfragepotential auf der Abnehmerseite direkt in der Programmstruktur der Messegesellschaften aus. So ist Italien zwar der weltweite Exportführer für Schuhe, die führende Leitmesse der Schuhindustrie, die GDS, wird allerdings in Düsseldorf veranstaltet, da Deutschland und das internationale Einzugsgebiet um Düsseldorf den größten Absatzmarkt in Europa darstellt.

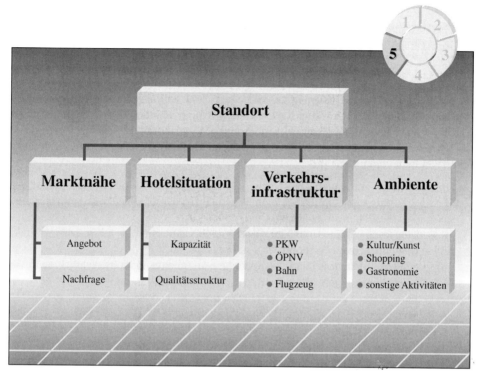

Abbildung 6: Standortfaktoren

5.2 Verkehrsinfrastruktur/Hotelsituation

Weltweite Verbindungen erhöhen den Grad an Internationalität der Aussteller und Besucher. Verkehrsinfrastrukturelle Gegebenheiten und die Hotelsituation sind wichtige Determinanten der Marktqualität aus Sicht der meinungsbildenden Messegäste.

50.000 Aussteller und 5 Millionen Besucher zieht es jährlich allein auf den Messeplatz Nordrhein-Westfalen. Angemessene Anbindungen an die Wirtschaftszentren der Welt sind die Voraussetzung für die Erreichbarkeit der Messeplätze. Die Kriterien für diese Erreichbarkeit faßt der AUMA im folgenden zusammen:

- im europäischen Flugverkehr: ein bis zwei Stunden Flugdauer mit möglichst umsteigefreien Direktverbindungen (= Nonstop) von den europäischen Wirtschaftszentren zum Flughafen des Messeplatzes
- im interkontinentalen Flugverkehr: Nonstopverbindungen oder schnelle Umsteigeverbindungen von den Wirtschaftszentren zum Flughafen des Messeplatzes
- im Eisenbahnverkehr innerhalb Deutschlands IC-Verbindungen zwischen den Wirtschaftszentren und dem Messeplatz
- im überregionalen Individualverkehr: Autobahnanschluß des Messeplatzes mit Zubringern zum Messegelände und/oder Anbindung des Geländes an das Autobahnnetz

- im innerstädtischen oder innerregionalen Verkehr des Messeplatzes: Anbindung durch leistungsfähige öffentliche Personennahverkehrsmittel oder staufreie bzw. staugeminderte Zufahrt zum Messegelände im Individualverkehr
- Qualität des Messezubringerverkehrs von den Flughäfen, Bahnhöfen und Hotels (AUMA, 1991, Seite 42 f.).

Angemessene Hotelkapazitäten in ausreichender Zahl und akzeptablen Kategorien am Messeplatz oder der Region sind für die Unterbringung während der Messelaufzeit von entscheidender Bedeutung für die Bewertung eines Messeplatzes aus Sicht der Messegäste. Neben der ausreichenden Kapazität an Übernachtungsmöglichkeiten sind folgende Faktoren von Bedeutung:

- Preis-Leistungs-Verhältnis: Die Hotels stellen sich preispolitisch auf den Bedarf der Messeveranstaltungen ein. Dabei kann es gerade zu Messelaufzeiten zu teilweise drastischen Preiserhöhungen kommen.
- Messenähe: Preiswürdige Hotelkapazitäten und Privatquartiere im messenahen Umfeld sind gefragt und schnell erschöpft.
- Im regionalen Umfeld bestehende Übernachtungsmöglichkeiten sollten verkehrsgünstig zum Messegelände liegen.

5.3 Ambiente

Das Image eines Messeplatzes und der Messeregion unter wirtschaftlichen, touristischen und kulturellen Aspekten ist eine nicht zu vernachlässigende Größe bei der Bewertung eines Messeplatzes. Nicht zuletzt spielt das Ambiente einer Stadt eine wichtige Rolle. Stadt und Messegesellschaft zusammen können sich auf ihre Messegäste einstellen. Etwa durch Vermittlung eines einheitlichen Bildes in Form von Beflaggung, Plakataushang etc. In messeeigenen Publikationen wird der Messegast auf die besonderen Sehenswürdigkeiten der Stadt aufmerksam gemacht. Die Wirkung eines Messeplatzes auf den Messegast wird auch von der Vielseitigkeit der kulturellen, gastronomischen oder freizeitorientierten Angebote geprägt:

- *Kultur/Kunst:* Theater, Museen oder Opern spiegeln das lebendige Interesse der Einwohner eines Messeplatzes an nicht nur wirtschaftlichen Themen wider.
- *Shopping:* Die Möglichkeiten einer vielschichtigen Einkaufskultur stellen den Messeplatz als Zentrum mit gehobener Kaufkraft dar.
- *Gastronomie:* Internationalität und Variationsreichtum bürgen für ein Angebot, das alle Ansprüche umfaßt.

6. Positionssicherung des deutschen Messeplatzes durch Schaffung verbindlicher Qualitätsnormen

Das Messewesen hat sich seit Anfang der 50er Jahre kontinuierlich entwickelt und dabei unterschiedliche Strukturen in der europäischen und weltweiten Messelandschaft gebildet. Deutschland ist mit weitem Abstand der führende Messeplatz in der Welt. Die behandelten Ausführungen beziehen sich deshalb in erster Linie auf die großen deutschen Messeveranstalter mit ihrem international orientierten Programm. Aufgabe war es, eine ganzheitliche Organisationsstruktur mit ihren systemimmanenten Wirkungen darzustellen. Dabei zeigte die Komplexität des Themas die Problematik, Praxiserfahrungen in einem theoretischen Modell zu erfassen.

Die Ausführung hatte zum Ziel, die Veranstaltungspolitik von Messegesellschaften anhand der fünf Determinanten aufzuzeichnen, mit denen ein Messeveranstalter Marktentwicklungen in effiziente Messekonzepte umsetzt. Das Ergebnis dieses Prozesses ist, daß jede Determinante zu einem Qualitätsfaktor für eine Messe wird und somit der Marktpositionierung dient. Dabei zeigten sich aber auch vorhandene Schwachstellen, die sich vor allem auf die bislang noch nicht geschaffene Definition eines einheitlichen, auf den ersten Blick erkennbaren und meßbaren Qualitätskriteriums beziehen, das in seinen Wirkungen nicht ohne Einfluß auf die künftige Positionierung des deutschen Messeplatzes bleiben wird.

Die Öffnung nach Osten, ebenso die Entwicklung des europäischen Binnenmarktes, und die Entstehung neuer Märkte in Übersee werden eine Flut neuer Messen hervorbringen. Die Gefahren von Fehlinvestitionen in angebots- und nachfrageschwache Veranstaltungen wird damit größer. Diese Schwachstellen müssen im Interesse der Gesamtwirtschaft im Zuge der Erarbeitung eines erkennbaren Qualitätsmaßstabes von Messen und deren Bedeutung beseitigt werden. Der AUMA als Sachwalter aller am Messewesen interessierten Wirtschaftskreise Deutschlands müßte an der Schaffung dieses zentralen Qualitätskriteriums, das die nationale und internationale Transparenz nachhaltig verbessern wird, ebenso interessiert sein. Hinsichtlich anstehender Messeentscheidungen könnten sich Aussteller- und Besucherschaft dieser Qualitätsnorm vorzüglich bedienen. Will Deutschland als führender Messeplatz seine bisherige Position beibehalten, muß die Entwicklung dieses Instrumentes von hier aus erfolgen.

Literatur

AUMA (Hrsg.): Das Messewesen im EG-Binnenmarkt. Die Entwicklung des europäischen Messewesens, insbesondere des Messeplatzes Deutschland, unter den veränderten wirtschaftlichen Rahmenbedingungen des EG-Binnenmarktes. Ergebnisse einer IFO-Untersuchung im Auftrag des AUMA. Köln 1991.

HASELOFF, OTTO: Die Reduktion der Komplexität: Messen heute – Kommunikation, Information, Entscheider. Köln 1980.

DÜSSELDORFER MESSEGESELLSCHAFT MBH – NOWEA –: Zukunft präzise geplant.

LANDESREGIERUNG NRW: Nordrhein-Westfalen – Initiativen für ein Europa der Regionen. Düsseldorf 1991.

Werner Marzin

Produktgestaltung und Produktpflege als Aufgabe von Messegesellschaften

1. Die internationale Messe – ein komplexes Dienstleistungsspektrum

2. Originäre und derivative Aufgaben

3. Messen machen manches Produkt erst möglich
   3.1 Wovon wird eine Produkteinführung angestoßen?
      3.1.1 Die anbieterdominierte Produktentwicklung
      3.1.2 Die nachfrageinduzierte Produktgestaltung
   3.2 Wie können Aussteller die Messe zur Produktpflege nutzen?
      3.2.1 Messe- und Produktwelt zur Deckung bringen
      3.2.2 Fachpublikum formiert einen peniblen Testmarkt

4. Auch das Produkt „Messe" will gestaltet sein
   4.1 Vom messeverdächtigen Thema zur Realisierung
      4.1.1 Der Messemarkt akzeptiert auf Dauer nur bedarfskonforme Veranstaltungen
      4.1.2 Sachkundige Ratgeber suchen und einschalten
   4.2 Bausteine gediegener Produktpflege von Messen

5. Markenartikel mit Zukunft

1. Die internationale Messe – Ein komplexes Dienstleistungsspektrum

Nebulöse Schlagworte mit vagen, unscharfen Begriffsinhalten beherrschen vorwiegend die Szene, wo es in der wissenschaftlichen Literatur oder in Fachzeitschriften darum geht, Aufgaben und Ziele internationaler Messen zu umreißen. Da ist vom „multifunktionellen Marketing-Instrument" oder vom „Kommunikations-Happening Messe" die Rede, da wird die „solitäre Position von Messen im kybernetischen Marketing-Modell" beschworen u. ä. m.

Nun ist es zugegebenermaßen nicht unproblematisch, die hochkomplexe Dienstleistung Messeveranstaltung in Einzelfunktionen aufzusplitten und von Wirkungszusammenhängen abzusehen. Dennoch verspricht ein solches Unterfangen, weit mehr von dem konkreten Nutzen für alle Marktteilnehmer bloßzulegen, als die vorerwähnten schwammigen Etikettierungen. Ein solches praktisches Aufgabenfeld, dem sich Messegesellschaften mit – von Fall zu Fall unterschiedlichem – Erfolg widmen, ist die Entwicklung neuer Produkte, die Pflege und Fortführung etablierter Produkte sowie ein vorgezogener Akzeptanztest von Produktalternativen.

2. Originäre und derivative Aufgaben

Produktentwicklung und Produktpflege sind insoweit originäre Aufgaben von Messegesellschaften, als sie sich auf ihr thematisches wie konzeptionelles Programmangebot, seine Terminierung und Turnusgestaltung sowie seine konkrete Umsetzung und Ausgestaltung am jeweiligen Messeplatz beziehen. Dabei ist ein grundlegender Unterschied zu Anbietern standardisierbarer industrieller Erzeugnisse festzuhalten: Eine international agierende Messegesellschaft verkauft weder klar umrissene Warenkollektionen noch simpel nach Quadratmetern meßbare Ausstellungsflächen noch eine einmalige, eindimensionale Dienstleistung.

Sie hat vielmehr fruchtbare Voraussetzungen zu schaffen für regelmäßig wiederkehrende, möglichst effiziente Marktbegegnungen von Partnern mit höchst unterschiedlichen Interessenlagen und Zielsetzungen. Von jenen hängen auch Zuschnitt und Parameter der vielfältigen Leistungen ab, die der Veranstalter mit der Zusammenführung der Branchen für den einzelnen Marktteilnehmer erbringen kann. Ziel und gemeinsamer Nenner aller dieser Bemühungen ist – bezogen auf Motivationen, Bedürfnisse und Absichten einer möglichst großen Zahl der Akteure – ein wie auch immer gemessener Messeerfolg.

Schlußendlich heißt das: der Anbieter muß sein Produkt – seine Waren, Dienstleistungen, Verfahren oder Systemlösungen – an die Abnehmer herantragen, diese wiederum müssen das für sie richtige Produkt ausfindig machen können. Dieser Prozeß wird immer seltener schon während der Veranstaltung selbst abgeschlossen (der Wandel vom Order- zum Informationsmedium Messe scheint unaufhaltsam). Aber eine Messe, die ihre Funktion wirklich erfüllt, muß diesen Vorgang ermöglichen, erleichtern und beschleunigen.

Nirgendwo sonst als auf führenden Messen wird das Marktumfeld mit allen seinen Chancen und Risiken so konzentriert und systematisch auf den Punkt gebracht, in dem sich die Erzeuger von Gütern zu bewegen haben. Nirgendwo sonst treten reale und potentielle Liefer- und Abnehmerbeziehungen der betrieblichen Produktionssphäre in solcher Vielfalt zu Tage. Nirgendwo sonst gibt es so intensiv genutzte Gelegenheiten zum freimütigen Erfahrungs- und Meinungsaustausch unter Experten, aber auch mit denjenigen, welche für die politischen oder sozio-ökonomischen Rahmenbedingungen und Marktdeterminanten verantwortlich zeichnen. Nirgendwo sonst sind die Antennen für Trends und Produkte von morgen so aufnahmefähig, werden so deutlich Frühwarnsignale für die Notwendigkeit ausgesandt, Produktpaletten neu auszutarieren oder von Grund auf umstrukturieren zu müssen.

Wegen dieser einzigartigen Fähigkeit, die bedarfsorientierte Messen auszeichnet, nämlich die Koppelung und Rückkoppelung an Branchen- und Marktprozesse herzustellen, sie aktiv zu beeinflussen oder zu steuern, spielen sie eine zentrale Rolle für Produktentwicklung und -pflege der Ausstellerschaft. Mit dieser derivativen Funktion der Messegesellschaften für den Prozeß der Schöpfung, Ausreifung und Marktdurchdringung von Produkten der ausstellenden Wirtschaft befassen sich die nachfolgenden Ausführungen. Erst danach wenden sie sich der originären Aufgabe zu – dem Kreieren neuer Messeideen, ihrer Umsetzung im Messemarkt und ihrer weiteren Profilierung zu einem echten Markenartikel.

3. Messen machen manches Produkt erst möglich

Es ist zwar nirgendwo wissenschaftlich erfaßt, welche und wieviele Produkte in ihrer Grundidee und Erstausprägung auf Messen „gezeugt", in vertiefenden Nachmesse-Kontakten „geboren" wurden, ehe sie Marktreife erlangten, mit weiterer Messeunterstützung so lange in diverse Absatzkanäle eingeschleust wurden, bis sie von dort ihren Siegeszug auf Wachstumsmärkten antreten konnten. Die praktische Erfahrung lehrt jedoch, daß der Anteil von Erzeugnissen, die so oder ähnlich mit Hilfe von Messen erfolgreich auf den Weg gebracht wurden, erklecklich sein muß; daß dieser Anteil im Lauf des Reifeprozesses der Industriegesellschaften und des Übergangs zu gesättigten, zu Käufermärkten stetig zugenommen hat; daß er ferner umso höher liegt, je anspruchsvoller, differenzierter, „high-tech-lastiger" das jeweilige Produkt, die jeweilige Problemlösung ist. So mancher Produktlebenszyklus beginnt also in der Wiege einer internationalen Leitmesse, ist insbesondere in der Entwicklungs- und Einführungsphase mit zusätzlichem, vertriebsvorbereitendem Messemarketing korreliert und sucht nicht selten mit erfolgreichen Messebeteiligungen die Wachstums-, Reife- und Sättigungsphase zu verlängern, die Degenerationsphase abzufedern oder den ganzen Zyklus zeitversetzt auf anderen Regionalmärkten zu wiederholen.

3.1 Wovon wird eine Produkteinführung angestoßen?

Obwohl wegen der Interdependenz von Angebot und Nachfrage eine isolierte Betrachtung des Vorgangs der Produkt(er)findung nur von einer der beiden Marktseiten her ein wenig praxisfremd erscheint, ist die gedankliche Zuordnung der Entwicklungsanstöße doch als idealtypische Modellvorstellung hilfreich. Demzufolge ist eine Kategorie von Produktinnovationen vorrangig angebots-, eine zweite vorwiegend nachfrageinduziert.

3.1.1 Die anbieterdominierte Produktentwicklung

Voraussetzung eines jeden systematischen Prozesses zur Findung von vermarktungsfähigen Produkten und stimmigen Produktpaletten ist heute ein effizientes Forschungs- und Entwicklungsmanagement, das auf die jeweiligen Betriebsgrößen abgestellt sein muß. Nur so kann auf Dauer die Wettbewerbsfähigkeit von Unternehmen, aber auch von ganzen Branchen und Volkswirtschaften erhalten bzw. ausgebaut werden.

Neue Ideen, Produktlinien und Problemlösungen werden in unseren Tagen in aller Regel in den Forschungs- und Entwicklungsabteilungen innovationsfreudiger Unternehmen ausgeheckt und bis zur Stufe von Prototypen vorangetrieben, ohne daß dabei Fachmessen in dieses Getriebe direkt eingreifen würden. Man denke dabei etwa an eine neue Flugzeug- oder Autogattung, an denen hochspezialisierte Entwicklungsteams hinter hermetisch verschlossenen Fabriktoren jahrelang arbeiten, ehe die Fachöffentlichkeit das Ergebnis zu Gesicht bekommt. Geburtshilfe leistet das international wirksame Messewesen dabei dennoch an vielen Stellen en detail, etwa bei der Auswahl geeigneter Systemkomponenten und deren qualitativer Spezifizierung.

Die so erzeugte und verstärkte Marktdynamik, die von technologieorientierten Messen von Rang ausgeht, bringt Bauteile und Fertigungsmethoden hervor, die den technischen Fortschritt vorantreiben. Wo solche Börsen des technologischen Wissens fehlen, droht Erstarrung im Konventionellen. Auf eine Kurzformel gebracht: wo Leitmessen den Technologiewettbewerb anheizen, sind Fahrzeuge a la Mercedes oder BMW das Ergebnis – wo man ohne ihn auszukommen glaubte, mußte man sich mit Trabant und Wartburg zufrieden geben.

Die bedeutsamste Rolle für die Produktinnovation spielen Messen jedoch dann, wenn es darum geht, die Durchsetzungskraft neuer Produkte oder Produktalternativen am Markt quasi „unter kontrollierten Laborbedingungen" vorzutesten. Ob auf einer ANALYTICA ein bislang unbekanntes Verfahren zur Verbesserung der Trinkwasserqualität, ob auf einer ISPO die extreme Verschleißfestigkeit eines aus neuen Materialien gefertigten Sportgerätes, ob auf einer BAUMA ein qualitativer Sprung bei Sicherheit oder Bedienungskomfort eines Kranführer-Arbeitsplatzes oder ob auf einer IMEGA eine energiesparende Schnellgefrier-Methode für das Catering vorgestellt wird – eine unerbittlichere Prüfung auf Marktfähigkeit und -reife derartiger Projekte ist kaum vorstellbar als sie in zahllosen Standgesprächen mit Technikern, Kaufleuten und Wissenschaftlern dort – und nur dort – vorgenommen werden kann.

Maßgebliche Beiträge zur Implantierung neuer technologischer Normen und Standards gehen gleichfalls von Leitmessen aus. Marktführende Unternehmen verknüpfen ihre Einführungsstrategie in solchen Fällen mit der jeweiligen „Number-One-Messe" ihrer Branche, weil der damit verbundene Multiplikatoreffekt einen hohen Aufmerksamkeitswert, ein aufgeschlossenes Medienumfeld und Budgetentlastung zugleich verspricht. Nicht von ungefähr tagen auch international besetzte Normenausschüsse regelmäßig im Umfeld von

Weltmessen. Durch den Dschungel dieser Normensetzung Schneisen für interessierte Unternehmen zu schlagen, ist im übrigen auch Anliegen einer verantwortungsbewußten Messegesellschaft: Wie kommt z. B. sonst ein schwedischer Spezialbetrieb an das vollständige Informationspaket, das er benötigt, um bei einer PRODUCTRONICA oder SYSTEC einem japanischen Neukunden Produktionsanlagen zur elektronischen Fertigung anbieten zu können, die den dortigen Sicherheitsbestimmungen voll genügen? Wie muß er eine Konstruktion anlegen, um nichttarifäre Handelshemmnisse unterlaufen zu können? Solche und ähnliche Informationen müssen auf einer Fachmesse von Weltgeltung zugänglich gemacht werden können – nicht zuletzt mit Unterstützung des Veranstalters.

Des weiteren ist es Aufgabe kompetenter Messen, für mittelständische Unternehmen Brücken zu externem Research & Development-Know how zu schlagen, also den kurzen Weg zu anwendungsnahen Forschungsinstituten zu ebnen; jenen muß umgekehrt die Messe Gelegenheit bieten, ihr Leistungsprofil vorzustellen und freie Forschungskapazitäten potentiellen Nutzern anzudienen.

3.1.2 Die nachfrageinduzierte Produktgestaltung

Es entspricht der Marketinglogik saturierter Märkte, wenn betriebliche Entwicklungsteams unmittelbar nach Abschluß einer wichtigen Messe das Standpersonal ihrer Firma und dessen Gesprächsaufzeichnungen zu Rate ziehen, um im gemeinsamen Brainstorming Wege zur Erneuerung der Produktkollektion zu suchen. Aus konstruktiver Kundenkritik und der Auswertung des konzentrierten Wettbewerberfeldes lassen sich so vielfach Anregungen gewinnen und in neues Betriebskapital ummünzen.

Messeveranstalter können mit Innovationswettbewerben ihrerseits neue Produkte und Leistungen stimulieren: dabei müssen die Bedingungen der Preisvergabe daran geknüpft werden, die gezielte Anpassung der Güter an die Verwenderbedürfnisse zu fördern. Das ist beispielsweise der Fall, wenn im Rahmen der Internationalen Handerksmesse München eine neutrale Jury unter Federführung des Bundeswirtschaftsministeriums den „Bundespreis für hervorragende innovatorische Leistungen für das Handwerk" vergibt. Die damit ausgezeichneten Erzeugnisse oder Verfahren müssen dem handwerklichen Anwender explizit helfen, seine Leistungs- und Konkurrenzfähigkeit zu steigern.

Die Ratio solcher messebezogenen Wettbewerbe, deren Ergebnisse meist in einer Sonderschau oder Rahmenveranstaltung der Messe präsentiert werden, liegt nicht in einem materiellen Anreiz; die Auszeichnung soll vielmehr dem Prämierten ein zugkräftiges Werbeargument im Markt verschaffen. Ihre Publizität soll den Vorbildcharakter herausheben. Sie soll Wettbewerber animieren – nicht zur Imitation, sondern dazu, Denk- und Entwicklungsblockaden aufzubrechen und eigene innovative Anstrengungen zu wagen. Daß eine leistungsfähige Messe auch einen Beitrag dazu leistet, die Verwertung betrieblicher Innovationsfrüchte mit gewerblichen Schutzrechten abzusichern, versteht sich. Sind im Kreis der Aussteller Patentämter oder die Patentanwaltskammer vertreten, kann ohne zeitraubende Umwege zielführend vorgegangen werden.

Auch die Veränderungen gesellschaftlicher Wertesysteme, etwa die Einstellung zum Schutz der natürlichen Lebensgrundlagen, die sich auf Messen vorankündigen, senden oft Entwicklungssignale, die nicht unbeachtet bleiben dürfen. Denn „wer zu spät kommt, den bestraft bekanntlich der Markt". Der Umstieg auf weniger umweltbelastende Fertigungstechnologien, das Experimentieren mit neuartigen Methoden der Arbeitsorganisation, die Deckung eines vermuteten oder eben erst zutage getretenen Dienstleistungsbedarfs können kreative Antworten auf Wandlungen gesellschaftlicher Werteskalen sein, die sich über „Meinungsführer-Messen" artikulieren.

Gerade der Leitgedanke Umweltschutz hat sich in der jüngeren Vergangenheit als Motor zukunftsweisender Produktgestaltung bewährt. Die Verschärfung der einschlägigen Gesetzgebung wie auch die rapide gewachsene Bedeutung des Verkaufsarguments „Umweltverträglichkeit" haben den Materialeinsatz, die Konstruktion und die Faktoreffizienz mancher Produkte oder Produktionsverfahren nachgerade revolutioniert. Ob es um den Ausstieg aus der Chlorchemie oder den Einstieg in die Solarenergie geht, ob eine Verpackungs- oder Elektronikschrott-Verordnung umzusetzen ist – kaum etwas mobilisiert den kollektiven Branchensachverstand so sehr wie Leitmessen und die damit verbundene Veranstaltungssoftware von Kongressen oder Symposien.

Zweifellos tun Messegesellschaften gut daran, dem Anliegen Umweltschutz auch weiterhin Foren zu schaffen und es nach Kräften zu befördern – freilich nur im Rahmen der geltenden Rechtsordnung. So wird z. B. eine verantwortungsvolle Geschäftsführung selbstverständlich darauf achten, daß bei Waren aus der Dritten Welt die Bestimmungen des Washingtoner Übereinkommens über den internationalen Handel mit gefährdeten Arten freilebender Tier und Pflanzen strikt eingehalten werden. Andererseits muß sich aber dieselbe Geschäftsführung als vehementer Anwalt eines – in den Grenzen des internationalen Rechts – freien Welthandels verstehen. Solange also beispielsweise der Import von Tropenhölzern nicht verboten ist, darf sie keinen Anbieter solcher Erzeugnisse aus ihrem Gelände verbannen, nur weil dies Umweltschützer-Gruppierungen fordern; das gilt vice versa auch für andere Versuche gesellschaftlicher Pressure-groups, legale Warenströme nach ihren Opportunitäten zu lenken – mögen ihre Motive auch noch so ehrenwert sein.

3.2 Wie können Aussteller die Messe zur Produktpflege nutzen?

Eine ambitionierte Messegesellschaft wird stets danach trachten, in ihren Veranstaltungen ein maßgeschneidertes Umfeld und ein psychologisches Ambiente zu schaffen, das es den ausstellenden Firmen erlaubt, in regelmäßigem Abstand zu überprüfen, ob ihr Erzeugnissortiment den Anforderungen der Kunden wie der Zeit bzw. des Zeitgeistes (noch) entspricht.

3.2.1 *Messe- und Produktwelt zur Deckung bringen*

Dabei ist besonders auf die atmosphärische Deckungsgleichheit von Messe- und Produktwelt zu achten. Soll auf einer INHORGENTA erfolgreich mit Prestigeuhren, Perlen,

Juwelen und Designerschmuck gehandelt werden, so vertrüge sich das schwerlich mit kalten Estrichböden, einem nüchternen Wartesaal-Eindruck oder Cash & Carry-Styling. Die Messe muß vielmehr eine Grundstimmung und Einstimmung bei Ausstellern und Fachbesuchern erzeugen, die zum fundierten Fachgespräch am Stand einlädt. Die Bauvorschriften dürfen deshalb nicht zum Würgegriff werden. Der Aussteller muß noch genügend Spielraum für eine Standarchitektur und -besetzung haben, die die vielbeschworene Unternehmenskultur, die Corporate Identity der Firma förmlich ein- und ausatmet. Dabei ist es selbstverständlich Sache des Ausstellers selbst, für eine unverwechselbare, animierende Standgestaltung, ein stimmiges Erscheinungsbild und kompetentes, freundliches Personal zu sorgen. Überzogener Repräsentationsaufwand oder Kitsch im Stil von „Cinderella-Burgen" lenken oder stoßen Fachbesucher nur ab. Wohlmeinende Beratung ist da vonnöten. Messeprojektleiter sollten hier ihren Erfahrungsschatz in die Waagschale werfen.

3.2.2 Fachpublikum formiert einen peniblen Testmarkt

Das intensive Beraten mit Fachbesuchern, nicht der direkte Draht zum Endverbraucher, bildet künftig mehr denn je einen entscheidenden Testmarkt für die detaillierte Ausgestaltung und Fortentwicklung von Trendprodukten. Der Meinungsaustausch mit Facheinkäufern entscheidet vielfach darüber, welche Designs, Formen und Farben zum Tragen kommen, welche Alternativen ausgeschieden werden. In solchen Erörterungen zeichnet sich meist weit im voraus auch der Zeitpunkt ab, wo mit kosmetischen Änderungen oder optischen Anpassungen nichts mehr auszurichten ist. Der Messefilter informiert ein hellhöriges Management rechtzeitig, wann es an der Zeit ist, funktionale Produktpflege zu betreiben – und womit. Bei einem Gut mag es darum gehen, es ergonomisch oder durch Zusatznutzen aufzuwerten; bei einem anderen, es systemkompatibel, leichter handhabbar oder nach seinem Verschleiß in den Wertstoffkreislauf rückführbar zu machen.

Um den Normierungszwängen der Industriekultur zu entgehen, spielt bei bewährten – einander immer ähnlicher werdenden – Produkten auch das konsequente Streben nach einer unverkennbaren Design-Sprache bei der Weiterentwicklung einer immer größere Rolle. Hierzu Bedarfsträger und kreativen Gestalternachwuchs aus renommierten Ausbildungsstätten zusammenzubringen, ist ein Anliegen, das sich manche große Messegesellschaft mit der Durchführung internationaler Wettbewerbe für Industriedesign oder handwerkliche Formgebung zu eigen macht.

Ein wichtiger Anlaß zur Produktdifferenzierung kann sich ergeben, wenn über Messen neue Abnehmergruppen oder bislang unzugängliche Absatzregionen erschlossen werden. Die marktwirtschaftliche Öffnung in Ost- und Südosteuropa bietet hier guten Anschauungsunterricht: Geht es dort doch oft darum, eine anspruchsvolle Produktpalette auf die noch sehr begrenzten technologischen Möglichkeiten zuzuschneiden, innovative Fertigungsverfahren in desolate Industriekomplexe einzufügen oder viel Kreativität auf realisierbare Finanzierungspläne zu verlegen. Umgekehrt brauchen Aussteller aus diesem so lange abgeschotteten Wirtschaftsraum für ihre Integration in weltwirtschaftliche Lieferbeziehungen leistungsfähige Messeveranstaltungen: zum einen, damit ihr Produktionsniveau nicht noch weiter absackt, zum anderen, um ihre Erzeugnisprogramme zügig an die Maßstäbe des internationalen Wettbewerbs anzupassen.

Die Nutzung des komparativen Kostengefälles – im Hinblick auf Osteuropa wie auch in bezug auf Schwellenländer – schafft Anbietern aus Hochlohnländern Gelegenheit zu einer Produktpflege, die in einer deutlichen Verbesserung des Preis-/Leistungsverhältnisses mündet. Die Gefahren, die in einem solchen Vorgehen liegen, sollten jedoch nicht verkannt werden. Sonst drohen Einbußen am Qualitätsstandard, an Termintreue der Lieferungen oder an Reaktionsgeschwindigkeit in modisch anfälligen Märkten. Um Qualitätsverlusten vorzubeugen und dem weiteren Vordringen der Just-in-time-Systeme den Weg zu bereiten, bemühen sich auch Messeorganisationen seit geraumer Zeit um einen geeigneten Rahmen für den Erfahrungsaustausch in Sachen Qualitätssicherung und Reduktion von Fehlertoleranzen. Denn fraglos wird der Qualitätswettbewerb mehr und mehr zur Schlüsselgröße der Produktpflege innerhalb der Triade der Industrienationen.

4. Auch das Produkt „Messe" will gestaltet sein

Sollen Messegesellschaften ihre originäre Aufgabe zur vollen Zufriedenheit erfüllen können, ihre Produkte – sprich: ihre Messen – führungssicher zu gestalten und fortzuentwickeln, muß ein Kreis von Vorbedingungen personeller wie infrastruktureller Art geschlossen werden. Nur ein namhafter Veranstalter, der sowohl über einen kompetenten wie servicewilligen Personalstamm als auch über ein funktionales Gelände an einem attraktiven, verkehrsgünstig gelegenen Standort mit den nötigen Hotelkapazitäten – umgürtet von einer starken Wirtschafts- und Wissenschaftsregion – verfügen kann, bringt in ein neues Messevorhaben den nötigen Vertrauensvorschuß potentieller Anbieter und Fachbesucher ein. Ein solcher seriöser Veranstalter hat einen guten Ruf zu verteidigen. Er resultiert aus der Summe zahlreicher Messen, die mit nachweisbarem Erfolg einen wohldefinierten Markt zusammen- und zum Interessenausgleich geführt haben. Das Signet einer solchen Messegesellschaft ist dann eben kein beliebiges Warenzeichen, es ist vielmehr ein Gütesignal, das allen Veranstaltungspartnern Solidität und Sicherheit, aber auch Spürsinn und Organisationsgeschick – also beste Voraussetzungen für effektive Marktbegegnungen – verheißt.

4.1 Vom messeverdächtigen Thema zur Realisierung

Im Entscheidungsprozeß über die Marktreife muß ein eventuelles Messethema – soll es nicht zum Flop geraten – viele Filter passieren. Nur intensive Beratungen mit Repräsentanten der anvisierten Angebotsbereiche, die Gewicht haben, und das sorgfältige Eruieren des Informationsbedarfs möglicher Nachfragezielgruppen kann zu einer marktgerechten Konzeption und zum richtigen Timing führen – den Grundvoraussetzungen für weiteres erfolgversprechendes Messemarketing.

4.1.1 Der Messemarkt akzeptiert auf Dauer nur bedarfskonforme Veranstaltungen

Nur durch eine enge Abstimmung mit der Wirtschaft und ihren führenden Branchenvertretern ist ein bedarfskonformes Handeln zu gewährleisten. Hilfreich ist es dabei, wenn die Messenovität an die thematische Nähe zu bestens eingeführten Veranstaltungen anknüpfen kann. Vor der Strategie einer allzu simplen Zellteilung muß jedoch gewarnt werden. Auf die bloße Absicht, Ausstellungskapazitäten besser auslasten oder dem Ehrgeiz einzelner Verbandsfunktionäre folgen zu wollen, lassen sich Messen mit langfristiger Perspektive und Relevanz jedenfalls nicht gründen.

4.1.2 Sachkundige Ratgeber suchen und einschalten

Ist ein Messethema aber einmal als marktreif eingestuft und konzeptionell eingekreist, wird die Konstituierung und regelmäßige Konsultation eines kundigen, von beiden Marktseiten her paritätisch besetzten Fachbeirats für die weitere Absicherung der Messeidee und die konsequente Anpassung an Marktveränderungen sorgen können. Mit dem Entsenden eigener Vertreter in den Fachbeirat signalisieren die angesprochenen Wirtschaftsgruppen ihre Bereitschaft, an der Realisierung einer gemeinsam getragenen Konzeption mitzuwirken und sich an der Veranstaltung aktiv zu beteiligen.

Danach muß sich ein exakt ineinander greifendes Zusammenspiel von Werbeaktivitäten, nationaler und internationaler Presse- und Öffentlichkeitsarbeit sowie weltweiten Akquisitionsmaßnahmen durch die Auslandsvertretungen entfalten. Parallel zu diesen Wellen der Ausstellerwerbung erörtern Veranstalter und Branchenexperten aktuelle wirtschaftliche und technologische Themenkomplexe, die für ein abgestimmtes Rahmenprogramm tauglich sind. Erst ein qualitativ möglichst vollständiges internationales Warenangebot und ein attraktiver Veranstaltungsrahmen lassen dann eine effektvolle Fachbesucheransprache zu.

Abnehmer- und Anwenderzielgruppen sind im internationalen Kontext schwieriger zu definieren als solche im Produktbereich. Hier sollten die Veranstalterbemühungen bereits vorhandene Wege zu potentiellen Fachbesuchern besonders intensiv nutzen – als da sind: globale (Geschäfts-)Kontakte der Ausstellerfirmen, der entsprechenden in- und ausländischen Fachverbände sowie die Bereitschaft einschlägiger Fachpublikationen, ihre Leser über bedeutsame internationale Messen ins Bild zu setzen. Auf einen Nenner gebracht: die gezielte, fundierte Information über zentrale Messeaktivitäten ist eine Bringschuld des Veranstalters. Aussteller wie Besucher müssen sich frühzeitig auf ihre Messeteilnahme vorbereiten und sie in ihre individuellen Zielsetzungen und Planungen einbauen können.

4.2 Bausteine gediegener Produktpflege von Messen

Die Informationspflicht eines Veranstalters erschöpft sich aber nicht mit Ablauf der Messe. Zentrale Marktdaten zuvor, während und nach der Messelaufzeit zu erheben, zu beschaffen, aufzubereiten, dem Fachpublikum und der Öffentlichkeit zugänglich zu machen, gehört zu seinem Pflichtenkatalog; ebenso muß er die Veranstaltungsergebnisse – erhoben durch neutrale Institute und dargestellt nach transparenzsichernden Richtlinien (etwa der FKM) – in nachvollziehbaren Strukturdaten und Zahlentableaus allen Interessenten zugänglich machen.

Kurzatmige Versuche einer Faktenbeschönigung oder -verschleierung rächen sich, Informationswahrheit und -klarheit zahlen sich hingegen auf längere Frist aus.

Ist es im Laufe einiger Auflagen eines Messe-Newcomers gelungen, sein Logo zu einem echten Markenzeichen zu stilisieren, mit dem ein hochwertiges Produktimage verbunden ist, muß eine Messeorganisation das als Herausforderung begreifen. Veränderungen am äußeren Erscheinungsbild dürfen jetzt nur mit größter Zurückhaltung vorgenommen werden. Wer häufig seine Signets oder die optische Umsetzung seiner Messethemen ändert, setzt sich unweigerlich auch dem Verdacht inhaltlich-konzeptioneller Unsicherheit aus. Wiedererkennungseffekte und Werbekonstanten sind ein viel zu schwer zu erringendes Kapital, als daß es leichtfertig aufs Spiel gesetzt werden dürfte. Auch die Bündelung und damit die Wirkungsvervielfachung der Marketingmaßnahmen des Veranstalters, der ideellen Träger und Ausstellergruppen erreicht ihre volle Durchschlagskraft erst, wenn eine Messe in geduldiger Detailarbeit zu einer Marke sui generis ausreifen konnte.

Das wiederum erfordert es, an der werblichen Visualisierung nicht herumzuexperimentieren, stattdessen jedoch in engster Abstimmung mit den beteiligten Zielgruppen den konzeptionellen Feinschliff zu besorgen. Da und dort muß vielleicht die Nomenklatur verändert oder ergänzt, ein noch fehlendes marktrelevantes Unternehmen als Aussteller gewonnen werden; in anderen Fällen sind verbliebene Schwachstellen der Erfassung des Nachfragepotentials auszumerzen. Die Synchronisierung des Messeturnus mit den Innovationsrhythmen der beteiligten Branchen oder die Optimierung eines Veranstaltungstermins im Rahmen der Möglichkeiten des örtlichen Messekalenders mögen als weitere Beispiele genügen.

5. Markenartikel mit Zukunft

Wie jeder andere bedarf auch der „Markenartikel Messe" einer sorgsam-systematischen Produktgestaltung und -pflege. Werden sie von den Messegesellschaften verantwortungsbewußt geleistet, genießt dieser Markenartikel bei seinen „Konsumenten" eine hohe Präferenz. Man schafft so Vertrauen, das ihm gerade unter dem Aspekt der Verdichtung der internationalen Arbeitsteilung auch in Zukunft einen weiter wachsenden Stellenwert im Marketing-Mix sichern wird.

Bodo Böttcher
Herbert Zimmermann

Die Messe als Dienstleister von Wirtschaftsverbänden

1. Aufgabe von Wirtschaftsverbänden

2. Die Bedeutung von Messen und Ausstellungen für Wirtschaftsverbände
    2.1 Die internationale Messe
        2.1.1 Die externe verbandliche Kommunikation auf einer internationalen Messe
        2.1.2 Interne Kommunikation auf einer internationalen Messe
    2.2 Internationale Verbandsmesse
    2.3 Kongreßmessen
    2.4 Auslandsmessen

3. Zusammenfassung

Literatur

Messen sind Marketinginstrumente für die ausstellenden Unternehmen. Während früher die Messe, als Order-Messe, primär absatzfördernde Funktion hatte, ist sie heute bedeutender Teil des umfassenden Marketing-Mix der Unternehmen. Sie werden zunehmend von einem Informations- zu einem kommunikativen Ereignis. Dies gilt vor allem für Investitionsgütermessen, wie z. B. die HANNOVER-MESSE, aber auch für publikumsnahe Gebrauchsgütermessen, wie etwa die Internationale Funkausstellung.

Die Multifunktionalität von Messen ist für die Darstellung des Unternehmens und seiner Produkte, verbunden mit persönlichem Kundenkontakt, ein hervorragendes Kommunikationsmittel. In nur wenigen Tagen kann damit eine hohe Marketingwirkung erzielt werden. Trotz der hohen Kosten von Messebeteiligungen sind in der Regel die Kosten je Kundenkontakt niedriger als bei anderen Kommunikationsformen.

Diese bedeutende kommunikative Wirkung von Messen kann sie auch zu wichtigen Ereignissen für Wirtschaftsverbände werden lassen, und dies um so mehr, je größer die Branchenrepräsentanz ist. Im folgenden sollen die Möglichkeiten von Messen für die Belange von Wirtschaftsverbänden dargestellt werden.

1. Aufgabe von Wirtschaftsverbänden

Aufgabe von Wirtschaftsverbänden ist nach außen die Interessenvertretung ihrer Mitgliedsunternehmen. Verbände vertreten nach außen aber nicht nur die „politischen" Interessen ihrer Branche, sondern fördern auch deren Absatzinteressen. Wichtigste Aufgabe der Verbände nach innen ist die Herstellung optimaler Kommunikationsbedingungen zwischen den Mitgliedern.

Verbände beruhen auf dem Prinzip der freiwilligen Interessenorganisation. Die Meinungsbildung erfolgt intern nach demokratischen Regeln. Basis dafür ist die ehrenamtliche Beteiligung ihrer Mitglieder am Verbandsgeschehen. So kann der Zentralverband Elektrotechnik und Elektronikindustrie (ZVEI) mit seinen rund 1.400 Mitgliedsunternehmen auf die Mitwirkung von über 5.000 Ehrenamtlichen zählen. Er vertritt die wirtschafts- und technologiepolitischen Interessen der deutschen Elektroindustrie. Für die Mitglieder ist er die branchenbezogene Informationsplattform für aktuelle Markt- und Technologiefragen und -tendenzen.

Der ZVEI hält für die Mitgliedsunternehmen ein breitgefächertes Dienstleistungsangebot bereit. Er hat dabei, wie andere Wirtschaftsverbände auch, die Aufgabe, das Marketing seiner Mitgliedsunternehmen zu unterstützen. Im Rahmen der Marketingpolitik nimmt das Messewesen eine herausragende Bedeutung ein. Dies wird offenkundig, wenn man sich vergegenwärtigt, daß die Unternehmen der deutschen Elektroindustrie weit mehr als 100.000 verschiedene Produkte herstellen. Rund 80 Prozent der Produktion sind Investitionsgüter oder Vorprodukte, die praktisch in allen Bereichen der Industrie einschließlich der Elektroindustrie selbst, der Dienstleistungswirtschaft und in der Verwaltung eingesetzt werden. Direkt für den Konsumenten sind, wie z. B. Haushaltsgeräte und Unterhaltungselektronik, knapp ein Fünftel bestimmt. Diese Struktur läßt erkennen, warum die Teilnahme an zahlreichen wie auch unterschiedlichen Messen und Ausstellungen notwendig ist. Andererseits waren schon 1981 Fachmessen (mit 90 Prozent) und Technische Mehrbranchenmessen (mit 60 Prozent) noch vor Fachzeitschriften (mit 87 Prozent) für die Entscheider in der Elektroindustrie besonders wichtige Informationsquellen (ZVEI, S. 3). Dies dürfte auch für andere Industrien (Strothmann 1983, S. 28) und heute noch verstärkt gelten.

Durch den Trend zur anwendungsbezogenen Darstellung komplexer Techniken und die Umstellung vom technischen Produktdenken auf Marketing sowie die Zunahme von Fachmessen haben sich auch die Messebeteiligungen elektrotechnischer Unternehmen erhöht. Mit rund 30 Prozent sind die Ausgaben für Messebeteiligungen der größte Kostenblock in den Werbebudgets der elektrotechnischen Unternehmen. Für den ZVEI bestehen daher umfangreiche Möglichkeiten, Messen mit elektrotechnischer Beteiligung für verbandliche Zwecke zu nutzen.

2. Die Bedeutung von Messen und Ausstellungen für Wirtschaftsverbände

Messen können die drei wesentlichen Funktionen der Verbände (Interessenvertretung nach außen, Förderung der Absatzinteressen der Mitglieder, Information und Interessenausgleich nach innen) in unterschiedlichem Maße unterstützen. In Abhängigkeit vom Veranstaltungstyp hat die Messe unterschiedliche Bedeutung für einen Wirtschaftsverband. Zunächst sollen internationale Messen, deren Veranstalter eine Messegesellschaft ist (Eigenveranstaltungen), beleuchtet werden. Danach folgt die Erläuterung der Besonderheit von Verbandsmessen (Gastveranstaltungen) und schließlich eine Betrachtung von Kongreßmessen und Auslandsmessen.

2.1 Die internationale Messe

Internationale Messen sind gekennzeichnet durch einen hohen Anteil an ausländischen Ausstellern und Besuchern. Dies gilt insbesondere für die Messen in Deutschland, von denen viele in ihren jeweiligen Gebieten die weltweit wichtigste Veranstaltung sind. Die Branche ist vollständig oder nahezu vollständig sowohl national als auch international repräsentiert, wodurch ein zuverlässiger Überblick über technologische Entwicklungen und Wettbewerbsbeobachtung ermöglicht wird. Internationale Messen werden häufig von Kongressen, Symposien und Seminaren begleitet. Die Themen reichen von technischen Fragestellungen für Experten bis zu wirtschaftspolitischen Veranstaltungen, die das Marketing der Messe-Veranstaltung selbst fördern. Rahmenveranstaltungen, wie etwa die Eröffnungsfeier, sind geeignet für Persönlichkeiten aus Wirtschaft und Politik, Kontakte zu pflegen oder neu herzustellen.

Die Beteiligung von Vertretern der Regierung und von prominenten Verbandsvertretern als Eröffnungsredner und an Podiumsveranstaltungen sichert Berichterstattung durch die Medien national wie auch international. Die von einer bedeutenden internationalen Messe erzeugte Aufmerksamkeit der Öffentlichkeit ist somit eine hervorragende Möglichkeit, branchenspezifische Themen und Anliegen zu vermitteln. Diese Wirkung ist auch für verbandliche Kommunikation nutzbar.

2.1.1 Die externe verbandliche Kommunikation auf einer internationalen Messe

Das mediale Interesse an einer internationalen Messe ist geeignet, verbandliche Aussagen an eine Vielzahl von Journalisten und anderen Multiplikatoren zu richten und öffentliche Aufmerksamkeit zu erzeugen. Besonders bieten sich dafür Pressekonferenzen anläßlich einer Messeveranstaltung an. Hier können Aussagen über die wirtschaftliche und technische Entwicklung einer Branche gemacht werden. Allerdings sind viele Verbände dazu übergegangen, ihre Wirtschaftslage in eigenständigen, von einer Messe losgelösten Pressekonferenzen der interessierten Öffentlichkeit mitzuteilen. Wirtschaftspolitische Probleme können auf Messen auch öffentlichkeitswirksam auf Foren abgehandelt werden, die mit hochrangigen Wirtschafts- und Politikvertretern veranstaltet werden.

Bei allen kommunikativen Aktionen eines Wirtschaftsverbandes sollte dieser sich darüber bewußt sein, daß eine Messe ein Marketinginstrument ist, das vor allem den geschäftlichen Interessen der Aussteller und damit der eigenen Mitglieder dient. Verbandliche Veranstaltungen dürfen daher nicht die Besucher von den Ständen und der Information über Produkte und Systeme ablenken. Andernfalls könnte das Verhalten eines Wirtschaftsverbandes zu Kritik aus den eigenen Mitgliedsreihen führen. Dies gilt im übrigen auch für andere, nicht direkt Marketing-relevante Veranstaltungen auf Messen.

Eine internationale Branchenmesse ist außerdem für einen Wirtschaftsverband geeignet, sich selbst und seine Dienstleistungen einer fachlich interessierten Öffentlichkeit vorzustellen. Darüber hinaus kann ein Verbandsstand oder -büro als Kontaktbörse eingesetzt werden. Nicht selten suchen Fachbesucher den ersten Einstieg und Kontaktvermittlung über eine Brancheninformation durch den Verband. Dies betrifft überwiegend ausländische Besucher. Für sie sind auch Möglichkeiten zu Kooperation und anderer Zusammenarbeit mit deutschen Unternehmen von Interesse. Diese Interessenten werden vom Verband gezielt an Aussteller verwiesen und über weitere, nicht auf der Messe vertretene Anbieter informiert. Eine ausgeprägte Form, die Messe durch eine Kontaktbörse zu unterstützen, bietet eine sogenannte Katalogausstellung, d. h. vor allem von nicht ausstellenden Unternehmen Kataloge und Prospekte für Interessierte bereitzulegen. Diese Maßnahme kann insbesondere in Ausnahme- oder Übergangssituationen hilfreich sein; denn oft genug kann bei international renommierten Messen vorhandener Flächenbedarf nicht befriedigt werden, und ausstellungsinteressierte Unternehmen können sich und ihre Produkte mangels Platz nicht präsentieren.

Die zunehmende Komplexität von Produkten und Systemen in der Elektroindustrie sowie in anderen Investitionsgüterindustrien erhöht deren Erklärungsbedürftigkeit. Die Verbandsleistungen, häufig in Informationsschriften, können auf einer Messe für breites Fachpublikum dargestellt und ergänzt werden durch exemplarische Demonstration am System. Dies geschieht oft auf verbandlichen Gemeinschaftsständen mit Unternehmen, die Systeme oder Systemkomponenten anbieten. Damit kann die überragende phasenspezifische Bedeutung der Messen und Ausstellungen als Informationsquelle (Backhaus 1983, S. 61) im vorwettbewerblichen Bereich verstärkt werden. Beispielhaft seien die seit 1979 mit der MICROTRONIC auf der HANNOVER-MESSE veranstalteten Symposien und Präsentationen zur „Innovativen Anwendung der Mikroelektronik" erwähnt.

Eine weitere Dienstleistung für Wirtschaftsverbände kann die internationale Messe leisten, indem sie ein Kontaktforum für Verbandsmitarbeiter aus dem In- und Ausland bildet. Häufig werden ausländische Aussteller- oder Besuchergruppen von ihren nationalen Wirtschaftsverbänden begleitet und betreut, so daß ihre Anwesenheit eine zusätzliche Möglichkeit bietet, Gespräche zu führen und spezifische Branchenprobleme auf internationaler Ebene zu erörtern.

2.1.2 Interne Kommunikation auf einer internationalen Messe

Die hohe Repräsentanz einer Branche auf ihrer internationalen Messe bietet auch intern, d. h. für Verbandsgeschäftsführung und Mitgliedsunternehmen, eine gute Gelegenheit zu ergänzendem Erfahrungs- und Meinungsaustausch. Verbandsmitarbeiter haben Gelegenheit, das Angebot ihrer Mitgliedsunternehmen im Wettbewerb auf einer Messe noch besser kennen- und verstehenzulernen und zu vergleichen. Dies ist eine unabdingbare Voraussetzung, verbandsspezifische Aufgaben optimal zu erfüllen. Mit zunehmender Integration der technischen Systeme wird diese Funktion einer Messe immer wichtiger, nicht nur für den Fachbesucher.

Die umfassende Messepräsenz der Verbandsmitglieder ermöglicht die Abhaltung regulärer Sitzungen während der Veranstaltung und damit besonders zeitnahe Kommunikation über aktuelle Markttendenzen.

Der Verbandsstand auf einer Messe ist geeignet, auch verbandsintern, d. h. gegenüber den Mitgliedern, imagebildende Arbeit zu betreiben. Die Vermittlung der Verbandsdienstleistungen ist insbesondere für solche Mitarbeiter in den Mitgliedsunternehmen von Interesse, die sonst keine ehrenamtliche Tätigkeit in Verbandsgremien wahrnehmen. Ihnen soll vermittelt werden, daß ihr Verband bei zahlreichen geschäftlichen und technischen Fragen und Problemen wertvolle Hilfen, zumeist kostenlos, bereithält.

Schließlich eignen sich internationale Messen auch zur Mitgliederwerbung. Eine effektive Interessenvertretung setzt einen möglichst hohen Organisationsgrad voraus, d. h., die umfassende Mitgliedschaft der Branchenunternehmen. Die Messe kann von der Verbandsgeschäftsführung und von Mitgliedern auch genutzt werden, Noch-Nicht-Mitglieder als Aussteller auf einer Messe von der Sinnhaftigkeit einer Verbandsmitgliedschaft zu überzeugen.

Eng mit der Bedeutung von internationalen Messen als Dienstleister für Wirtschaftsverbände ist auch die Frage verknüpft, wie international bedeutende Messen entstehen. Die

Mehrzahl der in Deutschland veranstalteten internationalen Messen und Ausstellungen werden von Messegesellschaften veranstaltet. In solchen Fällen treten ein oder mehrere Wirtschaftsverbände als sogenannte ideelle Träger in Erscheinung. Gemeinsames Ziel von Messegesellschaft, Ausstellern und ihren Verbandsorganisationen ist, die Messe und die Beteiligung daran zum Erfolg zu machen. Vor allem in der Ansprache ausländischer Aussteller und Besucher agieren Messen und Verbände deshalb vielfach gemeinsam.

Messegesellschaften stehen untereinander im Wettbewerb. In dieser Konkurrenzsituation erfolgreich zu sein, fordert von den Messegesellschaften viel Kreativität. Die betriebswirtschaftliche Notwendigkeit, vorhandene Hallenkapazitäten maximal auszulasten, führt immer wieder zu Überlegungen, vermeintlich neue Messethemen aufzugreifen. Nicht immer ist es so, daß wegen anhaltend wachsenden Nachfrageüberhangs Themen abgespalten und zu erfolgreichen selbständigen Veranstaltungen werden, wie etwa bei der CeBIT Hannover. Die große Bedeutung der Messe als Marketinginstrument für die Elektroindustrie wurde oben bereits dargestellt. Die Forderung, daß Messekonzept und Marketingkonzept der Aussteller sich soweit wie möglich decken müssen, leuchtet daher unmittelbar ein. Das ist ohne engste Kooperation zwischen Messe und Ausstellervertretung nicht zu erreichen. Die Kooperation im Konzeptionellen ist entscheidend für den Erfolg. Expertenwissen aus den Unternehmen ist erforderlich, um die zunehmend komplexen vernetzten innovativen Techniken in einer Ausstellung optimal zu positionieren und erfolgreiche Konzepte für eine wirksame Besucherwerbung und -ansprache zu entwickeln. Auch die dynamische Anpassung einer Veranstaltung an den technischen Fortschritt ist nur mit Hilfe der Expertise zu gewährleisten, die die Verbände für die Aussteller bündeln (Böttcher 1989, S. 43 f.).

Aus praktischer Sicht stand früher die Kooperation in der eigentlichen Messedurchführung im Mittelpunkt. Normal, erprobt und von allen Beteiligten anerkannt ist die Zusammenarbeit der Aussteller und Veranstalter in sogenannten Ausstellerbeiräten. In diesen Gremien ziehen beide Seiten in der Regel am gleichen Strang in dem Bemühen, die betreffende Veranstaltung zu optimieren. Hier geht es nicht primär um große Messepolitik, sondern um ganz konkrete Fragen wie Termine, Öffnungszeiten, Mieten und Eintrittspreise, Besucherwerbung, usw. Das in der Praxis wichtige Thema der Ausstellungsnomenklatur liegt an der Schnittstelle zwischen Konzeption und Messedurchführung. Hier kommt es gelegentlich auch zu Reibungen zwischen Ausstellergruppen oder ihren Verbänden, die allen Beteiligten hohe Kooperationsbereitschaft abfordern.

Bei Messen hat der Aussteller einen höheren Gestaltungseinfluß; auch darin liegt ein höheres werbliches Potential gegenüber anderen Medien. Eine konstruktive Zusammenarbeit von Messe und Verbänden fördert die Identifikation der Aussteller mit der Veranstaltung. Eine hohe Repräsentativität der Branche ist dann die Folge. Die Präsenz des nationalen Wettbewerbs übt schließlich eine Sogwirkung auf ausländische Aussteller aus. Nicht zuletzt die internationale Ausstellerpräsenz führt zu wachsenden Besucherzahlen aus dem Ausland. Diese Art der Partnerschaft zwischen Wirtschaftsverbänden und veranstaltenden Messegesellschaften hat in Deutschland lange Tradition und sich vielfach bewährt. Gemeinsame Aktionen der Messegesellschaften und der Verbände für Aussteller- und Besucherwerbung im In- und Ausland sind deshalb für viele Veranstaltungen die Regel.

2.2 Internationale Verbandsmesse

Ein anderer, in Deutschland weniger häufig anzutreffender Veranstaltungstyp sind die Verbandsmessen (Gastveranstaltungen). Hier sind vor allem zu nennen die Internationale Automobilausstellung (IAA) und die Frankfurter Buchmesse sowie die Internationale Textilmaschinenausstellung (ITMA) und die Europäische Werkzeugmaschinenmesse (EMO). Verbandsmessen werden von einem Wirtschaftsverband veranstaltet, und zur Durchführung wird in der Regel ein geeignetes Messegelände angemietet. Gestaltung und Verantwortung sowie unternehmerisches Risiko liegen ausschließlich in den Händen des veranstaltenden Verbandes. Diese Messen dienen auch der Finanzierung des Verbandes. Der Vorteil liegt auf der Hand: Aussteller, die Mitglied in dem Verband sind, haben einen u. U. bedeutend geringeren Mitgliedsbeitrag zu zahlen. Der Verband erzielt durch Eintrittsgelder der Besucher zum Teil beträchtliche Einnahmen. Die oben beschriebenen Funktionen einer Messe für einen Verband treten bei diesem Veranstaltungstyp noch deutlicher in den Vordergrund, denn der veranstaltende Wirtschaftsverband hat die Möglichkeit, Inhalt, Programmablauf und Kommunikation nach seinen eigenen Wünschen zu gestalten und einen optimalen Nutzen zu erzielen.

Die genannten Verbandsmessen zeichnen sich allesamt dadurch aus, daß sie das internationale Branchenereignis schlechthin sind. Es gibt keine anderen Messen von vergleichbarer Bedeutung, die eine adäquate repräsentative Beteiligung erfordern. In solchen Fällen kann die Verbandsmesse dazu führen, daß die Mitgliedsunternehmen ihre Messebeteiligungen auf ein Ereignis bündeln. Die aus Wettbewerbsgründen erforderliche Beteiligung an zahlreichen, ähnlich gelagerten Veranstaltungen entfällt in solchen Fällen. Hierdurch entsteht ein meßbarer Vorteil für die Mitglieder durch Kostenvermeidung.

Die Verbandsmitglieder haben darüber hinaus Gelegenheit, Standort- und Flächenwünsche wirksamer vorzubringen als Nichtmitglieder. In einem Umfeld wachsenden Wettbewerbs kann dies ein bedeutender Vorteil sein.

2.3 Kongreßmessen

Kongreßmessen sind dadurch gekennzeichnet, daß ein Kongreß durch eine Ausstellung begleitet wird. Zentrales Ereignis einer solchen Veranstaltung ist der Kongreß und nicht die Messe. Häufig treten Verbände als Ausrichter von Kongressen auf; in zunehmendem Maße werden jedoch wissenschaftliche Kongresse von Ausstellungen begleitet. Die Ausstellungen haben in solchen Fällen die Funktion, im Kongreß erläuterte Forschungsergebnisse, Technologien und andere Neuerungen real darzustellen. Die Verbände handeln dann als Bindeglied für den Interessenausgleich von ausstellender (= finanzierender) Industrie und Kongreßveranstalter. Nicht weniger bedeutsam aber ist die Finanzierungsaufgabe der Ausstellung. Hohe Quadratmeterpreise sorgen auch bei kleinen Ausstellungen für ausreichende Einnahmen, um Honorare und Kosten des Kongresses zu decken.

Auch hier gilt, ähnlich wie für eine internationale Messe: je bedeutender der Kongreß, desto größer die Aufmerksamkeit der Fachwelt und damit der kommunikative Effekt auch für den daran beteiligten Verband.

2.4 Auslandsmessen

Die deutsche Wirtschaft ist eine der exportstärksten und beteiligt sich folglich auf zahlreichen Messen im Ausland. Die Verbände von exportorientierten Branchen haben die Aufgabe, ihre Mitgliedsunternehmen über Außenwirtschaftsfragen und Exportmärkte zu informieren. Hierzu bedarf es nicht nur der Lektüre einschlägiger Publikationen, sondern auch der Anwesenheit vor Ort.

Ein günstiger Ausgangspunkt ist der Besuch einer etablierten, bekannten Messe mit internationaler Beteiligung. Eine bedeutende Präsenz der deutschen Exportindustrie ist in der Regel mit einem besonderen Ereignis verbunden (Partnerschaftsausstellung, Technische Woche, Industrieausstellung). In konzertierter Aktion mehrerer Wirtschaftsverbände wird auf Symposien das spezielle Angebot bzw. die Leistungsfähigkeit der exportierenden Industrie an Vertreter des Gastlandes vermittelt. Dies kann wirksam mit hochrangiger deutscher und ausländischer politischer Prominenz unterstützt werden. Solche Veranstaltungen sind in aller Regel Bestandteil des amtlichen Messeprogramms der Bundesrepublik Deutschland, das im Zusammenwirken von Wirtschaftsverbänden und Wirtschaftsministerium sowie anderen bedeutenden Gruppen der Wirtschaft zusammengestellt wird. Das amtliche Auslandsmesseprogramm ist Bestandteil der Exportförderung für die deutsche Wirtschaft. Das Ziel ist, mittelständischen Unternehmen mit geeigneten Maßnahmen Marktzugang zu entfernten und schwer zu bearbeitenden Märkten zu erleichtern. Bei diesen Messebeteiligungen von deutschen Unternehmen ist im allgemeinen auch ein Informationsstand vorhanden, auf dem Kooperationswünsche vermittelt und Herstellernachweise geführt werden. Geschulte Informanten aus den Verbänden sind in der Lage, zu zahlreichen anderen branchenspezifischen Fragen Auskunft zu geben. Jährlich werden über 100 amtliche Messebeteiligungen durchgeführt. Sie sind eine bedeutende Hilfe für die Exportwirtschaft.

In Abhängigkeit vom Umfang der deutschen Beteiligung auf einer ausländischen Messe können Pressekonferenzen durchgeführt werden, um z. B. die Leistungsfähigkeit der von dem Verband vertretenen Industrie umfassend und öffentlichkeitswirksam darzustellen. Eine solche Pressekonferenz wird oftmals unterstützt mit einem eigenen Verbandsstand, auf dem weiterführende Informationen bereitgehalten werden.

Von diesem günstigen Umfeld ausgehend ist es naheliegend, Kontakte zu relevanten Ministerien, Institutionen, wichtigen Abnehmern, Absatzmittlern und ihren Organisationen herzustellen oder zu vertiefen. Auch deutsche Auslandshandelskammern und Wirtschaftsförderungsstellen der Botschaften sind für den Verband als Ansprechstellen bei weiterführenden Marktinformationen in Verbindung mit der Präsentation auf Messen wichtig. Auf der Messe selbst bietet sich eine sehr gute Möglichkeit, Marktbeobachtung zu betreiben und in- und ausländischen Wettbewerb in diesem Exportmarkt zu vergleichen und darüber für die Verbandsmitglieder zu berichten.

Schließlich können Informationsstände auch dazu dienen, den vertretenen Wirtschaftszweig kostengünstig der breiten Öffentlichkeit vorzustellen. Hier können Verbandsschriften ausgelegt und interessiertem Publikum zugänglich gemacht werden. Ohne aufwendige Personalkosten wird auf diese Art eine Branche, mit dem Verband als Ansprechpartner, im Ausland bekannt gemacht.

3. Zusammenfassung

Das Dienstleistungsspektrum von Messen für Wirtschaftsverbände ist beträchtlich. Es reicht von der essentiellen Aufgabe, die Verbandsfinanzierung zu großen Teilen sicherzustellen, bis hin zu Erleichterungen bei der Wahrnehmung von typischen Verbandsaufgaben. Eine der wichtigsten Aufgaben im Verband ist die externe und interne Kommunikation. Sie hat im Umfeld einer international bedeutenden Messe eine hervorragende Plattform. Die Partnerschaft von Messeveranstaltern, Ausstellern und Wirtschaftsverbänden findet hiermit eine weitere Gemeinsamkeit.

Ähnlich sind aber auch die Dienstleistungen einzustufen, die die Verbände für die Messeveranstalter erbringen, indem sie durch ihre Mittlerfunktion dazu beitragen, die Zielsetzung der von ihnen vertretenen Aussteller und der von diesen angebotenen Technologien mit der Zielsetzung der Messeveranstalter möglichst weitgehend zur Deckung zu bringen und dafür bei ihren Mitgliedern als Aussteller sowie öffentlich für Besucher zu werben.

Literatur

BACKHAUS, K.: Der entscheidungs- und verhaltensorientierte Ansatz in der Investitionsgüter-Werbung. In: Rost, D.; Strothmann, K.-H. (Hrsg): Handbuch Werbung für Investitionsgüter. Wiesbaden 1983, S. 41–64.

BÖTTCHER, B.: Kooperation im Messemarketing, in: Meffert, H.; Wagner, H. (Hrsg.): Messemarketing – Bestandsaufnahme und Perspektiven, Dokumentation des 16. Münsteraner Führungsgesprächs (Dokumentationspapier No. 52 der Wissenschaftlichen Gesellschaft für Marketing und Unternehmensführung e. V. Münster 1989.

ROST, D.; STROTHMANN, K.-H. (Hrsg.): Handbuch Werbung für Investitionsgüter. Wiesbaden 1983.

STROTHMANN, K.-H.: Zur gegenwärtigen und künftigen Situation der Investitionsgüter-Werbung. In: Rost, D.; Strothmann, K.-H. (Hrsg.): Handbuch Werbung für Investitionsgüter. Wiesbaden 1983, S. 23–37.

ZENTRALVERBAND DER ELEKTROTECHNISCHEN INDUSTRIE E. V. (ZVEI): Fachzeitschriften-Nutzer-Analyse (FNA). Frankfurt/Main 1981.

Eberhard Roloff

Die Öffentlichkeitsarbeit von Messegesellschaften

1. Messegesellschaften als Kommunikationsunternehmen

2. Die Struktur der Öffentlichkeitsarbeit von Messegesellschaften
    2.1 Aufgabenbereiche der Öffentlichkeitsarbeit
        2.1.1 Funktionen
        2.1.2 Einsatzfelder
    2.2 Positionierung der Öffentlichkeitsarbeit

3. Pressearbeit als zentrales Instrument der Messe-PR
    3.1 Die Ausgangskonstellation
    3.2 Kommunikationsprozeß und Zielgruppen
    3.3 Instrumente und Maßnahmen
    3.4 Die Erfolgskontrolle

4. Das Prozeßphasen-Modell der Messe-PR

Literatur

1. Messegesellschaften als Kommunikationsunternehmen

Messegesellschaften sind Unternehmen besonderer Art, eine Erscheinungsform „sui generis". Zuzurechnen dem tertiären Sektor nehmen sie doch auch im weitgefächerten Spektrum der Dienstleistungsunternehmen eine Alleinstellung ein. Die Besonderheit ihrer Dienstleistung besteht darin, daß Messegesellschaften „Kommunikationschancen für Aussteller und Besucher" bereitstellen (Goehrmann, 1990, S. 1). Die Grundaufgabe eines Messeveranstalters beschreibt Marzin (1990, S. 37) als „die Herstellung optimaler Bedingungen zur höchst effizienten Kommunikation zwischen den Marktteilnehmern".

Messegesellschaften sind Kommunikationsunternehmen. Da das Angebot von Kommunikationsereignissen die Quelle der Wertschöpfung dieser Unternehmen darstellt, liegt es nahe, daß die Gesellschaften selbst in sehr hohem Maße kommunikationsorientiert sein sollten. Idealerweise verfolgen sie eine integrierte Kommunikationspolitik, in der sich der Einsatz sämtlicher Kommunikationsinstrumente ergänzt und die Inhalte aufeinander abgestimmt sind. Diesem Anspruch werden zumindest die großen internationalen Messegesellschaften in der Regel auch gerecht (vgl. Roloff, 1987, S. 179 ff.).

Dieser Eindruck vermittelt sich nicht allein aus der Betrachtung der organisatorisch-formalen Ansiedlung der Koordinationsaufgaben für die Gesamtkommunikation auf Vorstands- bzw. Geschäftsführungsebene. Vielmehr zeichnen sich sämtliche marktgerichteten Funktionsbereiche von Messegesellschaften durch hohe Kommunikationsintensität aus. Damit geht einher, daß die klassische Differenzierung zwischen den verschiedenen Kommunikationsinstrumenten kaum trennscharf möglich ist. Dies gilt insbesondere für das vielfältige Spektrum von PR-Aktivitäten.

Die Aufgaben der Öffentlichkeitsarbeit sind fast auf das gesamte Unternehmen verteilt. Die Zielgruppen der Öffentlichkeitsarbeit, seien es Industrieverbände, politische oder regionale Institutionen, Anteilseigner, Meinungsbildner jeder Art, sind Ansprechpartner nahezu aller Funktionsbereiche einer Messegesellschaft.

Messegesellschaften stehen stärker als die meisten anderen Unternehmen im Blickpunkt der Öffentlichkeit. Abgesehen von der großen Medienpräsenz während der Veranstaltungen und der damit verbundenen nationalen und z. T. internationalen wirtschaftspolitischen Ausstrahlung, neben den hohen Anforderungen an die Kommunikationsintensität mit den Marktpartnern, den Ausstellern und Besuchern, stehen sie auch im Blickpunkt der regionalen und lokalen Öffentlichkeit.

Im breitgefächerten Spektrum der PR-Aufgaben und Maßnahmen nimmt die Pressearbeit eine herausragende Stellung ein. Das gilt nicht allein, aber mehr noch als bei anderen Unternehmen, für Messegesellschaften. Pressearbeit ist das „Herz der Öffentlichkeitsarbeit". Aus diesem Grunde bildet sie auch den zentralen Gegenstand der weiteren Betrachtung.

2. Die Struktur der Öffentlichkeitsarbeit von Messegesellschaften

„Es gibt wohl kaum einen Wirtschaftsbereich, in dem die Öffentlichkeitsarbeit in ihrer Bedeutung so hoch eingeschätzt wird wie im Messewesen". Diese Bewertung Marzins (1989, S. 163) läßt sich durch die Betrachtung zweier Indikatoren untermauern: Die vielfältigen Aufgaben, die die Öffentlichkeitsarbeit von Messegesellschaften zu erfüllen hat, sowie die Ansiedlung und die Ausstattung, die der Öffentlichkeitsarbeit innerhalb der Messegesellschaften zuteil wird.

2.1 Aufgabenbereiche der Öffentlichkeitsarbeit

2.1.1 Funktionen

Die Öffentlichkeitsarbeit hat innerhalb der Gesamtorganisation bestimmte Funktionen zu erfüllen, die zum Erreichen der Unternehmensziele einer Messegesellschaft beitragen. Es lassen sich dabei unterscheiden:

– informatorische Funktion
– akquisitorische Funktion
– organisatorische Funktion.

Die Öffentlichkeit und insbesondere natürlich die Marktpartner von Messegesellschaften haben ein ausgeprägtes Interesse daran, Informationen über die Gesellschaft selbst, ihre Veranstaltungen und Aktivitäten zu erhalten. Die Vermittlung eben dieser erwarteten und benötigten Informationen gehört zum Aufgabenbereich der Öffentlichkeitsarbeit einer Messegesellschaft. Dabei geht es sowohl um die Übermittlung und Veröffentlichung von mehr oder weniger objektiven Daten das Unternehmen selbst betreffend, wie z. B. Umsatzgrößen, Mitarbeiterzahlen, Veranstaltungstermine, als auch um allgemeine messerelevante Entwicklungen wie Branchen- und Produkttrends, neue Technologien, etc.

Die *informatorische* Funktion der Öffentlichkeitsarbeit umfaßt ebenfalls das Feedback aus den relevanten Teilöffentlichkeiten. Sie ist also im Idealfall Teil eines (zweiseitigen) Kommunikationsprozesses und hat die Aufgabe, die Organisation und ihre Mitglieder mit Daten und Reaktionen aus der Öffentlichkeit zu versorgen.

Es ist nicht möglich, im Rahmen der Öffentlichkeitsarbeit von Messegesellschaften eine eindeutige Grenze zu den Aufgaben des Marketing zu ziehen. Die *akquisitorischen* Effekte und Zielsetzungen der Messe-PR gehen weit über das hinaus, was in anderen Unternehmen üblicherweise damit verbunden ist. Auch mit dem Begriff Product-Publicity sind diese Aufgabenstellungen nicht hinreichend zu beschreiben, obwohl entsprechende Elemente sich darin wiederfinden.

Insbesondere mit den Mitteln der Pressearbeit, dem klassischen und zentralen PR-Instrument, wird über die reine Publicity-Wirkung hinaus angestrebt, auf die Entscheidungsprozesse, sowohl der Aussteller als auch der Besucher, die die Messebeteiligung bzw.

den Messebesuch betreffen, Einfluß zu nehmen. Presseberichterstattung im Vorfeld einer Veranstaltung „verkauft".

Ohne eine ausführliche Presseberichterstattung, beginnend möglichst weit vor einer Messe, ist der Verkauf von Ausstellungsfläche zumindest erheblich mühsamer. Pressearbeit bereitet den Boden für das erfolgreiche Verkaufsgespräch mit potentiellen Ausstellern. Diese suchen die Presseberichterstattung zur Abstützung ihrer Investitionsentscheidung in den Markt. Die entsprechenden Informationen erhalten sie neben anderem Informationsmaterial zumeist aus der für sie relevanten Fachpresse, aber auch aus Wirtschaftszeitschriften und -zeitungen.

Mit zunehmender Terminnähe der Veranstaltung tritt das Ziel der Besucherakquisition in den Vordergrund. Neben dem zumeist erheblichen Werbeaufwand ist eine umfassende redaktionelle Berichterstattung für den Entschluß zum Besuch einer Messeveranstaltung von weitreichender Bedeutung. „Hat eine Veranstaltung ‚eine gute Presse', so steigt ihre Attraktivität, was sich nachhaltig und positiv – entweder initiierend oder imagefestigend – auf künftig anstehende Entscheidungsprozesse auswirken wird" (Selinski, 1983, S. 212).

Trotz der eindeutig akquisitorischen Funktion, die die Pressearbeit für Messegesellschaften vielfach einnimmt, entzieht sie sich doch den Einsatzmöglichkeiten, die für die Marketinginstrumente im engeren Sinne, z. B. Werbung, Direct-Mailing, Telefonakquisition, etc., gegeben sind. Die Einsatzbedingungen der Pressearbeit richten sich in jedem Fall nach den Prinzipien der PR-Kommunikation. Ihre Wirkung ist stets in Abhängigkeit von der redaktionellen Akzeptanz bei den Medien zu sehen.

Im Vergleich zu anderen Unternehmen bildet die *organisatorische* Funktion eine weitere Besonderheit der Messe-PR. Um den Medien ihre Berichterstattung zu erleichtern oder überhaupt erst zu ermöglichen, gehört es zum Aufgabenbereich der Messegesellschaften, eine umfangreiche Service-Infrastruktur einzurichten. Dazu gehört z. B. stets die Einrichtung eines Presse-Centrums.

Die infrastrukturellen Angebote für die Medien und Journalisten auf den großen Messegeländen werden regelmäßig und häufig genutzt. Sie dienen nicht allein oder primär dem Zweck, die Berichterstattung über das Ereignis als solches zu erleichtern. Vielmehr bieten sie die Voraussetzungen dafür, daß sich die Journalisten über die ausstellenden Unternehmen und ihre Produkte zum Zwecke der Berichterstattung informieren können.

Über diese indirekte organisatorische Unterstützung der Messe-PR für die Aussteller hinaus gibt es ein umfangreiches Dienstleistungsangebot der Messegesellschaften, das den Ausstellern ihre messebegleitende Pressearbeit unmittelbar erleichtern soll (vgl. Roloff, 1989; NOWEA, 1991).

2.1.2 Einsatzfelder

Die drei aufgezeigten Funktionen der Messe-PR manifestieren sich in unterschiedlicher Gewichtung in den beiden operativen Feldern: der Basis-Öffentlichkeitsarbeit und der veranstaltungsbezogenen Öffentlichkeitsarbeit.

Wie der überwiegende Teil aller Unternehmen führen auch Messegesellschaften eine grundlegende PR-Arbeit durch. Dazu gehört selbstverständlich auch die Erfüllung der gesetzlichen Publizitätspflichten (vgl. Stebut, 1982, S. 217ff.). In diesem Zusammenhang wird u.a. auch ein Geschäftsbericht herausgegeben, der zumeist anläßlich einer Bilanz-Pressekonferenz präsentiert wird.

Üblich sind bei den großen Messegesellschaften auch sogenannte Jahresabschluß- bzw. Jahresauftaktpressekonferenzen, die dazu dienen, die Aktivitäten am jeweiligen Messeplatz in der Rückschau auf die vergangene Periode, vor allem aber mit Blick auf die kommende Saison darzustellen. Dazu gehört die Präsentation des gesamten Messeprogramms mit den entsprechenden Daten. Häufig werden Termine dieser Art auch dazu genutzt, die Unternehmensphilosophie der jeweiligen Messegesellschaft bzw. deren Analyse und Erwartungen bezogen auf das Messewesen generell zu erläutern (vgl. Weishäupl, 1980, S. 161).

Die *Basis-Öffentlichkeitsarbeit* für die großen Messeplätze findet dem Einzugsbereich der Kunden entsprechend weltweit statt. Aber auch vor Ort gibt es eine Vielzahl von PR-Aufgaben grundlegender Art. Von bundesweitem, in jedem Fall jedoch regionalem Informationsinteresse sind bauliche Veränderungen und Verbesserungen auf dem Messegelände. Auch die kontinuierliche Besucherbetreuung außerhalb der Veranstaltungszeiten gehört zu diesen Obliegenheiten. Dazu kommt eine Vielzahl von organisatorischen Anforderungen. So müssen z. B. die grundlegenden räumlichen sowie technischen Arbeitsbedingungen für Journalisten auf dem Messegelände sichergestellt werden. Der entsprechende Bedarf ist zu erheben und im Unternehmen zur Geltung zu bringen.

Die interne Öffentlichkeitsarbeit ist an dieser Stelle ebenfalls zu nennen. Das Herausgeben von Mitarbeiter-Informationsdiensten bzw. -zeitschriften gehört dazu ebenso wie das Erstellen des täglichen aktuellen Pressespiegels sowie veranstaltungsbezogener Fach-Pressespiegel.

Der Stellenwert der Basis-Öffentlichkeitsarbeit von Messegesellschaften hinsichtlich der Akquisitionsunterstützung hat vor allem in den letzten Jahren ständig zugenommen. Der Darstellung der allgemeinen Leistungsbereitschaft einer Messegesellschaft, insbesondere im Abgleich mit der Konkurrenz, kommt zukünftig noch stärkeres Gewicht zu. Das Know-how der Gesellschaft bzw. ihrer Mitarbeiter sowie Größe und Qualität der Infrastruktur des Messegeländes, die Aufnahmekapazität und Leistungsfähigkeit des Umfeldes, sind entscheidende Wettbewerbsfaktoren, u.a. wenn es um die Akquisition neuer Veranstaltungen geht (vgl. Müller, 1985, S. 64).

Ergänzend zu den genannten Pressekonferenzen dient der grundlegenden PR-Arbeit auch die Herausgabe von Magazinen, Broschüren und Festschriften, die Erstellung und der Einsatz von PR-Filmen und nicht zuletzt das Schreiben und Plazieren von sogenannten Namensartikeln, bevorzugt solcher von Mitgliedern des Vorstandes bzw. der Geschäftsführung.

Neben die vielfältigen Aktivitäten der Basis-PR tritt die *veranstaltungsbezogene Öffentlichkeitsarbeit*. Messen sind „publizistische Großereignisse" (Jaspert, 1989). Das ist ebenso Ziel wie Anlaß der umfangreichen messebegleitenden PR-Aktivitäten der Veranstalter. Der Ablauf und die wesentlichen Merkmale der veranstaltungsbezogenen Messeressearbeit wird im weiteren noch betrachtet. Grundsätzlich lassen sich dabei auch wiederum informatorische, akquisitorische und organisatorische Komponenten unterscheiden.

Die informatorische PR-Funktion aus Anlaß von Messen besteht darin, möglichst viele Daten und Fakten, z. B. Eintrittspreise, Verkehrsverbindungen, wichtige Anschriften, etc. zu verbreiten. Diese Informationen richten sich an alle Zielgruppen, die bereits darüber informiert sind, daß eine bestimmte Veranstaltung stattfinden wird und sich Detailwissen verschaffen möchten.

Organisatorische PR-Maßnahmen sind sowohl auf Journalisten als auch auf Aussteller in Form von umfangreichen Serviceleistungen gerichtet. Zu zählen ist dazu z. B. auch die Messe-Eröffnung mit einem anschließenden Empfang.

Die akquisitorischen messebegleitenden Aufgaben der Öffentlichkeitsarbeit richten sich an die Aussteller ebenso wie an die Besucher. Sie sind in engem Zusammenspiel mit der Werbung im Sinne eines integrierten Kommunikationskonzeptes zu sehen. Bei beiden überwiegt, speziell mit wachsender Nähe zum Veranstaltungstermin, die Aufgabe der Besucheraktivierung.

Die akquisitorische Absicht steht gerade bei der Pressearbeit allerdings nicht sichtbar im Vordergrund. Das betrifft sowohl die Art der Vermittlung gegenüber den Journalisten, als auch die Inhalte von Presseinformationen. Die klare Absicht, mit der messebegleitenden Pressearbeit die Akquisition zu unterstützen, wird dennoch deutlich im Timing und im Follow-up der verschiedenen Maßnahmen. „Umfragen unter Ausstellern und Besuchern beweisen regelmäßig, daß bis zu 50 Prozent der Messebesucher durch Veröffentlichungen in den Medien auf das jeweilige Messe-Ereignis aufmerksam wurden" (Marzin, 1989, S. 163).

2.2 Positionierung der Öffentlichkeitsarbeit

Die Aufgeschlossenheit für den Gedanken der Öffentlichkeitsarbeit ist im Messewesen auf Vorstands- bzw. Geschäftsführungsebene in der Regel sehr ausgeprägt. Neben der immanenten Kommunikationsorientierung aufgrund der Tatsache, daß man ja selbst Kommunikation verkauft, trägt dazu sicherlich auch der sich intensivierende nationale und internationale Wettbewerb bei. Demzufolge ist zu vermuten, daß der Stellenwert der PR im Messewesen – obwohl bereits auf hohem Niveau – in Zukunft noch weiter zunehmen wird. Diese Entwicklung liegt durchaus im Trend der Wirtschaft insgesamt (vgl. Mehler et al. 1990, S. 302).

Auf die Besonderheit der vielfältigen Verteilung von klassischen PR-Funktionen in Messegesellschaften wurde bereits hingewiesen. Im Zentrum der Messe-PR stehen allerdings die dafür zuständigen Funktionseinheiten. Diese sind in der jeweiligen Gesellschaft historisch gewachsen, individuell konzipiert und auch unterschiedlich angebunden. Zwei grundlegende organisatorische Einbindungen lassen sich dabei unterscheiden:
– die Bündelung der gesamten PR-Zuständigkeiten mit direkter Anbindung an die Spitze der Geschäftsführung bzw. des Vorstandes

- die Trennung in eine zentrale Informationsfunktion beim Vorsitzenden/Hauptgeschäftsführer angesiedelt, daneben in Linienfunktion bei dem für die jeweilige Veranstaltung zuständigen Vorstands- bzw. Geschäftsführungsmitglied angebunden die veranstaltungsbezogene Pressezuständigkeit

Beide Organisationsprinzipien haben sich offenbar in der Praxis bewährt. Der Umstand einer bestehenden direkten Zuständigkeit für die gesamte Presse- und Öffentlichkeitsarbeit bei der Spitze der Geschäftsführung könnte u. U. als Indikator für das Verständnis der PR als zentraler Führungskonzeption gewertet werden (vgl. Haedrich, 1986, S. 26).

Sie ist möglicherweise auch deswegen sinnvoll, weil innerhalb einer Messegesellschaft eine gewisse Interessenkonkurrenz bestehen kann, z. B. zwischen der Planung für die unternehmensbezogene und für die veranstaltungsbezogene Pressearbeit. Auch können sich im Rahmen der Presseplanung verschiedene Veranstaltungen ins Gehege kommen. Pressetermine sind nicht beliebig vermehrbar und bedürfen einer deutlichen Termindisziplin. Gerade dabei könnte die Organisationsform „alles in einer Hand" die Abstimmung und Optimierung erleichtern.

Auch ist nicht auszuschließen, daß mögliche und wünschenswerte Synergieeffekte bei der Aufteilung in dezentrale Pressezuständigkeiten verloren gehen, wenn für dieselben Journalisten anläßlich verschiedener Veranstaltungen unterschiedliche Ansprechpartner innerhalb der Messegesellschaft zuständig sind.

Unabhängig von den Unterschieden in der Organisation finden sich vergleichbare PR-Funktionen bei allen Messegesellschaften wieder. Grundsätzlich bestehen sowohl veranstaltungsbezogene Zuständigkeiten als auch zentrale Querschnittsaufgaben.

Gerade weil Messegesellschaften in absoluten Größen gesehen mittelständische Unternehmen sind, ist die Höhe ihres PR-Aufwandes um so eindrucksvoller. Die PR-Abteilungen bzw. -Bereiche der großen deutschen Messegesellschaften umfassen bis zu 30 Mitarbeiter, d. h. bis zu 7 Prozent ihrer Gesamtbelegschaft sind in PR-Funktionen im engeren Sinne tätig.

Dem erheblichen personellen Aufwand der Messegesellschaften steht auch ein entsprechendes finanzielles Engagement für die Erfüllung der PR-Aufgaben gegenüber. Wenngleich eindeutige und vergleichbare Angaben dazu fehlen, ist sicher, daß die größten Messegesellschaften zu jenen 6,7 Prozent der deutschen Unternehmen zu zählen sind, deren Sachausgaben für Pressearbeit ohne Personal- und anteilige Gemeinkosten jährlich über 2 Mio. DM liegen (vgl. Böckelmann, 1988, S. 36 f). Es ist zu vermuten, daß sich die PR-Budgets der großen deutschen Messegesellschaften (einschließlich der Personal- und der anteiligen Gemeinkosten sowie der zurechenbaren technischen Kosten für die Infrastruktur – ohne Werbung!) im Mittel der Geschäftsjahre im zweistelligen Millionenbereich bewegen.

3. Pressearbeit als zentrales Instrument der Messe-PR

3.1 Die Ausgangskonstellation

Für Messen ist es wichtig, daß sie so frühzeitig wie möglich einen hohen Bekanntheitsgrad und ein positives Image erhalten. Die „Hauptlast" der dazu notwendigen Kommunikationsarbeit ist von den Messegesellschaften zu tragen (Weishäupl, 1980, S. 137). Die Durchführung dieser umfangreichen kommunikativen Maßnahmen ist zentraler Bestandteil der Dienstleistung, die Messegesellschaften für ihre Kunden, Aussteller wie Besucher, erbringen.

Der Pressearbeit fällt dabei als zentrales Instrument im breitgefächerten Spektrum der PR-Maßnahmen eine besonders wichtige Rolle zu. Die konkrete Planung von Inhalt und Ablauf der Pressearbeit für eine Messe beginnt weit im Vorfeld. Bei Veranstaltungen im jährlichen Turnus ist der Übergang in der Kommunikation fliessend. Die vieltausendfache Nachberichterstattung von großen Messen ist gleichzeitig Ausgangspunkt zur Presseplanung für das folgende Veranstaltungsjahr. Internationale Pressekonferenzen werden bereits unmittelbar nach Veranstaltungsende vorbereitet. Sie finden teilweise schon ein dreiviertel Jahr und länger vor der Folgeveranstaltung statt. Hier bereits kommen die ersten Pressemitteilungen über das Veranstaltungsprogramm zum Einsatz.

Mit zunehmender Veranstaltungsnähe rücken die Pressekonferenzen in der Regel näher an den Veranstaltungsort heran. Zunächst in Übersee, dann im europäischen Ausland, und nach verschiedenen nationalen Pressekonferenzen bilden zumeist jene am Veranstaltungsort den Abschluß. Den Startschuß für die Pressekampagne zur jeweils folgenden Veranstaltung gibt die resümierende Pressemitteilung, die anläßlich der Abschlußpressekonferenz vorgestellt wird.

Der Pressekommunikationsprozeß, insbesondere für Messen, gestaltet sich allgemein erfolgreicher, wenn Diskontinuitäten vermieden werden können. Basis dafür bildet der durchgängige, gute Kontakt zu allen Medien, sei es durch persönliche Kommunikation zu den verschiedensten Anlässen, sei es durch regelmäßige Versorgung mit schriftlichen Informationsmitteln. Die hohe Bereitschaft auf Seiten der Journalisten, im Vorfeld von Messen Informationen aufzunehmen und zu verarbeiten, sowie entsprechende Pressekonferenzen zu besuchen, gründet nicht zuletzt auf der Kontinuität in der Pressearbeit (vgl. Maier-Diehl, 1989, S. 207).

Daß Messeveranstaltungen schon im Vorfeld ein solch breiter Raum in der Presseberichterstattung zugestanden wird, liegt in der Interessenidentität von Messeveranstaltern und Medien. Messen, zumal solche mit internationaler Kompetenz, haben einen hohen Nachrichtenwert. Bedeutende Investitionsgütermessen zeigen technologische Entwicklungsrichtungen auf, sie sind Spiegelbild der wirtschaftlichen Entwicklung von Branchen, ja sie können sogar konjunkturelle Daten setzen und Impulse auslösen. Repräsentative Konsumgütermessen bieten – zum Teil mehrmals jährlich – Gelegenheit, z. B. die neuesten Modetrends zu präsentieren (vgl. Loviscach, 1975, S. 940).

Mit der Internationalität einer Messe steigen sowohl der Stellenwert der Pressearbeit im Kommunikationsmix eines Veranstalters, als auch die Anforderungen an deren Qualität.

Neben der persönlichen Kommunikation, dem Verkaufsgespräch der Messe-Repräsentanten, ist als Instrument der Massenkommunikation die intensive Pressearbeit für die internationale Bedeutung einer Messe ausschlaggebend, insbesondere mit zunehmender räumlicher Entfernung des jeweiligen Landes vom Veranstaltungsort (vgl. Mortsiefer, 1989). Sie ist gegenüber der Werbung grundsätzlich das kostengünstigere Kommunikationsinstrument. Die internationale Pressearbeit für Messegesellschaften wird unter dem Eindruck wachsenden internationalen Wettbewerbs immer bedeutsamer und steht vor steigenden Herausforderungen (vgl. Meffert, Wagner, 1989, S. 20 ff.).

3.2 Kommunikationsprozeß und Zielgruppen

Der Kommunikationsprozeß bei der Pressearbeit ist generell ungleich komplexer als der z. B. beim Einsatz der Werbung. Er vollzieht sich in zwei Auswahlphasen (vgl. Abb. 1). Die Botschaft, die es zu vermitteln gilt, muß zunächst einmal bei Journalisten Interesse erwecken. Wenn diese den Nachrichtenwert dieser Botschaft erkannt und akzeptiert haben (A1), „übersetzen" sie diese (Ü) mehr oder weniger den Erwartungen und dem Bedarf (A2) ihrer Hörer, Seher oder Leser entsprechend. Das hat den Nachteil, daß das informierende Unternehmen geringen, nicht selten gar keinen Einfluß darauf hat, welcher Teil seiner ursprünglichen Botschaft oder in welcher überarbeitenden Form diese den Empfänger erreicht. Der große Vorteil der Pressekommunikation besteht darin, daß der Adressat sich zumeist viel aktiver und intensiver einer redaktionellen Information aussetzt und deren Glaubwürdigkeit u.a. aufgrund des vorausgesetzten Filterungsprozesses höher ist, als die einer direkten Information (vgl. Roloff, 1992, S. 124 ff.).

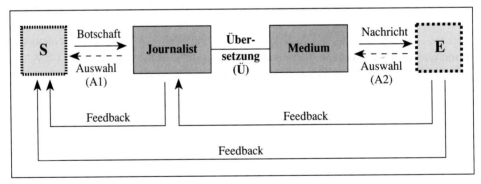

Abbildung 1: Der Presse-Kommunikationsprozeß

In diesem zweistufigen Kommunikationsprozeß sind die Journalisten als „Primär-Zielgruppe" zu sehen. Sie zunächst gilt es, mit Informationen zu erreichen, um somit eine Berichterstattung zu bewirken. Ganz allgemein gibt es eine Vielzahl unterschiedlichster Journalisten, die für die verschiedensten Medien tätig sind. Die Primär-Zielgruppe ist heterogen. Unterscheiden kann man beispielsweise zwischen Lokal-, Wirtschafts- und Fachpresse, ebenso wie nach aktueller oder periodischer Berichterstattung. Printmedien arbeiten allgemein anders als die Redaktionen und Mitarbeiter von Hörfunk und Fernsehen.

Und auch Nachrichten-Agenturen und Pressedienste haben andere Arbeitsweisen und Abläufe, die es zu beachten gilt. Wiederum ganz andere Anforderungen stellen Foto-Journalisten.

In dieser nicht ganz einfachen Kommunikationsstruktur und angesichts der Journalistenvielfalt ergeben sich für Messegesellschaften zwei erhebliche Vorteile.

Zum einen verfügen kaum andere Unternehmen über derartig enge und häufige Kontakte zu allen relevanten Journalisten. Messegesellschaften führen öfter als andere Pressekonferenzen und -gespräche durch, zudem sind Journalisten regelmäßig auf den Messegeländen zu Gast. Man kennt einander gut und hat die Chance, gegenseitiges Vertrauen aufzubauen.

Die Adressen in den Presseverteilern großer Messegesellschaften addieren sich in vielen Fällen auf über 15.000. Nicht geringe Anstrengungen sind notwendig, um der Vielfalt des Informationsbedarfs in der Zielgruppe Journalisten seitens der Messegesellschaften gerecht zu werden (Lambeck, 1981, S. 23).

Zum zweiten nutzen die Journalisten die vielfältigen Informationsangebote von Messegesellschaften als Hintergrund und als direkte Grundlage ihrer Berichterstattung. Obwohl sie nicht unbedingt auf diese Informationsquellen angewiesen sind, bedienen sie sich ihrer doch gern, nicht zuletzt weil sie wissen, daß die Pressemitteilungen von Messegesellschaften zumeist solide recherchiert sind und in diesen z. B. die Entwicklung von Branchen aus erster Hand, d.h. direkt von den Verbänden stammend, wiedergegeben wird.

Die Kommunikation mit den Medien ist allerdings kein Selbstzweck. Sie ist vielmehr die erste Phase im Kommunikationsprozeß mit der – in der Abfolge der Ansprache – „Sekundär-Zielgruppe", dem Kunden einer Messegesellschaft. Aussteller und Besucher sollen auf dem Wege der induzierten redaktionellen Berichterstattung in den Medien „rund um eine Messe" informiert werden. Es besteht die Erwartung, daß die Information einerseits ein Handlungsverhalten in Richtung Messebeteiligung oder -besuch unterstützt oder andererseits eine bereits getroffene Entscheidung bzw. realisierte Handlung bestätigt.

3.3 Instrumente und Maßnahmen

Die klassischen Formen der Pressearbeit finden auch im Messegeschehen ihren Einsatz. Grundsätzlich ist zwischen der persönlichen Kommunikation und der schriftlichen Kommunikation zu unterscheiden.

Der Kontakt zu den Medienvertretern wird von den Messegesellschaften kontinuierlich gepflegt. Im Vorfeld der Messe findet bereits eine Vielzahl von persönlichen Kontakten statt, angefangen bei regelmäßigen Telefongesprächen über Redaktionsbesuche bis zu gemeinsamen Informationsreisen mit der Presse. Dazu gehören letztendlich auch und gerade z. B. sogenannte Sommerpressefeste und Neujahrsempfänge. Und natürlich zu den Messen selbst ergeben sich vielfältige Berührungspunkte. Journalisten sind regelmäßig zu Eröffnungsveranstaltungen von Messen eingeladen, ebenso zu sogenannten Halbzeit-Festen. Diese verschiedenen Formen der persönlichen Kontaktnahme sind von der Informationstiefe und

-qualität her sehr unterschiedlich zu beurteilen. In einem Falle steht die „harte Information" im Vordergrund, im anderen ist es mehr das gesellige Beisammensein.

Die Urform aller schriftlichen Informationsmittel ist die Pressemitteilung (Lambeck, 1981, S. 177). Grundsätzlich ergibt sich dabei kein Unterschied, in welcher Form der technischen Übermittlung, ob im Postversand oder unter Nutzung elektronischer Medien, sie den Journalisten zugänglich gemacht wird. Messegesellschaften ergänzen die klassische Presseinformation durch eine große Zahl weiterer schriftlicher Informationen. Beispielhaft dafür sind im Investitionsgüterbereich technische Produktinformationen, die, von den Messegesellschaften gesammelt und in Broschürenform herausgegeben, Journalisten bereits vorab über die zu erwartenden innovativen Angebote von Ausstellern informieren sollen. Dieser Service wird von der Fachpresse in der Vorbereitung eines Messebesuchs intensiv genutzt. Beispiel für weitere schriftliche Informationen sind Neuheitendienste und sogenannte Themenservice-Angebote, die sich speziell an elektronische Medien richten (vgl. Deutsch, 1989, S. 256). So sind z. B. Fernsehredaktionen aufgrund der technischen Produktionsabläufe generell gezwungen, frühzeitig entsprechende Motive und Themen zu suchen und aufzugreifen. Dabei findet durch die Messegesellschaft bereits eine Vor-Selektion statt.

Sowohl im Vorfeld von Messen, als auch zu Veröffentlichungen in der Nachberichterstattung, wird vor allem Fachzeitschriften vielfältiges Fotomaterial von den Messegesellschaften angeboten. Die Zahl der Presseinformationen, die schriftlich herausgegeben werden, liegt bei großen Messen zwischen 120 und 150, zum Teil in mehreren Sprachen.

Zu den weltgrößten Investitionsgütermessen finden zumeist im Zeitraum zwischen einem Jahr vor der Messe und der Abschlußpressekonferenz bis zu 90 und mehr Pressekonferenzen im In- und Ausland statt. An diesen Pressekonferenzen nehmen insgesamt mehr als 1000 Journalisten teil. Die Pressekonferenz als Kombination von persönlicher und schriftlicher Kommunikation ist sicherlich das effektivste Instrument der Pressearbeit.

Das Instrumentarium der Messepressearbeit geht jedoch weit über das klassische Angebot hinaus. Ursächlich dafür ist, daß Messen selbst zum Teil Medien-Großereignisse darstellen und sie daher von Journalisten als idealer Ort zur Recherche genutzt werden. Ebenso stellen sie aufgrund ihres Ereignischarakters während ihrer Laufzeit Gegenstand der aktuellen Berichterstattung in den Medien dar. Messen, namentlich die größten der Welt, ziehen mehr Journalisten an als andere Ereignisse. Während der CeBIT '92 Hannover hatten sich z. B. mehr als 7000 Journalisten aus über als 50 Nationen akkreditiert, davon allein über 1400 aus dem Ausland.

Der Besuch von Berichterstattern in derart großer Zahl erfordert eine umfangreiche Logistik. Der Service für Journalisten beginnt bereits mehrere Monate im Vorfeld einer Veranstaltung mit der Übersendung von Akkreditierungsunterlagen und frühzeitigen Informationsmaterialien. Der neueste Trend in der Vorabinformation geht klar in Richtung Elektronik (vgl. Beger et al., 1989, S. 403f.). Sogenannte „elektronische Pressefächer" werden von einigen Anbietern für die Journalisten schon im Vorfeld der Veranstaltung bereitgestellt, damit Produktinformationen frühzeitig abgerufen werden können.

Zu den Veranstaltungen selbst und am Veranstaltungsort wird Journalisten von den Messegesellschaften eine speziell auf ihre Bedürfnisse ausgerichtete Infrastruktur angeboten.

Das beginnt bei Presseparkplätzen und besonderen Transportmitteln auf dem Messegelände und setzt sich fort in den umfassenden Service-Einrichtungen im Presse-Centrum.

Dabei unterscheiden sich allerdings die Dimensionen zum Teil außerordentlich, je nach Größe und Bedeutung der Veranstaltung. In großen und gut ausgestatteten Presse-Centren finden Journalisten neben weiteren Informationsangeboten Arbeitsräume vor, in denen sie ihre Berichte direkt zu Papier bringen können. Bei guter Ausstattung stehen hier Personal-Computer zur Verfügung, mit denen sie on line auf „elektronische Pressefächer" zurückgreifen können. Daneben liegen in den Presse-Centren eine Vielzahl von Pressemitteilungen der Messegesellschaft selbst und natürlich auch der ausstellenden Unternehmen aus.

Im weltweit größten Messe-Presse-Centrum, in Hannover, verfügt darüber hinaus eine Vielzahl von Redaktionen der Nachrichten-Agenturen bzw. überregionalen Tages- und Wirtschaftszeitungen über eigene Redaktionsräume. Das arbeitstechnische Angebot für die Journalisten wird ergänzt durch umfangreiches Fotomaterial, das vor Ort gesichtet und kurzfristig abgerufen werden kann.

Zur Infrastruktur eines Messe-Presse-Centrums gehört es natürlich auch, daß Journalisten hier recht preiswerte Verpflegungsmöglichkeiten in Restaurants und Bars finden. Auch werden Ruheräume angeboten. Große Garderoben stehen zur Verfügung und es werden Schließfächer benötigt, in denen die Journalisten ihr Gepäck, ebenso wie ihr in großen Mengen auf der Messe gesammeltes Informationsmaterial, unterbringen können.

Selbstverständlich müssen die technischen Kommunikationsmittel auf dem neuesten Stand sein. Neben on line verbundenen Computersystemen gehören dazu Telefax- und Telex-verbindungen und eine große Anzahl von Telefonkabinen. An großen Messeplätzen werden darüber hinaus den Berichterstattern von Hörfunk und Fernsehen Arbeitsplätze und umfangreiche Hilfsmittel zur Verfügung gestellt. Die Vorbereitung und Unterstützung bei Life-Übertragungen zählt ebenso dazu wie die Bereitstellung von Produktionsstudios. Ein recht junges Service-Angebot besteht unter anderem darin, daß vor allem privaten Rundfunksendern sogenannte „Hörfunksenkel" zur Verfügung gestellt werden. Das sind vorproduzierte Kurzbeiträge, die, journalistisch aufbereitet, von den Sendern direkt übernommen werden können.

Eine der wichtigsten Serviceleistungen der Messegesellschaften besteht darin, den Journalisten und vice versa den Ausstellern die gegenseitige Kontaktnahme zu erleichtern. Neben den zum Teil mehreren 100 Ausstellerpressefächern in den Presse-Centren wird häufig ein sogenannter Presseführer angeboten, in dem die Presse-Ansprechpartner der ausstellenden Firmen aufgeführt sind. Dies erleichtert den Journalisten die Kontaktnahme ganz erheblich.

Pressearbeit von Messegesellschaften ist in soweit natürlich auch ein Service für die ausstellenden Unternehmen, die in nicht geringem Umfange die Messen auch zur Selbstdarstellung gegenüber der Presse nutzen. Dazu veranstalten viele Aussteller Pressekonferenzen während der Messe, die sie in der Regel bei den Messegesellschaften anmelden, so daß diese eine Terminkoordinierung vornehmen können (vgl. Kunstenaar, 1983, S. 43). Das geschieht sowohl im Interesse der Aussteller als auch der Journalisten, damit Presse-Konferenzen von überschneidendem Interesse einander nicht überlagern.

1. **Schriftliche Informationsmittel**

    1.1 Pressemitteilung/-Information
    1.2 TPI – Technische Presse-Information
    1.3 Aktueller Themenservice (während der Messe)
    1.4 Namensartikel
    1.5 Schriftl. Interview
    1.6 Veranstaltungsprogramm, Prospekt

2. **Elektronische Informationsmittel**

    2.1 Diskette (5,25 oder 3,5 Zoll)
    2.2 Elektronische Pressefächer
    2.3 Datenbank PRESSLine

3. **Persönliche Informationsmittel**

    3.1 Pressekonferenz/-gespräch
    3.2 Presse-Workshop
    3.3 Telefon-Meldung
    3.4 Kollegengespräch
    3.5 Mündl. Interview
    3.6 Redaktionsbesuch
    3.7 Verlagsbesuch
    3.8 Video-Konferenz

4. **Visuelle/grafische/akustische Informationmittel**

    4.1 Pressefoto, schwarz-weiß, Dia
    4.2 Karikatur
    4.3 Schema, Zeichnung, Logo
    4.4 Geländeplan, Hallenplan
    4.5 Film (Video)
    4.6 „Hörfunksenkel"

Abbildung 2: Informationsmittel der Messe-Pressearbeit

Der Presse-Service von Messegesellschaften für Aussteller umfaßt aber auch eine bisweilen sehr intensive Beratung. Gerade bei kleineren und mittleren Firmen ist das Know-how in der Pressearbeit häufig noch nicht sehr ausgeprägt. Für diejenigen Aussteller, die nicht über einen eigenen Presseverteiler verfügen, geben Messegesellschaften auch Basisinformationen heraus, die Anschriften der wichtigsten aktuellen Redaktionen enthalten und die Ansprechpartner, die für eine Messe zuständig sind und sich mit der Berichterstattung befassen (vgl. von der Heyde, 1984, S. 813).

Ergänzung findet dieses umfangreiche Service-Angebot an Journalisten und Aussteller in eine Vielzahl von Informationsmitteln und Programmen, die entweder von den Presseabteilungen der Messegesellschaften selbst herausgegeben oder von diesen aktiv unterstützt werden. Dazu gehört u.a. bei einigen Messen die Herausgabe einer Messezeitung, teilweise messetäglich und aktuell, in einer Auflage von zum Teil über 50.000 Exemplaren, auch in englischer Sprache. Während ein Angebot an aktuellen Hörfunksendungen, das sich speziell rund um das Messewesen dreht, mittlerweile schon durchaus üblich ist, ist das Angebot an messebegleitenden aktuellen Fernsehsendungen, abgesehen von der internationalen Funkausstellung in Berlin, eher die Ausnahme. In Hannover findet seit 1989 regelmäßig ein aktuelles Messefernsehen mit täglichen Lifesendungen statt, das über Satellitenprogramme auch im europäischen Ausland zu empfangen ist.

3.4 Die Erfolgskontrolle

Die beträchtlichen PR-Ausgaben von Messegesellschaften und mehr noch die Bedeutung, die insbesondere der Pressearbeit für den Messe-Erfolg zukommt, machen das Bemühen verständlich, den Einsatz dieses Instrumentalbereichs durch entsprechende Kontrollen abzusichern. Die PR-Theorie und somit die -Literatur geben hier kaum Hilfestellung.

Dort wo sich die PR-Literatur mit der Evaluation befaßt (vgl. z. B. Signitzer, 1989), wird offenbar, daß dieser Mangel zunächst weniger eine Frage der Untersuchungsmethode, sondern der Zielbestimmung, der Festlegung von Zieldimensionen der PR-Aktivitäten, darstellt. Ziele der Öffentlichkeitsarbeit haben von ihrer Natur her einen nur geringen Operationalitätsgrad (vgl. Raffée, 1974, S. 121 f.).

In der Zielhierachie der Pressearbeit für Messen besteht das strategische Oberziel in der Unterstützung und langfristigen Absicherung eines positiven Veranstaltungs-Image als Beitrag zur Erfüllung der Veranstalter- und Unternehmensziele. Die Unterziele beziehen sich auf die jeweils zunächst folgende Messe. Da es auch auf dieser Zielebene nicht möglich ist, die Gesamtwirkung der Pressearbeit zu kontrollieren, ist zunächst der Rückgriff auf die Evaluation von Teilprozessen angezeigt.

Wichtigstes quantitatives Kontrollinstrument ist das Sammeln von Presse-Clippings sowie das Erheben von Sendungen und Sendezeiten in Hörfunk und Fernsehen, die sich mit der jeweiligen Messe befassen. Die dazu notwendigen Verfahren sind mittlerweile ausgeprägt. Presse-Ausschnittsdienste werten bundesweit die Tages- und Wirtschaftspresse aus, soweit nicht die Titel von den Presseabteilungen selbst bezogen werden. Die Auswertung der Fachpresse erfolgt überwiegend intern. Bei der Beobachtung des Rundfunks hat sich z. B. das Institut Media Control bewährt (vgl. Roloff 1992, S. 153).

Die Erfassung und Bewertung der qualitativen Auswirkungen der Messepressearbeit gestaltet sich in Abhängigkeit von der betrachteten Stufe des Kommunikationsprozeßes unterschiedlich schwierig. Die Qualität der Pressearbeit in der Resonanz bei der Primärzielgruppe, den Journalisten bzw. Redaktionen, ist relativ leicht zu erfassen. Stets vorausgesetzt die Botschaft, die zu kommunizieren ist, ist von einem akzeptablen Nachrichtenwert für den Journalisten, hängt es zumeist von der Qualität der Informationsaufbereitung und -umsetzung in Form einer persönlichen oder einer Pressemitteilung ab, ob bei der Weitergabe der Information auch der gewünschte Tenor getroffen wird und die wichtigsten Informationsinhalte weitergegeben werden. Sehr viel schwieriger ist das Erfassen der qualitativen Effekte der Pressearbeit für Messen bei den eigentlichen Adressaten der Botschaft, den Ausstellern bzw. den potentiellen oder tatsächlichen Messebesuchern. Hier gibt es – soweit bekannt – noch keine Ergebnisse einer empirischen Wirkungsforschung.

4. Das Prozeßphasen-Modell der Messe-PR

Einen ersten theoretischen Ansatz zu Wirkungsforschung auf dem Gebiet der Messe-PR bildet das Prozeßphasen-Modell (Roloff, 1992, S. 215ff.). Dieses Modell ist unter Nutzung von Erkenntnissen entwickelt, die sich aus den Konsistenztheorien der Sozialpsychologie ergeben.

Zeitpunkt der PR-Kommunikation	Vorveranstaltung			Messe		
	Vor der Messe				Nach der Messe	
	Während der Vorverwaltung	Vor der Kontrahierung	Nach der Kontrahierung	Während der Messe	Kurzfristig	Langfristig
Hauptziel der PR-Kommunikation	Förderung der Teilnahmezufriedenheit, Gewinnung von Stamm-Ausstellern	a) Aktivierung von Stamm-Austellern b) Gewinnung von Neu-Ausstellern	Bestätigung in der Teilnahmeentscheidung	Bestätigung in der Teilnahme	Bestätigung im Teilnahmeerfolg	Erhaltung von Stamm-Ausstellern
Medienschwerpunkt	Aktuelle Medien (Tages- und Wirtschaftspresse, Hörfunk, Fernsehen) Messe-eigene Medien	Fachpresse	Fachpresse	Aktuelle Medien, messe-eigene Medien	Aktuelle Medien	Fachpresse
Wirkung auf das Einstellungssystem	Positiv konsistenzfördernd	a) Festigung positiver Konsistenz bei Stammbesuchern b) Anstoß zu Inkonsistenzen bei bisherigen Nicht-Besuchern	Vermeidung möglicher Inkonsistenzen	Positiv konsistenzfördernd	Vermeidung möglicher Inkonsistenzen	Erhaltung positiver Konsistenz

Abbildung 3: Prozeß-Phasen-Schema – ausstellerorientiert

Diese „Theorienfamilie", die als gemeinsames Prinzip das Streben des Menschen nach „kognitiver Konsistenz" postuliert, bietet sich zur Analyse des PR-Kommunikationsprozeßes in der typischen Sozialstruktur der Messebeteiligung an. Die Konsistenztheorien gehen gemeinsam davon aus, daß kognitive Prozesse wie z. B. Informationssuche und -verarbeitung zu Einstellungen gegenüber konkreten oder abstrakten Objekten führen, und daß, einem homöostatischen Prinzip folgend, der Mensch Konsistenz im System seiner kognitiven Elemente anstrebt. Sie geben Erklärungen für grundlegende soziale Kommunikationssituationen, dafür wie sich Einstellungen bilden und wie sich daraus menschliches Entscheidungsverhalten ableitet.

	Vorveranstaltung		Messe		
Zeitpunkt der PR-Kommunikation	Vor der Messe			Nach der Messe	
	Lang- bzw. Mittelfristig	Kurzfristig	während der Messe	Kurzfristig	Langfristig
Hauptziel der Kommunikation	Gewinnung von Stamm-Besuchern	a) Aktivierung des Besucherstamms b) Gewinnung von Spontanbesuchern	a) Gewinnung von Spontanbesuchern b) Information beim Besuch	Bestätigung im Besuch	Erhaltung von Stammbesuchern
Medienschwerpunkt	Fachpresse	Aktuelle Medien (Tages- und Wirtschaftspresse, Hörfunk, Fernsehen)	Aktuelle Medien, Messeeigene Medien	Aktuelle Medien	Fachpresse
Wirkung aus das Einstellungssystem	Erhaltung positiver Konsistenz	a) Festigung positiver Konsistenz bei Stammbesuchern b) Anstoß zu Inkonsistenzen bei bisherigen Nicht-Besuchern	a) Anstoß zu Inkonsistenzen b) Positiv konsistenzfördernd	Vermeidung möglicher Inkonsistenzen	Erhaltung positiver Konsistenz

Abbildung 4: Prozeß-Phasen-Schema – besucherorientiert

Die Frage danach, welche Einstellung Marktpartner gegenüber der Erscheinung Messe haben, ob und welchen Einfluß die redaktionelle Berichterstattung in den Massenmedien auf diese Einstellung hat und wie sich diese auf deren Handlungsverhalten auswirkt, ist letztlich die Frage nach dem Erfolg der Pressearbeit für Messen.

Das Prozeßphasen-Modell liefert Erklärungen ebenso für die strategischen Wirk- und Einsatzkonstellationen der Pressearbeit, wie es auch unmittelbar Aussagen erlaubt über die Terminierung und den kurzfristigen Einsatz der PR-Instrumente. Aus der Modellanalyse lassen sich zudem Schlüsse auf Kommunikationsinhalte ableiten. Für den realen Entscheidungsfall mittels Öffentlichkeitsarbeit zu kommunizierender Inhalte geben konsistenztheoretische Überlegungen konkrete Anhaltspunkte und versprechen größere Entscheidungssicherheit.

Darüber hinaus erscheint das Prozeßhasen-Modell geeignet, als Ausgangspunkt des integrierten veranstaltungsbezogenen Einsatzes aller Kommunikationsinstrumente zu dienen, die Messegesellschaften zur Verfügung stehen. Der konsistenztheoretische Ansatz der Messe-PR kann ebenso von Ausstellern in der Planung und Umsetzung ihrer messebezogenen PR-Maßnahmen genutzt werden.

Literatur

BEGER, R., GÄRTNER, H.-D., MATHES, R.: Unternehmenskommunikation: Grundlagen, Strategien, Instrumente. Wiesbaden 1989.
BÖCKELMANN, F. E.: Pressestellen in der Wirtschaft. Berlin 1988.
BÜRGER, J. H.; JOLIET, H. (HRSG.): Die besten Kampagnen der Öffentlichkeitsarbeit. Band 1.; Landsberg 1987.
DEUTSCH, C.: Pressearbeit bei Messen. Der Umgang mit Journalisten erfordert langen Atem. In: Die Wirtschaft. Nachrichten der Industrie- und Handelskammer Rhein-Neckar. Mannheim 1989, S. 256.
GOEHRMANN, K.E.: Aufgaben und Leistungen eines Messeveranstalters. Manuskript für: Haeberle, K.E. (1967) (Hrsg.): Erfolg auf Messen und Ausstellungen. Handbuch für Teilnahme, Organisation, Gestaltung, Technik. Stuttgart 1967, veränderte Neuauflage in Vorbereitung, 1990.
HAEDRICH, G.: Entwicklungstendenzen der Public Relations aus der Sicht der Wissenschaft. In: Meffert, H., Wagner, H. (1986) (Hrsg.): Messemarketing – Bestandsaufnahme und Perspektiven. Wissenschaftliche Gesellschaft für Marketing und Unternehmensführung e. V., Dokumentationspapier Nr. 52, o. Ort 1989, S. 5 ff.
HAEDRICH, G., BARTHENHEIER, G. KLEINERT, H. (Hrsg.): Öffentklichkeitsarbeit. Berlin, New York 1982.
HEYDE, C.F. V.D.: Messen und Ausstellungen. In: Management Enzyklopädie, Bd. 6, München 1984, S. 809 ff.
JASPERT, F.: Das synergetische Potential ist groß. Die Messe als Teil der betrieblichen Absatzpolitik. In: FAZ, Blick durch die Wirtschaft, 14.3.1989, S. 7.
KUNSTENAAR, J.: Messehandbuch: ein Leitfaden für Messebeteiligungen. Bern 1983.
LAMBECK, A.: Zwischen Tabu und Toleranz. Handbuch der Pressearbeit. Würzburg 1981.
LOVISCACH, P.: Die Kommunikationsfunktion von Messen und Ausstellungen. In: Publizistik, Nr. 4, 1975, S. 937 ff.
MAIER-DIEHL, C.: BAU '88 – Zuhause in der Welt des Bauens. In: Bürger, J.H., Joliet, H. (1989) (Hrsg.): Die besten Kampagnen der Öffentlichkeitsarbeit. Band 1.; Landsberg 1987, S. 203 ff.
MARZIN, W.: Messen und Ausstellungen. In: Pflaum, D., Pieper, W. (1989) (Hrsg.): Lexikon der Public Relations. Landsberg 1989, S. 16 ff.
MARZIN, W.: Markenartikel Messe. Gedanken über die Zukunft eines traditionellen Absatzmediums. Frankfurt, 1990.
MEFFERT, H. WAGNER, H. (Hrsg.): Messemarketing – Bestandsaufnahme und Perspektiven. Wissenschaftliche Gesellschaft für Marketing und Unternehmensführung e.V., Dokumentationspapier Nr. 52, o. Ort, 1989.
MEHLER, H.A., TRÄGER, G., LAHMANN, W.D.: Macht und Magie der Public Relations: Insider-Informationen, Erfolgsformeln, Spitzenleistungen. Landsberg 1990.
MORTSIEFER, J.: Neue Kunden und Abnehmer gewinnen. Konzepte einer erfolgreichen Messeplanung. In: FAZ, Blick durch die Wirtschaft, 8.3.1989, S. 7.
MÜLLER, U.: Messen und Ausstellungen als expansive Dienstleistungen. Berlin 1985.
NOWEA: Erfolgreiche Messebeteiligung durch gezielte Pressearbeit. Düsseldorf 1991.
PFLAUM, D., PIEPER, W. (HRSG.): Lexikon der Public Relations. Landsberg 1989.
RAFFÉE, H.: Grundprobleme der Betriebswirtschaftslehre. Göttingen 1974.
ROLOFF, E.: Öffentlichkeitsarbeit für internationale Investitionsgütermessen. In: Bürger, J.H., Joliet, H. (1987) (Hrsg.): Die besten Kampagnen der Öffentlichkeitsarbeit. Band 1.; Landsberg 1987, S. 179 ff.
ROLOFF, E.: Mehr Anstrengungen um die Gunst der Besucher. Die messebegleitende Pressearbeit gehört zu den Instrumenten einer gesamtheitlichen Kommunikation. Handelsblatt, Nr. 62, 1989, S. 20.
ROLOFF, E.: Messen und Medien. Ein sozialpsychologischer Ansatz zur Öffentlichkeitsarbeit. Wiesbaden 1992.
SELINSKI, H.: Messe- und Kongreßmarketing. Berlin 1983.
SIGNITZER, B.: Public-Relations-Evaluation. In: Pflaum, D., Pieper, W., (1989) (Hrsg.): Lexikon der Public Relations. Landsberg 1989, S. 338 ff.
STEBUT, D.V.: Privatrechtliche Aspekte der Öffentlichkeitsarbeit. In: Haedrich et al. (1982) (Hrsg.): Öffentlichkeitsarbeit. Berlin, New York, 1982, S. 217 ff.
WEISHÄUPL, G.: Die Messe als Kommunikationsmedium unter besonderer Berücksichtigung der Öffentlichkeitsarbeit und Werbung einer Messegesellschaft. München 1980.

Reginald Földy

Werbung von Messegesellschaften

1. Vorbemerkungen

2. Von der konstruierten zur präsentierten Kompetenz

3. Das innere Dilemma der werblichen „Zwitterstrategie"

4. Erklärwettbewerb versus „Reklame"

5. Fachmesse – Publikumsmesse: Veraltete Begriffe?

6. Verbrauchernutzen – ein Messefremdwort?

7. Das Geistige des Marktes

8. Kommunikationsmedium Messe – Quo vadis?

Literatur

1. Vorbemerkungen

Ganz ohne Zweifel hat sich innerhalb der letzten beiden Jahrzehnte in stürmischen evolutiven Sprüngen das Messewesen von der Schaustellerebene früher Anfänge hin zu einem höchst differenzierten Instrument des Kommunikationsmanagements entwickelt. Es trug dazu bei, daß im klassischen Marketing-Mix, den H. Meffert in die Submix-Bereiche Produktmix, Distributionsmix, Kontrahierungsmix und *Kommunikationsmix* (vgl. Meffert 1973, S. 58) unterteilt, neue Gewichtungen zu setzen sind.

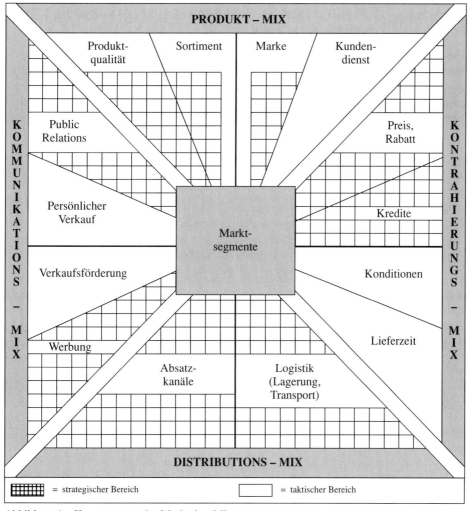

Abbildung 1: Komponenten des Marketing-Mix
(Quelle: Meffert 1973, S. 58)

Sehr entscheidend nämlich hat sich gerade in den letzten Jahren, wo in zunehmendem Maße in der Produktkommunikation eine Verschiebung weg vom Primat des Vertriebswettbewerbs hin in Richtung zum Erklärwettbewerb eingetreten ist, das operative Verhalten geändert. Messen, begünstigt durch ihre Positionierung an der Schnittstelle zwischen Produktpräsentation und Erklärdimension haben eine vorrangige Position erobert: sie wurden in den Medien-Adel erhoben.

Das Medium Messe, wie es seither und fortan heißt, ist zudem ein „Begreifmedium" in des Wortes wahrsten Sinne. Das einzige Medium, das, wenn man es mit den anderen, nämlich den Printmedien und den elektronischen Medien vergleicht, die „Hardware" (Produkt) in der Realdimension darbietet und die Verknüpfungsebene zur angesprochenen Käuferschicht durch die „Software" (Anwendernutzen) hinzufügt. Dieser kommunikative Synergieeffekt entfaltet eine Menge an Power.

Das, worum die anderen Medien hart ringen müssen, nämlich die „Lösungsfestigung" in einer Verständnisbeziehung herzustellen, erreicht das Medium Messe geradezu spielend. „Gehört oder gelesen ist nicht aufgenommen, aufgenommen ist nicht verstanden, verstanden ist nicht einverstanden, einverstanden ist nicht angewendet, und angewendet ist nicht beibehalten", so treffend charakterisiere Nobelpreisträger Konrad Lorenz den Lernweg einer Botschaft bis zu ihrer realen Umsetzung oder Löschung.

2. Von der konstruierten zur präsentierten Kompetenz

Messe erzählt nicht nur in Bild und Ton, also auf der wiedergegebenen Erlebnisebene, sondern auf der ganz konkreten Erlebnisebene – durch das Begreifbare gefestigt, worum es geht. Und kann dabei auf einer anderen Einstiegsebene beginnen.

Das macht die Messe geradezu prädestiniert für ihre Plattformaufgaben in einer sich immer rascher ändernden Produktlandschaft. Die Warenwelt um uns ändert, wie Cesare Marchetti das feststellte, in Innovationsschüben von etwa 16 Jahren rund 90 Prozent aller technischen und wirtschaftlichen Ressourcen neu! Messen als Innovations- und Kommunikationsereignisse haben daher in einem sich härter profilierenden Wettbewerbsfeld eine entscheidende neue Rolle übernommen. Das, gerade das müssen die Messen in der eigenen Darstellung ihres USP kommunikativ über die Rampe bringen. Dies ist zweifellos vorrangige Aufgabe der CI-Werbung von Messegesellschaften. Worauf es hier zentral ankommt, ist *Präsentierte Kompetenz.*

Sie drückt sich im *Gesamtleitbild* der Messegesellschaft aus und sollte eigentlich ein Spiegel der Harmonisierungen in der Unternehmenskultur sein. Sie sollte Wertesystem, Führungsstil, Innovationsverhalten, Qualitätsanspruch, Preiseriösität, Glaubwürdigkeit, Professionalität und Kontinuität umfassen.

Präsentierte Kompetenz drückt sich in den Gemeinsamkeiten der Unternehmenskommunikation aus: In Sprachkultur, Kommunikationsdynamik, Informationsdichte, Informationsstil, Informationsdosierung, in der Sensibilität für kommunikative Bedürfnisse und in einer ansprechenden Verständlichkeit.

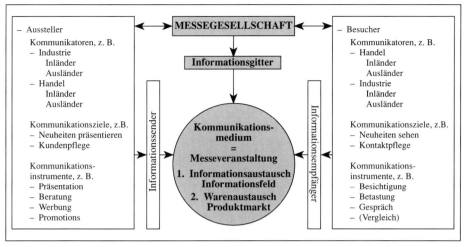

Abbildung 2: Darstellung der symmetrischen Struktur als Kommunikationsmedium (Schaubild Björn Sandt)
(Quelle: H. Zebhäuser; München 1980)

Kein mittelfristig oder langfristig gesetztes Unternehmenskonzept kommt ohne Ziel- und Leitdefinitionen des Kommunikationskonzeptes aus. Corporate Identity entsteht nur durch systematisches Corporate Design. Gerade Messegesellschaften haben hier oft erklärbare Umsetzungsschwierigkeiten. Denn es geht um mehrere Bezugsebenen zugleich: Die „Hausdarstellung", das kommunikative Profil des Gesamtunternehmens. Und es geht um Verknüpfungspunkte zu den Ergebnissen des Unternehmens – zum „Produkt" (einem höchst differenzierten multistrukturellen Gebilde).

Oft nämlich findet man gar nicht so leicht die CI-Klammer zwischen Unternehmen und der unternehmensspezifischen – und charakteristischen – Einzelveranstaltung. Betrachtet man das Produkt Veranstaltung als kommunikatives Zentralanliegen, gerät leicht der „Producer" (die Messegesellschaft) in den Hintergrund.

Stellt sich das Messeunternehmen dominant dar, so wird es gerne und rasch von der Ansprechebene 1 – den Ausstellern – als „Marktmacho", als „fast um jeden Preis-Veranstalter", als egozentrisch agierender „Profithai" eingestuft. Das stärkt natürlich nicht Bindungsgefühle zu den einzelnen Branchen. Es ist also eine höchst sensible Angelegenheit, hier mit dem richtigen Maß für höhere Ziele und aktuelle Schnittstellen vorzugehen.

Kommunikative Kompetenz beweist man zunächst in einer glasklaren Selbstdefinition des inneren und äußeren Kommunikationsfeldes. Ist das innere Feld nicht ausdefiniert, fehlen die Leitlinien und damit die Kommunikationsziele für Mitarbeiter. Hier könnte der Ansatz lauten:

– Wir sind die Summe der Erfahrungen, des Wissens, des Könnens aller Mitarbeiter.
– Wir sind teamorientiert, dynamisch und flexibel.
– Langjährige Branchenkenntnis, Qualitätsbewußtsein und Sacherfahrung sind fest miteinander verknüpft.

Bei der Erfassung des *äußeren Feldes* geht es um die Zielansprache von Ausstellern, Besuchern und einer breit definierten „generellen Öffentlichkeit", die sich aus den verschiedenen sozialen Gruppen und Gruppierungen, vor allem aber auch aus den anderen öffentlichen Medien, den Massenmedien zusammensetzt.

In Richtung auf Aussteller sollte sich die Messe als generell *lösungsorientiert* darstellen, in Richtung auf Besucher als perfekter *Erlebnisvermittler* und in Richtung auf breite Öffentlichkeit und Medien als *fortschrittlich* in den Dimensionen Innovation, Ökologiebewußtsein, soziale Verantwortung und Vertrauens-Leadership.

3. Das innere Dilemma der werblichen „Zwitterstrategie"

Wenn man der gültigen Definition des Begriffes „Werbung" folgt, dann versteht man unter Werbung „im allgemeinen die beabsichtigte Beeinflussung von marktrelevanten Einstellungen und Verhaltensweisen ohne formellen Zwang unter Einsatz von Werbemitteln und bezahlten Medien" (Schweiger/Schrattenecker, 1986, S. 112). Soweit die von Schweiger und Schrattenecker in die gültige Wirtschaftspraxis eingebrachte Definition. Sie umfaßt gewiß die Kernbereiche der oben dargelegten Strategien.

Wir müssen uns also, wenn wir uns mit der Werbung von Messegesellschaften befassen, in gleicher Weise der Organisations- und Ablaufstruktur zuwenden, wie den verschiedenen strategischen Zielrichtungen. Wenn Kommunikationsmarketing im Messeunternehmen den richtigen Stellenwert hat, ist es meistens (aufgefächert in die Bereiche Werbung, Public Relations und Verkaufsförderung) an zentraler Stelle eingeordnet.

Personelle Ausstattung entscheidet zumeist die in das Unternehmen abgegebene kommunikative Dienstleistung. Werbe- und PR-Agenten sind bei Messen sehr häufig nach der Struktur einer Werbe- oder PR-Agentur gegliedert, während die Verkaufsförderungsaktivitäten stärker in Richtung auf die Projektbereiche hin vernetzt sind.

Die personellen Ressourcen, aber natürlich auch die festgeschriebene Zielsetzung und Aufgabenstellung entscheiden darüber, ob diese *In-house-Agenturfunktion*, gewissermaßen produktabdeckend eingesetzt wird oder ob konzeptive und kreative Leistung von außen eingekauft und nur unternehmensintern koordiniert wird.

Das klare Ziehen der Schnittlinien in der Organisationsmatrix wird in vielen Fällen entscheidend dafür sein, wie sehr das gesamte Messeunternehmen sich mit der kommunikativen Dienstleistung identifiziert. Manche Messegesellschaften haben beides: die hauseigene „Agentur" und die eingekaufte Fremdleistung. Das geschieht meistens dann – und das sollte offen klargestellt sein – wenn sich einige starke Führungspunkte im Unternehmen nicht mit „vorgegebener" Kommunikationsleistung zufrieden geben. Das führt im extremen Fall dazu, daß jede einzelne Projektgruppe des Unternehmens sich als eigenständiger und sehr oft im hausinternen Wettbewerbsfeld nach Profilierung suchender Veranstalter definiert und einen eigenen Werbebereich installiert. Werbung ist hier an die parzellierende Profitcenterphilosophie gebunden und der zentrale Werbebereich im Haus degeneriert dann meist zu einer koordinativ verstandenen Stabsfunktion.

Es ist schwer, ein endgültiges Urteil darüber abzugeben, ob nun die hauseigene, zumeist mit Ausklammerung des Medieneinkaufs und des Artbuyings installierte „Full-Service Agentur" der beste Weg ist oder die „Zwitterstrategie", hauseigene Werbung als Basis zu haben, aber mit externen Agenturleistungen zu verknüpfen, besser ist oder gar – was ja in der Politik im Augenblick große Mode ist – lauter kleine „Autonomien" zu schaffen.

Zugegeben: es ist genauso schwierig geworden, eine lange im Hause bewegte Erfolgsmesse kreativ-konzeptiv „ewig jung" zu halten. Manchmal läßt der „Dampf" nach. Dann sind Außenimpulse gewiß angezeigt.

Im Veranstaltungsbereich sieht es ja mittlerweile ähnlich aus. Kein Messethema entgeht dem Einfluß von Alterungszyklen. Wer Dienstleistung als Produkt sieht, muß sich auch damit abfinden, daß das „Produkt" Dienstleistung ebenso altert wie andere Produkte auch. Dabei im Auge zu behalten ist nicht nur der Themenwettbewerb am Markt sondern auch der Themenwettbewerb der Messegesellschaften untereinander.

4. Erklärwettbewerb versus „Reklame"

Allen Messegesellschaften der Zukunft – und vor allem mit Zukunft – wird daher einiges an Flexibilität abverlangt werden, denn das breite Auseinanderklaffen der Voraussetzungen und Aufgabenbereiche erfordert Kompetenz auf allen Ebenen: Kompetenz der Mannschaft, Kompetenz der Dienstleistungsstrukturen, Kompetenz im Programmfächer und vor allem auch eine schnelle reaktive Adaptionsfähigkeit bei sich rasch ändernden Voraussetzungen. Das ist eine große Vorgabe.

Damit erfordert das Messemachen ein hohes Niveau an Professionalität. Es bedarf der dramaturgischen Feinfühligkeit für die „Inszenierung" der Produktbühne. Denn längst geht es auf allen Ebenen nicht mehr um simples Verkaufen, sondern um die Hardware-Software-Integration von Produkt und Verwender. Das Szenario Messe ist kommunikativ ebenso wie in der Realität weit weggerückt von den seinerzeitigen schlichten Strukturen eines Gelegenheitsmarktes.

Zur vorhin dargelegten klassischen Definition von der Werbung kommt die durchaus nicht mehr „klassisch" zu bewerkstelligende Selbstdefinition heutiger Messen: Messen sind mittlerweile zu überaus sensiblen, marktregulierenden und – wegen der Schnelligkeit der Änderung – selbstadaptiven Top-Instrumenten des neuen „Erklärwettbewerbs" geworden.

Auf der Ebene 1 daher also bitte mehr Kompetenz für die Werbung im „inneren Feld" des Messewesens! Eine unabdingbare Forderung, bevor man daran geht, die Ebenen 2, 3 und 4 des „äußeren Feldes" darzustellen. Hier sind in der Zielgruppendefinition und damit in der Wahl der Strategien bereits Sprachregelungen nötig.

Werbeleute neigen dazu, das Feld in die Aufgaben der „klassischen Werbung" aufzuteilen, also des Medieneinsatzes von *Printmedien* (Plakat, Inserat, Katalog, Prospekt, Flugblatt), *audiovisuellen Medien* (Fernsehen, Rundfunk, Ton- und Bildbotschaften am Ort des Geschehens, Bildschirmtextwerbung) und damit überschneidend *Direktwerbung,* die sich an Zielgruppensegmente wendet und sich dabei der verschiedensten Methoden des Direktmarketings bedient.

Vor allem bei der *Ausstellerwerbung*, korrekter: Werbung um Aussteller, geht es um gezielte Ansprache.

Ausstellerkommunikation ist daher extrem zieldeterminiert und orientiert sich an den Merkmalen der anvisierten Gruppe. Damit sind ganz spezifische Voraussetzungen für die einzusetzenden Werbeträger, die Kommunikationsinhalte, und die auf *Themenkompetenz* ausgerichteten Gestaltungselemente zu legen.

Längst schon ist es zur Selbstverständlichkeit geworden, daß bei der Ausstelleraquisition *Database-gestützte Zielgruppenstrategien* laufen. Das bedingt:

– zielgruppensegmentierte Ansprache,
– bedarfsgerechte Angebotsauffächerung,
– nutzenorientierte Argumentation und last but not least
– generelle Attraktivität des Angebotes.

Die „Munition" für zielgerechtes Vorgehen wird dabei nicht nur aus Erfahrenswerten bestehen dürfen, sondern sehr intensiv und weitgehend durch quantitative und qualitative Markt- und Meinungsforschungen abzusichern sein. Nur wer den Überblick über eine Branche darstellt, kann auch in der nachfolgenden Messeveranstaltung kompetenten Branchenüberblick liefern.

Während gewisse Printmedien auf die relative Langlebigkeit der kommunizierten Information in Wochen- oder Monatspublikationen im Vergleich zur Tagespresse hinweisen, kann die Messe mit einem unschlagbaren „Dauerargument" argumentieren: der „alte Raddampfer" *Messekatalog* hat sich auch im Wettbewerb mit elektronischen Kommunikationsmitteln seine Überzeugungskraft bewahrt. Unbeirrt zieht er seine Verbindungslinie von Messeereignis zu Messeereignis. Als aktuell gültiger Branchenüberblick. Als Kompetenzdokumentation für Veranstalter und Aussteller.

Es würde zu weit führen, im Rahmen einer kurzen, dichten Umreißung der Aufgabenstellung für die Werbung von Messegesellschaften jetzt zu sehr ins Detail zu gehen. Hier sollten daher nicht Detailrezepte, sondern generelle Empfehlungen den Vorrang haben.

Eines darf hier dennoch nicht außer acht gelassen werden: die notwendige synergistische Verzahnung zwischen den werblichen Aktivitäten der Messegesellschaft und den werblichen Aktivitäten der Aussteller ins rechte Licht zu rücken. Es bleibt nämlich meistens verflixt wenig Zeit zwischen Impulsergebnis der Werbung um Aussteller und Einsatz der Werbung von Messegesellschaften und Ausstellern um Besucher.

5. Fachmesse – Publikumsmesse: Veraltete Begriffe?

An dieser Stelle ist es wohl unnötig festzustellen, wie unterschiedlich die Ausgangslage der Besucherwerbung ist, je nachdem, ob es sich um eine Fachmesse oder eine Publikumsmesse handelt.

Für die *Fachmesse* gilt ganz besonders das vorhin Gesagte, nämlich, daß es sehr entscheidend ist, rechtzeitig, das heißt frühzeitig, die Werbemaßnahmen der Messegesellschaft und der definitiven Aussteller zu synchronisieren. Gilt es doch im besonderen Maße, an eine kompetente Veranstaltung auch kompetente Fachbesucher heranzuführen. Während die Messegesellschaft auch im Segment eher „flächendeckend" operiert, das heißt in Fachmedien Anzeigen schaltet und auch andere gruppenspezifische Ansprechwege einschlägt, wird die Werbung der Aussteller um Fachbesucher sich eher an branchenbekannten Parametern orientieren.

Die gefürchtete Überschneidung in der Ansprache durch mehrere Aussteller ist, so könnte man meinen, eher eine „Revierfiktion". Der kumulative Effekt, noch dazu wo sich ja meistens die Staffelung der Ansprache schon durch differente Posteinlaufzeiten ergibt, wird den „Nachteil" der Multiplizität gewiß ausgleichen.

Andere Voraussetzungen sind gegeben, wenn die Werbebotschaft an Besucher einer *Publikumsmesse*, damit also an die „generelle Öffentlichkeit" gerichtet sind. Natürlich sind, bei der zunehmenden fachlichen Ausrichtung der für Publikum zugänglichen Messen die Gewichtungen darauf zu setzen, daß auch bei nicht detailliert sachkundigem Publikum heute wesentlich mehr kommunikative Kompetenz vorausgesetzt werden kann.

Die Informationsgesellschaft scheint mittlerweile doch ein gutes Stück des Weges zum „mündigen Verbraucher" zurückgelegt zu haben. Klar, daß bei der wirksamen Erfassung von Publikum die definierte Werbewirkung auf die wohlausgewogene Relation zwischen ausgelöster *Emotion* (level of emotional arousal) und auf die vom Individuum wahrgenommenen Möglichkeiten zur angemessenen Reduktion der ausgelösten Emotionen (subjective probability of success) ausgerichtet ist.

Im Klartext heißt dies, daß es Aufgabe der Werbung ist, einen emotionalen Erregungszustand aufzubauen und gleichzeitig Verhaltensmöglichkeiten anzubieten, wie sich das Individuum wieder abreagieren kann. Diese Verhaltensmöglichkeiten müssen, wie Werner Kroeber-Riel feststellt, auf das Werbeziel – das kann sowohl eine Einstellungsänderung wie auch der Kauf eines Produktes sein – hinauslaufen. Wichtig ist es dabei, die ausgelösten Emotionen so zu dosieren, daß sie vom Individuum als „erregungsadäquat" empfunden werden ... (vgl. Kroeber-Riel 1973, S. 84).

Eigentlich ist damit, wie Klaus Linneweh in seinem Exkurs über „das Problem der Kreativität" feststellt, jede Verarbeitung von kreativen Impulsen Grundlage eines Problemlösungsprozesses. Jede Problemlösungssituation – auch das Reagieren auf Attraktionsimpulse – fordert vom Individuum kreatives Denken: Die vorhandenen Informationen gehören mobilisiert, die früheren Erfahrungen müssen mitinvestiert werden und aus beiden müssen kombinatorisch neue Strukturen geschaffen werden (vgl. Linneweh 1973, S. 231).

6. Verbrauchernutzen – ein Messefremdwort?

Michael Kunczik weist in seiner „Kommunikation und Gesellschaft" darauf hin, daß „mit Bedürfnissen ausgestattete Individuen" – so wird unterstellt – „aktiv nach deren Befriedigung streben, wobei die Massenmedien eine Möglichkeit der Bedürfnisbefriedigung bieten. Massenmediale Inhalte werden demnach entsprechend der jeweiligen Bedürfniskonstellation gewählt und konsumiert, um Bedürfnisbefriedigung zu erreichen" (Kunczik 1984, S. 55).

Die fünf Aspekte des *Nutzenansatzes*

- Ein „aktives" Publikum konsumiert medienzielgerichtet
- Die Initiative zur Herstellung der Verbindung zwischen Bedürfnisbefriedigung und Wahl des Medieninhaltes liegt beim Publikum
- Medienkonsum stellt nur eine Möglichkeit der Bedürfnisbefriedigung dar
- Rezpienten „kennen" ihre Bedürfnisse
- Werturteile über die kulturelle Bedeutung von Massenkommunikation unterbleiben

Messegesellschaften, die ihre Kommunikationsziele richtig definiert haben, müssen dies in allen komplementären Ebenen tun. Beginnend bei der Eigendefinition „Messe", fortgesetzt durch die Definitionen von „Werbung", „Gesellschaft", und „Bedarf".

Hinzu kommt natürlich noch die sehr notwendige Diskussion der aus den Definitionen abzuleitenden *Interaktion*. Auch hier bietet die Massenkommunikation mit der *„Play-Theorie"* Ansätze. Stephensen, der als Freudianer einen Gegensatz zwischen Individualbedürfnissen und sozialen Zwängen annimmt, geht davon aus, daß die Massenmedien Freiheit gegenüber den gesellschaftlichen Mechanismen sozialer Kontrollen bieten. Mit anderen Worten: Der Rezipient, also der Empfänger von Botschaften, wählt aus dem Angebot der Massenmedien das aus, was ihm Freude macht und damit zu einer solcherart definierbaren „Selbstverwirklichung" beiträgt (vgl. Kuncik 1984, S. 65).

Konvergierende Selektivität (convergent selectivity) des Publikums sei deshalb ein Schritt zur Freiheit, weil sich jeder das auswähle, was ihm Freude mache, oder ihn unterhalte. Ganz in die gleiche Richtung zielt der geniale Berliner Marketingpsychologe Otto W. Haseloff, wenn er meint, die Sucht und Sehnsucht nach kontinuierlicher Freude mache eine steigende Zahl von Menschen zu „Konsum-Don Juans", Leuten, die ihre Lust am Produkt mit der Lust ewiger Suche verbinden.

Das Bewußtsein dieser Mechanismen verlangt fundiertere Ansprechtechniken, als sie bisher in der Branche üblich waren. „Messen für Menschen" war hier wohl ein guter genereller Ansatz. „Für welche Menschen" sollte man jedoch weiter fragen. Die Antwort darauf sollte ein passendes *segmentgerichtetes Kommunikationskonzept* geben.

Lifestyle-Konzepte vielleicht, wie John Naisbitt das fordert, der in seinen „Megatrends 2000" die Gleichzeitigkeit eines stärker verschmelzenden internationalen Lebensstils und einer Rückbesinnung auf nationale und regionale Traditionen prophezeit.

Es ist ein von Konsum bestimmter Lebensstil. „Man trinkt Cappuccino und Perrier, stellt sich Möbel von Ikea in die Wohnung, ißt Suhsi, kleidet sich in den United Colours of Benetton, hört sich amerikanische oder britische Rockmusik an, während man im Honda mal schnell zu McDonalds fährt."

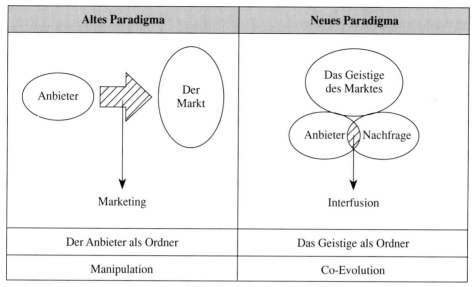

Abbildung 3: Im Vergleich – Altes und Neues Paradigma
(Quelle: Gerken 1990, S. 169)

7. Das Geistige des Marktes

Die Welt als einheitlicher Markt – eine Fiktion oder bald schon Realität? An diesem Zukunftsmodell könnten Messegestalter und -Veranstalter nicht einfach vorüberproduzieren. Oder aber wird der Gegentrend mächtig? Die heftige Reaktion auf die Gleichförmigkeit, das Bedürfnis, die Einzigartigkeit der eigenen Kultur zu bewahren und fremde Einflüsse abzulehnen? Keine Frage. Beide Wege sind gangbar und laufen daher gleichzeitig. Auf das Messewesen übersetzt heißt das, die Trends zur *Globalisierung* von Messethemen werden sich ebenso verstärken und beschleunigen wie jene zur Regionalisierung von Messethemen.

Das erfordert eine *„Breitbandflexibilität"* der in Messen Tätigen. John Diefenbach vom Marktforschungsunternehmen Landor hat eine weltumfassende Markenuntersuchung durchgeführt, die ergab, daß 40 Unternehmen den Sprung zur „Weltmarke" geschafft haben. Darunter Coca Cola, IBM, Sony, Porsche, McDonalds, Honda und Nestle. 17 der 40 Unternehmen sind amerikanische Firmen, 14 kommen aus Europa und 9 aus Japan (vgl. Diefenbach 1990, S. 107). Zunehmendes Warenangebot und verfeinerte Wareninszenierung, wobei natürlich die kontinuierliche CI-Pflege im Vordergrund steht, haben für den Konsumenten den „Warenkorb der Welt" immer attraktiver werden lassen.

Die Vereinigung von Lifestylerezepten und „Special interest Messen" haben auch in der Werbung für Messen und von Messen neue Dimensionen geschaffen. Das entspricht durchaus den neuen Modellen der Kommunikation, die sich von den traditionellen Vorstellungen der Marketing- und Werbeexperten abzuheben scheinen.

Gebhard Rusch geht in seinen Empfehlungen zur Änderung davon aus, daß es in der Welt des Marktes im Prinzip schon heute keine reinen Input-Output-Kommunikationen gibt. Er meint, die „intersystemische Interaktion" verdränge das klassische Kommunikationsmodell (vgl. Gerken 1990, S. 104). Die neue Perspektive stützt sich auf die These, daß jede Interaktion eines Menschen oder Systems mit der Umwelt im Grunde eine Interaktion mit sich selbst bleibe, weil die sogenannte „Umwelt" im Prinzip nur eine Innenkonstruktion des Handelnden ist. Man erlebt also, so sagen die Verkünder der neuen Lehre, nie den anderen wirklich, sondern nur seinen Entwurf vom anderen. Da, wo sich diese beiden Entwürfe und Projektionen überschneiden, ist das *Geistige des Marktes*.

Gerd Gerken postuliert in seinem „Abschied vom Marketing", daß das Volumen direkter segmentierter Verkaufsförderung seit Jahren zu Lasten von Massenwerbung steigt, weil alle Akte der Kommunikation *individueller, segmentierter* und damit *selektiver* ablaufen. Wir sind damit von der Informationsebene und deren Verknüpfung mit Entertainfunktionen zum *Infotainment* gelangt: die Unterhaltung durch Information.

In diesen Wettstreit der neuen Medien um zeitgemäße Marktkompetenz hat sich die Messe mit gewichtigen Kommunikationsmöglichkeiten eingeblendet. Nach einer Trennung der Strategie zwischen klassischen Werbemedien und den im starken Aufwind liegenden segmentgerechteren neuen Medien wie Direktmarketing hat auch das Begreifmedium Messe als „Segmentmedium" einen wichtigen Platz erobert.

8. Kommunikationsmedium Messe – Quo Vadis?

Wenn man Prognosen auf diesem Gebiet Glauben schenken darf, so dürfte durch diese Umstrukturierung der Kommunikationswege das magische Datum 2000 längst schon eine „Götterdämmerung" der Kommunikationsetats bewirkt haben. Vernetzungskonzepte unter Ausschluß massenmedialer Öffentlichkeit dürften dann rund 40 Prozent der heutigen Kommunikationsbudgets erreicht haben.

„Die sozialen Gruppen formieren sich immer unschärfer, und das konsumtive Verhalten wird immer sprunghafter und paradoxer. Die Konsequenz daraus: Im Grund gibt es keine Zielgruppen mehr ..." (Gerken 1991, S. 77).

Im Streitgespräch eines Workshops, der sich mit diesem zukunfträchtigen Thema befaßte, ging es hitzig zu. Jede Strategie, so wurde entgegengestellt, benötige klare Ziele und daher auch klare Zielgruppen. Damit lebten eigentlich Markt- und Meinungsforschungs- und einige Generationen von Marketingleuten bisher recht gut. Die Gegenthese: Zielgruppen existieren nur im Kopf der Planer und stellen daher abstrakte Kategorien dar. Somit gäbe es also nur *„kategoriale Zielgruppen"*.

Als die Hitzköpfe weiterdiskutierten, stellten sie fest, daß reale, festumschriebene Zielgruppen nur derjenige braucht, der eine Art machiavellisches Marketing betreibt. Der für sein Marketing nur den „Kontext der Macht" im Kopf hat. Sieht man aber Marketing in dem

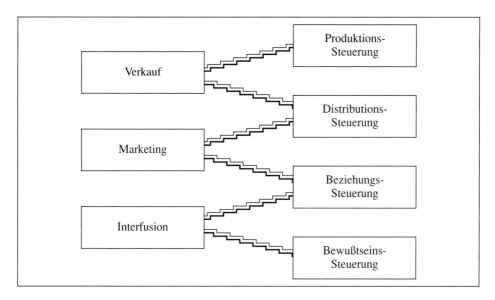

Abbildung 4: Transformations-Etappen
(Quelle: Gerken 1990, S. 385)

Kontext „alle beeinflussen alle", dann gerät das Bild der passiven, festumrissenen Zielgruppen tatsächlich ein wenig ins Wanken. Die Frage, ob die „Netzwerk-Gesellschaft" sich mit diesen Überlegungen im eigenen Netz der Vernetzung verstricken vermag, bleibt noch ein wenig offen.

Sicher aber ist ein wertvoller Impuls daraus abzuleiten: *Kontextmanagement* trägt alle Möglichkeiten in sich, zur goldenen Plattform zukunftsorientierter Marketingstrategien zu werden. Wer Kontext definiert, Kontext sucht und in der daraus ableitbaren Konsequenz Kontext auch herstellt, hat den Schlüssel zur Menschenbewegung und damit zur Marktbewegung in der Hand. Kontextherstellung formt Verhalten, Kontext verändert Verhalten. *Kontext macht aus Informationen den Sinn des Wissens.*

Damit ist sehr klar umrissen, was man heute unter „*Management by spirit*" zu verstehen hat. Ein wichtiges Signal wohl, daß den unzähligen „Management by"-Techniken nun eine Kategorie hinzugefügt wurde, die im wahrsten Sinne des Wortes oben ihren Sitz hat.

Es ist nicht einmal ein allzu visionäres Modell. Und ein Szenario, mit dem – solange andere sich noch abmühen, sich damit abzufinden – Messegesellschaften schon auf einem deutlichen Zukunftsweg sind. So einfach ist das: Aus Textern sollten Kontexter werden. Aus Werbung Interfusion. Dann sind die neuen Kommunikationsmanager am Zug. Und sie sind wahre Führungspersönlichkeiten. Warren Bennis und Burt Nanus stellten provokant – weil wahr – fest:

„Manager machen die Dinge richtig. Führungspersönlichkeiten machen die richtigen Dinge."

Literatur

ANTONOFF, R.: Die Identität des Unternehmens. Ein Wegbereiter zur Corporate Identity. Frankfurter Zeitung/Blick durch die Wirtschaft. Frankfurt 1987.
FÖLDY, R.: Die Messe als Markt. Beteiligungsstrategien für Aussteller. Wien (Orac-Verlag) 1990.
GERKEN, G.: Abschied vom Marketing. Düsseldorf (Econ) 1990.
GERKEN. G.: Geist. Das Geheimnis der neuen Führung. Düsseldorf (Econ) 1991.
HASELOFF, O. W.: Kommunikation, Transformation und Werbeerfolg. In: „Kommunikation & Gesellschaft" Nadolski, Karlsruhe 1973.
KUNCZIK, M.: Kommunikation und Gesellschaft. Böhlau, Köln/Wien 1984.
LINNEWEH, K.: Das Problem der Kreativität. In: „Was wissen wir über Kommunikation wirklich?" Nadolski, Karlsruhe 1973.
NAISBITT, J./ABURDENE, P.: Megatrends 2000. Düsseldorf (Econ) 1990.
SCHWAIGER, G./SCHRATTENECKER, G.: Werbung. Stuttgart 1986.

Adolf Tauberger
Wilfried Wartenberg

Serviceleistungen von Messegesellschaften

Einleitung

1. Service für Aussteller und Besucher
   1.1 Infrastruktur
       1.1.1 Messegelände
       1.1.2 Kommunale Infrastruktur
   1.2 Dienstleistungen für Aussteller und Besucher

2. Service für Aussteller
   2.1 Infrastruktur für Aussteller
       2.1.1 Messegelände
       2.1.2 Kommunale Infrastruktur
   2.2 Dienstleistungen für Aussteller
       2.2.1 Marketing
       2.2.2 Messepräsentation
       2.2.3 Gastronomie

3. Service für Besucher
   3.1 Infrastruktur für Besucher
   3.2 Dienstleistungen für Besucher

4. Ausblick

Einleitung

Für die Darstellung der Serviceleistungen von Messegesellschaften wurde ein Ansatz gewählt, der die Zielgruppen, für die diese Leistungen erbracht werden, in den Mittelpunkt der Betrachtung stellt. Es spielt dabei keine Rolle mehr, wer die Serviceleistungen erbringt, sondern für wen sie erbracht werden. Wir halten diesen Ansatz für vorteilhaft, weil damit das Gesamtpaket der notwendigen oder auch der gewünschten Serviceleistungen für die unterschiedlichen Zielgruppen von Messegesellschaften deutlicher wird. Wie auch in anderen Bereichen des Marketings und des Vertriebes ist es für den Kunden unerheblich, wer bestimmte Leistungen erbringt. Für ihn zählt das Gesamtpaket, also das Ergebnis der Leistungserbringung. Der Kunde will es nicht mit mehreren unterschiedlichen Ansprechpartnern zu tun haben, sondern er möchte in der Regel einen Ansprechpartner haben, der für ihn sicherstellt, daß eine Serviceleistung als Gesamtpaket erbracht wird, die seinen individuellen Interessen und Bedürfnissen entspricht.

Die organisatorische Umsetzung eines solchen Denkansatzes ist für Messegesellschaften nicht immer leicht. Es bleibt festzuhalten, daß Messegesellschaften nur einen Teil der für die Kunden notwendigen Serviceleistungen selbst bestimmen und gestalten können. Für einen wesentlichen Teil sind sie auf das Verständnis und auf die Kooperation mit anderen Leistungsträgern angewiesen, ohne daß ein Weisungsverhältnis von den Messegesellschaften zu diesen Leistungsträgern besteht.

Ein wichtiger Punkt, der in Zukunft noch bedeutender und auch brisanter werden wird, soll an dieser Stelle erwähnt werden. Messen belasten in erheblichem Maße die Infrastruktur der Messestädte. Die Messegesellschaften und alle am Messegeschäft interessierten Wirtschaftskreise müssen sich darüber im klaren sein, daß solche Belastungen von der Bevölkerung zunehmend kritischer beurteilt werden. Das bedeutet, daß zukünftig eine Messegesellschaft verstärkt darauf zu achten hat, eine positiv eingestellte Öffentlichkeit im Umfeld des Messeplatzes zu schaffen, damit eine entsprechende Servicebereitschaft aller an der Serviceleistung Beteiligten sichergestellt werden kann.

1. Service für Aussteller und Besucher

1.1 Infrastruktur

1.1.1 Messegelände

1.1.1.1 Hallenstruktur

Das Hauptproduktionsmittel von Messegesellschaften ist naturgemäß das Messegelände. Für beide Zielgruppen, Aussteller und Besucher, wird das Messegelände ein prägendes Kriterium für die Beurteilung eines Messestandortes sein, weil hier das unmittelbare räumliche Erleben der Messeveranstaltungen stattfindet.

Neben dem äußeren Erscheinungsbild eines Messegeländes, das letztlich auch unterschiedlichen ästhetischen Beurteilungskriterien unterliegt, stellt eine kundenfreundliche Struktur des Hallenverbundes einen wesentlichen Serviceaspekt dar. Dies wird mit Sicherheit von den Ausstellern und Besuchern jeweils unterschiedlich erlebt, aber letztlich dann doch wieder in eine gemeinsame Beurteilung der Servicefreundlichkeit, der Hallenstruktur und damit des Messeplatzes einfließen. Grundsätzlich kann gesagt werden, daß durchgängig ebenerdige Messegelände sowohl von den Ausstellern als auch von den Besuchern als servicefreundlicher empfunden werden als mehrstöckige Messegelände. Für die Aussteller ist eine Beschickung ebenerdiger Messegelände einfacher und es gibt keine negative Beurteilung eines Standplatzes, die aus der unterschiedlichen Geschoßzugehörigkeit resultiert. Aus der Sicht des Besuchers erleichtert die Ebenerdigkeit eines Messegeländes die Orientierung.

Ein an Bedeutung zunehmender Aspekt, der von den anvisierten Zielgruppen durchaus als Serviceleistung gefordert wird, ist die behindertengerechte Ausstattung des Messegeländes und der Hallenzugänge. Dieses Ziel läßt sich bei einem ebenerdigen Messegelände leichter umsetzen.

Unmittelbare Folge der Struktur des Hallenverbundes ist die Eingangssituation zum Messegelände. Je nach Größe eines Messegeländes wird es mehrere klar erkennbare Eingänge geben, die eine angemessene Dimension aufweisen, um einen reibungslosen Zugang der Besucher auch in Spitzenzeiten zu ermöglichen. Das beinhaltet auch eine ausreichende Zahl und Dimensionierung der Kontrolleinrichtungen und Informationsstände.

1.1.1.2 Parkplatzsituation

Ein weiteres wesentliches Infrastrukturproblem, das nur zum Teil das Messegelände direkt berührt, ist die Bereitstellung einer ausreichend großen Anzahl von Parkplätzen. Die Kunden, die mit dem Auto das Messegelände erreichen, erwarten ausreichende Parkplatzmöglichkeiten, möglichst in unmittelbarer Nähe zum Messegelände, damit die Eingänge problemlos und schnell erreicht werden können. Gerade bei Fachmessen wird auch in Zukunft ein beträchtlicher Teil der Zielgruppen der Messegesellschaften mit dem eigenen Pkw anreisen, so daß bei aller Propagierung der Nutzung des öffentlichen Personennahverkehrs davon auszugehen ist, daß das Parkplatzproblem für Messegesellschaften im Rahmen ihres Serviceangebotes auch in Zukunft eine wichtige Position einnehmen wird. Dabei wird je nach Lage des Messegeländes nicht nur die Organisation der eigentlichen Parkplätze in unmittelbarer Nähe des Messegeländes für die Messegesellschaften eine Bedeutung haben, sondern es werden auch weiter entfernt liegende Parkmöglichkeiten genutzt werden müssen. Den Kunden müssen entsprechende Serviceleistungen, wie Shuttleservice, Befestigung der Parkplätze, Ausschilderung der Parkplätze etc. geboten werden.

1.1.1.3 Verschiedene Dienstleistungseinrichtungen

Im Messegelände selbst müssen die Messegesellschaften vermehrt eine Vielzahl von Serviceeinrichtungen installieren, die sie dann selbst betreiben oder betreiben lassen. An erster Stelle sei hier eine ausreichende Anzahl von auch qualitativ herausragenden Kommunikationseinrichtungen angeführt. Kunden sind gewohnt, die modernen und gängigen Kommunikationseinrichtungen jederzeit und an jedem Ort zur Verfügung zu haben. Sie akzeptieren es nicht, wenn diese auf dem Messegelände gar nicht oder in unzureichender Zahl vorhanden sind. Zu diesen Kommunikationseinrichtungen gehören neben Telefon, Fax, Videokonferenzmöglichkeiten u. a. auch eine ausreichende Zahl von Post- und Bankschaltern auf dem Messegelände, so daß die Kunden jederzeit über diese Einrichtungen kommunizieren können.

Weitere Dienstleistungen, wie z. B. Schreib- und Übersetzungsbüros, Copy-Centers, Messeshops bis hin zu einem Friseur, werden heute von Kunden auf dem Messegelände erwartet. Die Bereitstellung dieser Dienstleistungen ist zum Teil für Messegesellschaften schwierig, weil es sich nicht um ein ganzjähriges Geschäft handelt, sondern um ein Geschäft, das nur zu Messezeiten, d. h. punktuell im Jahr betrieben werden kann. Oftmals ist es schwierig, hier Betreiber außerhalb der Messegesellschaften zu finden, die gewillt sind, diesen Service auf dem Messegelände sicherzustellen und qualitativ so zu erbringen, daß er den Anforderungen einer internationalen Klientel gerecht wird.

Ebenfalls zunehmend wichtig ist das Vorhandensein von Airline-Schaltern auf dem Messegelände, ggf. auch von Reisebüros bis hin zu Check-In-Einrichtungen von Fluggesellschaften oder Flughäfen. Die Verweildauer sowohl von Ausstellern als auch von Besuchern bei Messen wird immer kürzer. Es spielt daher durchaus eine Rolle, ob ein Besucher oder Aussteller bereits am Morgen auf dem Messegelände einchecken kann oder ob er entsprechend früher das Messegelände verlassen muß.

1.1.1.4 Tagungsräume

Zu den Serviceleistungen auf dem Messegelände gehört weiterhin die Bereitstellung einer ausreichenden Zahl von Tagungsräumen, so daß Treffen, die an den Ständen nicht stattfinden können oder sollen, auf neutralem Raum in Tagungsräumen auf dem Messegelände organisiert werden können. Messegesellschaften müssen allerdings davon ausgehen, daß diese Form der Serviceleistungen aus der Sicht ihrer Aussteller- und Besucherzielgruppen als immer selbstverständlicher angenommen und vorausgesetzt wird.

Zu den Standards der großen internationalen Messegesellschaften und ihrer Messegelände gehört immer mehr die Bereitstellung einer VIP-Lounge. Gerade bedeutende Zielgruppen erwarten flughafenähnliche Einrichtungen auf den Messegeländen. Es sind für die Messegesellschaften auf den ersten Blick teure, weil unrentable Einrichtungen. Messegesellschaften müssen sich allerdings darüber im klaren sein, daß ihre Kunden einen Servicestandard erwarten, der dem anderer Dienstleistungsträger entspricht, z. B. dem der Fluggesellschaften. VIP-Lounges sind immer problematisch, weil der Zugang zu ihnen mit einer Selektion, also mit der Erteilung von Privilegien verbunden ist. Gerade die Erteilung des Zugangs zu diesen VIP-Lounges stellt eine Gratwanderung dar. Auf der einen Seite darf die Selektion nicht zu sehr nach elitären Kriterien verlaufen, damit gerade auf der zum Teil sehr empfindlichen und sensibel reagierenden zweiten Führungsebene es nicht zu Negativhaltungen kommt, andererseits darf der Zugang nicht zu großzügig verteilt werden, weil dann der eigentliche Zweck von VIP-Lounges nicht mehr aufrecht erhalten werden kann, nämlich die Garantie einer exklusiven ruhigen Atmosphäre. Über eines müssen sich Messegesellschaften allerdings im klaren sein: VIP-Lounges werden in Zukunft ganz einfach von bedeutenden Vertretern der Zielgruppen auf den Messegeländen vorausgesetzt.

1.1.1.5 Gastronomie

Eine der wichtigsten und problematischsten Einrichtungen im Messebereich ist die Gastronomie. Die Erwartungen an das gastronomische Angebot sind nicht nur sehr unterschiedlich, sondern sie sind in der Regel auch sehr hoch. Es gilt also, eine nicht nur quantitativ bedeutende, sondern vor allen Dingen auch qualitativ akzeptable Leistung für einen kurzen Messezeitraum sicherzustellen. Dabei werden die Erwartungen und Forderungen der Kunden immer höher, vor allem, was das Ambiente anbetrifft. Massenabspeisungen in lagerähnlichen Kantinen werden ganz einfach nicht mehr akzeptiert. Es müssen daher innerhalb des gastronomischen Angebots unterschiedliche Kategorien angeboten werden, vom Imbiß bis hin zum luxuriösen Restaurant. Eine Messegesellschaft, die den Anspruch hat, als internationale Messegesellschaft zu gelten, muß darüberhinaus sicherstellen, daß die unterschiedlichen Essensgebräuche der internationalen Klientel Berücksichtigung finden. Mit Sicherheit sollte darauf geachtet werden, daß Fleischgerichte, die aus religiösen Gründen teilweise nicht akzeptiert werden, nicht ausschließlich auf der Speisekarte stehen, sondern den internationalen Kunden Ausweichmöglichkeiten angeboten werden. Ziel aller gastronomischen Angebote ist es, sicherzustellen, daß zumindest für einen begrenzten Zeitraum die Kunden in einer angenehmen Atmosphäre verweilen können.

1.1.1.6 Sanitäre Einrichtungen

Zum Schluß soll ein Punkt angeführt werden, der auf den ersten Blick etwas merkwürdig erscheint, aber ebenfalls nicht unterschätzt werden soll; die Quantität und Qualität der sanitären Einrichtungen auf dem Messegelände. Aussteller und Besucher verbringen in der Regel einen ganzen Tag auf dem Messegelände. Auch hier gilt, was bei anderen Einrichtungen auf dem Messegelände bereits angeführt worden ist, der Standard anderer Dienstleistungsunternehmen bzw. -einrichtungen ist gerade für eine internationale Klientel Maßstab. Je aufwendiger diese Einrichtungen z. B. von Kongreßzentren, Flughäfen oder Hotels betrieben werden, desto höher sind die Erwartungen der Kunden an diese Einrichtungen auf dem Messegelände. Dabei muß auch berücksichtigt werden, daß der Anteil der weiblichen Besucher bzw. der weiblichen Entscheidungsträger in diesen Zielgruppen generell zunehmen wird. Entsprechend müssen die sanitären Einrichtungen gestaltet werden. Ein ausschließlich auf die männlichen Bedürfnisse ausgerichteter „Festwiesenstandard" wird in diesen Anforderungen nicht gerecht werden. Hier wird von den Messegesellschaften zukünftig mehr getan werden müssen, auch wenn es sich in der Errichtung und im Unterhalt um teure Einrichtungen handelt.

1.1.2 Kommunale Infrastruktur

Ein Messegelände kann architektonisch noch so beeindruckend sein, es kann hervorragend gegliedert sein und Einrichtungen mit dem höchsten qualitativen Standard haben. Das alles wird wenig nutzen, wenn es eine unzulängliche Verkehrsanbindung hat. Das fängt an mit der internationalen und nationalen Verkehrsanbindung und schließt die örtliche, also innerstädtische Erschließung der Zufahrten zum und vom Messegelände ein.

International gesehen steht an erster Stelle die Anbindung einer Messestadt durch ausreichende Flugverbindungen. Dabei kommt es gerade aus Besuchersicht zunehmend darauf an, daß ausreichende Tagesrandverbindungen zu der Messestadt existieren, damit Tagesbesuche ohne Übernachtung möglich sind. Ein Messestandort, der über solche internationalen Flugverbindungen verfügt, wird immer einen erheblichen Vorteil gegenüber anderen Messeplätzen haben. Aussteller und Besucher werten einen solchen Service positiv für das Image eines Messestandortes und letztlich auch für die Leistung, die eine Messegesellschaft erbringt. Darüberhinaus muß die Kapazität des Flughafens so dimensioniert sein, daß sie Spitzenbelastungen, wie sie naturgemäß während großer und bedeutender internationaler Messen auftreten, abfängt. Ein gut organisierter Flughafen vermittelt – insbesondere der internationalen Klientel – den ersten und letzten prägnanten Eindruck eines Messeplatzes.

Zunehmende Bedeutung wird eine vernünftige Anbindung des Messegeländes an das nationale und internationale Eisenbahnnetz bekommen. Einmal wegen der zunehmenden Überlastung der am häufigsten frequentierten Flugverbindungen, aber auch wegen der zunehmend schlechter werdenden Situation auf den Autobahnen und Straßen. Insofern wird ein Messestandort, der eine sehr gute Anbindung an die internationalen Eisenbahnverbindungen hat, in der Regel als vorteilhaft aus der Sicht der Kunden gewertet werden, wobei je nach Lage des Messegeländes eine direkte Anbindung des Messegeländes an das Eisenbahnnetz ein nicht zu unterschätzender Vorteil ist.

Wenn auch zunehmend geringer, so doch immer noch bedeutend wird der Anschluß eines Messegeländes an das Autobahnnetz sein. Messen werden von einer beträchtlichen Zahl ihrer Kunden mit dem eigenen Auto besucht werden. Insofern muß eine leistungsfähige An- und Abfahrt zu den Messegeländen über die Autobahnen sichergestellt werden, damit diese An- und Abfahrt reibungslos und unter dem geringstmöglichen Zeitaufwand geschehen kann. Das Problem ist, daß diese An- und Abfahrten mit den Stoßzeiten des Berufsverkehrs, nämlich morgens und abends konkurrieren und daß zunehmend Unverständnis für eine solch aufwendige Erschließung der Messegelände durch die politischen Entscheidungsträger festzustellen ist. Es ist Aufgabe der Messegesellschaft, dafür Sorge zu tragen, daß die politischen Entscheidungsträger verstehen, daß bei aller Problematik des individuellen Autoverkehrs Messegelände auch straßenmäßig ausreichend erschlossen sein müssen.

Gerade weil diese Anbindung über das Straßennetz auch in Zukunft Bedeutung behalten wird, kommt der Verkehrsführung zum Messegelände eine große Wichtigkeit zu. Bei Messen geht es darum, Anfahrts- und Besucherströme möglichst so zu lenken, daß die in der Regel ohnehin schon überlastete Infrastruktur des Messestandortes nicht zusätzlich belastet wird. Insofern muß möglichst frühzeitig auf dem Autobahn- und Straßennetz eine Verkehrsführung zur Messe erfolgen, damit Aussteller und Besucher einen Weg zur Messe finden, der nicht im Stau endet.

Messegelände, die entweder im Stadtgebiet oder in unmittelbarer Nähe des Stadtgebietes liegen, sind in der Regel ausreichend über den öffentlichen Personennahverkehr erschlossen, wobei es darauf ankommt, sicherzustellen, daß Kapazität und Taktzeiten des öffentlichen Personennahverkehrs ausreichend und bedürfnisgerecht organisiert werden. Ausländische Besucher werden in der Regel auf die Nutzung des öffentlichen Personennahverkehrs verzichten und Taxis bevorzugen. Hier haben Messegesellschaften dafür zu sorgen, daß Taxivorfahrteinrichtungen in ausreichender Kapazität vorhanden sind.

1.2 Dienstleistungen für Aussteller und Besucher

Als wichtige Dienstleistung wird zunehmend die Sicherstellung einer umfassenden und durchgängigen Kommunikation im Vorfeld und während der Messe empfunden. Die von den Messegesellschaften zur Verfügung gestellten Informationsmaterialien, wie z. B. Prospekte und Messezeitungen, dienen in erster Linie dazu, die Zielgruppen zur Teilnahme an einer Messe zu motivieren. Sicherlich bieten diese Medien in der Regel neben dem reinen akquisitorischen Ansatz auch eine Fülle von Informationen, die insofern auch Serviceleistungen darstellen. Aber als alleinige Informationsquelle und damit als Leistung der Messegesellschaften im Sinne eines umfassenden Services für ihre Zielgruppen werden sie zukünftig nicht ausreichen. Es ist Aufgabe der Messegesellschaften, weitergehende Informationen zu beschaffen und zur Verfügung zu stellen. Solches Informationsmaterial umfaßt nicht nur die gängigen Prospekte der Verkehrsämter für die jeweilige Region, sondern auch darüber hinaus gehende Materialien über die ökonomische und kulturelle Leistungsfähigkeit und das jeweilige Angebot der Region.

Eine der wichtigsten Serviceleistungen der Messegesellschaften im Rahmen ihrer Dienstleistung für Aussteller und Besucher stellt der Katalog der Veranstaltung dar. Beiden Zielgruppen vermittelt er einen Überblick über die Struktur und das Angebot der Veranstaltung. Aussteller können sich durch Anzeigen oder durch spezielle Einträge in den Katalogen potentiellen Kunden in der von ihnen gewünschten Form präsentieren und eine Kommunikation in Gang setzen. Der Katalog wird drei bis zwei Wochen vor Beginn der Veranstaltung allen Interessenten zur Verfügung gestellt, damit eine zielgerichtete, intensive Messevorbereitung vorgenommen werden kann. Dafür muß in Kauf genommen werden, daß für einen Teil der Aussteller (Last-Minute-Aussteller) ein entsprechender Nachtrag zusammengestellt werden muß.

Auch im Zeitalter der vielfältigen Möglichkeiten der elektronischen Kommunikation wird die Kommunikation mit den Kunden, die weit von dem eigentlichen Messestandort entfernt sind, weiterhin nicht immer direkt erfolgen. Es ist unumgänglich, daß Messegesellschaften im Rahmen ihres Dienstleistungsangebotes für Aussteller und Besucher ein engmaschiges Auslandsvertretersystem vorhalten. Für Kunden ist es einfacher, in ihrem Heimatland mit der Vertretung einer Messegesellschaft in der Landessprache kommunizieren zu können. Auslandsvertretungen stellen sicher, daß die Zielgruppen vor Ort alle Informationen und Dienstleistungen erhalten, die eine Messebeteiligung oder einen Messebesuch zu einem Erfolg werden lassen. Weiterhin sind sie für Messegesellschaften wichtig, weil über diese Vertretungen ein entsprechendes Feedback erfolgt. Dies wiederum stellt sicher, daß notwendige Korrekturen der Serviceleistungen zielgruppenspezifisch durch die Messegesellschaften vorgenommen werden können.

Zu den Dienstleistungen von Messegesellschaften im Rahmen ihres Serviceangebotes gehört mit Sicherheit auch, ihren internationalen Kunden Freizeit- und Kulturprogramme anzubieten. Hier kommt es darauf an, zusammen mit leistungsfähigen und erfahrenen Partnern entsprechende Dienstleistungspakete zusammenzustellen, wobei sichergestellt werden muß, daß die oft sehr unterschiedlichen Ansprüche der vielschichtigen Klientel der Messegesellschaften bedarfsgerecht befriedigt werden können. Insofern muß hier eine sorgfältige Selektion des Angebotes vorgenommen werden, damit nicht Ansprüche bzw. Erwartungen entstehen, die nicht abgedeckt werden können. Oftmals liegt in der Beschränkung das Optimum. Messegesellschaften sind keine Reisebüros, sie haben allerdings dafür Sorge zu tragen, daß An- und Abreise sowie eine mit der Messebeteiligung oder dem Besuch verbundene Rundreise nicht nur angeboten wird, sondern mit der entsprechenden professionellen Vorbereitung und Betreuung erfolgt.

2. Service für Aussteller

2.1 Infrastruktur für Aussteller

2.1.1 Messegelände

Im deutschen Messewesen haben die veranstaltenden Messegesellschaften in der Regel einen sehr großen Einfluß auf die Gestaltung des Messegeländes. Durch die enge Verknüpfung zwischen Veranstaltungsdurchführung und der notwendigen Veranstaltungshardware „Messegelände" wird sichergestellt, daß die Messegelände auf die Ansprüche der Veranstalter zugeschnitten sind. Der technische Standard der Messehallen sowie die Möglichkeiten der Hallenbeschickung determinieren, welche Veranstaltungstypen auf einem Messegelände optimal durchgeführt werden können. Die Hallenhöhe, die Bodenbelastbarkeit sowie die Höhe und Breite der Einfahrtstore in die Hallen bestimmen das Veranstaltungsprogramm des jeweiligen Messeplatzes mit.

Für die meisten Branchenmessen ist eine Hallenhöhe von 8,00 m und Halleneinfahrten von 6,00 m x 6,00 m eine Größenordnung, die allen Anforderungen gerecht wird und den Ausstellern die Möglichkeit bietet, ihre Exponate kostengünstig, d. h. direkt mit dem Lkw in die Halle – ohne vorheriges Umladen auf kleinere Fahrzeuge – zu bringen. Für einige Spezialmessen, z. B. Bootsausstellungen mit großen Segelbooten, kann eine 8,00 m hohe Halle bzw. ein 6,00 m hohes Eingangstor möglicherweise nicht ausreichend sein. Die Messegesellschaft wird dann von vornherein die Hallenaufteilung so vornehmen, daß die Aussteller mit Exponaten, die höhere Räumlichkeiten benötigen, in Hallen mit einer größeren lichten Höhe plaziert werden.

Ähnliche Überlegungen gelten für die Bodenbelastbarkeit der Hallenflächen. Für die meisten Branchenmessen ist eine Bodenbelastbarkeit von 1.000 kg/qm bzw. ein Raddruck von 4.000 kg ausreichend. Für einige Spezialmessen mit besonders schweren Exponaten, z. B. Gießereimaschinen, sollte die Bodenbelastbarkeit ca. 10.000 kg/qm betragen.

Die gesamte Verkehrsführung auf dem Messegelände, d. h. die Sicherstellung, daß der Aussteller seine Exponate zügig in jede Halle des Messegeländes bringen kann, sowie der nutzerfreundliche Zugriff auf Strom, Wasser, Druckluft bzw. Gas sind weitere Voraussetzungen für ein ausstellerfreundliches Messegelände. Eine problemlose Beschickung der Hallen ohne Staus und Wartezeiten erspart dem Aussteller erhebliche Kosten und trägt zu einer reibungslosen Messevorbereitung bei. Darüber hinaus wird jede Messegesellschaft darauf Wert legen, daß für den Aussteller wichtige Dienstleister, z. B. Zoll, Speditionen und Reinigungsfirmen, ausreichende Lager- und Büroflächen auf dem Gelände haben, damit der Aussteller einen schnellen und problemlosen Zugriff auf diese Dienstleistungen im Vorfeld, während und im Nachgang der Messe hat.

Die oben kurz angerissenen Punkte machen deutlich, daß abhängig vom technischen Standard des Messegeländes dem Aussteller die Messebeteiligung erschwert oder erleichtert wird. Vor diesem Hintergrund wird die Messegesellschaft bestrebt sein, möglichst optimal an die Gegebenheiten (Stärken und Schwächen) des Messegeländes angepaßte Veranstaltungen durchzuführen, um so den Ausstellern einen möglichst reibungslosen Ablauf der Messe gewährleisten zu können.

2.1.2 Kommunale Infrastruktur

Die Messegesellschaft sollte (vgl. 1.1.2) in Zusammenarbeit mit der Bundesbahn und Kommune sicherstellen, daß das Messegelände zur Anlieferung der Exponate einen Gleisanschluß erhält. Dies führt zu einer Entlastung der Straßenverkehrswege durch Lkws und trägt somit zu einer kostengünstigen und umweltverträglichen Anlieferung der Exponate bei. Da z. Zt. der weitaus größte Teil der Exponate auf der Straße zum und vom Messegelände transportiert wird, bleibt es Aufgabe der Messegesellschaft, im Zusammenwirken mit den politischen Entscheidungsträgern eine sehr gute, leistungsfähige Anbindung des Messegeländes an das Autobahnnetz zu gewährleisten. Die Verkehrsführung sollte dabei so gewählt werden, daß die Belastung für die Bevölkerung der Region im Vorfeld und während der Messezeiten möglichst gering ist.

2.2 Dienstleistungen für Aussteller

2.2.1 Marketing

Die Messegesellschaft stellt den Ausstellern eine Fülle von Marketinginformationen und Statistiken über die jeweilige Branche zur Verfügung und hilft auf diese Weise dem Aussteller, seine Positionierung am Markt im Vorfeld zu prüfen. Die Messegesellschaft informiert über die zu erwartende Zahl der Fachbesucher sowie die Aufteilung der Messe nach Branchen. Weitere Kennzahlen können das Ordervolumen der letzten Veranstaltung und in Abhängigkeit vom Messetyp die Wirtschaftsstrukturen (u. a. Bevölkerungszahl, Kaufkraft, Branchenentwicklung) der Region sein. Dieser zweite Punkt ist sicherlich vorwiegend für Regionalmessen interessant.

Neben den Marketinginformationen werden den Ausstellern konkrete Verkaufsförderungshilfen angeboten, die über die kostenlose Bereitstellung von Signets, Shell-Briefen, Tüten, Matern-Logos bis hin zu Eintrittskartengutscheinen durch die Messegesellschaft reicht. Diese Werbemittel helfen dem Aussteller, die für ihn wichtigen Gruppen für einen Messebesuch bei ihm auf dem Stand zu interessieren.

Zusätzlich zu diesen klassischen Instrumenten des Marketings und der Verkaufsförderung bieten die Messegesellschaften in zunehmendem Maße Kommunikationsunterstützung, z. B. durch einen Neuheitenservice in der Presse sowie Sonderbeilagen in Zeitungen, die den Ausstellern Möglichkeiten der Darstellung im Vorfeld und während der Messe bieten.

2.2.2 Messepräsentation

Für die erfolgreiche Messebeteiligung ist planerische und gestalterische Kreativität äußerst wichtig, denn die Art der Firmen- und Angebotsdarstellung gewinnt auf Messen immer mehr an Bedeutung. Um in der gewünschten Weise in einem vertretbaren Kostenrahmen präsent zu sein, wird es für Unternehmen immer wichtiger, sich professionelle Partner zu suchen. Die Messegesellschaften bieten zunehmend diesen Service vom individuell konstruierten Stand bis zum schlüsselfertigen Komplettstand, vom Equipment (Möbel, Blumen, Kühlgeräte) bis zum Aufbaupersonal. Diesen Service nutzen insbesondere mittelständische Unternehmen ohne eigene Messeabteilung und ausländische Aussteller, denen auf diese Weise eine professionelle und kostengünstige Präsentation ermöglicht wird.

2.2.3 Gastronomie

Die gastronomische Versorgung der Aussteller wird von den Messegesellschaften durch Partner oder eigenes Angebot gewährleistet. Der Service reicht von der Erfüllung von kulinarischen Wünschen auf anspruchsvolle Weise bis hin zum einfachen bürgerlichen Essen (vgl. 1.1.1.5). Im Vorfeld der Messe organisieren die Messegesellschaften eine Aufbauversorgung für den Standbau und die Zeit der Dekoration der Stände, damit der Aussteller ohne Zeitverlust seine Messevorbereitung abwickeln kann.

3. Service für Besucher

3.1 Infrastruktur für Besucher

Besucherspezifische Serviceeinrichtungen auf dem Messegelände sind u. a. Besucherleitsysteme bzw. Informationssysteme. Hier müssen Messegesellschaften neue Wege beschreiten. Je größer die Messen werden, desto notwendiger ist die Installierung entsprechender Leitsysteme. Im Augenblick gibt es keine optimale und damit allgemein zu empfehlende Lösung. Die Messegesellschaften experimentieren auf unterschiedlichem Niveau, ohne daß sich ein System durchgesetzt hat. Bei großen Messegeländen liegt das

Problem darin, daß die Systeme so angelegt sein müssen, daß auch eine Teilbelegung des Messegeländes durch ein solches Besucherleitsystem optimal abgedeckt wird. Besucherleitsysteme und Infosysteme sollen dazu dienen, daß der Besucher alleine, ohne Hilfe von Standpersonal oder sonstigem Informationspersonal, in der Lage ist, sich seinen Weg auf dem Messegelände ohne großen Zeitaufwand selbst zu suchen. Bei den Selbstbedienungsinfosystemen spielt die Eingabemodalität eine große Rolle. Sie muß einfach und schnell und mit einem leistungsfähigen Drucker verbunden sein, so daß die gewünschte Information für den Besucher auch in schriftlicher Form vermittelt werden kann. Hier werden noch große Investitionen in Hardware und Software notwendig sein. Sie werden von den Messegesellschaften getätigt werden müssen, wenn sie den Ansprüchen ihrer Kunden zukünftig gerecht werden wollen.

Trotz der elektronischen Leit- und Infosysteme wird den Informationsständen in Zukunft auf Messen immer noch große Bedeutung zukommen. Die verbale Kommunikation wird sich durch noch so raffinierte elektronische Leit- und Infosysteme nicht völlig ersetzen lassen. Messegesellschaften haben dafür Sorge zu tragen, daß die Infostände in ausreichender Größe und Zahl über das gesamte Messegelände verteilt sind. Mehrsprachigkeit des Personals ist unbedingte Voraussetzung und bedarf eigentlich keiner Erwähnung.

Im gleichen Zusammenhang sind die Kassen- und Registriersysteme bzw. Einrichtungen zu sehen, wobei sich hier zunehmend eine Kombination zwischen Kassen und Registriersystemen durchsetzen wird. Gerade bei Fachmessen haben nicht nur die Messegesellschaften selbst ein Interesse daran, die Besucherschaft möglichst umfassend zu registrieren, sondern es fallen damit Daten an, an denen auch die Aussteller sehr interessiert sind. Für die Messegesellschaften kommt es darauf an, ein Registriersystem einzuführen, das alle wesentlichen Daten umfaßt und dabei eine möglichst geringe zeitliche und sonstige Belästigung für die Besucher darstellt.

Das Problem Datenschutz soll hier nur erwähnt, aber nicht weiter erläutert werden. Auch hier gilt es für die Messegesellschaften, einen Kompromiß zu finden.

Ebenfalls an Bedeutung gewinnen wird das Anbieten von ausreichenden Ruhezonen für Besucher, auch und insbesondere für Fachbesucher auf dem Messegelände. Selbst beim Vorhandensein von genügend Gastronomieeinrichtungen und evtl. VIP-Lounges, müssen Messegesellschaften dafür Sorge tragen, daß flächendeckend auf ihrem zum Teil sehr weitläufigen Gelände Ruhezonen eingerichtet werden. Dies konkurriert natürlich mit dem Ziel der Messegesellschaften, möglichst viel Fläche als Ausstellungsfläche an Aussteller zu verkaufen und damit Einnahmen zu erzielen. Hier gilt es, einen Kompromiß zu finden. Der Forderung nach solchen Ruhezonen durch die Fachbesucher werden sich die Messegesellschaften jedoch nicht entziehen können.

3.2 Dienstleistungen für Besucher

Spezielle Dienstleistungen werden Messegesellschaften in Zukunft insbesondere für Fachbesucher erbringen müssen. Dazu gehören u. a. Fachbesucherzentren, die in konzentrierter Form Informationen bieten, die den Fachbesuchern Hilfestellung bei der Einschätzung der Marktsituation und -entwicklung geben. Besonders wichtig sind Fachbesucherzentren für Entscheidungsträger von kleineren und mittleren Betrieben, weil Informationen, die in Konzernen von Stabsabteilungen erarbeitet werden, in konzentrierter Form von den Messegesellschaften vermittelt werden. Insbesondere Branchenmessen mit einer komplizierten Vertriebsstruktur werden zukünftig einen höheren Bedarf an Fachbesucherzentren haben.

Neben den Fachbesucherzentren gehören Sonderschauen mit speziellen Fragestellungen zu den wichtigen Besucherdienstleistungen der Messegesellschaften. Problemlösungsvorschläge, die von Ausstellern nicht oder nur teilweise abgedeckt werden, können im Rahmen von Sonderschauen demonstriert werden. Für Messegesellschaften wird es darauf ankommen, hier mit den jeweiligen Branchenpartnern eine Lösung zu ermöglichen, die einerseits auf die spezifischen Belange der Fachbesucher eingeht, auf der anderen Seite aber auch sicherstellt, daß das eigentliche Angebot der jeweiligen Messe nicht durch allzu starke Ausweitung von ideellen oder sonstigen Sonderschauen beeinträchtigt wird.

Sowohl Fachbesucherzentren als auch Sonderschauen sind mit hohem finanziellen und organisatorischen Aufwand verbunden. Es ist deshalb immer auch eine Grundsatzfrage für die Messegesellschaften, ob sie diesen Service überhaupt und wenn ja, in welcher Größenordnung erbringen.

4. Ausblick

Die Anzahl der Messen steigt weltweit rapide an, wobei sich die Messen auch immer ähnlicher werden. Leistungen erfolgreicher Messegesellschaften werden von Newcomern kopiert werden. Dem Produkt Messe geht es wie jedem normalen Produkt, erfolgreiche Produkte ziehen Nachfolgeprodukte nach sich.

Eine marktgängige und branchengerechte Messekonzeption wird als Selbstverständlichkeit vorausgesetzt. Das gleiche gilt für die ogranisatorische Leistungsfähigkeit einer Messegesellschaft. Eine Differenzierungsmöglichkeit zu den Wettbewerbern wird es in Zukunft in steigendem Maße nur noch über den Bereich Service geben. Die Messegesellschaft wird sich gegenüber den Wettbewerbern durchsetzen, die nicht nur einen eigenständigen und umfassenden Service für ihre Zielgruppen anbietet, sondern auch einen zielgruppenspezifischen und weitestgehend strukturierten und damit letztlich auch individuellen Service. Ein solcher Service ist aufwendig, personalintensiv und teuer. Aber gerade weil Kunden der Messegesellschaften die Leistungsfähigkeit der Messegesellschaft immer mehr an dem Gesamtpaket messen und nicht mehr differenzieren zwischen den unterschiedlichen Leistungsträgern, die die entsprechenden Teile des Gesamtpaketes erbringen, kommen Messegesellschaften immer stärker in die Verantwortung, nicht nur einen solchen Service überhaupt zu erbringen, sondern auch für eine optimale Koordinierung im Sinne eines umfassenden, optimalen Leistungspaketes zu sorgen. Die Messegesellschaften, die das konsequent umsetzen, werden in Zukunft zu den führenden Messegesellschaften gehören.

Heike Langner

Die Messe-Marktforschung

1. Einleitung

2. Messe-Marktforschung als Grundlage des Marketing der Messegesellschaft:
   Die Forderung nach Transparenz im Messewesen

3. Ziele und Aufgaben der Messe-Marktforschung
   3.1 Markt-, Umwelt- und Wettbewerbsanalysen zur Anpassung
       der generellen Messepolitik
   3.2 Konzeptionsstudien und Synergieanalysen
       für die Konzeptionsentwicklung einzelner Messen
   3.3 Infrastrukturanalysen der baulichen Gestaltung des Messegeländes
   3.4 Imageanalysen zur Ausprägung von Firmen- und Produktimage
   3.5 Reichweitenanalysen zur Optimierung der Reichweite
       einer Messeveranstaltung
   3.6 Aussteller- und Besucherbefragungen:
       Vom Messetest zur Konzeptanalyse
       3.6.1 Besucherbefragungen
       3.6.2 Ausstellerbefragungen

4. Einsatz elektronischer Erhebungsinstrumente in der Messe-Marktforschung

5. Schlußbetrachtung und Ausblick:
   Entwicklungsperspektiven in der Messeforschung

Literatur

1. Einleitung

Die Marktforschung auf Messen ist ein unverzichtbares Instrument, um den Erfolg einer Messe für alle Beteiligten – Veranstalter, Aussteller und Besucher – zu gewährleisten. Denn der Erfolg mißt sich nicht allein an den Aussteller- und Besucherzahlen oder den vermieteten Standflächen, sondern vielmehr in erster Linie daran, inwieweit es gelingt, die Erwartungen und Ziele der verschiedenen Beteiligten an die jeweilige Messe tatsächlich zu erfüllen und damit für den erfolgreichen Bestand der Veranstaltung in der Zukunft zu sorgen. Doch welches sind die Ziele der einzelnen Gruppen, die sie mit ihrer Messeforschung zu erreichen trachten?

Für die *Messegesellschaft* stellt die Messeforschung die Grundlage für ihre Marketingplanung in bezug auf ihre „Produkte", das Angebot von Messe-Dienstleistungen, dar: Wie jedes andere Unternehmen auch, benötigen die Messeveranstalter Informationen über ihren Markt, ihre Kunden, ihre Konkurrenten usw. Aufgabe der Marktforschung ist es, diese Informationen bereitzustellen, „sie liefert die Grundlagen für die Anpassung an künftige Gegebenheiten, für die Durchsetzung neuer Absatzstrategien, sie kontrolliert und überwacht ständig deren Auswirkungen auf den Markt und hilft, rechtzeitig Marktveränderungen zu erkennen" (Behrens 1974, S. 4).

Hinzu kommt, daß sich eine Messe – aus Sicht des ausstellenden *Unternehmens* – insofern für marktforscherische Aufgaben und Zwecke anbietet, als hier aufgrund der Tatsache, daß auf der Messe eine große Zahl ihrer (potentiellen) Abnehmer zur gleichen Zeit am gleichen Ort zusammenkommt, besonders schnell und zuverlässig Marktstudien, etwa in Form von Standbefragungen, aber auch für Zwecke der Beschaffungsmarktforschung oder der Konkurrenzanalyse durchzuführen sind.

Die *Messebesucher* selbst nehmen schon aufgrund der Tatsache, daß sie die Messe besuchen, marktforscherische Aufgaben wahr, die vornehmlich auf dem Gebiet der Beschaffungsmarktforschung liegen. Gleichzeitig können sie bei ihrem Messebesuch auch Konkurrenzforschung und eventuell gar Absatzmarktforschung betreiben

Messeuntersuchungen haben darüber hinaus – das sei an dieser Stelle nur ergänzend bemerkt – auch eine *makroökonomische Funktion* insofern, als sie die wirtschaftliche Bedeutung von Messen für den Messestandort und damit für die Entwicklung der gesamten betreffenden Region überprüfen und verbessern können.

Vor diesem Hintergrund ergeben sich eine Vielzahl von Aufgabenbereichen der Marktforschung auf Messen, die in Abbildung 1 zusammengestellt sind.

Im folgenden Beitrag werden speziell die Aufgabenbereiche der Marktforschung aus Sicht der *Messegesellschaft* (bzw. der Veranstalter generell; bei diesen handelt es sich jedoch zumindest in Deutschland in der Regel um eine Messegesellschaft) behandelt. Nur am Rande wird dabei auch auf die übrigen, in der Abbildung dargestellten Aufgabenfelder Bezug genommen – diese werden ausführlich in anderen Beiträgen dieses Handbuchs erörtert.

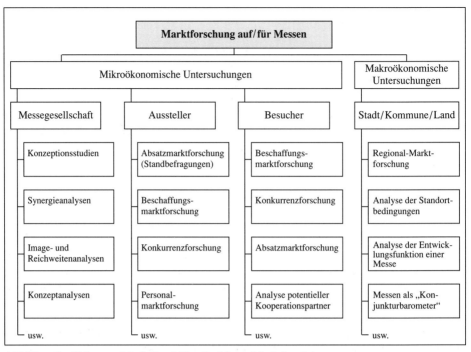

Abbildung 1: Träger und Aufgabenfelder der Messe-Marktforschung

2. Messe-Marktforschung als Grundlage des Marketing der Messegesellschaft: Die Forderung nach Transparenz im Messewesen

Für die Messegesellschaften stellen Aussteller und Besucher *Kunden* dar. Diese zufriedenzustellen und weitere Kunden zu gewinnen steht im Mittelpunkt des Marketing der Veranstalter und wird angesichts einer wachsenden Zahl von Messeveranstaltungen weltweit und eines sich damit weiter verschärfenden Konkurrenzdrucks auf diesem Markt immer wichtiger.

Vor diesem Hintergrund hat die Messe-Marktforschung die Aufgabe, alle gegenwarts- und zukunftsbezogenen Daten und Informationen, die im Rahmen der Messepolitik der Veranstalter, der Aussteller und der Besucher benötigt werden, zu ermitteln und darzustellen und bewegt sich damit „... in einem strategischen Dreieck von Messe-, Aussteller- und Besuchermarketing" (Goehrmann 1989, S. 51). Denn zum einen führt die Messegesellschaft Marktstudien direkt im *eigenen Interesse* durch: zur Planung und Anpassung der von ihr angebotenen Leistungen an die Bedürfnisse und Anforderungen ihrer Zielgruppen, also Aussteller und Besucher. Hierzu gehören z. B. *Konzeptionsstudien*, *Wettbewerbsanalysen* oder *Imageuntersuchungen*. Zum anderen aber hat sie – wie andere Mediaanbieter auch – Marktforschung im Dienste der Marketingplanung und Mediaselektion ihrer *Zielgruppen* durchzuführen. Denn die Bedeutung einer Messe und damit auch ihre Attraktivität für Aussteller und Besucher wird letztlich von den Anreizen bzw. dem erwarteten Nutzen bestimmt, den sie den Nachfragern von Messeleistungen vermittelt. Die Bestimmung dieses Nutzens – im Verhältnis zu den nicht unerheblichen Kosten der Messebeteiligung – stellt für die ausstellenden Unternehmen im Rahmen ihrer Messeplanung ein zentrales Problem dar (vgl. auch Meffert 1989, S. 1). Und angesichts einer steigenden Zahl von Veranstaltungen weltweit wird für die Fachbesucher die Auswahl der „richtigen" Messen ebenfalls zunehmend schwieriger. Aufgabe der Veranstalter als Anbieter von Messeleistungen ist es deshalb auch, zu einer Bewertung des Nutzens und so zu einer Entscheidungsfindung beizutragen, indem sie ihren (potentiellen) Kunden entsprechende Daten als Entscheidungsgrundlage ähnlich den Mediadaten für andere Werbeträger zur Verfügung stellt. In dieser Hinsicht sehen sich die Messegesellschaften einem zunehmenden Druck der Aussteller nach „mehr *Transparenz im Messewesen*" und nach der Verfügbarkeit sowohl intramedial, aber auch intermedial vergleichbarer Daten ausgesetzt (vgl. z. B. Merbold 1989).

Dahinter steht die Annahme, man könne messebeschreibende Daten (Aussteller- und Besucherstrukturen, Reichweiten usw.) analog des ZAW-Rahmenschemas für Werbeträgeranalysen ermitteln und die Ergebnisse einerseits über die verschiedenen Messen hinweg (intramedial) und andererseits mit den Mediadaten anderer Medien (intermedial) vergleichen (ZAW = Zentralausschuß der Werbewirtschaft e.V., siehe hierzu auch Abschnitt 3.5 dieses Beitrages).

Mit Blick auf diese Forderung ist sicher zu konzedieren, daß sich die Messegesellschaften bei der Veröffentlichung messebeschreibender Daten teilweise noch immer sehr zurückhalten oder sich nicht den einheitlichen Richtlinien unterziehen und so nicht gerade zu der geforderten Transparenz beitragen. Doch gleichzeitig ist zu bezweifeln, ob tatsächlich „Mediakarten für Messen" genauso wie diejenigen für Fachzeitschriften oder andere Werbeträger zu erstellen und diese im direkten Vergleich gegenüberzustellen sind, so daß davon gar die Verteilung des Werbebudgets abhängig gemacht werden kann. Denn Messen zeichnen sich aus Ausstellersicht gerade dadurch aus, daß sie nicht ein Werbemedium unter anderen sind, sondern daß sie als eigenständiges Marketinginstrument Elemente der Werbung, der Public Relations, des persönlichen Verkaufs sowie der Verkaufsförderung in sich vereinen und damit als „Marketing-Bilanz" des ausstellenden Unternehmens zu sehen sind (vgl. Strothmann 1979, S. 134, 165 f.). Hinzu kommt, daß jede Messe einen mehr oder weniger „einzigartigen" Charakter besitzt. Mit welchem Medium, welcher Fachzeitschrift, sollte daher etwa eine Mehrbranchenmesse wie die Hannover Messe oder auch internationale Fachmessen mit so hohem Stellenwert wie die K-Internationale Messe Kunststoff + Kautschuk, Düsseldorf, verglichen werden? Oder wie soll die EMO, die weltweit bedeutendste Werkzeugmaschinenmesse, bewertet werden, die alle 2 Jahre abwechselnd in Hannover, Mailand und Paris stattfindet?

Doch es sind nicht nur die ausstellenden Unternehmen, die nach mehr Transparenz rufen: Auch die *Fachbesucher* müssen die Auswahl zu besuchender Messen und der interessierenden Ausstellungsbereiche zunehmend unter Kosten-Nutzen-Gesichtspunkten treffen und fordern dazu mehr Informationen über die Angebote sowie transparentere Messekonzepte in Form einer übersichtlichen Gliederung von Ausstellungsbereichen, anwendungsbezogener Abgrenzung der ausgestellten Produktgruppen und besucherorientierter Informations-Leitsysteme. Insbesondere vor dem Hintergrund der anhaltenden Entwicklung von einzelnen, funktionsbezogenen Produkten hin zu funktionsübergreifenden integrierten Systemen, die eine Vielzahl unterschiedlicher Anwendungsbereiche betreffen, wird diese Aufgabe immer schwieriger. Es sind deshalb u.a. Synergieanalysen (siehe Abschnitt 3.2) durchzuführen, um eine möglichst optimale Anordnung der verschiedenen Ausstellungsbereiche unter Ausnutzung vorhandener Synergiepotentiale zu erreichen.

Ziele	Aufgaben	Instrumente
Anpassung der generellen Messepolitik an Markt-/ Umweltbedingungen	Markt-, Umwelt-, Wettbewerbsanalysen	Sekundäranalysen
Neu- und Weiterentwicklung der Konzeption einzelner Messen	Konzeptionsstudien	Sekundäranalysen; Primärerhebungen bei Ausstellern/ Besuchern während und außerhalb der Messe
Optimierung der räumlichen Gliederung (Anordnung der Ausstellungsbereiche, Zuordnung von Produkten usw.)	Synergieanalysen	
Bauliche Verbesserung und Gestaltung des Messegeländes	Analyse der Infrastruktur, Analyse der Kundenbedürfnisse und -anforderungen	Sekundäranalysen; Primärerhebungen bei Ausstellern/ Besuchern während und außerhalb der Messe
Ausprägung/Aktualisierung des Images der Messegesellschaft/einzelner Messen	Imageanalysen	Primärerhebungen außerhalb der Messe
Reichweitenoptimierung	Reichweitenanalysen	Primärerhebung bei Besuchern; Sekundäranalyse über Aussteller
Optimierung der Zielgruppenstrukturen	Strukturanalysen, Konzeptanalysen, Analyse der Kundenbedürfnisse und -anforderungen	Primärerhebung bei Ausstellern und Besuchern während (teilweise nach) der Messe
Optimierung des Service-Angebots für Aussteller und Besucher		
Bereitstellung aktueller messerelevanter Informationen für Aussteller, Besucher, Presse		

Abbildung 2: Messe-Marktforschung der Messegesellschaft: Ziele – Aufgaben – Instrumente

Aus allem ergeben sich eine Vielzahl von Zielen und Aufgaben, die sich der Marktforschung aus Sicht der Messegesellschaft stellen. Diese Ziele und Aufgaben sowie die dafür angewendeten Instrumente sind in Abbildung 2 zusammenfassend dargestellt. Sie werden nachfolgend im einzelnen beschrieben.

3. Ziele und Aufgaben der Messe-Marktforschung

3.1 Markt-, Umwelt- und Wettbewerbsanalysen zur Anpassung der generellen Messepolitik

Wie jedes andere Unternehmen, muß auch eine Messegesellschaft ihr gesamtes politisches, wirtschaftliches, ökologisches und soziales Umfeld beobachten, um sich eventuellen Änderungen der Rahmenbedingungen ggf. durch eine Umformulierung ihrer gesamten Messepolitik anpassen zu können. Gleichzeitig ist gerade vor dem Hintergrund des international zunehmenden Wettbewerbs im Messewesen die kontinuierliche Wettbewerbsbeobachtung und -analyse von großer Bedeutung, um zuverlässige Informationen über die eigene Stellung im Markt und mögliche Konkurrenzverschiebungen zu erhalten.

Ein aktuelles Beispiel für die Notwendigkeit, sich den veränderten politischen und wirtschaftlichen Gegebenheiten durch eine Neuausrichtung der Messe als ganzer anzupassen, gibt die *marktwirtschaftliche Liberalisierung Osteuropas*: Traditionelle Messeplätze wie Leipzig, Budapest oder Posen, früher mehr oder weniger stark auf die RGW-Staaten ausgerichtet, sind nun herausgefordert, ihr gesamtes Leistungsangebot stärker international zu konzipieren. Gerade in solchen Prozessen kommt Messen eine besondere entwicklungspolitische Funktion zu.

Ebenso beeinflussen auch *gesellschaftliche Entwicklungen* (z. B. wachsendes Umweltbewußtsein, steigendes Freizeitbedürfnis) in zunehmendem Maße die Messepolitik der Veranstalter.

Markt-, Umwelt- und Wettbewerbsanalysen werden in der Regel auf der Basis sekundärstatistischen Materials (Auswertung von Statistiken, Presseberichten und anderen Veröffentlichungen, Verbandsnachrichten, Konkurrenzveröffentlichungen usw.) durchgeführt. Es sei noch darauf hingewiesen, daß es gerade bei Untersuchungen zur generellen Messepolitik weniger um die Feststellung des Status quo, sondern um die Analyse der *künftigen Entwicklungstendenzen* geht. Denn gerade die Veranstalter haben angesichts der Tatsache, daß viele Messen nur alle zwei oder drei Jahre stattfinden, die bevorstehenden Entwicklungstrends der jeweiligen Branchen wie des Messewesens im allgemeinen zu antizipieren, um frühzeitig neue Konzeptionen planen und entsprechende Maßnahmen für nachfolgende Messen einleiten zu können.

3.2 Konzeptionsstudien und Synergieanalysen für die Konzeptionsentwicklung einzelner Messen

Sowohl die Konzeption neuer Messen als auch die Weiterentwicklung oder Variation bestehender Veranstaltungen erfordern einen hohen Investitionsaufwand und bergen zahlreiche Risiken. Um diese Risiken möglichst zu minimieren und den Erfolg der geplanten Veranstaltung abzusichern, sind umfangreiche *Konzeptionsstudien* erforderlich. Mit Blick auf die geplante *Neugründung* einer Messe geht es z. B. um die folgenden Fragen:

- Ist das Thema der geplanten Messe „messefähig"?
- Gibt es Konkurrenzveranstaltungen; wie kann diesen gegenüber eine Profilierung erzielt werden?
- Welche Aussteller- und Besucherzielgruppen sollen angesprochen werden (regional/national/international); wie sind diese Zielgruppen zu erreichen?
- Wann soll die Messe stattfinden, wie lange soll sie dauern, in welchem Turnus soll sie wiederholt werden?
  u.v.m.

Beeinflußt wird diese Informationserhebung nicht zuletzt durch die Tätigkeiten des AUMA (Ausstellungs- und Messe-Ausschuß der Deutschen Wirtschaft e.V.), der deutlich bestrebt ist, die Anzahl der Messeinnovationen zu begrenzen, indem er Neugründungen nur dann für zulässig erklärt, wenn sie den „markt- und absatzwirtschaftlichen Erfordernissen entsprechen" (zitiert nach Bachmeir 1990, S. 27). Immerhin hat der AUMA aber 1990 in Westdeutschland 36 neue Veranstaltungen verschiedenster Art registriert, von denen 33 durchgeführt wurden (AUMA 1990, S. 13).

Ein mögliches Vorgehen zur Prüfung der Frage, ob eine neue Messe als eigenständige Veranstaltung erfolgversprechend sein kann, besteht bspw. darin, die geplante Messe zunächst als Fachmesse, Sonder- oder Begleitveranstaltung im Rahmen einer anderen Messe durchzuführen (vgl. auch den Beitrag von Selinski in diesem Band) und durch Sonderbefragungen von Besuchern und Ausstellern die Konzeption zu testen.

Doch nicht nur zur Neugründung, sondern auch hinsichtlich der *Änderung einer bestehenden Messekonzeption* – sei es hinsichtlich der Thematik, des Umfangs, der Veranstaltungstermine oder anderem – sind durch Konzeptionsstudien die Erfolgsvoraussetzungen und die dafür einzuleitenden Maßnahmen vorab im Detail zu klären, um den Erfolg der neuen Messekonzeption sicherzustellen. Als wohl bekanntestes Beispiel einer erfolgreichen Messe-Neukonzeption auf der Basis umfangreicher Konzeptionsstudien kann die Umwandlung von der produktorientierten zur anwendungs- und zielgruppenorientierten Anordnung der Ausstellungsbereiche auf der Hannover Messe 1973/1974 genannt werden, bei der die Produkte der etwa 25 bis 30 verschiedenen Ausstellergruppen zu einzelnen Fachmessen zusammengefaßt wurden (vgl. Strothmann 1976). In einem zweiten Schritt wurde später die Zahl der Fachmessen auf zehn reduziert und die Hannover Messe als Verbund-Konzeption der „Messe der Messen" positioniert (vgl. Groth 1982, S. 7). Die Integration der einzelnen Bereiche zu anwendungsbezogenen Angebotsschwerpunkten erhöhte die Übersichtlichkeit der Messe für die Besucher in erheblichem Maße.

Ein neueres Beispiel ist die Veranstaltung „Marketing & Management Services 1989" in Frankfurt, die mit dem Ziel einer größeren Internationalisierung sieben Fachmessen (Marketing Services, Broadcast Medien, Deko, Art Mate, Pro Sales, Management + Travel, Export) unter einem Dach zusammengefaßt hat (vgl. Selinski 1990, S. 181).

In engem Zusammenhang mit den Konzeptionsstudien sind ferner Untersuchungen zur Optimierung der räumlichen Gliederung einer Messe zu sehen, die hier als *Synergieanalysen* bezeichnet werden sollen. Dabei geht es in erster Linie darum, die einzelnen Ausstellungsbereiche einer Messe sowie die Zuordnung von Produktgruppen zu den verschiedenen Angebotsbereichen so zu gestalten, daß *fachliche und technologische Zusammenhänge* zwischen verschiedenen Sektoren verdeutlicht und eventuell vorhandene Synergiepotentiale aufgrund derartiger Systembeziehungen ausgenutzt werden können. Dies zielt auf eine möglichst übersichtliche und anwendungsbezogene Darstellung von Produkten, Systemen und Technologien für den Besucher hin.

Der rasche technologische Entwicklungsprozeß und die immer kürzeren Technologiezyklen erfordern eine permanente Überprüfung und Anpassung auch bestehender Messekonzeptionen und damit eine laufende Ermittlung der (veränderten) *Anforderungen und Bedürfnisse* von Ausstellern und Besuchern. Diese Anpassungsprozesse führen nicht immer zu einer Konzeptionsänderung und Neugründung von Messen, sondern können im Einzelfall auch eine *Veranstaltungselimination* nahelegen. In der Praxis wird allerdings schon aus Imagegründen in solchen Fällen eher eine Fusion von bisher selbständigen Messen bevorzugt (vgl. Bachmeir 1990, S. 26).

Sowohl Konzeptionsstudien als auch Synergieanalysen für bestehende und geplante Messen erfordern neben der sorgfältigen Untersuchung jeglichen messerelevanten Sekundärmaterials die Durchführung von Primärerhebungen bei (potentiellen) Besuchern und Ausstellern bzw. deren Verbänden. Diese Studien können sowohl während einer Messe in Form von Sonderbefragungen als auch – insbesondere bei einer geplanten Neugründung – in Form intensiver, qualitativ orientierter Erhebungen bei den Zielgruppen außerhalb einer Messe realisiert werden.

3.3 Infrastrukturanalysen der baulichen Gestaltung des Messegeländes

Der Erfolg der einzelnen am Messeplatz durchgeführten Veranstaltung hängt nicht zuletzt von der *Qualität des Messegeländes* ab, d.h. der Orientierungs- und Fortbewegungsmöglichkeiten, der Anordnung und Ausstattung der Hallen, der Versorgungseinrichtungen, Zufahrtswege und Parkmöglichkeiten sowie der Gastronomie (vgl. Strothmann 1983).

Von Bedeutung ist hierfür nicht allein die laufende Wartung, Instandhaltung oder bauliche Veränderung durch die Messegesellschaft, sondern vor allem die *Anforderungen* an und die *Zufriedenheit* mit den infrastrukturellen Gegebenheiten bei Ausstellern und Fachbesuchern. Diese Anforderungen und Einstellungen zu ermitteln und somit Anhaltspunkte für eventuelle Verbesserungsmaßnahmen zu gewinnen, gehört daher ebenfalls in das Fragenprogramm der Aussteller- und Besucherbefragungen. Daneben können auch bspw. sogenannte *Wegeverlaufsanalysen* zur Ermittlung und Verringerung von Engpässen oder Problemfeldern dienen.

3.4 Imageanalysen zur Ausprägung von Firmen- und Produktimage

Das Image einer Messegesellschaft steht im Verhältnis zum Image der von ihr veranstalteten Messen und Ausstellungen wie das Firmen- zum Produktimage: „Wie das Produktimage durch das Firmenimage abgestützt und in seiner Wirkung verstärkt wird, so erhöht auch ein positives Image einer Messegesellschaft die Effektivität des jeweiligen Veranstaltungsimage" (Strothmann 1983, S. 105).

Untersuchungen über das Image der Messegesellschaft bzw. einzelner Veranstaltungen können daher methodisch grundsätzlich ähnlich angelegt werden wie Firmen- und Produktimageanalysen anderer Unternehmen, nämlich in Form von *Repräsentativerhebungen*, denen in der Regel eine Leitstudie zur Ermittlung der imagerelevanten Faktoren vorangestellt wird.

Dabei sind jedoch zwei Besonderheiten im Unterschied zu anderen Imageanalysen zu beachten, die eine entsprechende inhaltliche Anpassung der Untersuchungskonzeption erfordern:

– Zum einen hat man es hier mit *zwei Grundgesamtheiten* zu tun: Ausstellern und Fachbesuchern. Teilweise können imageprägende Merkmale in den beiden Gruppen erheblich voneinander abweichen.
– Zum anderen handelt es sich – das wurde bereits erwähnt – bei den vom Veranstalter angebotenen Produkten um *Dienstleistungen*. Insbesondere bei Investitionsgütermessen ist daher die Profilierung der Veranstaltung zentral davon abhängig, inwieweit es gelingt, die gesamten Serviceleistungen den technologischen Entwicklungen nicht nur anzupassen, sondern etwa durch neue Angebote künftige Entwicklungstendenzen selbst einzuleiten und mitzugestalten. Dazu gehören z. B. intensive Beratungsleistungen für die Aussteller, etwa auch in bezug auf Standkonzeptionen usw.

Derartige Untersuchungen können sowohl aufgrund ihrer besonderen Aufgabenstellung als auch des erforderlichen Umfanges wegen nur durch intensive Fachgespräche *außerhalb* des Messegeschehens durchgeführt werden.

Ein bekanntes Beispiel einer Messe-Imageuntersuchung ist die 1973 vom Institut für industrielle Markt- und Werbeforschung Dr. K.-H. Strothmann, Hamburg, für die Hannover Messe realisierte Studie, deren Ergebnisse unter dem Titel „Der transparente Markt" veröffentlicht wurden.

3.5 Reichweitenanalysen zur Optimierung der Reichweite einer Messeveranstaltung

Im Zeitschriftenbereich dienen Reichweitenanalysen zur Beantwortung der Frage, „inwieweit Zielgruppen der Werbungtreibenden durch einzelne Werbeträger oder Werbeträgerkombinationen zu erreichen sind" (ZAW-Rahmenschema 1989, S. 48). Sie sollen damit insbesondere dem Vergleich konkurrierender Zeitschriftentitel dienen. Grundsätzlich ist ein analoges Vorgehen auch in bezug auf Messen denkbar und wird in jüngster Zeit vor allem von Ausstellerseite her gefordert (vgl. Merbold 1989; siehe dazu auch Abschnitt 2 dieses Beitrags). Bei einer *Messe-Reichweitenanalyse* geht es um die Messung des Anteils derjenigen Institutionen und Personen am Gesamtinteressentenkreis einer Messe, der an der betreffenden Veranstaltung als Aussteller oder Besucher teilgenommen hat.

Allerdings liegen für das Messewesen bisher weder dem ZAW-Rahmenschema vergleichbare Methodenbeschreibungen und Regeln noch überhaupt die Definition eines messespezifischen Reichweitenbegriffs vor. Diese fehlen nicht zuletzt deshalb, weil die Bestimmung von Messe-Reichweiten zahlreiche definitorische und meßtechnische Probleme aufwirft, von denen hier nur zwei angesprochen werden sollen (vgl. auch Strothmann 1983, S. 107 f):

– Zum einen geht es um die *Abgrenzung der Grundgesamtheit* oder besser: der Grundgesamtheiten, da hier wiederum beide Gruppen, Aussteller und Besucher, getrennt zu betrachten und damit auch *zwei Reichweiten* zu bestimmen sind: Wer gehört überhaupt zum Gesamtinteressentenkreis einer Messe?
– Zum anderen ist die Reichweite einer Messe erst beim *Vergleich mit konkurrierenden Veranstaltungen* von Interesse. Die Frage, welche Veranstaltungen überhaupt im Wettbewerb zueinander stehen, ist jedoch oftmals schwer zu beantworten, da es thematische und funktionale Überschneidungen in Teilbereichen gibt. Mit welcher Messe etwa steht die Hannover Messe oder einzelne Fachmessen der Hannover Messe im Wettbewerb?

Eine befriedigende Lösung dieser Probleme vorausgesetzt (über die derzeit in den betreffenden Ausschüssen intensiv diskutiert wird), ist grundsätzlich folgendes Vorgehen denkbar:

– Analyse der Aussteller-Reichweiten auf Basis sekundärstatistischen Materials (Vergleich aller als Aussteller an der Messe beteiligten Unternehmen mit der potentiellen Gesamtteilnehmerschaft entsprechend der amtlichen Statistik).
– Bestimmung der Besucher-Reichweiten durch Repräsentativerhebungen, die aus Kostengründen auch mit anderen Untersuchungen verbunden werden können (vgl. Strothmann 1983, S. 107).

Auf Basis solcher Daten erscheint ein *intramedialer Vergleich* verschiedener Messen – der gerade international wünschenswert wäre – zumindest für die meisten Veranstaltungen möglich. Ob und inwieweit die Ergebnisse solcher Untersuchungen jedoch über den Vergleich einzelner Messen untereinander hinaus auch einen Vergleich zu potentiell „konkurrierenden" *anderen Werbeträgern* (etwa Fachzeitschriften) zulassen, ist fraglich, da Messen als Dialogmedium mit der Mehrzahl der Werbemedien nur schwer vergleichbar sind (vgl. AUMA 1990, S. 13 sowie Abschnitt 2 dieses Beitrags). Letztlich stehen Messen zu anderen Medien weniger in Konkurrenz, sondern die verschiedenen Medien *ergänzen* sich vielmehr in vielfältiger Weise.

3.6 Aussteller- und Besucherbefragungen: Vom Messetest zur Konzeptanalyse

Der Erfolg einer Messe für die Veranstalter ist vor allem daran zu beurteilen, inwieweit die *Erwartungen und Ziele* der *Aussteller* sowie der *Fachbesucher*, die diese mit ihrer Messebeteiligung bzw. Messebesuch zu erreichen suchten, erfüllt werden konnten. Dies hängt insbesondere davon ab, ob die Fachbesucher die gesuchten Informationen finden und – aus Sicht der Aussteller – als *entscheidungskompetent* bezüglich der angebotenen Produkte angesehen werden. Deshalb genügt es in der Regel nicht, die Gesamtzahl der Aussteller und Besucher einer Messe zu kennen, sondern es werden zusätzlich Informationen benötigt über deren Herkunft, Branchenzugehörigkeit, ihre im Betrieb bekleidete Funktion (bei Fachbesuchern) usw. – um nur einige Daten zu nennen.

Zu diesem Zweck werden während einer Messeveranstaltung Befragungen bei Messebesuchern und ausstellenden Unternehmen durchgeführt. Für solche Befragungen wurde von der Gesellschaft für Marktforschung, Hamburg, der sog. *Messetest* entwickelt (vgl. Schwenzner 1960; Groth 1982). Dieser erstmals im Frühjahr 1952 auf der Hannover Messe durchgeführte Test zielte darauf ab, bei den Ausstellern Daten über den Geschäftsablauf an den einzelnen Tagen zu erheben und bei den Besuchern die Zahl ernsthafter Kaufinteressenten zu ermitteln.

Eine steigende Angebotskomplexität sowie die Forderung nach detailliertem Datenmaterial für Aussteller und Besucher als Entscheidungshilfe für ihre Messebeteiligung bzw. Messebesuch führten 1973/74 zur *Erweiterung* des Messetests. Das Ergebnis dieser vom Institut für industrielle Markt- und Werbeforschung Dr. K.-H. Strothmann, Hamburg, in Zusammenarbeit mit der Deutschen Messe AG, Hannover, durchgeführten Weiterentwicklung ist die *Konzeptanalyse* (die nicht zuletzt auch zur Überprüfung der o.g. neuen, zielgruppenorientierten Messekonzeption diente). Sie besteht zum einen aus der Aussteller- und zum anderen aus der Besucherbefragung, die beide während der Messeveranstaltung von unabhängigen Marktforschungsinstituten durchgeführt werden.

Mit dem Ziel, durch einheitlich erfaßte, kontrollierte und vergleichbare Zahlen von Ausstellungsflächen, Ausstellern und Besuchern „die Klarheit und Wahrheit im Messewesen zu fördern", wurde 1965 die Gesellschaft zur freiwilligen Kontrolle von Messe- und Ausstellungszahlen (FKM) gegründet. Diese Gesellschaft hat unter anderem Vorschriften für eine einheitliche Datenerhebung entwickelt und standardisierte Fragenprogramme für Besucher und Aussteller, sog. *Strukturtests*, konzipiert. Als neutrale Prüfstelle prüft sie darüber hinaus die Angaben ihrer Gesellschafter (zur Zeit 41 deutsche Messe- und Ausstellungsveranstalter) über Besucher, Aussteller und Flächen anhand einheitlicher Kriterien (vgl. FKM 1990, S. 3).

3.6.1 Besucherbefragungen

Da eine Totalerhebung wegen der Größe der Grundgesamtheit aller Besucher einer Messe nicht möglich ist, wird eine repräsentative, in Anlehnung an das Random-Verfahren gewählte Stichprobe von Besuchern befragt (auf die besonderen Probleme der Stichprobenziehung kann hier nicht im einzelnen eingegangen werden; vgl. dazu ausführlich Strothmann 1976, S. 36 f, sowie Schwenzner 1960, S. 20). Der Stichprobenumfang richtet sich nach der Besucherzahl der jeweiligen Veranstaltung sowie der Zahl einzeln auszuweisender Fachbereiche und liegt ungefähr zwischen 1.500 und 8.000 Besuchern.

Die ausgewählten Besucher werden in persönlichen Interviews anhand eines kurzen, strukturierten Fragenprogramms befragt. Diese sog. FKM-Besucherstrukturtests enthalten jeweils unterschiedliche Fragen für Fachbesucher auf der einen und Privatbesucher auf der anderen Seite. So umfaßt der *Fachbesucherstrukturtest* Fragen nach:

– der regionalen Herkunft,
– der Branche, der das Unternehmen des Fachbesuchers angehört,
– der Betriebsgröße (Beschäftigtenzahl),
– der betrieblichen Stellung und des Aufgabengebiets des Fachbesuchers,
– seiner Entscheidungskompetenz im Unternehmen,
– der Häufigkeit und Dauer des Messebesuchs.

Der *Privatbesucherstrukturtest* hingegen erhebt bspw. Informationen über Alter, Geschlecht, Haushaltsgröße und -einkommen, Beruf usw. (vgl. zu den Standardfragen FKM 1992, S. 26 f).

Diese Strukturmerkmale reichen jedoch in der Regel für eine bedarfsgerechte Planung und Konzeption einer Messe nicht aus. Um detaillierte Daten über die *Bedürfnisse* und die *Anforderungen* der Fachbesucher zu ermitteln, gehen deshalb inzwischen mehrere Veranstalter dazu über, die Strukturtests je nach Art und Zielsetzung der Messe um weitere Fragen zu ergänzen. In diesem Zusammenhang geht es z. B. um die Beantwortung folgender Fragen:

– Welche Informationen suchen die Besucher auf der Messe zu erhalten?
– Welche Aufgaben nehmen sie dort im einzelnen wahr?
– Inwieweit haben sie die gesuchten Informationen oder Produkte auf der Messe gefunden bzw. haben den Eindruck, daß sie diese finden werden?
– Wie zufrieden sind sie mit den von der Messegesellschaft gebotenen Leistungen generell?
– Wie beurteilen die Besucher den Messeplatz als ganzen (Infrastruktur, Verkehrsanbindung, Unterbringungsmöglichkeiten usw.)?

Die auf diese Weise ermittelten Daten über Struktur, Informationsbedarf und Verhalten der Messebesucher dienen sowohl den *Veranstaltern* als auch den *ausstellenden Unternehmen*:

– Die *Messegesellschaft* kann überprüfen, ob die angestrebten Zielgruppen tatsächlich als Messebesucher gewonnen werden konnten und, falls dies nicht der Fall ist, gezielte Marketingmaßnahmen zur Erlangung der gewünschten Besucherstrukturen für künftige Messen einleiten.
– Für die *Aussteller* dienen die Ergebnisse als Kontrolle dafür, ob sie eine für das Marketing des eigenen Unternehmens relevante Messe beschickt haben. Gleichzeitig können die Daten mit den Resultaten einer eventuell durchgeführten eigenen Standbefragung verglichen werden, um zu prüfen, inwieweit es dem Unternehmen gelungen ist, die auf der

Messe anwesenden Zielgruppen auch zum Besuch des *eigenen Standes* veranlaßt zu haben. Darüber hinaus sind die Befragungsergebnisse – etwa hinsichtlich des Informationsbedarfs und des Besuchsverhaltens – als Grundlage für die Standgestaltung und Art der Darbietung der angebotenen Produkte und Leistungen zu nutzen (vgl. dazu ausführlich Strothmann 1979, S. 179 ff.).

– Nicht zuletzt können die Ergebnisse solcher Untersuchungen auch als *Verhandlungsbasis* zwischen Messeleitung und Ausstellerverbänden dienen, wenn es darum geht, Maßnahmen zu planen, um die Besucherstrukturen besser den Wünschen und Vorstellungen der Aussteller anzupassen. Derartige „Anpassungsmaßnahmen" werden bspw. derzeit dahingehend unternommen, die vor allem von seiten der Ausstellerschaft geforderte *Internationalität* der Fachbesucher zu erhöhen. Denn während die deutschen Messen in bezug auf die ausstellenden Firmen mit mehr als einem Drittel der Aussteller bereits einen hohen Grad an Internationalität erreicht haben, hinkt demgegenüber die Zahl ausländischer Fachbesucher mit einem Anteil von knapp 15 % noch deutlich hinterher.

Bei allem ist jedoch zu berücksichtigen, daß die Fragenprogramme angesichts der besonderen Umstände der Befragungssituation relativ kurz gehalten werden müssen. Besondere, für die Messepolitik und Konzeptionsplanung wichtige Informationsanliegen werden deshalb in speziellen Erhebungen außerhalb des Messegeschehens untersucht. Ein solches, aus Marketing-Sicht bedeutendes Forschungsanliegen betrifft z. B. die Frage des *Informations- und Entscheidungsverhaltens* der Fachbesucher bzw. bestimmter *Teilgruppen* (Segmente), bezogen auf die verschiedenen *Phasen* einer Messeveranstaltung (vor/ während/nach der Messe). Erst die Identifikation der spezifischen Verhaltensweisen bestimmter Besucher-Zielgruppen nämlich ermöglicht Veranstaltern wie Ausstellern eine gezielte Messeplanung und -durchführung.

Zu diesem Zweck werden auf Verhaltensmerkmale abgestellte Erhebungen durchgeführt, deren Ergebnisse eine solche *verhaltensorientierte Segmentierung* der Fachbesucher zulassen.

Ein aktuelles Beispiel hierfür ist die vom Spiegel Verlag veröffentlichte Studie über „Messen und Messebesucher in Deutschland" (vgl. Spiegel Verlag 1992). In dieser Untersuchung wurden insgesamt vier verschiedene „Typen des Messebesucherverhaltens" auf Bürokommunikations- bzw. EDV-Messen identifiziert:

– der intensive Messenutzer,
– der punktuelle Messenutzer,
– der Messebummler,
– der praxisorientierte Messenutzer.

Die Kenntnis der unterschiedlichen Verhaltensweisen dieser vier Gruppen (etwa hinsichtlich der Messevorbereitung, der auf der Messe wahrgenommenen Aufgaben usw.) kann z. B. im Rahmen der *Besucherwerbung* für eine gezieltere Ansprache der angestrebten Besucher-Zielgruppen einer Messe oder im Rahmen der *Veranstaltungspolitik* für eine auf ganz spezielle Besuchertypen konzentrierte Diversifikation und Konzeption neuer Fachmessen verwendet werden.

3.6.2 Ausstellerbefragungen

Ziel der Befragung von ausstellenden Unternehmen auf der Messe ist es, Aufschluß zu geben über die Ausstellerstruktur, die Konjunkturerwartungen verschiedener Ausstellergruppen, über die Erwartungen (ex ante) bzw. die Beurteilungen (ex post) des Messeerfolges, die Zufriedenheit mit der Organisation u.v.m.

Die besondere Situation auf einer Messe ermöglicht dabei ein in der empirischen Forschung selten anwendbares Vorgehen: Es kann nämlich bei den Ausstellern, im Gegensatz zu den Besuchern, mehr oder weniger eine *Totalerhebung* erfolgen. Derartige Untersuchungen werden entweder in Form *persönlicher Interviews* mit den Standleitern oder als *schriftliche Befragung* realisiert.

Bewährt hat sich bspw. das in Zusammenarbeit mit dem Institut für industrielle Markt- und Werbeforschung Prof. Dr. K.-H. Strothmann, Hamburg, entwickelte zweistufige Vorgehen der Deutschen Messe AG, Hannover: Am ersten Messetag erfolgt regelmäßig eine Befragung einer repräsentativen Teilstichprobe der Aussteller, um die *Eingangserwartungen* zu ermitteln, mit denen die Aussteller bzw. verschiedene Ausstellergruppen zur Messe kommen. Am vorletzten Messetag wird eine zweite Erhebung bei *allen Ausstellern* durchgeführt, um die *Gesamtbeurteilung des tatsächlichen Messeerfolgs* und -ergebnisses anhand verschiedener Faktoren (Besucherzahlen am Stand, Zahl konkreter Fachgespräche, Zahl der Kontakte zu neuen, potentiellen Kunden, Kaufabschlüsse, Nachmessegeschäft, Werbewirkung) zu erfassen und gleichzeitig zu klären, wie zufrieden die Aussteller mit den Leistungen der Messegesellschaft sind und inwieweit sie auch für das kommende Jahr eine Messebeteiligung planen. Beide Erhebungen erfolgen schriftlich, wobei die verwendeten Fragebogen von den Interviewern des durchführenden Instituts morgens persönlich abgegeben und abends wieder eingesammelt werden.

Bei der Gegenüberstellung der Eingangserwartungen und der Beurteilung am Ende der Messe ergeben sich teilweise interessante Differenzen, die insbesondere bei einer langfristigen Betrachtung der Entwicklung im Zeitablauf Aufschluß geben über die Zusammenhänge zwischen Erwartungen, den Ergebnissen bzw. der Einschätzung des Messeerfolges. Diese sind nicht zuletzt auch von der Konjunkturentwicklung abhängig. Bei derartigen langfristigen Vergleichen konnte nämlich z. B. empirisch auch nachgewiesen werden, daß es einen signifikanten Zusammenhang zwischen

– der Beurteilung des aktuellen Messeerfolges,
– dem Verlauf der Vorjahresmesse sowie
– der allgemeinen konjunkturellen Situation der Branche in der Bundesrepublik Deutschland

gibt (vgl. dazu ausführlich Möllendorf 1986).

Auch mit Blick auf die Zielgruppe „Aussteller" ist darüber hinaus das Thema „Kundenzufriedenheit" von großem Stellenwert angesichts des international zunehmenden Wettbewerbs im Messewesen. Deshalb sind – entweder im Rahmen der Ausstellerbefragungen *während* der Messe oder in gesonderten Erhebungen außerhalb, z. B. direkt *im Anschluß* einer Veranstaltung – ebenfalls Fragen hinsichtlich der Zufriedenheit der Aussteller mit den verschiedenen Leistungen der Messegesellschaft (etwa Verfügbarkeit und Qualität der technischen Beratung, Verfügbarkeit der gewünschten Standflächen oder werbliche Unterstützung) zu klären und Ansatzpunkte zu eventuellen Verbesserungsmaßnahmen zu identifizieren.

4. Einsatz elektronischer Erhebungsinstrumente in der Messe-Marktforschung

Das Image einer Messegesellschaft bzw. der von ihr veranstalteten Messen und Ausstellungen steht nicht zuletzt auch im Zusammenhang mit den von ihr eingesetzten Methoden der Messeforschung. Dieser Tatbestand sowie die Entwicklung neuer elektronischer Erfassungs- und Kontrollsysteme führen zunehmend auch in der Messeforschung zum Einsatz computergestützter Untersuchungsmethoden. Dabei geht es insbesondere um zwei Bereiche, die im folgenden angesprochen werden sollen:

− elektronische Besucher-Eingangskontrolle und -registrierung sowie
− computergestützte FKM-Besucherbefragung.

Die *elektronische Besucher-Eingangskontrolle und -registrierung* zielt darauf ab, bereits am Messeeingang die wesentlichen besucherbeschreibenden Daten zu erfassen und damit sowohl für die Messegesellschaft als auch für Aussteller die Messebesucher noch transparenter zu machen. Der *erste Schritt* hierzu ist ein elektronisches *Einlaßsystem* an allen Messeein- und -ausgängen, wie es Anfang 1991 zuerst auf dem Düsseldorfer Messegelände installiert wurde: 40 kartenlesende Drehkreuze erfassen und entwerten dort neuerdings bei allen Veranstaltungen die mit einem Magnetcode versehenen Tages-, Dauer- oder Ausstellerkarten (vgl. hierzu und im folgenden Schwarz 1991; o.V. 1990). Damit hat der Veranstalter jederzeit einen exakten Überblick darüber, wie viele Personen sich auf dem Gelände befinden und wie sich die Eingangs- und Ausgangsströme *zeitlich* und *räumlich* verteilen. Hinzu kommt, daß gleichzeitig die *Verweildauer* auf dem Messegelände – wesentlich genauer als durch den FKM-Strukturtest – erfaßt wird, weil die Drehkreuze auch beim Verlassen des Geländes mit Hilfe der Karte bewegt werden müssen.

Doch diese anonyme Besuchererfassung genügt den Veranstaltern und Ausstellern inzwischen häufig nicht mehr. Der *zweite Schritt* zum „transparenten Besucher" soll deshalb langfristig darin bestehen, eine *personenbezogene Besucherregistrierung* – wie sie etwa für kleinere Spezialveranstaltungen oder Kongresse erfolgt – auch bei großen Messen durchzuführen: Am Messeeingang oder bereits bei der Anmeldung zum Messebesuch werden der Name des Besuchers, die Firmenanschrift und die Funktion im Unternehmen in einen Computer eingegeben, der dann ein Schild zum Anheften mit diesen Daten ausdruckt (Badge). Der Zweck dieser elektronischen Besucherregistrierung ist einleuchtend: Der Veranstalter kann das erhobene Adreßmaterial für die *persönliche Besucherwerbung* von Folgeveranstaltungen oder thematisch ähnlich orientierten Fachmessen nutzen. Darüber hinaus ist es denkbar, diese Daten den *Ausstellern* zur Verfügung zu stellen, die sie dann ebenfalls für eine gezielte persönliche Bearbeitung im Nach-Messegeschäft bzw. für nachfolgende Veranstaltungen verwenden können.

Inwieweit aber eine derartige personenbezogene Besuchererfassung freiwillig oder obligatorisch erfolgen sollte, ist derzeit noch umstritten. Zum einen werden hier nämlich wichtige Fragen des Datenschutzes (insbesondere bei Weitergabe personenbezogener Angaben) berührt. Zum anderen ist es auch eine Kosten-Nutzen-Frage und hängt deshalb nicht zuletzt von der Größe der Veranstaltung ab, denn mit jedem Besucher mehr wächst der technische, zeitliche und organisatorische Aufwand. Vor diesem Hintergrund ist fraglich, ob sich derartige Systeme der elektronischen Besucherregistrierung in Zukunft in breiter Front durchsetzen werden. In diesem Zusammenhang ist außerdem zu betonen, daß diese Systeme lediglich Basisdaten (Strukturdaten) erfassen können. Daneben werden aber weiterhin persönliche Befragungen in bezug auf eher qualitative Themen (Zufriedenheit, Einstellungen usw.) von großer Bedeutung sein.

Die Ziele des Einsatzes *computergestützter Systeme für Besucherbefragungen* sind in erster Linie eine fehlerfreie Unterstützung des Interviewers bei der persönlichen Befragung sowie eine deutlich schnellere Erfassung und Verarbeitung der erhobenen Daten. Zu diesem Zweck werden entweder fest installierte Standcomputer an bestimmten „sample points" (z. B. Ein- und Ausgängen) aufgestellt, an denen die Antworten der Besucher vom Interviewer oder dem Besucher selbst per Tastatur eingegeben werden. Diese Standcomputer eignen sich für weitgehend geschlossene Ausstellungsbereiche (ein oder zwei Ein-/Ausgänge). Weitaus flexibler sind hingegen *mobile* Erfassungssysteme. Hierfür werden die Fragebogen für Fach- und Privatbesucher – also Fragen, vorgegebene Antwortmöglichkeiten einschließlich eventueller Filter – in einen batteriebetriebenen Hand-held-Computer (Notepad) eingegeben, der lediglich aus Display und elektronischem Spezialstift besteht und im Stehen bedient werden kann. Der Interviewer liest die Fragen während des Interviews vom Bildschirm ab und trägt die Antworten (sowohl Kreuze bei vorgegebenen Antwortmöglichkeiten als auch Klartexte bei offenen Fragen) mit dem Spezialstift in die entsprechenden Felder ein (vgl. auch o. V. 1991). Dadurch können Änderungen am Fragenprogramm relativ problemlos noch während der Messe vorgenommen werden. Außerdem entfällt die nochmalige Erfassung der Daten, da die Angaben direkt auf den Rechner überspielt werden können, der die Verarbeitung und Auswertung übernimmt. Auf diese Weise können die Ergebnisse noch früher als bisher vorgelegt werden – eine wichtige Forderung der Presse an die Messegesellschaft und dieser an die mit der Durchführung betrauten Institute.

Zwar sind auch bezüglich des Einsatzes derartiger Befragungscomputer noch verschiedene technische Probleme zu lösen (bspw. das Gewicht, die Batteriebetriebszeiten oder das Eintragen von verbalen Antworten), aber insgesamt sind die Erfahrungen bspw. des iMW Institut für industrielle Markt- und Werbeforschung Prof. Dr. K.-H. Strothmann, Hamburg, bei Besucherbefragungen 1991 und 1992 auf der CeBIT Hannover sehr positiv. Es ist davon auszugehen, daß sich diese Systeme für Besucherbefragungen auf Messen in der Zukunft durchsetzen und möglicherweise auch für Standbefragungen der ausstellenden Unternehmen eingesetzt werden.

5. Schlußbetrachtung und Ausblick: Entwicklungsperspektiven in der Messe-Marktforschung

Mit Blick auf den zunehmenden internationalen Wettbewerb im Messewesen sieht sich auch der seit Jahrzehnten als Messeplatz Nr. 1 geltende Standort Deutschland bzw. seine einzelnen Messestädte und -gesellschaften einem wachsenden Druck nach Innovation und ständiger Anpassung seiner Angebote an die Anforderungen und Bedürfnisse seiner Zielgruppen ausgesetzt. Um so wichtiger wird die gezielte Planung und Durchführung von Messe-Neukonzeptionen, -weiterentwicklungen und anderen Anpassungsmaßnahmen auf der *Grundlage umfassender Informationen* über die derzeitigen Gegebenheiten und künftige Entwicklungstrends in den Branchen und auf den Märkten, denen die Zielgruppen zuzuordnen sind.

Dabei verstärkt nicht zuletzt die *marktwirtschaftliche Öffnung Osteuropas* den Bedarf nach messerelevanten Informationen und systematischen Markt- und Zielgruppenanalysen in zweifacher Hinsicht:

— Zum einen ist von dort weitere *Konkurrenz* für die deutschen Messegesellschaften durch neugegründete bzw. sich nach Westen neu orientierende Messeplätze zu erwarten.
— Zum anderen bieten die osteuropäischen Länder die Chance, *neue Aussteller- und Besuchergruppen* für die eigenen Veranstaltungen zu gewinnen und möglicherweise auch neue, aktuelle Themen in Veranstaltungen umzusetzen.

Trotz allem muß festgestellt werden, daß die weiter oben dargestellten Aufgaben der Messe-Marktforschung in vielen Fällen noch immer nicht systematisch wahrgenommen werden. Nicht zuletzt deshalb kommt es auch immer wieder zu Mißerfolgen bei Neugründungen oder zu Abwanderungen von Ausstellern und Fachbesuchern zu konkurrierenden Messen, auch im Ausland.

Auch hinsichtlich der von Ausstellern und Besuchern geforderten *Messetransparenz* bleibt noch viel zu tun: Die weiter oben dargestellten Besucher- und Ausstellerbefragungen werden bei weitem noch nicht bei allen Veranstaltungen bzw. von allen Veranstaltern durchgeführt. Zwar sind mittlerweile rund 90% aller Besucherstrukturtests in der Bundesrepublik FKM-geprüft. Doch eine vergleichbare Standardisierung konnte für Ausstellerbefragungen bisher nicht erzielt werden. Wichtiger jedoch erscheint noch eine *Verbesserung der internationalen Markttransparenz*. Denn auf internationaler Ebene gibt es vergleichbares Datenmaterial derzeit nur in Ansätzen. Denkbar und wünschenswert wäre hier etwa eine Art *EG-FKM* als Kontrollorganisation wenigstens für die Europäische Gemeinschaft und die Veröffentlichung eines standardisierten Jahrbuchs für alle Messen auf dem EG-Binnenmarkt (vgl. dazu Selinski 1990, S. 173). Ein wichtiger Schritt in diese Richtung sind sicherlich die Anfang 1990 erstmals veröffentlichten *„European Trade Fair and Exhibition Statistics"* als gemeinsames Projekt der Prüforganisationen für Messezahlen in den Beneluxländern, Deutschland, Österreich und (inzwischen auch) Frankreich und der Schweiz.

Die Weiterentwicklung dieser Ansätze hin zu einer EG-weit (und eventuell gar international) standardisierten Erfassung und Darstellung von messerelevanten Daten als quantitative und qualitative Entscheidungsgrundlage für Aussteller und Besucher wird eine der zentralen Aufgaben der Messegesellschaften und ihrer Verbände für die kommenden Jahre sein.

Literatur

AUMA: AUMA-Bericht, Tätigkeitsbericht des Ausstellungs- und Messeausschusses der Deutschen Wirtschaft e.V. für das Jahr 1990. Köln 1990.

BACHMEIR, H.M. : Marktforschung auf Messen. In: Arbeitspapiere zur Schriftenreihe Marketing, Hrsg.: Meyer, P.W. und das Lehr- und Forschungsteam an der Universität Augsburg, Bd. 23. Augsburg, 3. Auflage, 1990.

BEHRENS, K.C.: Grundbegriffe und Gegenstände der Marktforschung. In: Behrens K.C. (Hrsg.): Handbuch der Marktforschung. Wiesbaden 1974, S. 3–12.

FKM: Satzung und Regeln der Gesellschaft zur freiwilligen Kontrolle von Messe- und Ausstellungszahlen. Köln 1992.

FKM: Bericht 1990 der Gesellschaft zur freiwilligen Kontrolle von Messe- und Ausstellungszahlen. Köln 1990.

GOEHRMANN, K.E. : Bestandsaufnahme und Perspektiven der Hannover Messen. In: Meffert, H. / Wagner, H. (Hrsg): Messemarketing – Bestandsaufnahme und Perspektiven. Dokumentation des 16. Münsteraner Führungsgesprächs vom 14. und 15. März 1989 in Hannover, Dokumentationspapier Nr. 52 der Wissenschaftlichen Gesellschaft für Marketing und Unternehmensführung e.V. Münster 1989, S. 51–57.

GROTH, C.: Aufgaben und Möglichkeiten der Marktforschung im Rahmen der Hannover Messe. In: Marktforschung. 1/1982, S. 5–7.

MEFFERT, H.: Einführung in die Problemstellung. In: Meffert, H./ Wagner, H. (Hrsg): Messemarketing – Bestandsaufnahme und Perspektiven. Dokumentation des 16. Münsteraner Führungsgesprächs vom 14. und 15. März 1989 in Hannover, Dokumentationspapier Nr. 52 der Wissenschaftlichen Gesellschaft für Marketing und Unternehmensführung e.V. Münster 1989, S. 1–2.

MERBOLD, C.: Aussteller fordern mehr Messetransparenz. In: Horizont, Nr. 44, vom 03.11.1989, S. 70.

MÖLLENDORF, C.: Das Messeklima der Hannover Messe. Eine empirische Analyse der klimabestimmenden Einflußfaktoren, unveröffentlichte Diplomarbeit an der Freien Universität Berlin, Institut für Markt- und Verbrauchsforschung. Berlin 1986.

O.V.: Mehr Messetransparenz durch Besucheridentifikation, in: m+a Report 2/1990, S. 86–88.

O.V.: Grid-Computer ersetzt bei der Marktforschung den Fragebogen, in: Computerwoche Nr. 23 vom 07.06.1991.

SCHWARZ, P.: Mit Barcode, Badge und Counter. In: Absatzwirtschaft 7/1991, S.68–71.

SCHWENZNER, J.E.: Messetest. In: v. Seischab, H., Schwantag, K. (Hrsg.): Handwörterbuch der Betriebswirtschaft, Bd. 3. Stuttgart 1960 (3. Auflage), Sp. 3957–3961.

SELINSKI, H.: Messe- und Kongreßmarketing. Dissertation an der Freien Universität Berlin, Institut für Markt- und Verbrauchsforschung. Berlin 1983.

SELINSKI, H.: „Fair Play" in Europa – Plädoyer für ein grenzenloses Messemarketing nach 1992. In: Kliche, M. (Hrsg.): Investitionsgütermarketing. Positionsbestimmung und Perspektiven, Wiesbaden 1990, S. 169–191.

SPIEGEL VERLAG: Messen und Messebesucher in Deutschland. Hamburg 1992.

STROTHMANN, K.-H.: Vom Messetest zur Konzept-Analyse. Zur Methodik der Fachbesucher-Befragung. In: Interview und Analyse, 2/1976, S. 35–37.

STROTHMANN, K.-H.: Investitionsgütermarketing. München 1979.

STROTHMANN, K.-H.: Messeforschung, in: Messen als Marketinginstrument, DWG-Jahrestagung 1983, herausgegeben von Deutsche Werbewissenschaftliche Gesellschaft. Bonn 1983, S. 97–109.

ZAW-RAHMENSCHEMA: ZAW-Rahmenschema für Werbeträger-Analysen (7. Auflage) 1989.

Kapitel 4

Das Marketing der Aussteller

Karl Erich Haeberle
Karl Bühler

Messe-Logistik als Determinante des Messe-Erfolgs

1. Logistik
2. Messe und Logistik
3. Logistik-Unternehmen „Spedition"
4. Logistische Leistungen – eine Übersicht
5. Messe-Spedition
6. Beispiel einer Messe-Spedition: SCHENKER-messeService
7. Messe-Logistik
8. Entwicklung der Messe-Logistik

Literatur

Ohne Messegüter keine Messe! Diese Schlußfolgerung ist derart zwingend, daß sie trivial erscheinen mag. Die Logistik für Messegüter wird deshalb aber – das ist die zweite Schlußfolgerung – zu einem entscheidenden Faktor, also zur Determinante, sowohl für den Marketing-Erfolg des einzelnen Messe-Ausstellers als auch für das gesamte Messegeschehen.

1. Logistik

Definition

Unter Logistik wird die systematische gesamtheitliche Prozessführung des Güter- oder Materialflusses unter optimierenden ökonomischen Prämissen verstanden. Logistik ist daher nicht ein anderes Etikett für Gütertransport.

Teilfunktionen

Unter dem gesamtheitlichen Dach der Logistik strukturieren sich folgende wesentliche Teilfunktionen:

– Planung,
– Schaffen der Realisierungsrundlagen,
– Steuerung,
– Durchführung und
– Kontrolle

der Güter- oder Materialfluß-Prozesse. Innerhalb dieser Prozesse ist zwischen

– Transport- oder Fördervorgängen,
– Lagervorgängen und
– Behandlungs- oder Manipulationasvorgängen

zu unterscheiden. Zu den letzteren gehört insbesondere das Verpacken.

Paralellel bewegt sich zu dem *Güter-* oder *Materialfluß* der *Informationsfluß*, der in Gestalt von Versandanzeige, Frachtbrief, Laufzettel, Konnosement und dergleichen erkennbar ist.

1.1 Logistik in der Betriebswirtschaft

Innerhalb der Betriebswirtschaft und deren Lehre begann sich die Disziplin „Logistik" ab etwa 1970 zu entwickeln (vgl. Constantin, J.A. (1966); Pfohl, H.-Chr. (1972); Kirsch, W. (1973); Poth, L.G. (1973)). Es kann aber durchaus auch noch vorkommen, daß in sonst verdienstvollen wissenschaftlichen Arbeiten sogar über die Messeteilnahme die Logistik als Determinante fehlt (Zum Beispiel: Funke, K. (1986)).

Zu den Quellen über die „Entdeckung" der Logistik zählen:

- Vermehrte Arbeitsteilung und Spezialisierung
- Verstärktes System-Denken durch dem Computerisierung (EDV)
- Ausschöpfen von Rationalisierungsreserven
- Wachsende Bedeutung der Verkehrswirtschaft.

In Produktionsbetrieben wird zunehmend der Materialfluß, einschließlich der Materialbeschaffung und des Lagerwesens, logistisch durchleuchtet und ebenso die distributiven Prozesse im Bereiche des Marketing. Kostenwirtschaftliche Untersuchungen ergaben dabei, daß für die gesamten logistischen Funktionen zwischen 10 bis 30 Prozent des Umsatzes, je nach Wirtschaftszweig, aufgewendet werden.

1.2 Logistik in der Historie

Geschaffen wurde die Logistik jedoch von Stabsoffizieren, die in den Napoleonischen Kriegen mit großen Massen zu operieren hatten, um Zeit und Raum für taktische Bewegungen zu ermitteln. Den damals neuen Begriff bildeten sie aus „logos" – griechisch: Vernunft, Verstand – und „loger" – französisch: unterbringen, versorgen.

Wieder aufgegriffen wurde dieser Terminus durch US-Truppen im Zweiten Weltkrieg „und ging über in den NATO-Sprachgebrauch als Sammelbegriff für alle Tätigkeiten und Dienstleistungen zur Unterstützung der Streitkräfte. Ihrem Wesen nach beruht die (militärische) Logistik auf der Kunst des richtigen Vorausberechnens von Bedarf, Leistungsvermögen, Raum und Zeit" (Gerber, J./Stein, H. (1972)). Logistik in diesem Sinne umfaßt insbesondere materielle Versorgung und Materialerhaltung, Transport- und Verkehrswesen, einschließlich Verwundeten-Transport, sowie Bauausführung und auch das dazugehörende Befehls- und Meldewesen.

2. Messe und Logistik

2.1 Messe – ein konkreter Markt

Im Gegensatz zu dem abstrakten Begriff „Markt", zu dem auf Verallgemeinerungen Angewiesene – Statistiker, Wirtschaftstheoretiker, auch Marketing-Leiter – greifen müssen, lebt die Messe von ihrer Dinglichkeit: Messe ist ein Markt zum Anfassen.

Auch wenn die Tendenz zu beobachten ist, die Zahl der zur Schau gestellten Produkte zu vermindern – insbesondere bei der Investitionsgüterindustrie – so bleibt die Dinglichkeit dennoch erhalten. Im übrigen besteht selbst ein reiner Informationsstand ohne Produkt-Exponate aus einem Standbau und den verschiedensten Informationsmaterialien – und diese sind eben auch Messegüter.

2.2 Messe-Parameter in logistischer Sicht

Drei Parameter bestimmen hauptsächlich die Messe-Logistik:

– Messegut
– Messeort
– Messezeit.

Das hierarchische Verhältnis dieser drei Bestimmungsgrößen entspricht häufig der oben angeführten Reihenfolge für die Aussteller-Logistik.

2.2.1 Das Messegut

Das Messegut läßt sich in drei Hauptgruppen aufteilen: in Exponate, in das Standbauwerk, eventuell mit dekorativen oder informativen Schaustücken, und in Verbrauchsgüter, zu denen sowohl Prospekte als auch Lebensmittel zählen. Einen beträchtlichen Teil des Verkehrsaufkommens aus einem Messegelände macht das laufende Catering aus.

Die personellen und die technischen Voraussetzungen für den Transport der unterschiedlichen Messegüter können sehr voneinander abweichen.

2.2.2 Der Messeort

Der Messeort ist für die Logistik nicht nur bloßes Ziel, sondern auch relevanter Bestimmungsfaktor für die Art des Transportmittels, für die Wahl der Verpackung, für die Zahl der Umschlagplätze auf dem Transportweg, für die Beförderungszeit. Nutzvoll ist es deshalb, die Messeorte geographisch zu unterscheiden in

– Inland und
– Ausland,

wobei das Ausland noch in EG-Länder, europäische Nicht-EG-Länder und Übersee getrennt wird.

2.2.3 Die Messezeit

Die Messezeit beinhaltet logistisch zwei Kriterien:

– Termine und
– Zeitspannen.

Verbindlich vorgegeben sind stets die Termine „Messe-Anfang" und „Messe-Ende" sowie bei allen gut organisierten Veranstaltungen auch „Anfang der Aufbauzeit" und „Ende der Abbauzeit". Hieraus errechnen sich die offiziell zur Verfügung stehenden Fristen auf dem Messegelände. Zusätzliche Vor- und Nachlaufphasen sind häufig aber logistisch noch berücksichtigen.

Für die inviduelle logistische Messe-Planung ist deshalb ein eigener „Messe-Kalender" zu erarbeiten. Die wesentlichsten Zeitmarken liefern bereits die akquisitorischen Informationen der Messe-Veranstalter und die Messe-Übersichten, die meist sehr sorgfältig von einschlägigen Verlagen veröffentlicht werden und in der Bundesrepublik Deutschland in umfassender Weise von dem AUMA.

2.3 Messe-logistische Kosten

Für einen Aussteller entstehen logistische Kosten für den Stand, für das Ausstellen auf dem Stand und für den Standbetrieb. Diese Leistungen können mit eigenen Mitteln oder mit fremden erbracht werden, so daß auch Kosten entweder betriebsintern oder betriebsextern (Fremdkosten) entstehen. Umfangreiche Beobachtungen lassen sich in einer Übersicht (Tabelle 1) darstellen.

Tabelle 1: Messe-logistische Leistungen und Kostenquellen
Quelle: Haeberle, K.E.

Leistungen	Quellen der Kosten	
	innerbetrieblich	außerbetrieblich
Antransport		
bis zum Messeplatz	++	++
auf dem Messeplatz	++	++
Versicherungen		++
Leerguteinlagerung		++
Abtransport		
auf dem Messeplatz	++	++
bis zum Versandort	++	++
Sonstiges (z. B. Zollabfertigung)	+	++

teilweise oder gelegentlich = +
sehr häufig = ++

Die Inanspruchnahme von Fremdleistungen, also insbesondere der Dienste von Speditionen, wächst, teilweise sprunghaft, mit der Zahl und der Größe der zu befördernden Güter. Auch andere wesentliche Faktoren, wie notwendige Professionalität, Sicherheit, Eilbedürftigkeit, grenzüberschreitender Verkehr und andere lassen es geraten sein, sich außerbetrieblicher logistischer Hilfe anzuvertrauen.

Auf dem Messegelände kommt noch hinzu, daß hier der „Fremdleister", die Messe-Spedition, zuhause ist, mit sämtlichen „Heimvorteilen" für seine Auftraggeber.

3. Logistik-Unternehmen „Spedition"

3.1 Gegenstand des Unternehmens: Logistisches Produkt

Obwohl Speditionen Dienstleistungen erbringen, faßt der Begriff „logistisches Produkt" das Bündel der jeweils erbrachten Leistungen anschaulich zusammen. Der Terminus „Produkt" verdeutlicht zudem den Willen, ein voll befriedigendes Endergebnis zu „produzieren". Bereits das bedarfsgerechte Planen und Zusammenfügen einzelner logistischer Leistungsmodule ist ein höchst produktiver Prozeß.

In Zukunft wird in Industrie und Handel das Umstrukturieren logistischer Prozesse – insbesondere im Hinblick auf die Reorganisation der europäischen Märkte – sogar das Leistungsbild größerer Speditionen erweitern. „Immer mehr Unternehmen ändern ... ihre Warenflußkonzepte und entschließen sich zum Einkauf von Fremdleistungen, die von der Transportoptimierung bis zu hochintegrierten Systemlösungen reichen. Mit dieser Entwicklung wachsen auch die Anforderungen an logistische Dienstleister in neue Dimensionen" (Straßer, M. (1989)).

3.2 Rechtsgrundlagen

Die Legaldefinition gibt § 407 des Handelsgesetzbuches (HGB): „Spediteur ist, wer es gewerbsmäßig übernimmt, Güterversendungen durch Frachtführer oder durch Verfrachter von Seeschiffen für Rechnung eines anderen (des Versenders) in eigenem Namen zu besorgen". Damit ist die Tätigkeit des Spediteurs festgelegt:

- Er arbeitet selbständig und gegen Entgelt
- Er läßt die Güterbeförderung durchführen
- Er scheint auf den Dokumenten als Absender; er arbeitet „in eigenem Namen"
- Aber er trägt nicht die Kosten des Gütertransportes, sondern – „auf fremde Rechnung" – der Auftraggeber.

Die ADSp, die Allgemeinen Deutschen Spediteurbedingungen, gelten in der Bundesrepublik Deutschland für alle Speditionsverträge mit Kaufleuten ohne besondere Vereinbarung (sog. „stillschweigende Unterwerfung").

Aufmerksam gemacht werden muß dabei, „daß die ADSp sich von den üblichen Geschäftsbedingungen wesentlich unterscheiden, da sie nicht einseitig von dem betreffenden Gewerbe vorgeschrieben werden, sondern gemeinsam von allen Interessenten erarbeitet und vereinbart wurden" (Wolf, P.H. (1992)).

Die ADSp enthalten auch Bestimmungen über die Haftung des Spediteurs. In diese Bestimmungen integriert ist die Speditionsversicherung, die jeder Spediteur abzuschließen hat, wenn ihn der Auftraggeber nicht ausdrücklich – in Schriftform – davon befreit (Versicherungsverbot; § 39a ADPs), zum Beispiel weil dieser Eigenversicherer ist.

Der SVS/RVS, der Speditions- und Rollfuhr-Versicherungsschein, das Regelwerk für den Versicherungsvertrag, ergänzt deshalb die ADSp.

3.3 Fachbranche

Nach § 1 HGB gehören die Geschäfte des Spediteurs zu den Grundhandelsgewerben. Schon seit langem erhält der Speditionskaufmann eine gründliche und umfassende Fachausbildung. Diese hat sich laufend weiterentwickelt entsprechend der fortschreitenden Technisierung, Spezialisierung und auch Internationalisierung.

Aufgrund der langen Tradition – der Name „Spediteur" zeigt dies schon an – haben sich eigenständige Fachbegriffe herausgebildet, wie zum Beispiel:

Verlader	=	Versender, Auftraggeber, Absender
Frachtführer	=	Beförderer von Gütern auf der Schiene, der Straße, auf Binnengewässern und/oder in der Luft
Selbsteintritt	=	Beförderung der Güter durch den Spediteur selbst (§ 412 HGB)
Ausrollen	=	Güterzustellung durch (Bahn-) Spediteur im Nahverkehr
Umschlag	=	Übergabe von Gütern, z. B. von Verlader an Frachtführer, von Frachtführer an Speditionslager

Geprägt ist die Branche durch eine außerordentlich vielfältige Zusammenarbeit. Selbst ein Speditionsunternehmen mit einem engen Netz inländischer Niederlassungen und einer großen Zahl ausländischer Stützpunkte ist auf Kollegialität angewiesen.

4. Logistische Leistungen – eine Übersicht

4.1 Hauptaufgabe: Geschäftsbesorgung

„Wegen der Kompliziertheit der Güterbeförderung verzichtet der Versender häufig darauf, direkt einen Frachtführer mit der Güterbeförderung zu betrauen" (Teismann (1978)). Der Spediteur „besorgt" das Geschäft der Güterbeförderung auf der Grundlage des Speditionsvertrages – zwischen Versender und Spediteur – und die Durchführung der Beförderung mittels Frachtvertrag zwischen Frachtführer beziehungsweise Verfrachter (bei Seeschiffen) und Spediteur. Die Rechte und Pflichten des Spediteurs sind mit denjenigen des Kommissionärs oder Vermittlers zu vergleichen (§§ 388–390 HGB), insbesondere wenn sich um Empfangnahme, Aufbewahrung und Versicherung der Güter handelt.

4.2 Komplexe logistische Leistungen

Die komplexen logistischen Leistungen lassen sich strukturieren nach dem

Güterfluß, zum Beispiel

– Beförderung
– Umschlag
– Lagerung

oder durch Systembildung,

zum Beispiel mit den Teilsystemen
- Standortkonfiguration, insbesondere Lager- und Umschlagplätze
- Transport
- Verpackung
- Steuerung und Kontrolle.

Beide Arten der Strukturierung lassen erkennen, daß Logistik eine ranghohe Managementaufgabe ist. Je größer die Zahl der auf dem Markt befindlichen Produkte wird (Produkt-Prolieferation), je feiner sich die Warenströme verästeln und je mehr die Distribution von Gütern mit Hilfe der EDV durchgeführt wird, desto stärker wird die Logistik bei Systemtheorien Anleihen machen (Vergl. Diruf, G. (1984)).

Das Logistik-Unternehmen „Spedition" erbringt nur ausnahmweise isolierte Leistungen. Es ist für ein logistisches (Teil-)System tätig; es erstellt – lapidar ausgedrückt – „Leistungspakete".

5. Messe-Spedition

Ein besonderes logistisches Teilsystem verkörpert die Messe-Spedition (Englisch: Trade Fair Forwarding Agent). Auf der Basis umfassender Speditionstätigkeit arbeitet die Messe-Spedition spezialisiert und unterscheidet sich deshalb in mehrerlei Hinsicht von einem üblichen Speditionsbetrieb. Wesentliche Kennzeichen ihrer Tätigkeit sind die

- Standort-Gebundenheit an den Messeplatz und die
- Ereignis-Gebundenheit an die jeweilige Messe.

Nach Branchengepflogenheit kann die Messe-Spedition als kombinierte Empfangs-, Zustell- und Ausliefer-Spedition verstanden werden, zu deren Aufgaben noch die Zwischenlagerung, hauptsächlich des Leergutes, gehört. Zusätzlich Dienstleistungen kommen noch hinzu, wie zum Beispiel das Besorgen der Zollformalitäten für Messegüter im grenzüberschreitenden Verkehr, sowie die Vorhaltung und der Einsatz eines umfangreichen technischen Geräteparks.

Für den „Insider" besteht der erheblichste Unterschied zu einer „normalen" Spedition in dem stoßweisen Arbeitsanfall mit außerordentlich hohen Arbeitsspitzen. Außerdem ist die Verpflichtung bei einer Messe, „Termine zu halten", noch strenger als sonst schon bei Speditionsgeschäften.

Weiterhin steht eine Messe-Spedition gleichzeitig mit einer Reihe von Partnern in Geschäftsverbindung. Die Skala dieser Partner reicht vom „Subkontraktor", dem Auftragnehmer für bestimmte Arbeiten, bis zur Messe-Gesellschaft.

5.1 Partner: Messe-Gesellschaft, Messe-Veranstalter

Unterschieden werden muß zwischen Messe-Gesellschaft und Messe-Veranstalter. Die Messe-Gesellschaft ist Herrin über das Messegelände (Besitz-Gesellschaft). Sie führt eigene Messen oder Ausstellungen durch, kann aber auch ihr Messegelände an Veranstalter – Verbände, Vereine, privatwirtschaftliche Untrenehmen – ganz oder teilweise vermieten (Fremdveranstaltungen). In Deutschland überwiegen die Eigenveranstaltungen.

Erst wenn zwischen der Messe-Gesellschaft oder dem -Veranstalter und einer qualifizierten Spedition ein (Basis-)Vertrag abgeschlossen worden ist, avanciert diese zum „Messe-Vertrags-Spediteur". Übertragen werden diesem bestimmte Rechte, wie zum Beispiel Lager und Büros zu installieren und aus organisatorischen Gründen die Betreibung von Staplern, Kränen, etc.

Die Zahl der „Messe-Spediteure" variiert an den einzelnen Messeplätzen. Häufig sind es ein oder zwei. Zusätzlich wirkt noch das bahnamtliche Rollfuhrunternehmen mit, hauptsächlich für die Expreßgut-Zustellung.

Mit dem Partner „Messe-Gesellschaft/-Veranstalter" werden auch die Speditionsentgelte und die ergänzenden rechtlichen Bestimmungen zu den ADSp, insbesondere für den Transport auf der Messe abgestimmt.

5.2 Partner: Aussteller und Standbauer

Auftraggeber für den Messe-Spediteur sind die Aussteller und auch die Standbaufirmen. Häufig auf Messen ausstellende Unternehmen neigen in wachsenden Maße dazu, einen erheblichen Teil der Messe-Beschickungen nach außen zu delegieren.

Das Zusammenspiel zwischen Ausstellerschaft und Messe-Spedition hat sich durch die lange Erfahrungszeit im Rahmen des Möglichen schon weitgehend optimiert. Neulingen im Messegeschäft ist allerdings sehr zu empfehlen, die Aussteller-Information und -Bedingungen aufmerksam zu lesen. „Messetypisch" ist zum Beispiel, daß die Haftung des Messe-Spediteurs mit dem Abstellen des Messegutes im gekennzeichneten Messestand des Empfängers endet. Der Verkehrsauftrag ist auch dann erfüllt, wenn niemand vom Standpersonal anwesend ist und den Empfang quittieren kann.

5.3 Partner: Durchführungsgesellschaft

„Mit der technischen und organisatorischen Abwicklung der offiziellen Beteiligung an Auslandsmessen werden in der Regel privatwirtschaftlich arbeitende Durchführungsgesellschaften beauftragt ... . In Deutschland werden offizielle Beteiligungen stets an Durchführungsgesellschaften vergeben" (Goschmann, Kl. (1988)).

Zu den logistischen Aufgaben einer Spedition am Messeort im Ausland kommen noch diejenigen des Gütertransportes vom Inland dorthin dazu, und diese sind häufig im Bereiche der Luft- und Seefracht angesiedelt.

5.4 Leistungen

Der hohe Leistungswille einer Messe-Spedition wird herausgefordert durch den Ereignischarakter einer Messe, durch den Wettbewerb der Speditionen untereinander und auch durch die möglichen Eigenleistungen der Aussteller. Jedem Aussteller bleibt es unbenommen, sein Messegut selber, ohne fremde Hilfe, auf seinen Stand zu bringen und es wieder nach Hause zu befördern. Delegiert er diese Arbeiten an den Messe-Spediteur, so erhält er nicht nur eine Transportleistung, sondern auch die Gewißheit, daß Spezialisten professionell für ihn tätig werden und Verantwortung tragen. Das logistische Leistungspaket, das er erhält, ist deshalb mehr als nur die Summe von Einzelleistungen.

Das Spezialistentum dokumentiert sich am augenfälligsten an dem technischen Gerät, das zur Erfüllung der Kundenwünsche eingesetzt werden muß, beispielsweise Stapler, Hubwagen, motorisierter Kräne, Tieflader mit Zugmaschinen. Allein schon die technische Wartung und Instandhaltung eines Geräte- und Maschinenparks, der den Anforderungen großer und „schneller" Messen genügt, führt zwangsläufig zu Vergleichen mit stattlichen industriellen Produktionsbetrieben.

5.5 Spezialleistungen

Logistische Spezialleistungen werden von einer Spedition gefordert, vor allem für
- Güter mit besonders hohem Wert, wie Kunstwerke oder historisch bedeutsame Objekte und für
- Güter mit besonderen Maßen, wie Übermaß – Länge, Breite, Höhe – und/oder sehr hohen Gewichten (Massen).

Während zu den besonders wertvollen Gütern vornehmlich Exponate von Ausstellungen gehören, schaffen nicht selten auf Messen Güter mit höheren Gewichten Probleme, da Aufzüge, Rampen, Hallenböden und dergleichen Grenzen nach oben ziehen und dann trickreiche Abhilfe notwendig wird.

5.6 Service

Zum logistischen Leistungspaket einer (Messe-)Spedition gehört die Beratung des Auftraggebers. Sie beginnt bei Haftungs- und Versicherungsfragen und endet vielleicht bei den Laufzeiten einer Sendung. Zum Beispiel wird bei einer Messe auf die Relevanz des Anlieferungstermins schon in den Aussteller-Informationen hingewiesen: Bei Nicht-Einhalten darf der Spediteur Aufschläge berechnen. Eine wesentliche Rolle spielen auch Verpackungsfragen, da für das transportgerechte Verpacken ausschließlich der Versender verantwortlich zeichnet, sieht man von der Ausnahme „Möbelspedition" ab.

Im Zuge der fortschreitenden Internationalisierung tragen Messe-Speditionen auch Sorge dafür, daß ausländische Aussteller auf deutschen Messen ausreichend Hilfestellung erhalten und daß deshalb sprachenkundiges Personal bereitsteht.

6. Beispiel einer Messe-Spedition: SCHENKER-messeService

Schenker-messeService ist keine eigene Gesellschaft, sondern ein besonderer Geschäftsbereich des international tätigen Speditionsunternehmens SCHENKER. Organisatorisch ist dieser Geschäftsbereich in die Zentralabteilung Messen und Spezialtransporte mit Sitz in Frankfurt am Main eingegliedert.

6.1 Entwicklungsgeschichte

Bahnbrechend für das Messewesen in der deutschen Nachkriegszeit war die Exportmesse in Hannover 1947. Seitdem – und damit als erster in deutschen Landen – arbeitet SCHENKER auch als Messe-Spedition. Sehr gefördert wurde diese spezielle Entwicklung, weil SCHENKER für seine umspannenden Aktivitäten ein durchgehendes Niederlassungsnetz aufbaute. Der wechselnd beaufschlagte Bereich „Messe-Spedition" konnte sich deshalb permanent an Stützpunkte anlehnen, eine Methode, die sich auch bei der späteren weltweiten Ausdehnung als sehr nützlich erwies. Spezialisiertes Management, starkes Engagement und Qualitäts-Messeservice ließen „SCHENKER" zu einem Markenbegriff werden. Mit einer Ausnahme wurde SCHENKER an allen internationalen Messeplätzen in Deutschland Messe-Vertrags-Spediteur. Seit dem frühen Einrichten von weltweiten Luftfracht-Stützpunkten durch SCHENKER ist das Haus auf Messen in allen Teilen der Welt anzutreffen.

6.2 Logistische Integration

Welchen Platz und welche Bedeutung die Funktion der Messe-Spedition = Messeservice innerhalb der gesamten Unternehmenslogistik einnimmt, läßt Abbildung 1 erkennen (siehe Seite 283).

7. Messe-Logistik

7.1 Schnittstellen

Ein Messe-Logistik-System, das Ausstellern und Standbauern sowie Messe-Gesellschaften, Veranstaltern und Durchführungsgesellschaften dient, weist zahlreiche Schnittstellen auf. Beispielhaft sollen das einige Schnittstellen – „ / " – verdeutlichen, die in der Praxis häufig sind:

- Aussteller (Werksverkehr)/Messe-Spedition
- Aussteller/Hausspedition – Messe-Spedition
- Aussteller(Selbstauflieferer)/Eisenbahn/Güter-Nahverkehrsspedition/Messe-Spedition
- Aussteller/Fremdspedition/Messe-Spedition.

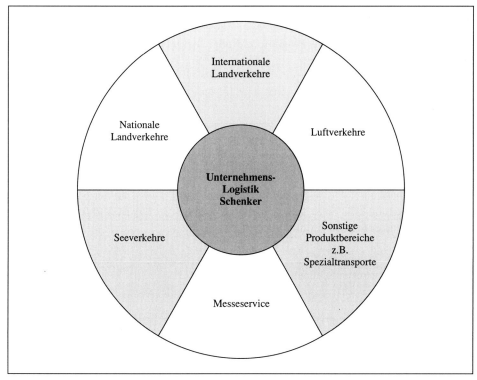

Abbildung 1: Unternehmenslogistik

Damit die Schnittstellen harmonische Verbindungsstellen sind, genügen im allgemeinen kleinere gegenseitige Anpassungen. Gerade eine Messe-Spedition muß bei den unterschiedlichen Charakteren ihrer Partner über diese Fähigkeit verfügen.

7.2 Informationsfluß

Für den Informationsfluß der Messe-Logistik hat sich die „Papier-Information" wegen ihrer Funktion als Dokument als immer noch am geeignetsten erwiesen. Dank moderner Techniken – Telex und Fax – kann sie auch schnell sein. EDV-technische Anbindungen sind in der Entwicklung.

7.3 Logistisches Messe-Management

Die spezielle Messe-Logistik orientiert sich an der gebräuchlichen des Logistik-Unternehmens „Spedition", wandelt diese aber für die speziellen Gegebenheiten und Anforderungen ab. Hauptsächlich fällt dabei ins Gewicht, daß die Auftragsstruktur nur sporadisch ist und selten Wiederholungscharakter hat. Wegen dieser Fakten hat das *Zeit-Management* und das *Mengen-Management* besonders hohe Leistungen zu erbringen. Beides verlangt die Fähigkeit zur Prognose, die möglichst auf reiche praktische Erfahrungen zurückgreifen können sollte.

7.4 Management-Support

Um die messelogistischen Aufgaben zu meistern, wurden praxisgerechte Organisationshilfsmittel entwickelt. Eines davon ist der Verkehrsflußplan für eine Messe-Veranstaltung. Er hat die Verkehrsleistung unter dem Gesichtspunkt der Sicherheit zu optimieren.

Das Management einer Messe-Spedition weiß auch die Präferenzen der Elektronischen Daten-Verarbeitung (EDV) zu schätzen. Einen Einblick in die EDV-Infrastruktur des SCHENKER-messeService vermittelt Tabelle 2.

Tabelle 2: EDV-Infrastruktur SCHENKER-messeService

EDV Infrastruktur	

Software	Programm-Paket
	Abfertigungssystem
	    insbesondere Auftragserfassung
	    Dokumente, Kundenabrechnung

Kommunikationssystem, intern	Transportdatenaustausch Güterweg-Verfolgung
Anbindung an Experten-Systeme	

EDV-Programme für messelogistische Zwecke können nur maßgeschneiderte Software sein und sind deshalb Resultate einer Eigenentwicklung.

7.5 Durchführung

Erfolgreich praktizierte Messe-Logistik gründet auf mehreren Voraussetzungen. An erster Stelle steht die operationale Notwendigkeit: *Lokales Management.*

Mit „Fernsteuerung" lassen sich Strategien, Planungen und auch manche Kontrollen realisieren, aber nicht die Durchführung „vor Ort". Zweite Voraussetzung ist das *Fachpersonal,* das sowohl über die notwendigen Fachkenntnisse verfügen muß als auch über die entsprechenden Fähigkeiten bis hin zum körperlichen Durchstehvermögen in Streßsituationen. Bei Auslandsmessen kommt noch die Bereitschaft hinzu, sich in andere Kulturen, Lebensgepflogenheiten und Arbeitsstile hineinzufinden.

8. Entwicklung der Messe-Logistik

Die Entwicklung der Messe-Logistik wird durch das ständige unternehmerische Streben nach Verbesserungen getragen, durch den Wettbewerb herausgefordert und durch das weltweite Wachstum des Messewesens forciert. Die weltumspannende Zusammenarbeit der Logistik-Unternehmen „Spedition", die sich in zunehmenden Maße als „Architekten des Wirtschaftsverkehrs" (P. H. Wolf) verstehen, bietet auch den Nährboden für einen Wissentransfer und Erfahrungsaustausch der logistischen Messe-Spezialisten. Überzeugendes Beispiel dafür ist, daß die International Exhibition Logistics Associates (IELA) mit Sitz in Genf 1992 ihre siebte Hauptversammlung in Sydney/Australien abhielten. Ein Hauptziel dieser Vereinigung wurde in der Einladung vom Chairman of the Board, K. Rauch, prägnant formuliert:„ *...to make clear to organisers and companies in the international exhibition industry how important our function has become in this field.*"

Literatur

DIRUF, G.: Modell- und computergestüzte Gestaltung physischer Distributionssysteme. In: Unternehmensführung und Logistik. Zeitschrift für Betriebswirtschaft, Ergänzungsheft. Wiesbaden 1984, S. 114-130.
FUNKE, K.: Messeentscheidungen – Handlungsalternativen und Informationsbedarf. Frankfurt a. M. 1986.
GERBER, J./STEIN, H.: Taschenbuch für Logistik. 6. Folge. Darmstadt 1972, S. 13.
GOSCHMANN, K.: Die erfolgreiche Beteiligung an Messen und Ausstellungen von A–Z. Landsberg/Lech 1988, S. 93.
HAEBERLE, K. E.: Erfolg auf Messen und Ausstellungen – Handbuch für Teilnahme, Organisation, Gestaltung, Technik. Stuttgart 1967, S. 110.
KIRSCH, W. U. A.: Betriebswirtschaftliche Logistik – Systeme, Entscheidungen, Methoden. Wiesbaden 1973.
PFOHL, H.-CHR.: Marketing-Logistik, Mainz 1972
POTH, L. G.: Praxis der Marketing-Logistik. Heidelberg 1973.
STRASSER, M.: Euro-Logistik a la carte. In: Zeitschrift für Logistik, Juli/August 1989 (Sonderdruck)
TEISMANN, A.: Der neue: Die rechte Hand des Kaufmanns. 36. Aufl., Essen 1978, S. 702
WOLF, P. H.: ADSp Allgemeine Deutsche Spediteurbedingungen, SVS/RVS Speditions- und Rollfuhrversicherungsschein. 14. Aufl., Düsseldorf 1991, S. 5.

Hans-Ullrich Wenge

Planung von Messe-Beteiligungen

1. Bestand an Plandaten
   1.1 Vollendung des Europäischen Binnenmarktes
   1.2 Messeangebot
   1.3 Ausstellerunternehmen

2. Planung einer Messe-Beteiligung
   2.1 Messe-Marktanalyse
   2.2 Messe-Beteiligungskonzept
   2.3 Operative Messeplanung
       2.3.1 Messestand
       2.3.2 Exponate
       2.3.3 Messeteam
       2.3.4 Kommunikationsmaßnahmen
       2.3.5 Messe-Nacharbeit

3. Beispiel für ein Messe-Konzept

Literatur

Messe-Beteiligungen werden für Unternehmen zunehmend zu einem eigenständigen absatzpolitischen Instrument, das der Erfüllung unterschiedlicher Unternehmens- und Marketingziele dient. Durch die Dreidimensionalität der Messeveranstaltung (Anbieter, Nachfrager und Angebot an einem Ort) werden Märkte bzw. Branchen transparenter. Ausstellerunternehmen erhalten dadurch die einmalige Chance einer Produktpräsentation, firmen- und produktbezogener Information und Kommunikation mit (potentiellen) Kunden aber auch mit Wettbewerbern, Meinungsmultiplikatoren und den Medien. Für einen optimalen Einsatz der Messe-Beteiligung durch die Unternehmen ist im Hinblick auf die steigende Zahl von Messen im europäischen Binnenmarkt, die dadurch steigende Kostenbelastung der Unternehmen und die große Personalkapazitäts- und Zeitbindung mehr denn je eine strategische Planung erforderlich. Von den Zielen der Unternehmens- bzw. Marketingstrategie ausgehend sind Entscheidungen im Rahmen der Handlungsalternativen des Kommunikationsinstrumentes Messe zu treffen, die in die Zukunft gerichtet sind und der Zielerreichung dienen. Nur durch diese Vorgehensweise – wie bei jeder betrieblichen Investitionsentscheidung – kann eine Nutzen- und Erfolgsoptimierung dieses Marketinginstrumentes erfolgen. Hierzu bedarf es eines Plandatenbestandes, der dem anderer Medienbereiche adäquat ist.

1. Bestand an Plandaten

1.1 Vollendung des Europäischen Binnenmarktes

Zur Vollendung des Europäischen Binnenmarktes sind diverse Hindernisse wie z. B. physische Grenzbarrieren, technische Handelshemmnisse, Steuergrenzen und eine starke Reglementierung der Märkte endgültig zu beseitigen. Der dann vereinheitlichte Wirtschaftsraum wird mit 320 Mio. Verbrauchern, 5.000 Mrd. DM Kaufkraft und 140 Mio. Erwerbstätigen einer der größten und aufnahmefähigsten Binnenmärkte sein (AUMA (Hrsg.), 1991, S. 11–12; Marzin, 1990, S. 63). Für die Unternehmen bedeutet dies einen größeren Markt (durch freien Marktzugang, eine größere Vielfalt der Märkte und Marktteilnehmer) und einen schärferen Wettbewerb auf dem Heim- und den Mitgliedsmärkten. Zu den verstärkten Warenströmen im Europäischen Binnenmarkt kommen liberale Außengrenzen zu anderen großen Binnenmärkten bzw. regionalen Weltmärkten. Diese neuen Nachfrage- und Angebotsimpulse müssen in den Absatz- und Beschaffungsstrategien der Unternehmen berücksichtigt werden; für diese ergeben sich neben den Risiken einer verstärkten und neuen europäischen Konkurrenz auf inländischen Märkten jedoch auch Chancen zur Festigung und zum Ausbau von Marktanteilen (AUMA (Hrsg.), 1991, S. 13–15; Marzin, 1990, S. 64). Im Rahmen einer offensiven Marketingstrategie zur Positionsfestigung auf den Landesmärkten und verstärkten Bearbeitung von europa- oder weltweiten Märkten kommt für verschiedene Branchen und Produkte in besonderem Maße die Messe-Beteiligung zum Einsatz. Dies aufgrund:

– der Notwendigkeit einer intensiven Präsentation der Leistungsfähigkeit und -palette eines Unternehmens

- von verstärkten Kommunikationsbemühungen der Anbieter und Nachfrager
- der zunehmenden Suche nach ständigen und zuverlässigen Partnern (als Plattform für Kooperationsinitiativen).

Der Vorteil gegenüber den anderen Kommunikationsinstrumenten Werbung, Verkaufsförderung, persönlicher Verkauf und PR eines Unternehmens resultiert hauptsächlich aus den vielfältigen Funktionen der Messe-Beteiligung: der effektiven Knüpfung und Pflege von Kontakten (Kommunikationsfunktion), Erklärung und Demonstration des Angebots (Informationsfunktion) und dem Verkauf und Tätigen von Geschäftsabschlüssen (Verkaufs-/Orderfunktion).

1.2 Messeangebot

Für den Einsatz des Instrumentes Messe-Beteiligungen als Marketing- und Kommunikationsinstrument stehen den Unternehmen Messeplätze in Deutschland, Europa und weltweit zur Verfügung. Die weltweite Spitzenstellung des Messeplatzes Deutschland drückt sich u.a. darin aus, daß für viele Branchen die „Weltleitmesse" in Deutschland stattfindet, d. h. daß sich der Weltmarkt (hohe Internationalität in komplettem Angebot und hochrangiger, umfassender Nachfrage) zur Markterschließung und -bearbeitung quasi vor der Haustüre präsentiert. Jedoch auch europa- und weltweit (USA, Südostasien) werden ernstzunehmende konkurrierende Messen veranstaltet. Allein in der EG gibt es derzeit rd. 1000 größere Veranstaltungen, die vermutlich noch durch Neukonzeptionen von Messetypen (z. B. Dienstleistungsmessen) und verkürzte Messezyklen zunehmen werden (o. V., 1989a; Staeger, 1989, S. 56). Aufgrund der Handelsintensivierung zwischen den EG-Ländern und dem damit verbundenen stärkeren Messe-Interesse (auch aus den übrigen kaufkraftstarken Ländern Europas und Übersee zur Erschließung des EG-Marktes) dürfte der Unterschied der führenden Veranstaltung („Pilotmesse") und den ergänzenden Messen einer Branche in den einzelnen Regionen noch deutlicher werden (Marzin, 1990, S. 65). Sowohl der Ereignis- als auch der Erlebniswert einer Messe werden aufgrund des weiter zunehmenden Bedürfnisses nach persönlicher Kommunikation in Zukunft entscheidend für den Erfolg einer Messe und damit auch der Messe-Beteiligung eines Unternehmens werden.

1.3 Ausstellerunternehmen

Die Ausstellerunternehmen müssen die Realisierung der Möglichkeiten, für die die Vollendung des Europäischen Binnenmarktes die Voraussetzungen schafft, selbst in die Hand nehmen. Sie haben sich auf die veränderte Situation bei einer länderübergreifenden Messeplanung einzustellen:

- das Hauptgewicht wird – wie bisher – auf die zentrale, internationale Messe („Pilot-, Leitmesse") gelegt, aber
- zur umfassenden Präsenz und zur Bearbeitung nationaler Absatzmärkte sind „Messe-Beteiligungen vor Ort" unerläßlich.

Aus dieser konsequenten Abdeckung regionaler Märkte ergibt sich der Zwang zu noch sorgfältigerer Auswahl von Messen (Boerner, 1989). Denn Erfolg oder Mißerfolg einer Messe-Beteiligung hängen oft nicht von den finanziellen Möglichkeiten eines Ausstellerunternehmens ab, sondern davon, wie gründlich es sich vorher informiert hat (Kötter, 1989).

Die wahrzunehmenden Aufgaben des Instrumentes Messe-Beteiligung sind als Zielsetzungen in der Marketing-Konzeption (Bsp. länderübergreifendes oder -spezifisches Konzept zur Erschließung der EG-Märkte) und den instrumentbezogenen Sub-Konzeptionen (Bsp. des Kommunikations-Mix) als Ergebnis des Marketingplanungsprozesses fixiert. Die Messe-Beteiligung ist somit ein Instrument zur ganzheitlichen Verdeutlichung aller Inhalte der unternehmenspolitischen und Marketing-Konzeption und den darunter angesiedelten Sub-Konzeptionen eines Unternehmens (Strothmann, 1982, S. 1624). Entscheidungen über Messe-Beteiligungen sollten erst dann getroffen werden, wenn Marketingziele und -strategien definiert sind: ein System der operativen Werbeplanung bildet die Grundlage für eine – im Einklang mit den anderen Werbemaßnahmen und von den gleichen übergreifenden Kommunikationszielen ausgehende – Messeplanung (Berghäuser, 1989, S. 7).

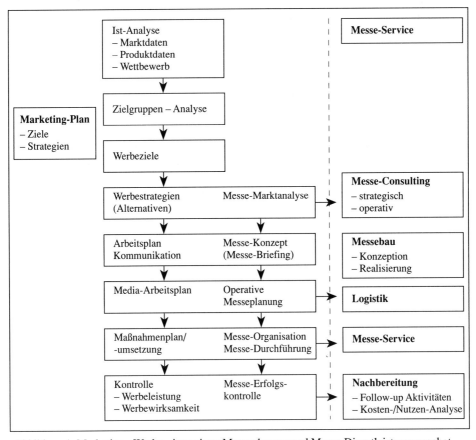

Abbildung 1: Marketing-, Werbe-, integrierte Messeplanung und Messe-Dienstleistungsangebot

2. Planung einer Messe-Beteiligung

Der Planungs- und Vorbereitungsphase einer Messe-Beteiligung und den dabei anfallenden Aufgaben kommt herausragende Bedeutung zu. Aus den Unternehmens- und Marketingzielen abgeleitete Messeziele und ein geschlossener Managementzyklus mit Planungs-, Realisations- und Kontrollaufgaben sind Voraussetzung für eine erfolgreiche Messe-Beteiligung. Sie ist stark von der Ergänzung durch die anderen Absatzinstrumente abhängig und kann gleichzeitig deren Wirkung unterstützen und stärken (Jaspert, 1990, S. 38). So können z. B. auf dem Messestand von Kunden formulierte Erkenntnisse und besprochene Probleme bzw. Bedürfnisse aus Anwendersicht in die Produkt- und Sortimentspolitik eines Unternehmens Eingang finden (Jaspert, 1990, S. 38–39) und andererseits können Betriebe auf Messen geeignete Handelspartner oder Industriepartner zwecks Vertriebskooperation gezielt suchen und finden (Jaspert, 1990, S. 42). Für diese Synergieeffekte (Abbildung. 2.) zwischen den einzelnen absatzpolitischen Instrumenten ließen sich noch unzählige Beispiele nennen. Die Messe-Beteiligung ist daher mit den anderen Marketingmaßnahmen inhaltlich, zeitlich und räumlich mit dem Ziel der Erzeugung von Synergieeffekten zu koordinieren (Jaspert, 1991, S. 18): die Chancen auf eine erfolgreiche Messebeteiligung stehen in direktem Zusammenhang mit einer gründlichen Vorbereitung.

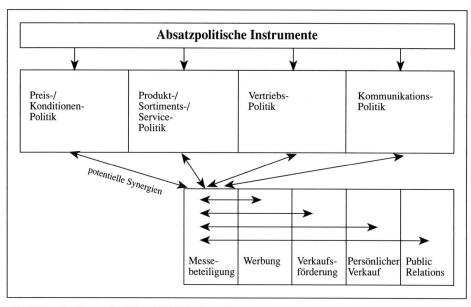

Abbildung 2: Synergieeffekte im Marketingmix

Zur Entscheidung für oder gegen den Einsatz des Kommunikationsinstrumentes Messe ist eine kritische Analyse unumgänglich, um eine Fehlallokation der im Rahmen der Werbeplanung und Budgetierung zur Verfügung stehenden Mittel zu vermeiden. Diese Messe-Grundsatzentscheidung ist in der Praxis von vielen Einflußfaktoren abhängig: neben Prestige- oder Traditionsgründen sind produkt- und unternehmensbezogene, messe-, markt- und sonstige umweltbezogene Faktoren relevant (siehe „Das Management von Messe-Beteiligungen", in: Handbuch Kommunikationsmanagement, 1992, Gabler Verlag Wiesbaden).

2.1 Messe-Marktanalyse

Voraussetzung für die Messe-Marktanalyse im Rahmen der Strategischen Messeplanung ist, daß das Ausstellerunternehmen sich folgender Punkte bewußt ist: welche konkreten Produkte auf der Messe präsentiert werden sollen und wen es durch die Messe-Beteiligung erreichen will.

Solange eine geringe Anzahl von Messen aus Traditions- oder Prestigegründen beschickt werden, stellt sich diese kritische Analyse der Messegepflogenheiten eines Unternehmens nicht. In Anbetracht der zunehmenden Anzahl von Messen in der EG und weltweit bei gleichzeitig begrenztem Budget, sollten jedoch alle für ein Unternehmen infragekommenden Veranstaltungen ein *Vorselektionsverfahren* („Punktbewertungsverfahren") durchlaufen. Da es nicht genügt, eine Messe, die auf den ersten Blick mit der Branche des Ausstellers verwandt ist, auszuwählen, werden die wichtigsten Beurteilungskriterien (Zielgruppe, Wettbewerb, Art der Messe, Kosten, allgemeine Bedeutung der Messe, Marketing der Messegesellschaft und die Rahmenbedingungen) mit einer Gewichtung von 1–5 versehen und für jede Messeveranstaltung die entsprechenden Punkte addiert. Hierdurch werden die einzelnen Veranstaltungen transparent und es kann eine Messeauswahl getroffen werden. Zur Datenbeschaffung können Messekalender, -handbücher sowie Fach-/Privatbesucherstrukturtests der Gesellschaft zur freiwilligen Kontrolle der Messe- und Ausstellungszahlen (FKM) herangezogen werden. Darüberhinaus stellen die Messegesellschaften umfangreiches Datenmaterial über Angebots- und Besucherstrukturen zur Verfügung. Ergänzend bieten sich Informationen von Industrie- und Handelskammern und den Branchenverbänden an. Beteiligungserfahrene Unternehmen verfügen i.d.R. über eigene Primärdaten z. B. aus der letzten Veranstaltung, die durch das Messeteam erhoben werden konnten. Wurden mit Hilfe dieses Verfahrens die „richtigen" (zieladäquaten) Messen für das Unternehmen herausgefunden, so sind diese in einem *Beteiligungsplan* nach Ort (Land, Stadt), Termin, Thema und Inhalt (angesprochene Problembereiche, ausstellende Branchen) festgelegt.

Das jährliche *Messebudget*, das im Durchschnitt aller deutscher Unternehmen ca. 30 % des Werbeetats beträgt, wird sodann prozentual auf die einzelnen Messe-Beteiligungen aufgeteilt. Um die Beschickungskosten für die Projektkalkulation überschaubar und planbar zu machen, spaltet man dieses zur Verfügung stehende Budget in Einzelpositionen auf. Ziel ist es, Planabweichungen genau zu erfassen und eine Grundlage für die abschließende Kosten-Nutzen-Kontrolle zu erhalten. Dieses Kostenerfassungsschema ist so auf die betrieblichen Verhältnisse zuzuschneiden, daß es möglichst lange unverändert beibehalten werden kann (Mortsiefer, 1990b, S. 51–52).

Unternehmen können sich durch Messe-Beteiligungen im gesamten europäischen Raum echte Wettbewerbsvorteile verschaffen; fest im Sattel werden allerdings nur die Aussteller sitzen, die die spezifischen Gegebenheiten der ausländischen Messeplätze richtig einschätzen und entsprechend darauf reagieren. Bei der Messe-Grundsatzentscheidung, der Messeauswahl und der nun folgenden Planung von Messe-Beteiligungen kann deshalb externe Unterstützung von Spezialisten in Anspruch genommen werden. Hierbei handelt es sich um erfahrene *Messe-Consulter,* Werbeagenturen, Unternehmensberatungen und Full-Service-Messebauunternehmen, die echte Messemarketing-Beratung als umfassenden Service anbieten (Winnen, 1990, S. 147, 152).

2.2 Messe-Beteiligungskonzept

Ausstellerunternehmen sollten nicht nur den veränderten Planungsdatenbestand, sondern auch die konzeptionelle Basis von Messe-Beteiligungen einer Prüfung unterziehen. Aufwand und Nutzen sollten sorgfältig abgewogen und längerfristig betrachtet werden (Boerner, 1983, S. 375). Da einmal getroffene Entscheidungen und festgelegte operative Maßnahmen nicht mehr rückgängig gemacht werden können, sind die Erfolgschancen einer Messe-Beteiligung von der Gründlichkeit der Vorbereitung abhängig.

Exakt definierbare und umsetzbare veranstaltungsspezifische *Messeziele* bilden die erste Voraussetzung für eine effiziente Messe-Beteiligung: unmittelbar bzw. mittelbar auf Kaufhandlungen bezogene Messeziele (ökonomische und außerökonomische) müssen für Vorgabe und Kontrolle exakt definiert (operational) und mit einer gewissen Schwankungsbreite versehen (flexibel) sein. Sie sind so zu formulieren, daß sie mit den zur Verfügung stehenden Mitteln erreicht werden können (realisierbar) (Mortsiefer, 1990b, S. 58–59). Diese werden in „während der Messe erzielte und durch die Messe-Beteiligung bewirkte" (direkte) und „mit der Messe-Beteiligung v.a. das Nachmessegeschäft belebende" (indirekte) Ziele unterteilt. Während die Erreichung der direkten ökonomischen und außerökonomischen (Umsatz-, Kontakt-) Ziele auf der Basis der vorausgegangenen Veranstaltung problemlos nachzuvollziehen sind, sind produkt- und firmenbezogene Imageziele sowie Marktforschungsziele nur sehr schwer und nur durch eine vor der Messe zu planende Befragung bzw. Checkliste zu überprüfen (Mortsiefer, 1990b, S. 54–58).

Die Messeziele sind von den Unternehmens- und Marketingzielen abzuleiten, mit den anderen Zielen zu kombinieren und in Inhalt, Ausmaß, zeitlicher Geltung und Segmentsbezug zu konkretisieren (Amon, 1991, S. 56; Mortsiefer, 1990b, S. 52) (Bsp. für ein direktes außerökonomisches Ziel: „Kontakte zu 50 % der eingeladenen Händler auf dem Messestand der IAA '91 knüpfen"). Messeziele sind z. B. die Tätigung von Kaufabschlüssen, die Vorstellung von Neuentwicklungen und Verbesserungen, Anbahnung und Pflege von Kontakten, Demonstration von Verwendungs- und Anwendungsvorteilen, Lizenz- und Kooperationsvereinbarungen, Produkteinführungen in neue Märkte und die positive Beeinflussung des Firmenimage in der Branche (Spryss, 1982, S. 1641–1642). Die Messeziele lassen sich den vier Hauptgruppen Absatzvorbereitung, -anbahnung, -durchführung und -erhaltung zuordnen. Zur Erreichung dieser Ziele gibt es geeignete Maßnahmen vor, während und nach der Messe, denen spezifische Erfolgskriterien zuzuordnen sind. Somit ist in der Planungsphase die Voraussetzung für die Messung des Zielerreichungsgrades und damit für eine abschließende Kosten-Nutzen-Kontrolle der Messe-Beteiligung geschaffen (Amon, 1991, S. 56).

Idealerweise kann ein Unternehmen in dieser Planungsphase auf eine *Messe-Beteiligungsstrategie* oder Kommunikationsplattform als Grundlage für das Messe-Konzept zurückgreifen. Hierin sind weitgehend standardisierte Bausteine wie z. B. „Messe-Beteiligungen zum Zwecke der Unternehmenspräsentation oder der gesamten Produkt-/Dienstleistungspalette", „zur Präsentation unterschiedlicher Produktsortimente (Standardlösungen)" oder „zur zielgruppenspezifischen Ansprache mit Problem-, Branchen- oder Anwendungslösungen" enthalten. So bietet es sich an, Präsentationen des Unternehmens oder der gesamten Produkt-/Dienstleistungspalette auf dem „Branchenereignis" zu zeigen, während man auf einem Auslandsmarkt, auf dem die Konkurrenz schon mit einem ähnlichen Produkt vertreten ist, z. B. eine Problem- oder Anwendungslösung evtl. für bestimmte Zielgruppen präsentiert. Dann würde es sich erstens um die Wahl eines kontakt- oder produktorientierten *Messestils* und bei letzterem um eine beratungs- oder lösungsorientierte Messepräsentation handeln (vgl. Abbildung 3).

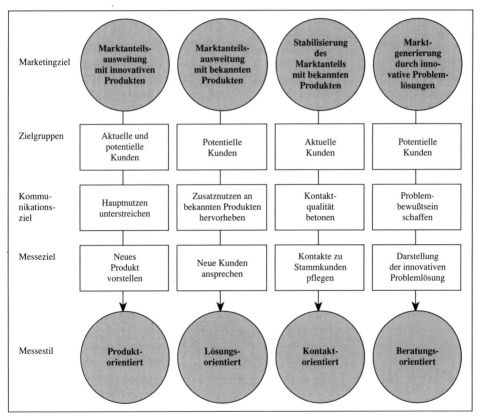

Abbildung 3: Arten der Messepräsentationen

In Abhängigkeit vom Innovationsgrad und der Komplexität der Exponate wird dann eine *Messebotschaft*, ein sog. „Leitthema" kreiert, das sich durch den gesamten Messeauftritt zieht (z. B. „Mit uns machen Sie Messages").

Bei Ausgestaltung der Messe-Beteiligung im Rahmen der Beteiligungsstrategie sollte auch die Möglichkeit eines *Gemeinschaftsstandes* z. B. mit einem Partner (vor Ort) in Betracht gezogen werden. Vorteile können sich aus einer Messe-Beteiligung zusammen mit einem anderen Hersteller (etwa mit komplementärem Produktprogramm), mit Vertriebszwischenstufen, Unternehmen nachgeordneter Marktstufen (Zulieferer) oder Kooperationspartner in den jeweiligen Ländern im Rahmen eines Gemeinschaftsstands ergeben. Für Auslandsmesse-Beteiligungen ist darüberhinaus zu prüfen, ob und welche öffentlichen Förderungsmittel für eine Firmengemeinschaftsausstellung in Anspruch genommen werden können. Diese Beteiligungsformen wirken für Kleine und Mittlere Unternehmen, aber auch für Unternehmen, die einen ausländischen Markt erschließen wollen, risikoreduzierend.

2.3 Operative Messeplanung

Die Marketing- und Kommunikationsziele wie die angestrebte Kommunikationsform (Abbildung 3) haben erheblichen Einfluß auf die Realisation von Entscheidungen in Bezug auf die vier Instrumente des Messe-Beteiligungs-Mix (Abbildung 4):

- *Standkonzept* (Größe, Plazierung, Form, Gestaltung des Standes)
- *Exponate* (Auswahl, Darstellungsform, evtl. Ergänzung mit fremden Angebotsleistungen, Preispolitik)
- *Personal* (Auswahl, Einsatz, Training/Einweisung des Messeteams)
- *Kommunikationsmaßnahmen* (Stand-, Direktwerbung, Klassische Werbung, PR).

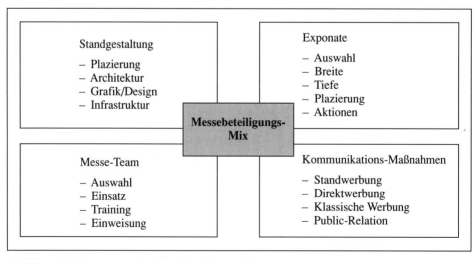

Abbildung 4: Instrumente des Messebeteiligungs-Mix

2.3.1 Messestand

Für den Messestand als Kommunikationsgehäuse und Visitenkarte des Unternehmens gibt es bestimmte Anforderungen in bezug auf die Standform, die Dimension, die Einteilung des Raumes in Funktionszonen und deren Strukturierung, so daß eine bestmögliche Erreichung der Messeziele gewährleistet ist. Er soll die vom Unternehmen beabsichtigten „Botschaften" an die Messebesucher und die Öffentlichkeit auf angemessene Art und Weise vermitteln. Während Größe des Standes und die Art der Messepräsentation für jede Messe-Beteiligung in Abhängigkeit von der Messestrategie gesondert bestimmt werden, sollten die Corporate-Identity(CI-)-gerechte Ausstattung und das Design des Standes beibehalten werden. Auch die Bewirtung am Messestand kann variiert werden, sollte aber immer im Einklang mit dem Firmenimage und den daraus resultierenden Erwartungen der Messebesucher stehen. Diese einzelnen Gestaltungselemente demonstrieren Geschlossenheit, Ganzheit und Einheit des unternehmerischen Messeauftritts.

2.3.2 Exponate

Wiederum in Abhängigkeit der Art der Messepräsentation ist die Auswahl und Darstellungsform der Exponate zu wählen: eine kommunikationsgerechte Messestanddramaturgie erfordert z. B. keine mechanische Reihung von mehr oder weniger ähnlichen Exponaten, das Schaffen geeigneter Reize und optischen Angebote sowie die nähere Kontaktherstellung durch Vorträge und Seminare, bei denen der Messebesucher aktiv mitwirkt (Müller (Hrsg.), 1983, S. 30). So sind Produkte des neuesten technologischen und gestalterischen Standards mit Messewert und v.a. absehbarer Lieferzeit den Besuchern zu präsentieren (Spryss, 1982, S. 1649).

Zur Aufmerksamkeitsweckung bei den Messebesuchern und zur Unterstützung des Standpersonals können auch Videofilme oder andere elektronische Medien für erklärungsbedürftige Vorgänge oder zur Informationsabgabe eingesetzt werden. Weitere Aktionen wie z. B. Live-Veranstaltungen (mit Moderatoren, Pantomimen, etc.), Wettbewerbe oder Preisausschreiben sind ebenfalls im Hinblick auf die Messeziele zu planen.

2.3.3 Messeteam

Da Messen Live-Veranstaltungen ohne Nachholmöglichkeit verpaßter Gesprächschancen sind, kommt dem Standpersonal entsprechend große Bedeutung zu. Das Team ist, um allen Aufgaben während der Messe gerecht zu werden, entsprechend auszuwählen: fachliche und persönliche Qualifikation, physische und psychische Belastbarkeit zählen ebenso wie kommunikative Fähigkeiten und Fremdsprachenkenntnisse.

Um eine möglichst optimale Zielerreichung des Messeauftritts sicherzustellen und das Messeteam zu motivieren, sind sowohl Mitarbeiter als auch externes Personal vorher über die Ziele, die funktionellen Abläufe der Messe-Beteiligung und die festgelegten Aufgabenverantwortlichkeiten (z. B. Ansprechpartner für Vertreter der Presse und Wettbewerber) zu informieren. Ferner sind „Kontaktbereitschaft signalisierendes" Verhalten auf dem Messestand zur Gewinnung von Standbesuchern, aktive Besucheransprache, Fragetechnik und Argumentation vor der Messe regelmäßig zu trainieren.

2.3.4   Kommunikationsmaßnahmen

Um die anvisierten Zielgruppen auf dem Messestand als Gastgeber empfangen zu können, werden in der Vorbereitungsphase i.d.R. mehr oder weniger originelle Messeeinladungsaktionen (mit Nachfassen kurz vor der Messe) durchgeführt. Dies mit dem Ziel, aus der Vielzahl der Aussteller hervorzustehen und möglichst schon im Vorfeld der Messe einen Gesprächstermin mit dem (potentiellen) Kunden auf dem Messestand zu vereinbaren. Während klassische Werbemaßnahmen (evtl. mit einem Messehinweis versehen) normal und unterstützend weiterlaufen, sollten messespezifische PR-Aktionen mit echten Informationen und Neuheiten konzipiert werden, denn zu kaum einem anderen Zeitpunkt ist das Interesse der Medien an Unternehmensinformationen so hoch. Einträge und evtl. Anzeigen mit Langzeitwirkung im Messekatalog und Einträge im Besucherinformationssystem sind unerläßlich. Ebenso sollte entschieden werden, ob man Plakatierungen oder Spruchbänder auf dem Anfahrtsweg zur Messe bzw. Außenwerbung an Messehallen und auf dem Gelände belegen möchte, um gezielt Messebesucher auf das Unternehmen aufmerksam zu machen. Evtl. kommt auch die Verteilung von Give-aways wie z. B. Handzettel, Tragetaschen oder Werbegeschenken auf dem Messegelände in Betracht.

Verfolgt das Unternehmen mit der Messe-Beteiligung auch außerökonomische Ziele wie z. B. Erkenntnisse über die Bedürfnisse der Abnehmer, über Verbesserungsvorschläge in bezug auf Produkte/Leistungen oder über das Angebot von Wettbewerbern und somit über die Markt- und eigene Wettbewerbssituation zu erhalten, so sind hierfür in dieser Phase Aktionen einzuplanen. Diese werden in Form von Checklisten, Fragebögen und v. a. Messeberichten vorbereitet und als Aufgaben für das Standteam verteilt.

2.3.5 Messe-Nacharbeit

Schon vor der Messe müssen auch Überlegungen angestellt werden, wie die „Arbeit nach der Arbeit" aussehen bzw. nach welchem Konzept sie erfolgen soll. Da ein Beschickungserfolg für Unternehmen zunehmend auf intensiver und zielgerichteter Nachbearbeitung der Messe-Beteiligung beruht (Mortsiefer, 1990c, S. 67), sind Nachfaßaktionen auf der Basis der Messeberichte (in Gestalt von Dankesschreiben, Informations- und Musterzusendungen, Angebotserstellungen und Terminvereinbarungen des Außendienstes, Presse-Nacharbeit) sofort nach der Messe durchzuführen. Hierfür können schon im Rahmen der Vorbereitung der Messe-Beteiligung Musterschreiben oder -konzeptionen angefertigt werden.

Weiterhin sind die während der Messe zu schreibenden Aufträge und Messeberichte sowie die zur systematischen Gewinnung und Erfassung der absatzrelevanten Informationen konzipierten Befragungen und Beobachtungen von Besuchern wie Wettbewerbern zu sammeln. Sie werden nach der Messe gezielt für die künftige Absatz- und Produktpolitik, für Entscheidungen im Rahmen zukünftiger Messe-Beteiligungen oder im Rahmen der Messe-Erfolgskontrolle ausgewertet werden. Die im Messe-Konzept festgelegten Messeziele bilden dann die Ausgangsbasis für die *Feststellung des Zielerreichungsgrades* nach der Messe. Ziel ist es nicht nur, die Vergleichbarkeit des Messeerfolges zu verbessern, sondern auch dessen Zurechenbarkeit. Diese Ergebnisse lassen sich – aufgrund der in der Planungsphase der Messe-Beteiligung entsprechend konzipierten systematischen Grundlagen wie z. B. den Messeberichten, Fragebögen, Checklisten, etc. – mit externen Analysen vergleichen (etwa mit Erhebungen von Messegesellschaften, der FKM und externen Marktforschungsinstituten).

Idealerweise können die durch die Messe-Beteiligung erzielten Erfolge (über alle Branchen im Durchschnitt bis zu 6 Monate nach der Messe) den endgültigen, anhand des Kostenschemas exakt erfassten Kosten der Messe-Beteiligung gegenübergestellt werden *(Kosten-Nutzen-Analyse)*. Das so ermittelte Ergebnis mündet nach kritischer Überprüfung und zusammen mit der Bewertung der gesamten Beteiligung wieder in die Planungsphase der nächsten Messe-Beteiligung ein, um so langfristig eine Optimierung der Planung zu erreichen.

Sind die beschriebenen Ablaufschritte der operativen Messeplanung vollzogen, werden Zuständigkeit und Verantwortung an einen Projektmanager oder an ein Projektteam delegiert, der bzw. das eine klare Verantwortlichkeit für die Vorbereitungsaufgaben hat. Alternativ kann ein externer Messe-Consulter damit beauftragt werden, der im Full Service die gesamten Vorbereitungs- und Durchführungsarbeiten übernimmt. Zuallererst ist nach der Anmeldung beim Messe-Veranstalter ein *zeitlicher Ablaufplan* (verbindlicher Terminplan oder Rohnetzplan) für alle anfallenden Tätigkeiten aufzustellen (Müller (Hrsg.), 1983, S. 32). Sodann sollte das für die Messe-Beteiligung zur Verfügung stehende Budget mittels eines Kostenerfassungsschemas in Kostenbestandteile aufgegliedert werden, um Planabweichungen in der Vorbereitungs- und Durchführungsphase zu realisieren. Die Entscheidungen im Rahmen des Messebeteiligungs-Mix dienen als Vorgaben für das Briefing der externen Messe-Dienstleister wie z. B. Messebauer, Grafiker, Werbeagentur oder Messe-Serviceunternehmen. Ferner sind in dieser Phase die offenen Fragen des Transportes (per Bahn, Lkw oder Flugzeug) sowie Zoll, Versicherung und Reinigung/Bewachung des gesamten Messestandes samt Ausstattung und Exponaten zu lösen.

Das folgende Beispiel soll verdeutlichen, welche Kommunikationswirkung gelingen kann, wenn der Messeauftritt als Ereignis im Marketing-Mix eines Unternehmens begriffen wird.

3. Beispiel für ein Messe-Konzept

Ausgangspunkt des Messe-Konzeptes der debis Systemhaus GmbH für die CeBIT '91 war die Darstellung des Unternehmens in seiner Gesamtheit mit den wichtigsten Ressourcen der Informationstechnologie des Daimler Benz-Konzerns – ergänzt durch bewährte Unternehmen des Marktes. Das debis Systemhaus sollte als herstellerneutraler Komplettanbieter für Leistungen der Informationsverarbeitung mit langjähriger Praxiserfahrung als Anwender wie auch als Anwendungsentwickler positioniert werden. Es wurden ganzheitliche Lösungen von der Entwicklungsplanung bis zur Produktfreigabe angeboten: Informationssysteme, CAD/CAM aus einer Hand, Prozeßkette Technische Berechnung, Werkzeuge für die Elektrotechnik, grafische Dokumentationssysteme und Kompetenzzentren (Schulungsberatung, -konzepte, -durchführung und Nachbearbeitung).

Als *Ziele* für diese Messe-Beteiligung wurden definiert:

— Inszenierung eines Messeauftritts mit der Botschaft „Leistung mit System"
— Herausstellen des „neuen" Unternehmens als herstellerneutraler Komplettanbieter und Problemlöser im Bereich der Informationsverarbeitung
— Erhöhung des allgemeinen Bekanntheitsgrades
— Präsentation des Unternehmens und seiner Produkte.

Folgende *Zielgruppen* wurden für die CeBIT '91 anvisiert:

— (potentielle) Kunden (Anwender, Endverbraucher, industrielle Großabnehmer)
— Händler
— Medien
— breite Öffentlichkeit
— Mitarbeiter.

In Abhängigkeit vom Innovationsgrad der Produkte wurde als *Messebotschaft* „Oft haben wir Ihr Problem schon erkannt, bevor Sie zu uns kommen" gewählt. Der Stil für dieses Messeereignis war informations- und lösungsorientiert:

— auf dem 170 qm großen, durch Flurzonen getrennten, doppelstöckigen Messestand wurden im Erdgeschoss die Exponate präsentiert und die Messebesucher über die Produkte informiert. Diese Präsentation war anhand eines sog. „Leitsystems" nach Produktbereichen farblich aufgebaut.
— das Obergeschoß diente ausschließlich zur Kundenbetreuung (Besprechungskabinen, Verpflegung)
— für Rahmenveranstaltungen (VIP-Veranstaltungen, größere Besprechungen, Kick off- und Bergfest) wurde separat ein festeingebauter, dreistöckiger Pavillon angemietet.

Aufmerksamkeitsstark sollte die Messebotschaft i.S. von „im voraus denken" in einem *„Action-Center"* demonstriert werden: an der Ecke eines Blockstandes mit zwei zum Gang offenen Seiten und somit hoher Besucherfrequenz sollte die Beziehung „Mensch-Computer" versinnbildlicht werden. Hierfür spielte ein Professional simultan an 5 Tischen mit Zuschauern Schach; diese Spiele wurden mit Hilfe einer Videokamera auf eine Multimedia-Wand mit insgesamt 15 Color-Video-Monitoren übertragen. So konnte dieses Ereignis durch die Messebesucher live mitverfolgt werden und wurde so zu einem *Erlebnis*.

Dieses besondere Ereignis und Erlebnis bzw. die Messebotschaft wurde durch Computer-Schachspiele als sehr hochwertige „Give-aways" unterstützt und erhielt Langzeitwirkung.

Abbildung 5: Schach – „Action-Center" auf der CeBIT '91

Für diesen Event wurde im Rahmen der Vorbereitung der Messe-Beteiligung ein separates Drehbuch geschrieben, d. h. festgelegt, wie Moderation und Ablauf der Demonstration während der Messe erfolgen sollten.

Als *Kommunikationsmaßnahmen vor der Messe* wurden Messeeinladungen evtl. zusammen mit einem Eintrittskartengutschein als Direct Mailing an die anvisierten Zielgruppen versandt. Anzeigen in Fachzeitschriften wurden mit dem geplanten, normalen Motiv „Leistung mit System", die mit einem Messehinweis versehen war, geschaltet. Um die anvisierten Zielgruppen auf den Stand zu bekommen und zusätzlich Aufmerksamkeit zu erzielen, wurde der Einladung eine Antwortkarte beigelegt, damit die Besucher im voraus eingeplant werden konnten.

Auf dem Stand wurde ein Messeauskunfts- und Informationssystem mit 3 Terminals installiert, die Personal-(Anwesenheitsdaten) erfaßten, Informationen speicherten und abgaben sowie die komplette Messekontakterfassung (anhand der Messeberichte) bis hin zur Erfolgskontrolle nach der Messe ermöglichten.

„Nur wer das Ziel kennt, findet auch den richtigen Weg" (Brühe, 1992). Für zielbewußtes, strategisches Denken und damit auch zielorientierte und erfolgreiche Messe-Beteiligungen von Unternehmen ist die Integration der Messe in ein ganzheitliches Marketingkonzept Voraussetzung. So liefern die Unternehmens- und Marketingziele die Vorgabe für die Ziele, die ein Aussteller durch seine Messe-Beteiligung erreichen will. Diese sind wiederum die Vorgabe für alle damit verbundenen Entscheidungen, Aktivitäten und Maßnahmen; sie dienen als Maßstab und Kontrollinstrument für den Messeerfolg zugleich. Erkenntnisse aus der Konzeption und Gestaltung des Messeauftritts wie die Ergebnisse der Messe-Beteiligung fließen in die nächste Messe-Beteiligungsplanung ein bzw. bilden eine Entscheidungsgrundlage für die Unternehmens-, Marketing- und Produktstrategie. Über eine Nutzen- und Erfolgsoptimierung dieses Kommunikationsinstrumentes wird die optimale Präsentation des Unternehmens am Markt erreicht.

Literatur

AMON, P.: Messe-Ziele exakt formulieren und kontrollieren. In: Marketing Journal 1/91, 1991, S. 56–60.
AUMA (HRSG.): Die Entwicklung des europäischen Messewesens, insbesondere des Messeplatzes Deutschland, unter den veränderten Rahmenbedingungen des EG-Binnenmarktes. Bergisch Gladbach 1991.
BERGHÄUSER, B.: Messen als Entscheidungsproblem. In: Thexis, 1989, S. 6–9.
BOERNER, C. H.: Messemarketing und Europa. In: Horizont vom 03.11.89.
BRÜHE, H.: Nur sorgfältige Planung garantiert den Erfolg. In: Handelsblatt Nr. 9 vom 14.01.92.
ECKERT, U.: Standkonzeption: Zielgruppen- und Produktgerecht. In: Absatzwirtschaft, 10/87, S. 112–118.
JASPERT, F.: Das synergetische Potential ist groß – die Messe als Teil der betrieblichen Absatzpolitik. In: Küffner, G./ Mortsiefer, J. (Hrsg.): Messeplatz Europa, Messe als Bestandteil des betrieblichen Marketings. Frankfurt/M. 1990, S. 36–50.
JASPERT, F.: Das synergetische Potential ist groß – die Messe als Teil der betrieblichen Absatzpolitik. In: Zeitraum, Uniplan International (Hrsg.), Kerpen, 1991, S. 18–21.
KÖTTER, H.: Oft entscheidend über Erfolg oder Mißerfolg. In: Handelsblatt vom 17.01.89.
MARZIN, W.: Markenartikel Messe. Frankfurt/M. 1990.
MEFFERT, H.: Messen und Ausstellungen als Marketinginstrument. Düsseldorf 1988.
MORTSIEFER, J.: Messen und Ausstellungen als Mittel der Absatzpolitik mittelständischer Herstellerbetriebe. Göttingen 1986.
MORTSIEFER, J.: Die Intuition alleine reicht nicht – Messebeteiligungen auf der Basis eines Nutzungs-Konzeptes. In: Küffner, G./ Mortsiefer, J. (Hrsg.): Messeplatz Europa, Messe als Bestandteil des betrieblichen Marketings. Frankfurt/M. 1990, S. 11–22.
MORTSIEFER, J.: Die Vorbereitung entscheidet über den Erfolg – Planung und Vorbereitung einer Messebeteiligung. In: Küffner, G./ Mortsiefer, J. (Hrsg.): Messeplatz Europa, Messe als Bestandteil des betrieblichen Marketings. Frankfurt/M. 1990, S. 51–61.
MORTSIEFER, J.: Informationen sammeln und auswerten – Die Abwicklung einer Messebeteiligung. In: Küffner, G./ Mortsiefer, J. (Hrsg.): Messeplatz Europa, Messe als Bestandteil des betrieblichen Marketings. Frankfurt/M. 1990, S. 62–72.
MÜLLER, A.: Messe mit Effekt. In: Absatzwirtschaft, 1/92, S. 76–77.
MÜLLER, O. (HRSG.): Medium Messe – Das Handbuch für den Aussteller. Frankfurt/M. 1983.
SPRYSS, W. M.: Einzelaspekte der Messe- und Ausstellungs-werbung. In: Tietz, B. (Hrsg.): Die Werbung. Handbuch der Kommunikations- und Werbewirtschaft. Landsberg/Lech, Bd. 2, 1982, S. 1639–1663.
STROTHMANN, K.-H.: Die Messe- und Ausstellungswerbung im Überblick. In: Tietz, B. (Hrsg.): Die Werbung. Handbuch der Kommunikations- und Werbewirtschaft. Landsberg/Lech Bd. 2, 1982, S. 1620–1637.

Hans Burkhard

Standgestaltung und Exponatpräsentation

1. Grundsatz-Entscheidungen

2. Die Kunst des „Briefing"

3. Planung Schritt für Schritt

4. Gestaltungselemente, Gestaltungsmedien

5. Entscheidung gut, alles gut

6. Des Pudels Kern, die Produktpräsentation

7. Das Kommunikationsmix

8. Trends in Richtung 2000

9. Fazit

1. Grundsatz-Entscheidungen

Ausschlaggebend für jede Gestaltungsaufgabe im Messebereich ist die Klärung folgender Fragen:

1.1 An wen adressieren wir unsere Botschaft?

Auf kleineren spezialisierten Messen ist dies zumeist keine schwierige Frage. Je deutlicher das Messethema, je klarer das Besucherinteresse, umso leichter ist die Antwort. Auf einer Spezialmesse wie der BOOT reicht die Präsentation des Produktes, eines irgendwie gearteten Wasserfahrzeugs, völlig aus. Das Corporate Design des Herstellers hinzugefügt und unser Thema ist erschöpfend behandelt.

Anders bei Großveranstaltungen wie der IAA (Internationale Automobil Ausstellung) oder der IFA (Internationale Funk-Ausstellung), die ein weit gespreiztes Besucherspektrum aufweisen: Das beginnt bei den oftmals so vernachlässigten „Sehleuten", geht über fachlich orientierte Interessenten mit großer Wißbegier, z. B. Studenten zu absoluten Branchenspezialkennern und Produktfreaks – man denke an HiFi-Enthusiasten – bis hin zum Fachhandel und wichtigen Meinungsmultiplikatoren von der Presse und Medien.

Für jeden muß hier etwas geboten werden, denn ein Messeauftritt ist nur dann effizient, wenn er ein Maximum an Kontakten produziert. Und dies ist vor allem auf großen Publikumsmessen nicht so einfach, denn die Zeit des Messebesuchers für den einzelnen Aussteller ist äußerst knapp. Zudem wird er vom Messeumfeld extrem abgelenkt, so daß Konzentrations- und Merkfähigkeit erheblich eingeschränkt sind.

1.2 Hautnaher Wettbewerb

Die unmittelbare Präsenz des Wettbewerbs ist nirgends so hautnah zu spüren wie auf Messen.

Rechtzeitige Informationen über Standlage und -größe der wichtigsten Wettbewerber sind hier äußerst wichtig, um entsprechende Kontrapunkte in der Standgestaltung zu setzen.

1.3 Corporate Design

Jeder ehrgeizige Aussteller wird sich zum Ziel setzen, seinen Stand so einzigartig wie möglich zu gestalten. Hier beginnt oft der Kampf der internen Messe-Verantwortlichen mit externen Kreativen um ein Kommunikationsgrundgesetz: Das Corporate Design.

Jeder Messestand muß die Grundelemente des Firmen- bzw. Markenerscheinungsbildes widerspiegeln, d. h. Logos, Farben, Schriften, bestimmte Gestaltungselemente.

So kreativ auch immer Veränderungsvorschläge für diese sein mögen – hier gilt das Gesetz des Corporate Design. Ohne Ausnahme. Eben weil gerade auf Messen bereits gelernte

Markenzeichen und -Gestaltungselemente die Erinnerungsfähigkeit des gestreßten Messebesuchers erheblich unterstützt.

Soweit einige Vorbemerkungen.

2. Die Kunst des „Briefing"

Die komplizierteste Aufgabe vor jeder Messe ist es, die Ziele vieler Unternehmensbereiche zu koordinieren. Am Anfang stehen Fragen z. B. der Unternehmensstrategie und der Unternehmenspolitik. Welche Positionen im Markt sind zu erreichen bzw. zu halten? Welche Strategien verfolgen Vertrieb, Werbung und Verkaufsförderung? Wie sollen Produkte und besonders die Produktneuheiten vermarktet werden? Fragen nach der Auswahl der Messemannschaft sind mit zu lösen. Gestaltung vorbei am Markt, vorbei an der Messemannschaft – das Desaster wäre nicht auszudenken!

2.1 Briefing intern

Also muß es richtig sein, alle zusammenzuholen, die zu den Fragen der Gestaltung etwas beitragen können: Strategen und messeerfahrene Mitarbeiter aus den verschiedenen „messebetroffenen" Abteilungen des Hauses. Im großen Team gibt es für jeden, der etwas beitragen kann, Gelegenheit, seine Meinung, seine Erfahrungen, seine Anregungen einzubringen. Hierbei müssen Schwachstellen vorausgegangener Messen exakt analysiert werden. Manche Fehler bleiben sonst hartnäckig bestehen. Alles, was besprochen wurde, muß sorgfältig protokolliert werden. Vorstand, Vertriebs-, Werbe-, Produkt-, Public Relations-, Messe- und sonst beteiligte Manager brauchen das Protokoll als Basis für die Formulierung der Zielsetzungen. Sobald firmenintern Konsens besteht, werden externe Fachleute mit diesen Zielsetzungen vertraut gemacht.

2.2 Kreative Weichenstellung

Beim Sammeln von Ideen, beim Transfer von Erfahrungen, beim Einbeziehen alternativer Überlegungen ist es mit für den Erfolg ausschlaggebend, das Know-how von Spezialisten zu nutzen. Prozesse der Ideenfindung werden nicht nur von Messearchitekten und Standgetaltern, sondern auch mal von TV-Regisseuren, Choreographen oder Showspezialisten befruchtet. Es soll Messekonzepte gegeben haben, die durch Gedankengänge sogenannter „Spinner" auf die Schiene des Erfolgs gebracht wurden. Stets lohnt sich der Versuch, alle verfügbaren Potentiale zu nutzen. Selbstverständlich zur Mitarbeit aufgefordert sind Werbe- und Verkaufsförderungsagenturen. Die Einbeziehung des kompletten Kommunikationskonzeptes in den Briefingprozeß ist Voraussetzung für präzise Vorgaben zur Standgestaltung.

2.3 Das Messemotto

Last but not least in dieser Phase der Überlegungen sei eine Kernfrage gestellt: Wie lassen sich alle Zielformulierungen auf den Punkt bringen? Wie kann das Messemotto lauten? Soll's der bekannte Firmenslogan sein oder muß für ein besonderes Messeereignis oder eine aktuelle Marktsituation ein Begriff geprägt werden, der genau ins Schwarze trifft? Ob Schwerpunkte der Standaussage nun Qualität, Zukunft, Faszination oder perfekten Service zum Inhalt haben sollen, die Standgestalter müssen es wissen!

2.4 Der Zeitplan

Zum „briefing" gehört natürlich ein Zeitplan, in dem alle Abläufe der Planung und der Realisation vorgegeben sind. Es gibt gute Erfahrungen mit Netzplantechnikern und Computerprogrammen und dennoch blieb der altbewährte Balkenplan, der in einfacher Form und auf einen Blick zeigt, was wer wann zu machen hat, auch für Großvorhaben ein bewährtes, immer noch fast unentbehrliches Hilfsmittel.

3. Planung Schritt für Schritt

Standentwurf und Standgestaltung kommen an bestimmten grundsätzlichen Gegebenheiten nicht vorbei, die bei Planungen a priori zu beachten sind.

3.1 Regulative

An Lage und Größe des einmal fest zugeteilten Standes ist kaum etwas zu ändern. Die Höhe der Hallendecke liegt fest, Halleneingänge, Besucherwege, Nachbarstände, Notausgänge sind da, wo sie sind.

Das Heft mit den Bedingungen des Veranstalters, der Messegesellschaft und der Behörden kann keine lustbetonte Lektüre sein. Wer aber glaubt, sie besonderen Gestaltungsideen zuliebe leger auslegen zu können, bereitet sich rasch schlaflose Nächte. Um Sicherheitsbestimmungen kommt sowieso keiner herum. Abweichende Vereinbarungen sollten aber auf jeden Fall schriftlich fixiert werden und nicht erst zur Debatte stehen, wenn ein fertiger Standplan Gefahr läuft, nicht genehmigt zu werden.

Ebenso wenig kommen Planer und Gestalter an den vom Aussteller geforderten Standstrukturen vorbei. Das fängt bei der Anzahl der Besprechungsräume an, umfaßt bestimmte Voraussetzungen für die Anordnung der Zonen für die Produktausstellung und geht bis zur richtigen Lage und Größe der Standküche, der Garderobe, der Räume für Techniker etc.

3.2 Gestaltungsideen

Mit allen Informationen versehen machen sich Standgestalter und ihre Teams an die Realisation erster Entwürfe. Tendenziell neigen externe und hochqualifizierte Spezialisten dazu, Kreativität weitgehend im stillen Kämmerlein zu entwickeln, bis der Entwurf fertig ist. Dabei ist eine kurze Zwischenbilanz gemeinsam mit dem Auftraggeber immer von Vorteil. Permanente Kommunikation bleibt unerläßlich. Schrittweises Vorgehen und eine damit verbundene Ideenselektion führen schließlich zu *einer* tragfähigen Konzeption.

3.3 Präsentationsformen

Zum entscheidungsreifen Entwurf gehört ein maßstabsgetreues Standmodell. Pläne stellen Grundriß, Aufrisse und Perspektiven dar. Computerhilfe ist bei Profis der Präsentationstechnik nicht mehr wegzudenken. Materialproben sind etwas zum Anfassen. Die Collage der vorgesehenen Materialien, vom Bodenbelag über Wandpaneele, Deckenplatten, Wandbespannungen, Metallprofile, Glas- und Kunststoffmuster bis zu Vorhangstoffen vermittelt den ersten Eindruck von der vorgesehenen Wirkung der Bau- und Gestaltungselemente. Muster von Möbeln, Beschlägen, Armaturen etc. gehören dazu. Bei den Warenträgern lohnt sich die Mühe, Muster in Originalgröße vorzustellen. Die Vorlage von Treatments und Drehbüchern, von Ton- oder Videobändern verdeutlichen vorgesehene audiovisuelle Darstellungen. Am grünen Tisch schwer zu simulieren sind Licht- und Showeffekte. Bei der Vorbereitung großer Messeauftritte ist es durchaus nicht abwegig, in einer geeigneten Halle, vielleicht sogar in der echten Messehalle den Probeaufbau eines Standsegments mit allen Details inklusive Licht- und Showproben zu arrangieren.

4. Gestaltungselemente, Gestaltungsmedien

Ein funktionsgerechtes Messekommunikations-Konzept besteht aus einer zweckentsprechenden Mixtur messetypischer Gestaltungselemente und Medien.

4.1 Schrift und Bild

Altbekannt sind Schrift und Bild, leider vielfalls nur „sauber" oder gar lieblos an die Wand genagelt. Wer kennt ihn nicht, den Messestand, drapiert mit mittelmäßigen Fotos und garniert mit weitschweifigen Texten, die nie gelesen werden. Warum? Vielleicht liegt es daran, daß immer wieder Textformulierungen und Textmengen aus Druckschriften oder Anzeigen gedankenlos auf den Messestand übertragen wurden. Zwischen dem Leser eines Prospektes – zuhause unter der Stehlampe – und dem gehetzten, reizüberfluteten Messebesucher liegen eben Welten.

Für Bild und Text am Messestand gelten vielmehr Regeln und Gesetzmäßigkeiten der Plakatwerbung: Alles, was schnell erfaßbar und zu begreifen ist, nimmt das Auge auch auf der Messe wahr. Die Vorbereitung der Standbeschriftungen übernimmt heute der Computer. Sauberkeit und Präzision sind bei computergeschnittenen Folienschriften optimal.

4.2 Grafik

Grafik ist kommunikationsstark, wenn in abstrahierter Darstellung das Wesentliche einer Konstruktion, eines technischen Zusammenhangs oder eines komplizierten Vorgangs vom Prinzip her verständlich gemacht werden muß. Entwurfsarbeit im Grafikstudio sollte immer begleitet sein von der Vorstellung, wie die fertige Ausführung im großen oder gar überdimensionalen Format auf dem Stand mit seinen drei Dimensionen wirken wird. Ganz sicher gehört ein Grafik-Experte zum Messeteam. Er wird wertvolle Impulse geben und die Standoptik mitgestalten. Aber die Zeiten, da Grafiker bewaffnet mit Farben, Pinseln und Klebebuchstaben zur Messe reisten, sind lange vorbei.

4.3 Fotos und Dias

Messefotos sollen Situationen zeigen, die nur mit Hilfe der Fotografie eindrucksvoll erfaßt werden konnten. Unsinnig am Stand sind z. B. Fotos von Maschinen, die im Original ausgestellt sind, solange sie nicht in einer besonderen Situation, z. B. auf dem Prüfstand oder in einem bestimmten Montagestadium aufgenommen wurden. Nichts gegen verfremdete Fotos und schon gleich gar nichts gegen Bilder von Menschen in Aktion! Immer reizvoll sind meisterhaft geschossene Bildsituationen, die den Nutzen des Produktes und die Freude des Kunden daran erfassen konnten. Projizierte Bilder entwickeln mehr Stimmung und Dynamik, der Bildwechsel bringt stets einen kleinen Überraschungseffekt. Ungewöhnliche Projektionen können zu einem dominierenden Gestaltungselement werden. Aber die technischen Voraussetzungen müssen stimmen. Nichts wirkt flauer als eine flaue Projektion.

4.4 Film und Video

Film und Video erfassen Abläufe, die im Vorfeld der Information den persönlichen Berater entlasten, wenn die Aufzeichnungen gut gemacht sind. Wo immer auf einem Ausstellungsstand ein Fernseher ohne Anspruch auf Eingliederung in die Standgestaltung steht – einfach so am Boden – aber zwanzig Leute hocken oder kauern davor, dann ist die Aufzeichnung sicher hochaktuell und gut gestaltet. Wie wirkungsvoll wäre das erst, wenn hundert Leute den gleichen Streifen bequem sitzend in Großprojektion verfolgen könnten. Aber Vorsicht vor dem Trugschluß, allein schon die raffinierte Audiovideoanlage für sich wäre Riesenattraktion genug. Messebesucher kennen das längst oder interessieren sich nicht für die Technik. Gnadenlos gehen sie weiter, wenn der Inhalt nichts taugt.

4.5 Licht

Ein faszinierendes Gestaltungsmittel ist Licht mit seinen nahezu unbegrenzten Einsatzmöglichkeiten. Lassen wir einmal Tageslicht beiseite, so stimmungsvoll eine sonnendurchflutete Halle gelegentlich sein mag. Unsere Lichtgestaltung muß steuerbar sein. Für Lichtkompositionen gibt es Leuchtkörper in kaum mehr überschaubarer Vielfalt und dazu Spezialunternehmen, die Leuchten, Strahler, Neonschriften und -konturen in Szene setzen können. Hell und blendfrei ausgeleuchtete Verhandlungstische, effektvoll beleuchtete Produkte, Leuchtlaufschriften und Laserspiele, die den ganzen Stand mit einbeziehen, sorgen für emotionale Ansprache. Farbiges Licht tritt an die Stelle von Anstrich. An die Stelle fester Wände treten Bespannungen aus Stoff, getaucht in farbiges Licht. Im Vergleich mit festen Wänden und Lackfarben sind Licht und Stoffbahnen preiswert. Nur müssen sie von Leuten montiert werden, die das nicht zum erstenmal machen. Nichts sieht unprofessioneller aus, als beleuchtete Wandbespannungen mit Falten da, wo keine Falten sein dürfen.

4.6 Show

Stark geprägt wird die Standoptik durch Showeinlagen. Dabei sind Konditionen zu erfüllen, deren Auswirkungen auf das Gesamtkonzept nicht zu unterschätzen sind. Ganz besonders dann, wenn sich der Idealfall kontinuierlicher Darbietungen nicht realisieren läßt. Die Qualität des Messeauftritts kann negativ werden, wenn leere Bühnen und Showzonen längere Zeit außer dem Schild „Nächste Vorführung um 14.00 Uhr" nichts zu bieten haben.

Gefragt sind also auch Ideen für die Pausen. Jeder Zirkus hat sein Pausenprogramm. Wenn der Raubtierkäfig abgebaut wird, unterhalten Clowns das Publikum. A propos Clowns: Je eher Produkte, um die es in der Show doch hoffentlich geht, konsumorientiert das breite Publikum ansprechen, um so lockerer und fröhlicher dürfen Show oder Produktpräsentation sein. Auf dem Jahrmarkt ging es immer so zu und einen kleinen Schuß Jahrmarkt erwartet so mancher im sonst so seriösen Messegeschehen. Nichts zu tun hat das mit Klamauk oder Billigstdemonstrationen à la Putzmittelverkauf an der Straßenecke. Die Integration des Bühnengeschehens in das Gestaltungskonzept geht meist nicht ohne Kompromisse. In jedem Fall muß die Gesamtpolitik im Sinne des Corporate Design gewahrt bleiben.

4.7 Standkonstruktion

Ohne „Messebau" geht es aber doch nicht ganz. In den Besprechungsräumen hat Ruhe zu herrschen und die Klimatisierung hat zu stimmen. Systembau ist hier angesagt und das bedeutet heute keineswegs mehr die Errichtung freudloser „Badekabinen". Aus einer Fülle von Systembauteilen können individuelle und eigenständige Bauformen entstehen. Wie sieht es mit Konstruktionen aus, die Gewicht zu tragen haben? Leichtbausysteme, Rohrkonstruktionen, die ihren Ursprung im Gerüstbau hatten und Träger aus Holz konkurrieren längst mit Gebilden aus Stahl.

4.8 Messemode

Primäres Qualitätsmerkmal des Messeauftritts, das Herzstück des Ganzen, sind das menschliche und fachliche Niveau der Messemannschaft (wobei das weibliche Element hier sehr hoch zu bewerten ist). Ein wenig zur Standgestaltung trägt ihre Kleidung bei. Auf Messemode spezialisierte Unternehmen sind dabei bessere Partner als hausinterne Hobbymodisten. Ob betont seriös oder sportlich flott, Messekleidung muß sitzen, bequem sein und sowohl mit als auch ohne Jacke gut aussehen. Auf Messeständen ist es leider immer entweder zu warm oder zu kalt.

4.9 Gastronomie

Auch die Bewirtung will gestaltet sein. Kunststoffgeschirr zum Wegwerfen und Plastikbesteck sind schon aus ökologischer Sicht out. Was an Glas und Porzellan Verwendung findet, kann nicht aus dem letzten Ramschverkauf stammen, muß aber auch nicht aus Meißen sein. Aber den Gesetzen des Corporate Desing hat es zu entsprechen und es muß praktisch zu handhaben sein.

5. Entscheidung gut, alles gut

Gehen wir davon aus, wir hätten zwei oder drei verschiedene, aber gleichermaßen reizvolle Entwürfe zu beurteilen. Das große Messegremium tagt, es muß die richtige Entscheidung getroffen werden. Versuchen wir zu analysieren, welcher Entwurf all das bringt, was wir unseren Kunden vermitteln wollen und ob daraus der große Auftritt werden kann, der uns vorschwebt.

5.1 Kriterien

- Sind alle Regularien eingehalten? (Bauvorschriften, Messebedingungen, Sicherheitsbestimmungen etc.).
- Sind die Briefing-Vorgaben Punkt für Punkt erfüllt? (Standstrukturen, Corporate Design etc.).
- Dominiert z. B. unsere Neuentwicklung, mit der wir derzeit konkurrenzlos im Markt stehen?
- Ist die Präsentation einer Branchenneuheit, über die wir leider nicht allein verfügen, so gestaltet, daß zwangsläufig auf besondere Kompetenz unseres Hauses geschlossen werden kann?
- Ist das Angebot übersichtlich angeordnet?
- Liegt die Zentralinformation da, wo sie vom Publikum automatisch angesteuert wird?
- Stimmen Größe und Position der Firmenschriftzüge?
- Sind die Warenträger von Funktion und Optik her gesehen in Ordnung?

- Haben die Beratungsfachleute genügend Platz, können sich die Besucher bequem mit den Produkten beschäftigen?
- Sind alle Funktionsbereiche einander so zugeordnet, daß der Standbetrieb optimal ablaufen kann?
- Nehmen Spezialthemen (z. B. Sponsoring, Verkaufsförderungsaktivitäten) eine ihrem Stellenwert entsprechende Position ein?
- Decken sich die Kostenvoranschläge mit dem verfügbaren Budget?
- Wird die Einhaltung des Zeitplans garantiert?

5.2 Kompromißmanagement

Kaum jemals wird der Idealfall eintreten, daß ein Entwurf allen Vorgaben in gleichem Maße gerecht werden kann. Es kommt auf den Grad der Übereinstimmung mit den Vorgaben an und darauf, wo Kompromisse gemacht werden können, ohne den zu erzielenden Gesamtauftritt zu gefährden. Dabei spielen auch noch emotionale Bewertungen eine Rolle und der „gute Geschmack" der Entscheidungsträger. Das Statement von Salvatore Dali, „ob ein Mensch Geschmack hat, ist leicht zu erkennen: Der Teppich muß zu den Augenbrauen passen", mag erheitern, hilft aber so recht nicht weiter.

Ungeeignet sind sowohl „parlamentarische" Entscheidungen als auch solche per Ordre de Mufti. Auch „Putzfrauentests" tragen wenig zur Wahrheitsfindung bei. Entscheiden sollen diejenigen, die später die Verantwortung für Erfolg oder Mißerfolg zu tragen haben: Zum Beispiel der Vertriebsvorstand gemeinsam mit dem Chef für Marketing und Kommunikation, mit dem Werbe- und mit dem Messechef.

6. Des Pudels Kern, die Produktpräsentation

Alles ist abgestimmt, beschlossen und terminiert, die Aufträge sind vergeben, die Liste der Ausstellungsobjekte ist komplett. Wir kommen zum Kern unseres Messeauftritts.

6.1 Seine Majestät, das Ausstellungsobjekt

Fragen Sie, wen Sie wollen, kein Messearchitekt und kein Messegestalter hat das je anders gesehen: Im Mittelpunkt aller Planungen thront Seine Majestät, das Produkt. Seltsam genug, wenn es immer noch vorkommen soll, daß Entwürfe mit der Bemerkung präsentiert werden, „da brauchen wir nur noch die Exponate hereinstellen".

Bevor Räume, Raumstrukturen und Einzelpositionen für unsere Objekte geplant wurden, war deren Anzahl, Auswahl und Zuordnung festgelegt. Nur echte Champions mit ihren Betreuern können Stars in der Manege sein. Also gehören Neuheiten auf den Stand und nochmals Neuheiten!

6.2 Vorbereitung und Transport

Setzen wir voraus, unsere Stars treten nicht „kalt" auf, sondern in voller Aktion. Sorgfältige Vorbereitung der Vorführtechnik und Probeläufe im Werk bringen Sicherheit für die einwandfreie Messedemonstration.

Gleiche Sorgfalt verlangen Verpackung und Transportvorbereitung. Nicht nur für den Versand in exotische Länder ist es wichtig, dem Verlademann deutlich zu signalisieren, wo oben und unten ist. Der Schriftzug „fragile" und der Hinweis „handle with care" bitten um vorsichtigen Umgang mit der Ware. Wenn die Verpackung dann noch regensicher ist und nicht Gefahr läuft, von selber aufzuplatzen, ist der zweite Schritt zur guten Produktpräsentation getan.

Selbstverständlich kommen für den Transport der wertvollen Erzeugnisse nur erfahrene Spediteure in Frage. Für den Fall eines Unfalls steht eine ausreichende Versicherung ein. Wer beim Auspacken schon an das Wiedereinpacken nach Messeende denkt, hat sich und dem Unternehmen einen großen Gefallen getan. Wie schön, wenn man weiß, welche Geräte später in welchen Karton gehören und wo die für die Ausstellung nicht gebrauchten Zubehörteile geblieben sind. Nach dem Auspacken beginnt der Kampf mit einer der messetypischen Tücken, dem Staub. Erst wenn das Objekt endgültig auf sein Podest gehoben und angeschlossen wird, sollte die letzte Hülle, meist eine Plastikfolie, fallen und gleich darauf sollte etwas da sein, um alles wieder abzudecken. Gereinigt zu werden verlangt unser Champion sowieso täglich während der Messe, es muß nur verabredet sein, wer das macht. Ein guter Produktbetreuer wird sich auch darum kümmern und notfalls selbst zum Staublappen greifen.

6.3 Der Warenträger

Auf irgend eine Art Podest erhoben wird das Ausstellungsobjekt schon deshalb, weil den Kunden weder gebückte noch andächtig kniende Körperhaltungen inmitten des Messetrubels zuzumuten wären. Der denkbaren Variationen gibt es viele: Vom einfachen Holzsockel bis zum regalartigen Warenträger, von elegant gestalteten Stelen bis zu raffinierten Hängevorrichtungen.

Wenn das Exponat wackelsicher steht, nicht abrutschen kann und wenn der Warenträger sich nicht etwa unter der Last sanft verbiegt, braucht es z. B. als elektrotechnisches Gerät nur noch angeschlossen zu werden.

Anschlüsse haben immer mit Kabeln aller Art zu tun, die man entweder sieht bzw. sehen soll oder die man versteckt, weil man sie nicht sehen soll. Wehe, wenn dieses Problem bei der Auswahl oder bei der Konstruktion der Warenträger außer acht gelassen wurde! Nachträglich ist wenig zu retten, provisorische Kabelführungen erwecken den fatalen Eindruck, daß es sich auch beim Produkt um eine provisorische Lösung handeln könnte.

Wohin mit dem Zubehör? Offen herumliegend kommt es erfahrungsgemäß bald abhanden. In Vitrinen gesichert, muß es jedesmal herausgeholt werden. Wetten, daß gerade dann, wenn ein Kunde Zubehör in die Hand nehmen will, der Vitrinenschlüssel nicht zu finden ist? So ist es sicher besser, wenn Zubehör griffbereit in einem Fach des Warenträgers bereit liegt und in der Vitrine reines Schauobjekt bleibt.

6.4 Die Beleuchtung

Steht das Produkt im richtigen Licht? Bestimmt dann nicht, wenn Sonnenlicht und Scheinwerferspiegelungen sich gemeinsam bemühen, z. B. Fernseh- oder Computerbildschirme erblassen zu lassen. Nach dem Studium von Lichttheorien und in Erinnerung an schon einmal da gewesene optimale Lösungen muß praktisch ausprobiert werden, welche Strahler und Leuchten, im richtigen Winkel angesetzt, wirklich die richtige Ausleuchtung bringen. Lichtschienensysteme an der Standdecke erleichtern Variationen ungemein.

6.5 Das Problem der Präsenter

Beliebt bei der Erklärung des Produkts und seiner Vorteile ist der Einsatz von Präsenterinnen und Präsentern, vorher eingehend geschult und so mit den Produkten vertraut. Denken wir aber daran, daß eine außenstehende Person eingesetzt ist, was das Publikum durchaus erkennen kann. Lieblos vom Kärtchen abgelesene Texte, angereichert mit leicht verlegenem Lächeln, stiften mehr Schaden, genau so, wie der Einsatz von Prominenten nur um der Prominenz willen wenig nützt. Wird der Präsenter zum Ausdruck bringen können, daß er als externer Vermittler dem Publikum näher steht und gemeinsam mit den Zuschauern Spaß an „seinem" Erzeugnis hat? Ideal sind Kommentare externer Fachexperten. Wenn z. B. ein bekannter Rennfahrer über Autos spricht, ist das sicher eher glaubwürdig, als wenn ein Showstar diese Aufgabe übernimmt.

7. Das Kommunikationsmix

Eine Unzahl von Werbeaussagen, Demonstrationen und optischen Reizen beschwören auf der Messe die Gefahr der Verwirrung des Messegastes herauf. Auch wenn er nach Plan durch die Hallen eilt, wird er oft bestimmte Messethemen nur stückweise erfassen können und damit Probleme haben, Informationen zu einem kompletten Gefüge des Wissens zusammenzusetzen.

Ein Produkt mag noch so wirkungsvoll aufgestellt sein, der Transfer des Produktnutzens zum Messebesucher bedarf der Menschen und der Medien, die in einem gut geplanten Verbundsystem Produktnutzen und Produktintegration rundum und lückenlos vermitteln. Alle einzelnen Elemente, vom Präsenter bis zur Produktshow, vom Typenschild bis zur Videoproduktion, von Licht- und Lasereffekten wieder zurück zu den Exponaten, ergänzen einander und sind Bestandteile inszenierter Kommunikation. Die gelungene Mixtur aus Information und Unterhaltung läßt Besucher verweilen und stellt Kompetenz unter Beweis.

Jedes wichtige Exponat auf der Messe hat zudem die Chance, einen Funken auf andere, untergeordnete Produkte überspringen zu lassen. Wenn die Präsentationsmittel richtig verknüpft sind.

Ein Beispiel aus der Praxis:

Fernsehen und Radiohören haben in unserem Jahrhundert einen großen Teil des Freizeitverhaltens der Menschen geprägt. Neue Entwicklungen interessieren Fachmann und Endverbraucher gleichermaßen. Bei beiden Zielgruppen wird die Messepräsentation überzeugen, wenn sich der erste Experte des Hauses mit seinen Spezialisten des Themas auf der Messe annimmt und zwar gleich zu Beginn des Planungsprozesses. Er weiß, was gezeigt werden muß, macht Vorschläge zur Hardwarepräsentation und steht schließlich vor dem Publikum als kompetenter Interpret und Gesprächspartner.

Verfolgen wir seine Demonstration, sehen wir dabei, welcher Verbund von Messemedien kompetent eingesetzt wird, wie faszinierend es sein kann, über eine Riesenauswahl an Programmen zu verfügen und wie unkompliziert Technik sein kann mit einem Partner, der sie beherrscht. Als Beispiel die TV-Empfangsvielfalt via Satellitenreceiver:

Auf einem großen künstlichen Firmament prangen alle Satelliten wie Sterne im Planetarium. Die Namen der per Satellit verfügbaren Sender leuchten dort auf. Ein Laserstrahl macht sichtbar, was sonst unsichtbar bleibt, nämlich die Verbindung zwischen Bodenstation, Satellit und der heimischen Empfangsantenne. Diese „Schlüssel", als Original aufgestellt, richtet sich je nach Einstellung des Positionsgerätes wahlweise auf den gewünschten Satelliten. Der Laserstrahl geht mit, der angepeilte Satellit am Messefirmament leuchtet mit der Senderbezeichnung auf. Unser Experte spricht dazu so, wie nur jemand sprechen kann, der sein Metier beherrscht und von ihm begeistert ist. Verblüffend ist, daß die gezeigten Programme echt sind. Auf dem Hallendach steht nämlich eine echt empfangsbereite Antenne, die den Eingaben auf dem Positions- bzw. Satellitenempfangsgerät am Stand echte Fernsehbilder vom Himmel holt oder Hörfunk in CD-Qualität dank Digitaltechnik. Zwischendurch zeigt unser Mann auf Schautafeln, erklärt, wie man der Programmvielfalt per Video-Recorder Herr wird oder wie preiswert Satellitenempfang für mehrere Mieter eines Hauses sein kann.

Dann geht's ins Detail. Fachleute fragen, ein junger Mann probiert selber, wie die Geräte bedient werden. Die Gelegenheit, Geräte ausprobieren zu können, bleibt ein Highlight jeder Produktpräsentation.

Außerdem steht an der Wand geschrieben, worauf es ankommt und wer alles schwarz auf weiß haben will, nimmt die Druckschrift mit.

Spaß muß sein. Auf der gegenüberliegenden Showbühne gehen die Scheinwerfer an, Satellitenempfang von Showtanz mit Gesang. Das muß man gesehen haben! So beginnt ein Produkt zu leben und die Gunst des Publikums zu erobern.

8. Trends in Richtung 2000

Zu Beginn eine ketzerische Frage: muß eigentlich jedesmal mit viel Material eine feste Burg gebaut werden, die dann, wenige Tage später wieder abgerissen, unverhältnismäßig teuer erscheint? Kann man Standbau und Standgestaltung nicht mit ganz anderen Mitteln bewerkstelligen, mit weniger Aufwand und vielleicht sogar besseren Effekten? Es kommt sicher darauf an, was ausgestellt wird, eine Hochsee-Yacht auf der Bootsausstellung kommt z. B. praktisch ohne großen Bau-Aufwand aus, ist sozusagen selber Messestand. Andere Erzeugnisse, leider die meisten, haben es da schwerer. Es lassen sich aber Trends beobachten, die neue Wege der Gestaltung und Präsentation erkennen lassen.

8.1 Audiovision

Audiovisuelle Technik verändert das konventionelle Erscheinungsbild der Messestände, vielleicht einmal sogar so, wie die Mustermesse den alten Jahrmarkt revolutionierte. Informationskonsum per Bildschirm hat generell Verhaltensweisen verändert und ist dabei, Messestände mehr und mehr zu erobern.

Der Einsatz muß jedoch subtil erfolgen, möglichst in Interaktion mit dem Moderator oder sogar dem Publikum. Die Multivision oder die klassische Videowand haben dagegen fast schon ausgedient und wenn noch so aufwendige Filme eingesetzt werden.

8.2 Computertechnik

Standentwürfe entstehen immer häufiger auf dem Bildschirm mit dem Vorteil, rasch Lösungsvarianten mehrdimensional aufzuzeigen. Computerprogramme helfen, Aufgaben organisatorischer Art zu lösen, bzw. die Kostenkontrolle zu gewährleisten. Computergrafik ist als Bildschirm-Medium in schneller Weiterentwicklung begriffen. Fotos werden dynamischer, auch abstrakter.

8.3 Licht und Projektion

Inszenierte Lichtstimmungen, ungewöhnliche Schrift- und Bildprojektionen, Neoneffekte und Lasertechnik werden verstärkt zum Zuge kommen.

8.4 Showaktivitäten

Große und kleine Auftritte behalten ihren Reiz, werden künftig viel professioneller inszeniert und konzentrieren sich auf das Produkt.

8.5 Standarchitektur

Neue Ideen und Techniken kommen aus der Welt der Theater- und Fernsehproduktion. Kulissen, Stoffbespannungen, Gerüstkonstruktionen verdrängen konventionelle Baukörper. Für den festen Kern des Standes kommen Systembauteile zum Mehrfacheinsatz, ebenso vorgefertigte Standsektionen.

8.6 Fertigungs- und Montagetechnik

Immer kürzere Auf- und Abbauzeiten zwingen Aussteller zur kompletten Vorfertigung ganzer Messestände mit allem Drum und Dran. Am Messeort wird nur noch montiert und demontiert.

8.7 Umgang mit Sprache und Text

Ein wesentlicher Textträger wird der Bildschirm sein mit der Möglichkeit, wahlweise rasch auf Fremdsprachen umzuschalten. Generell werden Sprache und Texte für internationales Publikum aufbereitet.

8.8 Sponsoraktivitäten, Meetings

Wichtige Messen werden immer mehr auch für Pressekonferenzen bzw. Meetings mit Medienvertretern benutzt, ebenso wie für Event-Sponsoring. So z. B. veranstaltete ein namhafter Hersteller der Unterhaltungselectronic mit Künstlern, die tagsüber auf seinem Messestand auftraten, eine öffentliche Konzertreihe. Die Messe hört eben in Zukunft nicht um 18.00 Uhr auf, sondern wird mit anderen Mitteln danach fortgesetzt, ob in der Sport-, Kunst- oder Musikszene.

9. Fazit

Standgestaltung und Exponatpräsentation sind ausschlaggebend für die Resonanz der Besucher und damit für einen wesentlichen Teil des Messeerfolgs. Die Ordertätigkeit des Handels – durchaus ein Messeziel – hängt primär vom effizienten Einsatz des Vertriebsinstrumentariums ab, weniger von der Inszenierung des Messestandes. Der Messestand ist vielmehr ein Medium mit spezieller Eigenart, das sich aller Mittel der Kommunikation bedienen und insofern für eine umfassende Information des Kunden über das Leistungsspektrum des Unternehmens sorgen kann.

Den letzten Schlüssel zum Erfolg hält in der Hand, wer es versteht, Innovations-, Kommunikations-, Distributions- und PR-Politik in den Messeauftritt zu integrieren!

Hans-Georg Döring

Gestaltung der Kommunikation am Messestand

1. Vorbemerkung

2. Planungsgrundlagen

3. Kommunikationsgestaltung

4. Technische Einrichtungen

5. Kommunikationspraxis am Messestand

6. Messebetrieb

7. Schlußbetrachtung

Literatur

1. Vorbemerkung

Mit seiner Beteiligung an geeignet erscheinenden Messeveranstaltungen kann der Aussteller die ihm nur hier gebotene Möglichkeit der Kombination von Exponatpräsentation und zielgruppenspezifischer Kommunikation nutzen. Zusätzlich kann er den Stellenwert seines Unternehmens im Spiegel des Wettbewerbs sichtbar werden lassen. Diese Nutzen für sich zu erreichen, setzt beim Aussteller allerdings voraus, daß er die Gesamtheit seiner Aktivitäten als Aktionseinheit sieht und auch dementsprechend komplex plant. Dies gilt für die Messebeteiligung insgesamt, für den Messestand im speziellen, aber auch alle sonstigen, auf die Messe ausgerichteten Aktivitäten, wie z. B. für die Planung des Standdienstes und den Messeablauf an seinem Stand (vgl. Döring 1981, S. 223 ff.).

2. Planungsgrundlagen

2.1 Einflußfaktoren

Die Vielfalt derjenigen Faktoren, die zum Zustandekommen der angestrebten Kommunikation Messebesucher-Aussteller beitragen, ist erheblich. Für den Aussteller beeinflußbare Faktoren sind:

– Standgestaltung
– Exponateauswahl
– Informationsangebot
– Standpersonal
– Einladung zum Besuch
– Weiterführende Informationen
– Organisation.

Für den Aussteller unbeeinflußbare, aber zu berücksichtigende Faktoren sind:

– Gesamtwirtschaftliche oder Branchen-Konjunktur
– Allgemeines Besuchs- und Informationsverhalten (geplant oder spontan)
– Informationserwartungen der Besucher
– Informationsaufnahmekapazität der Besucher
– Bildungsniveau der Besucher
– Besucherfrequenz
– Qualität der Informationsübermittlung (Umfeld: Medien, Wettbewerber usw.).

Dieser Umstand der Vielfalt und Unterschiedlichkeit von Einflußfaktoren muß sowohl bereits bei der Beteiligungsplanung insgesamt, aber auch bei der Gestaltungsplanung des Messestandes im besonderen berücksichtigt werden. Nur so kann „zielbewußt" die Messepräsenz des Ausstellers „als Informationserlebnis mit Erinnerungswert" vermittelt werden (siehe auch Rost 1971, S. 41).

2.2 Erscheinungsbild-bezogene Kriterien

Für eine umfassende Planung sollte eine Auflistung der Kriterien erfolgen, die direkt die Präsentation am Messestand bestimmen werden. Dieser Kriterienkatalog kann enthalten:

Formale Kriterien:

- Von weitem erkennbar
- Abheben vom Umfeld
- CI-gerecht
- Sympathische Gesamtatmosphäre
- Gliederung in Schwerpunkten erkennbar, weitere Strukturierung verstehbar

Inhaltliche Kriterien:

- Klare Themendarstellung
- Attraktive Vorführungen
- Produkte in Funktion
- Knappe, klare Erläuterung (Text/Bild)
- Gegebenenfalls Unterstützung durch audiovisuelle (AV) Medien abrufbar
- Zusätzliche bzw. weiterführende Informationsmittel vorhalten

Personale Kriterien:

- Standinformation hilfsbereit und kompetent
- Personaler Kontakt: Gelegenheit und Qualität der intensiven Beratung möglich
- Betreuung und Bewirtung ansprechend und angemessen.

Die fallweise Erweiterung des Kriterienkataloges bei aktuellen Anlässen bzw. Erfordernissen sollte möglich sein (vgl. Siemens 1980, S. 6 ff.).

2.3 Die Erwartungen der Besucher an einem Messestand

Ein für den Aussteller weitgehend unbeeinflußbarer Faktor der Messe sind die Informationserwartungen der Besucher. Mit Besucherbefragungen und weiterführenden Untersuchungen zum Besuchsverhalten nach dem Messebesuch gewinnen die durchführenden Institute Erkenntnisse über die beachtlichen Informationswünsche. In einer Bedeutungsrangfolge lassen sich technische Neuheiten, Erzeugnisvergleich, technischer Entwicklungsstand, Anregungen/Ideenquelle, Lieferantenauswahl, Lösung technischer Probleme, Funktion und Beschaffenheit von Erzeugnissen, Preise/Kosten/Wirtschaftlichkeit, Überblick über technisches Gesamtangebot, Kontaktherstellung und Kaufabschluß nennen.

Da Fachbesucher bei der Abwicklung ihres Messe-Besuchsprogramms unter Zeit- und Rentabilitätsdruck stehen, ist es für den Aussteller unerläßlich, sich gründlich mit den jeweiligen Informationserwartungen auseinanderzusetzen. Hierzu kann die hausinterne Ermittlung beim Vertrieb und in der Absatzperipherie vieles beitragen. Gegebenenfalls sollte an die Einschaltung eines einschlägigen Instituts gedacht werden. In jedem Fall sind konkrete Vorgaben für die gezielte Erhebung vonnöten, will man sinnvolle Aussagewerte mit „Meßlatten"-Bedeutung gewinnen (vgl. Rost 1981, S. 40).

2.4 Matrix „Messethemen / Zielgruppen"

Für die Planung der Kommunikation am Messestand bietet sich dem Aussteller ein praktikables Hilfsmittel: Die Zusammenschau der relevanten Messethemen und der Zielgruppen, die er an seinem Messestand erwartet, in Form einer Matrix.

- Auf Koordinate A wird eine Auflistung der aktuellen Messethemen des Ausstellers, geordnet nach steigendem Erklärungsbedürfnis des Angebotes, vorgenommen. Die Basis bildet das Jahresbeteiligungsprogramm des Ausstellers.
- Auf Koordinate B findet sich die Auflistung der Zielgruppen nach Kundenbranche, innerhalb der einzelnen Branche Angaben zur Entscheiderkompetenz (Berater / Mitentscheider / Entscheider). Basis hierfür sind Branchenstatistiken, Veranstalterunterlagen, Besucherbefragungen, Wirtschaftspresse, Verbandsmitteilungen usw. (vgl. Siemens 1980, S. 1).

3. Kommunikationsgestaltung

3.1 Die Standgestaltung – Gestaltungsgrundsätze

Messestände sind *Faktoren des Erscheinungsbildes* eines Ausstellers mit besonders hohem Beachtungswert im Umfeld des Wettbewerbs. Daher ist die Anpassung auch des kleinsten Messestandes – also sein Gesamteindruck und die dadurch zu vermittelnde Atmosphäre – an das generelle Erscheinungsbild der Ausstellerfirma wesentlich (vgl. Siemens 1975, S. 1).

Grundsätze für die Produktdarstellung sind *thematische Ordnung und Schwerpunktbildung*:

- Klare Übersicht durch thematische Ordnung des Angebots
- „Betrachtungsgerechte" Ausstellung der Produkte (Demonstration ihrer Funktion so, daß analoge Anwendungen erkennbar werden)
- Gliederung der einzelnen Produktgruppen in Schwerpunkte und Konzentration der Themen
- Erhöhung des Aufmerksamkeitswertes durch Herausstellen spektakulärer Vorführungen
- Schaffung genügend großer Verkehrsräume (Gänge) zum Erschließen des Standes.

Generell sollte eine Standgestaltung in erster Linie die Funktionalität sichern und nicht Ästhetik oder gar dekorativen Aufwand in den Vordergrund stellen. Aufgrund der Erkenntnisse über das Informationsverhalten von Messebesuchern empfiehlt es sich, bei der Standgestaltung zu berücksichtigen, daß dynamisches Informieren das zur Erinnerung erforderliche Erlebnis verstärkt. Gemeint ist das aktive Zusammenwirken aller eingesetzten Medien und Mittel (Exponat, Bild, Graphik, Demonstration und Aussage, Raum, Licht und Farbe, AV-Medien) in abgestimmtem Wechsel (vgl. Döring 1981, S. 234).

Die schwerpunktmäßige Gliederung eines Standes erhöht die Übersichtlichkeit. Der Besucher kann sich schnell orientieren und die für ihn interessanten Themen auffassen.

Eine klare Verkehrsführung erleichtert den Standbesuch. Ein gegenseitiges Behindern von Besuchern, die sich nur durch einen schnellen Überblick orientieren oder sich vertieft informieren wollen, ist möglichst auszuschließen.

Dem Besucherverhalten und dem noch im Gang befindlichen Wandlungsprozeß einer Erweiterung der Informations- zur Kommunikationsmesse angepaßt ist eine abgestufte Informationsvermittlung (vgl. Rost 1981, S. 39 ff.):

– Die *Orientierung* auf dem Weg zum Messestand und direkt am Stand. Auf dieser Orientierungsebene soll durch Erleben die emotionale, mehr unbewußte Zuwendung erreicht werden (vgl. Abbildung 1).
– Die *Demonstration* der Themen und Objekte einschließlich entsprechender Erläuterung. Auf der Demonstrationsebene soll das Erfassen des zunächst Erlebten erleichtert werden (vgl. Abbildung 2).
– Die *Vertiefung* der Kenntnisse in Gesprächen und durch Informationsmaterial. Auf der Vertiefungsebene soll das Erfaßte verstanden werden (vgl. Abbildung 3).
– *Kommunizieren* – d. h. Gespräche fördern, z. B. durch Sitzgelegenheiten am Objekt. Zur Vertiefung der Fachgespräche können AV-Medien eingesetzt werden.

Informationsstruktur eines Messestandes: Orientierung	
Informationsstufen	**Informationsschritte (Aufbereitung)**
Abhebung vom Umfeld	Farbe Form Firmenkennzeichnung
Bildung von Schwerpunkten	Räumliche Anordnung Optische Gliederung Inhaltliche Gliederung
Struktur der Schwerpunkte	Schwerpunkt-Bezeichnung Thematische Untergliederung

Abbildung 1: Orientierungsebene

Informationsstruktur eines Messestandes: Demonstration	
Informationsstufen	**Informationsschritte (Aufbereitung)**
Themendarbietung	Überschrift, Slogan Funktionsdarstellung Anwendernutzen (für Slogan individuelle Lösungen möglich)
Objektdarbietung	Produkte Modelle Vorführungen
Themen- und Objekt- erläuterungen	Text Grafik

Abbildung 2: Ebene der Demonstration

Informationsstruktur eines Messestandes: Vertiefung	
Informationsstufen	**Informationsschritte (Aufbereitung)**
Persönlicher Kontakt	Gespräch
	Verhandlung
	Vortrag
Schriftliche	Hardware Information
Informationsmittel	Software Information
	Weiterführende Information
AV-Unterstützung	Dias, Folien
	Filme
	TV

Abbildung 3: Vertiefungsebene

Darüber hinaus sind Fachbesucher durch Erweitern des Dialogs zu Gruppengesprächen in gesonderten Räumen zu aktivieren. Ziel ist ein vertiefender Meinungsaustausch zwischen Anbieter und Verwender und die gemeinsame Erarbeitung von Lösungsvorschlägen für aktuelle Kundenprobleme (vgl. Siemens 1980, S. 6).

3.2 Individualstand – Systemstand

Beschränkt sich das Messeprogramm auf nur eine oder wenige Beteiligungen in absehbarem Zeitraum, wird ein Aussteller den jeweiligen Messestand individuell herstellen und aufbauen. Hier stehen Gestaltung und Auswahl des Aufbaumaterials nicht unter dem Gesichtspunkt der Wiederverwendbarkeit.

Umfaßt das Messeprogramm dagegen mehrere Beteiligungen, wird sich aus wirtschaftlichen Gründen die Frage der baulichen Systematisierung stellen. Der Grad dieser Systematisierung bzw. der Umfang der Elementierung sollte der Anzahl und Größenordnung aller geplanten Beteiligungen entsprechen, die Verschiedenartigkeit der Themen berücksichtigen und individueller Anpassung genügend Raum lassen (vgl. Döring 1981, S. 235).

3.3 Exponate und werbliche Aussage

3.3.1 *Messestand / Ausstellungsstand*

Messestände sollen die Neu- und Weiterentwicklung der Produkte vor dem Hintergrund des Lieferprogramms herausstellen und werden daher nach *produktwerblichen Gesichtspunkten* gestaltet. Technische Angaben und Hinweise auf Vorteile für den Anwender sollen das Interesse der Besucher wecken und zu Fachgesprächen anregen.

Dagegen sollten *Ausstellungsstände* nach dem Leitthema der Veranstaltung ausgerichtet und in der Regel nach *firmenwerblichen Gesichtspunkten* gestaltet werden.

3.3.2 Auswahl / Anordnung

Da es selten möglich ist, vollständige Anlagen und Systeme aufzubauen, werden meistens nur wesentliche Komponenten als Hardware ausgestellt. Hilfsmittel für die notwendige Ergänzung bilden Modelle, graphische Darstellungen, Textaussagen, AV-Medien usw. Jeder thematische Schwerpunkt soll vom Inhalt der Information und ihrer Darstellung so gestaltet sein, daß der Besucher das Thema schnell erfaßt (vgl. Siemens 1975, S. 2).

3.3.3 Beschriftung

Nach dem Grundsatz „erfolgreiche Standgestaltung ist dynamisches Ordnen der Informationen" empfiehlt es sich, über die vorangeschilderte Systematik hinaus auch das Gebiet der Beschriftung einzubeziehen. Sie sollte klar und deutlich von weitem unterscheiden, bezeichnen und das vertraute Schriftbild des typischen Schriftzuges aufweisen (vgl. Siemens 1989, S. 10).

Slogans sollten in Inhalt und Form wie bei den anderen Werbemitteln beibehalten und in der Schriftgröße in das Konzept eingepaßt werden. *Orientierungshinweise und Gruppenbeschriftungen* müssen als solche erkannt werden, dies bedingt eine dementsprechend größenmäßige Einpassung. *Einzelbeschriftungen und Bezeichnungsschilder für Exponate* gehören genauso in das System wie die *Namensschilder der Standbesetzung* (vgl. Siemens 1989, S. 6 ff.).

3.3.4 AV-Medien

AV-Medien sind Hilfsmittel, um vertiefende Informationen in ansprechender Form zu vermitteln. Sie können überall dort eingesetzt werden, wo man auf kleinstem Raum komplizierte Zusammenhänge verdeutlichen will, z. B. Funktionsabläufe und Problemlösungen in Systemen (vgl. Zebhauser 1980, S. 172 ff.).

3.4 Unterlagen für die Besucher

Im allgemeinen bedürfen Exponat, Erklärung und Demonstration der Ergänzung durch schriftliche Unterlagen. Hierbei spielt die Grundsatzfrage:

– alle erforderlichen Druckschriften am Stand zum Mitnehmen
oder
– nur Übersichtsdrucksache am Stand vorrätig, weiterführende, vertiefende Druckschriften gegen Zusendung nach der Messe vom Heimatort

keine Rolle.

Die letztere Möglichkeit kann Adressenmaterial potentieller Kunden einbringen bzw. Ansätze für Messe-Nachbereitung ergeben. Arbeitsaufwand und unbedingt schnelle Abwicklung sind zu bedenken (vgl. Döring 1981, S. 240).

Unabhängig davon, ob eine Druckschrift oder eine Vielzahl von Titeln vorhanden sind, sind Druckschriften handlich und übersichtlich geordnet vorzuhalten, sowie Abgänge zu verfolgen, damit ggf. rechtzeitig Ersatz beschafft werden kann. Denn nichts ist störender, als wenn die richtige Druckschrift mühsam gesucht und nach langem Herumsuchen endlich gefunden wird. Nichts ist peinlicher, als wenn sie nicht gefunden wird, weil sie z. B. vergriffen ist.

Beschränkt man sich auf eine Leitdruckschrift, sollte von dieser eine so ausreichende Menge disponiert werden, daß am Messestand um 17:00 Uhr noch einige Exemplare für die letzten Besucher vorhanden sind.

4. Technische Einrichtungen

4.1 Standbeleuchtung

Es gilt das Motto: Licht lockt Leute – Licht erregt die Aufmerksamkeit der Messebesucher, zieht ihr Interesse an und gestaltet einen Messestand einladender (vgl. Zebhauser 1980, S. 123).

Dem Licht fallen zwei Hauptaufgaben zu: Erstens soll es im Stand die allgemeine Grundhelligkeit liefern, zweitens durch Akzentuierung den Stand in optische Spannungszonen aufteilen. Daher genügt es nicht, Produkte, Vorführungen, Text- und Bildflächen nur auszuleuchten – vielmehr sollen „Lichtlandschaften" innerhalb der Standfläche jene Atmosphäre schaffen, die dem Besucher die Auseinandersetzung mit dem Ausstellungsprogramm erleichtert und seine Aufnahmebereitschaft fördert. Licht kann die Ausstrahlung eines Messestandes wesentlich unterstreichen und damit zum angestrebten Erlebnis- und Erinnerungswert beitragen (vgl. Siemens 1989, S. 18 f.).

Das Fazit lautet: Mit Licht läßt sich nicht nur beleuchten, mit Licht kann man auch gestalten – und nicht zuletzt informieren. Daneben muß natürlich auch die Beleuchtung der Neben- bzw. Betriebsräume (Küche, Lager, Büro und Garderobe usw.) in die Planung mit einbezogen werden.

4.2 Vorführungen

Die Standbeleuchtung fällt generell in den Aufgabenbereich des Standgestalters. Die Energieversorgung für die Vorführungen (eventuell auch Druckluftversorgung u.a.) ist eine technische Aufgabe, bei der z. B. die Techniker, die eine Demonstrationseinrichtung konzipiert bzw. geliefert haben, mitwirken sollen. In der Planung muß die rechtzeitige Verfügbarkeit bedacht werden, um die termingerechte Inbetriebnahme vornehmen zu können (vgl. VDMA 1974, S. 50).

4.3 Kommunikationseinrichtungen

Standtelefon (ggf. Anlage mit Nebenstellen) und Telefax bzw. Fernschreiber sind gemäß Bedarf und Gegebenheit in die Planung zu integrieren, wobei unbedingt zu berücksichtigen ist, daß Bestellung bzw. Anschlußantrag fristgerecht vorgenommen werden müssen. An einen Telefonanschluß für die Auf- und Abbauzeit sollte gedacht werden (vgl. Hoche 1974, S. 84).

Für größere Messestände mit entsprechend zahlreichem Standpersonal kann die Einrichtung einer Personen-Rufanlage an der Standinformation angezeigt sein, um den Standbesuchern längere Wartezeiten zu ersparen. Da aber akustische Suchrufe oft stören, wird gerne auf den drahtlosen Suchruf per „Piepser" ausgewichen. Dabei ist allerdings zu bedenken, daß für jeden Messestand eine Postbetriebsgenehmigung erforderlich ist.

Für große Messebeteiligungen mit zahlreichem Standpersonal und vielen vorübergehend anwesenden Mitarbeitern kann auch an die Einrichtung eines elektronischen Informationssystems gedacht werden. In dem EDV-System können neben dem Ausstellungsprogramm und Warenverzeichnis die angemeldeten Standdienstangehörigen und die Firmenbesucher mit ihren jeweiligen Anwesenheitszeiten gespeichert werden. Es können Nachrichten für die Mitarbeiter des Hauses eingegeben bzw. abgerufen und Besuchern Auskunft über Exponate und Standdienst vermittelt werden (vgl. Siemens 1989, S. 5).

4.4 Betriebseinrichtungen

Zur Erleichterung der Abwicklung des Messebetriebes während der Veranstaltung ist an Faszilitäten für die Standbesetzung zu denken. Betreuungseinrichtungen für die Standbesatzung sind – der Messezielsetzung entsprechend umfangmäßig auf die Beteiligungsgröße abgestimmt – aufgrund einer Bedarfsermittlung in die Standplanung und -durchführung einzubeziehen (vgl. Hoche 1974, S. 86). Für die begrenzte Abwicklung von Büroarbeiten, mindestens aber die Weiterleitung von Anfragen, muß Sorge getragen werden. Ob deshalb aber bei kleineren Beteiligungen gleich ein wohleingerichtetes Standbüro oder -sekretariat erforderlich ist, hängt von den jeweiligen Möglichkeiten und richtig bewerteten Notwendigkeiten ab (vgl. Hoche 1974, S. 65, 84).

Von Bedeutung ist: Die Standbesatzung hat während der Messetage eine wichtige und anstrengende Aufgabe – diese durch zweckentsprechende Einrichtungen zu erleichtern, ist die Pflicht des Standgestalters und des Organisators.

4.5 Betreuungseinrichtungen

Ergibt sich aus dem Verlauf des Besuchskontaktes die Notwendigkeit oder besser die Gelegenheit zum vertiefenden Gespräch, sollte hierzu die Möglichkeit durch entsprechende Sitzgelegenheiten geboten werden. Abgeteilte Kojen sind nicht grundsätzlich erforderlich, mindestens aber räumlich abgetrennter Platz.

An die Aufbewahrung von Mantel, Hut und Tasche (evtl. auch Regenschirm) des Kunden muß gedacht werden. Diese sollten möglichst separat von der Kleiderablage der Standbesetzung sein, um ein Durcheinander mit unangenehmen Auswirkungen für alle Beteiligten auszuschließen (vgl. Hoche 1974, S. 86).

5. Kommunikationspraxis am Messestand

5.1 Standdienst

Die organisatorische / technische Planung und Durchführung ist nur die eine Seite der Medaille. Die vertriebliche Planung und ihre Umsetzung durch die Standbesetzung ist die andere (vgl. Kunstenaar 1983, S. 37). Verschiedene Untersuchungen über die Wirksamkeit der Messen, ihren Rang im Markt und im Informationsgefüge weisen die erheblichen Informationserwartungen der Fachbesucher aus. Je hochkarätiger, je spezifischer ein Veranstaltungsthema ist, desto höhere Ansprüche stellen die Fachbesucher an die Standvertreter auf den Ständen bezüglich der Befriedigung ihrer Informationswünsche (vgl. Döring, 1989, S. 28). Von daher sollten nur qualifizierte Fachleute von einer Ausstellerfirma auf den Messestand delegiert werden. Je nach Veranstaltungscharakter bzw. -thema und der Aussteller-Zielsetzung wird das Schwergewicht mehr beim Techniker bzw. Vertriebsmann liegen müssen (vgl. Siemens 1989, S. 5).

5.2 Schulung des Standpersonals

Eine zwar fachlich qualifizierte, aber am Messegeschehen uninteressierte Standbesatzung verschenkt die Chancen, die eine Messebeteiligung für den Aussteller bietet. Daher:

Qualifikation + Motivation = Dynamische Nutzung der Messechancen (vgl. Döring 1981, S. 237).

Wie motivieren? Dies kann auf Basis einer aufgabengerechten Auswahl der Standvertreter und einer zweckmäßigen Schulung geschehen:

1. *Technisch-vertrieblich* auf das Ausstellungsthema, das eigene Ausstellungsprogramm und auf die Informationserwartungen gerichtet.

2. *Messeakquisitorisch*
   – Etwas Grundwissen über das Medium Messe schadet keinesfalls, weckt aber eher das Verständnis für den bevorstehenden Einsatz
   – Charakteristika und Themen der speziellen Veranstaltung
   – Informationserwartungen der Zielgruppen
   – Eigene Zielsetzung
   – Abwicklung des Standdienstes
   – Allgemeine Hinweise zur Messe und zum Messeort.

Der Umfang der Schulungsmaßnahmen richtet sich nach Ausstellerziel und Umfang der Beteiligung (vgl. VDMA 1974, S. 32 f.).

Technisch-vertriebliche Informationen und Schulungen sollten wohl auf *jeden Fall* in Gesprächsform (Besprechungen/Tagungen), messeakquisitorische Informationen und Schulungen können schriftlich, besser aber auch in Gesprächsform erfolgen. Zeitaufwand und Intensitätsgrad der Schulungen obliegen der Entscheidung des Ausstellers. Das gilt auch für die Wahl der Maßnahmen (Tagungen, Seminare, Besprechungen und Rundbriefe usw.), auf jeden Fall aber ist dieser Vorbereitung eine besondere Aufmerksamkeit zu schenken. Denn auf die hohen Informationserwartungen und die nachgewiesen einkaufsentscheidenden Funktionen der Messebesucher bezogen ist eine intensive Schulung der Angehörigen des Standdienstes von eminenter Bedeutung (vgl. VDMA 1974, S. 34 f.).

Messevorbereitung, -organisation und -gestaltung sind zwar wichtig, ausschlaggebend jedoch für den Erfolg der Messebeteiligung ist erst der Standdienst. Er allein vermag alle vorbereitenden Anstrengungen durch seinen Einsatz in den möglichen Nutzen einer Messebeteiligung umzusetzen und dem Aussteller den angestrebten Erfolg zu bringen.

5.3 Standhilfen

Standdienst-unspezifische Hilfeleistungen sind z. B. Standreinigung, Standservice, aber auch kleine Transport- und sonstige Hilfsleistungen (vgl. Kunstenaar 1983, S. 28).

Für die *Standreinigung* stehen in der Regel auf dem Messegelände konzessionierte Reinigungsfirmen zur Verfügung, bei denen die gewünschten Arbeiten in Auftrag gegeben werden können. Das Verlangen, die Standreinigung womöglich durch die eigene Standbesetzung wahrnehmen zu lassen, scheint nicht diskutabel.

Für den *Standservice* (Standküche, Bedienung, Garderobe) kann dagegen durchaus auch der Einsatz eigener Mitarbeiter ins Auge gefaßt werden. Ansonsten helfen das Messe-Arbeitsamt oder professionelle Hostessenvermittlungen.

Für sonstige *Hilfsleistungen* wie z. B. kleinere Botengänge, Kleintransporte usw. gilt das hinsichtlich des Standservice eben Gesagte sinngemäß. Falls Fremdkräfte eingesetzt werden, ist auf klare Einstellungsabsprachen bzw. Abmachungen zu achten (Steuern, Sozialabzüge usw.). Eine gründliche Einweisung ist vorzunehmen (vgl. Siemens 1980, S. 4).

An dieser Stelle scheint es günstig, auf die Möglichkeit der einheitlichen Bekleidung des Standpersonals (Messekostüm, Krawatte u.a.) hinzuweisen. Es ist jedoch vor den damit verbundenen unausweichlichen, aber auch unaufhörlichen Diskussionen und Kritiken an Modell, Farbe, Stoff und den Chic / Un-Chic zu warnen. Manche Ausstellerunternehmen setzen sich über die Unmutsquellen hinweg und verordnen sogar den Angehörigen des technisch-vertrieblichen Standdienstes eine Kleiderordnung (vgl. Hoche 1974, S. 63).

5.4 Der Standleiter

Die Praxis zeigt, daß ein *Standleiter* grundsätzlich unentbehrlich ist. Seine Aufgaben:
– Führung der Beteiligung
– Leitung des Standbetriebs und Koordination des Standdienstes
– Zuständigkeit für übergeordnete Fragen, insbesondere solche, die über die spezielle Zuständigkeit des einzelnen Standvertreters hinausgehen
(vgl. Siemens 1980, S. 4; Kunstenaar 1983, S. 38).

Hierher gehört auch die Frage nach der Anwesenheit der Geschäftsleitung einer Ausstellerfirma während der Messe. In jedem Fall sollte eine (mindestens zeitweilige) Anwesenheit angestrebt werden, um als oberste und unternehmenskompetente Instanz bedeutende Kunden und wichtige Besucher entsprechend empfangen zu können (vgl. VDMA 1974, S. 48).

5.5 Standinformation

Zentraler Anlaufpunkt für Fragen, die Suche nach Informationen und Gesprächspartnern, für Verabredungen, Termine und Treffs sowie die Abgabe von Druckschriften ist die Standinformation. Größe und Einrichtung muß dem jeweiligen Projekt angepaßt werden – sollte aber auch bei kleinen Ständen vorhanden und in jedem Fall *deutlich als solche erkennbar* sein (vgl. Rasche 1984, S. 26).

Insgesamt ist zu bemerken, daß die Standbesatzung aus Personen bestehen sollte, die das Unternehmen kennen, über den Stand Bescheid wissen, über das Angebot generell unterrichtet sind. Möglichst kein noch so hübsches Fremdgirl einsetzen, sondern eine Stammkraft! Kaffee kochen und servieren, Geschirrspülen, Aufräumen und Staubwischen sind dagegen Tätigkeiten, für die auch Fremdkräfte geeignet sind (vgl. Siemens 1980, S. 4).

5.6 Kundenbewirtung

Es sollten nur kleine Erfrischungen und Getränke – möglichst kein Alkohol – gereicht werden. Eventuell tut eine Suppe gute Dienste. An Diabetiker ist zu denken! (vgl. Kunstenaar 1983, S. 37). *Grundsatz: Funktion, d. h. Schnelligkeit, Sauberkeit und freundlicher Service steht vor dem Aufwand!*

Auf einem kleinen Stand mit beengten Möglichkeiten zieht zu umfangreicher Bewirtungsservice Unruhe / Störungen und warmes Essen Gerüche nach sich.

6. Messebetrieb

6.1 Personaleinsatz

Über die Funktion, Auswahl und Schulung des technisch-vertrieblichen *Standdienstes* wurde bereits berichtet.

Vielfach halten sich neben dieser quasi „ersten Kategorie Firmenvertreter" weitere Firmenmitarbeiter sowohl aus dem Stammhaus, wie aber auch von peripheren Büros zumindest zeitweise am Messestand auf (vgl. Rasche 1984, S. 30). Als diese „zweite Kategorie" sind zu sehen: Technisch-vertriebliche Stammhausmitarbeiter, die *in erster Linie als Messebesucher Informationsaufgaben* auf der Messe zu erfüllen haben (d.h. als Fachbesucher) und dazu *gelegentliche* Treffs bzw. Verabredungen am *Firmenstand* wahrnehmen (vgl. VDMA 1974, S. 48).

Die *dritte Kategorie* wird von Mitarbeitern der technisch-vertrieblichen Peripherie (eigene Verkaufsbüros, Vertretungen usw.) gestellt. Diese erfüllen teils Besucherfunktionen, teils Standdienstfunktionen wie z. B. den Empfang und Betreuung von Kunden bzw. Besuchern ihres jeweiligen Regionalbereichs.

In Zusammenarbeit mit dem Standleiter ist alle Vorsorge dafür zu treffen, daß

– Zeit und Dauer der Anwesenheit eingeplant sind
– dieser Personenkreis personal, aber auch mental in den Standablauf integriert wird
– über die An-/Abwesenheit an der Standinformation entsprechende Daten für Auskünfte vorhanden sind

(vgl. VDMA 1974, S. 48).

6.2 An- / Abwesenheit am Stand

Es sei an die Ausführungen zum Thema „*Besuchererwartungen bzw. -verhalten*" erinnert. Die dortigen Einzelfakten ließen sich zu der Devise summieren: „Der Fachinteressent erwartet bei den Ausstellern optimale Information, sowohl hinsichtlich des Sachgehaltes, als auch im Hinblick auf konkrete Terminoptimierung – er steht unter Zeit- und Rentabilitätsdruck bei seinem Messebesuch, man erwartet von ihm zu Hause ein Optimum an nützlicher Fachinformation!" (Rost 1971, S. 46).

Daraus ergibt sich, daß dem Besucherempfang am Stand – zunächst an der *Standinformation*, aber auch seitens des einzelnen Standdienst-Mitarbeiters erhöhte Bedeutung beizumessen ist (vgl. VDMA 1974, S. 48 ff.). Die jeweilige An- bzw. Abwesenheit eines Mitarbeiters *muß* jederzeit bei der Standinformation bekannt sein, bei Abwesenheit auch die voraussichtliche Dauer. Es besteht für jeglichen Anwesenden eine Meldepflicht bei der Standinformation! (vgl. Hoche 1974, S. 70).

Weiterhin *muß* der Standinformation gemeldet werden, wann und welche Verabredungen (mit Namensangabe) oder Treffs vereinbart wurden. Gleiches gilt für erwartete bzw. verabredete Besucherdelegationen (vgl. Döring 1989, S. 28).

Denn: Die günstigen Chancen für das Zustandekommen von Kommunikation zwischen den Messepartnern Aussteller und Fachbesucher werden erheblich geschmälert, wenn mangels entsprechender Vorsorge

1. Kompetente Auskunftspersonen nicht gefunden werden, weil sie entweder noch gar nicht bzw. vorübergehend nicht anwesend sind oder gar schon wieder abgereist sind
2. Gesprächspartner zwar anwesend sind, aber durch anderweitige Inanspruchnahmen nicht zur Verfügung stehen und dem Interessenten unbillige Wartezeiten zugemutet werden (vgl. Rost 1971, S. 40 f.).

6.3 Dienstablauf am Stand

Mit dem Standleiter ist festzulegen und von diesem auch bekanntzugeben, wann der morgendliche Dienstbeginn sein soll, damit sichergestellt wird, daß der Standdienst seinen jeweiligen Ausstellungsbereich und die Exponate überprüft. Die Überprüfung sollte hinsichtlich Ordnung und Sauberkeit, Funktionsfähigkeit sowie das Vorhandensein der benötigten Druckschriften durchgeführt werden (vgl. VDMA 1974, S. 48).

Je nach Erfordernis bzw. Gegebenheiten ist festzulegen, ob eine Morgen- bzw. Abendbesprechung mit allen Standdienst-Mitarbeitern abgehalten werden soll (Erfahrungsaustausch, Voranzeigen bzw. Nachbericht) (vgl. Hoche 1974, S. 62).

Während des Messedienstes ist auch die gründliche Berichterstattung über Messebesucher mittels Messenotiz bzw. Gesprächsbericht notwendig. Beides sind Grundlagen für die spätere Nacharbeit am Firmensitz. Es müssen dazu genügend Vordrucke vorgehalten werden, ausgefüllte vollständig eingesammelt und pünktlich zur Firma gesandt werden. Selbstverständlich sollte sein, daß dort Vorsorge getroffen ist, um eine unmittelbare Weiterverarbeitung sicherzustellen (vgl. VDMA 1974 S. 52 ff.).

Zum Kapitel „Dienstablauf am Stand" gehört weiterhin die Frage der Namensschilder für alle Mitarbeiter. Diese sollten sowohl gut und vor allem lesbar (gedruckt) gestaltet sein, aber auch auf dem Stand angesteckt werden. Gerade letzteres gilt natürlich ebenso für die ggf. vorgesehene Messekleidung (vgl. Hoche 1974, S. 63).

6.4 Zusätzliche Aktivitäten

Die Betreuung bestimmter Besuchergruppen am Stand, aber auch Betreuungsmaßnahmen außerhalb des Standes stellen die Standorganisation vor die Notwendigkeit der sachlichterminlichen Planung und der praktischen Vorsorge am Stand bzw. am Messeort (vgl. VDMA 1974, S. 50).

Zu diesen Aktivitäten gehören auch eventuell ein Presseempfang / eine Pressekonferenz, sofern nicht eine eigens für die Pressearbeit zuständige Dienststelle dafür Sorge trägt.

Während des Messebetriebs sollte dem Standdienst zur Förderung einer positiven Kontaktatmosphäre für Besucher am Messestand auch geeignete Werbegaben zur Verfügung stehen. Für ein ausreichend gefächertes Angebotsspektrum in genügender Anzahl sollte in Absprache mit der Geschäftsleitung bzw. Vertriebsleitung rechtzeitig Sorge getragen werden (vgl. Hoche 1974, S. 83).

In diesem Zusammenhang sei auch auf die kleinen, aber unentbehrlichen Dinge als Helfer für den täglichen Ablauf, aber auch als Helfer in der Not hingewiesen. Ihre Bedeutung wird meist erst bei der Feststellung, daß sie im Bedarfsfall fehlen, ersichtlich. Dazu gehören:

– Kleines Werkzeugsortiment für den täglichen Bedarf
– Nähzeug
– Verbandskasten mit Grippe-, Kopfschmerzen- und Magentabletten

u.a.m. (vgl. Hoche 1974, S. 88 f.).

Auch alterfahrene Messepraktiker greifen hier gerne zu einer zweckentsprechenden Checkliste, um Fehlmeldungen am Messestand zu vermeiden (vgl. Rasche 1984, S. 29).

7. Schlußbetrachtung

Mit dem vorliegenden Beitrag wurde der Versuch unternommen, die Vielfalt der Faktoren, die zum Gelingen der Kommunikation am Messestand beitragen, systematisch zu erfassen und Möglichkeiten für die individuelle Planung und entsprechende Realisierung in der Messepraxis aufzuzeigen. Weiterhin will aber der Beitrag die bisher nicht sehr reichhaltige Fachliteratur um einen zeitnahen Ausblick auf die heutige Messepraxis erweitern.

Literatur

DÖRING, H.-G.: Wichtige Werbemittelarten. Messen und Ausstellungen. In: Becker, Horst R.: Industriewerbung. Würzburg 1981.
DÖRING, H.-G.: Exponate und personale Kommunikation wirkungsvoll miteinander verknüpfen. In: Handelsblatt Nr. 12 vom 17.01.1989, S. 28.
HOCHE, K.: Handbuch für Aussteller. 111 Messetips. München 1974.
KUNSTENAAR, J.: Messehandbuch. Ein Leitfaden für Messebeteiligungen. Bern/Stuttgart 1983.
RASCHE, H. O.: Wie man Messe-Erfolge programmiert. Ausgewählte und geprüfte Checklisten. Frankfurt/M. 1984.
ROST, D.: Platz und Rang der Messen im Markt. WK – Reihe von Messen und Ausstellungen, Band 2. München 1971.
ROST, D.: Messen als Kommunikationsproblem. In: DWG Deutsche Werbewissenschaftliche Gesellschaft e.V.: Messen als Marketinginstrument. Bonn 1981, S. 35–56.
SIEMENS AG: Design - Basis, Heft 6. Messen und Ausstellungen. Erlangen 1975.
SIEMENS AG: Leitfaden für die Planung und Durchführung von Messen und Ausstellungen. Erlangen 1980.
SIEMENS AG: Messen und Ausstellungen. Planung, Durchführung, Gestaltung, Corporate Design – Bestimmungen. Erlangen 1989.
VDMA: Werbung im Maschinenbau. Messefibel. Frankfurt/M. 1966.
VDMA: Werbung im Maschinenbau. Messefibel. Frankfurt/M. 1974.
ZEBHAUSER, H.: Messen und Ausstellungen – Medien der Kommunikation, München 1980.

Peter M. Winter

Fachbesucherwerbung auf Messen und Ausstellungen

1. Was muß die Fachmesse leisten?

2. Wie wird die Messebeteiligung durch Fachbesucherwerbung zum Erfolg?
    2.1 Für Besucherfrequenz sorgen
    2.2 Identität gewährleisten
    2.3 Attraktion schaffen

3. Wie sieht erfolgreiche Fachbesucherwerbung in der Praxis aus?
    3.1 Ganzheitliche Konzeption
    3.2 Vorbereitung des Messeauftritts
    3.3 Hinführung auf dem Messegelände
    3.4 Aktion auf dem Messestand
    3.5 Was hat die Messe gebracht?
    3.6 Nachlese
    3.7 Bewertung

Die Messe, eines der ältesten Instrumente der Marktinformation, hat bei aller Dynamik der vielen neuen Informations- und Kommunikationstechniken ganz offensichtlich bis heute nichts an Bedeutung und Anziehungskraft verloren. Im Gegenteil: Gerade die Fachmessen, deren Aussteller und Besucher doch längst durch weltweite, leistungsfähige Kommunikationsnetze miteinander verbunden sind, verzeichnen seit Jahren wachsende Aussteller- und Besucherzahlen. Wurden noch 1971 zum Beispiel auf der Düsseldorfer Kunststoffmesse 910 Aussteller gezählt, so waren es 1989 schon 2.174. Im gleichen Zeitraum stieg die Zahl der Besucher von 175.000 auf 260.000.

Das Gespräch von Mensch zu Mensch, der persönliche Dialog, ein Handschlag nach getroffener Vereinbarung – dies alles ist offenbar nicht zu ersetzen. Nicht zu vergessen freilich auch das unmittelbare „haptische" Erleben der Eponate inmitten weltweiter Konkurrenz und die dementsprechende einzigartige Atmosphäre der Messe.

Auf den folgenden Seiten soll versucht werden, herauszuarbeiten, was die Messe zum unersetzbaren Kommunikationsmedium macht, welche Aufgabe ihr im Rahmen der Unternehmenswerbung zukommt und wie man den Messeerfolg mit dem Handwerkszeug von Marketing und Kommunikation steigern kann.

1. Was muß die Fachmesse leisten?

Im persönlichen Kontakt mit den Zielgruppen zu verkaufen und Vertrauen auf- und auszubauen, ist die Aufgabe des Messeauftritts. Bei einer Ordermesse schlägt sich der meßbare Erfolg in der Zahl der angebahnten oder direkt auf der Messe getätigten Verkaufsabschlüsse nieder. Bei der Know-how-Messe geht es dagegen mehr darum, die Bindung zu bestehenden Kunden zu festigen, vorzuverkaufen, technisches und fachliches Know-how zu vermitteln und Kontakte zu möglichen neuen Kunden herzustellen. Maßstab des Erfolgs ist hier die Zahl der Informationsgespräche, die geführt wurden – wobei Quantität und Qualität zu gewichten sind.

Der Messeauftritt gibt Unternehmen die vielfach einzige Möglichkeit, ihre Leistungen und Stärken einem breiten Publikum durch dreidimensionale Proofs erlebbar zu machen. Nicht auf dem Papier also, in Form bunter Bilder, Prospekte, Programmbeschreibungen etc., sondern ganz unmittelbar – ‚zum Anfassen' – kann das Unternehmen seinen Zielgruppen ein Bild seiner Leistungskraft geben. Von Bedeutung ist dabei auch die Möglichkeit, die oft in aller Welt wirkenden Mitarbeiter des eigenen Unternehmens und der Geschäftspartner einmal zum Dialog zusammenzuführen.

Ein weiterer Punkt darf nicht vergessen werden. Auf einer renommierten Fachmesse wird allein schon das Dabeisein zum Imagefaktor. Ein repräsentativer Auftritt hier findet Beachtung und multipliziert seine imagebildende Wirkung, weil darüber gesprochen und geschrieben wird.

Der beeindruckende Gesamtüberblick über die Firmenleistung, den der Messestand auf engstem Raum zeigt, gibt den Geschäftspartnern eine Entscheidungsbestätigung, vermittelt ihnen das Gefühl, bei dieser Firma gut aufgehoben zu sein und ermöglicht so eine Identifikation mit dem Leistungspartner.

Zusammenfassend läßt sich sagen, daß die Messe die direkteste, konkreteste – und zugleich am intensivsten erlebbare – Umsetzung der Marketing-Kommunikationsstrategien zur Information und Motivation von Fachzielgruppen ist – mit Recht ein absoluter Schwerpunkt im Kommunikationsmix.

Welche konkreten Maßnahmen tragen zum Erfolg bei?

2. Wie wird die Messebeteiligung durch Fachbesucherwerbung zum Erfolg?

2.1 Für Besucherfrequenz sorgen

Entscheidende Voraussetzung für den Messeerfolg ist eine gute und qualifizierte Besucherfrequenz. Man sollte sie nicht dem Zufall überlassen, sondern bereits im Vorfeld der Messe durch geeignete Maßnahmen darauf hinwirken.

— Am Anfang steht wie immer in der Marketing- und Kommunikationsplanung die genaue *Zielgruppenbeschreibung* – nach Möglichkeit mit qualifizierten demographischen Erkenntnissen. Welche Unternehmen sollen angesprochen werden? Welche Funktionsgruppen und Hierarchiestufen werden als Besucher gewünscht?

— Die *persönliche Messeeinladung* sollte mit Vorinformationen über die Messe- und Produktfakten angereichert werden. Sie kann nur so gut sein wie die Adressen der Kunden- und Interessentenkartei. Die sorgfältige Pflege dieser Kartei ist somit auch ein Beitrag zum Messeerfolg. Gegebenenfalls sollte der eigene Adressenfundus durch Ankauf weiterer Adressen nach Maßgabe der Zielgruppenbeschreibung ergänzt und aufgefrischt werden.

— Gemäß der Zielgruppenbeschreibung werden geeignete Fachmedien ausgewählt, in denen durch *Insertionen* und *PR-Beiträge* über die wichtigsten Messe- und Produktfakten informiert wird.

2.2 Identität gewährleisten

Über Corporate Identity ist viel gesagt und geschrieben worden. Ihre Bedeutung braucht hier nicht mehr hervorgehoben zu werden. Selbstverständlich muß der Messestand die Identität des ausstellenden Unternehmens unverkennbar wiederspiegeln. Je schneller der Besucher den Stand zu- und einordnen kann, desto stärker prägt sich ihm der gesamte Messeauftritt ein. Deshalb sollten die Messeaussagen und -visuals mit der allgemeinen Marketing- und Kommunikationsstrategie synchronisiert werden. Möglichst enge inhaltliche und formale Übereinstimmung der Messepräsentation mit der übrigen Werbung sichert *schnelle Wiedererkennung* und schafft darüber hinaus *Synergie-Effekte,* die die wechselseitige Wirkung potenzieren.

Praktisch bedeutet dies, daß die *CI- bzw. CD-Konstanten* des Unternehmens ebenso wie gegebenenfalls der *Slogan* tragende Elemente des Messeauftritts sein müssen. Umgekehrt werden Aktualität und Impact der Marketing- und Kommunikationsmaßnahmen erhöht, wenn konkrete Messeinhalte bereits im Vorfeld der Messe in die laufende Werbung mit einfließen.

2.3 Attraktion schaffen

Jeder Messestand muß sich in einem harten Wettbewerbsumfeld unter Hunderten oder Tausenden von Ausstellern durchsetzen. Wer nachhaltig auf seine Zielgruppen wirken und in der Masse der Anbieter besonders beachtet und erinnert werden will, muß Attraktionen bieten, die ihn unverwechselbar aus der Menge herausheben und zum Besuch einladen.

- Ein zugkräftiges *Messethema,* das in allen Präsentations- und Werbemitteln konsequent umgesetzt wird:
  - *optisch* in der Standgestaltung und -dekoration,
  - *argumentativ* in der Messe- und Exponatbeschriftung, in Messeprospekten und -handzetteln und
  - *dramaturgisch* durch Aktionen, Audio- und Videopräsentationen.
- *Neuheiten* – die Messe lebt davon. Wer keine innovativen Entwicklungen präsentieren kann, sollte zumindest suggestiv Messe-News schaffen – zum Beispiel durch Dokumentation bedeutender neuer Anwendungen bereits bekannter Produkte oder anderweitig aktuelle Produktnachrichten, Serviceleistungen etc.
- Eine ansprechende und einladende *Standgestaltung.* Der Messestand soll Schwellenängste abbauen, nicht fördern. „Privatheit" und persönliche Atmosphäre ist unter alten Bekannten angebracht, nicht aber dort, wo auch Unbekannte sich vertraut machen wollen. Selbstverständlich können und müssen auch im Rahmen eines für jedermann sichtbar offenen Messestands „intime" Gesprächsinseln geschaffen werden, in denen die Beratung und Bewirtung guter Kunden ihrer Bedeutung gemäß diskret erfolgt.
- „Eye-Catching": Der Messestand sollte an geeigneter, exponierter Stelle *Blickfänge* enthalten, in denen die Messe-Highlights möglichst spektakulär herausgestellt werden.
- Eine gut geschulte, freundliche und kompetente *Standbesatzung* in ausreichender Zahl.
- Ein intelligentes *Messerahmenkonzept,* das einen wohlausgewogenen Mix von News Appeal, Know-how Transfer, Human Relations und Entertainment beinhaltet.

3. Wie sieht erfolgreiche Fachbesucherwerbung in der Praxis aus?

Fallbeispiel BASF auf der K '89 (Internationale Fachmesse Kunststoff + Kautschuk, Düsseldorf)

BASF beschickt weltweit die bedeutendsten Fachmessen. Für den Kunststoffsektor von herausragender Bedeutung ist hier die „K", die internationale Fachmesse Kunststoff + Kautschuk, die alle drei Jahre in Düsseldorf stattfindet. Mit 260.000 Fachbesuchern aus 112 Ländern brachte die K '89 einen neuen Rekord. Um es vorwegzunehmen, auch für BASF: 45.000 und damit mehr als ein Sechstel aller K-Besucher sprachen mit BASF. 5.000 führten qualifizierte Beratungsgespräche. Insgesamt hatten über 2.000 Unternehmen in Düsseldorf ausgestellt. Hier ein chronologischer Abriß der BASF-Messearbeit zur K '89, anhand dessen aufgezeigt werden soll, wie die Fachbesucherwerbung auf Messen und Ausstellungen durch konsequentes strategisches Vorgehen an Schlagkraft gewinnt.

3.1 Ganzheitliche Konzeption

Die Fachbesucherwerbung auf der Düsseldorfer Kunststoffmesse ist ein zentraler Schwerpunkt im Rahmen der Marketing-Kommunikation von BASF. Alle drei Jahre findet in ihr das gesamte Spektrum der branchen- und produktorientierten Kommunikation für BASF-Kunststoffe seinen Höhepunkt. Kern dieser Kommunikation ist der seit vielen Jahren in der BASF-Kunststoffwerbung propagierte Slogan: „Zukunftweisende Kunststoff-Technologie". Der damit verbundene – und in der Werbung kommunizierte Anspruch besagt, daß BASF diese Technologie im partnerschaftlichen Dialog weitergibt. Der Anspruch wurde nun in dramatischer Überhöhung zum Hauptthema des Messestandes erklärt:

„BASF Kunststoff-Technologie im Dialog – live"
Die Bereitschaft der BASF zum offenen Dialog mit den Fachbesuchern sollte symbolhaft schon in der gesamten Standstruktur, in seiner Gestaltung und in der Optik der messebegleitenden Werbemittel zum Ausdruck kommen. Transparenz und Offenheit wurden als – auch psychologisch wirksames – Grundelement der gesamten Gestaltung festgelegt.

Unter dem weiten Dach des Dialogs beinhaltete das Messekonzept sechs Anforderungsschwerpunkte für den Messeauftritt:

- *Internationalität darstellen:*
    „Den Fachbesuchern – darunter über 50 % aus dem Ausland – wird die weltweit führende Bedeutung der BASF eindrucksvoll vor Augen geführt."
- *Kompetenz beweisen:*
    „Den Fachbesuchern der K '89 wird das hohe produkt- und anwendungstechnische Know-how der BASF durch die Dramatisierung des umfassenden Produkt- und Spezialitätenangebots nachgewiesen."

- *Innovationskraft zeigen:*
  „Aktuelle Neuheiten aus Forschung und Entwicklung demonstrieren die hohe Innovationskraft der BASF."
- *Verantwortungsbewußtsein verdeutlichen:*
  „Die institutionalisierte Qualitätssicherung und zum Beispiel das Kunststoff-Recycling machen das hohe Verantwortungs- und Umweltbewußtsein der BASF deutlich."
- *Kooperationsbereitschaft dramatisieren:*
  „Unterstützt durch die Präsentation von Exponaten als Fallbeispiele partnerschaftlicher Entwicklung wird der kooperative Know-how-Transfer, der international geführte, innovative und konstruktive Dialog als Domäne der BASF in den Mittelpunkt des Messeauftritts gestellt."

3.2 Vorbereitung des Messeauftritts

Rechtzeitig vor Messebeginn kündigte BASF den Auftritt auf der K '89 an. Die laufende weltweite Fachwerbung ebenso wie die unternehmenseigenen Publikationen zeigten einen augenfälligen *Messehinweis* (Signet). Im In- und Ausland wurde darüber hinaus eine besondere *Messeanzeige* geschaltet. Im *Messekatalog* war BASF nicht nur durch den obligatorischen Messeeintrag, sondern auch mit einer Anzeige vertreten. Für die Einladung von Kunden, Gesprächspartnern, Meinungsbildnern und weiteren wichtigen Zielpersonen ihrer Märkte standen den ausstellenden Unternehmensbereichen und Tochtergesellschaften *Einladungskarten* in allen wichtigen Sprachen zur Verfügung. Und schließlich erinnerte ein *Briefaufkleber* auf der gesamten Ausgangspost an das bevorstehende Messeereignis mit BASF.

3.3 Hinführung auf dem Messegelände

Auf dem Messegelände in Düsseldorf wurden die Fachbesucher schon auf dem Weg zu den Hallen mit BASF und dem BASF-Messethema konfrontiert: durch großformatige *Messe-Außenwerbung*. Halle 5, in der BASF zum Live-Dialog einlud, war nicht zu verfehlen: Die *Fassaden* waren unübersehbar mit dem überdimensionalen Messemotiv dekoriert und mit dem Messeslogan beschriftet. Auf dem *Freigelände* unmittelbar vor der Halle zeigte BASF ein hochattraktives Großexponat: das Ruschmeyer-Reiseflugzeug aus Palatal, einem hochwertigen BASF-Werkstoff. Eine Einstimmung der Messebesucher auf die Kunststoff-Technologie der BASF. In der Halle selbst war die Annäherung an den BASF-Messestand schon dadurch nicht zu verkennen, daß man immer häufiger Besuchern mit *Tragetaschen* im charakteristischen BASF-Kunststoffdesign und dem aktuellen BASF-„Messelook" begegnete.

3.4 Aktion auf dem Messestand

Der erste Eindruck, den die Besucher des Messestands aufnahmen, war der Anspruch der BASF auf dieser Messe: Ein den Messestand überragendes, weithin sichtbares Transparent war mit dem *Messethema* – „Kunststoff-Technologie im Dialog – live" – beschriftet. Im Näherkommen wurde diese Aussage durch Einzelaktivitäten erlebbar gemacht. Dies geschah zunächst durch die Fülle überzeugender, oft innovativer Kunststoffexponate, die BASF mit einer informativen Beschriftung spektakulär präsentierte. In den Laufzonen wurden vor allem die *Highlights* der Kunststoffanwendung aus der Luft- und Raumfahrt sowie aus der Automobilindustrie gezeigt. Um zwei Beispiele zu nennen: das hallenhohe Seitenruder des Airbus und der Hermes-Raumgleiter. Diese Objekte wirkten erfolgreich als *„Eye-Catcher"* für den gesamten Messestand und bewiesen am extremen Beispiel das hohe Niveau von Material- und Anwendungsforschung bei BASF. Durch den Know-how-Transfer profitieren davon alle Anwenderbranchen.

BASF gab einen *nahezu vollständigen Produkt- und Exponatüberblick*. Gezeigt wurden die – hier im wahrsten Sinn des Worts „be-greifbaren" – Ergebnisse des wissenschaftlich-technischen Dialogs, den BASF ständig mit den Marktpartnern führt. Die Darstellung der BASF-Qualitätssicherung und eine praktische Recyclingdemonstration rundete die *umfassende Leistungsdemonstration* der BASF ab. Eine klare Gliederung nach Werkstoffklassen und Marken machte die gesamte Messepräsentation für die Fachbesucher leicht nachvollziehbar.

Auf der Ebene der Argumentation stellte BASF anhand nationaler und internationaler *Fallbeispiele der Kunden-Kooperation* die Aktivitäten in Forschung und Entwicklung sowie ihre Umsetzung im Markt heraus.

Hauptattraktion und zentrales dramaturgisches Element am Messestand war die große *Video-Live-Schau* mit Co-Moderation. In verdichteter, spannend und unterhaltsam aufbereiteter Form dramatisierte sie all das „live", was auf dem Messestand zu sehen war. Hochinteressante, authentische Filmbilder ergänzten die Ausstellungsschwerpunkte um ein Stück Praxis. Bekannte Persönlichkeiten aus Industrie und Technik traten als „objektive Zeugen" auf und gaben Statements zu den verschiedenen Themen ab. Ein überzeugender, glaubhafter Beweis für den gestellten Anspruch.

Am BASF-Messestand gab es ein großes Beraterpotential von *Marketingfachleuten, Anwendungstechnikern* und *Forschern*. Ihre Aufgabe war es, konkret den Dialog zu führen zwischen BASF und den interessierten Fachbesuchern – sei es, um einen bestehenden Kontakt aufzufrischen oder ganz neue Verbindungen anzuknüpfen.

Daß BASF als Anbieter eines der größten Kunststoffsortimente der Welt bei der Werkstoffauswahl objektiv beraten kann, bewiesen den Besuchern sogenannte *WIS-Stationen*. WIS ist das Werkstoff-Informations-System der BASF auf Diskette. Hier wurde es nun im Rahmen der Intensivberatung zur Ad-hoc-Problemlösung am Messestand eingesetzt. Das heißt: Der Messebesucher konnte am Beispiel seiner individuellen Problemstellung praktisch erleben, daß BASF aus ihrem umfassenden Kunststoffsortiment für jede Anforderung optimale und alternative Problemlösungen bieten kann. An komplett installierten *CAE/CAD-Arbeitsplätzen* demonstrierten BASF-Anwendungstechniker darüber hinaus die

Entwicklung vom Rohstoff über die Formteiloptimierung bis hin zum Fertigteil und simulierten die Verbundwerkstoff-Bauteile und -Verarbeitungsprozesse rechnerisch. Der schon lange vor der Messe angekündigte und propagierte Messeslogan „BASF Kunststoff-Technologie im Dialog – live" war also keine Worthülse, er fand für alle sicht- und nachvollziehbar „live" auf der Messe statt. Diese Einlösung des Messe-Versprechens ist ein wichtiges Element für den Messeerfolg, der sich bei einer Know-how-Messe ja meist erst später in konkreten Geschäftsabschlüssen niederschlagen kann.

3.5 Was hat die Messe gebracht?

Vom ersten Messetag an lief am BASF-Stand eine Besucherumfrage, bei der über 500 Fachbesucher von einem unabhängigen Institut befragt wurden. Ermittelt wurden sowohl der subjektive Eindruck am BASF-Messestand als auch die objektive Qualität der Fachbesucheransprache durch BASF. Nahezu alle Befragten (94 %) fanden den Stand sehr gut oder gut. Spontan oder bei Vorlage kam auch die im Messekonzept formulierte Hauptbotschaft der Messepräsentation bei den Fachbesuchern an. 83 % der Befragten erkannten die Internationalität, 89 % die Kompetenz, 92 % die Innovationskraft, 46 % das Verantwortungsbewußtsein und 73 % die Kooperationsbereitschaft der BASF. Im Direktvergleich mit anderen Ausstellern lag der BASF-Stand in allen Kriterien in der Spitzengruppe.

3.6 Nachlese

5.738 qualifizierte Beratungsgespräche hatte man am BASF-Messestand registriert und mit Gesprächsnotizen der Berater festgehalten. Diese Daten wurden zentral ausgewertet und für *weltweite Nachfaßaktionen* klassifiziert, aufbereitet und an alle BASF-Vertretungen weitergeleitet.

Auf Basis der am Messestand erfaßten Zahlen und Daten erarbeitete BASF eine „Messebilanz", die allen an der K '89 beteiligten Unternehmensbereichen und Tochtergesellschaften als *Orientierungs- und Planungsrahmen* zur Bewertung und Ausrichtung künftiger Messen zur Verfügung gestellt wurde.

3.7 Bewertung

Sicherlich verfügt nicht jeder Aussteller über die gleichen Ressourcen wie ein Großunternehmen, seinen Messeauftritt vorzubereiten und zu organisieren. Es sollte hier aber keinesfalls der Eindruck erweckt werden, für den Messe-Erfolg käme es einzig und allein auf diese oder jene, mehr oder weniger aufwendige Maßnahme an. Vielmehr soll das Fallbeispiel deutlich machen, daß es für den Erfolg von Fachbesucherwerbung auf Messen und Ausstellungen entscheidend auf die *Ganzheitlichkeit* der Konzeption ankommt – ganz unabhängig vom zur Verfügung stehenden Etat. Folgendes ist zu fragen:

- Berücksichtigt das Messekonzept alle Kommunikationsstufen von der Vorbereitung über die Durchführung bis hin zur Nachbearbeitung des Messeauftritts?
  Es reicht nicht, einen guten Messestand zu haben. Ebenso wichtig ist die Schaffung von Besucherfrequenz und die professionelle Nachbearbeitung der Messekontakte.
- Stimmt der Messeauftritt gestalterisch und inhaltlich mit der übergreifenden Marketing-Kommunikation für das Unternehmen überein?
  Ganz entscheidend für die Werbewirksamkeit eines Messestands ist, daß er als integrierter Teil des ausstellenden Unternehmens erkannt wird.
- Werden alle Möglichkeiten attraktiver Messepräsentation und -demonstration – optisch, argumentativ und dramaturgisch – genutzt?
  Die Messe eröffnet der Kommunikation einzigartige und faszinierende Möglichkeiten, aber sie ist zugleich ein „Feuerwerk" miteinander konkurrierender Werbeimpulse. Es ist darum oft schon ein Gebot des kommunikativen „Überlebens" für den Aussteller, die ganze Klaviatur der zur Verfügung stehenden Medien – Bild, Ton, 3D, AV und Live-Show – zu spielen.
- Führen die Aktivitäten am Messestand (Attraktionen, Eye-Catcher etc.) auf das Messethema hin statt von ihm weg?
  Nicht alles, was Frequenz schafft, ist auch geeignet, Themen zu transportieren. Manche Aussteller lenken durch Aktionen, die um jeden Preis spektakulär sein wollen, geradezu von ihrem eigentlichen Anliegen ab.

Wer diese Fragen strikt beachtet und mit einem sicheren Ja beantworten kann, der wird auch mit vergleichsweise geringem finanziellen Aufwand Fachbesucher mit Erfolg ansprechen. In diesem Zusammenhang sei zum Schluß noch auf das zumeist recht umfangreiche Service-Angebot verwiesen, das die Messegesellschaften den Ausstellern für die Fachbesucherwerbung offerieren.

Sven Prüser

Marketingaktivitäten im Nachmesse-Geschäft

1. Einleitung

2. Betrieblicher Hintergrund eines Messebesuchs
    2.1 Vorinitiierungsphase
    2.2 Vorüberlegungsphase
    2.3 Vertiefende Informationsphase
    2.4 Vorentscheidungsphase
    2.5 Nachentscheidungsphase
    2.6 Investitionspause

3. Erfassung von Informationswünschen
    3.1 Gesprächsnotizen
    3.2 Visitenkartenbox
    3.3 Erfassung per Computer

4. Situativ angepaßtes Nachmessemarketing
    4.1 Aktivitäten nach Kaufabschluß
    4.2 Maßnahmen bei kurz bevorstehender Entscheidung
    4.3 Ansprache in der Phase der vertiefenden Informationssuche
    4.4 Initiativen in der Vorüberlegungsphase
    4.5 Verhalten in der Vorinitiierungsphase
    4.6 Gestaltung von Investitionspausen

5. Organisatorische Einbindung des Nachmessemarketing

6. Schlußbetrachtung

Literatur

1. Einleitung

Messen sind die räumliche und zeitliche Konzentration der Anbieter- und Nachfragerpotentiale. Für einen kurzen Zeitraum wird der im Alltag abstrakt und anonym erscheinende Markt konkret, geradezu physisch erlebbar. So gilt zum Beispiel, daß die Anbieter in der Regel nur in bestimmten Phasen an Beschaffungsvorgängen beteiligt werden. Auf der Messe trifft der Aussteller jedoch auch auf Fachleute, die in ihren Betrieben an Investitionsprojekten arbeiten, ohne potentielle Lieferanten bislang daran beteiligt zu haben. Mit dem Informationsbedarf, der sich aus diesen und anderen betrieblichen Situationen ergibt, wird der Aussteller konfrontiert. Er versucht, mit den Mitteln der Standgestaltung und gegebenenfalls begleitenden Veranstaltungen darauf einzugehen. Die unmittelbare Wirkung der Messepräsentation ist jedoch naturgemäß auf die relativ kurze Veranstaltungsdauer begrenzt. Die Aussteller sind daher gehalten, mit Marketingaktivitäten des Nach-Messe-Geschäfts die auf der Messe begonnene Beeinflussung fortzusetzen.

Im Mittelpunkt dieser Betrachtung stehen die Besucher, die in irgendeiner Weise aus beruflichem Interesse eine Messe aufsuchen. Damit sind private Konsumwünsche und die damit verbundenen Informationsaktivitäten ausgeklammert. Diese Aussage soll jedoch nicht als einseitige Betrachtung von Investitionsgütermessen mißverstanden werden. Auch Konsumgütermessen wenden sich im Gegensatz zu Verbraucherausstellungen, von einigen Ausnahmen abgesehen, hauptsächlich an Fachleute, die etwa als Einkäufer von Handelsunternehmen ihrer beruflichen Tätigkeit auf der Veranstaltung nachgehen.

Genau wie im Tagesgeschäft des Marketing ist auch beim Nach-Messe-Marketing Wert darauf zu legen, daß alle Maßnahmen so weit wie möglich den individuellen Belangen der (potentiellen) Kunden entsprechen. Dabei gewinnt letzteres dadurch, daß aus dem Messegeschehen Anhalts- oder sogar Anknüpfungspunkte erwachsen, die eine spezifische Ausrichtung des Marketing-Mix ermöglichen. Diese nicht zu unterschätzende Chance kann jedoch nur genutzt werden, wenn das Nach-Messe-Geschäft schon im Verlauf oder sogar bei der Planung der Messe vorbereitet wird. Über das „Visitenkarten-Sammeln" hinaus besteht noch eine Reihe weiterer Ansatzpunkte.

Das Nach-Messe-Marketing ist auf unterschiedliche betriebliche Situationen bzw. Stadien des Entscheidungsprozesses auszurichten. In den folgenden Ausführungen werden diese idealtypisch dargestellt und im Hinblick auf die Möglichkeiten der Einflußnahme durch Hersteller, die als Aussteller in Erscheinung treten, diskutiert. Für die praktische Umsetzung kommen Methoden zur Sprache, die auch im hektischen Messegeschehen angewandt werden können, um die Nachmesse-Ansprache der Besucher zu erleichtern oder überhaupt erst zu ermöglichen. Darauf aufbauend wird gezeigt, welches Mix des Nach-Messe-Marketing für die einzelnen betrieblichen Situationen angezeigt ist. Anschließend folgen einige Gedanken über die organisatorische Verankerung der Nacharbeit.

2. Betrieblicher Hintergrund eines Messebesuchs

Das Verhalten von Besuchern auf einer Messe wird hauptsächlich durch zwei Einflußbereiche determiniert:

Der erste Bereich umfaßt Faktoren, die in der Persönlichkeit des Individuums verankert sind. Durch die Sozialisation im Betrieb, während der Ausbildung, ja sogar schon in der Kindheit wird ein individuelles Informationsverhalten geprägt, das auch auf der Messe praktiziert wird. Es findet seinen Niederschlag insbesondere im Besuchsverhalten (vgl. Spiegel-Verlag 1992, S. 34 ff.). Die Bandbreite möglicher Ausprägungen reicht von stark rezeptiver oder auch passiver Informationsaufnahme durch einfaches „Messe-Bummeln" bis hin zu intensiven Formen der aktiven Informationssuche. Asiatische Delegationen, die keine Scheu haben, sich mit Videokameras unter Exponate zu legen, um kein Detail zu übersehen, sind sicher aus europäischer Sicht ein exotisches Beispiel für ausgeprägte Formen der Informationsgewinnung auf Messen. Es ist im wesentlichen Aufgabe der Standkonzeption, Wege zu finden, um auf einen breiten Ausschnitt des Spektrums möglichen Besucherverhaltens einzugehen. Wichtig für die Nacharbeit ist jedoch die Erkenntnis, daß während der Messezeit letztlich nicht auf alle individuellen Informationsbedürfnisse eingegangen werden kann, so daß ein Defizit entsteht, das außerhalb der Messe im nachhinein zu decken ist.

Der zweite wichtige Einflußbereich, der auf das Besucherverhalten wirkt, ist die betriebliche Situation, mit der sich der Besucher zum Zeitpunkt der Messe auseinandersetzt. Aus Sicht der Aussteller sind von diesen nur solche relevant, die im Zusammenhang mit aktuell und potentiell laufenden Beschaffungsprozessen zu sehen sind. Es handelt sich dabei um

– die Phase eines Entscheidungsprozesses, die aktuell erreicht ist
– die Rolle, die der Besucher im Beschaffungsprozeß spielt
– die Ziele, die der Besucher selber im Entscheidungsprozeß verfolgt, die möglicherweise sogar im Gegensatz zur Position des übrigen Buying Center stehen.

Ein Blick in den betrieblichen Alltag zeigt, daß diese Faktoren ein Gewicht haben können, das psychologische Determinationen überlagert. Zum Beispiel kann aufgrund der Anforderungen, die an ein Mitglied des Buying Center gestellt werden, vom Beteiligten ein Informationsverhalten praktiziert werden, das im Widerspruch zu den persönlichen Präferenzen steht. Daher ist das Marketing während und nach der Messe in erster Linie auf den jeweils zugrundeliegenden betrieblichen Hintergrund des Besuchers auszurichten. Wenn es darüber hinaus gelingt, im konkreten Fall auch die persönliche (psychologische) Grundhaltung zu identifizieren und ausreichend zu würdigen, wird zusätzliches Erfolgspotential erschlossen, da so beim Verhandlungspartner die Belastung eines etwaigen Konflikts zwischen externer Rollenerwartung und internem Selbstbild gemildert wird.

Um die Vielzahl aller denkbaren Faktorkombinationen diskutieren zu können, bietet es sich an, einige idealtypische Fälle herauszuarbeiten. Als Strukturierungskriterium kann der Entscheidungsprozeß bzw. die jeweils erreichte Entscheidungsprozeßphase gewählt werden. Zu unterscheiden sind dabei in diesem Zusammenhang

- Vorinitiierungsphase
- Vorüberlegungsphase
- vertiefende Informationsphase
- Vorentscheidungsphase
- Nachentscheidungsphase
- Investitionspause.

Voraussetzung für diese Betrachtung ist die Annahme, daß der Besucher nur eine (potentielle) Investition im Auge hat. Diese im Gesamtzusammenhang der Messe sicher bedenkliche Vereinfachung hat im konkreten Einzelfall des Standbesuchs ihre Berechtigung, da davon auszugehen ist, daß auch die Besucher, deren Aufenthalt auf der Messe mehreren Anliegen gilt, auf einem Stand normalerweise Informationen über lediglich ein Investitionsobjekt erwarten. Ausgehend von dem skizzierten Entscheidungsprozeßmodell, kann nun durchgespielt werden, welche Informationsbedürfnisse und welches Informationsverhalten auftreten können.

2.1 Vorinitiierungsphase

Nicht alle Besucher, die über das Messegelände gehen, sind momentan an Investitionsprojekten beteiligt. Technische Neuerungen zu sehen und Trends nachzuvollziehen wird von 85 % der Besucher als auf der Messe wahrzunehmende Aufgabe gesehen (vgl. Spiegel-Verlag 1992, S. 41). Nur ein Teil dieser Besucher wird dabei nach neuen Lösungsmöglichkeiten für ein bestimmtes betriebliches Problem suchen. Häufig wird stattdessen ohne ein konkretes Anliegen das Angebot gesichtet, um mehr oder weniger zufällig Ideen zur Lösung bislang unerkannter oder unbeachteter Probleme zu bekommen. Zu dieser Kategorie ist ein Besucher zu zählen, der sich beispielsweise für alle Neuheiten auf dem Gebiet der innerbetrieblichen Logistik interessiert.

Ähnliches gilt für die Besucher, die mit unspezifischen Problemstellungen auf der Messe befaßt sind, deren mögliche Lösungsalternativen ihnen aber unbekannt sind. Im Gegensatz zu den Erstbeschriebenen agieren letztere jedoch wesentlich gezielter auf der Messe. Das Motto eines Besuchers dieser Gruppe ist zum Beispiel: „Seit Jahren klagt der Vertrieb über das unflexible Lager. Was kann dagegen getan werden?"

Für das Ausstellermarketing sind diese Besucher ein überaus wertvolles Potential. Über sie kann ein Entscheidungsprozeß initiiert werden, wenn ein geeignetes Angebot zum Leistungsspektrum des Ausstellers gehört. Sollte das nicht der Fall sein, kann der Hersteller Hinweise oder sogar direkte Anregungen für seine Produkt- bzw. Produktweiterentwicklung gewinnen.

Ein Sonderfall, der für das Marketing des Ausstellers ein Glücksfall ist, liegt dann vor, wenn ein Besucher individuell auf eine konkrete Problemstellung gestoßen ist, aber noch keinen Entscheidungsprozeß in Gang setzen konnte. Diese Personen suchen nach Argumenten, um intern ein Problembewußtsein zu erzeugen, und nach Partnern, die extern kommunikativ auf das Unternehmen wirken, um den gewünschten Entscheidungsprozeß auszulösen.

2.2 Vorüberlegungsphase

Anders verhält es sich mit den Besuchern, die unter dem Eindruck gerade erfolgter Initiierung stehen: Ein internes oder externes betriebliches Ereignis ist eingetreten; es besteht ein konkretes Anliegen. Allerdings ist das Buying Center in der Konstituierungsphase. Wichtiger noch ist, daß die Spezifikation der Nachfrage oder möglicherweise sogar die Definition des Problems noch nicht abgeschlossen ist. Somit kann ein aktives Mitglied des Buying Center in einem frühen Stadium des Entscheidungsprozesses für den Anbieter gewonnen werden, indem Kompetenz bereits dadurch nachgewiesen wird, daß gemeinsam an einer Problemanalyse gearbeitet und damit Know-how vermittelt bzw. Kompetenzgefälle abgebaut wird. Ziel eines solchen Besuchers wäre beispielsweise die Klärung der Frage „kann uns ein PPS-System helfen?"

Zu beachten ist, daß in dieser Phase die Vorauswahl der Lieferanten und die Aufforderung zur Angebotsabgabe erfolgt. Es kommt daher darauf an, dem Besucher zu zeigen, daß das ausstellende Unternehmen in diesen Kreis aufzunehmen ist.

2.3 Vertiefende Informationsphase

Entscheidungsprozesse, die sich über die Phase der Vorüberlegung hinaus entwickelt haben, durchlaufen die vertiefende Informationsphase. Die Problemdefinition und die Wahl der angestrebten Lösungsalternative sowie die Bestimmung der zur Abgabe aufgeforderten Unternehmen ist abgeschlossen. Zunehmend stehen technische und auch vertragliche Details zur Diskussion. Es besteht jedoch immer noch die Möglichkeit, daß weitere Anbieter hinzugezogen werden. Unter Umständen kann sogar eine Modifikation der Problemdefinition erfolgen. Daraus ergeben sich zwei mögliche Strategien, die auf der Messe und während der Nacharbeit zu verfolgen sind:

– Gehört der Aussteller zum auserwählten Kreis, sollte er darauf bedacht sein, so intensiv wie möglich die von ihm angebotene Lösungsalternative argumentativ zu stützen und sein Image positiv hervorzuheben. Dazu ist in Erfahrung zu bringen, ob etwaige Zweifel bestehen und welche Details ansonsten im Buying Center zur Diskussion stehen. In der Stimmung, die auf einer Messe herrscht, dürfte dies erheblich leichter möglich sein als etwa im Gespräch zwischen technischem Verkäufer und Einkäufer beim Abnehmer im Betrieb. Dieses gilt insbesondere dann, wenn Vertreter des Buying Center, die normalerweise nicht direkt angesprochen werden können, auf dem Stand erscheinen. Beide Seiten profitieren, wenn Erfahrungen, die der potentielle Kunde bei den Ständen der Wettbewerber bzw. mit deren Angebot gemacht hat, zur Sprache kommen. Dieser Vorteil erwächst aus der unmittelbaren räumlichen Nähe zur Konkurrenz auf einer Messe. Optimal in dieser Hinsicht ist die Standkonzeption eines Unternehmens, das seinen Besuchern Telekommunikations- und Büroeinrichtungen zur Verfügung stellt, um beispielsweise Fax-Nachrichten vom heimischen Büro entgegenzunehmen und weiterzuleiten. Der prospektive Geschäftspartner kommt deshalb während und nach seinem

Besuchsprogramm zum Stand zurück. Die Eindrücke, die er bei Mitbewerbern gewonnen hat, können dabei thematisiert werden. Im übrigen gewinnt der Gast durch diesen Service den Eindruck, es mit einem kundenorientierten Anbieter zu tun zu haben.

– Ist der aufgesuchte Aussteller nicht zur Angebotsabgabe aufgefordert worden, ist ein alternatives Vorgehen – die zweite strategische Variante – angezeigt. Mutmaßlich erscheint der Besucher eher zufällig auf dem Stand. Sein Bestreben wird in der Regel darauf gerichtet sein, Argumente für die getroffene Vorauswahl der Lieferanten sowie für die Problemdefinition zu finden. Er wird daher mit einer eher negativen Einstellung auftreten, mithin gezielt „Haare in der Suppe suchen". Das Standpersonal darf sich dadurch nicht dazu verleiten lassen, sich vorurteilsgerecht zu verhalten. Dafür reicht unter Umständen schon ein als Arroganz zu deutendes geringes Engagement aus, das vom Standpersonal gezeigt wird, sobald feststeht, daß scheinbar keine Chance besteht, einen Kaufabschluß anzubahnen. Wenn ein entsprechendes Produkt im Angebot ist, sollte vielmehr behutsam darauf hingearbeitet werden, den Besucher davon zu überzeugen, daß der Kreis der Anbieter um das eigene Unternehmen zu erweitern ist. Aufwendiger und wahrscheinlich weniger erfolgversprechend, aber keinesfalls sinnlos, ist das Bemühen, eine neue Problemdefinition zu erreichen, wenn die eigentlich gesuchte Lösung nicht angeboten wird.

Erheblich positiver ist die Ausgangslage, wenn sich hartnäckige Opponenten des Buying Center zu erkennen geben. Diese arbeiten unter Umständen bereits an einer Neudefinition des Problems oder daran, andere Hersteller zur Angebotsabgabe aufzufordern. Gerade die Messe bietet ihnen die Möglichkeit, sich zunächst vergleichsweise unverbindlich zu informieren, ohne innerbetriebliche Risiken einzugehen. Gelingt es, diese Opponenten zu überzeugen und ihnen Argumentationshilfen zu geben, kann auch ein weit fortgeschrittener Entscheidungsprozeß verzögert oder sogar in ein ursprünglich abgeschlossenes Stadium zurückgeführt werden.

2.4 Vorentscheidungsphase

Messebesuche können auch zur letzten Abrundung eines prinzipiell abgeschlossenen Entscheidungsprozesses veranlassen. Dabei kann der Besuch auf dem Stand der formalen Unterzeichnung der Verträge dienen. Einige typische sogenannte Order-Messen sind sogar schwerpunktmäßig darauf ausgerichtet, den Rahmen für Kaufabschlüsse zu schaffen. Aber selbst hier kann es vorkommen, daß Opponenten auftreten, die zu überzeugen sind. Wenn sie allerdings versuchen, im Buying Center eine Entscheidung zugunsten eines Mitbewerbers zu verhindern, sind sie zu unterstützen.

Zum Zwecke der Harmonisierung eines Buying Center kann das komplette Gremium oder ein (wichtiger) Teil von diesem auf den Stand eingeladen werden. Auch hier ist die gleiche argumentative Zielsetzung wie beim Einzelbesucher zu verfolgen. Aufgrund der enormen Bedeutung eines Besuchs dieser Art und um nicht sämtliche Absprachen, die im Vorfeld getroffen wurden, rekapitulieren zu müssen, sollten die Besucher jeweils von den gewohnten Gesprächspartnern betreut werden. Dies erleichtert zudem die Identifikation von Promotoren und Opponenten im Gremium.

2.5 Nachentscheidungsphase

Eine bislang wenig beachtete Gruppe von Besuchern sind Mitglieder eines Buying Center, das gerade eine Investitionsentscheidung gefällt hat. Diese wollen Argumente finden, um ihre Wahl ex post zu rechtfertigen. Handelt es sich um Kunden des Ausstellers, besteht hier eine Chance zum „Nachverkaufen" (vgl. Disch 1990, S. 231 ff.). Ziel ist es, dem Geschäftspartner zu demonstrieren, daß das Interesse an ihm auch nach Unterzeichnung des Vertrages weiterbesteht und Kundenorientierung praktiziert wird. Entscheidend für den Aufbau einer Geschäftsbeziehung (vgl. Plinke 1989, S. 306 ff.) ist es, etwaige Unsicherheiten oder gar Bedenken, die möglicherweise erst im nachhinein eingetreten sind, schnell zu erkennen und zu beseitigen. Im Gespräch auf dem Stand können Anzeichen hierfür erkannt werden.

2.6 Investitionspause

Eine weitere Gruppe von Besuchern nutzt Messen dazu, den Kontakt zum Hersteller zu halten. Gerade auf technischen Mehrbranchenmessen macht diese Gruppe einen nicht unwesentlichen Teil der Besucherschaft auf dem Stand aus. Die Visite steht in keinem Zusammenhang mit konkreten Investitionsabsichten. Letztlich werden jedoch spätere Investitionen vorbereitet. Im Vordergrund des Besuchs steht der Austausch von Neuigkeiten über das Unternehmen des Kunden und über den Anbieter. Einige Aussteller laden ihre Kunden eigens für diesen „Gedankenaustausch" zum Messebesuch ein. Unter Umständen deutet die Nichtbeachtung einer solchen Einladung auf Unzufriedenheit mit den Produkten oder dem Verhalten des Ausstellers hin.

Die skizzierten Fälle sind in Abbildung 1 in Kurzform zusammengefaßt. Anzumerken ist, daß die hier dargestellte Breite von betrieblichen Situationen und der daraus resultierende Informationsbedarf auf jeder Messe auftritt. Allerdings werden je nach Messetyp einzelne Ausprägungen dominieren. So ist die Wahrscheinlichkeit, Besucher anzutreffen, die an Entscheidungsprozessen mitwirken, die im Stadium der vertiefenden Informationsphase angelangt sind, auf Fachmessen sehr viel höher als auf technischen Mehrbranchenmessen (vgl. Strothmann 1979, S. 178 ff.). Die Standgestaltung und gegebenenfalls die Ausrichtung von Begleitveranstaltungen sollten entsprechend akzentuiert werden. Dies hat zur Folge, daß Besucher, deren Informationsbedürfnis gerade nicht dem Messetyp entspricht, während der Veranstaltung nicht optimal betreut werden können. Dieser „Mangel" kann durch die Nacharbeit aufgefangen werden.

Entscheidungsphase	Ziele des Besuchers	Anforderungen an den Aussteller
Vorinitiierungsphase	Überblick gewinnen	Identifikationen von Bedürfnissen
	Allgemeine Lösungsmöglichkeiten kennenlernen	Identifikation der Bedürfnisse/Lösungen bekanntmachen
	Hilfe zur Initiierung	Argumentationshilfen zur Initiierung
Vorüberlegungsphase	Gezielte Suche nach Lösungsmöglichkeiten	Konkrete Lösungsmodelle anbieten
	Suche nach Partner für Investition	Kompetenznachweis erbringen
	Vorbereitung von Spezifikationen	Erfassung diskutierter Details
Vertiefende Informationsphase	Klärung technischer und vertraglicher Details	Identifikation und Bearbeitung der Abnehmerinteressen
		Demonstration von Kompetenz und Kundenorientierung
		Ggf. Zurückführung des Entscheidungsprozesses in vorherige Phasen
Vorentscheidungsphase	Abrundung des Gesamteindrucks	Demonstration von Kompetenz
	Bestätigung der anstehenden Entscheidung	Argumentative Stützung der Wahl
	Kontraktierung	Für Konkurrenz letzter Versuch des „Break Through"
Nachentscheidungsphase	Bestätigung der Entscheidung	Kundenorientierung demonstrieren/langfristige Geschäftsbeziehung aufbauen
Investitionspause	Kontakt mit Herstellern halten	Geschäftsbeziehung pflegen

Abbildung 1: Übersicht über die Anforderung des Messebesuchers

3. Erfassung von Informationswünschen

Es wird nicht immer möglich sein, den direkten Kontakt zum Besucher auf der Messe aufzubauen. Insbesondere dann, wenn die Zielvorstellung noch nicht sehr konkret ist (Vorinitiierungsphase und Vorüberlegungsphase), streben die Besucher z. B. aus falsch verstandener Bescheidenheit, Lustlosigkeit oder wegen des individuellen Informationsverhaltens oft allenfalls sehr kurze Gespräche an. Gelegentlich entsteht der Eindruck, daß selbst diese kurzen Gespräche nur ungern geführt werden. So wurden bei Beobachtungen von Besuchern auf mehreren Ständen einer großen Messe festgestellt, daß es nur in 38 % der Fälle zu einem Gespräch kam. Bei 40 % der Gespräche, die von Vertretern initiiert wurden, hatten die Beobachter den Eindruck, daß sich der Besucher eher gestört fühlte bzw. nur zögerlich auf den Vertreter einging (vgl. Institut für Marketing, Veröffentlichung in Vorbereitung).

Aufgrund dieser Konstellation sollten verschiedene Maßnahmen ergriffen werden, die die Identifikation der jeweiligen Informationsbedürfnisse ermöglichen, auf die dann im Anschluß an die Messe eingegangen werden kann.

3.1 Gesprächsnotizen

Wenn ein Gespräch längerer Dauer zustande kommt, besteht für den Vertreter auf dem Stand die Möglichkeit, neben den persönlichen Daten des Besuchers, für die eine Visitenkarte u. U. ausreicht, auch weitere Anhaltspunkte zu gewinnen, die so genau wie möglich erfaßt werden sollten. Obwohl diese Forderung in der Literatur immer wieder variiert wird, zeigt ein Blick in die Praxis, daß sie nur sehr wenige Aussteller bislang aufgegriffen haben. Dieses wird einerseits dadurch erklärt, daß vor allem erfolgreiche Messebeteiligung sich durch eine zumindest zeitweilig permanente Beanspruchung des Standpersonals auszeichnet. Sicherlich ist andererseits die Scheu des Standpersonals, sich in aller Öffentlichkeit oder gar unter den Augen des Besuchers Notizen zu machen, der relevantere Faktor.

Die hier zugrundeliegenden Vorbehalte erschweren in Deutschland beispielsweise auch die Durchsetzung des Einsatzes von Messebadges, mit denen elektronisch schnell die wichtigen Daten erfaßt werden könnten (vgl. Schwarz 1991, S. 70). Dr. Peter Emil Neven wird mit der Vermutung zitiert, „Aussteller fürchten vielleicht, daß sich die Besucher zu einer Nummer degradiert fühlen" (Schwarz 1991, S. 70).

Es ist Aufgabe der Standpersonalschulung, das Bewußtsein zu vermitteln, daß sich der Besucher mit einem substantiellen Interesse nicht degradiert, sondern aufgewertet und ernstgenommen fühlt, wenn seine Angaben erfaßt werden. Ein Warten darauf, daß der Besucher außer Sichtweite ist, um dann Notizen zu machen, bedeutet, daß die Geduld anderer Besucher ungebührlich strapaziert würde.

Hilfreich für den Vertreter dürfte in jedem Fall ein Kontaktbogen sein, der die relevanten Punkte so weit wie möglich anhand von Itembatterien abfragt. Damit kann auch der Zielkonflikt zwischen dem Anspruch, die Gesprächsinhalte vollständig wiederzugeben, und dem Bemühen, den Standvertreter so wenig wie möglich intellektuell und vor allem zeitlich zu beanspruchen, gelöst werden. Zu erfassen sind auf jeden Fall Sprache, Name, Adresse, Funktion und Branche des Besuchers. Darüber hinaus sollten alle Exponate genannt sein, so daß nur anzukreuzen ist, welche besonders interessiert haben. Selbstverständlich sollte Raum gelassen werden für kurze Stichworte, die den Gesprächsinhalt betreffen. Besonders wichtig ist hierbei die Registrierung von schlechten Erfahrungen, aktuellen Problemen und Kritiken am eigenen oder konkurrierenden Angebot. Der AUMA-Empfehlung folgend, sollte auch festgehalten werden, ob es sich um einen Kunden handelt und welche Informationsunterlagen weitergegeben wurden (vgl. AUMA 1990, S. 73 ff.).

Wichtig sind auch Rubriken, aus denen ersichtlich wird, wie detailliert das Informationsanliegen war und welcher Kenntnisstand vermutet werden kann. Daraus ergeben sich Hinweise auf das Stadium, das ein Entscheidungsprozeß erreicht hat, und auf die bei späterer Kontaktaufnahme zu erwartenden Gesprächssituationen (Ist beispielsweise die Einbeziehung von Spezialisten empfehlenswert?). Natürlich ist auch für den Fall vorzusorgen, daß der Besucher von sich aus Auskunft darüber gibt, ob und inwieweit bereits Beschaffungsvorgänge laufen.

Interessant sind weiter Angaben, die durch rhetorisch geschickte Gesprächsführung zu ermitteln sind. Soll eine möglichst individuell angepaßte kommunikative Ansprache nach der Messe erfolgen, sollte der Standvertreter im Verlauf der Unterhaltung auf besondere Präferenzen des Besuchers eingehen. Legt dieser mehr Wert auf schriftliche Unterlagen oder auf den persönlichen Austausch? Genügten ihm das Exponat und die Erläuterungen, um sich den gewünschten Eindruck zu machen? Eventuell bedarf es des Nachweises der Funktionstauglichkeit. Auf Basis dieser Erkenntnisse kann der Vertreter empfehlen, welche kommunikationspolitischen Maßnahmen besonders wirkungsvoll sein dürften. Daher sollte der Kontaktbogen eine Rubrik aufweisen, in der die einzelnen Maßnahmen nur angekreuzt werden.

Eine Möglichkeit zur Rationalisierung der Nacharbeit ist der Einsatz von Lap Tops oder Note-Book-Rechnern, die den Kontaktbogen in Form einer Eingabemaske darstellen können. Sämtliche Daten sind über diesen Weg sofort – ohne aufwendige nachträgliche Erfassung – in einer Datenbank verfügbar.

3.2 Visitenkartenbox

Schwieriger ist die Registrierung der Kurzbesucher, mit denen allenfalls nur so viele Worte gewechselt werden, bis deutlich wird, daß kein Gespräch erwünscht ist, oder der Passanten, die überhaupt nicht auf den Stand kommen. In beiden Gruppen ist ein interessantes Potential verborgen. Diese bislang viel zu wenig beachteten „Nicht-Besucher" sind über spezielle Maßnahmen am Stand oder mit kommunikationspolitischen Mitteln nach der Messe zu erreichen.

Ein erster Schritt, zumindest die Basisdaten zu erhalten, kann darin bestehen, daß auf dem Stand eine Visitenkartenbox aufgestellt wird. Die Kopplung mit einer Tombola scheint nicht empfehlenswert. Dieses spielerische Element ist für ernsthafte Interessenten, nicht für

Lustwandelnde abschreckend. Ein Hinweis, der deutlich macht, daß hier die Option eröffnet wird, ohne Zeitverlust erstes Informationsmaterial zu bestellen, reicht zur Motivation aus. Werden die Visitenkartenboxen zusätzlich oder ausschließlich neben bestimmten Exponaten aufgebaut, kann das spezifische Informationsanliegen etwas eingegrenzt werden.

Eine bessere Ausbeute ist erreichbar, wenn Informations-Anforderungsschecks ausliegen, in denen der Besucher sein Anliegen schnell skizzieren kann. Es empfiehlt sich, auf diesen Formularen einen Klebestreifen zu plazieren, auf den der Besucher seine Visitenkarte aufkleben kann.

3.3 Erfassung per Computer

Ein weiteres Effektivierungspotential bieten Computer, die den Besuchern zur Anforderung von Informationsmaterial dienen. Diese sind so zu programmieren, daß der Besucher über Tastatur oder Touch Screen seine Anforderungen und Daten eingeben kann. Dabei kann auch flexibel auf unterschiedlich detaillierte Vorstellungen eingegangen werden. Zunächst können allgemeine, überblicksartige Informationen z. B. über das Unternehmen und seine Produktgruppen angeboten werden. Der Besucher sollte aber – ähnlich wie bei BTX-Programmen – die Möglichkeit haben, zu einzelnen Themen Listen mit detaillierteren Informationsmaterialien aufrufen zu können. Realisierbar ist auch eine Kopplung des Angebots von Informationsmaterial und direkter Informationsvermittlung, wie es das Thyssen Info-Com-System bereits praktiziert (vgl. o. V. 1991, S. 62 f.). Der nächste Schritt zur Weiterentwicklung dieses Systems wäre die Einräumung einer Option, zu den gerade gehörten und gesehenen Informationen schriftliche Unterlagen zu bestellen.

Einige Probleme sind bei diesen Computerlösungen zu beachten. Solange Besucher-Badgets und die passenden Lesegeräte auf dem Stand nicht eingeführt sind, müssen die persönlichen Daten auf relativ zeitaufwendigem und oft ungewohntem Weg der Eingabe erfaßt werden. Hier sind kreative Lösungen gefragt. Denkbar ist etwa die Ausgabe eines Etiketts, das die Fall-Nummer zeigt und das der Besucher auf seine Visitenkarte aufkleben kann, bevor er sie in eine passende Box wirft. Später können die Daten der Visitenkarte in die Datei nachgetragen werden. Erfahrungen mit computerbasierter Standbefragung zeigen weiter, daß häufig Abfragen bzw. Programmabläufe abgebrochen werden. Bleiben die bis zum Abbruch eingegebenen Daten erhalten und kehrt das Programm nicht in seine Ausgangsstellung zurück, besteht die Gefahr, daß ein anderer Besucher an dieser Stelle weitermacht, so daß sich seine Angaben mit denen des Vorgängers mischen. Bei der Informationsbedarfsermittlung könnte dies fatale Folgen haben. Es scheint wenig sinnvoll, dieses Problem dadurch zu lösen, einen Betreuer abzustellen, der den Besuchern hilfreich zur Seite steht. Dies ist nicht nur teuer, sondern würde auch kontaktscheue Besucher abschrecken. Besser wäre ein Fenster, das nach einem Zeitintervall ohne Eingabe auftaucht, und den Nutzer auffordert zu bestätigen, daß er weitermachen möchte. Wird die Bestätigung nicht innerhalb kurzer Zeit gegeben, kehrt das Programm in die Startposition zurück.

Sämtliche Techniken des lokalen Dateneinsammelns greifen jedoch nur dann, wenn es gelingt, den Messebesucher auf den Stand zu locken. Diejenigen, die nicht auf dem Stand in Erscheinung treten oder dort kein Informationsmaterial anfordern, können erst indirekt nach der Messe erreicht werden. Die dafür einzusetzenden Techniken sind der eigentlichen Messenacharbeit zuzurechnen.

4. Situativ angepaßtes Nachmessemarketing

Verschiedene idealtypische Fälle betrieblicher Situationen, aus denen heraus ein Messebesuch erfolgen kann, wurden dargestellt. Diese verlangen jeweils abgestimmte Marketingaktivitäten nach der Messe. Ihnen allen ist die schnelle Reaktion als Erfolgsfaktor gemein. Nur die sich unmittelbar an die Messe anschließende Ansprache kann auf relativ frische Erinnerungen des Besuchers an die Messepräsentation bauen. Im übrigen zeichnet sie sich durch aktuelle Kenntnisse über den Informationsbedarf aus. Der gelegentlich vernommene Einwand „Wenn wir zu schnell reagieren, glaubt der Partner, wir hätten es nötig" ist als humoristische Kaschierung des durchaus bekannten Defizits zu interpretieren. Tatsächlich wird die schnelle und fehlerfreie Ansprache als Indiz für eine praktizierte Kundenorientierung und eine effektive Organisation gewertet. Sollte der Besucher jedoch den Eindruck bekommen, daß er sein Anliegen bei der zweiten Kontaktaufnahme erneut vortragen muß, oder schlimmer, seine Angaben falsch weitergegeben wurden, erzielt der Aussteller den gegenteiligen Eindruck.

4.1 Aktivitäten nach Kaufabschluß

Der einfachste Fall für die Messe-Nacharbeit ist der der vollzogenen Kontraktierung. Damit soll jedoch nicht der „Auf-den-Lorbeeren-ausruhen-Mentalität" das Wort geredet werden. Auch hier ist Kundenorientierung zu praktizieren. Der zuständige Vertreter erhöht die Glaubwürdigkeit des Unternehmens und beugt kognitiven Dissonanzen vor, wenn er sich durch ein persönliches Schreiben für das gezeigte Vertrauen bedankt und gegebenenfalls nochmals auf die Vorteile der gewählten Alternative sowie des Herstellers hinweist. In einigen Branchen – insbesondere denen der Computerindustrie – kann bei dieser Gelegenheit auf User Groups hingewiesen werden, in denen der Erfahrungsaustausch der Anwender institutionalisiert ist. Da diese Gruppen in der Regel weitgehend unabhängig und nur sehr bedingt vom Hersteller beeinflußbar sind, wird ein Indiz für ein auf Leistungsfähigkeit basierendes Selbstvertrauen des Anbieters gegeben.

4.2 Maßnahmen bei kurz bevorstehender Entscheidung

Besonders dringlich ist die Kontaktaufnahme in den Fällen, in denen ein weit fortgeschrittener Entscheidungsprozeß vermutet wird bzw. bekannt ist. Die Nacharbeit fällt in den Zuständigkeitsbereich des verhandlungsführenden Vertreters. Die sensible Situation erlaubt es nicht, sich auf den schriftlichen Weg zu beschränken. Insbesondere, wenn harmonisierungspolitischer Handlungsbedarf erkannt wurde, ist auf ein persönliches

Treffen hinzuwirken. Selbst wenn ein Termin auf der Messe vereinbart wurde, ist der Besuch telefonisch vorzubereiten. Spätestens bei dieser Gelegenheit kann die Übermittlung von Informationsmaterial vereinbart werden. Wichtiger ist jedoch herauszufinden, ob durch interne Diskussionen der Messebesuch bewertet und evtl. neue Aspekte aufgeworfen wurden, die es in der Verhandlung aufzugreifen gilt. So kann die Vielzahl von versprochenen Leistungsmerkmalen auch der konkurrierenden Anbieter, die auf der Messe gehört wurden, zum Wunsch führen, Leistungsnachweise zu sehen. Telefonisch kann dann der Besuch einer Referenzanlage vereinbart werden. Der hier beschriebene Instrumentareinsatz ist aggressiver zu gestalten, wenn sich herausstellt, daß die abschließende Entscheidung voraussichtlich zu Ungunsten des Ausstellers getroffen wird.

4.3 Ansprache in der Phase der vertiefenden Informationssuche

Ähnlich groß, wie im vorhergehenden beschrieben, ist der Zeitdruck bei Entscheidungsprozessen, die in der Phase der vertiefenden Information angelangt sind, wenn der Aussteller nicht zum Kreis der aktuell einbezogenen Hersteller gehört. Es kommt hierbei darauf an, sich in die Diskussion zu bringen, ja sogar unter Umständen den Entscheidungsprozeß in ein eigentlich abgeschlossenes Stadium, das der Problemdefinition, zurückzuführen. Auch hier ist umgehend telefonisch zu klären, ob ein persönliches Gespräch vereinbart werden kann. In diesem Fall ist vorab ein zuständiger Vertreter zu bestimmen. Dabei dienen die Gesprächsaufzeichnungen der Ermittlung eines optimalen Qualifikationsprofils, wobei die Fehlertoleranz hierbei äußerst schmal ist.

Grundsätzlich wird der Vertreter damit rechnen müssen, daß er bestenfalls Disharmonie im Buying Center erzeugt, da die Entscheidung gegen sein Unternehmen ex- oder implizit bereits getroffen wurde. Entsprechend ist bei der Ansprache Wert darauf zu legen, nicht nur einen Ansatzpunkt zum Break Through zu identifizieren bzw. zu nutzen, sondern auch auszuloten, wie harmonisierungspolitisch vorzugehen ist. Den schnellsten Erfolg verspricht das Versenden von Informationsmaterial, wenn dies an Entscheidungsbeteiligte geht, die mutmaßlich am ehesten Sympathien für die neue Lösung zeigen. Einen hohen Ereigniswert und damit harmonisierungspolitisches Potential haben außergewöhnliche Informationsmaterialien. Gedacht ist hierbei z. B. an ein Videoband, das gleichzeitig Kompetenz vermittelt. Der Besuch eines Referenzunternehmens setzt dagegen ein hohes Maß an Bereitschaft voraus, sich mit dem Anbieter auseinanderzusetzen. Der dafür benötigte Vertrauensbonus dürfte jedoch erst später aufgebaut sein, so daß dieses Instrument noch nicht zum Tragen kommen kann.

Etwas gelassener ist vorzugehen, wenn es keines Break Through bedarf. Der zuständige Vertreter, die Ansprechpartner beim Abnehmer und deren Informationsverhalten sind bekannt. Der Vertreter sollte telefonisch an den Messebesuch anknüpfen und den Versand von Informationsmaterialien ankündigen und optimieren. Positiv ist zu werten, wenn der Messebesuch den Entscheidungsprozeß beschleunigt hat und ein persönlicher Besuch vereinbart werden kann. Wenn im Buying Center ein Funktionsnachweis nachgefragt wird, kann die Besichtigung von Referenzanlagen vereinbart werden.

4.4 Initiativen in der Vorüberlegungsphase

Befindet sich das Unternehmen des Besuchers in einer Vorüberlegungsphase, ist ein Telefonkontakt nicht unbedingt erforderlich. Die Dringlichkeit ist jedenfalls im Vergleich zu den anderen Fällen nicht so groß. Klarheit muß darüber herrschen, daß wichtige Vorentscheidungen in dieser Phase angesiedelt sind. Es kommt u. a. darauf an, in den Kreis der Hersteller aufgenommen zu werden, die zur Angebotsabgabe aufgefordert werden. Mithin ist auch hier unverzüglich zu reagieren. Angemessener als die unter diesen Umständen als aufdringlich empfundene telefonische Kontaktaufnahme ist die schriftliche Ansprache. Diese sollte direkt Bezug nehmen auf den Messebesuch und dort angesprochene Themen aufgreifen. Entsprechendes Informationsmaterial kann beigefügt werden. Allerdings ist sicherzustellen, daß nicht Prospektmaterial verwandt wird, das auf der Messe bereits verteilt wurde. Schwerpunkt der zu kommunizierenden Inhalte sollte gemäß dem noch nicht spezifizierten Bedarf die Kompetenz und das Problemlösungspotential des Herstellers sein. Sollte bis zu diesem Zeitpunkt noch kein zuständiger Ansprechpartner des Herstellers eingeführt worden sein, ist auch dafür hier eine Gelegenheit gegeben.

4.5 Verhalten in der Vorinitiierungsphase

In der Vorinitiierungsphase befindliche Besucher können für die Nacharbeit in zwei Gruppen eingeteilt werden:

– Besucher, die das Ziel haben, einen Entscheidungsprozeß zu initiieren
– Besucher, die einen allgemeinen Überblick gewinnen wollen.

Die kurzfristig interessantere Gruppe ist die erstgenannte. Ihre Entscheidungsbeteiligten suchen nach Lösungsmöglichkeiten für die von ihnen erkannten Probleme. Damit soll auch die Argumentationsbasis für die innerbetriebliche Diskussion aufgebaut werden. Konnte bei den Gesprächen auf der Messe der Eindruck gewonnen werden, daß der Besucher ein für seine Belange interessantes Angebot gefunden hat, kann hier angesetzt werden. Aber auch dann, wenn dies nicht der Fall ist, sollte zunächst schriftliches Informationsmaterial zugeschickt werden. Ergänzend bietet es sich an, ein Videoband beizufügen, um dem Besucher einen Anlaß zu geben, das (zukünftige) Buying Center oder Teile von diesem zusammenzuführen. Kurz nachdem dieses Material angekommen sein dürfte, ist telefonisch Kontakt aufzunehmen. Dabei kann ein Besuch vereinbart werden; es sollte jedoch nicht gezielt darauf hingearbeitet werden. Besser ist es, der Kontaktperson die Entscheidung zu einem persönlichen Gespräch zu überlassen. Es sollte aber klargestellt werden, daß Experten zur Erarbeitung einer möglichen Lösungsstrategie verfügbar sind. In die gleiche Richtung zielt auch die Vermittlung einer User Group.

Anders dagegen stellt sich der Fall dar, wenn die Gewinnung eines allgemeinen Überblicks auf der Messe angestrebt wurde und sich kein konkretes Investitionsprojekt herauskristallisiert hat. Unter diesen Bedingungen sind allgemein gehaltene, Firmen-Image fördernde Informationsmaterialien zu versenden. Die Kompetenz und Innovativität des Herstellers ist herauszustellen. Unter Berücksichtigung des anzunehmenden Interesses an Neuheiten bietet sich eine gute Gelegenheit zur Kontaktaufnahme, sobald, etwa im Rahmen einer

Hausmesse, Innovationen des Herstellers präsentiert werden. Die Ansprache sollte nicht telefonisch erfolgen, wenn der Besucher auf der Messe nicht das persönliche Gespräch gesucht, sondern nur seine Informationswünsche bzw. Adresse angegeben hat.

Die Besucher des Messestands, die weder im Gespräch noch schriftlich Informationswünsche vorgebracht haben, sind nicht direkt ansprechbar. Sie sind nur mit Hilfe von kommunikationspolitischen Instrumenten, die Breitenwirkung haben, erreichbar. Dabei ist ein Bezug zur Messe vorteilhaft.

Eine breitenwirksame Ansprache bietet die PR Gruppe Frankfurt an. Sie ermöglicht Ausstellern einzelner Messen, in einer Art „Sammelanzeige", die mit Namen und Logo der Messe überschrieben ist, eine „Messenotiz" zu plazieren. Da Bilder vom Messestand oder Firmenzeichen in der Anzeige verwendet werden können, wird Erinnerungseffekt erzielt. Damit ergibt sich eine zweite Gelegenheit, den Besucher zur Kontaktaufnahme zu ermutigen. Entscheider, die die Messe oder den betreffenden Ausstellungsbereich aufgesucht haben, werden diese Anzeigen dazu nutzen, den Besuch „nachzuholen". Zu beachten ist, daß bei diesem simulierten Messebummel nur mit einem Bruchteil der gesamten Herstellerschaft um die Aufmerksamkeit des Betrachters konkurriert wird.

4.6 Gestaltung von Investitionspausen

Eine Sonderrolle fällt der Nacharbeit im Zusammenhang mit der Investitionspausen-Gestaltung zu. Besucher, die nach Abschluß eines Investitionsprojekts auf dem Stand des Lieferanten erscheinen, leisten einen Beitrag zur Pflege der Geschäftsbeziehung. Dieses Bemühen sollte in der Messe-Nacharbeit honoriert werden. Dabei ist situativ zu entscheiden, ob ein persönlich gehaltenes Anschreiben durch einen Besuch oder ein Telefonat ergänzt werden sollte. Es ist dem Partner zu verdeutlichen, daß auf eine Geschäftsbeziehung Wert gelegt wird. Im übrigen ist die Herstellerwahl nachträglich durch geeignetes Informationsmaterial, das z. B. Firmenimage-Faktoren hervorhebt, zu bestätigen.

Die gesamte Messenacharbeit gewinnt, wenn vor allem mit den Mitteln der Öffentlichkeitsarbeit die Erinnerung an die Messepräsentation gelegentlich wachgerufen wird. Dabei können eventuell gezeigte Innovationen in den Vordergrund gestellt werden. Dies erhöht den Aufmerksamkeitswert und die Bereitschaft der Presseorgane, die gewünschte Berichterstattung zu leisten.

Abbildung 2 faßt die im Nach-Messe-Marketing zu ergreifenden Aktivitäten zusammen. Es wird für jede angenommene Entscheidungsprozeßphase angegeben, ob und in welcher Reihenfolge (I bis IV) die einzelnen Maßnahmen angewandt werden sollten.

Entscheidungs-phase	Telefonat	Brief	Besuch	Referenz	User-Group	Haus-Messe	Anzeigen
Entscheidungs-prozeß abgeschlossen		I			II		
Entscheidung kurz vor Abschluß	I	III	II	IV			
Vertiefende Informationsphase	I	II	III	IV			
Vorüberlegungsphase	II	I	III				
Vorinitiierungsphase							
– Initiative ergreifen	II	I	(III)				
– allgemeiner Überblick	(II)	I				III	
– Aussteller nicht besucht							I
Investitionspause	(II)	I	(II)				

Abbildung 2: Reihenfolge der im Nach-Messe-Marketing zu ergreifenden Maßnahmen

5. Organisatorische Einbindung des Nachmessemarketing

In der Literatur wird immer wieder betont, daß der Messe-Nacharbeit eine herausragende Bedeutung zukommt. Ein beträchtlicher Teil des Erfolgspotentials, das durch Messen erschlossen wird, kann erst durch gezielte Nacharbeit aktiviert werden. Die Praxis zeigt jedoch, daß viele Unternehmen erhebliche Defizite in dieser Hinsicht zu verzeichnen haben. Das gilt auch für Aussteller, die ihre Messepräsentation offensichtlich exzellent vorbereiten und durchführen, die bereit sind, immens hohe Beträge in diese kommunikationspolitische Maßnahme zu investieren. Zu fragen ist, wie dieses Mißverhältnis zu erklären und abzustellen ist.

Eine mögliche Erklärung ist in der organisatorischen Einbindung des betrieblichen Messewesens zu suchen. Es ist selbst bei klein- und mittelständischen Unternehmen keineswegs ungewöhnlich, wenn Abteilungen oder einzelne Personen hauptsächlich mit der Planung und Durchführung von Messen betraut sind. Ihr Erfolgsmaßstab ist ein perfekter Ablauf der Messe. Jeder, der am Vorabend einer Messe einen Blick in die Hallen wirft, kommt zu der Erkenntnis, daß der Messebeginn um mindestens einen Tag verschoben werden müsse. Dennoch ist am nächsten Morgen nur noch für Eingeweihte erkennbar, an welchen Stellen improvisiert werden mußte. Es bedarf keines Rückgriffs auf organisationstheoretische Modelle, um dieses regelmäßig wiederkehrende „Wunder" zu erklären. Jedes Unternehmen hat die Verantwortung für das Gelingen eindeutig zugewiesen, so daß die Zuständigen ihr gesamtes Können und Engagement mobilisieren.

Die Zuständigkeit für den Erfolg der Nacharbeit ist nicht zentralisiert und eindeutig geregelt. Sie ist gewissermaßen geteilt. Bekanntlich ist geteilte Verantwortung eine, die niemand wahrnimmt. Dieses Problem wird zu lösen versucht, indem scheinbar geeignete Vertreter mit der Besucher-Nachbetreuung beauftragt werden. Damit verliert das ausstellende Unternehmen aber die Chance, zentral die Qualität der Nacharbeit zu steuern und zu kontrollieren. Im übrigen wirkt sich hier ein struktureller Unterschied der Nacharbeit zur eigentlichen Messeplanung aus. Während die Planung auf ein Ereignis gerichtet ist, das zudem von herausragender Bedeutung ist und von vielen im Unternehmen beachtet (bewertet) wird, spielt sich die Nacharbeit eher im Verborgenen ab. Sie besteht aus einer Vielzahl von Einzelfällen, die unbestimmte und zum Teil erst langfristig anzusiedelnde Erfolgsaussichten haben. Die Motivation, sich dafür zu engagieren, ist gerade bei Leistungsorientierten gering, da diese einen schnellen Feedback suchen. Werden die mit der Nacharbeit Betrauten provisionsabhängig bezahlt, verstärkt sich dieser Effekt (vgl. Bühner 1991, S. 57f.). Die Versuchung, angebahnte Kontakte nicht weiter zu verfolgen, ist vor allem dann zu groß, wenn keine konkreten Kaufabsichten erkennbar wurden.

Eine denkbare Lösung liegt darin, im Unternehmen einen Zuständigkeitsbereich für die gesamte Nacharbeit zu schaffen. Dieser ist nicht mit der individuellen Ansprache von Besuchern zu betrauen. Dafür ist der entsprechend qualifizierte Außendienst besser geeignet. Die Zentralstelle sollte vielmehr die Aktivitäten steuern und deren Erfolg kontrollieren. Die nicht individuell ausgerichteten, kommunikationspolitischen Maßnahmen sind dagegen besser durch die übergeordnete Stelle durchzuführen. Dabei sollte insbesondere mit dem PR-Bereich kooperiert werden.

6. Schlußbetrachtung

Messen bieten die einzigartige Chance, mit Besuchern in Kontakt zu treten, die an Entscheidungsprozessen mitwirken, die jeweils unterschiedlich weit fortgeschritten sind. Da die Einwirkungsmöglichkeiten der Messepräsentation zeitlich und auch räumlich begrenzt sind, kann die Messe in der Regel nur einen – allerdings nicht zu unterschätzenden – Ansatzpunkt für die weitere Zusammenarbeit bilden. Dies gilt auch deshalb, weil die große Heterogenität der informatorischen Anforderungen, die von den Besuchern gestellt werden, letztlich jede Messepräsentation überfordert. Das Nach-Messe-Geschäft soll die Wirkung der Messe über die Veranstaltung hinaus verlängern, und dabei die nicht vermeidbaren Defizite der Informationsvermittlung ausgleichen. Diese Aufgabe kann aber nur dann erfüllt werden, wenn sie bereits auf der Messe vorbereitet wird. Vor allem kommt es darauf an, die Daten, deren Aufnahme eine individuelle Ansprache des Messebesuchers voraussetzt, so genau wie möglich zu erfassen. Allerdings lohnt der dafür nötige Aufwand nur, wenn die Verantwortung für die Nutzung des angelegten Potentials eindeutig festgelegt ist; denn nur unter diesen Umständen werden Initiative und Engagement gezeigt.

Gelegentlich beklagen sich Unternehmen darüber, daß die Wirkung des kommunikationspolitischen Instruments Messe nachläßt. Für diese Einschätzung können einige berechtigte Argumente gefunden werden. Das Verständnis, auf das die Kritiker hoffen, kann jedoch nicht aufkommen, wenn sie sich gleichzeitig den Vorwurf gefallen lassen müssen, daß sie nur einen Bruchteil der Chancen, die die Messe eröffnet, nutzen. Es darf niemanden verwundern, wenn insbesondere hochkarätige Entscheider das eine oder andere Mal auf den Besuch einer Messe verzichten, wenn ihnen die Aussteller das Gefühl geben, daß die Messe nicht in das Marketing eingebunden ist. Die Institutionalisierung des Nach-Messe-Marketing bietet hier einen ersten Ansatzpunkt, die geforderte Integration der Messe in das Marketing zu leisten.

Literatur

AUMA: Ausstellungs- und Messe-Ausschuß der Deutschen Wirtschaft e.V. (Hrsg.), Erfolgreiche Messebeteiligung Made in Germany. Köln, 1990.
BÜHNER, R.: Managementrolle: Intrapreneur. In: Staehle, Wolfgang (Hrsg.); Handbuch Management: Die 24 Rollen der Exzellenten Führungskraft. Wiesbaden, 1991, S. 45–62.
DISCH, W. K.A.: Nach-verkaufen: Wege zur Sicherung der Kunden-Zufriedenheit. In: Kliche, M. (Hrsg.): Investitionsgütermarketing: Positionsbestimmung und Perspektiven; Karl-Heinz Strothmann zum 60. Geburtstag.Wiesbaden, 1990, S. 231–239.
O. V.: Die Video-Show. In: Messe + Kongreß-Vorschau 1991, S. 62–63.
PLINKE, W.: Die Geschäftsbeziehung als Investition. In: Specht, G./Silberer, G./Engelhardt, W.H. (Hrsg.): Marketingschnittstellen, 1989, S. 306–325.
SCHWARZ, P.: Mit Barcode, Badge und Counter. In: Absatzwirtschaft, 7/1991, S. 68–71.
SPIEGEL-VERLAG: Spiegel-Verlag (Hrsg.): Messen und Messebesucher in Deutschland, Hamburg 1992.
STROTHMANN, K.-H.: Investitionsgütermarketing, München 1979.

Rainer Winnen
Andreas Beuster

Kontrolle des Messeerfolgs

Vorbemerkung

1. Allgemeine Problematik der Messeerfolgskontrolle aus der Sicht des Ausstellers

2. Messezielsetzungen und ihre Erfolgskriterien
    2.1 Der quantitativ zu ermittelnde Messeerfolg
    2.2 Der qualitativ zu ermittelnde Messeerfolg

3. Kosten einer Messebeteiligung
    3.1 Die direkten Kosten
    3.2 Die indirekten Kosten

4. Voraussetzungen einer Messeerfolgskontrolle
    4.1 Art der Zielsetzung
    4.2 Mittel- und langfristige Messestrategie
    4.3 Die Dokumentation des Messeerfolgs

5. Methoden der Messeerfolgskontrolle

Vorbemerkung

Die Kontrolle des Messeerfolgs ist ein komplexer Vorgang. Der Wandel des Mediums Messe, der bereits an vorgehender Stelle beschrieben wurde, hat zu einer Verlagerung messetypischer Zielsetzungen aus der Sicht des Ausstellers geführt. Die ersten drei Phasen der Evolution von Messen und Ausstellungen werden oft wie folgend dargestellt:

– Vorstellung und Verteilung von Gütern
– Repräsentation von Unternehmen und Images
– Informationen über spezifische Problemlösungen.

Mittlerweile befindet sich das Medium Messe am Beginn einer weiteren Phase:

– Integration von Wirtschaft und Öffentlichkeit in einem zeitlich und räumlich separaten Erlebnisumfeld zur Erreichung multipler Ziele und Synergien.

Ähnlich wie Messestädte und deren Messegesellschaften das Phänomen der Umwegrentabilität in ihre wirtschaftliche Betrachtung miteinbeziehen, sehen auch eine zunehmende Anzahl von Ausstellern Erfolgspotentiale einer Messebeteiligung, die über die originären Preis-, Produkt- oder Absatzziele hinausgehen. An sich stellt sich das Problem ähnlich wie auf dem Gebiet der klassischen Werbung dar, wenn es darum geht, deren Wirkung in qualitativer Hinsicht zu überprüfen. Beispielhaft seien folgende Parameter genannt: Image, Vertrauen, Haltungen, Einstellungen, Meinungsbildung, menschliche Beziehungen. Pointiert von David Ogilvy: *Ich weiß, daß 50 % der Ausgaben für Werbung herausgeschmissenes Geld ist; ich weiß nur nicht, welche 50%.* Dennoch, oder gerade aus diesem Grunde, ist eine Erfolgskontrolle der Messebeteiligungen absolut notwendig. Dies umso mehr, als das Angebot von Veranstaltungen, speziell solcher, die zusätzlich zu den festen Größen im Messemarkt entstehen, immer unüberschaubarer wird.

1. Allgemeine Problematik der Messeerfolgskontrolle aus der Sicht des Ausstellers

Messen und Ausstellungen sind ein erheblicher Kostenfaktor im Bereich Marketing/Kommunikation. Dies trifft nicht auf alle Unternehmen und Branchen zu. Dennoch machen die Messekosten oft einen sehr großen Anteil an den Gesamtwerbeausgaben messeaktiver Unternehmen aus.

Nachdem zunehmend betriebswirtschaftliche Planungs- und Kontrollsysteme auch in mittelständischen Unternehmen zur Anwendung gekommen sind, ist der Posten Messen und Ausstellungen unter zusätzlichen Rechtfertigungsdruck geraten. Gerade in mittelständischen Unternehmen fehlen jedoch oft die Instanzen, die in der Lage sind, den Messeetat kontrollieren zu können.

Die Gründe sind:

- Mangel an qualifiziertem Personal
- zeitliche Engpässe
- nicht vorhandene Dokumentation messerelevanter Daten.

Die *Herstellung von Kausalitäten* wird zusätzlich erschwert durch:

- zeitliche Überschneidung von Veranstaltungen und sonstigen Marketingmaßnahmen
- länger andauernde Entscheidungsprozesse
- fehlende Koordination von Personal.

Darüber hinaus stellt sich die Frage, welche Nutzen die zusätzlichen Kosten für eine adäquate Messeerfolgskontrolle im Einzelfall rechtfertigen. Schließlich, und das wird an späterer Stelle noch nachvollziehbar werden, ist mit der Objektivierung qualitativer Erfolgsmerkmale stets auch eine Bewertungsbandbreite gegeben, die durch die Zielsetzung der Erfolgskontrolle in die eine oder andere Richtung ausgenutzt werden könnte.

Die *Schwierigkeiten* stellen sich in verschiedener Hinsicht dar:

- Objektivierung der Messeziele
- Aufdeckung sämtlicher interner und externer Messekosten
- Dokumentation der Erfolgskriterien
- zusätzlicher Aufwand durch detaillierte Ermittlung
- unternehmensintern divergierende Interessen.

Weiterhin muß das ausstellende Unternehmen entscheiden, ob die Erfolgskontrolle vorwiegend dazu dienen soll, eine Veranstaltung im Nachhinein zu bewerten (ex post), oder ob es darum gehen soll, ein System zu entwickeln, das dazu dient, den Messeerfolg von vornherein (ex ante) anhand von Planungs- und Kontrollmechanismen sicherzustellen (Zielorientierung).

Es sollte weiterhin erwähnt werden, daß die Erfolgskontrolle durch unternehmensinterne oder unternehmensexterne Institutionen durchgeführt werden kann. Die Messeerfolgskontrolle kann und soll auch nicht das einzige Hilfsmittel der Beurteilung von Veranstaltungen sein. Vielmehr sind Messen und Ausstellungen im Kontext der gesamtwirtschaftlichen Entwicklung sowie der entsprechenden Branchenkonjunktur zu sehen.

2. Messezielsetzungen und ihre Erfolgskriterien

Die präzise Benennung der Messeziele ist, wie auch aus dem Vorangehenden zu entnehmen, eine elementare Grundvoraussetzung der Messeerfolgskontrolle. Mit anderen Worten: Damit eine Messeerfolgskontrolle überhaupt durchführbar ist, müssen folgende Voraussetzungen erfüllt sein:

a) Die Ziele müssen erreichbar sein:

Dies klingt selbstverständlich. Allerdings stellt sich oft heraus, daß eine Reihe widersprüchlicher Zielsetzungen formuliert werden, die auf einer einzelnen Veranstaltung überhaupt nicht realisierbar sind.
Auch Einzelziele müssen realistisch sein. Beispielsweise wird man auf einer Verbraucherausstellung nicht mit Vertriebspartnern aus dem Großhandel ins Gespräch kommen.

b) Die Ziele müssen präzise definiert sein:

– Was genau soll erreicht werden?
– In welcher Qualität oder Quantität soll es erreicht werden?
– Wann muß es erreicht worden sein?

c) Die Ziele müssen kontrolliert werden:

Ein Ziel wird von den auf seine Erreichung hinwirkenden Personen und Instanzen nur ernstgenommen, wenn die Zielerrreichung von einer entsprechend ausgestatteten Stelle kontrolliert wird.

d) Die beauftragten Personen und Abteilungen müssen organisatorisch und finanziell in die Lage versetzt werden, die Ziele zu erreichen.

e) Die Ziele sollten im Konsens formuliert, bzw. in der Gruppe erarbeitet werden:

Alle an der Zielerreichung beteiligten und interessierten Personen sollten an der Formulierung der Ziele mitwirken. Anderenfalls besteht die Gefahr, daß Einzelne nicht konstruktiv auf das Ziel hinarbeiten.

f) Die Ziele sollten hierarchisch aufeinander abgestimmt sein:

Die Oberziele sollten langfristig verfolgt werden. Eine typische Zielhierarchie zeigt folgendes Schema:

Denkbar, und nicht weniger sinvoll, wäre auch:

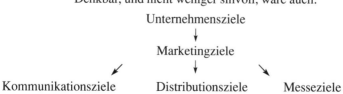

Inwieweit nun gewisse Messezielsetzungen besonders im Vordergrund stehen, hängt demnach von den übergeordneten Marketing- oder aber Kommunikationszielen des Ausstellers ab. Da das Medium Messe neben kommunikationsspezifischen eine Reihe mindestens genauso bedeutender marketingübergreifender Merkmale und Chancen beinhaltet, ist eine Einreihung der Messeziele direkt unterhalb der Marketingziele sicherlich sinnvoll. Typische Messeziele lauten:

a) Verkaufsziele

– Alte Produkte an Altkunden verkaufen (Abschöpfungsstrategie)
– Alte Produkte an Neukunden verkaufen (Marktentwicklungsstrategie)
– Neue Produkte an Altkunden verkaufen (Produktentwicklungsstrategie)
– Neue Produkte an Neukunden verkaufen (Diversifikationsstrategie)

b) Kontaktziele

– Neue Verwender für alte Produkte interessieren
– Alte Verwender für neue Produkte interessieren
– Neue Verwender für neue Produkte interessieren
– Bestehende Kontakte zu Vertriebspartnern pflegen
– Neue Vertriebspartner akquirieren
– Kontakt zu Medien und Öffentlichkeit herstellen
– Kontakt zu Medien und Öffentlichkeit pflegen
– Neues Fachpersonal akquirieren
– Neue Mitarbeiter im Kundenkontakt schulen
– Tendenzen der Branche und des Wettbewerbs beobachten
– Kompetenz und Problemlösungen demonstrieren
– Größe und Bedeutung demonstrieren.

Diese multiplen Ziele müssen anhand von dokumentierbaren Erfolgskriterien quantitativ und qualitativ festgelegt werden.

2.1 Der quantitativ zu ermittelnde Messeerfolg

Der Messeerfolg wird hier in seiner zahlen- oder wertmäßigen Ausprägung gemessen. Es lassen sich hier vor allem 2 Hauptbereiche unterscheiden:

– Die wertmäßige Ausprägung bezieht sich auf die Verkaufsziele. Die Beträge der auf der Messe erzielten Verkaufsabschlüsse werden zusammengefaßt.
   Der Rückgang der Bedeutung von Orderveranstaltungen legt es nahe, in einer wertmäßigen Betrachtung die Beträge der konkreten Anfragen, welche in unmittelbarem Zusammenhang mit der Messebeteiligung stehen, als quantitativ wertmäßiges Erfolgskriterium heranzuziehen.
– Die zahlenmäßige Ausprägung bezieht sich auf die Kontaktziele. Die Vereinheitlichung der Definition Messekontakt scheint schwer möglich, bezeichnet man in der Werbe-

forschung den Kontakt als jedwede noch so flüchtige Berührung einer Person mit einem Werbeträger oder einem Werbemittel.

Demnach wären also alle Personen, die den Messestand betrachten, oder sich selbst mit Prospektmaterial versorgen, den Messekontakten zuzuordnen. Man kann sicherlich die Meinung vertreten, daß auf großen Publikumsveranstaltungen, welche den Endverbraucher ansprechen, auch und vor allem die zahlenmäßige Erfassung dieser flüchtigen Kontakte der Erfolgskontrolle dient. Die am Messestand mitgenommenen oder verteilten Informationsschriften sind sicherlich ohne große Schwierigkeiten zahlenmäßig zu erfassen. Hierzu ist lediglich notwendig, deren Anzahl vor und nach der Messe zu ermitteln und die Differenz festzustellen. Dennoch wird diese Möglichkeit, zu Kontaktzahlen zu gelangen, oft nicht konsequent genutzt.

Die für den typischen Aussteller auf Fachmessen wichtige Kennzahl ist jedoch die *Anzahl der Fachgespräche* mit Erfassung der Daten des Fachbesuchers, welches zu weiteren Folgekontakten mit der realistischen Aussicht auf Geschäftsabschlüsse führt (sogenannte Leads). Die realistische Aussicht kann in diesen Fällen anhand eines ernsthaften Interesses des Fachbesuchers, der persönliche Daten am Stand hinterläßt und somit zur weiteren Kontaktaufnahme quasi auffordert, unterstellt werden. Insofern ist die Anzahl der Leads für viele Aussteller die entscheidende Größe, wenn es darum geht, den Messeerfolg zu quantifizieren.

2.2 Der qualitativ zu ermittelnde Messeerfolg

Ausgehend von den quantitativen Daten muß der Messeerfolg qualitativ bewertet werden. Hierbei geht es vorrangig um die Struktur und Zusammensetzung der Messestandbesucher und um die daraus abzuleitenden Erfolgskriterien. In der Regel liegen Besucherstrukturdaten für eine Anzahl von eingeführten Fachmessen vor.

Die Messeländer Bundesrepublik Deutschland, Österreich, Frankreich, Schweiz und Benelux verfügen über unabhängige Institutionen zur Erfassung von Messekennzahlen. In vielen anderen Messeländern werden ähnliche Institutionen folgen. Solche sind für den Aussteller insofern wichtig, als sie für eine realistische Einschätzung der Erfolgspotentiale einer Veranstaltung notwendig sind. Darüberhinaus stellen sie den objektiven Vergleichsmaßstab hinsichtlich der Besucherqualität dar. Deren *Merkmale* sind:

– Geschlecht
– Alter
– Regionale Herkunft
– Branchenherkunft
– Funktion
– Unternehmensgröße
– Entscheidungskompetenz
– Einkaufsvolumen.

Von den Messezielen ausgehend können weitere *qualitative Erfolgskriterien* definiert werden.

- Welche Nah- und Fernwirkung hatte der Messeauftritt?
- Wurden die wichtigen Botschaften vermittelt?
- Konnten die neuen Mitarbeiter auf der Messe ihre Fähigkeiten erweitern?
- Wurden die Medien der Zielsetzung entsprechend angesprochen und eingesetzt?
- Konnten Erkenntnisse über die Marktchancen neuentwickelter Produkte gewonnen werden?
- Konnten Erkenntnisse über die eigene Position zum Wettbewerb gewonnen werden?

Diese Beispiele sollen nur stellvertretend deutlich machen, welche Vielzahl qualitativer Erfolgskriterien für die Messeerfolgskontrolle relevant werden können.

3. Kosten einer Messebeteiligung

Die Feststellung der Messekosten läßt sich in der Praxis anhand eines in verschiedene Positionen unterteilten Messebudgets vornehmen. Eine von vielen möglichen Aufteilungen zeigt Abbildung 1.

3.1 Die direkten Kosten

Dies sind im allgemeinen alle Kosten, welche anhand eines vorliegenden Belegs direkt dem Quasi-Kostenträger Messebeteiligung zuzuordnen sind. Gleichzeitig sind diese Kosten auch jene, die in einem wie oben beschriebenen Schema budgetierbar sind.

Für die permanente Erfolgskontrolle einer Messebeteiligung empfiehlt sich die EDV-mäßige Erfassung der Kosten auf gemeinsame Konten (Kostenarten), die zu einer zuverlässigen und präzisen Soll-Ist-Budgetierung führen wird. Dies ist auch die einzig sinnvolle Methode, um zu den berüchtigten Quadratmeterpreisen zu gelangen, die bei Diskussionen um die Messekosten immer wieder im Raum stehen, jedoch je nach Veranstaltungstyp völlig verschiedene Größenordnungen annehmen können.

3.2 Die indirekten Kosten

Diese Kosten bringt jede Messebeteiligung in mehr oder weniger großem Umfang mit sich. Es kommen hier in Frage:
- Jedwede Arten von Eigenleistungen mit nicht eindeutiger Zuordnung von Personal- und Gemeinkosten
- Zusätzliche Telefon und Portokosten
- Zusätzlich Repräsentations- und Reisekosten
- Kapitalbindungskosten; vor allem kalkulatorische Zinsen und Abschreibungen
- Kosten der zusätzlichen Medienarbeit, soweit diese nicht eindeutig der Messebeteiligung zuzuordnen sind
- Abschreibungen.

Flächen- & Raumkosten
- Standmiete
- Werbebeitrag an die Messegesellschaft bzw. an den Organisator
- AUMA-Beitrag (nur Inland)
- Einschreibegebühren
- Miete für Tagungsräume und sonstige Nebenräume
- Sonstiges

Exponatkosten
- Herstellkosten des Exponats, sofern dieses nicht zum Verkauf vorgesehen ist
- Modell
- Verpackung
- Transport
- Zwischenlagerung Leergut
- Fracht
- Zoll
- Hebezeuge
- Montage
- Demontage
- Versicherung
- Besondere Exponatdisplays
- Sonstiges

Standbaukosten
- Standentwurf
- Standmodell
- Statische Berechnung
- Messestand:
  - Fundament/Unterkonstruktion/Podest
  - Teppichboden/Bodenbelag
  - Wandkonstruktion
  - Deckenkonstruktion
  - Einbauten
  - Treppen
  - Beleuchtung
  - Grafik/Übersetzungen
  - Klimatisierung
  - AV/Video/Film
  - Aufbauleitung
  - Montage
  - Demontage
  - Transport
  - Zoll/Carnet
  - Verpackung
  - Zwischenlagerung der Verpackung
  - Dekoration
  - Bereitschaft
  - Zuleistung und Änderung
  - Honorar gemäß HOAI
  - Sonstiges

Standausstattung
- Möblierung
  - mietweise
  - bauseits
- Küchenaustattung
- Lagerausstattung
- Pflanzen
- Bürogeräte
- Büromaterial
- Rufanlage/Beschallung
- Transportkosten
- Sonstiges

Standversorgung
- Strom
  - Anschluß
  - Verbrauch
- Wasser
- Druckluft
- Gas
- Telefon
  - Anschluß
  - Verbrauch
- Telex
  - Anschluß
  - Verbrauch
- Telekopierer
  - Anschluß
  - Verbrauch
- TV-Anschluß
- Datenleitung
- Reinigung
- Bewachung
- Versicherung
- Sonstiges

Personalkosten
- allg. Personalkosten Standbesetzung (int. Verrechnung im Unternehmen auf Messeetat)
- Spesen
  - Reisekosten
  - Übernachtungen
  - Tagesspesen
- Lohnkosten Hilfskräfte
  - Dolmetscher
  - Hostessen
  - Bedienung
  - Küche
  - Reinigung
- Messekleidung
  - Anschaffung
  - Reinigung
- Personalessen
- Ausstellerausweise
- Parkausweise
- Namensschilder
- Schulungskosten
- Sonstiges

Kommunikationskosten
a) Werbekosten
   - Direct Mail
   - Eintrittsgutscheine
   - Werbegeschenke
   - Insertion
   - Katalogeintrag
   - Außenwerbung
   - Sonderdrucksachen
   - Give-Aways
b) PR-Kosten
   - Presseinfos
   - Pressekonferenz
   - Presseempfang
   - Pressemappen
   - Pressegeschenke
   - Bewirtung
b) Aktionen am Messestand
   - Gewinnspiele
   - Darbietungen

Abbildung 1: Messekosten im Überblick

Eine Aufdeckung all dieser Kosten dürfte in vielen Fällen großen Aufwand verursachen. Der Vollständigkeit halber sollte man sich hingegen auch darüber im Klaren sein, daß nicht sämtliche Kosten zu Ausgaben führen; hier sind die Abschreibungen in einem anderen Licht zu betrachten, als die sonst angegebenen Posten.

4. Voraussetzungen einer Messeerfolgskontrolle

Eine Messeerfolgskontrolle stellt einerseits finanzielle und personelle Anforderungen an das ausstellende Unternehmen. Andererseits ist sie auch nicht isoliert von dem Gesamtprojekt Messebeteiligung zu betrachten; somit also zu budgetieren.

Insofern spricht einiges für die Beauftragung eines externen Beratungsunternehmens, welches die Messeerfolgskontrolle in weiten Teilen selbständig durchführt.

Eine entscheidende Voraussetzung einer Erfolgskontrolle ist eine objektive und unvoreingenommene Haltung gegenüber dem Medium Messe im allgemeinen und einer spezifischen Veranstaltung gegenüber im besonderen. Ob eine Messe erfolgreich war oder werden wird, hängt von Haltungen und Meinungen ab, die jede Beurteilung beeinflussen.

In den nun folgenden Punkten soll dargestellt werden, welche Bedingungen erfüllt sein sollten, damit eine Kontrolle des Messeerfolgs tatsächlich zu verwertbaren Ergebnissen führt.

4.1 Art der Zielsetzung

Wie bereits unter 2. dargestellt, müssen an die Zielsetzung gewisse Ansprüche gestellt werden, damit diese überhaupt objektivierbar und überprüfbar ist. Für das Medium Messe bedeutet dies noch einmal **explizit**:

Messeziele müssen erreichbar sein:

Es gibt Produkte und Dienstleistungen, die sich nicht für eine Präsentation auf Messen und Ausstellungen eignen. Ferner gibt es Veranstaltungen, die sich nicht eignen, die entsprechenden Messeziele des Ausstellers zu erreichen. Das bedeutet: Messeerfolgskontrolle fängt bei der Entscheidung für eine Veranstaltung bzw. bei der Auswahl einer Veranstaltung an.
Hinsichtlich der Erreichbarkeit der Messeziele müssen weitere Gesichtspunkte beachtet werden. Unter Umständen schließen sich konkurrierende Messeziele aus. Dies hat auch und vor allem Einfluß auf die Standgestaltung. Das wiederum bedeutet: Standgestaltung ist eine wichtige Determinate des Messeerfolgs.

Messeziele müssen präzise definiert werden:

Also: Wer soll angesprochen werden und zwar gegliedert nach: Stammkunden, Neukunden, potentielle Kunden, Presse, Öffentlichkeit, Publikum, Institutionen, u.s.w.; nach Branche, Funktion, regionaler Herkunft, etc.
- Welches Produkt steht im Vordergrund?
- Wieviele Kontakte erwarte ich? (kritische Kontaktzahl; siehe 5.)
- Welche Informationen möchte ich übermitteln?
- Was soll in Presse und Medien erscheinen?

Je präziser die Antwort auf diese Fragen im Vorfeld formuliert wird, umso effizienter kann anhand einer Dokumentation eine Kontrolle der einzelnen Meseziele und somit eine Messung des Erfolgs stattfinden.

4.2 Mittel- und langfristige Messestrategie

Auch dieser Aspekt ist eigentlich dem Bereich der Zielsetzung zuzuordnen. Die Erfolgskontrolle ist nur sinnvoll, wenn einerseits Marketing-, Kommunikations- und Messeziele konsistent sind und andererseits auf Messen und Ausstellungen konsequent verfolgt werden. Insbesondere muß diese langfristige Strategie auch beim Messebesucher zu Lerneffekten und somit zu Wiedererkennbarkeit und Vertrauenswürdigkeit der vermittelten Botschaften führen. Anders ausgedrückt, macht das konsequente Verfolgen einer Strategie einen Großteil ihrer Effizienz aus, welche wiederum für die Messeerfolgskontrolle ein zentrales Kriterium darstellt.

Da sich die einzelnen Marketingaktivitäten, insbesondere in Bezug auf die Messebeteiligung, ergänzen und gegenseitig beeinflussen, kann eine Steuerung des Erfolgs nur bei einer Abstimmung der Einzelaktivitäten geschehen. Ähnliches gilt für die Beibehaltung eines langfristigen Messekonzepts. Dies ist wiederum Voraussetzung für die Vergleichbarkeit der Messeergebnisse in der Chronologie der Veranstaltungen. Umgekehrt formuliert: Wenn der Aussteller bei jeder Veranstaltung ein anderes Mesekonzept verfolgt, wird der Messeerfolg schwer meßbar oder objektivierbar, da die einzelnen Veranstaltungen in ihrer zeitlichen Abfolge gegenseitig interdependent sind.

4.3 Die Dokumentation des Messeerfolgs

Im Prinzip stellt die Dokumentation der Erfolgskriterien die entscheidende Maßnahme zur Vorbereitung und Durchführung der Messeerfolgskontrolle dar. Abbildung 2, obgleich nicht vollständig, zeigt, wie wichtig *das Erstellen von Gesprächsnotizen* für die Dokumentation des Messeerfolgs ist.

Diese Gesprächsnotizen für die Dokumentation sollten daher als Formulare so gestaltet sein, daß der Mitarbeiter vor Ort die Möglichkeit hat, in sehr kurzer Zeit in möglichst unkomplizierter Weise eine möglichst hohe Anzahl konkreter und wichtiger Informationen über das stattgefundene Gespräch am Messestand festzuhalten.

Messeziel	Erfolgskriterium	Art der Dokumentation
Verkauf von Produkten und Dienstleistungen	Wert der Aufträge Wert der konkreten Anfragen	– Sammeln der Aufträge und der konkreten Anfragen
Herstellen von Kontakten zu Neukunden	Anzahl der ausgegebenen Informationsmaterialien Anzahl der Fachgespräche	– Ermittlung der Anzahl – Erstellen von Gesprächsnotizen
Herstellen von Kontakten zu Altkunden	Anzahl der Fachgespräche	– Erstellen von Gesprächsnotizen
Vorstellen von neuen Produkten und Problemlösungen	Positive Resonanz der Messebesucher	– Erstellen von Gesprächsnotizen – Durchführung einer Befragung – Bildliche oder akustische Dokumentation
Positive Selbstdarstellung	Positive Resonanz der Messebesucher Hohe Aufmerksamkeit Messebesucher	– Erstellen von Gesprächsnotizen – Durchführung einer Befragung – Bildliche oder akustische Dokumentation

Abbildung 2: Messeziele, Erfolgskriterien und ihre Dokumentation

Ferner zeigt dieses Schema, daß die Dokumentation der Ziele, die über den Verkauf oder die Kontaktanbahnung hinausgehen und dennoch objektiv sein soll, den Einsatz aufwendigerer Methoden, wie Befragungen oder Bild- und Tonaufzeichnungen notwendig macht.

Weiterhin muß die Dokumentation so erfolgen, daß die bearbeitenden Stellen, also auch diejenige, welche schließlich mit der Erfolgskontrolle befaßt wird, jederzeit auf die vollständige Übersicht der Daten- und Fakten, insbesondere der Gesprächsnotizen verfügen kann. Oftmals werden diese an den Vertrieb und von dort an den Außendienst weitergegeben, von wo sie nicht mehr reproduzierbar sind.

Moderne EDV-Lösungen können gerade in diesem Bereich helfen, zumindestens die Besucherdaten effizient zu erfassen, die Diskussion um die elektronische Besuchererfassung am Messestand dauert in Europa noch an. Es geht an dieser Stelle um sachliche Probleme, die mit dem Datenschutz zusammenhängen; ebenso sehr scheint es sich aber auch um Reserviertheiten zu handeln, die durch die Mentalität begründet sind. In den USA und einigen europäischen Ländern denkt man bekannterweise anders.

5. Methoden der Messeerfolgskontrolle

An erster Stelle sind hier die rechnerischen Verfahren zu erwähnen. Es handelt sich bei diesen stets um Verhältniszahlen oder Kennzahlen, die jeweils untereinander relativ zu betrachten sind und sich vornehmlich auf die Kontaktziele beziehen:

- *Ermittlung der durchschnittlichen Kontaktkosten:*

  Gesamtmessekosten (siehe Punkte unter 3.)/ Anzahl der Fachbesuchergespräche

- *Ermittlung der durchschnittlichen Verweildauer:*

  Gesamtgesprächszeit/Anzahl der Fachbesuchergespräche

- *Kontakte pro Quadratmeter Standfläche:*

  Anzahl der Fachbesuchergespräche/Anzahl der Quadratmeter Bruttostandfläche

- *Anzahl der Fachgespräche pro eingesetzten Mitarbeiter:*

  Anzahl der Fachbesuchergespräche/Anzahl der für Produktinformation und Vertrieb zuständigen Mitarbeiter (evtl. auch auf Stunden bezogen)

Diese Kennzahlen sind unter folgenden Gesichtspunkten zu betrachten:
- hohe durchschnittliche Verweildauer = hohe Kontaktkosten, da entweder verhältnismäßig weniger Gespräche geführt wurden, oder eine hohe Anzahl von Standpersonal notwendig war.
- Viele Kontakte pro Quadratmeter = verhältnismäßig kurze Verweildauer
- Viele Fachgespräche pro eingesetzten Mitarbeiter = kurze Verweildauer
u.s.w.

Man kann an dieser Stelle erkennen, daß die reinen Verhältniskennzahlen durch eine qualitative Bewertung ergänzt werden müssen. Die Verweildauer ist beispielsweise ein Indikator für die Intensität und die Menge der vermittelten Informationen in einem Fachgespräch. Daß dies so nicht grundsätzlich gelten kann, wird jedem, der des öfteren auf Messen und Ausstellungen Gespräche mit Besuchern geführt hat, gerne bestätigen.

Ob eine Messe erfolgreich war oder nicht, wird oft auch an der sogenannten *kritischen Kontaktzahl* gemessen. Hierbei wird davon ausgegangen, daß die Messebeteiligung die Alternative zum Vertreterbesuch und umgekehrt ist. Die Messebeteiligung bietet im Einzelfall natürlich wesentlich größere Möglichkeiten der Produktdemonstration sowie den direkten Vergleich mit den Wettbewern auf neutralem Parkett. Allerdings ist das persönliche Verkaus- und Informationsgespräch in beiden Fällen das Hauptkriterium. Damit nun eine Messebeteiligung als Erfolg gewertet werden kann, muß sie auf jeden Fall eine höhere Anzahl an Fachgesprächen ermöglichen, als dies bei Einsatz der gleichen Mittel in einer Reihe von Vertreterbesuchen möglich gewesen wäre.

Um dies zu verifizieren, werden die durchschnittlichen Kosten eines Vertreterbesuchs ermittelt. Anschließend werden die Gesamtmessekosten durch die Kosten durchschnittlichen Kosten eines Vertreterbesuchs dividiert. Man erhält die kritische Kontaktzahl.

Beispiel:

$$\frac{\text{Gesamtmessekosten}}{\text{Kontaktkosten eines Außendienstmitarbeiters}} = \frac{250.000,00 \text{ DM}}{345,00 \text{ DM}} = 724 \text{ Kritische Kontaktzahl.}$$

Basierend auf den so ermittelten Kennzahlen, muß ein qualitive Bewertung erfolgen. Dies betrifft einerseits die *Qualität der Einzelkontakte* anhand struktureller Merkmale. Insbesondere sind dies Strukturdaten: Alter, Geschlecht, regionale Herkunft, Haushaltseinkommen, Schulbildung; bei Unternehmen: Betriebsgröße (Mitarbeiterzahl, Umsatz), Funktion u.s.w. Diese Strukturdaten können aus der Besucherstrukturanalyse der Gesamtveranstaltung übernommen werden, womit allerdings nicht sichergestellt ist, ob diese dann auch mit den am Stand erfolgten Kontakten übereinstimmen. Sollten hier berechtigte Zweifel aufkommen, so empfiehlt sich die Durchführung einer eigenen Besucherbefragung, die auch weitere Merkmale einschließen kann. Die Überprüfung von objektiven Daten in einem unkomplizierten Stichprobenverfahren ist nicht allzu aufwendig, zeigt aber oft hochinteressante Ergebnisse.

Andererseits muß das *Gespräch als solches wiederum qualitativ bewertet werden*. Es nützt nicht, ein langes und intensives Gespräch mit einem interessanten Partner geführt zu haben, dessen Inhalt und Konklusion mit den Messezielen nicht zu tun hatte.

Diese Bewertung wird umso sicherer, als die notwendigen Daten möglichst vollständig vorhanden sind und die Personen, welche die qualitative Bewertung vornehmen, im Laufe der Zeit ein sicheres Empfinden für die Wahrscheinlichkeiten eines auf den Messekontakt basierenden Geschäftsabschlusses entwicklen konnten.

Die Ermittlung des Messeerfolgs hinsichtlich der Verkaufsziele gestaltet sich reltaiv einfach. Denkbar ist einerseits wiederum die *Opportunitätsbetrachtung*, also der Vergleich mit einer anderen Verkaufsförderungs- und Vertriebsmaßnahme hinsichtlich der Kosten und des erzielten Umsatzes, Gewinns oder Deckungsbeitrages.

Denkbar wäre auch eine Betrachtung der *Messebeteiligungen als isoliertes Profit-Center*. In beiden Fällen müssen die Abschlüsse auf der Veranstaltung dieser jedoch definitiv zugeordnet werden.

Die Bewertung der Erreichung der Repräsentationsziele, also der Vermittlung von Images und positiver Selbstdarstellung zur Schaffung von Vertrauen und Vermittlung von Glaubwürdigkeit ist wiederum objektiv schwierig zu überprüfen. Die Dokumentation in Form einer Besucherbefragung stellt die entsprechenden Daten zur Verfügung. Die Stichhaltigkeit der Ergebnisse, was Repräsentativität und Methodik angeht, kann u. U. nicht gegeben sein.

Kapitel 5

Fallbeispiele unternehmensspezifischer Messepolitik

Teil A

Ausstellende Unternehmen

Ulrich Schmitz

Messepolitik eines Unternehmens der Investitionsgüter-Industrie

1. Die Thyssen-Gruppe und ihre Organisation

2. Die Organisation der Kommunikationsarbeit

3. Das Messewesen als Teil der Kommunikation
    3.1 Die Planung der Messeaktivitäten der Thyssen-Gruppe
    3.2 Messekosten als Katalysator
    3.3 Der Standbau unter Berücksichtigung des Corporate Designs
    3.4 Thyssen-Messestände in Branchenmärkten
    3.5 Die Präsentation der Produkte
    3.6 Der Einsatz von Multimedia-Systemen auf Messen
    3.7 Licht als Gestaltungselement
    3.8 Die Standbesatzung im Kommunikationseinsatz
    3.9 Die Messe-Einladung
    3.10 Die Messebewirtung

4. Firmen-Messepolitik im internationalen Messemarkt

1. Die Thyssen-Gruppe und ihre Organisation

Thyssen ist mit rund 36 Milliarden Mark Umsatz eines der großen Industrie- und Handelsunternehmen unter den Top Ten der deutschen Industrie. Das Lieferprogramm umfaßt Werkstoffe (Stahl, Edelstahl, Kunststoff, Aluminium etc.) Maschinen, Anlagen, Systeme (z. B. Verkehrssysteme wie den Transrapid), Schiffe, Ausrüstungen für die Haustechnik, Fertigungsstraßen für die Automobil-Industrie und eine Vielfalt von Dienstleistungen, wie z. B. Transport-Logistik oder Industrie-Reinigung und -Instandhaltungen. So vielfältig wie das Programm des Konzerns so umfangreich sind auch die Aktivitäten auf dem Sektor der Kommunikation. Messen sind nur eine Facette in dieser Kommunikation, im Dialog mit den Zielgruppen.

Um die Messepolitik bei Thyssen besser zu verstehen, ist eine Betrachtung der Organisation des Konzerns als wichtige Rahmenbedingung unverzichtbar.

Die Thyssen-Gruppe besteht aus rund 300 überwiegend mittelständisch zugeschnittenen Gesellschaften, sowie einigen großen Unternehmen. Die Unternehmen und Gesellschaften werden unter dem Dach von 3 Unternehmensbereichen geführt, die (überwiegend) die Funktion von Zwischen-Holdings haben: Thyssen Industrie AG, Thyssen Handelsunion AG, sowie ab 1. 10. 1992 Thyssen Stahl AG.

Die Thyssen AG bildet als Management-Holding das Dach des Konzerns. Der Konzern hat eine dezentrale Struktur, d. h. alle Unternehmen der Thyssen-Gruppe sind Profitcenter und haben volle Verantwortung für ihre Märkte, ihre Kommunikation, ihren Erfolg. Um diese bewährte Struktur so konsequent wie möglich zu verwirklichen, gibt es im operativen Geschäft grundsätzlich keine direkte Einflußnahme von Obergesellschaften zu den darunter agierenden Unternehmen. Die für den Gesamtkonzern wichtigen Entscheidungs- und Kontrollfunktionen sind jedoch u. a. dadurch gewährleistet, daß die Geschäftsführer oder Vorstandsvorsitzenden der Gesellschaften in der Regel auch Sitz und Stimme im Vorstand der darüber befindlichen Gesellschaft haben. Dies setzt sich so fort bis in den Vorstand der Konzern-Holding. Auf diese Weise ist die operative Entscheidungsfreiheit der Verantwortlichen in den Gesellschaften garantiert und dennoch die notwendige Gesamtführung im Konzerninteresse sichergestellt.

2. Die Organisation der Kommunikationsarbeit

Die am Markt operierenden Gesellschaften betreiben in erster Linie eine absatzfördernde Kommunikation, um über ihre Produkte oder Dienstleistungen verkaufswirksam zu informieren. Die Gesellschaften, die die drei Unternehmensbereiche repräsentieren, koordinieren die Werbung und Öffentlichkeitsarbeit ihrer Tochter- und Enkelgesellschaften und bringen zusammenfassende und image-orientierte Produktdarstellungen heraus, die z. B. den Charakter von Gesamt-Lieferprogrammen oder Leistungsdarstellungen haben.

Die Thyssen AG als Holding betreibt eine Kommunikation zur Image- und Markenpflege, die auf Produktaussagen weitgehend verzichtet.

Damit die Gesamtheit der Aussagen eine gemeinsame erkennbare Identität hat und um sicherzustellen, daß die Summe der Kommunikations-Impulse auch dazu führt, das Bild des Konzerns in der Öffentlichkeit deutlich werden zu lassen, gibt es Richtlinien für das Thyssen-Erscheinungsbild. An diese Richtlinien sind die Thyssen-Unternehmen gebunden. Sie werden analog auch von solchen Unternehmen innerhalb des Konzerns angewandt, die nicht den Thyssenbogen als Markenzeichen führen (Beispiel: Blohm + Voss).

Die Richtlinien zum Erscheinungsbild der Thyssen-Gruppe werden übrigens nicht – wie in vielen anderen Unternehmen üblich – von oben verordnet, sondern in Zusammenarbeit mit den Werbefachleuten der Gesellschaften erarbeitet und umgesetzt. Positive Konsequenz dieser Vorgehensweise ist, daß nur brauchbare und in der Praxis auch realisierbare Konzepte entstehen. Und was mindestens genauso wichtig ist: die Identifikation mit der Richtlinie, also der Wille, sich auch im entferntesten Unternehmen daran zu halten, muß nicht erst erzeugt werden, da die meisten der „Betroffenen" am Entstehungsprozess beteiligt waren.

3. Das Messewesen als Teil der Kommunikation

So wie die Unternehmen der Thyssen-Gruppe für ihre Produkte und ihre Märkte verantwortlich sind, so sind sie auch frei in ihren Entscheidungen für eine Messebeteiligung. Es gilt das Prinzip des Markt-Interesses. Will sagen: wenn ein Unternehmen ein für sein Geschäft notwendiges Interesse an einer Messebeteiligung hat, wird diese Messe auch beschickt. Folglich gibt es bei Thyssen keine reinen Repräsentations-Messestände, und folglich haben die Stände auch nicht immer die Größe, die man bei der Dimension des Konzerns eigentlich erwarten könnte.

Die Größe der Messestände richtet sich vielmehr nach den Zielen, nach dem Umsatz und dem Marktvolumen, den das jeweilige Unternehmen, das an der Messe teilnimmt, gerade repräsentiert. Diese manchmal relativ kleinen Messebeteiligungen mögen in der Öffentlichkeit hin und wieder zu einem falschen Bild des Konzerns führen. Das Konzept ist aber von der wirtschaftlichen Seite her für den Konzern erfolgreich. Und wirtschaftlich erfolgreiches Handeln ist nun einmal eine systemimmanente Priorität, auf die jede Geschäftsführung bei dieser dezentralen (und damit sehr transparenten) Organisation aus ureigensten Interessen intensiv achtet.

Doch blenden wir zunächst noch einmal zurück zur Entstehung des Messeplans für die Thyssen-Gruppe:

3.1 Die Planung der Messeaktivitäten der Thyssen-Gruppe

Eine der zentralen Aufgaben der Konzernwerbung (Werbeabteilung der Holding) ist die Koordinierung der Messeaktivitäten der Konzernunternehmen. Jedes Jahr wird ein Messeplan erstellt, der das gesamte nationale und internationale Messeangebot enthält, das für die Unternehmen der Thyssen-Gruppe interessant sein könnte.

Nach Abstimmung mit den Unternehmensbereichen bzw. mit deren Tochter- und Enkelgesellschaften weist der Plan pro Jahr immer noch rund 100 Messebeteiligungen aus. Im Dialog mit den Werbeleitern der Unternehmensbereiche, die die Interessen der Tochter- und Enkelgesellschaften vertreten, wird gleichzeitig die Art der Beteiligung definiert. Bei Thyssen gibt es – je nach Interessenslage und Zielsetzung – drei Arten von Messeständen: den Firmenstand, den Firmen-Gemeinschaftsstand und den Konzernstand.

Firmenstände stehen überall dort, wo ein einzelnes Unternehmen aus der Thyssen-Gruppe an einer Messe teilnehmen möchte.

Firmen-Gemeinschaftsstände werden dann organisiert, wenn mehrere Unternehmen an ein und derselben Messe teilnehmen wollen. Dabei ist es gleichgültig, welches dieser Unternehmen den Stand baut. Auf dem Firmen-Gemeinschaftsstand findet also im Interesse einer wirtschaftlicheren Realisierung einer Messebeteiligung eine Bündelung statt. So z. B. durch gemeinsame Nutzung der Stand-Infrastruktur, wie Bar/Küche/Besprechungs-Kabinen, aber auch im Hinblick auf Auf- und Abbau, Personal, Transporte etc..

Konzernstände sind eine weitere Variante der Messebeteiligung bei Thyssen, die immer dann realisiert werden, wenn zusätzlich zu den Interessen der Konzern-Unternehmen auch ein Interesse besteht, den Gesamt-Konzern darzustellen. Dies war z. B. früher auf den sogenannten Ostblock-Messen der Fall, als dort die Messe noch die einzige Form der Kommunikation in diesen Märkten war. Das ist aber auch heute noch der Fall auf Messen, die besondere (z.B. industriepolitische) Bedeutung haben, so z. B. in Hannover oder auf den Technogerma's, bei denen es darum geht, die Leistungsfähigkeit der deutschen Industrie in einem anderen Land, in einem anderen Erdteil, vorzustellen. In konsequenter Anwendung der Forderung des Marktinteresses müssen die am Konzernstand partizipierenden Unternehmen aber auch die Kosten für den Stand anteilig tragen. Auf diese Weise geht bei Thyssen-Ständen realistische Größe vor Show und gestalterische Sachlichkeit und kommunikative Zweckmäßigkeit vor repräsentativer Selbstdarstellung oder aufmerksamkeitsheischenden Gags.

Selbstverständlich ist, daß in die Planung auch die messemarktüblichen Auswahlkriterien einfließen:

– Messeplatzdaten
– Vergleiche mit anderen Messemärkten
– Besucherverhalten
– Internationale Akzeptanz der Veranstaltung
– Aktivitäten des Wettbewerbs
– Zielorientierung der Beteiligung
– Flankierende Maßnahmen
– Kostensituation.

3.2 Messekosten als Katalysator

Ein weiterer wichtiger Punkt ist der Messebau. Auch hier herrscht bei Thyssen das Markt-Prinzip. Es werden keine (oder fast keine) eigenen Messebau-Kapazitäten vorgehalten. Das betrifft die Manpower genauso wie eigene Standsysteme. Messebau und teilweise auch die Messearchitektur werden überwiegend als Dienstleistung eingekauft.

Je nachdem, welches Unternehmen eine Messe beschicken will und je nachdem, ob es in diesem Unternehmen eine eigene Werbeabteilung gibt und wie diese personell bestückt ist, werden Messeplanung und Messebau entweder selbst ausgeschrieben bzw. durchgeführt, oder an einen internen (Konzernwerbung) oder externen Dienstleister zur Ausschreibung oder Durchführung weitergegeben. Hintergrund für die Vergabe sind die oft starken Schwankungen in der Auslastung, wenn man für solche Tätigkeiten eigene Mitarbeiter einsetzt. Von Jahr zu Jahr gibt es unterschiedliche Konstellationen von Messen, die im Ein-, Zwei- oder Dreijahresturnus wiederkehren. Da gibt es Zeiten mit extremen Häufungen und Überschneidungen von Messeterminen und andere Zeiten, in denen deutlich weniger zu tun ist. Das bedeutet: einmal hat man nicht genügend Mitarbeiter, um alles zu schaffen und ein andermal hat man Probleme, die eigenen Mannschaften sinnvoll zu beschäftigen.

Früher hat man oft Mitarbeiter aus der Fertigung abgezogen und kurzfristig im Messebau eingesetzt. Dies ist heute durch verkürzte Arbeitszeiten und hohe Stundenlöhne so nicht mehr darstellbar. Was bleibt ist der Zukauf von professionellen Dienstleistern, die im Bedarfsfalle da sind und im Falle des Nichtbedarfs nicht auf das Budget drücken. Konsequenterweise muß man also definieren, welche Aufgaben vergabefähig sind und welche nicht.

Zu den vergabefähigen Aufgaben zählen bei Thyssen der eigentliche Standbau, oft auch die Planung und seltener die Ausschreibung der Messestände. Nicht vergabefähig sind die interne Beschaffung der Exponate bei eigenen Gesellschaften, die interne Stoffsammlung für Exponat-Texte, die Überwachung der Einhaltung des CD, sowie allgemeine organisatorische und interne abrechnungstechnische Vorgänge.

Messekosten sind aber auch ein wesentlicher Katalysator für eine Beteiligungsentscheidung. Durch die beschriebene dezentrale Organisationsform der Thyssen-Gruppe, liegt auch die Kostenverantwortung bei den einzelnen Firmen. Ob eine Messe beschickt wird, hängt in erster Linie davon ab, welche Chancen, in Relation zu den in eine Messebeteiligung investierten Mitteln, erwartet werden. Die Messekosten wirken somit regulierend auf die Aktivitäten der Verkäufer, aber auch auf die kreativen Träume der Werbeabteilungen.

3.3 Der Standbau unter Berücksichtigung des Corporate Designs

Was das technische Konzept der Messestände anbetrifft, so gibt es bei Thyssen keine einseitige Festlegung auf ein Stand-System oder auf konventionellen Standbau. Beide Formen kommen vor und werden nicht selten miteinander gemischt. Unverkennbar ist allerdings ein Trend zu Stand-Systemen, die national und international an allen wichtigen

Messeplätzen verfügbar sind. Der Systemstand, den man als solchen nicht sofort erkennt, der aber die Möglichkeit bietet, auch in der Grundfarbe dem Firmen-Corporate Design zu entsprechen und der in seinen Variationen ein hohes Maß an firmenspezifischer Individualisierbarkeit bietet, ist das Ziel. Dabei muß sich der 30 qm-Stand genauso sehen lassen können wie der 300 qm-Stand. Und er muß das firmentypische Erscheinungsbild genauso transportieren können, um wiedererkannt zu werden, damit die Summe der vielen Messebeteiligungen bei den Besuchern zu einem Gesamtbild des Konzerns führt.

Zum firmentypischen Corporate Design von Messeständen gehören vor allen Dingen zwei Elemente: die Stand-Grundfarbe und die Hausfarbe. Nach eigener Beobachtung stellen sich sehr viele der deutschen Investitionsgüter-Hersteller mit der Farbkombination weiß/blau dar. Dabei ist weiß meistens die (Stand-) Grundfarbe und blau die Hausfarbe, in der dann Firmenzeichen und Texte aufgebracht werden.

Um sich von dieser branchenübergreifend sehr einseitigen Darstellung abzuheben, hat Thyssen als Grundfarbe für die Messestände ein helles Beige gewählt. So wird dem Trend zu sehr hellen, freundlichen Farben zwar entsprochen, aber gleichzeitig eine Differenzierung geschaffen, die dem Unternehmen einen eigenständigen, wiedererkennbaren und unverwechselbaren Auftritt sichert. Kombiniert mit der Hausfarbe, einem kräftigen Dunkelblau, erreicht man eine ausgezeichnete Kontrastwirkung, die für die gute Lesbarkeit von Schriften oder die deutliche Erkennbarkeit (Fernwirkung) von Firmenzeichen unabdingbar ist. Selbstverständlich, daß es noch eine Reihe weiterer Faktoren gibt, die das Bild des Standes bestimmen. Dazu gehört die Architektur, die Anordnung von Headlines, von Texten und Bildern. Dazu gehört aber auch die Art der Produkt-Präsentation.

3.4 Thyssen-Messestände in Branchenmärkten

Wenn von vielen Messebeteiligungen die Rede ist, dann können das durchaus auch mehrere Stände auf ein und derselben Messe sein. Gerade auf allgemeinen Industrie-Ausstellungen oder auf Fachmessen, die eine ganze Branche abdecken, kommt es vor, daß verschiedene Thyssenstände in unterschiedlichen Hallen gebaut werden, denn die Unternehmen bestehen auf einer Plazierung innerhalb ihrer Fachgruppe, wenn sie glauben, dort ihr Fachpublikum besser zu erreichen als z. B. auf einem zentralen Konzernstand.

Da die Unternehmen sowohl den eigenen Stand wie auch die Alternative, nämlich die Teilnahme an einem Firmengemeinschafts-Stand oder Konzernstand selbst bezahlen müssen, haben sie auch die Freiheit zu entscheiden, wo sie stehen wollen bzw. wo sie glauben, ihre Kunden am besten erreichen zu können. Dies scheint auf den ersten Blick Luxus zu sein. Bei genauerem Hinsehen stellt man aber sehr schnell fest, daß diese Freiheit wirtschaftlich gesehen sehr effektiv ist, weil die Stände in realistischen, der Marktbedeutung des Unternehmens angemessenen Relationen gebaut werden.

Aus diesem Grunde ist es auch so wichtig, daß die vielen relativ kleinen Thyssen-Stände sich in einem Thyssen-typischen einheitlichen Erscheinungsbild präsentieren, damit über die Wiedererkennung des Corporate Design, durch die Addition der gewonnenen Eindrücke im Kopf des Besuchers ein Bild von der tatsächlichen Größe des Konzerns entsteht. Dies soll eben ein umfassenderes Bild sein als jenes, das der vor ihm stehende Unternehmens-Stand gerade darstellt.

3.5 Die Präsentation der Produkte

Die Zeiten, in denen man von jedem Produkt die ganze Variationsbreite in allen Abmessungen und Ausführungen zeigte, sind vorbei. Abgesehen von einigen wenigen Ausnahmen besteht heute die Kunst eher im Weglassen! Bei der Vielfalt der Eindrücke, die auf einen Messebesucher einstürmen, ist der inszenierte Auftritt eines Produktes die besondere Kunst der Kommunikation. Soweit es das Produkt von seinen Dimensionen her zuläßt, wird es heute in einer Vitrine präsentiert, die eher an ein Juweliergeschäft erinnert. Damit soll dem Produkt der besondere Auftritt, die Wichtigkeit, ja der Vergleich mit der Kostbarkeit einer Preziose ermöglicht werden. Je austauschbarer die Produkte werden, je konstanter die Qualität auf hohem Niveau und je mehr qualifizierte Anbieter mit vergleichbaren Produkten auftreten, um so wichtiger wird die Inszenierung des Produktauftrittes.

Die Kunst des Weglassens bezieht sich nicht nur auf solche Stände und Unternehmen, die Serienprodukte herstellen. Ganz besonders gilt dies auch für Stände, die der Darstellung des gesamten Konzerns dienen sollen. Hier gibt es immer wieder Zündstoff in der Diskussion, welche Produkte ausgestellt werden und welche nicht. Hier gibt es auch immer wieder „Eifersüchteleien", weil der eine Unternehmensbereich angeblich mehr Produkte oder Fläche bekommen hat als ein anderer. Was all diesen Diskussionen gemeinsam ist: es wird nur aus der eigenen Sicht heraus argumentiert und nicht (oder besser: zu wenig) an das Interesse der Besucher gedacht. Um die einerseits berechtigten Interessen der einzelnen Konzern-Unternehmen genauso zu berücksichtigen wie die eingeschränkte Aufnahmefähigkeit eines mit Informationen überfrachteten Messebesuchers, gibt es bei Thyssen immer mehr die Kombination von aufmerksamkeitsstarker Produktpräsentation mit allumfassender Produkt-Information: Multimedia.

3.6 Der Einsatz von Multimedia-Systemen auf Messen

Da der Begriff Multimedia zu den zur Zeit am meisten falschgebrauchten Begriffen gehört, soll hier zunächst eine kurze Definition helfen, Mißverständnisse zu verhindern.

Unter Multimedia-Informationssystemen verstehen wir interaktive Dialogsysteme, die aus einem Computer und einem Touch-screen-Monitor bestehen. Also eine Konfiguration, die ohne jegliche Peripheriegeräte wie Video, Bildplatte usw. auskommt. Sämtliche Informationen, egal ob Film, Ton, Grafik, Text, Sprache oder Musik (in Stereo-Qualität) sind digitalisiert auf der Festplatte des Computers gespeichert und können von dort ohne merkbare Zugriffszeiten abgerufen werden. Der Besucher kann sich allein durch das Berühren der Bildfläche des Monitors durch ein Programm wählen, das ihm in Wort, Bild und Film alle Informationen über ein Produkt, dessen Eigenschaften oder seine Herstellung erläutert.

Die Vorteile liegen auf der Hand: der Besucher wird nicht mehr durch Informationen belastet, die ihn gar nicht interessieren. Er kann sich gezielt, also selektiv über die Punkte informieren, die seinem Informationsbedürfnis entsprechen. Er kann ein Programm jederzeit abbrechen und ohne Verzögerung in andere Programmteile springen, die ihn mehr interessieren. Er muß nicht warten bis eine Sequenz zu Ende ist, denn auch bei Filmen oder gesprochenen Texten kann man durch einfaches Berühren des Bildschirmes „aussteigen" und sich neuen Themen zuwenden. Diese Systeme haben aber nicht nur Vorteile für die Nutzer, sondern auch für den Aussteller: Die digitale Speicherung aller Inhalte (Text, Bild, Film, Sprache etc.) erlaubt eine permanent originalgetreue Wiedergabe ohne qualitative Abnutzung.

Auch die einfache Aktualisierbarkeit spielt eine wichtige Rolle. Im Gegensatz zu Bildplatten, die nur mit großem zeitlichen und finanziellen Aufwand geändert werden können, hat man bei diesen Multimedia-Systemen jederzeit die Möglichkeit, Bilder, Texte, Grafiken oder Filme auf einfachste Weise zu verändern oder auszutauschen.

Ein integriertes Statistik-Programm läßt nach der Messe Analysen zu, welches Thema wie oft aufgerufen wurde. Auf diese Weise kann man aus dem Informationsverhalten Rückschlüsse auf das Besucher-Interesse ziehen.

Ein weiterer Vorteil, der für Aussteller wie Nutzer gleichermaßen gilt, ist die konstante Qualität der Information. Während menschliche Informanten letztlich immer noch von ihrer jeweiligen Tagesform abhängig sind, kann das Info-Terminal die gespeicherten Informationen mit stets gleichbleibender Qualität in Form und Inhalt wiedergeben.

Im gleichem Maße, wie die Programme für diese Terminals wachsen, also vollständiger werden, wird sich auch die Gestaltung der Messestände verändern. Wir werden weniger Produkte zeigen, uns mehr auf die Darstellung technischer Höchstleistungen konzentrieren und das Buchstabieren des Lieferprogramms in Breite und Tiefe dem Kollegen Computer überlassen.

3.7 Licht als Gestaltungselement

Natürlich spielt bei der Standkonzeption auch die Beleuchtung eine wesentliche Rolle. „Licht ist Leben", sagt der Volksmund und dorthin, wo Licht ist, wachsen alle Pflanzen. Im Aufmerksamkeitsspektrum der Menschen gibt es offensichtlich einen ähnlichen Mechanismus, denn ein Stand, der in gleissendes Licht getaucht ist, zieht eindeutig größeres Interesse auf sich, als ein Stand ohne eine solche Beleuchtung. Mit Licht lassen sich vor allen Dingen solche Objekte, auf die das Besucherinteresse besonders gelenkt werden soll, exzellent hervorheben, weniger wichtige Details „wegleuchten". Auf diese Art wird die Fähigkeit der Menschen zu selektiver Wahrnehmung unterstützt und im Interesse des ausstellenden Unternehmens optimal genutzt.

3.8 Die Standbesatzung im Kommunikationseinsatz

Wenn man nun annehmen könnte, daß sich damit auch das Standpersonal reduzieren ließe, so ist das ein fataler Irrtum. Je technischer unsere Welt wird, je mehr ein Unternehmen durch Technologie-Produkte anonymisiert wird, desto mehr kommt es darauf an, daß Menschen diese Unternehmen durch ihre menschlichen Eigenschaften sympathisch machen. Der Mensch ist der Faktor, der ein Unternehmen für andere Menschen erstrebenswert macht. Produkte sind austauschbar, motivierte Mitarbeiter nicht. Bei Thyssen gibt es deshalb auf den größeren Messeständen auch immer öfter Mitarbeiter aus Personalabteilungen, da immer mehr Studenten einen Messebesuch dazu nutzen, sich über ein Unternehmen, seine Produkte, seine Leistungsfähigkeit zu informieren. Wann gibt es schon eine bessere Gelegenheit ein Unternehmen aus beobachtender Distanz zu prüfen und den Wahrheitsgehalt seiner Aussagen zu testen?

Messebeteiligungen sind Investitionen in Chancen, Investitionen in die Zukunft. Wie bei anderen Investitionen auch, muß die Frage erlaubt sein: Was hat uns das Engagement gebracht, welche Vorteile können wir erwarten?

Um eine Messebeteiligung so effektiv wie möglich zu machen, werden neben konzeptionellen Dingen wie Standplanung, Standgröße, Ausstellungsstücke etc., auch die Mitarbeiter, die auf dem Stand Dienst tun sollen, sehr frühzeitig in die Formulierung der Zielsetzung mit eingebunden. Nur Mitarbeiter, die über die Ziele der Investition informiert sind, können sich optimal für deren Verwirklichung einsetzen.

Um den Stand so schnell wie möglich arbeitsfähig zu machen, wird das vorgesehene Standpersonal in Briefinggesprächen anhand von Plänen oder anhand von Modellen über den Stand geführt. So können frühzeitig Fragen gestellt, Erklärungen gegeben und Sprachregelungen getroffen werden, damit die Mannschaft als ein geschlossenes Team „spielt", bei dem jeder das strategische Ziel kennt und jeder weiß, was die Aufgabe des anderen ist.

Zugegebenermaßen ist dies noch nicht in allen Unternehmen üblich und es gelingt bei Firmenständen ungleich viel besser als bei Ständen, auf denen sich Firmengemeinschaften oder der ganze Konzern darstellen. Denn allein schon die Menge der Namen, die Zugehörigkeiten zu Konzernunternehmen und die Kenntnis einzelner Produktlinien stellen für viele ein merktechnisches Problem dar. Doch gibt es auf großen Ständen auch dafür eine Problemlösung. Diese besteht in einem Brevier, das jedem Standbesatzungsmitglied mit seinen Messe-Unterlagen ausgehändigt wird. In diesem Brevier steht nicht nur wer für was zuständig ist, hier findet der Messe-Neuling auch Tips für An- und Abreise, für das Verhalten auf dem Stand, für Bewirtungs- und Besprechungsmöglichkeiten sowie für jeden Messetag die Möglichkeit Gesprächstermine zu planen.

Um die Messebeteiligung auch im nachhinein analysieren zu können, ist jedes Mitglied der Standbesatzung verpflichtet, einen Fragebogen auszufüllen. Dieser soll helfen, Schwachstellen zu lokalisieren, Eindrücke vom Messegeschehen zu objektivieren (Anzahl Gespräche, Art der Besucher etc.) und schlußendlich sollen die Ergebnisse in die Vorbereitung der nächsten Messe einfließen.

Je nachdem wie massiv sich bestimmte Eindrücke widerspiegeln, kann auch der Sinn einer erneuten Beteiligung in Frage gestellt werden. So findet man die negativen Auswirkungen der Inflation der Baumessen (Ende '91/Anfang '92) auch in den Kommentaren der Teilnehmer dieser Messen wieder. Dies wird sicherlich dazu führen, daß verschiedene Konzern-Unternehmen an einzelnen Veranstaltungen nicht mehr teilnehmen. Die Folge kann sein, daß die Messebeteiligung für die verbleibenden Unternehmen zu teuer wird, weil weder ein Konzern- noch ein Firmengemeinschaftsstand zustande kommen und damit die Messe überhaupt nicht beschickt wird. Dies mag für den einzelnen Messeplatz vielleicht hart sein, ist aber nach unserem Verständnis marktwirtschaftliche Normalität. Diese wird, wenn der Eindruck in anderen Unternehmen ebenfalls entsteht, in letzter Konsequenz dazu führen, daß sich die Messelandschaft im Interesse der Aussteller und Messebesucher bereinigt.

3.9 Die Messe-Einladung

Ein wesentlicher Beitrag zu einer guten Messe-Vorbereitung ist die gezielte Einladung. Wohl jeder hat schon einmal am eigenen Leibe erfahren, wie die Einladung zu einer Messe Wirkung zeigt: wenn man z. B. die Veranstaltungsdaten nicht mehr so präsent hatte, oder wenn man sich anhand der in der Einladung angekündigten Standkoordinaten schon ein genaues Bild machen konnte, in welcher Halle man das einladende Unternehmen finden wird, etc.. Auf diese Weise stellt man sicher, daß zumindest jede Chance genutzt wird, die Investition in eine Messebeteiligung so effektiv wie möglich zu gestalten.

Auch Kunden, die man glaubt in jedem Fall zu treffen, sollte man gezielt einladen und mit Informationen versorgen, was an Neuheiten oder Besonderheiten ausgestellt wird. Nur so kann man sicherstellen, daß auch ein langjähriger Kunde den Stand wirklich besucht und nicht den Messebesuch allein dazu nutzt, sich ein Bild über die Wettbewerbsunternehmen zu machen, weil er glaubt, die Produkte seines Lieferanten schon bestens zu kennen. In diesem Zusammenhang ist auch die Standbesatzung zum Umdenken aufgefordert. Sie sollte sich immer wieder klar machen, daß das Hauptziel einer Messebeteiligung nicht die Bewirtung der Kunden ist, sondern die Vorstellung der Neuheiten und die Information über Programmteile, die der Kunde noch nicht kennt oder noch nicht kauft.

3.10 Die Messebewirtung

Oft hat man den Eindruck, daß das Gespräch auf dem Messestand ausschließlich dazu genutzt wird, den Kunden einmal richtig zu bewirten. Das kann bei der Höhe der Kosten, die eine Messebeteiligung ausmacht, niemals das Ziel sein. Natürlich kann man dem Kunden einen Drink, eine Tasse Kaffee oder eine Kleinigkeit zu essen anbieten. Doch die große Bewirtung sollte lieber während des restlichen Jahres in einem guten Restaurant erfolgen. Die Kosten sind dort nachweisbar deutlich niedriger und der Eindruck ist gleichzeitig persönlicher und bleibender, als das Gespräch im unruhigen Umfeld eines Messestandes. Bei manchen unserer Unternehmen sind diese Überlegungen schon durchgeschlagen bis in die Konzeption des Standes. Da gibt es gar keine oder nur wenige Kabinen oder Tische mit

Sitzplätzen, dafür umso mehr Stehtische, an denen man bequem einen Kaffee trinken und ein kurzes Gespräch führen kann. Das kommunikative Ziel auf einer Messe kann nicht die stundenlange Verhandlung sein, sondern die Vermittlung der Neuheiten-Information an bereits bekannte Kunden und die Verabredung eines konkreten Termins zu einem Besuch und einem weiterführenden Gespräch bei neuen oder potentiellen Kunden.

Genauso wie die Aussteller gezwungen sind, ihre Zeit in Mannstunden umzurechnen, und die Standkosten in Beziehung zu diesen Mannstunden zu setzen, genauso ist auch der Messebesucher heute immer öfter interessiert, in möglichst kurzer Zeit, möglichst viel an Informationen zu sammeln. Dazu haben sicherlich auch die horrenden Hotelkosten an einigen Messeplätzen beigetragen. Denn es läßt sich feststellen, daß die Besucher in vielen Fällen bestrebt sind, ihr Programm möglichst an einem Tag abzuwickeln. Insofern treffen sich die Interessen von Besuchern und Ausstellern in dem Konzept der sachlichen, zielorientierten Information recht gut.

4. Firmen-Messepolitik im internationalen Messemarkt

Die Beteiligung an Messen ist sicher auch in Zukunft ein unverzichtbarer Teil der absatzorientierten Kommunikation und des marktwirtschaftlichen Wettbewerbs um die Gunst der Kunden in der Investitionsgüter-Industrie. Die Entwicklungen der letzten Jahre haben allerdings einige Trends hervorgebracht, die zur Sorge Anlaß geben: Da ist zunächst einmal der oft übertriebene Aufwand von Unternehmen, die Stände in Materialien bauen, die für einen 8-Tage-Stand einfach zu wertvoll und die unter Umweltgesichtspunkten wegen der Entsorgung zumindest diskussionsfähig sind. Da gibt es den Wettbewerb von Messegesellschaften, die sich auf Kosten der Aussteller Konkurrenzkämpfe liefern, die nicht nur bei kleinen und mittleren Unternehmen zu Frust und Ausstellungsmüdigkeit führen. Und es gibt Verbände, die auch mit Messen noch Geld verdienen wollen und dies nicht mehr zum Nutzen, sondern oft auf dem Rücken ihrer Mitglieder tun.

So wie in vielen Bereichen des Lebens der viel zitierte Zeitgeist für eine Neuorientierung sorgt, so ist auch im Messewesen die Zeit für eine Besinnung und Neuorientierung gekommen. Es soll hier nicht der Reglementierung, der Restriktion der neutralisierenden Vereinheitlichung von Standbauten das Wort geredet werden. Es soll vielmehr die Notwendigkeit bejaht werden, bestehende Konzepte kritisch zu überdenken. Der Trend zu Fachmessen weist einen Weg. Dabei sollte man im Auge behalten, daß man nicht für jede Schraube, für jeden Hosenknopf eine eigene Messe braucht. Und schon gar nicht in jedem Jahr. Die Messeveranstalter würden gut daran tun, sich auch die Meinungen ihrer Kunden, der Aussteller und der Messebesucher wirklich anzuhören, um Ermüdungserscheinungen rechtzeitig zu erkennen und nicht solange zu warten, bis z. B. die Qualität der Besucher auf dem Niveau der Belanglosigkeit angekommen ist. Die Verbände der Aussteller spielen dabei eine wichtige Rolle. Ihnen kommt die Verantwortung zu, wirklich das Sprachrohr ihrer Mitgliedsunternehmen zu sein, bzw. sein zu wollen. In einzelnen Fällen wäre es wünschenswert, zusätzlich auch die Meinungen der Aussteller abzufragen, da der direkte Dialog oft Chancen eröffnet, Entwicklungen früher zu erkennen.

Zumindest bei den Messegesellschaften scheint die Bereitschaft zum Dialog deutlich gewachsen zu sein. Hier zeichnet sich eine Entwicklung ab, die Mut macht. Denn Lösungen, die langfristig tragfähig sein sollen, können nach unserem Verständnis nur im partnerschaftlichen Dialog der betroffenen Parteien gefunden werden.

Hermann Bahlsen

Messepolitik eines Unternehmens der Ernährungsindustrie

1. Einleitung

2. Bedeutung von Messen
   2.1 Externe Bedeutung
   2.2 Interne Bedeutung

3. Messe als Kommunikationsinstrument

4. Bahlsen auf der Internationalen Süßwaren-Messe

1. Einleitung

Kaum ein anderes Medium ist besser geeignet, die zahlreichen Segmente der Branche zu bündeln und der Nachfrage gegenüberzustellen, als eine Messe. Dies zeigt die enorme Zahl der Fachmessen allein in der Bundesrepublik Deutschland. Jährlich finden sich Unternehmen der verschiedensten Größenordnungen und aus den unterschiedlichsten Branchen auf mehr als 100 internationalen Fachmessen in Deutschland zusammen. Sie nutzen die Messen, um sich und ihr Angebot zu präsentieren, um sich einen Überblick über den Wettbewerb, über Trends und über Neuheiten zu verschaffen.

Messen sind ein Instrument des Marketings eines Unternehmens. Dies gilt selbstverständlich auch für die Unternehmen der Ernährungsindustrie. In der Fülle des Wettbewerbs sind sie ein unverzichtbares Mittel, um sich durch die Präsentation der Kompetenz des eigenen Unternehmens von der Konkurrenz abzuheben. Profilierung heißt hier das Stichwort. Dabei hat sich der Charakter und die Zielsetzung der Messebeteiligung für die Unternehmen der Konsumgüter-, speziell aber der Ernährungsindustrie gewandelt: Im Mittelpunkt steht nicht mehr die Distributionspolitik eines Unternehmens, sondern die Kommunikation.

2. Bedeutung von Messen

2.1 Externe Bedeutung

Was macht den Charakter einer Messe aus? Was sind ihre Möglichkeiten, die die Unternehmen dazu bewegen, sich mit einem enormen finanziellen und personellen Aufwand daran zu beteiligen?

Die Fachliteratur bietet uns zu unserer Frage eine allgemeine Definition an: Eine Messe ist eine „institutionalisierte Gelegenheit für die Gewinnung von Informationen über die Marktlage, für die Herstellung und Pflege von Kontakten zu Abnehmern und Lieferanten sowie für die Anbahnung und den Abschluß von Geschäften..." (Nieschlag, Dichtl, Hörschgen: Marketing, 11. Auflage, 1980, S. 316).

Vergegenwärtigen wir uns, welche Leistungen ein Unternehmen auf einer Messe vollbringt bzw. welche Funktionen genutzt werden:

– Beratung und Information der Kunden
– Pflege der Stammkundschaft
– Gewinnen von neuen Kunden
– Präsentation der Produktpalette
– Imagepräsentation
– Nachrichtenbörse
– Orientierung über Branchensituation
– Erkennen von Entwicklungstrends.

Diese Einschätzung des Charakters und Nutzens von Messen zeigt deutlich, daß eine Messe nicht mehr das alleinige, große Kaufereignis ist, das es ursprünglich war. Messen sind multifunktional. Das trifft auf jede Branche zu.

Sicher steht der Verkauf der Produkte nach wie vor im Vordergrund der Bemühungen eines Unternehmens, denn davon lebt es. Die reinen Ordermessen sind heutzutage im Bereich der Ernährungsindustrie allerdings die Ausnahme.

Die Unternehmen unterscheiden immer stärker zwischen absatzorientierten Messezielen, die dem Verkauf auf oder nach der Messe dienen, und strategischen Messezielen, die den Bekanntheitsgrad der Aussteller in den Mittelpunkt stellen. Damit nehmen Messen heute einen anderen Stellenwert im Marketing-Mix eines Unternehmens ein: Ihre Bedeutung für die Distributionspolitik schwindet, der Stellenwert als Kommunikationsmittel steigt. Und es wäre kurzsichtig, ihre Bedeutung als Informations- und Kommunikationsträger zu unterschätzen.

Die H. Bahlsens Keksfabrik KG hat dies erkannt. Deshalb ist für unser Unternehmen eine erfolgreiche Messebeteiligung immer auch eine Leistungsschau. Wir nutzen eine Messe als eine institutionalisierte Gelegenheit zur Signalisierung von Kompetenz. Sie ist für uns nicht mehr reine Warenpräsentation: Sie wird zur Bühne für den Unternehmensauftritt.

Angesichts des starken Wettbewerbs haben nur die Unternehmen eine Chance, von einer Messe zu profitieren, denen es gelingt, sich individuell darzustellen und sich von der Masse abzuheben.

Die Messeplanung und -durchführung gewinnt damit an Bedeutung. Auch hier ist die Kommunikation ist das Schlüsselwort, Kommunikation durch die Gesamtwirkung.

2.2 Interne Bedeutung

Messen haben auch eine unternehmensinterne Wirkung. In der Regel sind sie ein Höhepunkt im Jahresgeschehen. Das trifft auch auf das Hause Bahlsen zu. Messen sind häufig die Dead-Line für die Fertigstellung von strategischen Konzepten und deren Umsetzung, speziell im Marketing. Firmenziele müssen entwickelt und festgelegt sein, denn sie sind die Basis für die Messeziele.

Messen bündeln Unternehmensaktivitäten: Die Mitarbeiter werden auf Firmenziele und Zielgruppen fokussiert. Messen sind ein nicht zu unterschätzendes Mittel zur Motivierung der Mitarbeiter. Sie sind ein Motivationsschub, der nicht nur im Vorfeld der Messe wirkt, sondern besonders auch – ihren Erfolg vorausgesetzt – in der Phase der Nachbereitung. Sie sind ein Mittel, daß heutzutage so unerläßliche Wir-Gefühl der Mitarbeiter zu wecken und zu bestätigen.

3. Messe als Kommunikationsinstrument

Noch nicht alle Unternehmen haben den großen strategischen Wert von Messen als Kommunikations-Instrument erkannt. Sie unterschätzen den Stellenwert, den Messen bei der Umsetzung integrierter Kommunikations-Konzepte haben können.

Messen, richtig verstanden, dienen den Unternehmen als Anlaß, um alle Faktoren des Kommunikationsmixes voll einzusetzen – von der Pressearbeit bis hin zur Umsetzung der Corporate Identity.

Dabei rangiert das Ziel, über das Unternehmen und seine Produkte zu informieren, vor den konkreten Umsatzzielen. Im Vordergrund steht für die Unternehmen der Ernährungsindustrie die Information über die Produkte des Unternehmens, über das Unternehmen selbst sowie über seine Philosophie: Die Messe wird zu einer Bühne für die Selbstdarstellung des Unternehmens.

Es gibt eine Reihe verschiedener *Maßnahmen im kommunikativen Bereich*: Standwerbung, Direktwerbung, klassische Werbung und Öffentlichkeitsarbeit, derer sich die Unternehmen in unterschiedlicher Gewichtung bedienen.

Die Standwerbung umfaßt alle kommunikativen Aktivitäten auf dem Messestand, z. B. Außen- und Innenbeschriftung, Exponate, Video- und Filmvorführungen, Wettbewerbe oder Preisausschreiben. Die Direktwerbung spielt besonders bei der Vor- und Nachbereitung der Messe eine Rolle, z. B. in Form von Einladungsschreiben, Zusendung von Prospekten oder Katalogen o. ä.

Klassische Werbung meint flankierende Maßnahmen im Rahmen der Messebeteiligung, z. B. Werbung in Zeitungen oder Zeitschriften, Anzeigen in Messekatalogen.

Öffentlichkeitsarbeit umfaßt Pressekonferenzen, Pressetreffs, Vorträge u.ä. während der Messedauer.

Mit dem *Informationsziel* wenden sich die Unternehmen an zumindest zwei Zielgruppen. Zum einen die Kunden: Kundenkontakte, Kundeninformation, Pflege der Stammkundschaft und Gewinnung neuer Kunden durch Darstellung der unternehmerischen Kompetenz auf der einen Seite.

Auf der anderen Seite die Information der Multiplikatoren. Fast nirgends ist die Informationsbereitschaft der Zielgruppe Journalisten so groß wie auf Messen. Denn sowohl von Seiten der Journalisten als auch des Unternehmens besteht auf Messen kaum eine Abwehrhaltung gegenüber den Informationsversuchen des Unternehmens.

Messen haben Ereignischarakter. Den Multiplikatoren wird somit Gelegenheit geboten, über die Messe zu berichten. Durch eine Berichterstattung in der Presse läßt sich die Wirkungsdauer einer Messebeteiligung noch erhöhen. Besucher sind laut Statistik durchschnittlich rund ein bis zwei Tage auf der Messe. Verfolgen sie aber zusätzlich die Fachpresse, was die Regel ist, so lesen sie schon Wochen und Monate vorher und Wochen danach über die Leistungen der Unternehmen.

Das Haus Bahlsen bedient sich hier der Instrumente Pressekonferenz, Pressetreffs oder Einzelgespräche. Vermitteln von Interviews mit Geschäftsführern, mit Experten aus dem eigenen Unternehmen oder die Information über die Philosophie des Hauses, ihre Stellung zu gesellschaftlichen Fragen oder Problemen ist ebenso wichtig, vielleicht sogar noch wichtiger als die reine Produktpräsentation, geht aber in der Einschätzung unseres Unternehmens zumindest Hand in Hand mit ihr.

Auf Messen besteht auch die Möglichkeit der direkten Ergebniskontrolle, auf Grund der Zwei-Wege-Kommunikation. So hat der Aussteller die Gelegenheit, die Glaubwürdigkeit seiner Botschaften unmittelbar zu überprüfen. Die zahllosen Gespräche während der Messetage geben in ihrer Summe ein schnelles Feedback.

4. Bahlsen auf der Internationalen Süßwaren-Messe

Die H. Bahlsens Keksfabrik KG hat ihre Messeaktivitäten in der Bundesrepublik Deutschland auf die Internationale Süßwaren-Messe (ISM) in Köln konzentriert. Die ISM hat sich im Laufe ihres mehr als 20jährigen Bestehens zur bedeutendsten Fachmesse für Süß- und Dauerbackwaren in der Welt entwickelt. 1992 haben allein 1.126 Unternehmen aus 48 Nationen sich und ihre Produktpaletten präsentiert vor mehr als 25.000 Fachbesuchern aus 90 Ländern.

Damit erfüllt die ISM eine wichtige Voraussetzung für die Beteiligung des Hauses Bahlsen an einer Messe: Die Messegesellschaft KölnMesse ist professionell und kompetent genug, um die für die Firmen gewünschten Zielgruppen an den Messeplatz zu bekommen. Für die Zielgruppen – in diesem Fall der Handel, aber auch die Multiplikatoren und die Unternehmen der Branche – ist es ein Muß, sich an der Messe zu beteiligen. Sie ist ein einmaliges Branchengeschehen.

Bahlsen versteht die ISM als Informationsbörse, sie ist keine klassische Ordermesse, zumal die Jahresverkaufsgespräche zum Zeitpunkt ihrer Durchführung bereits weitgehend abgeschlossen sind.

Der Termin der ISM ist ein Höhepunkt im Jahresgeschehen. Bis zu diesem Termin müssen bestimmte Leistungen erbracht werden, von der Idee bis zur Präsentationsfähigkeit.

Der Erfolg einer Messebeteiligung ist abhängig von ihrer Planung und Umsetzung. Es lassen sich idealtypisch vier Phasen unterscheiden, deren Grenzen allerdings fließend sind:

Phasen der Ausstellungsbeteiligung:

– Zielsetzung-und Gestaltungsphase
– Ausführungsphase
– Standbetrieb
– Nachbearbeitung.

In diesen Phasen müssen die Entscheidungen getroffen werden über vier Bereiche der Messebeteiligung:

Standgestaltung:

– Plazierung
– Grundform

Exponate:

– Auswahl

Personal:

– Auswahl
– Einsatz

Kommunikationsmaßnahmen:

– Formen der Werbung
– Öffentlichkeitsarbeit.

Schon etwa neun Monate vor der eigentlichen Messe beginnen im Hause Bahlsen die Vorbereitungen. Es wird ein Team gebildet, das die Grobplanung macht. Es setzt sich in der Regel zusammen aus Repräsentanten des Produktmanagement Süß und Snack, aus Vertretern des Verkaufs, der Verkaufsförderung, der Abteilung Presse und Information, dem Verantwortlichen für die Koordination der Messeplanung sowie dem Standleiter, beide aus dem Ressort Marketing.

Anhand der Vorgaben des Marketings für die Zielsetzung – zum Beispiel Neuheitenpräsentation – werden die Möglichkeiten und Maßnahmen zur Umsetzung der Strategie diskutiert und festgelegt.

Das Motto der H. Bahlsens Keksfabrik für 1992 war „Tradition-Konzeption-Vision – Initiativen für den Markt". Damit knüpfte Bahlsen an das Motto des Vorjahres an: „Tradition – Konzeption – Vision".

Tradition steht für 100 Jahre Backerfahrung, die sich in der Qualität der Produkte widerspiegelt. Qualität ist bei Bahlsen das Maß aller Dinge. Konzeption meint die dynamische Gestaltung von Verbrauchertrends und die Ausrichtung auf die Erfordernisse des Handels. Die Vision ist die Erfolgssicherung in der Zukunft. 1992 wurde der Zusatz „Initiativen für den Markt" hinzugefügt, der die Richtung der Unternehmensstrategie – Marktorientierung – deutlich macht.

Nach der Grobplanung erfolgt die Feinplanung. Es wird eine Agentur hinzugezogen, die die Umsetzung der Standgestaltung übernimmt. Im Falle des Hauses Bahlsen ist dies die Agentur Veit Mahlmann. In ständiger Absprache mit dem ISM-Team macht sie die gesamte Standgestaltung bis ins kleinste Detail.

Bei der Messeplanung kommt der *Standgestaltung* eine immense Bedeutung zu. Ziel ist auch hier – neben der optimalen Produktpräsentation – die Darstellung des Unternehmens. Die Architektur des Standes spiegelt das Selbstverständnis des Unternehmens wider.

Die Standgestaltung folgt dem Individualisierungsdrang des Unternehmens: Auf den Fachmessen wird die Konkurrenz häufig zum direkten Nachbarn. Um so stärker ist das Bedürfnis der Aussteller, sich voneinander abzugrenzen. Profilierung durch Unterstreichen der individuellen Kompetenz heißt hier das Schlüsselwort.

Viele Unternehmen haben begriffen, daß die Messe einer zeitweiligen Verlegung des Firmensitzes gleichkommt. Entsprechend professionell muß also repräsentiert werden. Deshalb ist es selbstverständlich, daß das Corporate Identity des Unternehmens auch konsequent auf der Messe im Stand umgesetzt werden muß.

Der Bahlsen-Stand, den wir erstmals auf der ISM 1991 eingesetzt haben, ist eine konsequente optische Umsetzung unserer Dachmarkenstrategie. In dem über 100 Jahre bestehenden Haus Bahlsen haben sich im Laufe der Zeit viele starke Marken herausgebildet. Um diese Markenkompetenz wirksam zu nutzen, hat Bahlsen 1991 seine neue Dachmarkenstrategie umgesetzt. Alle Produkte wurden einer der drei Dachmarken zugeordnet: Leibniz, Snack und das klassische Gebäcksortiment einschließlich der Saisonspezialitäten.

Der Stand ist als eine Einheit angelegt, ist jedoch in drei farblich unterschiedliche Welten unterteilt: gelb für Leibniz, blau für Süß und Saisongebäck, rot für Snacks. Jede Dachmarke wird damit durch eine Farbe symbolisiert.

In den Welten der Dachmarken werden nicht nur die Produkte dargestellt, sondern auch die typischen Konsumsituationen der Welten. Dies geschieht mit Hilfe von Puppen innerhalb des Standes sowie in Schaufenstern zur Außenseite des Standes.

Die Professionalität muß sich natürlich auch im *Standpersonal* wiederfinden. Das Standpersonal setzt sich bei Bahlsen aus Vertretern des Hauses – Geschäftsführer, Gebiets- und Regionalverkaufsleitern, Entscheidungsträgern aus dem Marketing, andere Experten zu besonderen Fachthemen, Pressesprecherin, Sekretärin und Assistenten – zusammen. Für die Besprechungen mit den Kunden stehen mehrere Büros zur Verfügung. Telefon und Telefax für den schnellen Kontakt z. B. zum Firmensitz sind eine Selbstverständlichkeit.

Für den Erfolg der Messe ist es wichtig, den Fachbesuchern adäquate Gesprächspartner gegenüberzustellen. Der Auswahl dieser kommunikativen Träger kommt deshalb eine besondere Bedeutung zu. Ausschlaggebend sind hier sowohl die fachliche Qualifikation als auch die hierarchische Stellung der Personen, aber auch der zeitliche und zahlenmäßige Einsatz.

In vorbereitenden Workshops o. ä. werden die Vertreter des Hauses Bahlsen über die Zielsetzung und Durchführung der Messebeteiligung informiert. Information, so die Devise, ist gleich Erfolg. Unterstützende Maßnahmen wie Argumentationspapiere für z. B. den Verkauf sind als Garant des erfolgreichen Auftretens selbstverständlich.

Die reinen Servicekräfte werden extern geworben. Die Auswahl erfolgt hier nach persönlichkeitsorientierten Merkmalen: Kontaktfreudigkeit, Gewandtheit in Ausdruck, Fremdsprachenkenntnisse, Flexibilität und Belastbarkeit sind hier nur einige. Das Standpersonal ist Spiegel des Unternehmens. Das zeigt sich auch in den reinen Äußerlichkeiten: festgelegte Kleiderordnung und Namensschilder sind eine Selbstverständlichkeit. Auch hier rangiert das professionelle Auftreten vor allem anderen, denn die Kompetenz des Unternehmens spiegelt sich in seinen Vertretern wider. Die Betreuung der Standbesucher beginnt bereits an der Rezeption des Standes, wo Gesprächspartner kontaktiert und Termine vereinbart werden können. Eine Namenstafel gibt dem Besucher sofort einen Überblick, ob sein gewünschter Gesprächspartner zur Zeit auf dem Stand anzutreffen ist.

Abschluß einer jeden Messe ist die *Nachbereitung*. Sie dient in erster Linie der Auswertung der Gesprächsprotokolle und der Optimierung des Einsatzes für das nächste Jahr. Diese ISM-Nachlese, wie sie im Hause Bahlsen genannt wird, ist Resümee und Vorbereitung auf den nächsten Messeeinsatz zugleich.

Gerd Seidensticker

Messepolitik eines Unternehmens der Bekleidungsindustrie

1. Gesetzmäßigkeiten der Bekleidungsindustrie

2. Welche Messelandschaft bietet sich einem Bekleidungsunternehmen?

3. Die Seidensticker-Gruppe

4. Messe-Aktivitäten der Seidensticker-Gruppe
   4.1 Die Selbstinformation
   4.2 Verkaufsmessen der Herrenbekleidung
   4.3 Auslandsmessen
   4.4 Messen der Damenoberbekleidung

5. Messepraktiken
   5.1 Übergeordnete Beteiligungsziele
   5.2 Kommunikationsziele
   5.3 Produktziele

6. Die Bekleidungsmessen mit Problemen

Am 1. Januar 1919 ist *Seidensticker* in einem 16 qm großen Zimmer der elterlichen Wohnung von meinem Vater gegründet worden. Allein in Bielefeld gab es zu jener Zeit 146 Wäschefabriken. Einige davon, wie z. B. die Deutschen Herrenwäschefabriken Dornbusch & Co. GmbH, waren groß und bedeutend. Trotz armseligen Beginns, Weltwirtschaftskrise und Inflation erkämpfte sich Seidensticker schon Mitte der 30er Jahre eine führende Position. Während der Leipziger Frühjahrs- und Herbstmessen zeigte sich das Unternehmen dort an exponierter Stelle mit einer sensationellen Leuchtwerbung. Auf eine 3 m oder 4 m hohe kreisrunde Fläche wurde eine sich drehende Weltkugel projiziert. Ein Fließtext verkündete „Bielefelder Wäsche hat Weltruf - Seidensticker". Aus heutiger Sicht war das mehr als unbescheiden. Nichts könnte indessen besser, als diese Provokation, die eigentliche Bedeutung von Messen für die Bekleidungs-Branche demonstrieren: Flagge zeigen, Selbstbewußtsein demonstrieren, Gesprächsstoff bieten.

1. Gesetzmäßigkeiten der Bekleidungsindustrie

Wenn man das Verhältnis von Bekleidungsunternehmen zu den einzelnen Messen verstehen will, muß man sich mit den Eigenarten dieser Industrie auseinandersetzen. Da ist vor allem ihre Heterogenität und Vielfalt. Zählen wir die wichtigsten Sparten auf:

- Damenoberbekleidung (DOB)
- Herrenoberbekleidung (HAKA)
- Kinderbekleidung (KIKO)
- Sportbekleidung
- Berufsbekleidung
- Damenunterwäsche und Dessous
- Herrenunterwäsche
- Herrenwäsche (hier findet man das Produkt Hemd)
- Jeans-Wear (mit fast Eigenständigkeit)
- Damen-Maschenware
- Herren-Maschenware
- Pelz- und Lederbekleidung.

In nicht systematischer Form sind hier die wichtigsten Sparten aufgezählt. Die Grenzen von einer zur anderen Sparte fließen. So können unter dem Dach einer Marke zur gleichen Zeit und am gleichen Ort Hemden, Pullover, Sweatshirts, T-Shirts und Jeans angeboten werden. Je nach Strategie der Markenführung oder nach Stärke der einzelnen Segmente.

Darüber hinaus gibt es in allen Bereichen des Bekleidungsgeschäftes eine Wertigkeit mit fallender Ordnung. Vom höchsten Luxus über hohe Exklusivität, gehobenem Mittel-Genre, breitem Mittel-Genre bis hinunter zur preiswerten Massenware.

Anders als z. B. in den USA, wo immer irgendwo warmes Wetter herrscht, gibt es in Europa, vor allem aber in Mittel- und Nordeuropa, klar getrennte Saisons. Vereinfacht bedeutet dies für Bekleidung ein Winter-Angebot und eines für den Sommer. Unter physiologischen Gesichtspunkten heißt dies im Prinzip ein „warmes" und ein „kühles" Angebot.

Die Interessenlage zwischen einem Hersteller oder Anbieter von Bekleidung und seinen Kunden, den Handelsunternehmen, ist fast diametral entgegengesetzt. Die Annahme des Idealfalles verdeutlicht dies. Der Hersteller (oder Anbieter) würde seine Kosten optimieren, wenn es ihm gelänge, seine Kunden zu veranlassen, den gesamten Saisonbedarf an einem Ordertermin zu disponieren. Für ihn wäre der gesamte weitere Ablauf berechenbar. Das Risiko trüge das Handelsunternehmen.

Diese simple Erkenntnis veranlaßt den Handel seinerseits, im Idealfall so wenig wie möglich im voraus zu kaufen. Am liebsten würde der den Bedarf dann decken, wenn er eintritt.

Da vom Spinnen des Fadens über das Weben, Wirken und Stricken, das Ausrüsten des Stoffes und dem Herstellen des Bekleidungsstückes aus technischen Gründen eine Mindest-Zeitdauer notwendig ist, hat sich in der Praxis die Verteilung der Risiken eingependelt. Es gibt Gewohnheiten. Diese unterliegen jedoch einem Trend. Grob gesehen gelten folgende Regeln: Je stärker ein Handelsunternehmen ist, desto eher wird es ihm gelingen, die Vorstufen zur Risikonahme zu bewegen. Je stärker ein Hersteller, z. B. eine der internationalen Marken, ist, je eher wird er seine Abnehmer zu einer größeren Saisonorder bewegen können.

Das Ganze ist also ein evolutionärer Prozess. Die Tendenz ist eindeutig. Der Machtzuwachs liegt auf Seiten des Handels mit der Folge kleinerer Stamm-Aufträge, häufigerer Dispositionen und der Notwendigkeit, kürzerfristig neue Angebote zu entwickeln.

Der alleinige Grund für diese Gesetzmäßigkeit im Bekleidungsgeschäft liegt in dem kurzen Lebenszyklus seiner oft durch hohe Innovationsfähigkeit entwickelten Produkte. Bringt man die Risiko-Situation auf eine saloppe Formel, so hat ein Bekleidungsunternehmen zweimal im Jahr Geschäftseröffnung. So gut wie nichts kann von den Ideen einer Saison in die andere mit übernommen werden. Der Innovationsgrad ist höher als in fast allen anderen Industrien. Die Nähe zu den Gesetzen des Showgeschäfts ist unübersehbar. Unter diesen Gesichtspunkten ist das Verhältnis der Branche zu den Möglichkeiten von Messen zu sehen.

2. Welche Messelandschaft bietet sich einem Bekleidungsunternehmen?

Die Zeitschrift TEXTIL-WIRTSCHAFT ist das Fachorgan des deutschen Textileinzelhandels. Sie zählt für 1992 die im Messekalender (vgl. Abbildung 1, S. 412/3) aufgeführten Messen auf. Alle sind für die Bekleidungsindustrie relevant. Im wesentlichen kann man drei Kategorien bilden:

– Messen, auf denen – vereinfacht ausgedrückt – neue Fäden, Garne und Garnfarben gezeigt werden.
– Messen, auf denen neue Gewebe und Gewirke angeboten werden.
– Messen, auf denen Bekleidungsstücke vorgestellt oder verkauft werden.

Die wichtigsten dieser drei Kategorien sind Orientierungspflicht für jeden, der Bekleidung entwirft, sie herstellt, verkauft oder einkauft. Auf die sich daraus ergebenen Zwänge und Trends komme ich später zurück.

3. Die Seidensticker-Gruppe

Mit einem Umsatz von ca. 750 Mio. DM zählt Seidensticker 1992 zu den größeren Unternehmen der deutschen Bekleidungsindustrie. Unter diesen größeren ist es das einzige, das aus dem Wäschebereich hervorgegangen ist. Noch immer stehen Hemden und Pyjamas für über 60 % des Umsatzes. Die Gruppe operiert am Markt mit mehreren juristisch selbständigen Unternehmen oder innerhalb dieser Unternehmen zusätzlich mit eigenständigen Produktgruppen. Die drei größten Einheiten innerhalb der Firma, nämlich SEIDENSTICKER (Hemden, Pyjamas und Blusen), JOBIS (Damenoberbekleidung) und RAWE-RHEDA (Hemden, Pyjamas und DOB im preisaggressiven Markt) liegen zwischen 140 und 180 Mio. DM Umsatz. Die anderen Einheiten erzielen zwischen 30 und 60 Mio. DM Umsatz.

Die Unternehmen der Gruppe stehen miteinander im Wettbewerb. Sie arbeiten im gleichen Markt, oft mit den gleichen Kunden und mit den gleichen Produktgruppen. Sie werden also nicht nur von fremden Konkurrenzunternehmen oder vom ständig wachsenden Eigenimport ihrer Abnehmer, sondern auch von den Schwesterfirmen der eigenen Gruppe zur Profilierung, zum Auffinden von Nischen und zur Innovation herausgefordert. Die wesentlichen Marken, mit denen das Haus am Markt operiert, sind Seidensticker, Dornbusch, Jacques Britt, Fairbanks, Benetti, Jean Chatel, Daniel Schagen, Camel, Jobis, Joop!

Für all diese Marken ist Individualität die wichtigste Voraussetzung, um zu gedeihen. Eine uniforme Messekonzeption für das Gesamtunternehmen ist daher unmöglich. Sie wäre contraproduktiv.

4. Messe-Aktivitäten der Seidensticker-Gruppe

4.1 Die Selbstinformation

Der Mensch zieht sich an. Jedenfalls in unseren Breiten und im Einklang mit unserer zivilisatorischen Entwicklung. Der Grund dafür ist praktischer Art: Er schützt sich gegen die Natur. Der zweite Grund, sich zu kleiden, ist ungeheuer komplex. Durch die Wahl unserer Bekleidung signalisieren wir unsere Umgebung, wie wir zu dieser Welt stehen oder wie wir uns in unserer Seele befinden. Die Kleidung ist ein Signal, z. B. die Zugehörigkeit zu einer bestimmten Gruppe, zu Konformität oder Protest, zu Bescheidenheit oder Protzerei. Ohne Ausnahme unterliegt unsere Gesellschaft diesen Mechanismen. Es gibt eben Menschen, die Kleidungsstücke im Wert von einigen zigtausend DM tragen und ebenso Punker und Skinheads.

Niemand wird bestreiten, daß sich durch die modernen Medien die kommunikativen Prozesse erheblich beschleunigt haben. Folgerichtig lösen sich Verhaltensmuster viel schneller auf. Es bilden sich neue Gewohnheiten. Ständig erkennen wir neue Gruppen gleichdenkender und gleich empfindender Menschen, denen daran gelegen ist, sich von anderen Gruppen zu unterscheiden.

Januar

DOMOTEX – Fachmesse für Teppiche u. Teppichböden	Hannover	6. 1.– 9. 1.	
Intimate Apparel Market	New York	6. 1.–10. 1.	
Heimtextil '92	Frankfurt/M.	8. 1.–11. 1.	
41. Pitti Immagine Uomo	Florenz	9. 1.–12. 1.	
4. Pitti Immagine Oltre	Florenz	9. 1.–12. 1.	
TAPIRUG – Tapeten + Teppiche	Paris	10. 1.–14. 1.	
BIJORHCA – Schmuckmesse	Paris	10. 1.–14. 1.	
FAE Fashion Accessories Expo	New York	12. 1.–14. 1.	
NAMSB – NAT. Men's Sportswear	New York	12. 1.–14. 1.	
TEX'STYLES – Heimtextil	Paris	12. 1.–14. 1.	
Nat. Kids Show	New York	12. 1.–15. 1.	
Milano Collezioni Uomo	Mailand	13. 1.–15. 1.	
2. European Fashion Premiere	Hongkong	13. 1.–16. 1.	
Hongkong Fashion Week '92	Hongkong	13. 1.–16. 1.	
It's Cologne – Intern. Trendshow	Köln	14. 1.–15. 1.	
Textilhogar '92 – Heimtextilien	Valencia	14. 1.–18. 1.	
95. INTERHUT	Wiesbaden	17. 1.–18. 1.	
34. Pitti Immagine Bimbo	Florenz	17. 1.–19. 1.	
3. Pitti Immagine Teenager	Florenz	17. 1.–19. 1.	
BISUTEX – Modeschmuck/Accessoires	Madrid	17. 1.–21. 1.	
Pielespana	Barcelona	18. 1.–21. 1.	
Gaudi Mujer + Gaudi Hombre	Barcelona	20. 1.–22. 1.	
Roma Alta Moda	Rom	20. 1.–23. 1.	
Europe Fashion Fair	Tokio	22. 1.–24. 1.	
FIMI – Kindermodensalon	Valencia	23. 1.–25. 1.	
93. Intern. Lederwarenmesse	Offenbach	23. 1.–26. 1.	
15. Pitti Immagine Casa	Florenz	24. 1.–26. 1.	
Unimode Fashion Fair	Athen	25. 1.–27. 1.	
Textirama	Gent	25. 1.–28. 1.	
Intern. Frankfurter Messe/Premiere	Frankfurt/M.	25. 1.–29. 1.	
Nordic Fashion Fair	Helsinki	26. 1.–28. 1.	
Designer's Collective	New York	26. 1.–28. 1.	
Haute Couture Schauen	Paris	26. 1.–30. 1.	
Pakistan Leather Show '92	Karatschi	27. 1.–29. 1.	
Design in Knitwear	London	28. 1.–30. 1.	
29. Pitti Immagine Filati	Florenz	29. 1.–31. 1.	
TEX-BO – Heim- + Haustextilien	Salzburg	29. 1.– 1. 2.	
3. Heimtextil Asia	Tokio	29. 1.– 1. 2.	
Defilés des Createurs/HAKA	Paris	30. 1.– 3. 2.	
PaP-Salon Intern. du Prêt-à-porter Feminin/Salon Boutique/ Première Classe	Paris	31. 1.– 4. 2.	

Februar

SEHM	Paris	1. 2.– 4. 2.	
Mode Enfantine – Kindermode	Paris	1. 2.– 4. 2.	
Salon Lingerie	Paris	1. 2.– 4. 2.	
SISEL – Sport d'Hiver + Sport Eté	Paris	1. 2.– 4. 2.	
Interfilière	Paris	1. 2.– 4. 2.	
12. Salon Schuh aktuell	Düsseldorf	2. 2.– 3. 2.	
Eurostyle Show – Herrenmode	Los Angeles	2. 2.– 4. 2.	
CPD Collections Premieren Düsseldorf	Düsseldorf	2. 2.– 4. 2.	
MIAS – Sportartikel	Mailand	2. 2.– 4. 2.	
BYS – British Yarn Show	Leicester	5. 2.– 6. 2.	
Intern. Herren-Mode-Woche u. INTERJEANS	Köln	7. 2.– 9. 2.	
INHORGENTA – Schmuckmesse	München	7. 2.–10. 2.	
Italiaprontomoda	Rom	7. 2.–10. 2.	
La Moda a Milano/Milanovendemoda	Mailand	7. 2.–11. 2.	
Uomo	Mailand	7. 2.–11. 2.	
147. Berliner Durchreise/Modefestival	Berlin	9. 2.–11. 2.	
London International Collections	London	9. 2.–11. 2.	
Bekleidungsmaschinen-Messe	Barcelona	12. 2.–15. 2.	
Future Fashion Scandinavia	Kopenhagen	13. 2.–16. 2.	
1. International Fashion Fair (Ungarn)	Budapest	14. 2.–16. 2.	
Schwedische Modemesse	Stockholm	15. 2.–18. 2.	
Eurostyle Show – Herrenmode	New York	16. 2.–18. 2.	
Mode-Woche München	München	16. 2.–18. 2.	
Stitches Spring – Garne	Birmingham	16. 2.–18. 2.	
Premier Collections/ Womenswear + Dessous	Birmingham	16. 2.–18. 2.	
Premier Collections/Childrenswear	Birmingham	16. 2.–18. 2.	
IMBEX '92	London	16. 2.–19. 2.	
INDIGO Special Maison	Lille	18. 2.–19. 2.	
Fur & Fashion Tokyo	Tokio	18. 2.–21. 2.	
Semana Intern. de la Moda Imagenmoda	Madrid	20. 2.–23. 2.	
INMODA/ANIMODA	Madrid	20. 2.–23. 2.	
Semana Intern. de la Moda Intermoda	Madrid	20. 2.–23. 2.	
Intern. Messe KIND + JUGEND	Köln	21. 2.–25. 2.	
The London Show	London	23. 2.–25. 2.	
Can. Intern. Menswear Show	Montreal	23. 2.–25. 2.	
Leipziger Modemesse	Leipzig	23. 2.–25. 2.	
„HET KIND" – Fachmesse für Kinder- und Jugendmode	Amsterdam	23. 2.–25. 2.	
Fachmesse für Damenwäsche, Mieder, Badermode	Amsterdam	23. 2.–25. 2.	
MODAM – Bekleidungsfachmesse	Amsterdam	23. 2.–25. 2.	
ISPO – Sportartikelmesse	München	27. 2.– 1. 3.	
Pakistan Textile and Clothing Fair	Karatschi	28. 2.– 2. 3.	

März

Harrogate Fashion Fair	Harrogate	1. 3.– 4. 3.	
27. PRATO EXPO	Florenz	7. 3.– 9. 3.	
Milano Collezioni Donna	Mailand	7. 3.–12. 3.	
PLC Park Lane Collections/Stoffe	London	8. 3.– 9. 3.	
IGEDO – Intern. Modemesse	Düsseldorf	8. 3.–11. 3.	
IGEDO Dessous + IGEDO Beach	Düsseldorf	8. 3.–11. 3.	
Fashion Fabrex – Stoffe	London	9. 3.–11. 3.	
Intimate Apparel Market/Herbst I	New York	9. 3.–13. 3.	
Moda in tessuto e accessori	Mailand	10. 3.–12. 3.	
IDEABIELLA	Cernobbio	10. 3.–13. 3.	
CeBit Hannover	Hannover	11. 3.–18. 3.	
MAGIC – Mens Apparel Guild	Las Vegas	12. 3.–15. 3.	
JIM-ER-ES	Salzburg	13. 3.–15. 3.	
Mode made in Austria/ÖSFA Intern.	Salzburg	13. 3.–15. 3.	
Micam – Moda Calzature	Bologna	13. 3.–16. 3.	
Premiere Vision	Paris	14. 3.–17. 3.	
INDIGO – Special Design	Paris	14. 3.–17. 3.	
Can. Int. Womenswear Show	Montreal	15. 3.–17. 3.	
SIG – Wintersportausrüstung	Grenoble	15. 3.–18. 3.	
Budapester Modetage	Budapest	17. 3.–19. 3.	
Defilés des Createurs/DOB	Paris	18. 3.–25. 3.	
Portugiese Offer – Stoffe	Lissabon	19. 3.–21. 3.	
Fur & Fashion	Frankfurt/M.	19. 3.–22. 3.	
Premier Classe	Paris	20. 3.–23. 3.	
61. MIPEL	Mailand	20. 3.–23. 3.	
73. GDS – Intern. Schuhmesse	Düsseldorf	20. 3.–23. 3.	
IDEACOMO	Como	20. 3.–23. 3.	
Paris sur Mode/Collection Privees	Paris	20. 3.–23. 3.	
ModaBerlin	Berlin	22. 3.–24. 3.	
SWISSPO – Wintersportartikel	Zürich	22. 3.–25. 3.	
National Kids Show	New York	22. 3.–25. 3.	
Intern. Fabric Show	New York	23. 3.–25. 3.	
Mostra de Tejidos/Fabrics Show	Barcelona	25. 3.–28. 3.	
Comispel	Mailand	25. 3.–29. 3.	
IBERPIEL – Leder + Pelz	Madrid	27. 3.–30. 3.	
4. Modetage Südost	Chemnitz	28. 3.–30. 3.	
S.I.I.F. – Pelzmesse	Paris	28. 3.–31. 3.	
NAMSB Nat. Men's Sportswear Herbst/Holiday	New York	29. 3.– 1. 4.	
London Designer Show	London	März	

April

Collections Premiere Handarbeit	Düsseldorf	3. 4.– 5. 4.	
Interflor '92	Birmingham	5. 4.– 8. 4.	
HEIMTEXTIL AMERICA	Atlanta	6. 4.– 9. 4.	
67. INTERSTOFF	Frankfurt/M.	7. 4.– 9. 4.	
Incontri á Venezia	Venedig	8. 4.–12. 4.	
2. Modetage Nordost	Rostock	10. 4.–12. 4.	
20. Modeforum	Offenbach	11. 4.–13. 4.	
Intern. Bath, Bed + Linen SHOW	New York	11. 4.–14. 4.	
Sportexpo '92	Budapest	16. 4.–19. 4.	
Motexha 20/Giftex	Dubai	22. 4.–25. 4.	

Mai

Lineapelle	Bologna	6. 5.– 8. 5.	
FAE – Fashion Accessories Expo	New York	10. 5.–12. 5.	
Intimate Apparel Market Herbst/Holiday	New York	11. 5.–15. 5.	
SISPOL '92	Casablanca	14. 5.–17. 5.	

Stand: Dezember 1991 · Textil-Wirtschaft · Diese Daten sind ohne Gewähr

Abbildung 1: Messekalender

Shopex Intern.	London	17. 5.–21. 5.
Interselection – Bekleidung	Paris	19. 5.–22. 5.
Decorex Japan + Lifestyle Europe	Tokio	20. 5.–23. 5.
2. ASIA EXPO '92	Hamburg	21. 5.–24. 5.
STAR '92	Mailand	21. 5.–24. 5.
36. EUROMODA/TEXTILIA	Thessaloniki	23. 5.–26. 5.
Floordecx '92 – Bodenbelag/Objekt	London	31. 5.– 3. 6.

Juni

ESMA – Eurotricot	Mailand	2. 6.– 4. 6.
PORTEX – Bekleidungsmesse	Porto	7. 6.– 9. 6.
JOB-fashion	Amsterdam	10. 6.–12. 6.
30. Import-Messe	Berlin	10. 6.–13. 6.
Expofil – Garnmesse	Paris	17. 6.–19. 6.
42. Pitti Immagine Uomo	Florenz	25. 6.–28. 6.
5. Pitti Immagine Oltre	Florenz	25. 6.–28. 6.
NAMSB – Nat. Men's Sportswear Sofortprogramm/Herbst + Holiday	New York	28. 6.–30. 6.
Milano Collezioni Uomo	Mailand	29. 6.– 2. 7.

Juli

35. Pitti Immagine Bimbo	Florenz	3. 7.– 5. 7.
4. Pitti Immagine Teenager	Florenz	3. 7.– 5. 7.
FIMI – Kindermodensalon	Valencia	9. 7.–11. 7.
30. Pitti Immagine Filati	Florenz	8. 7.–10. 7.*
It's Cologne – Intern. Trendshow	Köln	14. 7.–15. 7.
Haute Couture Schauen DOB	Paris	. .– . .
Roma Alta Moda	Rom	20. 7.–23. 7.
Haute Couture Schauen HAKA	Paris	. .– . .

August

13. Salon Schuh Aktuell	Düsseldorf	2. 8.– 3. 8.
FAE – Fashion Accessories Expo	New York	2. 8.– 4. 8.
CPD Collections Premieren Düsseldorf	Düsseldorf	2. 8.– 4. 8.
National Kids Show	New York	2. 8.– 5. 8.
NSG World Sports Expo	New York	3. 8.– 6. 8.
MAB – Intern. Menswear Fair	London	9. 8.–11. 8.
Premiere Collections/Womenswear + Dessous	Birmingham	9. 8.–11. 8.
Premier Collections/Menswear	Birmingham	9. 8.–11. 8.
Premier Collections/Childrenswear	Birmingham	9. 8.–11. 8.
ModaBerlin	Berlin	9. 8.–11. 8.
Intimate Apparel Market Frühjahr I	New York	10. 8.–14. 8.
96. INTERHUT	Wiesbaden	14. 8.–15. 8.
Intern. Herren-Mode-Woche u. INTERJEANS	Köln	14. 8.–16. 8.
Mode-Woche-München	München	16. 8.–18. 8.
Can. Intern. Womenswear/Menswear Show	Toronto	16. 8.–18. 8.
Designer's Collective	New York	17. 8.–19. 8.
Future Fashion Scandinavia	Kopenhagen	20. 8.–23. 8.
Intern. Messe KIND + JUGEND	Köln	21. 8.–23. 8.
94. Intern. Lederwarenmesse	Offenbach	22. 8.–25. 8.
„HET KIND" Fachmesse für Kind & Jugend	Amsterdam	23. 8.–25. 8.
Fachmesse f. Damenwäsche, Mieder + Bademoden	Amsterdam	23. 8.–25. 8.
Leipziger Modemesse	Leipzig	23. 8.–25. 8.
Nordic Fashion Fair	Helsinki	23. 8.–25. 8.
MODAM – Bekleidungsfachmesse	Amsterdam	23. 8.–25. 8.
Harrogate Fashion Fair	Harrogate	23. 8.–26. 8.
6. FAF '92 – Fashion apparel Fair	Karatschi	29. 8.–31. 8.
Textirama Gent	Gent	30. 8.–31. 8.
SPOGA – Intern. Sportartikelmesse	Köln	30. 8.– 1. 9.
Gaudi Mujer + Gaudi Hombre	Barcelona	31. 8.– 2. 9.*

September

Pielespana	Barcelona	1. 9.– 3. 9.*
ISPO – Sportartikelmesse	München	1. 9.– 4. 9.
Fidec – Sportartikelmesse	Madrid	4. 9.– 6. 9.
BIJORHCA – Schmuckmesse	Paris	4. 9.– 8. 9.
PaP-Salon Inter. du Prêt-à-porter Feminin/Salon Boutique/ Premiere Classe	Paris	4. 9.– 8. 9.
MIAS – Sportartikel	Mailand	6. 9.– 8. 9.
SEHM	Paris	5. 9.– 8. 9.
Mode Enfantine – Kindermode	Paris	5. 9.– 8. 9.
SISEL Sport d'Hiver + Sport Eté	Paris	6. 9.– 9. 9.
DECOSIT	Brüssel	6. 9.– 9. 9.
IGEDO – Intern. Modemesse	Düsseldorf	6. 9.– 9. 9.
IGEDO Dessous + IGEDO Beach	Düsseldorf	6. 9.– 9. 9.
The London Show	London	8. 9.–10. 9.
British Yarn Show	Leicester	8. 9.–10. 9.
MAGIC – Mens Apparel Guide	Las Vegas	9. 9.–12. 9.
3. Modetage Nordost	Rostock	11. 9.–13. 9.
JIM-ER-ES	Salzburg	11. 9.–13. 9.
Mode made in Austria/ÖSFA Intern.	Salzburg	11. 9.–13. 9.
Italprontomoda	Rom	11. 9.–14. 9.
La Moda a Milano	Mailand	11. 9.–15. 9.
La Moda a Milano/Milanovendemode Uomo	Mailand	11. 9.–15. 9.
Sposaitalia – Brautmode	Mailand	11. 9.–15. 9.
Micam – Moda Calzature	Mailand	12. 9.–14. 9.
Interfilière	Paris	12. 9.–14. 9.
INHORGENTA – Herbst	München	12. 9.–14. 9.
148. Berliner Durchreise/Modefestival	Berlin	13. 9.–15. 9.
INTERDECOR	Utrecht	13. 9.–17. 9.
INDIGO – Special Design	Lille	15. 9.–16. 9.
Budapester Modetage	Budapest	15. 9.–17. 9.
14. ORTEFA	Hamburg	16. 9.–19. 9.
Semana Int. de la Moda Imagenmoda	Madrid	17. 9.–20. 9.
INMODA/ANIMODA	Madrid	17. 9.–20. 9.
Semana Int. de la Moda Intermoda	Madrid	17. 9.–20. 9.
74. GDS – Intern. Schuhmesse	Düsseldorf	18. 9.–21. 9.
Paritex	Paris	19. 9.–23. 9.
5. Modetage Südost	Chemnitz	25. 9.–27. 9.
28. PRATO EXPO	Florenz	26. 9.–29. 9.
PLC Park Lane Collections/Stoffe	London	27. 9.–29. 9.
Decorex Intern.	London	27. 9.–30. 9.
Moda in tessuto e accessori	Mailand	28. 9.–30. 9.
IDEABIELLA	Cernobbio	28. 9.– 2. 10.
Fashion Fabrex – Stoffe	London	29. 9.– 1. 10.

Oktober

IBERPIEL – Pelz + Leder	Madrid	1. 10.– 5. 10.
Premiere Vision	Paris	2. 10.– 5. 10.
Milano Collezioni Donna	Mailand	4. 10.– 8. 10.*
ISPO Asia	Singapore	6. 10.– 9. 10.*
Portuguese Offer – Stoffe	Lissabon	8. 10.–10. 10.
IDEACOMO	Como	10. 10.–13. 10.
21. Modeforum	Offenbach	10. 10.–12. 10.
62. MIPEL	Mailand	16. 10.–19. 10.
Schauen der Createure + Couturiers	Paris	. .– . .
Premiere Classe	Paris	16. 10.–19. 10.
NAMSB – Nat. Men's Sportswear Frühjahr	New York	18. 10.–21. 10.
National Kids Show	New York	18. 10.–21. 10.
Intern. Fabric Show	New York	19. 10.–21. 10.
Motexha/Childexpo 21	Dubai	21. 10.–24. 10.
Mostra de Tejidos	Barcelona	21. 10.–24. 10.
DECORMAT Boden, Wand + Decke	Paris	26. 10.–29. 10.
68. INTERSTOFF	Frankfurt/M.	27. 10.–29. 10.
British Designer Show	London	. .– . .

November

FAE – Fashion Accessories Expo	New York	1. 11.– 3. 11.
Interstoff Asia	Hongkong	4. 11.– 6. 11.
PORTEX LAR – Heimtextilien	Porto	18. 11.–21. 11.
Interselection/Bekleidung	Paris	24. 11.–27. 11.
37. EUROMODE/TEXTILIA	Athen	28. 11.– 1. 12.

Dezember

ESMA Eurotricot	Mailand	1. 12.– 3. 12.
PORTEX – Bekleidungsmesse	Porto	4. 12.– 6. 12.
Expofil – Garnmesse	Paris	9. 12.–12. 12.

Abbildung 1: Messekalender (Fortsetzung)

In diesem Prozeß, der eine hohe Eigendynamik entwickelt hat, spielt, wie angedeutet, die Bekleidung eine besondere Rolle. Der Informationsstand über die jeweils jüngste Entwicklung ist daher eine conditio sine qua non.

Für unser Unternehmen heißt dies, in die Praxis übersetzt, daß wir einen Tourismus von 12 bis 14 Kreativteams in Bewegung setzen, um sämtliche wichtigen Messen, auf denen neue Entwicklungen gezeigt werden könnten, zu besuchen. Bei diesen Messebesuchen werden kaum Kaufaufträge erteilt. Information ist der Hauptgrund.

4.2 Verkaufsmessen der Herrenbekleidung

Für jemanden, der Herrenbekleidung anbietet, war in der Bundesrepublik lange Zeit die Herren-Mode-Woche, Köln, der Platz, wo Ware gezeigt und verkauft werden konnte. Ihr Termin lag nach Meinung der Aussteller und Einkäufer zu spät. So wurde die It's Cologne geboren. Vom Termin her günstiger, von der Organisation und Durchführung her verbesserungsbedürftig. Bei Abschluß dieses Berichtes wurde bekannt, daß die It's Cologne eingestellt wird. Es gibt eine neue Messe mit neuem Termin und – das wage ich vorherzusagen – neuen Problemen.

Die Problematik dieser Messen wird durch eine provozierende Fragestellung deutlich: Was würde z. B. mit den Umsätzen unter der Hemdenmarke SEIDENSTICKER geschehen, wenn wir nicht auf einer dieser Messen präsent wären? Die Antwort: „So gut wie nichts." Auf der Modewoche waren wir ohnehin nie mit dieser Marke. Zur It's sind wir nicht unter Verkaufsgesichtspunkten, sondern aus den später aufgezählten anderen Gründen gegangen. Dieses Verhalten läßt sich durch eine praktische Überlegung schnell begründen.

Bei den meisten Hemdenanbietern setzen sich die Umsätze etwa wie folgt zusammen: Vororder des Handels für Sommer- und Winter-Kollektion 50 %, Zwischenkollektionen, Schnellschüsse, Messeangebote 20–30 %, Sofortprogramme ab Fabrik-Lager 20–30 %. Im allgemeinen bieten, je nach Firmengröße, 10–20 Repräsentanten die sogenannten Kollektionen an. Diese umfassen 30–60 Musterhemden und 80–120 verschiedene Musterkarten. Die Karten repräsentieren die Auswahl der Stoffe. Sie sind wiederum unterteilt in 3 bis 8 oder sogar 10 Farben. Ein mittelgroßes Einzelhandelsunternehmen benötigt für die Durchsicht einer marktstarken, für das Geschäft wichtigen Kollektion 2 bis 4 Stunden. In der Hektik einer Messe ist eine solche Durchsicht nicht gewährt.

Je nach Exklusivität des Angebotes werden im Inland 500 bis 2.000 Kunden ihren Stammauftrag schreiben. Dies bedeutet nichts anderes, als daß die Größe der Messestände, die verfügbare Zeit und das verfügbare Personal nicht ausreichen würden, um während der Messe entscheidende Umsatzanteile zu erzielen.

Folgerichtig wird man bemüht sein, auf der Messe neben den noch zu erwähnenden kommunikativen Aufgaben solche Aufträge zu erzielen, die zusätzlich sind. Im Klartext heißt dies: Man muß ein Messeprogramm entwickeln. Der abgedroschene Begriff des „Messeschlagers" ist für eine Produktgruppe, wie z. B. Hemden, immer noch aktuell. Er findet sich in unserem Hause in den empfohlenen Richtlinien für die Geschäftsführer wieder.

Unser Schema heißt S K A T.

S steht für Struktur und bedeutet für den Geschäftsführer, wenigstens einmal jährlich die Gesamtstruktur des Marktes und des eigenen Unternehmens zu durchdenken.

K steht für Kosten mit der Pflicht, Budgets zu präzisieren und einzuhalten.

A steht für die wichtigste Aufgabe, nämlich am Absatzpunkt möglichst häufig zu agieren, sich dort zu orientieren und möglichst viele Aktivitäten dorthin zu verlegen.

T schließlich steht für Treffer. Modernen Menschen ist dieses Wort geläufiger unter der Bezeichnung Hit.

Es ist eine Pflichtaufgabe, innerhalb des Angebotes über Artikel zu verfügen, die besondere Wirkung ausüben, sei es durch hohe Verkaufsziffern, Originalität, ihre Eigenschaften, Niveau, um schöpferische Kraft des Unternehmens zu demonstrieren oder Gesprächsstoff zu bieten.

Wer in dieser Branche auf einer Messe ausstellt, ohne sich ein besonderes Angebot erarbeitet zu haben, hat versäumt, seine Schulaufgaben zu machen.

Wir haben gesehen, daß die physischen Verhältnisse in den meisten Fällen eine hohe Ordertätigkeit während der Messen ausschließen. Was bleibt dann? Die Antwort ist einfach: Kommunikation. Solche durch Menschen, mit Menschen und solche von Ware mit Menschen. Folgende Ziele lassen sich erreichen:

– Darstellung des Firmenkonzeptes
– Darstellung der jüngsten Kreativität
– das bloße, aber wichtige Wiedertreffen von Geschäftsfreunden
– Verabredung zu Sonderaktionen oder Verabredung von Terminen
– das Regeln von Problemfällen
– die Möglichkeit, Verkaufsaktionen und Sonderprogramme vorzustellen
– die Chance, neue Kunden zu gewinnen, vor allem, solche aus dem Ausland
– die Beurteilung von Mitbewerberangeboten.

Obwohl die auf der Messe getätigten Verkäufe im allgemeinen im Verhältnis zum Gesamtumsatz niedrig sind, haben sie eine wichtige kommunikative Funktion. Sie lassen für die gesamte Verkaufsmannschaft durch eigenes Erleben jeden Trend besser und schneller erkennen, als dies durch systematische Auswertung von Aufträgen möglich wäre.

4.3 Auslandsmessen

Die Bedeutung, im Ausland zu verkaufen, wird in den kommenden Jahren stark zunehmen. Ausländische Kunden werden viel eher geneigt sein, ein Unternehmen nach der Art und Weise zu beurteilen, wie es sich im Gastlande präsentiert, als nach sonstigen Kriterien. Weil das Kosten-/Nutzenverhältnis in den meisten Fällen keine vordergründig positiven Zahlen erkennen lassen wird, müssen Auslandsmessen noch sorgfältiger konzipiert und durchgeführt werden, als dies für die Routine-Inlandsmessen gilt.

Für den Bereich Bekleidung läßt sich heute noch nicht mit letzter Sicherheit voraussagen, welche Angebotsformen sich in Europa durchsetzen werden. Vieles spricht derzeit gegen zeitlich begrenzte Messen und eher für permanente Verkaufs-Schauen an zentralen Orten. Die meisten Unternehmen dieser Industrie sind zu klein, um sich und ihren Mitarbeitern 4 oder 5 große Messen zweimal im Jahr zumuten zu können.

4.4 Messen der Damenoberbekleidung

Durch Gesetzmäßigkeiten des Produktes und seiner Historie haben sich hier andere Strukturen ergeben. Das Ergebnis für unser Haus ist gleich: Es ist nicht möglich, eine einheitliche Messepolitik zu betreiben. Nicht einmal bei Produkten, die sich an den gleichen Handel wenden. Überdies ist ein für die kommenden Jahre gültiges Konzept nicht möglich. Die gesamte Messe und Angebotsstruktur wandelt sich. Dafür sind eine Reihe von Faktoren verantwortlich:

– Die Messekosten für den Aussteller steigen (Standkosten, Reisekosten, Übernachtungen, Mannequins, allgemeine Ansprüche).
– Die Anzahl der selbständigen Einzelhandelsunternehmen nimmt ab.
– Die Kosten für den Besucher steigen (Reisekosten, Übernachtungskosten, Verpflegungskosten).
– Die Zahl der Zwischenkollektionen nimmt zu und damit die Bedeutung mancher Hauptkollektion ab.
– Die Eigenimporte des Handels steigen. Das verfügbare Ordervolumen verringert sich dadurch.

Vielfalt, Angebotsgröße, Orderumfang und Niveau sind in der Damenoberbekleidungsindustrie größer als bei Herrenbekleidung. Schon der geschichtliche Ablauf begann anders. Frauen kauften bereits Konfektion, als die meisten Männer ihre Anzüge noch vom Maßschneider oder vom Schneider nebenan bezogen. Am Beispiel der Produkte von Seidensticker Blusen und Jobis läßt sich die Problematik eines Messetermines und eines Messeplatzes demonstrieren.

Eine Blusenkollektion hat einen Umfang von 80–120 Teilen. Diese werden von 12 bis 15 Repräsentanten angeboten. Die Kosten einer solchen Kollektion liegen bei 8.000 bis 10.000 DM. Der überwiegende Teil der Aufträge wird beim Kunden oder in Order-Centren (sogenannten Modehäusern) erteilt.

Die wichtigsten Messen werden besucht. Während der relativ kurzen Messedauer können bei einem Anbieter dieses Genres nur begrenzte Umsatzanteile erzielt werden.

Ganz anders ist die Situation bei einem Haus wie Jobis. Es stellt anspruchsvolle Damenoberbekleidung in einem vollen Programm mit Mänteln, Kostümen, Jacken, Hosen, Röcken, Blusen, pelzgefütterten Mänteln, Kleidern und Sportswear und Accessoires her.

Der Umfang des Angebotes und der hohe Preis einer einzigen Kollektion machen es erforderlich, daß diese von 8 bis 10 Mannequins an mehreren Schauen täglich vorgeführt wird. Die Kunden planen im Normalfall einen festen Termin ein. Die Kosten einer einzelnen

Kollektion betragen mehrere 100.000 DM. Allein der Pelzanteil innerhalb der Kollektion kann oft einen Wert von 100.000 DM überschreiten. Wenn für den Verkauf in Europa 6 bis 7 solcher Kollektionen notwendig sind, werden hier die Höhe und die Risiken der Investition erkennbar.

Alle DOB-Firmen, die ähnlich wie Jobis operieren, unterliegen den gleichen Zwängen. Die Messe, d. h. das Ausstellungsgelände der Messe, ist für sie nicht der richtige Platz. Sie gehen in Order-Center oder Hotels. Sie beginnen ihren Verkauf schon einige Tage vor dem Messetermin und setzen ihn auch über die Messe hinaus fort. Selbstverständlich ist der Messetermin, z. B. Düsseldorf, außerordentlich wichtig, weil dort die größte Anzahl von Kunden zu erwarten ist. Die Kunden ihrerseits nutzen die Tage vor und nach der Messe, um bei den wichtigsten Firmen weiter kaufen zu können. Daraus ergibt sich für ein Unternehmen wie Jobis eine eindeutige Konsequenz: Präsentation des Angebotes in eigenen Räumen oder in einem Order-Centrum (Jobis hat sich für das Fashion House II entschieden). Funktionelle, niveauvolle Raumausstattung. Im Inland ausschließlich Verkauf während Modeschauen durch eigene festangestellte Mitarbeiter.

5. Messepraktiken

Negativ betrachtet bedeuten Messebesuche Kosten. Schon diese Tatsache verlangt, daß Messen budgetiert, systematisch vorbereitet, professionell durchgeführt und durch Verkaufskontrolle beurteilt werden müssen. Diskussionen über die Nützlichkeit wird es immer dort geben, wo das Verkaufsvolumen gering und der sogenannte Kommunikationsnutzen das eigentliche Ziel ist. Gerade diese Veranstaltungen müssen nach jeder Durchführung exakt analysiert und in Frage gestellt werden. Nur dadurch vermeidet man, daß sie zu einer kostspieligen Gewohnheit werden.

Im einzelnen gelten für unser Haus folgende Richtlinien oder Usancen:

- Messestände möglichst mieten
- Raumaufteilung flexibel halten
- zweckmäßiges, aber nicht zu aufwendiges Mobiliar einsetzen
- Messe vorbereiten durch individuelle Einladungen
- Presse-Arbeit
- Bei exklusiven Programmen abschotten gegen ungebetene Besucher
- Nachfaßaktion und Erfolgskontrolle.

Die Ziele der Messebeteiligung unserer am Markt operierenden Firmen oder Produktgruppen werden darüber hinaus nach folgenden Parametern überprüft:

5.1 Übergeordnete Beteiligungsziele

- Kennenlernen neuer Märkte (Marktnischen entdecken)
- Überprüfung der Konkurrenzfähigkeit
- Erkundung von Exportchancen
- Orientierung über Branchensituation
- Austausch von Erfahrungen
- Anbahnung von Kooperationen
- Beteiligung an Fachveranstaltungen
- Kennenlernen von Entwicklungs-Trends
- Neue Märkte für das Unternehmen/das Produkt interessieren
- Kopplung einer Messebeteiligung mit ergänzenden Maßnahmen
- Kennenlernen der Wettbewerber (welcher Konkurrent stellt auf welcher Messe aus?)
- Steigerung des Absatzes.

5.2 Kommunikationsziele

- Ausbau persönlicher Kontakte
- Kennenlernen neuer Abnehmergruppen
- Steigerung des Bekanntheitsgrades des Unternehmens
- Steigerung der Werbewirkung des Unternehmens gegenüber Kunden und Öffentlichkeit
- Vervollständigung der Kundenkartei
- Ausbau der Pressearbeit
- Diskussion mit Händlern über Wünsche und Ansprüche
- Pflege der bestehenden Geschäftsbeziehungen (Kontaktpflege)
- Sammlung neuer Marktinformation
- Umsetzung der Corporate-Design-Konzeption.

5.3 Produktziele

- Akzeptanz des Sortiments am Markt testen
- Vorstellung von Neuheiten
- Neuplazierung eines Produktes am Markt testen
- Vorstellung von Produktinnovationen
- Ausweitung des Sortiments.

Für unser Haus läßt sich sagen, daß die wichtigsten Ziele Überprüfung der Konkurrenzfähigkeit, Erkundung von Exportchancen, Ausbau persönlicher Kontakte und Umsetzung der Corporate-Design-Konzeption sind. Bei Jobis stehen konkrete Absatzziele eindeutig im Vordergrund.

6. Die Bekleidungsmessen mit Problemen

Wenn man die in der Fachpresse ausgetragenen Diskussionen kondensiert, ergeben sich folgende Zielrichtungen und Problemkreise:

- Die Großunternehmen des Handels sehen die Messen fast ausschließlich als Informations-Instrument.
- Die Messetermine, vor allem in der HAKA, gelten vielfach als nicht marktgerecht.
- Die Messekosten stellen für Aussteller und Besucher ein zunehmendes Problem dar.
- Die Tendenz zu lokalen Messen ist sowohl in der Praxis als auch in der Diskussion nicht zu übersehen.
- Die Bedeutung von festen Verkaufsplätzen, wie z. B. Modehäusern, dürfte eher zu- als abnehmen.

Wenn, wie bei dem Produkt Hemd, 95 % des im deutschen Handel verkauften Angebotes im Ausland produziert wird, wenn immer mehr Handelsunternehmen ihren Eigenimport forcieren, können gravierende Verwerfungen nicht ausbleiben. Das, was euphemistisch *Selbstinformation* genannt wird, bedeutet in der Praxis vielfach nichts anderes als die Absicht, auf der Messe kopierbare Vorbilder zu finden. Blauäugig, wer das nicht bekennt. Diese Verhaltensweise wird mit mehr oder weniger großer Intensität von der Stufe des Handels und der Industrie praktiziert. Betroffen wird die Bekleidungsindustrie durch die Praktiken des Handels und betroffen wird die Textilindustrie, d. h. die Vorstufe der Bekleidungsindustrie, durch die Praktiken der Bekleidungsindustrie. Die Kreativität von Spinnereien und Webereien wird am ehesten angezapft, ohne daß hier eine Gegenleistung erwächst. Bei stagnierendem oder rückgängigem Produktionsvolumen wird dies für einige Unternehmen erhebliche Probleme hervorrufen. Da sich die Eigendynamik des gesamtes Prozesses nicht stoppen lassen wird, lassen sich einige Folgen voraussagen, auch für die Bedeutung der Messen:

- Wegen schwindender Ordermengen wird die Anzahl der Messen sinken.
- Es wird mehr gezielte Verkaufspunkte geben.
- Die Tendenz, sich räumlich abzuschotten, wird überall dort zunehmen, wo Neuheiten geboten werden.
- Der Kreativitätsausfall durch Textilunternehmen, die aus dem Markt ausscheiden, wird durch die neuen Möglichkeiten des CAD ersetzt.

Die Bekleidungsmessen der Zukunft werden anders sein, als die von heute. Zeitlich und organisatorisch gut vorbereitete Messen werden Ihre Chance haben. Alle Messen werden den Erfordernissen eines größeren europäischen Marktes im Westen und Osten dienen müssen.

Michael Goebel

Die Messepolitik eines Dienstleistungsunternehmens

1. Wachsende wirtschaftliche Bedeutung des Dienstleistungssektors

2. Messen als Marketinginstrument eines Reiseveranstalters
    2.1 Stellung der Messe im Marketing-Mix
    2.2 Messeziele und Zielgruppen
    2.3 Messeauswahl
    2.4 Messe-Budget
    2.5 Maßnahmenplanung
    2.6 Kontrolle des Messeerfolges

3. Implikationen für die Messepolitik der TUI

Literatur

1. Wachsende wirtschaftliche Bedeutung des Dienstleistungssektors

Wie in allen hochentwickelten Volkswirtschaften nimmt auch in der Bundesrepublik Deutschland die Bedeutung des tertiären Sektors der Wirtschaft kontinuierlich zu: Trug 1960 der Sektor Handel/Verkehr/Dienstleistungen noch 32,1% zum Bruttoinlandsprodukt bei, so hat sich der Anteil bis 1990 auf 42,2% erhöht. Im gleichen Zeitraum ist der Anteil der im Dienstleistungsbereich Beschäftigten ebenfalls um 10 %-Punkte, von 27,3 % auf 37,2%, gestiegen. Der Anteil des produzierenden Gewerbes und der Land- und Forstwirtschaft nahm in diesem Zeitraum dagegen relativ ab (vgl. Tabelle 1).

Tabelle 1: Entwicklung Erwerbstätige und Bruttoinlandsprodukt nach Wirtschaftssektoren
Quelle: Statistisches Bundesamt

	1960		1970		1980		1980	
	absolut	%	absolut	%	absolut	%	absolut	%
Erwerbstätige Gesamt	26.063	100,0	26.560	100,0	26.980	100,0	28.423	100,0
Land- und Forst. wirtschaft	3.581	13,7	2.262	13,7	1.403	5,2	964	3,4
Produzierendes Gewerbe	12.491	47,9	12.987	47,9	11.721	43,4	11.316	39,8
Handel/Verkehr Dienstleistungen	7.123	27,3	7.688	27,3	9.002	33,4	10.584	37,2
Erwerbstätige Gesamt	302.710	100,0	675.300	100,0	1.472.040	100,0	2.403.390	100,0
Land- und Forst. wirtschaft	17.660	5,8	21.780	3,2	30.520	2,1	39.100	3,6
Produzierendes Gewerbe	160.800	53,1	333.720	49,4	624.780	42,4	953.690	39,7
Handel/Verkehr Dienstleistungen	97.090	32,1	217.860	32,3	556.930	37,8	1.015.050	42,2

Innerhalb des Dienstleistungssektors ist der Tourismus eine der wachstumsstärksten und für die Beschäftigung bedeutsamsten Branchen: Der Tourismus trägt 5,5 % zum Welt-Bruttosozialprodukt bei und beschäftigt über 112 Mio Menschen (World Travel & Tourism Council, April 1991).

Die TUI (Touristik Union International GmbH & Co KG) ist mit einem Konzernumsatz von 5,3 Mrd.DM und 3,8 Mio betreuten Gästen (1990/91) vor der englischen Thompson-Gruppe größter Reiseveranstalter Europas. In Deutschland ist sie seit ihrer Gründung 1968 Marktführer im Markt für Veranstalterreisen.

Die TUI-Gruppe besteht aus dem Stammhaus in Hannover, das ca. 3,5 Mrd.DM umsetzt und 3 Mio Gäste betreut, sowie aus ca. 30 Unternehmen bzw. Unternehmensbeteiligungen in 12

Ländern. Diese erstrecken sich von Hotelgesellschaften wie z. B. Iberotel, Robinson Club und RIU über Incoming-Agenturen wie Ultramar Express in Spanien, Reiseveranstaltern wie Seetours und Airconti bis hin zur TUI UrlaubCenter GmbH als Reisebüro-Franchise-Kette (vgl. Abbildung 1). Sie decken damit alle Stufen der touristischen Wertschöpfungskette ab. Die Kernaktivitäten liegen im Veranstaltermarkt, der mit der Marke TUI und einem umfassenden Programm von Länder- und Spezialangeboten wie „Studienreisen", „Kuren und Erholen" oder „twen tours" bearbeitet wird. TUI-Produkte werden von ca. 3.800 Reisebüros in Deutschland und über 200 Reisebüros im benachbarten Ausland vertrieben.

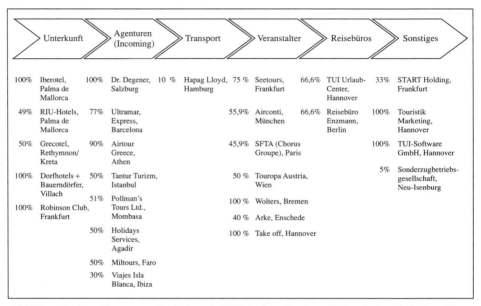

Abbildung 1: Beteiligungsgesellschaften der TUI in den einzelnen Stufen der Touristischen Wertschöpfungskette (Stand 1990/91)

Obwohl sie inzwischen eher zu einem Commodity geworden sind, stehen Reise- und Tourismusprodukte nach wie vor im Mittelpunkt des Verbraucherinteresses. Dies spiegelt sich nicht nur in der wachsenden Teilnehmerzahl bei den Reiseveranstaltern, sondern auch in der Größe und stark gestiegenen Zahl von Messen und Ausstellungen wider, auf denen touristische und Freizeitthemen dargestellt werden.

Neben den nationalen und internationalen touristischen Messen gewinnen immer mehr auch regionale Messen und Ausstellungen an Bedeutung. Angesichts einer solchen Entwicklung ist die Präsenz eines Ausstellers auf allen Veranstaltungen kaum mehr möglich. Insofern sieht er sich einem komplexen Planungs- und Auswahlprozess gegenübergestellt, dessen Ziel es ist, die Kommunikationswirkung der beschickten Messen zu optimieren und die knappen Mittel effizient einzusetzen.

Vor diesem Hintergrund wird im folgenden die Messepolitik der TUI mit ihren relevanten Entscheidungsfeldern dargestellt. Einleitend wird die Einordnung der Messepolitik in das Marketing-Mix eines Reiseveranstalters behandelt sowie die Zielsetzung der Messepolitik im

Rahmen der gesamten Kommunikationspolitik erörtert, bevor die strategische Fragestellung der Messeauswahl sowie die operativen Fragen des Messebudgets, der Maßnahmenplanung und der Effizienzkontrolle erläutert werden.

2. Messen als Marketinginstrument eines Reiseveranstalters

2.1 Stellung der Messe im Marketing-Mix

Wie bei Konsum- oder Investitionsgüterherstellern kann auch bei Dienstleistungsunternehmen das Marketing-Mix – als Summe aller absatzpolitischen Bemühungen eines Unternehmens – in die vier Bereiche

- Produkt-, Sortiments- und Service-Mix
- Kontrahierungsmix
- Distributionsmix und
- Kommunikationsmix

unterteilt werden.

Abbildung 2 gibt einen Überblick über die einzelnen Mix-Bereiche eines Reiseveranstalters am Beispiel der TUI und ihrer jeweiligen Instrumente.

Obwohl sie budgettechnisch ein Teil der Verkaufsförderung ist, wird die Messepolitik bei der TUI als eigenständiges Kommunikationsinstrument angesehen. Demzufolge werden die Ziele der Messepolitik aus den Zielen der Kommunikationspolitik, diese wiederum aus den übergeordneten Unternehmens- und Marketingoberzielen abgeleitet.

Zu den wesentlichen Zielinhalten der Kommunikationspolitik der TUI gehören u. a.:

- Stärkung der Marktführerposition der TUI im Veranstaltermarkt
- Kommunikation von Programmbreite und -tiefe der TUI
- Kommunikation von „Sicherheit für den Kunden" auf der Basis von Kompetenz und Größe der TUI
- Erhöhung des Bekanntheitsgrades der Marke TUI
- Steigerung der Kunden- und Reisebürobindung an die TUI
- Kundenzufriedenheit
- Etablierung des Images der TUI als Anbieter hochwertiger Urlaubsreisen
- Identifikation der in- und ausländischen Beteiligungsunternehmen mit ihrer Muttergesellschaft sowie
- Darstellung der TUI als zuverlässiger Partner touristischer Leistungsträger und Geschäftspartner.

Die Zielinhalte machen deutlich, daß die Kommunikationspolitik der TUI sowohl außen-, als auch innengerichtet ist.

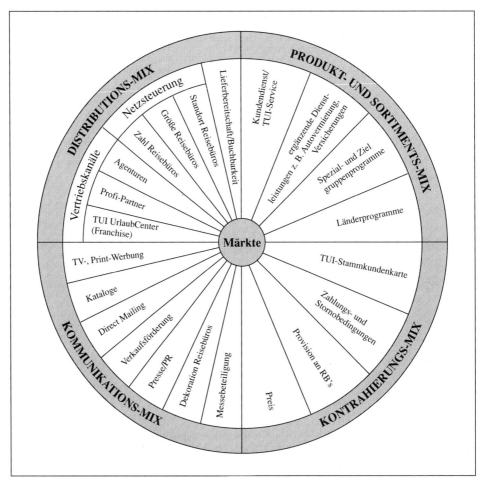

Abbildung 2: Marketing-Mix der TUI (in Anlehnung an Goebel, 1974, S. 3)

Die Ziele werden durch den Einsatz verschiedener Kommunikationsinstrumente verfolgt. Werbung in den elektronischen- und Printmedien gehört ebenso dazu wie Verkaufsförderung und PR. Die Dekoration von Schaufenstern in den TUI-Agenturen ist ein wichtiges Mittel zur Profilierung von Reisebüros und Reiseveranstaltern. Direct Mailing wird in Zusammenarbeit mit den Reisebüros eingesetzt und erlangt vor dem Hintergrund einer immer spezifischeren Zielgruppenansprache wachsende Bedeutung. Das wichtigste Kommunikations-Instrument eines Reiseveranstalters ist der Katalog, da der Visualisierung der immateriellen Dienstleistung „Urlaubsreise" eine entscheidende Rolle zukommt. Überdies muß versucht werden, bei einem weitgehend homogenen Produkt, wie es beispielsweise eine Flugreise darstellt, über eine lebendige und wirklichkeitsgetreue, zugleich aber auch animierende Präsentation im Katalog zu einer Produktdifferenzierung zu gelangen. Der Katalog als Medium wird damit zum Produkt bzw. zum „Vorab-Produkt", da der Kunde die Dienstleistung kauft, bevor der Reiseveranstalter sie zusammen mit seinen Leistungsträgern erbringt. Die große Bedeutung der Kataloggestaltung für den Verkauf wird hiermit unmittelbar deutlich (vgl. Thiesing, Degott, 1992, S. 15).

Zunehmend wichtiger im Kommunikationsmix eines Reiseveranstalters wird auch das Instrument der Messebeteiligung, das als eigenes Kommunikationsinstrument anzusehen ist (vgl. Meffert, 1988, S. 12 ff). So werden bei der TUI bereits ca. 2 % des gesamten Werbebudgets (ohne Kataloge) für Messen ausgegeben.

Gleichwohl muß man die Bedeutung der Messebeteiligung für die TUI relativieren: Im Vergleich zum Basiswerbemedium Katalog und auch zur Print- und TV-Werbung handelt es sich bei der Messebeteiligung nicht um ein Hauptinstrument, sondern um eine flankierende absatzpolitische Maßnahme, welche die Wirkung der übrigen Aktivitäten ergänzt und unterstützt.

Trotz ihrer Eigenschaft als ergänzendes Instrument muß der Einsatz des Messebudgets im Sinne einer effizienten Ressourcenallokation permanent optimiert werden. Voraussetzung dafür ist die klare Festlegung der Messeziele sowie der anzusprechenden Zielgruppen.

2.2 Messeziele und Zielgruppen

Obwohl es sich bei Dienstleistungen um eine völlig andere Art von „Produkten" handelt, unterscheiden sich die Zielsetzungen und Zielgruppen einer Tourismusmesse als Dienstleistungsmesse kaum von denen einer Messe für Investitions- oder Konsumgüter: Sowohl bei Gütern als auch bei Dienstleistungen sind die Hauptziele die konzentrierte Zusammenführung von Angebot und Nachfrage, das Präsentieren von Produkten, der Informationsaustausch sowie die Kommunikation mit Kunden und Lieferanten (vgl. Gehring, 1991, S. 24).

Hauptzielgruppen im Rahmen der Messepolitik der TUI sind die potentiellen Gäste, die Reisebüros als Absatzmittler, die touristischen Leistungsträger als Zulieferer sowie nicht zuletzt die Konzernmitarbeiter, die relevante Öffentlichkeit und die Fachpresse und Fachjournalisten. Zu den Leistungsträgern wiederum zählen Carrier, Hotelgesellschaften und Incoming-Agenturen. Dies sind Agenturen in den Zielgebieten, die sich neben den vor Ort befindlichen TUI-Mitarbeitern um die Betreuung der Gäste kümmern.

Bei der Festlegung der unternehmensspezifischen Messeziele ergibt sich für TUI als Besonderheit eine z. T. andere Zielgewichtung als z. B. für einen Konsumgüterhersteller: Während letzterer vorrangig versuchen wird, seinen Absatz unmittelbar zu fördern und konkrete Vertragsabschlüsse zu tätigen, ist die Zielsetzung der TUI nicht auf den direkten Abverkauf gerichtet.

Die TUI-Vertriebspolitik verzichtet aufgrund des uneingeschränkten Bekenntnisses zum Vertrieb über Fachreisebüros auf Direktvertrieb jeglicher Art. Daher werden auf Messen von TUI von vornherein keine Direktbuchungen unter Ausschluß der Reisebüros vorgenommen.

Demzufolge stehen bei der TUI Messeziele im Mittelpunkt, die der Forcierung der allgemeinen Geschäftstätigkeit dienen. Dazu gehören die bereits aufgeführten Kommunikations- und Informationsziele, die Erhöhung des Bekanntheitsgrades sowie Imageziele. Es soll ein Unternehmensbild vermittelt werden, das auf Werten wie Kundenorientierung, Fachkompetenz und Produktqualität aufbaut und das hilft, diese Eigenschaften im Bewußtsein der Kunden, Geschäftspartner und Mitarbeiter zu verankern.

Messen sind somit für die TUI hauptsächlich ein Instrument zur Etablierung eines positiven Unternehmensimages sowie zur Stärkung des Goodwills.

Neben den verkaufsfördernden, nach außen gerichteten Zielen spielen die nach innen, auf Geschäftspartner und Konzernmitarbeiter gerichteten Informationsziele eine bedeutende Rolle im Messezielkatalog der TUI.

Messen, insbesondere die Internationale Tourismusbörse (ITB) in Berlin, stellen ein geeignetes Forum dar, sich seinen Geschäftspartnern und nicht zuletzt auch als Konzernmuttergesellschaft seinen Tochtergesellschaften zu präsentieren. So ist die ITB immer auch Anlaß für unmittelbare und intensive Begegnungen von Mitarbeitern und Führungskräften aus der TUI-Gruppe. Diese Treffen finden auf dem Stand der TUI sowie auf einem Get-Together-Meeting statt, das traditionell an einem Abend während der Messe veranstaltet wird. Der hierbei mögliche intensive und zugleich zwanglose Informationsaustausch der Konzernmitarbeiter kann in Wirkung und Ergebnis sicher nicht quantifiziert werden, sollte aber keinesfalls im Hinblick auf seinen Beitrag zum Zusammengehörigkeitsgefühl und zur Identifikation mit der Muttergesellschaft TUI unterschätzt werden.

Schließlich ist noch die aktive Gestaltung und Teilnahme am Rahmenprogramm mit Tagungen, Workshops und Seminaren als Ziel der Messeteilnahme zu nennen. Auf diese Weise zeigt die TUI Präsenz in verschiedensten Gremien und untermauert so ihre Stellung als Marktführer, indem sie ihren Standpunkt zu unterschiedlichen touristischen Fragestellungen verdeutlicht.

Neben der Festlegung von Zielen und Zielgruppen für die Messepolitik der TUI stellt die Auswahl der Messen selbst, an denen sich die TUI als Aussteller beteiligt, ein wichtiges Entscheidungsproblem dar.

2.3 Messeauswahl

Geht man von der Einteilung der Messen nach ihrer geographischen Reichweite bzw. Bedeutung einerseits sowie nach dem Veranstaltungscharakter andererseits aus, so lassen sich auf der einen Seite internationale, nationale, regionale und lokale Messen unterscheiden (vgl. Groth, C., 1992 a, S. 1). Auf der anderen Seite lassen sich Fachmessen und Publikumsmessen gegeneinander abgrenzen. Ordnet man die Touristikmessen in diesen Raster ein, so ergibt sich die in Abbildung 3 dargestellte Systematik.

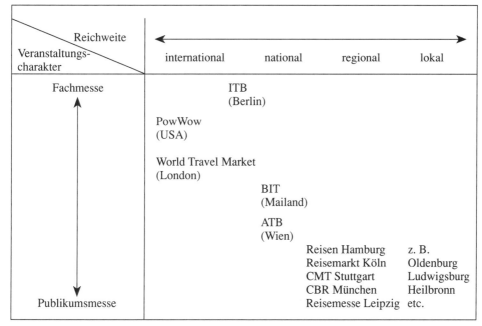

Abbildung 3: Typologie von Touristikmessen

Die Auswahl der Messen wird dabei anhand der Kriterien

- wirtschaftliche Bedeutung der Messe für die TUI
- geographischer Standort und Reichweite der Messe
- Zeitpunkt der Messe

sowie nicht zuletzt Tradition und Kontinuität getroffen.

Der World Travel Market in London sowie das Pow Wow in USA sind internationale Fachmessen, an denen die TUI bisher nicht teilnimmt; ebensowenig nimmt die TUI als Aussteller an den eher nationalen Fachmessen BIT in Mailand und ATB in Wien teil. Die bedeutendste Touristik-Fachmesse ist die Internationale Tourismus-Börse (ITB). Sie findet in Berlin statt und fällt aber aufgrund ihres hohen ausländischen Besucheranteils und ihrer internationalen Aussteller zugleich in die Kategorie „internationale Messe".

Auf der ITB stellten im März 1992 4.050 Aussteller aus 156 Ländern und Regionen aus. Mit 3.067 Teilnehmern aus dem Ausland gegenüber 983 aus Deutschland liegt der Schwerpunkt auf der internationalen Ausstellerbeteiligung. Die Nettoausstellungsfläche betrug 1992 knapp 57 000 qm. Während der 6 Tage dauernden Messe wurden ca. 123 000 Besucher gezählt, davon waren ca. 45.000 Fachbesucher.

Die ITB ist eine „Mischung aus Fachmesse für die Tourismuswirtschaft des In- und Auslandes, aus publikumswirksamer Informations- und Werbeausstellung und einem Rahmenprogramm mit touristischen Fachkongressen, Tagungen und Workshops, Seminaren und Podiumsdiskussionen" (o.V., 1991, S. 46). Auf einer solchen Messe von hohem internationalem Rang präsent zu sein, ist ein Muß für jeden großen Reiseveranstalter, insbesondere natürlich für den Marktführer. Abgesehen davon ist die ITB die einzige touristische Fachmesse in Deutschland. Hier ist wie auf keiner anderen Tourismusmesse die Möglichkeit gegeben, alle Geschäftspartner räumlich und zeitlich konzentriert anzutreffen.

Die meisten Messen im Tourismus und Freizeitbereich sind allerdings reine Publikumsmessen. Die CMT Stuttgart z. B. wird als größte Publikumsmesse Europas bezeichnet. Auf einer Ausstellungsfläche von 51 000 qm präsentierten sich 1992 740 Aussteller. In den 9 Tagen der Messen kamen 220.000 Besucher und informierten sich über Angebote von Reisen und aktuelle Trends rund um die Touristik.

Der Reisemarkt Köln mit 55.000 Besuchern und 400 Ausstellern gilt als wichtigste Touristikmesse Nordrhein-Westfalens.

Ein weiteres Entscheidungskriterium neben der wirtschaftlichen Bedeutung der Messe ist der Standort: TUI beschickt vorzugsweise solche Messen, die vom geographischen Standort her für sie interessant sind, d. h. die in Regionen liegen, in denen TUI ein sehr hohes Gästeaufkommen hat. Dieses Argument gab den Ausschlag für die Teilnahme an folgenden fünf regionalen Messen: Reisen Hamburg, Reisemarkt Köln International, Caravan, Motor & Touristik in Stuttgart, Caravan-Boot-Internationaler Reisemarkt in München und die Leipziger Messe für Touristik und Camping. Die Relevanz der Leipziger Messe erklärt sich aus der wachsenden Bedeutung der Neuen Bundesländer für den Tourismus. Alle anderen Messestandorte sind Zentren von Ballungsgebieten, die insgesamt ganz Westdeutschland abdecken.

In diesen Gebieten können die meisten potentiellen Kunden erreicht werden; zudem ist hier die Reisebürodichte am höchsten (in Hamburg z. B. vertreiben rund 150 Reisebüros die TUI-Produkte), so daß mit diesen Messen auch die Zielgruppe der Absatzmittler ausreichend abgedeckt werden kann. Obwohl die an dieser Stelle aufgeführten Messen als Regionalmessen bezeichnet werden können, haben sie inzwischen ein überregionales Einzugsgebiet und auch eine relativ hohe Beteiligung ausländischer Aussteller. Auch wird nicht mehr ausschließlich privates Publikum angesprochen, sondern es existiert ein Angebot an gesonderten Workshops und Präsentationen für die touristischen Fachbesucher.

Der Zeitpunkt der Messeveranstaltungen ist ein weiterer relevanter Faktor. Die Reisemesse Leipzig z. B. findet regelmäßig in der ersten Dezemberhälfte statt und fällt damit genau in den Zeitraum, in dem die TUI ihre Kataloge für die nächste Sommersaison auf den Markt bringt. Dadurch wird eine zusätzliche Schubwirkung ausgelöst, die sowohl auf den Vertrieb als auch auf die Kunden gerichtet ist. Entsprechend stark konzentriert sich das Interesse der Reisebüros und der Besucher auf den TUI-Stand. Der Schwerpunkt der Buchungstätigkeit für die Sommersaison liegt in der Zeit von Januar bis März; dies ist auch der Zeitraum, in dem die meisten der genannten Messen stattfinden.

Bei der Teilnahme an bestimmten Messen spielt weiterhin der Gesichtspunkt „Tradition" eine Rolle. Alle Tourismusmessen haben bisher von Jahr zu Jahr an Bedeutung gewonnen, was sich in der Zunahme der Aussteller- und Besucherzahlen ausdrückt. Gerade als Marktführer kann sich die TUI dieser Entwicklung kaum entziehen. Es wäre mit gravierenden Imageverlusten verbunden, eine Messe, auf der die TUI seit vielen Jahren präsent ist, nicht mehr zu beschicken. Dies gilt z. B. für die ITB, auf der die TUI seit Anbeginn im Jahre 1966 vertreten ist.

Neben den genannten Gesichtspunkten und Kriterien dienen Analysen der zuständigen Messegesellschaften, aus denen die Struktur, Herkunft, Tätigkeit und Besuchsgründe des Publikums hervorgehen, als weitere Grundlage für die Beteiligungsentscheidung (vgl. Groth, C., 1992, S. 38).

Über die Frage hinaus, an welchen Messen die TUI teilnimmt, ist die Frage zu klären, wie stark das Messeengagement der TUI-Zentrale selbst ist. Die direkte Beteiligung des Stammhauses TUI an der Messeorganisation und -durchführung nimmt von den internationalen zu den lokalen Messen ab. Während die TUI-Zentrale bei der ITB sämtliche im Zusammenhang mit der Messe anfallenden Aufgaben übernimmt, stellt sie auf den regionalen Messen lediglich die „Hardware", d. h. den Stand mit allen technischen Erfordernissen, und kümmert sich um das Engagieren von Moderatoren und die Einladung prominenter Gäste. Die Entsendung von Personal und die Organisation während der Messe selbst liegen in der Verantwortlichkeit des jeweiligen TUI ServiCenters. Diese ServiCenter sind als dezentrale Außendienstorganisationen der TUI für die Betreuung der Reisebüros in ihrem Einzugsgebiet zuständig. Auf den lokalen Messen übernehmen TUI-Reisebüros überwiegend die Ausstellerfunktion, die die TUI auf den nationalen und z. T. regionalen Messen selbst wahrnimmt. Die ServiCenter unterstützen die Reisebüros bei der Ausgestaltung der Messe, indem sie ihnen u. a. Faltwände, Informations- und Dekorationsmittel u. ä. zur Verfügung stellen.

Diese Aufgabenteilung, bei der die Ausstellerfunktion mit zunehmender lokaler Bedeutung auf die dezentralen Einheiten übergeht, hat unmittelbaren Einfluß auf die Organisationsleistung des Stammhauses TUI und nicht zuletzt auch auf die Höhe des Messebudgets.

2.4 Messe-Budget

Die Planung des Messe-Budgets erfolgt in einem mehrstufigen, rückgekoppelten Anpassungsprozeß, in dem erwartete Kosten und Budgetansatz zur Deckung gebracht werden. Dafür werden die einzelnen Kostenelemente wie Standmiete, Standbetriebskosten, Servicekosten, Unterbringung und Werbemittel in Anlehnung an die Vorjahreskosten und unter Berücksichtigung der angestrebten Messeziele kalkuliert.

Wird das vorgesehene Budget überschritten, so muß entweder das Messebudget für das betreffende Jahr erhöht werden, oder es werden Kosten eingespart. Dies kann bedeuten, daß der Aufwand bei einzelnen oder bei allen Messen vermindert wird oder man überlegen muß, auf welche Messe die TUI als Aussteller am ehesten verzichten kann.

In der Realität sieht es so aus, daß Kosteneinsparungen oder Budgetaufstockungen zuerst erwogen werden, bevor die Entscheidung auf eine Messe ganz zu verzichten, getroffen wird.

Neben den eher strategischen Fragestellungen, an welchen Messen und in welcher Form die TUI teilnimmt, müssen die operativen Maßnahmen der Messebeteiligung vor dem Hintergrund eines knappen Budgets geplant werden.

2.5 Maßnahmenplanung

Konkret gehören zur Planung der operativen Maßnahmen die Gestaltung des Messestandes, die Auswahl der Exponate, die Personalauswahl sowie die Organisation und Durchführung kommunikativer Aktivitäten vor, während und nach der Messe. Da die Exponate bei einem Dienstleistungsunternehmen wie der TUI keine große Rolle spielen, liegt der Schwerpunkt auf den anderen drei Elementen der Maßnahmenplanung.

Für eine wirksame Standgestaltung muß zunächst bekannt sein, welche Plazierung der Stand innerhalb des Messegeländes einnehmen wird (vgl. Schwenzner, J. M., 1989, S. 114). Unter Einbeziehung der Standortwünsche, die der Aussteller bei der Anmeldung zur Messe einbringt, und der räumlichen Möglichkeiten der Messegesellschaft wird in einem Abstimmungsprozeß der Standort für den einzelnen Aussteller ausgehandelt.

Die TUI hat aufgrund ihrer Marktstellung und der langjährigen Teilnahme an den genannten Messen einen relativ großen Einfluß auf ihre Standplazierung gewonnen und kann somit ihre Standortwünsche im Regelfall verwirklichen. Eine optimale Standplazierung bedeutet, in einer im Verhältnis zu den Haupteingängen zentral gelegenen Messehalle auszustellen und dabei möglichst viele Hauptverkehrsströme zu nutzen. Die Qualität und Attraktivität des Standortes wird noch verbessert, wenn sich der Stand im Umfeld anderer interessanter und publikumswirksamer Aussteller befindet.

So liegt der TUI-Stand auf der ITB in unmittelbarer Nachbarschaft der Asean-Halle und der Halle mit den attraktiven Urlaubsländern Spanien und Italien. Dadurch ergeben sich gegenseitige positive Ausstrahlungseffekte zum Nutzen aller Aussteller.

Um die Kommunikations- und Informationsziele, die durch die Messebeteiligung realisiert werden sollen, durch die Standform zu unterstützen, wird, wenn möglich, die Plazierung als Eck- oder sog. Kopfstand, d. h. ein Stand, der nach 3 Seiten zu den Verkehrswegen hin offen ist, gewählt. Besonders auf den regionalen Messen bietet sich der Kopfstand an, da dort der Kontakt zum privaten Publikum einen größeren Stellenwert einnimmt als bei der ITB, bei der das Fachpublikum dominiert.

Die gesamte Gestaltung des Standes selbst wird in einem schriftlichen Briefing mit einer Messebaugesellschaft sowie einer Werbeagentur festgelegt. Die Gestaltungsrichtlinien sind so definiert, daß das Corporate Design der TUI als ganzheitliche Konzeption hervortritt. Das Hauptmerkmal des Corporate Design stellt das Logo „TUI – Schöne Ferien" in weißer Schrift auf rotem Grund dar, das auf jedem Standelement erscheint. Desweiteren dominiert die Basisfarbe blau, die sich als Untergrund farblich von dem TUI-Logo absetzt. Die Standwände sind mit Urlaubsmotiven in den Farben blau, türkis, grün und gelb versehen.

Das Corporate Design soll den einheitlichen Unternehmensauftritt optisch unterstreichen und trägt so auch auf der Messe dazu bei, den Wiedererkennungswert des Unternehmens

Abbildung 4: Messestand der TUI

für den Besucher zu erhöhen. Damit wird ein Rahmen geschaffen, der Kontinuität vermittelt, denn die gesamte Standkonzeption ist von den wesentlichen Elementen her den Kunden bereits von der Kataloggestaltung bekannt.

Die Abbildung 4 verdeutlicht die Gestaltung eines TUI-Standes.

Zur Vereinheitlichung des Unternehmensauftritts auf allen Messen und nicht zuletzt unter Kostengesichtspunkten hat TUI ein modular aufgebautes Standardkonzept für die Standgestaltung entwickelt, so daß die Anordnung der verschiedenen Standelemente und der Standgröße je nach Messetyp zielgerichtet variiert werden kann. Zur Standausstattung bei TUI gehören der Informations-Counter für das Publikum, Besprechungskabinen, eine „Ruhezone" mit Stehtischen, eine Küche und als zentraler Anziehungspunkt eine Showbühne. Der TUI-Stand hat sich damit vom reinen Messestand zum kombinierten Aktions- und Messestand gewandelt.

Bei der Wahl der Ausstellungsstücke – einem der wichtigsten Entscheidungstatbeständen der Messepolitik von Konsum- oder Investitionsgüterherstellern – ergeben sich für die TUI andere Entscheidungsnotwendigkeiten. Da die Produkte weder greifbar noch direkt erlebbar sind, können sie nur mittelbar dargestellt werden.

Die Kernfrage eines Dienstleistungsunternehmens ist, wie die nichtgegenständlichen Produkte erlebbar gemacht werden können. TUI hat sich für die Messen dazu entschlossen, die Darstellungsform der Kataloge aufzunehmen und eine Katalogwand am Counter einzurichten, in der die gesamte TUI-Produktpalette präsentiert wird.

Für die TUI stellt die personelle Standbesetzung einen weiteren Schwerpunkt der Überlegungen zur Messepolitik dar. Da Hardware in Form von Produkten nicht vorhanden ist, trägt das Verhalten der Mitarbeiter auf der Messe in erheblichem Maß zur Imagebildung bei (vgl. Spryss, W.M., 1992, S. 38). Die Auswahl des Standpersonals beruht auf mehreren Kriterien:

Bei den in Frage kommenden Mitarbeitern muß ein gutes Fachwissen über die Produktpalette vorhanden sein. Im Counterbereich werden bevorzugt Mitarbeiter eingesetzt, die zudem viele Kontakte im Unternehmen selbst und zu den Vertragspartnern haben. Weiterhin werden ein angenehmes Auftreten, Kontaktfreudigkeit, Sprachgewandtheit und Fremdsprachenkenntnisse (vorzugsweise Englisch und Spanisch) verlangt. Das Erscheinungsbild des Standpersonals wird durch die TUI-Uniform und Namensschilder vereinheitlicht.

Die zahlenmäßige Stärke des Teams am Counter wird an der Größe des Standes und an Vorjahreserfahrungen ausgerichtet. Dabei wird untersucht, ob die Besucher auf der letzten Messe in einem bestimmten – vorher festgelegten – Zeitraum bedient und beraten werden konnten oder ob häufig längere Wartezeiten auftraten. Der Personaleinsatz selbst wird nach Funktionen differenziert geplant: Bei der ITB beispielsweise sind am Counter mindestens vier bis sechs TUI-Mitarbeiter beschäftigt. Weitere vier kümmern sich am Eingang zum Fachbesucherbereich um die Terminvergabe und -abstimmung für das Fachpublikum. Zusammen mit dem Personal für die Bewirtung und für organisatorische Funktionen wie Küchen-, Büro- und Telefonbetreuung sind rund 20 Mitarbeiter für die Besucher tätig.

Diese Personalplanung für Regionalmessen fällt ganz in die Zuständigkeit der entsprechenden TUI-ServiCenter. Diese stellen ihr Standpersonal aus ihrem Mitarbeiterstamm nach Verfügbarkeit und Fachkompetenz zusammen.

Vor den Messen nimmt das Messe-Personal an einer eintägigen internen Schulung teil, in der es in organisatorische Aspekte des Standes eingewiesen wird und Hinweise zum Argumentations- und Kommunikationsverhalten bekommt.

Neben Standgestaltung und Personalplanung kommt der Kommunikation auf dem Stand bei einem Dienstleistungsunternehmen ein hoher Stellenwert zu. Denn Ziel der Kommunikationsaktivitäten auf dem Stand ist das Vermitteln von Produktinformationen auf unterhaltsame und spielerische Weise, bspw. mit Hilfe eines Gewinnspiels für das Publikum. Je weniger gegenständlich ein Produkt ist, desto mehr kommt es darauf an, dieses Produkt durch informative Unterhaltung dem Besucher näherzubringen. Es geht darum, den Stand in ein „kurzes, aber intensives Erlebnis mit unverwechselbarem Charakter" (Rehberger, 1986, S. 6) zu verwandeln, durch den ein hoher Erinnerungswert geschaffen wird.

Der Stand selbst weist ein geschlossenes Erscheinungsbild durch die gestalterischen Konstanten auf, die durch das Corporate Design festgelegt sind. Die Aktionszentren des Messestandes sind die Videowand und eine ca. 15 qm große Showbühne. Auf der Videowand werden ältere und aktuelle TUI-TV-Spots, kurze Informationsfilme zu den Länderprogrammen sowie Aufnahmen von der ITB selbst gezeigt.

Auf der Showbühne finden laufend Aktionen statt, die eine hohe Anziehungskraft auf das Messepublikum ausüben. Zu solchen Veranstaltungen gehören Quiz- und Gewinnspiele,

Abbildung 5: Prominenteninterview auf der TUI-Showbühne mit Fußballtrainer Max Merkel

Auftritte von Folkloregruppen und Animateuren der TUI-Tochter Robinson Club sowie Interviews mit Prominenten. Dafür werden bekannte Sportler und Show-Größen engagiert und von Moderatoren interviewt.

Die Abbildung 5 zeigt ein solches Prominenteninterview auf der TUI-Showbühne.

Die Kommunikationsaktivitäten beschränken sich allerdings nicht auf den Stand oder auf den Zeitraum der jeweiligen Messe, sondern beginnen bereits mit der Vorbereitung der Messe.

Anzeigenkampagnen in der Regionalpresse der jeweiligen Messestadt vor und während der Messe weisen auf die Veranstaltung hin und machen die Teilnahme der TUI bekannt. Im Vorfeld der ITB 1992 z. B. wurde durch die Berliner Zeitung der umweltbewußteste Bürger Berlins gesucht, der dann auf der Messe mit einem TUI-Preis ausgezeichnet wurde.

Ein weiteres wichtiges Kommunikationselement ist die Pressearbeit auf den Messen. Die TUI hält Pressekonferenzen auf der ITB und einzelnen Regionalmessen ab, auf denen beispielsweise Informationen über das Unternehmen und den Geschäftsverlauf bekanntgegeben werden.

Insbesondere wird die Gelegenheit genutzt, im Dialog mit den versammelten Fachjournalisten die Unternehmenspolitik und die Unternehmensziele der interessierten Öffentlichkeit zu vermitteln. So wurde beispielsweise auf der ITB 1992 in einer eigenen Veranstaltung die TUI-Umweltpolitik vorgestellt und diskutiert. Auf Wunsch werden darüberhinaus weitere Termine mit interessierten Journalisten vereinbart, um so weitergehende Fragen erörtern zu können.

Insofern sind Messen, insbesondere die ITB als Leitmesse, nicht nur Veranstaltungen für Aussteller und Publikum, sondern auch für die Medien, denn sie bieten ein geeignetes Forum für die unmittelbare Begegnung von Unternehmen und Fachjournalisten.

2.6 Kontrolle des Messeerfolges

Da bei der TUI die psychographischen Messeziele (z. B. Aufbau und Absicherung des Firmenimages, Erhöhung des Bekanntheitsgrades) dominieren, ist eine kurzfristige Messeerfolgskontrolle nur schwer möglich. Hilfsweise müssen Methoden und Indikatoren herangezogen werden, die einen – wenn auch groben – Anhaltspunkt dafür geben, ob die kurzfristigen Messeziele erreicht worden sind. Die TUI bedient sich dabei besonders einer Fachbesucherkartei und der ausführlichen feed-back-Gespräche mit den TUI-Mitarbeitern, die an den Messen beteiligt waren. Während der Messe wird diese Fachbesucherkartei geführt und aktualisiert, in dem die Gesprächspartner und Gesprächstermine und -inhalte eingetragen werden. Anhand dieser Berichte kann nachvollzogen werden, wieviel Fachbesucherkontakte es gab und welche Bedeutung den einzelnen Verhandlungen beigemessen werden kann.

In ausführlichen Gesprächen mit Führungskräften und Mitarbeitern aus den verschiedenen auf der Messe vertretenen Unternehmensbereichen sowie den ServiCenter-Leitern werden Eindrücke zum Messeverlauf und -erfolg gesammelt. Dabei werden u. a. Aspekte wie der organisatorische Ablauf der Messe sowie die zufriedenstellende und prompte Bedienung der Besucher beleuchtet. Beobachtungen zum Besucherandrang und Besucherverhalten auf dem Stand werden schriftlich erfaßt und ausgewertet.

Im Geschäftsjahr 1991/92 hat die TUI ein neues Instrument zur Messeerfolgskontrolle entwickelt, das bisher als Pilotprojekt auf der CMT Stuttgart zur Anwendung kam. Für jedes Zielgebiet werden rund ein Dutzend attraktiver Angebote aus den Katalogen in einem Faltblatt zusammengestellt. Diese sogenannten „Messe-Reisetips" werden auf der Messe an interessierte Besucher ausgegeben.

Mit einem Reisebüro wird eine Vereinbarung getroffen, daß vom Messestand aus drei telefonische Direktleitungen in dieses Büro geschaltet werden. Über eine Kurzwahl können die Besucher vom Stand aus dieses Reisebüro anrufen, das für Auskünfte zu den Reiseangeboten zur Verfügung steht und in dem auf Wunsch direkt Reservierungen vorgenommen werden können. Auf diese Weise kann am Messeende überprüft werden, wieviel Kontakte zum Reisebüro aufgenommen wurden.

3. Implikationen für die zukünftige Messepolitik der TUI

Einhergehend mit der Zunahme der Bedeutung des tertiären Sektors in der Wirtschaft ist davon auszugehen, daß auch die Anzahl der Dienstleistungsmessen weiter steigt. Dieser Trend wird zum einen bei den regionalen und lokalen Messen Platz greifen, die als räumlich begrenztes Kommunikationsereignis ein breites Publikum ansprechen. Zum anderen werden aber auch im Zuge der europäischen Integration internationale Dienstleistungsmessen in gleichem Maße an Bedeutung gewinnen, wie die Internationalisierung der Geschäftstätigkeit von Dienstleistungsunternehmen selbst zunimmt. Diese Messen werden sich primär an das Fachpublikum wenden. Konkret bedeutet dies für die TUI, daß Überlegungen angestellt werden müssen, ob und welche Messen auf internationaler Ebene beschickt werden sollen. Hier bietet sich für eine international operierende Gruppe, wie die TUI, das Pow Wow oder der World Travel Market in London an.

Allerdings finden diese Überlegungen Grenzen durch die mit der Messebeteiligungen verbundenen Kosten. Die stark steigenden Kosten der Messebeteiligung zwingen die Aussteller mehr denn je, ihre Messepolitik unter Aufwands- und Ertragsgesichtspunkten zu überdenken und die Effizienz und Effektivität zu erhöhen. Daher ist der Messeerfolgskontrolle und der systematischen Beteiligungsplanung zukünftig erheblich mehr Aufmerksamkeit zuzuwenden als bisher.

Literatur

GEHRING, W.: Auf irrationale Einflüsse müssen wir flexibel reagieren. iIn: FVW International, Nr. 5/91, 1991, S. 24.

GOEBEL, M.: Marketing für den Verbraucher. In: Rationeller Handel, Heft 1, 1974, (1979), S. 1–7.

GROTH, C.: Daten der einzelnen Plätze oft nicht vergleichbar. In: Handelsblatt Internationale Messen, (1992), 14.1.92, S. 38.

GROTH, C.: Meßlatten für die Messen. In: Blick durch die Wirtschaft, (1992 a), 17.03.1992, S. 1.

MEFFERT, H.: (1988), Messen und Ausstellungen als Marketinginstrument. In: Meffert, H./Goehrmann, K. E. (Hrsg.): Messen als Marketinginstrument. Düsseldorf (Verlag Wirtschaft und Finanzen GmbH) 1988.

O.V.: Messeplatz Berlin, ITB feiert ihr 25jähriges Jubiläum. In: Messen und Ausstellungen, 72. Jahrgang, (1991), 1/91, S. 46 ff.

REHBERGER, R.: Messebau – Heraus aus dem grauen Einerlei. In: Messen und Ausstellungen als Mittel der Absatzpolitik mittelständischer Herstellerbetriebe. Göttingen (Schwartz), 1986, S. 6.

SCHWENZNER, J. M.: 25 Gesetze der Standgestaltung. In: Messen und Ausstellungen, 70.Jahrgang, (1989), 5/89, S. 114 ff.

SPRYSS, W. M.: Die Standmitarbeiter sind der „Messe-Erfolgsfaktor". In: Handelsblatt, (1992), Nr. 9, 14.1.92, S. 38

THIESING, E.-O./DEGOTT, P.: Reiseveranstalter – Ziele, Aufgaben und rechtliche Stellung. In: Haedrich, G. (Hrsg.): Tourismus-Management. Berlin, New York: de Gruyter, 1992 (in Vorbereitung) (1992), 2.Auflage.

WORLD TRAVEL & TOURISM COUNCIL: „Tourismus in der Weltwirtschaft", Brüssel 1991.

Teil B

Einkaufende Unternehmen

Peter Müller

Messepolitik eines Versandhauses

1. Einführung

2. Zeitliche Besonderheiten eines Versandhauses

3. Messen zur Information und Kommunikation

4. Organisation des Messebesuchs

5. Bewertung einiger ausgewählter Messen

6. Fazit

Der vorliegende Beitrag basiert auf praktischen Erfahrungen und persönlichen Bewertungen von spezialisierten Einkäufern der OTTO-Gruppe sowie eigener Anschauung des Verfassers. Auf übergeordnete Ableitungen und Definitionen wird weitgehend verzichtet, da diese im Rahmen dieses Handbuchs an anderer Stelle behandelt werden.

1. Einführung

Als größte Versandhandelsgruppe der Welt erreicht OTTO aktuell auf eine Umsatzgrößenordnung von mehr als 20 Mrd. DM im Jahr zu. OTTO beschäftigt weltweit über 42.000 Mitarbeiter und ist heute auf drei Kontinenten in insgesamt 13 Ländern mit 28 Versandhandelsunternehmen vertreten.

Nach der Unternehmensgründung im August 1949 erschien der erste Katalog im Herbst 1950 mit 14 Seiten in einer Auflage von 300 Exemplaren. Heute präsentiert der OTTO-Hauptkatalog über 50.000 Artikelpositionen auf mehr als 1.300 Seiten. Das dort angebotene Basissortiment wird ergänzt und vertieft durch mehrere klar segmentierte Spezialkataloge. Das Gesamtangebot von OTTO in Deutschland bietet rund 4.000 Seiten pro Saison und erscheint in einer jährlichen Gesamtauflage von über 50 Mio. Exemplaren.

Mehr als 100 Einkäufer sind als erfahrene Spezialisten für ganz bestimmte Strecken in den verschiedenen Katalogen sowie für die Warenbeschaffung im In- und Ausland verantwortlich. Neben den Warenbezügen aus Deutschland, die rund 60 % des Umsatzes ausmachen, wird aus über 40 Ländern mit einer umfassenden Einkaufsorganisation (26 Büros in den wichtigsten Lieferländern) importiert.

Die Erstellung derart breiter und tiefer Sortimente bedarf naturgemäß einer fundierten Vorbereitung, die alle verfügbaren Informationen über das aktuelle Marktgeschehen einbeziehen muß. Hier spielen Messen eine besondere Rolle.

2. Zeitliche Besonderheiten eines Versandhauses

In der Messepolitik des Versandhandels ergibt sich im Vergleich zum stationären Einzelhandel ein entscheidender Unterschied aus der für die Vorbereitung und Produktion der verschiedenen Kataloge notwendigen längeren Vorlaufzeit.

Für die beiden sechsmonatigen Saisons eines jeden Jahres – Frühjahr/Sommer: Januar bis Juni, Herbst/Winter: Juli bis Dezember – beginnen die konzeptionellen Vorarbeiten von Einkauf, Verkauf, Marketing und Werbung bereits ein Jahr vor der nächsten zu planenden Saison. So entwickeln Marketing und Werbung im ersten Quartal eines Jahres sortimentspolitische Leitlinien und gestalterische Ideen für die Frühjahr/Sommer-Saison des folgenden Jahres, die dann in Arbeitsgesprächen mit dem Einkauf verdichtet werden.

Parallel werden die endgültigen Sortimentsentscheidungen für die kommende Herbst/ Winter-Saison in den Monaten Februar und März abgeschlossen. Gleich nach Verabschiedung der einzelnen Warengruppen beginnt die Fotografie. Daran schließen sich die Folgearbeiten (Tableauerstellung, Katalogproduktion usw.) an.

Neben dem Hauptkatalog wird an mehreren auf klar definierte Zielgruppen ausgerichteten Spezialkatalogen gearbeitet, die ebenfalls einer sorgfältigen Vorbereitung bedürfen, um Überschneidungen zum Basisangebot zu vermeiden und zusätzliche Kaufwünsche zu wecken. Dies alles ist nur mit einem bis ins Detail geplanten Termingerüst möglich, dessen genaue Einhaltung alle Beteiligten immer wieder vor höchste Anforderungen stellt.

Im Rahmen der Terminplanung des Einkaufs haben Messen in Deutschland ihren festen Platz. Ein grundsätzliches Problem ergibt sich jedoch daraus, daß die Termine der Messen primär auf den stationären Einzelhandel abgestimmt sind. Sie liegen für die Herbst/ Winter-Saison überwiegend im Februar und März des gleichen Jahres.

Demgegenüber werden erste Aufträge für den Katalog bereits im Rahmen der Importreisen ab November des vorhergehenden Jahres erteilt. Die letzten Artikelentscheidungen der textilen Bekleidungsbereiche werden im Februar/März für die Herbst/Winter-Saison getroffen, so daß einige Modemessen für die Kataloge nur teilweise berücksichtigt werden können.

Deshalb werden mit den wichtigsten Lieferanten schon vor den Messen Kollektionsgespräche (Hausvorlagen, Lieferantenbesuche) geführt. Vormusterungen finden beispielsweise bereits im Januar für Herbst/Winter (bzw. im Juli für Frühjahr/Sommer) statt.

3. Messen zur Information und Kommunikation

Sichere Sortimentsentscheidungen im Versandhandel setzen eine detaillierte Planung, eine klare konzeptionelle Ausrichtung der Kataloge sowie frühzeitige Informationen incl. Angebotsvergleiche und vor allem eine „gewisse Hand" voraus. Das konkrete Wissen um die anvisierten Zielgruppen ist ganz entscheidend: Was wollen die potentiellen Kunden? Wie reagieren sie auf publizierte Trends in Verbindung mit dem Katalogangebot? Was sind sie bereit auszugeben?

Für die Einkaufsbereiche unseres Hauses sind Messen generell ganz wichtige Informationsquellen zum Erkennen neuer Trends in der Mode, insbesondere in bezug auf Material, Formen und Farben. Obwohl die Messetermine mit dem zeitlichen Vorlauf unserer Sortimentserstellung für die Kataloge überwiegend nicht stimmig sind, wird die Teilnahme an Messen nicht in Frage gestellt, da zahlreiche Entwicklungen saisonübergreifend wirken.

Angesichts der Tatsache, daß zum Zeitpunkt der meisten Messen ein Großteil unserer Sortimente bereits entschieden ist, haben Messen weniger Bedeutung für die Auftragserteilung – dies nur begrenzt zur Abrundung der letzten Aktualität sowie für zeitlich später herauskommende Spezialkataloge. In jedem Fall werden Messen jedoch genutzt zur Absicherung der getroffenen Angebotsmaßnahmen für den Katalog. Dies gilt vor allem, weil anläßlich einer Messe innerhalb kurzer Zeit die komplette und übersichtliche Vorstellung einer gesamten Branche stattfindet und damit natürlich Maßstäbe gesetzt werden.

Messen sind für den Versandhandel auch deshalb unverzichtbar, weil hier eine einmalige Zusammenfassung des internationalen Angebots gezeigt wird. Ferner kann man zu einem Zeitpunkt und an einem Ort viele Interessen gleichzeitig bedienen. Aufmerksamkeitsstarke Präsentationen der auf Imagepflege bedachten Aussteller geben dem Einkäufer immer wieder neue Anregungen – nicht nur für das Sortiment, sondern auch für die Kataloggestaltung.

Messen können genutzt werden zum Auffrischen des Lieferantenstammes und der eigenen Produktpalette. Möglicherweise lassen sich Marktnischen und damit zusätzliche Umsatzchancen für den Katalog entdecken. Gleichermaßen kann die Messe Hinweise auf Angebotslücken im Katalog geben.

Auch für den Einkäufer des Versandhauses bietet die Messe einen komprimierten Vergleich verschiedener Lieferfirmen und der angebotenen Produkte im Hinblick auf Innovationen, Qualität, optische Ausstrahlung sowie die Reaktion der Messebesucher auf das gezeigte Angebot („wo bilden sich Menschentrauben?").

Messebesuche erlauben ein Urteil über die Qualifikation, Professionalität, Diskussionsfähigkeit der Geschäftspartner. Ein Einkäufer erwartet eine angemessene Standbesetzung: gutes allgemeines Verhalten, Fachkompetenz, ein Empfinden für die Interessenlage des Kunden.

Eine wesentliche Funktion von Messen besteht in den Möglichkeiten zur vielfältigen Kommunikation. Dies gilt einmal für die Pflege von Kontakten zu bestehenden Lieferanten als auch für das Kennenlernen von neuen Anbietern. Die direkt auf den Messeständen geführten Gespräche über Tendenzen, erste Messeergebnisse der Branche, Gängigkeit der angebotenen Kollektion, mögliche Verschiebungen in Farbthemen und Formen haben einen hohen Stellenwert für die Meinungsbildung der Einkäufer.

In kürzester Zeit ist es auf einer Messe möglich, viele Geschäftspartner und Branchenkollegen zu treffen, um dadurch ein kompaktes Bild über die Situation der Branche wie auch der eigenen Firma im Wettbewerb zu erhalten. Auch gibt es Gelegenheiten, „vor Ort" und mit frischen Eindrücken mit Kollegen aus unserer Unternehmensgruppe Erfahrungen auszutauschen. Insofern hat die Messe auch für den Versandhandel eine erhebliche Bedeutung als konzentriertes Kommunikationsforum.

Deshalb werden Messen nicht nur von spezialisierten Einkäufern, sondern auch von Einkaufsleitern, -direktoren und -vorständen besucht, die hier die Chance zu Kontakten und Fachgesprächen haben, zu denen es zum Beispiel aus Termingründen im restlichen Verlauf des Jahres zu selten kommt.

Andererseits werden auf der Messe nicht nur „Spitzengespräche" geführt, sondern es ist darüber hinaus sinnvoll, daß – z. B. im Rahmen der Nachwuchsförderung – zeitweise Substituten, Mitarbeiter der Qualitätssicherung sowie der Disposition sich ein Bild vom Branchengeschehen machen und in Einzelfällen auch konkrete Probleme klären können. Letzteres gilt allerdings nur eingeschränkt, da vielfach aufgrund des Besucherandrangs und des Zeitdrucks im Rahmen einer Messe konkrete Abwicklungsfragen oder ähnliches nur selten konzentriert besprochen werden können. In jedem Fall bedarf es hierzu einer vorherigen Themen- und Terminabstimmung.

Der Messebesuch stellt für neue Mitarbeiter eine gute Möglichkeit dar, sich im Rahmen ihrer Einarbeitung eine umfassende Marktinformation zu verschaffen. Angesichts des „Flairs" einer Messe ist ein Besuch für jüngere Mitarbeiter auch immer eine zusätzliche Motivation.

Neben saisonübergreifenden Trendinformationen bieten Messen Anlaß, die aktuellen Preise und Konditionen im Wettbewerbsvergleich zu überprüfen. Je nach Stimmungslage kann es durchaus sein, daß während einer Messe Verhandlungsergebnisse erzielt werden können, die zuvor nicht erreichbar schienen. Um hier zum Ziel zu kommen, bedarf es naturgemäß eines besonderen Gespürs des Einkäufers für die geeignete Gesprächsatmosphäre.

Je nach Geschäftsvolumen, Dauer sowie Intensität der Zusammenarbeit erhalten unsere Einkäufer häufig schon vor den Messen Informationen der wichtigsten Lieferanten über Neuheiten und die gezeigten Kollektionen. Dies ist für ein Versandhaus wegen des notwendigen zeitlichen Vorlaufs von substantieller Bedeutung. Außerdem kann der Messerundgang dann noch gezielter erfolgen.

Ein typischer Vorteil von Messen ist die Tatsache, daß die Möglichkeit besteht, – je nach Unternehmensgröße – den Inhaber oder die Unternehmensspitze zu treffen, um neben der Kontaktpflege auch übergeordnete Themen zu diskutieren. Außer der Beurteilung der allgemeinen Marktsituation sind uns Einschätzungen der Stammlieferanten zu unternehmensspezifischen Sonderfragen wichtig. Selbstverständlich erfordert ein derartiger Erfahrungsaustausch mit befreundeten Firmen genaue Terminabsprachen.

4. Organisation des Messebesuchs

Damit der Messebesuch für alle Beteiligten den größtmöglichen Nutzen hat, bedarf er einer sorgfältigen zeitlichen und inhaltlichen Vorbereitung.

Unsere Einkäufer vereinbaren für jeden Messebesuch vorab genaue Termine und klar gegliederte Diskussionspunkte mit den wichtigsten Ausstellern, um beim Besuch des Messestandes tatsächlich den kompetenten Gesprächspartner anzutreffen sowie die teilweise umfangreichen Kollektionen bzw. die technischen Neuentwicklungen sichten zu können.

Grundsätzlich erarbeitet der Einkäufer zusammen mit den Lieferanten einen Besuchsplan, dessen Termine er mit seinen Vorgesetzten abstimmt und gleichzeitig klärt, wer im einzelnen teilnimmt. Im Verlauf eines Messetages werden – soweit zeitlich einzurichten – kurze Treffen der Einkäufer eines Bereichs vereinbart, um Zwischenergebnisse der Prüfung der gezeigten Kollektionen bzw. der erfolgten Gespräche auszutauschen. Gleichzeitig besteht damit die Möglichkeit, den Kollegen auf Neuheiten bzw. Beobachtungen aufmerksam zu machen, die er sonst möglicherweise übersehen hätte.

Wegen der begrenzten Zeit statten sich unsere Einkäufer neben dem Besuchsplan mit detaillierten Unterlagen aus. Hierbei handelt es sich zum einen um allgemeine Trendinformationen aus der Fachpresse und zum anderen um bereichsinterne Seitenauswertungen der letzten beiden Saisons. Die Vorbereitung wird ergänzt durch vorkonzipierte Doppelseiten des Kataloges (Layout) mit spezifischen Artikelunterlagen (um gegebenenfalls ein Doppelseiten-Thema vervollständigen zu können), Aufzeichnungen aus den zeitlich vor dem Messebesuch liegenden Arbeitsgesprächen sowie der Sortimentsplanung, lieferantenbezogene Unterlagen (EDV-Ausdruck des Lieferantenbildes), Notizen zu konkreten Problemfällen (Lieferpünktlichkeit, Qualitätsausfall, Verpackung etc.), die – soweit Gelegenheit dazu besteht – konkret angesprochen werden können. Je nach Neigung und Talent gibt es einige Einkäufer, die eine komplette Datenbank per Taschencomputer mit sich führen.

Die Dauer des Messebesuchs schwankt – je nach Umfang der Messe und der internen Terminabläufe – zwischen einem Tag und maximal 3 Tagen. Zumeist beginnen die Einkäufer mit einem relativ schnellen Gesamtrundgang, an den sich gezielte Lieferantenbesuche anschließen. Soweit noch Zeit verbleibt, wird diese zur Information über artverwandte Warengruppen genutzt.

Zwar ist die detaillierte Vorbereitung eine wesentliche Voraussetzung für den Erfolg eines Messebesuchs, aber es ist nicht zu verkennen, daß die Realisierung des vorher geplanten Ablaufs auch von den Gegebenheiten am jeweiligen Besuchstag abhängt. So machen wir teilweise die Erfahrung, daß bei guter Konjunktur ein entsprechend großer Besucherandrang dazu führt, daß der gesamte Messeverlauf relativ hektisch wird und kaum Zeit zu konzentrierten Gesprächen läßt.

Ähnliches trifft zu, wenn die Messe für das breite Publikum geöffnet ist, weil dann räumlich wie zeitlich die Arbeitsbedingungen für die Fachbesucher beeinträchtigt werden. Natürlich sehen wir die Bedeutung von Messen für das Publikum – dies sind letztlich auch unsere Kunden – nur plädieren wir für bestimmte Tage bzw. Zeiten, die nur für Fachbesucher reserviert sein sollten. Darauf läßt sich dann die eigene Organisation des Messebesuchs einstellen. Beispielsweise kann das Ziel an einem Publikumstag sein, die Reaktionen der Konsumenten auf das präsentierte Angebot festzustellen.

Genauso wichtig wie die Vorbereitung des Messebesuchs ist die entsprechende Nachbearbeitung bei Rückkehr in die Firma. Hier wird eine Bewertung des Messeergebnisses zusammen mit Kollegen und Mitarbeitern vorgenommen. Neben den eigenen Aufzeichnungen sind der Messekatalog sowie gegebenenfalls Prospekte der einzelnen Aussteller Grundlage für die Erstellung eines Messeberichts. Dieser Bericht enthält Informationen über die besuchten Lieferanten sowie zu den gesehenen Neuheiten in Verbindung mit einer persönlichen Beurteilung der gesamten Messe. Diese Unterlage dient einerseits zur Unterrichtung des Einkaufsbereichs sowie andererseits als Basis für die systematische Weiterverfolgung der konkreten Besprechungsergebnisse.

Aufgrund des speziellen Termingerüstes bei der Vorbereitung von Katalogen kann allein schon die Auswahl der „richtigen" Messen entscheidend für ihren Wert für die Sortimentspolitik sein. Dabei konzentrieren sich die Einkäufer unseres Hauses im wesentlichen auf Messen in Deutschland. Die Zahl der Messen (1992: 117 Messen und Ausstellungen in

Deutschland!) und ihre Terminsetzung machen die Entscheidung schwer. Deshalb gilt es, Prioritäten zu setzen. Sorgfältige Vorplanung und genaue zeitliche Einteilung sind essentiell.

Generell bleibt kaum Zeit für Auslandsmessen. Wenn überhaupt, sind für unser Haus die Messen in Paris, Mailand und Bologna relevant. Im folgenden werden wir uns mit einigen Messen aus der Sicht verschiedener Einkaufsbereiche auseinandersetzen.

5. Bewertung einiger ausgewählter Messen

Die Messepolitik unserer Unternehmensgruppe wird geprägt durch die Beurteilung des vielfältigen Messeangebots durch den Facheinkauf. Die nachfolgenden Einschätzungen sind durch langjährige Erfahrungen fundierte, allerdings dennoch subjektive Stellungnahmen, die keinen Anspruch auf Vollständigkeit erheben.

Nach übereinstimmendem Urteil unserer Einkäufer für DOB (Damenoberbekleidung) ist die CPD ("Collections Premieren Düsseldorf") die wichtigste Messe. Sie findet an 3 Tagen jeweils Anfang Februar bzw. Anfang August statt. Damit liegt sie für unsere spezifischen Belange zwar auch relativ spät, da unsere Sortimente spätestens 4 Wochen nach der CPD zu 100 % abgeschlossen werden müssen, dennoch ist diese Messe für die Abrundung des Sortiments von entscheidender Bedeutung. Die CPD hat eine vorrangige Funktion als „Trendsetter", sie gibt Impulse für das Angebot und zeigt neue Farbtrends, Stilrichtungen und Qualitäten. Nach Meinung unserer Einkäufer sind die 3 Tage der CPD eher zu kurz, eine Ausdehnung um einen weiteren Tag wäre wünschenswert.

Die CPD hat für unsere Einkäufer einen besonders hohen Informationsgehalt und Kommunikationswert, da zu diesem Zeitpunkt an keinem anderen Platz der Welt so viele trendbestimmende Anbieter angetroffen werden können. Über 1.700 nationale und internationale Aussteller zeigen in 3 Tagen ihre Kollektionen. Da ist es für unsere Facheinkäufer naturgemäß schwer, in dieser kurzen Zeit einen Gesamtüberblick zu erhalten. Die CPD ist für uns die Messe, auf der im Bekleidungsbereich noch Aufträge placiert werden. Es gilt der Grundsatz: Je trendabhängiger das Angebot einer Katalogstrecke ausgerichtet ist, um so mehr Platz läßt der Einkauf für Entscheidungen während der Messe. In Einzelfällen sind die auf der CPD gesehenen Farbthemen Anlaß, bereits festgelegte Aufträge noch farblich umzustellen.

Auf der CPD wird traditionell für die kommende Herbst/Winter-Saison ein ausgereiftes Angebot im Bereich der Schwerkonfektion präsentiert. Außerdem sind hier klare Themen im Bereich der Kleider- und Kombinationsmode erkennbar. Im Bereich Röcke/Hosen/Blusen liegt ebenfalls ein Angebot vor, das teilweise aber noch nicht abgeschlossen ist.

Neben der CPD hat die InterJeans in Düsseldorf (jeweils zweite Februar- bzw. August-Woche eines Jahres) noch Relevanz für die Auftragsplacierung.

Mit ihrer relativ frühzeitigen Terminierung gestatten die Angebote dieser Messen noch eine begrenzte Aufnahme in den Hauptkatalog, der – wie ausgeführt – überwiegend im Laufe des Februar bis Mitte März für eine Herbst/Winter-Saison (für Frühjahr/Sommer entsprechend ein halbes Jahr versetzt) entschieden wird. Gleich anschließend bzw. nahezu parallel werden die Bekleidungsartikel von Mitte Februar bis Ende März fotografiert.

Hieran wird deutlich, daß im Grundsatz nur Messen, die bis zum 10. Februar bzw. August eines Jahres abgeschlossen sind, im Rahmen der Sortimentsentscheidung noch berücksichtigt werden können. Dies ist keineswegs etwa zwangsläufig ein Nachteil für die Erfolgswirksamkeit der Kataloge, da unsere Erfahrungen zeigen, daß die sogenannte „letzte Mode" durchaus nicht immer die erfolgreichste, d.h. umsatzstärkste Katalogstrecke ist.

Im Vergleich zur CPD hat die zwei Wochen später stattfindende Münchener Modewoche (Mitte Februar bzw. Mitte August) nur noch eine begrenzte Attraktivität, obwohl dieser Termin inzwischen vorgezogen wurde. In München sehen unsere Einkäufer kaum etwas Neues, so daß diese Messe eher eine regionale Bedeutung für den süddeutschen Raum, Norditalien, Österreich und die Schweiz erhält. Im Vergleich zur CPD werden in München lediglich einige Ergänzungen der bereits in Düsseldorf gezeigten Kollektionen erwartet.

Die zeitlich hinter der CPD und Münchener Modewoche liegende IGEDO in Düsseldorf (2. Woche März bzw. September) hat für unser Haus einen hohen Informationswert; sie kann aber für eine Auftragserteilung in den Stammsortimenten praktisch nicht mehr genutzt werden. Für Spezialkataloge jedoch, die im späteren Saisonverlauf mit besonders hohem modischen Anspruch erscheinen, werden anläßlich der IGEDO ergänzende Aufträge plaziert.

Unabhängig vom Termin halten wir die IGEDO für eine der maßgeblichen Messen für die DOB. Die Kollektionen für Kleider und Kombinationsmode sind komplett; Röcke/Hosen/Blusen sind ausgereift und Strick hat die notwendige breite Angebotspalette. Wenn auch für unseren Facheinkauf nur noch bedingt zeitlich nutzbar, so ist doch die IGEDO zur Abrundung äußerst wertvoll.

Die neue Messe in Berlin – die MODA – in der 3. Woche März bzw. September muß sich noch etablieren, gewinnt aber allmählich eine regionale Geltung für die neuen Bundesländer (so wie München für den süddeutschen Raum). Es kommt hinzu, daß das Angebot in Berlin im wesentlichen mit den auf der IGEDO gezeigten Kollektionen identisch ist.

Im Bereich der Herren-Konfektion (HAKA) ist die Mitte Januar bzw. Juli stattfindende „It's Cologne" zeitlich und inhaltlich besonders interessant. Ergänzend dazu gibt die Herren-Modewoche/InterJeans in Köln (2. Februar- bzw. August-Woche) einen aus unserer Sicht weltweit besten Überblick für die Herren-Konfektion insgesamt, vor allem für Jeans, Sportbekleidung und junge Mode. Darüber hinaus werden für die gesamte HAKA Trends für neue Muster, Farben, Stoffoptiken, Schnitte und Materialzusammensetzungen erkennbar.

Wegen des günstiger gelegenen Zeitpunkts können diese beiden Messen sortimentspolitisch noch gut genutzt werden. Einen hohen Stellenwert hat die Sichtung der Präsentationen international bekannter Markenhersteller. Die Kollektionen der deutschen Lieferanten werden teilweise schon vor der Messe in Hausvorlagen oder anläßlich von Lieferantenbesuchen präsentiert, so daß sie frühzeitig in die Sortimentsgestaltung einbezogen werden können.

Die ausländischen Messen in Frankreich, Italien, England und Portugal sind für die modischen Bereiche des Versandhandels zeitlich so angelegt, daß sie kaum berücksichtigt werden. Außerdem haben die deutschen Messen inzwischen einen überlegenen Qualitätsstandard.

Eine Ausnahme bilden die „Premiere Vision" in Paris und die „Pitti Filati" in Mailand Mitte März. Sie haben in gewissem Rahmen eine richtungweisende Funktion für künftige Material- und Farbtendenzen. Sie bestimmen teilweise über die Auswahlkriterien für die eingesetzten Stoffe das Preisgefüge der Konfektion. Diese Rolle übernimmt in Deutschland vor allem die Interstoff in Frankfurt (2. Woche April bzw. letzte Woche im Oktober). Hier gewinnen unsere Einkäufer richtungweisende Erkenntnisse über Farbthemen und Materialtendenzen, die für die übernächste Saison zu berücksichtigen sind. Diese Aussagen sind häufig noch entscheidender als Informationen zu den Formen. Wichtig sind ebenfalls Aussagen zur Entwicklung von neuen Qualitäten.

Für den Schuhbereich ist die GDS (Große Deutsche Schuhmusterschau) in Düsseldorf in der 3. Woche März bzw. September die wichtigste Messe, da sie sich nach unserem Urteil durch ihren internationalen Charakter auszeichnet und eine prägnante Bedeutung für den stationären Einzelhandel gewonnen hat. Für den Einkäufer des Versandhandels liegt diese Messe zu spät, dennoch ist sie von hohem Informationswert.

In Konkurrenz zur GDS ist die MICAM in Bologna getreten. Soweit sie zeitlich vor der GDS liegt, bietet sie eine umfassende Information über neue Modetendenzen sowie die Entwicklungen der maßgeblichen italienischen Schuhhersteller.

Die dominierende Veranstaltung für die letzten aktuellen Modeinformationen bleibt jedoch die GDS. Hier besteht Gelegenheit zum Gedankenaustausch mit kompetenten Gesprächspartnern nationaler und internationaler Herkunft, zur Kontaktaufnahme mit neuen Fabrikanten und Markenherstellern, außerdem können Erkenntnisse über den Leistungsstand von Anbietern auch außerhalb Europas gewonnen werden.

Wegen ihres frühen Zeitpunkts (2. Woche Januar bzw. 2. Woche Juni) hat die Gardasee-Messe eine besondere Funktion als Information über neue Trends in der Schuhmode. Im Gegensatz zu fernöstlichen Herstellern, die hier bereits komplette Kollektionen präsentieren, zeigen europäische Hersteller nur unvollständige Sortimente in standardisierter Ausrichtung. Offensichtlich gilt die Gardasee-Messe auch für die Aussteller der GDS als erste Möglichkeit, sich über neue Tendenzen zu informieren. Aufgrund ihres zeitlichen Vorlaufs setzt diese Messe gerade für den Versandhandel attraktive Modeimpulse.

Für den gesamten Sportbereich und natürlich auch für Sportschuhe ist die ISPO in München (letzte Woche Februar bzw. 1. Woche September) unverzichtbar. Sie gilt als größte Sportmesse der Welt: hier werden in nahezu einmaliger Vollständigkeit nationale wie internationale Angebote gezeigt. 3 Wochen vor der ISPO findet in Mailand die MIAS statt, die zwar überwiegend regionale Bedeutung hat, aber doch schon erste Tendenzen erkennen läßt.

Das besondere Gewicht der ISPO resultiert aus der Tatsache, daß hier international anerkannte Markenhersteller ihre Kollektionen präsentieren. Diese Firmen bestimmen den Trend, der den Sportbereich prägt. Wegen ihrer richtungweisenden Kompetenz wird die ISPO von den Einkäufern unserer Konzernfirmen teilweise täglich während ihrer Gesamtdauer von 4 Tagen besucht.

Ebenso wie für den Textil-Einkauf sind Messen für den Hartwarenbereich (Unterhaltungselektronik, Großgeräte, Möbel, Haushaltswaren, Sportartikel usw.) notwendige Veranstaltungen zur Information und Kommunikation.

Da konkrete Sortimentsentscheidungen teilweise allerdings schon Monate vor den einzelnen Fachmessen gefällt werden, ist der ständige Kontakt zu den wichtigsten Lieferanten zwischen den Messezeiten ganz besonders wichtig.

Zwar bleiben Messen ein maßgebliches Informationsinstrument, die Terminstellungen machen ihre Einbeziehung in die Katalogentscheidung für die Einkäufer jedoch zunehmend schwierig. Besonders problematisch wird es, wenn sich verschiedene, für einen Facheinkäufer besonders relevante Messen zeitlich überschneiden, der Einkäufer also zwangsläufig eine Messe vernachlässigen muß.

Ein Beispiel hierfür ist die Frankfurter Konsumgüter-Messe (3. Woche im Februar bzw. August), die in perfekter Organisation sowohl deutsche als auch ausländische Angebote komprimiert darbietet (insbesondere auf den Sektoren Haushaltswaren, Glas/Porzellan, Geschenkartikel, Kunsthandwerk). Sie ist für unsere Einkäufer die entscheidende Messe zur Marktinformation, zum Erkennen von Neuheiten und für den Überblick über das internationale Angebot. Diese Messe kollidiert allerdings zeitlich mit der MACEF in Mailand, die der Facheinkäufer nach Möglichkeit für einen zusätzlichen Überblick nutzen möchte.

Eine derartige Konkurrenz zwischen den einzelnen Messeplätzen stellen wir immer wieder fest, sie gehört jedoch offensichtlich zum „Geschäft". Für unsere Einkäufer entsteht dadurch der Eindruck, daß die Messegesellschaften sich in ihrer Terminplanung zu wenig an den Fachbesuchern, sondern mehr an eigenen Belangen im Hinblick auf die Flächenbelegung orientieren. Hier wird immer wieder der Wunsch nach einer übergeordneten Koordination der Messetermine laut.

Als spezielle Fachmesse hat unter anderem die Nürnberger Spielwarenmesse (2. Woche Februar) als sehr breit und tief angelegte Schau für Spielwaren und Weihnachtsdekoration einen hohen Stellenwert, die in einer geschickten Kombination der verschiedenen Fachbereiche einen ausgezeichneten Marktüberblick gewährt. In Einzelfällen werden hier Aufträge vergeben, um sich bestimmte Produkte exklusiv zu sichern.

Weitere, von unseren Einkäufern besuchte Fachmessen sind zum Beispiel die SPOGA (für Sport-, Gartengeräte und -Möbel), die IFMA (Fahrrad- und Motorrad-Messe), die Internationale Eisenwarenmesse, die insbesondere für Informationen über das Spezialgebiet Heimwerkerbedarf genutzt wird, sowie die DOMOTECHNICA (Klein- und Großelektrogeräte).

Gerade die DOMOTECHNICA ist für unsere Einkäufer eine Spezialmesse, auf der sich namhafte Markenhersteller mit zum Teil großem Aufwand präsentieren. Sie gibt einen breiten Überblick und dient vor allem auch der Kontaktpflege. Dennoch hat diese Messe in letzter Zeit an Gewicht verloren, da einige angesehene Aussteller nur noch alle zwei Jahre nach Köln kommen. Hohe Kosten und der Innovationsrhythmus der Branche werden als Gründe angegeben.

Zu nennen ist auch die CEBIT in Hannover, die als Fachmesse mit innovativen Produkten im Bereich der Computer und des Zubehörs gesehen wird, auf der Kapazitäten geblockt und spezielle Absprachen getroffen werden können.

In der Unterhaltungselektronik ist die alle zwei Jahre Anfang September in Berlin stattfindende Internationale Funkausstellung die einzige wirklich für uns relevante Messe. Die dort gezeigten Neuheiten sind für die Kataloge der kommenden Saison Frühjahr/Sommer praktisch kaum noch zu berücksichtigen, da die Sortimentsentscheidung überwiegend schon früher getroffen wurde. Durch gut ausgebaute Lieferantenkontakte werden die in Berlin präsentierten Innovationen jedoch vielfach unseren Einkäufern bereits vorher vorgestellt, so daß sie teilweise in die Kataloge aufgenommen werden können.

In jedem Fall ist die Funkausstellung unverzichtbar als umfassende Information über nationale und internationale Angebote sowie zur Kontaktpflege mit bestehenden Geschäftsverbindungen und Rekrutierung neuer Lieferanten. Es kommt hinzu, daß hier ein Zusammentreffen mit zahlreichen ausländischen Herstellern organisiert wird. Speziell zu diesem Zweck werden Gesprächstermine mit den einzelnen Firmen – teilweise bis zu 10 Wochen im voraus – vereinbart, da anderenfalls wegen des enormen Fachbesucher- und Publikumsandrangs kaum konzentrierte Gespräche möglich sind. Im Durchschnitt setzen wir bei der Funkausstellung als Besuchsdauer für die einzelnen Aussteller bis zu einer Stunde an, damit konkrete Fragen angesprochen werden können und ein Überblick über die Sortimente möglich ist.

Für die Unterhaltungselektronik sind überwiegend ganzjährige Sortimente typisch. Wegen des publikumswirksamen Umfeldes präsentieren Hersteller naturgemäß Neuheiten gern in Berlin. Die Funkausstellung ist insofern auch eine elementare Innovationsmesse.

Problematisch ist die Tatsache, daß im Rahmen der Funkausstellung keine Tage für Fachbesucher reserviert sind. So wichtig es für unsere Einkäufer ist, die Reaktionen des Publikums auf die vorgestellten Angebote zu erfassen, so wird doch teilweise durch den Andrang ein konzentriertes Arbeiten auf den Messeständen erschwert. Wir wissen, daß das Thema der Reservierung einiger Messetage ausschließlich für Fachbesucher eine ständige Diskussion ist.

Im Bereich der Heim- und Wohntextilien sind die DOMOTEX in Hannover (2. Januar-Woche) und HEIMTEX in Frankfurt (ebenfalls 2. Januar-Woche) die wichtigsten Messen, die einen Überblick über Modetrends und neue Entwicklungen geben. Die Auslandsmessen STAR in Mailand und PARITEX in Paris haben gegenüber den deutschen Messen nachgeordnete Bedeutung. Entscheidend sind für uns umfassende Informationen über Trends bezüglich Farben, Dessins, Formen und bestimmte Präsentationsmöglichkeiten zum frühestmöglichen Zeitpunkt.

Für den Bereich Möbel ist die Möbelmesse in Köln die größte und kompetenteste Fachmesse. 60 % der Aussteller sind Ausländer.

Dieser Messebesuch ist für die Zentraleinkäufer geradezu ein Pflichtfach. Die gesamte Ausstellungsdauer wird von unseren Fachleuten genutzt. Für Direktion und Vorstand ist die Messe in Köln wichtig zur Kontaktpflege und generellen Information. Der entscheidende Vorteil ist die internationale Ausrichtung. Wegen ihrer umfassenden Präsentation dieser

Branche erspart die Kölner Messe vielfach Reisekosten und Zeit, die durch Auslandsmessen entstehen würden.

Der Zeitpunkt der Kölner Messe Ende Januar kollidiert zwar mit hausinternen Planungsgesprächen, liegt jedoch gerade noch so, daß sortimentspolitische Höhepunkte gezielt verarbeitet werden können.

Als zeitlich günstig gilt für unsere Facheinkäufer die Möbelmesse in Mailand, die vom September in den April verlegt worden ist. Als Trendinformation für Farben und Stoffe, Formen und Funktionen hat die Mailänder Messe für uns an Bedeutung gewonnen. Es kommt hinzu, daß Italien angesichts seiner Kreativität ein für uns besonders wichtiges Bezugsland ist.

Die Möbelmesse in Kopenhagen hat für den Einkauf an Zugkraft verloren. Die Kompetenz für den Möbelmarkt Skandinavien ist zunehmend auf die nationale Messe in Herning/Jütland abgewandert. Diese Messe zeichnet sich durch zahlreiche neue Ideen und eine beachtliche Flexibilität aus. Geprägt wird das Angebotsbild naturgemäß durch Produkte aus massiver skandinavischer Kiefer. Die Messe dient nicht nur zur Sortimentsfindung, sondern wird auch zur preispolitischen Feinabstimmung genutzt.

Die Frühjahrsmesse M.O.W. Westfalen ist für den Möbelbereich zwar notwendig, aber auch sehr zeitaufwendig. Hierbei handelt es sich primär um eine Order- und Hausmesse. Die Konzentration mehrerer Lieferanten auf eine derartige Hausmesse erspart die sonst erforderlichen Einzelbesuche verschiedener Firmen. Noch wichtiger als im Frühjahr ist die M.O.W. Westfalen im Herbst (letzte Oktober-Woche), da sie 3 Monate vor der Möbelmesse in Köln bereits Signalwirkungen für Trends und Preisentwicklungen setzt. Neben der M.O.W. Westfalen haben die Hausmessen in Süddeutschland und Oberfranken unterschiedliche Ausprägungen für die verschiedenen Möbelsparten.

Für den Spezialbereich Leuchten ist noch die EUROLUCE in Mailand Mitte April erwähnenswert.

Eine Messe mit Spezialcharakter ist „Partner des Fortschritts" in Berlin, die jeweils im Juni eines Jahres stattfindet. Diese Messe hat weniger direkte Relevanz für die Sortimentsbildung, sondern sie gibt vor allem einen Überblick über das Angebot neuer Anbieterländer.

Das Vorziehen des Termins um rund 3 Monate ist eher günstig und eröffnet bessere Chancen für die Angebotserstellung. Speziell für unser Haus ist die PDF wichtig, um einen Überblick über Angebote aus Lieferländern zu erhalten, in denen wir keine eigenen Verbindungen über Büros oder Einkaufsagenten unterhalten. Gleichzeitig nutzen die uns bekannten Aussteller den Besuch in Berlin zu zusätzlichen Gesprächen mit unseren Einkaufs- und Importbereichen in Berlin oder auch in Hamburg. Eine spezielle Funktion hat die PDF zur Absicherung von Einfuhrquoten. Die Organisation der PDF hat sich inzwischen verbessert, insbesondere seit auch die Verteilung von sogenannten Zollkontingenten geregelt ist.

Neben der eigentlichen Verkaufsmesse PDF hat das organisierte Rahmenprogramm in Berlin in Form von Tagungen, speziellen Symposien und Seminaren eine besondere Bedeutung für die Import-Verantwortlichen unseres Hauses.

6. Fazit

Messen haben auch für ein Versandhaus eine unverzichtbare Funktion als Informationslieferant und Kommunikationsforum. Um eine noch größere Rolle als Ort der Auftragserteilung zu spielen, müßten die Messen wegen des zur Vorbereitung der Kataloge notwendigen zeitlichen Vorlaufs generell früher liegen.

Wegen des vielfältigen Messeangebots und des permanenten Zeitdrucks ist eine kritische Selektion der wichtigsten Veranstaltungen sowie eine sorgfältige Vorbereitung des Messebesuchs erforderlich.

Insgesamt halten wir das aktuelle Messeangebot in Deutschland für ausreichend und sehen es wegen seiner Internationalität, Professionalität sowie ausgereiften Organisation positiv.

Walter Oberhorner

Messepolitik eines Einkaufsverbandes

1. Entwicklung der Bekleidungs- und Modebranche
    1.1 Absatzmarkt – Textil- und Bekleidungsfachhandel
    1.2 Beschaffungsmarkt – Damenbekleidungsindustrie

2. Entwicklung der Bekleidungsmessen
    2.1 Ordermesse
    2.2 Informationsmesse

3. Modemessen der Zukunft
    3.1 Die „Multifunktionale Modemesse"
    3.2 Messe ohne Messegelände

4. Stellung und Beziehung des Einkaufsverbandes zu den Messen
    4.1 Der Einkaufsverband als Aussteller und Informationsgeber bei einer Bekleidungsmesse
    4.2 Der Einkaufsverband als Einkäufer und Informationsnehmer
    4.3 Der Einkaufsverband als Interessenvertreter seiner Anschlußhäuser gegenüber den Messegesellschaften

5. Bedeutung von Messen für einen Einkaufsverband

Messe stellen unter anderem Bündelungen von Angeboten dar. Einkaufsverbände sind Zusammenfassungen von Nachfragen. Deshalb haben beide naturgemäß viele Berührungspunkte und Verbindungslinien, aber sie unterliegen auch beide dem Zwang zum Interessenausgleich von zwei gegensätzlichen Marktpositionen. Nun gibt es in diesem Zusammenspiel nicht *die* Messe und *den* Einkaufsverband, sondern eine Vielzahl auf beiden Seiten mit großen Unterschieden, geprägt von den einzelnen Branchen und Wirtschaftszweigen mit ihren Entwicklungen.

Aus diesen Gründen kann dieser Beitrag die Beziehungen und Entwicklungen von Messe und Einkaufsverband nur an einem Beispiel aufzeigen, nämlich am Beispiel der Bekleidungsmessen als Fachmessen einerseits und andererseits der hadeka-Verbundgruppe, dem ältesten Einkaufsverband für eine große Zahl von kleinen und mittleren Textil- und Bekleidungsfachgeschäften.

1. Entwicklung der Bekleidungs- und Modebranche

1.1 Absatzmarkt – Textil- und Bekleidungsfachhandel

Die Entwicklungen im Angebotswesen für Mode und die Veränderungen im Verbraucherverhalten zwingen die Fachhändler zu anderen Informations- und Orderrhythmen. Frühe, umfassende Information über das Angebot, frühe Erstdispositionen und fast permanente Nachdispositionen in der Saison erzeugen zwangsläufig ein neues Einkaufsverhalten mit anderen Zeit- und Ablaufvorstellungen.

1.2 Beschaffungsmarkt – Damenbekleidungsindustrie

Traditionell wurden hier früher je eine Kollektion für die nächste Saison entworfen und erstellt. Heute sind es bis zu vier Kollektionen für die nächste Saison und Modeprogramme zum Nachordern für die laufende Saison. Ein immer größerer Teil der Fertigung wird im oft weit entfernten Ausland mit langen Vorlaufzeiten und Transportwegen vorgenommen. Die Bekleidungsmesse als „Marktplatz" für Angebot und Nachfrage muß diesen Entwicklungen gerecht werden.

2. Entwicklung der Bekleidungsmessen

2.1 Ordermesse

Die „Urform" der Messe, Angebot und Nachfrage, Aussteller und Einkaufer kamen zusammen, um das Angebot zu sichten und Aufträge zu erteilen. Diese Messeform bedingt schon eine umfassende vorherige Information des Einkäufers. Das heißt, der Messetermin liegt verhältnismäßig spät. Die Messe muß auch das umfassende Angebot der Branche erfassen.

Um der Konkurrenz keinen Einblick zu geben, wird hier mit geschlossenen großen Ständen und viel Betreuungspersonal gearbeitet. Die Verweildauer der Kunden auf den Messeständen ist verhältnißmäßig lang, die Wege auf dem Messegelände spielen keine entscheidende Rolle. Es genügt *eine* große Messe je Messestandort in der Einkaufssaison.

2.2 Informationsmesse

Bei diesem Typ von Fachmesse steht die Information des Einkäufers, die Kontaktsuche, neue Einkaufsquellen und neue Kunden im Vordergrund des Messegeschehens. Deshalb muß diese Messe sehr früh, eigentlich vor den Orderschwerpunkten liegen. Der Standaufbau ist kleiner, einheitlicher und offen zu sehen mit „Show-case"-Charakter, mit weniger, aber kompotentem Personal. Eine klare Gliederung der Messe mit zusammengefaßten Schwerpunkten und kürzeren Wegen prägen eine solche Messe.

Der Messeveranstalter muß die Einkäufer-Information mit Info-Veranstaltungen und Trend- und Modeschauen intensiv unterstützen.

3. Modemessen der Zukunft

3.1 Die „Multifunktionale Modemesse"

Die beiden reinrassigen Messetypen „Order-Messe" und „Info-Messe" können nicht lupenrein durchgeführt werden, weil sie zwangsläufig immer nur einem Teil der Aussteller und Einkäufer gerecht werden. Bedeutende Teile des Ordergeschehens finden in den neu entstandenen Modecentern, in denen permanente Vertretungen und Angebote der Hersteller präsentiert werden, statt. Deshalb kann der Typ der Zukunft nur eine „Multifunktionale Messe" sein. Hier hat das Messegeschehen zwei Schwerpunkte: *Ordern und Information.* Dies muß Aufbau, Ablauf, Gliederung und Termin der jeweiligen Modemesse berücksichtigen.

Abbildung 1 zeigt am Beispiel der neu organisierten Münchner Mode-Woche, wie eine solche „Multifunktionale Messe" gestaltet werden kann:

Klare Schwerpunkte in der Halleneinteilung in Order- und Info-Centern mit einer sinnvollen Artikelgruppen-Konzentration.

3.2 Messe ohne Messegelände

Ein neuer Messetyp im Reigen der Bekleidungsmessen kommt wieder auf: die „Messe ohne Messegelände" als reine Ordermesse zu einem späteren Zeitpunkt. Das Ordergeschehen findet in den Modecentren und Fashionhäusern statt. Die Messegesellschaft übernimmt die Terminkoordination, die Werbung und die Info- und Schauveranstaltungen.

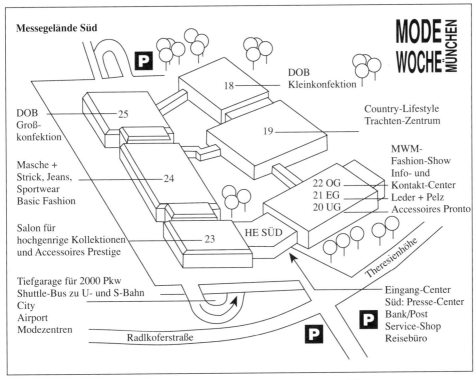

Abbildung 1: Modewoche München als Beispiel einer multifunktionalen Messe

4. Stellung und Beziehung des Einkaufsverbandes zu den Messen

Die Beziehungen eines Einkaufsverbandes zu den Bekleidungsmessen sind sehr eng und intensiv. Tritt er doch sehr oft in mehreren Funktionen auf:

– Aussteller und Informant
– Einkäufer und Informationsnehmer
– Interessenvertreter seiner Anschlußhäuser aus dem Fachhandel.

4.1 Der Einkaufsverband als Aussteller und Informationsgeber bei einer Bekleidungsmesse

Ein Einkaufsverband mit einem besonderen Schwerpunkt im Eigengeschäft mit eigenen exclusiven Kollektionen muß während den Bekleidungsmessen für seine Anschluß-Einzelhändler präsent sein. Deckt er doch einen hohen Prozentsatz der Saisonorder ab. Insbesondere ist der Einkaufsverband die umfassendste Informationsquelle für die angeschlossenen Fachhändler im Hinblick auf Modethemen und Preisentwicklung. Darüber hinaus unterhält der hier beispielhaft angeführte Einkaufsverband mit Erfolg Kontakt- und Leitstände für neue und alte Anschlußhäuser, die helfen, den Einkaufsverband bekannt zu machen, aber auch, den Anschlußhäusern Hilfestellung im Messeablauf zu geben.

4.2 Der Einkaufsverband als Einkäufer und Informationsnehmer

Ein Bekleidungs-, Einkaufs- und Marketingverband mit Eigengeschäft als Lagergeschäft in der laufenden Saison braucht die Bekleidungsmesse dringend zum verkaufssicheren Ordern, zum Selektieren seines Beschaffungsmarktes und zur umfassenden Information und Abklärung. Nur so kann das Eigenrisiko des Verbandes in kalkulierbaren Grenzen gehalten werden. Besonders wichtig ist dabei das Finden neuer Beschaffungsquellen aus dem Inland und insbesondere aus dem Ausland. Darum kann das Angebot einer Bekleidungsmesse für den Einkäufer eines Einkaufsverbandes gar nicht umfassend und international genug sein.

4.3 Der Einkaufsverband als Interessenvertreter seiner Anschlußhäuser gegenüber den Messegesellschaften

Diese Aufgabe ist für einen Einkaufsverband mit vielen Anschlußhäusern, die geographisch breit gestreut sind, sehr wichtig. Gerade für kleine und mittlere Fachhändler auf dem Bekleidungssektor ist das Zusammenstellen des Saisonsortiments und das Finden der dazugehörigen Lieferanten und Hersteller von existenzieller Bedeutung und wegen der kleinen Betriebsgröße und einem ständig notwendigen Wechsel von ca. 20 % seiner Beschaffungsquellen besonders schwierig.

Dies wird am Beispiel der Sortiments- und Lieferantkonzeption für die Anschlußhäuser der hadeka-Verbundgruppe besonders deutlich. Jedes Bezugsquellen-Kästchen muß in Vorbereitung eines Messebesuches und während der Messe mit Lieferantenangaben, Artikel-Stückzahlen, Einkaufswerten und Lieferzeiten bestückt werden (siehe Abbildung 2, Seite 461).

Bei einer breiten regionalen Streuung der Anschlußhäuser und bei den kleinen Betriebsgrößen, die nur einen verhältnismäßig kurzen, einmaligen Messebesuch erlauben, ist es ein besonderes Anliegen des Einkaufsverbandes eine regionale Aufteilung der Damenoberbekleidungsmessen zu erreichen. Dabei zeichnet sich zur Zeit eine sinnvolle Aufteilung des Einkäufermarktes zwischen Düsseldorf (Nord- und Westdeutschland, Benelux, Frankreich, Skandinavien), Berlin (Ostdeutschland, Osteuropa) und München (Süddeutschland, Österreich, Schweiz, Italien, Südosteuropa) ab.

Richttermine, kurze Wege, Info-Veranstaltungen, Verkaufsservice und so weiter sind ständige Themen des Einkaufsverbandes mit den Messeleitungen im Interesse seiner Anschlußhäuser und Mitglieder.

Preis-Niveau	hpv Marketing-System	Bezugsquellen		
		Verbund-Angebote	ZR und Vermittlungs-Lieferanten	Externe Marken-Lieferanten
Anfangspreislagen (fachhandelsgerecht)	PREIS Treff	90 %	10 %	
Untere Mitte		80 %	20 %	
Mittelpreislagen		60 %	30 %	10 %
Gehobene Mitte	FC FASHION COLLECTION	20 %	40 %	40 %
Untere Hochwertigkeit			50 %	50 %
Hochwertig			30 %	70 %

Abbildung 2: Sortiments- und Lieferanten-Konzeption der hpv-Marketing-Systeme

5. Bedeutung von Messen für einen Einkaufsverband

Die besonderen Problemfelder und Beziehungen zwischen Einkaufsverband und Messe, dargestellt an einem Beispiel, zeigen, welche große Bedeutung Messen für die Einkaufsverbände als Anbieter, Nachfrager und Interessenvertreter für ihre tägliche Zusammenarbeit in ihren Märkten haben. Dabei variieren die Bedeutungspunkte naturgemäß nach Branchen und Strukturen der Einkaufsverbände sehr stark.

Marc Ramelow

Messepolitik eines Einzelhändlers

1. Die Einkaufspolitik im textilen Einzelhandel
    1.1 Die zentrale Bedeutung der Sortimentspolitik
        im Marketing-Mix des Einzelhandels
    1.2 Betriebsformspezifische Einkaufspolitik

2. Die Bedeutung der Messe im Rahmen der Einkaufspolitik
    2.1 Von der Information zum Sortiment
    2.2 Die Messe als zentraler Bestandteil des Einkaufszyklus
    2.3 Selektion und Planung des Messebesuches

3. Kritische Faktoren des Messebesuches

4. Ausblick

1. Die Einkaufspolitik im textilen Einzelhandel

Die Messe als Veranstaltung mit Marktcharakter für anbietende und nachfragende Unternehmen ist seit langem ein umfangreiches Forschungsgebiet der Marketingwissenschaft. Im Rahmen der Analyse des Stellenwertes der Messe als Marketinginstrument beziehen sich die meisten Untersuchungen auf den Blickwinkel der Anbieter als Messeaussteller. In aller Regel wird hierbei die Messe als Bestandteil des Kommunikationsmix dargestellt. Im vorliegenden Beitrag soll dagegen versucht werden, die Bedeutung der Messe aus Sicht der Besucher darzustellen. Damit wird die Messe in den Bereich der Beschaffungs- bzw. Einkaufspolitik verlagert. Inwieweit dies einen zentralen Erfolgsfaktor im Textileinzelhandel darstellt, soll im folgenden verdeutlicht werden.

1.1 Die zentrale Bedeutung der Sortimentspolitik im Marketing-Mix des Einzelhandels

Was zeichnet das im Wettbewerb erfolgreiche Einzelhandelsunternehmen aus? Neben einer kosteneffizienten Organisation unter Nutzung von, zur Unternehmensgröße adäquat dimensionierten, Informationssystemen (z. B. Warenwirtschaftssystem) liegt ein zentraler Erfolgsfaktor in der Erlebnisorientierung. Dieses Schlagwort der 80er Jahre bezieht sich auf ein Zusammenspiel einer sortimentsspezifischen Warenpräsentation, einem zielgruppenorientierten Ladenbau in Verbindung mit einer darauf abgestimmten Kommunikationspolitik (Werbung, Schaufenstergestaltung). Damit soll dem Kunden neben dem reinen Produkt eine emotional konditionierte Zusatzleistung vermittelt werden, der Einkauf soll zum Erlebnis werden. Insbesondere textile Bekleidung, die aufgrund der Marktsättigung kaum mehr als Bedarfsgut bezeichnet werden kann, ist für eine derartige Verkaufsgestaltung prädestiniert. Der Modezyklus, angepaßt an die jahreszeitliche Saison, sowie die unterschiedlichen Modestilrichtungen geben immer neue Anregungen, den Verkauf von Bekleidung als Erlebnis zu gestalten.

Neben den Gestaltungsinstrumenten der Erlebnisorientierung bleibt jedoch das Produkt selbst im Mittelpunkt des Marketing-Mix des Einzelhandels. Dabei kommt es weniger auf das einzelne Produkt an, denn selbst Markenartikel sind keine Exklusivangebote weniger Geschäfte, sondern, zumindest in den größeren Einkaufsstädten, bei einer Vielzahl von Anbietern erhältlich. Viel wesentlicher ist das Zusammenspiel der einzelnen Artikel im Gesamtsortiment. Im Bereich der textilen Bekleidung gibt es im Gegensatz zu Konsumartikeln wie etwa Brillen oder Parfums eine nahezu unendliche Vielfalt von Artikeln, die in Form von Kollektionen angeboten werden. Das Erfolgsgeheimnis marktstarker Anbieter liegt in aller Regel darin, aus diesem unüberschaubaren Angebot ein strukturiertes Sortiment auszuwählen. Dabei kommt es nicht darauf an, möglichst viele verschiedene Modethemen und Artikel anbieten zu können, sondern dem Kunden mit dem eigenen Sortiment eine zielgruppenorientierte Vorauswahl zu präsentieren. Gelingt es dem Unternehmen, in seinem Sortiment ein klares Profil erkennen zu lassen, so ermöglicht dies einen Wettbewerbsvorteil, der von anderen Einzelhändlern nur schwer zu imitieren ist.

1.2 Betriebsformspezifische Einkaufspolitik

Je nach Betriebsform variieren die Entscheidungsträger, die das Angebotssortiment bestimmen. Im mittelständischen Einzelgeschäft liegt die Einkaufsverantwortung in aller Regel beim Inhaber-Einkäufer selbst. In größeren Unternehmen wird diese Aufgabe oftmals auf Abteilungsleiter-Einkäufer übertragen, die ressortspezifisch einkaufen (z. B. Großkonfektion, Artikel). Bei großen Filialunternehmen wird die Einkaufsfunktion dagegen in einem Zentraleinkauf konzentriert. Hier arbeiten Spezialisten, die ressortbezogen die Ware für alle Verkaufsstätten disponieren. Der Abteilungsleiter im Verkauf hat somit keine direkte Einkaufsfunktion mehr. Wird das Sortiment durch mehrere Einkäufer gestaltet, so erfordert dies eine Koordinierungsinstanz, z. B. in Form eines Einkaufsleiters.

Die Größe des Unternehmens hat auch direkten Einfluß auf den Einkaufsrhythmus (Vororder, Saisonmusterung, Nachkauf). Einkaufsvolumen, die eine eigene Importproduktion ermöglichen, erfordern z. T. eine Vorlaufzeit bis zu einem Jahr, bevor die Artikel in den Verkauf gelangen. Größere Herstelleraufträge mit frühzeitiger Order ermöglichen Sonderkonditionen, die die Kalkulation des Einzelhändlers verbessern. Dagegen haben kleinere Unternehmen den Vorteil, ihren zusätzlichen Bedarf je nach Abverkauf mitunter auch kurzfristig bei den Fabrikanten decken zu können, da diese fast immer Lagerware anbieten können.

2. Die Bedeutung der Messe im Rahmen der Einkaufspolitik

Für die Einkäufer im Textileinzelhandel sind Messen ein entscheidendes Element ihrer Planungs- und Ordertätigkeit. Nach den wesentlichen Typologisierungskriterien lassen sich die in Abbildung 1 dargestellten Modemessen unterscheiden.

Für den Besuch einer Messe lassen sich folgende Ziele definieren:

– Anbahnung und Pflege von Geschäftsbeziehungen
– Information über neue Trends und Anbieter
– Ermittlung kundenbezogener Bedürfnisse aus Herstellersicht
– Vorbereitung und Durchführung von Geschäftsabschlüssen
– Motivation/Fortbildung eigener Mitarbeiter durch Messebesuche
– Personalrecruiting für neue Mitarbeiter.

Diese Zielsetzungen zeigen, daß sich die Bedeutung der Messen zunehmend vom reinen Ordern bzw. Mustern zum Informieren und Erfahrungsaustausch verlagert. Modische Bekleidung und Textilien unterliegen dem Wandel der Mode. Dies erfordert in gleicher Weise einen stetigen Informationsfluß, um die Bedürfnisentwicklung und Modeorientierung der Konsumenten antizipieren zu können. In diesem Zusammenhang kann man die Messen auch als Vermittler innovativer Ideen bezeichnen. Die klassische Ordertätigkeit verliert demgegenüber an Bedeutung. Je nach Betriebsform und -größe werden Musterungen als Hausvorlagen der Lieferanten beim Einzelhändler durchgeführt oder in Räumlichkeiten der Fabrikanten (Show- und Orderräume, Modezentren) verlegt, was ein wesentlich ruhigeres und individuelleres Arbeiten an der Kollektion ermöglicht.

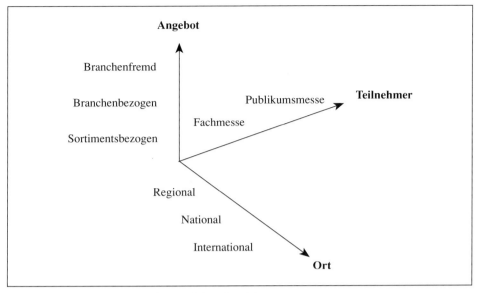

Abbildung 1: Messetypologie im Textileinzelhandel

2.1 Von der Information zum Sortiment

Im Rahmen der Einkaufsplanung des Textileinzelhandels stellt die Informationsgewinnung und -verarbeitung eine zentrale Erfolgskomponente dar. Modische Artikel sind ein extrem kurzlebiges Produkt, ihr „Verfallsdatum" wird durch Trends beeinflußt, die oftmals nur sehr schwer vorherzusehen sind. Wird ein Modetrend in seiner Entwicklung falsch eingeschätzt oder zu spät erkannt, so können daraus erhebliche Fehldispositionen entstehen, die oftmals den Erfolg des Unternehmens gefährden können.

Einen Überblick über den Ablauf der Einkaufssaison gibt Abbildung 2. Vor Beginn der Ordersaison beginnt für den Einkäufer in der Orientierungsphase die umfangreiche Informationsgewinnung. Neben internen Informationen (z. B. Abverkaufsstatistiken) spielen auch grundsätzliche Eckdaten wie Standort, Kundenstruktur, Verkaufsfläche und Betriebsform eine wichtige Rolle. Nicht zu unterschätzen sind die Erfahrungen der Verkaufsmitarbeiter mit dem Sortiment der vergangenen Saison. Bei den externen Informationen gilt zunächst der Überblick über aktuelle Trends des einzukaufenden Produktbereiches. Hier ist das Angebot aktueller sowie potentieller Lieferanten kennenzulernen. Daraus lassen sich Ideen gewinnen, die unter Umständen auch in Eigenproduktionsaufträgen realisiert werden können. Wichtige Bestandteile der externen Information sind neben den Messebesuchen Orderinformationen, Modenschauen und Fachpublikationen (z. B. Textilwirtschaft). Eine beliebte Informationsquelle sind auch Besuche von Konkurrenzanbietern (store check) zur Ideengewinnung über Schaufensterdekoration und Musterteilkäufe.

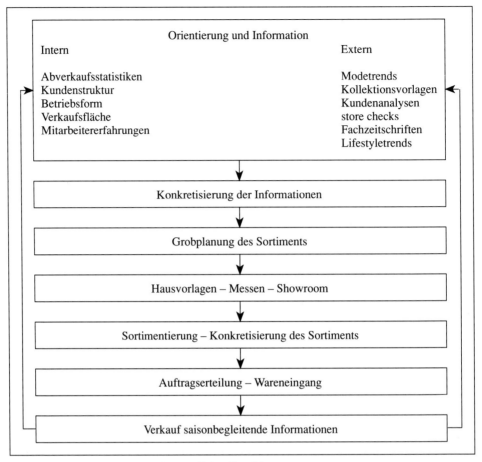

Abbildung 2: Einkaufsplanung im Textileinzelhandel

Nach der Orientierungsphase werden die Informationen konzentriert und als Grundlage einer ersten Grobplanung genutzt. Diese Einschätzung kann mitunter noch vor den ersten Kollektionsvorlagen erfolgen. Nach Sichtung des in Frage kommenden Angebotes in Form von Abmustern einzelner Artikel erfolgt die Reduzierung der Auswahl auf das eigentliche Sortiment. In der letzten Musterungsphase werden den Artikeln Stückzahl, Größeneinteilung und Farbenauswahl zugeordnet. Bei kleineren Einzelhandelsunternehmen erfolgt die Einkaufsplanung oft wesentlich einfacher. In aller Regel ordert der Einkäufer sofort bei der Kollektionsvorlage. Dies erfordert eine genaue Voreinschätzung des Marktes, da die Grundkonzeption des Sortimentes bereits beim ersten Ordertermin feststehen muß. Nach Wareneingang und Verkauf schließt sich der Informationskreislauf mit saisonbegleitenden internen und externen Informationsgrundlagen.

2.2 Die Messe als zentraler Bestandteil des Einkaufszyklus

Im Rahmen der Informationsgewinnung kommt der Messe als Marktbarometer und Ideenlieferant eine zentrale Bedeutung zu. Sie ermöglicht in zeitlich und örtlich konzentrierter Form eine Vielzahl von Kontakten mit Geschäftspartnern und Kollegen. Dabei sind sowohl bestehende wie auch potentiell interessante, neue Geschäftskontakte von Interesse. Die Messe ist zudem ein allgemeines Präsentationsforum neuer Trends. Über Ausstellungen und Trendinformationen neutraler Brancheninstitutionen (Deutsches Mode Institut, Internationales Wollsekretariat) werden Informationen angeboten, die insbesondere für die Einzelhändler von Bedeutung sind, die aufgrund ihrer Zeit- und Kostenrestriktionen einen weniger intensiven Kontakt zur Herstellerseite halten können. Daneben ist die Messe aber auch ein gesellschaftliches und oft auch kulturelles Ereignis. Mode als Verkaufsprodukt hat auch immer etwas mit Stil, Geschmack und ästhetischem Empfinden zu tun. Daher bieten Modenschauen, Festveranstaltungen und Kulturveranstaltungen wichtige stimulierende Eindrücke während einer Messereise.

Bezogen auf die Ordertätigkeit während einer Messe ist zu differenzieren, ob der Messetermin im Bereich des Vorkaufs (vor Einkaufsphase), während der Musterungszeit oder im nachhinein (Nachkauf) liegt. Oftmals werden Messeangebote der Aussteller für die neue Saison (Information und Terminkauf) mit aktueller Ware der laufenden Saison (Sofortauftrag) gemeinsam angeboten. Beispielhaft ist hier etwa die inzwischen so nicht mehr existierende Herrenmodemesse It's Cologne, die zum frühen Ordertermin Mitte Januar (für Herbst/Winter) bzw. Mitte Juli (für Frühjahr/Sommer) Trendinformationen lieferte und zugleich Nachkaufangebote für die laufende Saison anbot.

Letztlich beinhalten Messebesuche aber auch personalbezogene Aufgaben. Dies gilt sowohl für eigene Mitarbeiter, für die der Messebesuch Information und Motivation darstellt als auch für die Suche nach geeignetem Personal in der Branche.

Die Messe bietet im Vergleich zu anderen Informationsquellen eine Reihe von wesentlichen Vorteilen. Der direkte Kontakt mit den Lieferanten bietet ein hohes Maß persönlicher Kommunikation und Erfahrungsaustausch, die Konzentration der Vielzahl der Aussteller bietet die Möglichkeit unkomplizierter Kontaktaufnahme und -pflege. Fachmessen bieten zudem einen konzentrierten Marktüberblick mit geringen Streuverlusten. Demgegenüber stehen die mitunter hohen Kosten einer Messereise zum einen als direkte Kosten für Reise, Unterbringung und Eintritt, zum anderen als Zeitaufwand in der knapp befristeten Einkaufsphase.

Ein effizienter Messebesuch setzt eine genaue Selektion der in Frage kommenden Messen sowie eine adäquate Planung der Messe voraus. Welche Kriterien in diesem Zusammenhang zu berücksichtigen sind, soll im folgenden anhand eines Entscheidungsmodells (Scoringmodell) verdeutlicht werden.

2.3 Selektion und Planung des Messebesuches

Für den Einzelhändler, der vor der Frage steht, welche Messen er in welcher Art und Weise in seine Einkaufsphase integrieren soll, sind verschiedene Bewertungskriterien von Bedeutung. Nachfolgend sind die wichtigsten dieser Kriterien in eine Grobauswahl als Messeselektion und in eine Feinauswahl zur konkreten Messeplanung unterteilt (vgl. Abbildung 3). Im ersten Schritt läßt sich somit entscheiden, ob eine Messe für den Einzelhändler interessant ist. Nach einer Entscheidung für einen Messebesuch findet im zweiten Schritt die Detailplanung zur Vorbereitung der Messe statt. Inwieweit den entsprechenden Kriterien eine individuelle Gewichtung gegeben wird, liegt in den spezifischen Erfordernissen des Einzelhändlers.

Messeselektion	Angebot	– Messe mit Sortimentsbezug – Messe mit Branchenbezug – andere Messen
	Ort	– Regionale Messe – Nationale Messe – Internationale Messe
	Termin	– Vor Musterung – Während Musterung – Nach Musterung

Entscheidung über Messebesuch

Messeplanung	Teilnehmer	– Einkäufer – Inhaber – Mitarbeiter
	Aufgabe	– Information – Order/Einakuf – Kontakte
	Aussteller	– Bestehende Kontakte – Neue Kontakte
	Inhalte	– Messebesuch – Zusatzveranstaltungen – Messeumfeld
	Produkte	– Bestehende Sortimente – Neue Sortimente
	Rahmenbedingungen	– Zeitplan – Reservierungen – Anmeldungen

Abbildung 3: Entscheidungsmodell der Messeselektion und -planung

Im ersten Schritt sind die zu selektierenden Messeveranstaltungen nach ihrem Angebot zu bewerten. Zu unterscheiden sind Messen mit direktem Sortimentsbezug (z. B. die „Herrenmodewoche" Köln für Herrenbekleidung), Messen mit Branchenbezug (z. B. Konfektionsmessen mit anderen Sortimenten, Stoffmessen als Vorstufeninformation der Konfektionshersteller) und den branchenfremden Messen, die reinen Informationscharakter besitzen (z. B. „euroshop" für Ladeneinrichtung, „Ambiente" für Dekoration). Im nächsten Schritt ist zu prüfen, wo die Messe stattfindet. Eine regionale Messe (Ordertage der Modezentren) ist tendenziell eher für kurzfristige Auftragserteilung geeignet, wogegen internationale Messen („Pitti Uomo" in Florenz, „Sehm" in Paris) eher informative Bedeutung besitzen. Letztlich ist der Termin der Messe in Relation zum eigenen Einkaufszyklus zu prüfen. Frühe Messetermine haben in bezug auf den Informationswert höhere Bedeutung, wogegen späte Termine eher für Nachkäufe besucht werden.

Nach einer individuellen Gewichtung der Kriterien entscheidet der Einzelhändler über den Besuch der Messe. Fällt diese Entscheidung positiv aus, beginnt im zweiten Schritt die konkrete Planung zur Messevorbereitung. Zunächst sind hierbei die grundsätzlichen Ziele des Messebesuches zu bestimmen. Zu unterscheiden sind Order- bzw. Musterungskontakte und Informationskontakte. Danach ist festzulegen, wer die Messe besuchen soll. Neben den verantwortlichen Einkäufern, je nach Betriebsgröße und -form als Inhaber-Einkäufer oder Zentraleinkäufer, kommen auch leitende Mitarbeiter als Mitentscheider bzw. Meinungsbeeinflusser in Frage. Der Messebesuch als Motivation/Information von Verkaufsmitarbeiter mag die Teilnahme weiterer Besucher begründen.

Im folgenden ist eine Planung der Messekontakte vorzunehmen, die auch entscheidend für die Dauer des Messebesuches ist. Neben bestehenden Fabrikantenkontakten sollte immer Zeit für neue Kontakte eingeplant werden, um einen Überblick über den Querschnitt des Messeangebotes zu erhalten. Planbare Besuche bei bestehenden Ausstellerkontakten lassen sich mit Hilfe von Terminabsprachen konkretisieren und sichern zum vereinbarten Zeitpunkt einen effizienten Kontakt. In der schnellebigen Modebranche ist es von entscheidender Bedeutung, immer einen bestmöglichen Marktüberblick über Anbieter und deren Kollektionen zu haben.

Im nächsten Schritt sind die Inhalte des Messebesuches zu planen. Neben dem eigentlichen Messebesuch ist über die Teilnahme an Rahmenveranstaltungen zu entscheiden. Beispiele hierfür sind Orderinformationen zu Messebeginn über allgemeine Trends und Modenschauen als Querschnitt des Angebotes. Im weiteren sind auch Besuche von Wettbewerbern in der Messestadt zu planen, die neben Schaufenster- und Ladengestaltung auch durch ihre Sortimente Ideenlieferanten sind. Festveranstaltungen und Kulturausstellungen im Rahmenprogramm der Messe runden das Angebot ab. In bezug auf die Sortimente ist zu prüfen, inwieweit ein Überblick über bestehende Sortimente oder über neu ins Angebot aufzunehmende Produktgruppen gewonnen werden soll. Letzteres erfordert unter Umständen eine wesentlich detailliertere Vorbereitung, um potentiell interessante Anbieter finden zu können, da man nicht auf bestehende Erfahrungen zurückgreifen kann.

Letztlich sind die Rahmenbedingungen eines Messebesuches festzulegen. Hierzu zählen die Vorbestellung der Eintrittskarten, die Ausstellung eines Legitimationsausweises zum Messebesuch (bei Fachmessen) und Hotel- und Reisebuchungen in Verbindung mit einer genauen Terminierung. Dabei ist zu berücksichtigen, daß insbesondere Inhaber-Einkäufer den Sonntag zum Messebesuch favorisieren, wogegen Zentraleinkäufer die Wochentage aufgrund ihrer geringeren Besucherfrequenz bevorzugen.

3. Kritische Faktoren des Messebesuches

Im folgenden soll kurz auf einige zentrale Problembereiche eingegangen werden, die sich in Verbindung mit der Planung eines Messebesuches ergeben können.

Das Interesse des Einzelhändlers für eine Messe ist entscheidend von ihrem Veranstaltungstermin abhängig. Messen mit hohem Informationscharakter müssen sehr frühzeitig in der Ordersaison stattfinden, um ihren Aufgaben gerecht zu werden. Die internationalen Modemessen werden von den Einkäufern oftmals weniger aufgrund ihrer andersartigen Ausstellerstruktur sondern vielmehr wegen ihres frühen Termines besucht. Aktuelle Veränderungen der deutschen Modemessen verdeutlichen dies. So wurden die „Moda" Berlin und die „Modewoche" München um knapp vier Wochen vorverlegt, um in der laufenden Einkaufssaison Akzente setzen zu können. Da um frühe Termine ein reger Wettbewerb der Messeveranstalter besteht, die zudem auch noch für ausländische Besucher international zu koordinieren sind, lassen sich mitunter Terminüberschneidungen nicht vermeiden (z. B. „Collections" Premieren Düsseldorf und „Herrenmodewoche" Köln im Februar 1993). Dies stellt jedoch insbesondere kleinere Einzelhändler vor Planungsprobleme, da für sie der Messebesuch zur Auftragserteilung ein unverzichtbares Muß darstellt. Die wachsende Bedeutung der frühen Information führt zum Teil auch zur Einführung neuer Messeveranstaltungen wie etwa der „First View" Düsseldorf ab Januar 1993. Inwieweit diese zusätzlichen Veranstaltungen eine Berechtigung haben, bleibt abzuwarten, da in der Branche eine Tendenz zur Konzentration der Messebesuche zu erkennen ist. So wurde die Zusammenlegung der beiden Kölner Herrenmodemessen allgemein begrüßt.

Die direkten (Hotel, Flug) und indirekten (Zeitaufwand) Kosten eines Messebesuches stellen einen weiteren kritischen Faktor dar. Für kleinere Einzelhändler sind die mit einer Messe verbundenen Kosten oftmals ein kritischer Entscheidungsfaktor. Die Messe steht bei einer Kosten-Nutzen-Analyse im Wettbewerb mit anderen Informationsquellen (vgl. Abbildung 4). Hier ist individuell abzuwägen, inwieweit der persönliche Kontakt und die direkte Produktbesichtigung als wesentliche Vorteile des Messebesuches die Kosten rechtfertigen. Die Möglichkeit der Substitution ergibt sich auch bei der Order- und Musterungsfunktion. Bedeutende Anbieter verlagern die Auftragserteilung zunehmend in ihre eigenen Räume (Esprit, Hugo Boss) und die inzwischen flächendeckend verfügbaren, regionalen Modezentren bieten zudem den Vorteil von Sofortlagerware. Innerhalb einer Tagesreise kann hier der Einzelhändler seine wesentlichen Geschäftspartner antreffen, sich informieren und gegebenenfalls per Sofortauftrag aktuelle Ware im Lager absortieren und mitnehmen. Neben der Zeitersparnis bietet dies Absortieren aktueller Ware zudem den Vorteil, die eigene kapitalbindende Lagerhaltung zu minimieren.

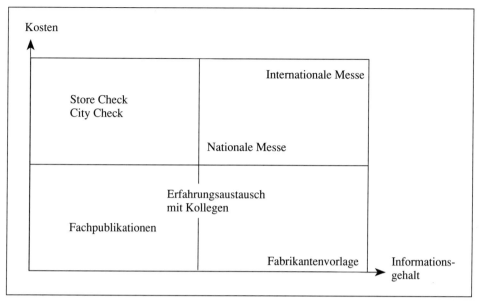

Abbildung 4: Informationsquellen der Einkaufspolitik

Weitere kritische Faktoren sind die Größe der Messe und ihr Segmentbezug, d. h. für welche Zielgruppe die Messe konzipiert ist. Der Besuch einer Messe soll dem Einzelhändler grundsätzlich ermöglichen, eine Struktur im Gesamtangebot zu erkennen. Da durch die wachsende Anbieterzahl die Messen immer unüberschaubarer werden und zudem neue Parallelveranstaltungen zur Profilierung einzelner Segmente hinzukommen („Düsseldorf Gallery" für hochwertige Damenbekleidung, „Fortezza Colonia" für Herrenmode), verliert der unerfahrene Messebesucher leicht den Überblick. Eine genauere Vorstrukturierung der Aussteller mit entsprechender Plazierung der Stände sowie eine informative Vorankündigung der Messeschwerpunkte sind wünschenswert. Die Bedeutung der konkreten Zielgruppenorientierung einer Messe läßt sich am Beispiel der Moda Berlin verdeutlichen. Diese, nach der Wiedervereinigung Deutschlands ins Leben gerufene Veranstaltung zur Wiederbelebung des bis dahin seit Kriegsende verwaisten Modeplatzes Berlin ist in ihrer Ausrichtung eindeutig auf die Bedürfnisse der Einzelhändler der neuen Bundesländer

---

Thema: Wie besuche ich eine Messe?

1. Messebesuch, Planung und Vorgehensweise Informations- und Orderverhalten
2. Mode wirkungsvoll verkaufen
3. Juristische Fragen im Textileinzelhandel
4. Kalkulation und Abschriftenproblematik
5. Podiumsdiskussion

Abbildung 5: Handelsseminare Moda Berlin Frühjahr 1992

ausgerichtet. Sowohl in den Zusatzveranstaltungen wie auch in der Ausstellerstruktur werden die zur Zeit noch vorhandenen besonderen Bedürfnisse der ostdeutschen Messebesucher berücksichtigt (vgl. Abbildung 5).

Ein anderer, oftmals in der Kritik stehender, Problembereich sind die Arbeitsbedingungen auf einer Messe. Die begrenzte Größe der Ausstellerstände führt leicht zu drangvoller Enge und läßt ein konzentriertes Arbeiten an den Kollektionen unmöglich werden. Die restriktiven Bedingungen einzelner Veranstalter (z. B. „It's Cologne") in bezug auf Standgestaltung und Präsentation der Ware verhindern mitunter eine adäquate Darstellung der Sortimente. Hinzu kommen die für die Besucher wünschenswerten Rahmenbedingungen, wie eine ausreichende Infrastruktur des Messegeländes, Gastronomie und die Präsenz von Verbänden und Beratungsgesellschaften zur allgemeinen Brancheninformation.

Letztes Problem in der Analyse des Messebesuches ist die Effizienzkontrolle am Ende der Messereise. Bislang gibt es weder für Aussteller noch Besucher eine sinnvolle Datenbasis zur qualitativen Beurteilung einer Messe. Quantitative Erhebungen wie z. B. das geordnete Auftragsvolumen oder die Anzahl getätigter Kontakte sind für eine Bewertung des Messebesuches nicht ausreichend. Gerade im Zusammenhang mit der Informationsgewinnung sollte hier eine differenziertere Bewertung auf Basis qualitativer Kriterien stattfinden. Es ist von entscheidender Bedeutung, daß der Einzelhändler neben der Planung auch eine ausreichende Ergebniskontrolle vornimmt, um die zukünftigen Messebesuche effizienter gestalten zu können.

4. Ausblick

In der Kürze des Beitrags ließen sich viele Aspekte der Bedeutung eines Messebesuches für den Textileinzelhändler nur schemenhaft skizzieren. Als abschließende Tendenzen läßt sich feststellen, daß die Modemesse als Informationslieferant im Rahmen einer frühen Sortimentsplanung an Bedeutung weiter gewinnen wird. Die klassische Aufgabe als Order- und Mustermesse wird dagegen zukünftig weiter an Bedeutung verlieren. Der Trend marktstarker Anbieter, die Auftragserteilung in ihre Räume zu verlagern, zwingt vor allem kleinere Einzelhändler zu einer genaueren Einkaufsplanung. Dies bietet jedoch auch die Möglichkeit, den Kontakt zu wichtigen Lieferanten zu intensivieren, da auch in der laufenden Saison Terminabsprachen getroffen werden können. Dies gewinnt insbesondere bei den Anbietern an Bedeutung, die außerhalb der klassischen Orderrythmen Zwischenkollektionen anbieten. Damit besteht die Möglichkeit, die kooperative Zusammenarbeit zwischen Hersteller und Handel weiter auszubauen, um in dem zunehmenden Wettbewerb seine Position behaupten zu können. Um dem Hersteller in dieser Beziehung als kompetenter Gesprächspartner gegenüberstehen zu können, werden Messen für den Einzelhändler auch zukünftig unverzichtbar sein.

Horst Sandvoß

Messepolitik eines Industrieunternehmens

1. Stellenwert der Messeaktivitäten

2. Stoßrichtungen der Einkaufs-Messepolitik
    2.1 Zuliefersektor
        2.1.1 Besuche ausgewählter Messen und Ausstellungen
        2.1.2 Einkaufsstände auf Messe
        2.1.3 Unternehmensinterne Einkaufsmessen
            mit segmentiertem Zuliefermarkt
    2.2 Sektor Investitionsgüter

3. Zusammenfassung

Literatur

1. Stellenwert der Messeaktivitäten

Besuche auf Messen und Ausstellungen sind ein wichtiger Bestandteil des Einkaufsmarketing. Sie ermöglichen dem Einkäufer, bei einfachem Reiseaufwand, konzentriert und vor Ort

– bestehende Kontakte zu pflegen,
– neue potentielle Lieferanten kennenzulernen sowie
– das Herausfinden neuer Techniken und Verfahren.

Vor allem letzteres verhilft dem Einkäufer zum Übergang vom verwaltenden Einkauf zur gestaltenden Einkaufspolitik, indem jüngste Forschungsergebnisse, innovative technische Trends für Verfahren und Produkte, sowie neue Werkstoffe für künftige Einkaufsteile neuer Erzeugnisse in das Spektrum des Einkaufsprogramms einbezogen werden können. Messen sind darüber hinaus eine effiziente Informationsbörse hinsichtlich der Möglichkeiten und Ziele eines Global Sourcing. Messen erleichtern in diesem Sinne

– die Schaffung internationaler Markttransparenz,
– die Möglichkeit, Einkaufspreise vor Ort international zu vergleichen und
– die Prüfung des internationalen Lieferanten-Know-hows (vgl. Diller, 1989, S. 564).

Die Vielzahl der angebotenen Messen und Ausstellungen macht ein sorgfältiges Selektieren notwendig. Deshalb sind Fachmessen (Branchenmessen) zu bevorzugen. Diese Veranstaltungen sollen Einkäufern Gelegenheit geben, aus einem bewußt begrenzten und am speziellen Bedarf ausgerichteten Angebot auszuwählen (vgl. Nieschlag/Dichtl/Hörschgen, 1983, S. 318). Der Ausstellungs- und Messe-Ausschuß der Deutschen Wirtschaft e.V. (AUMA) mit Sitz in Köln gibt verschiedene kostenlose Veröffentlichungen über nationale und internationale Messeaktivitäten heraus (vgl. Layer, 1988, S. 44).

Insbesondere Messen im Sektor Investitionsgüter und Zulieferteile wie zum Teil in Hannover, München, Düsseldorf, Paris, Mailand, Birmingham usw. werden deshalb bevorzugt besucht. Darüberhinaus sind schließlich materialfeld- oder länderspezifische Messen ergiebig, da der Facheinkäufer hier noch konzentrierte Informationen erhält und Gespräche führen kann.

In Abschnitt 2.1 werden nun die verschiedenen Stoßrichtungen der Einkaufs-Messepolitik erläutert. Es sind:

– Besuche ausgewählter Messen und Ausstellungen;
– Einkaufsstände auf Messen;
– Unternehmensinterne Einkaufsmessen mit segmentiertem Zuliefermarkt.

Anschließend erfolgt in Abschnitt 2.2 die Darstellung der Messeaktivitäten im Sektor Investitionsgüter.

2. Stoßrichtungen der Einkaufs-Messepolitik

2.1 Zuliefersektor

2.1.1 Besuche ausgewählter Messen und Ausstellungen

Jeder Facheinkäufer hat die Möglichkeit, entweder spezialisierte Ausstellungen oder allgemeine Zuliefermessen aufzusuchen. So bevorzugen die Kunststoffspezialisten beispielsweise die Kunststoffmesse in Düsseldorf oder die Einkäufer für elektronische Bauelemente die „electronica" in München. Für allgemein interessierte Facheinkäufer bieten sich zum Beispiel die Hannover Messe, die Midest in Paris oder die Subcon in Birmingham an. Diese Stoßrichtungen der Messepolitik bieten einige Vorteile. Der Einkäufer bekommt einen breiten Überblick bezüglich neuer Lieferanten, innovativer Verfahren sowie neu entwickelter Werkstoffe. Dem steht insgesamt ein verhältnismäßig geringer Aufwand gegenüber. Außerdem kann der Einkäufer seinen Messebesuch individuell gestalten. Nachteile sind zum einen häufig große Wege auf dem Messegelände, die weniger Messestandbesuche bedingen; andererseits handelt es sich hier um eine sehr personalintensive Variante, da Einkäufer aller Fertigungsstandorte daran teilnehmen.

Vorbedingung für eine erfolgreiche Informationsbeschaffung auf Messen sind jedoch eine gründliche Vorbereitungen, wie etwa die Ermittlung der relevanten Lieferanten, die besucht werden sollen oder der Entwurf eines Besuchsplans (vgl. Arnolds/Heege/Tussing, 1985, S. 124). Alles in allem stellen Besuche auf ausgewählten Fachmessen eine sinnvolle Ergänzung zu den beiden folgenden Ansätzen der Messepolitik dar.

2.1.2 Einkaufsstände auf Messen

Diese Form der Beteiligung an Fachmessen ermöglicht für Einkaufsabteilungen großer Firmen bei relativ geringem Personalaufwand eine Ausstellung der wichtigsten Einkaufsobjekte. Neben gezielten Messestandbesuchen von Lieferanten steht vor allem die eigene Präsenz auf einer umfassenden Zuliefermesse im Vordergrund. Ziel ist es, durch eine Musterteileausstellung aller Fertigungsstandorte Lieferanten anzusprechen, die für eine mögliche Geschäftsbeziehung in Betracht kommen können. Diese gezielte Darbietung der Nachfrage gewährleistet sowohl eine klar abgegrenzte Zielgruppenansprache auf der Lieferantenseite als auch die Zusammenfügung von Nachfrage und Angebot im internationalem Maßstab.

Möglichkeiten der Ausgestaltung dieser Vorgehensweise lassen des weiteren zu, solche Veranstaltungen auch außerhalb von Messen unternehmensintern durchzuführen. Dies bietet sich z. B. auf dem italienischen Beschaffungsmarkt an, da durch mehrsprachiges Standpersonal Fremdsprachenbarrieren vermieden werden. In Zusammenarbeit mit einer Industrie- und Handelskammer kann z. B. eine Einkaufsausstellung ausgerichtet werden, die dann auf Empfehlung der Kammer von ausgewählten italienischen Lieferanten besucht wird. Der Aussteller hegt die Erwartung, daß sich von diesen Anbietern eine beachtliche Zahl kompetenter Lieferanten neu qualifiziert.

Allerdings ist diese Alternative der Messepolitik mit etwas höherem Kostenaufwand verbunden, da die Infrastruktur einer Messe nicht genutzt werden kann. Jedoch sind das Auffinden neuer, interessierter Lieferanten, die Beobachtung fortschrittlicher Fertigungstechniken oder gar innovativer Technologien nur einige Gesichtspunkte, welche die höhere Kostenintensität mehr als kompensieren.

2.1.3 Unternehmensinterne Einkaufsmessen mit segmentiertem Zuliefermarkt

Unter Einkaufsmarktsegmentierung ist die Aufteilung eines Marktes in klar abgegrenzte Gruppen von Lieferanten oder auch Materialfeldern zu verstehen (vgl. Kotler, 1982, S. 202 ff.). Die auf der Vertriebsseite beschriebene Marktsegmentierung kann auch auf den Einkaufsbereich übertragen werden, wobei je nach Materialfeldkonstellation geographische oder demographische Segmentierungen zum Einsatz kommen. Dies erfolgt am besten, indem man Einkaufsmärkte nach A-Lieferanten eventuell auch nach Schwerpunkten von Materialfeldern untergliedert und anschließend regionale Gruppen bildet.

In diesem Sinne ist die unternehmensinterne Einkaufsmesse eine sehr konzentrierte Form der Einkaufsmessepolitik. Dies gilt für materialfeldspezifische, insbesondere aber für länder- bzw. ländergruppenorientierte Ausstellungen. Hierbei wirkt ein gezieltes Ausstellungsangebot für einen klar umgrenzten Markt mit einer entsprechenden Zielgruppenansprache auf die Einkäuferseite. Diese Alternative gewährleistet in einem noch stärkeren Umfang als das Einrichten eines Einkaufstands die Kommunikation zwischen Lieferant und Einkäufer. Hier können spezielle Anwendungsprobleme innerhalb kurzer Zeit optimal mit allen potentiellen Gesprächspartnern diskutiert und gelöst werden (vgl. o.V., 1989, S. 55).

Weiter haben unternehmensinterne Einkaufsmessen den Vorteil, daß die Facheinkäufer auf vorher ausgewählte Anbieter treffen, die sich in dem für den Einkauf relevanten Produktionsspektrum bewegen. Dies setzt aber einen entsprechend hohen Koordinationsaufwand im Unternehmen voraus. Die Lieferantenauswahl obliegt Einkaufsbüros und Tochtergesellschaften im Ausland, externen Beschaffungsmittlern oder einer zentralen Einkaufskoordination, da Marktkenntnis und bereits durchgeführte Lieferantenbesuche obligatorisch für das Gelingen solcher Veranstaltungen sind. Denn Ziel ist die Präsentation von Zulieferern, die fertigungstechnisch, qualitativ, logistisch und preislich aussichtsreiche Potentiale anbieten können.

Die Öffnung der Märkte Osteuropas wird auch für den Einkauf immer bedeutsamer und muß zielorientiert genutzt werden. Dazu ein Beispiel aus der Praxis: Die Bosch-Zentralabteilung Einkauf veranstaltete eine Facheinkäufertagung „Gußteile" in regionaler Nähe Osteuropas. Alle Guß-Einkäufer der europäischen Werke nahmen daran teil. Gastgeber war das Bosch-Einkaufsbüro für Osteuropa mit Sitz in Wien, das auch die anschließende Einkaufsmesse ausrichtete, zu der Delegationen von potentiellen Lieferanten für Gußteile aus Bulgarien, der Tschechoslowakei, dem ehemaligen Jugoslawien, Polen, Ungarn und der ehemaligen Sowjetunion kamen. Die Facheinkäufer konnten die Qualität des Angebots prüfen und konkrete Ansatzpunkte im Detail durchsprechen.

In dieser Form kann man weitere Facheinkäufertagungen je nach Materialfeld an anderen ausländischen Standorten organisieren. Kompetente Teilelieferanten der ausländischen

Region werden hierzu eingeladen um ihr Leistungspotential, Know-how und Produkte auszustellen.

Das Vorgehen zeigt, wie materialfeldspezifische und länderbezogene Aspekte des Einkaufs innerhalb einer Ausstellung in sehr konzentrierter Form vereinigt werden können. Diese Alternative ist aber auch die kostenintensivste Lösung, da neben den Reisekosten der Facheinkäufer auch zusätzliche Veranstaltungskosten anfallen, die auch im Angebot der Messegesellschaften enthalten sind. Hier ist jedoch die konzentrierte Form für schnelle Ergebnisse ausschlaggebend und daher eine erfolgversprechende Variante.

Die *Entscheidung für eine der drei Stoßrichtungen* der Einkaufs-Messepolitik muß schließlich sorgfältig hinsichtlich Kosten und Nutzen abgewogen werden. Sicherlich sind die beiden dargestellten Alternativen zu allgemeinen Messebesuchen eine gute Ergänzung, welche die Beschaffungsmarktforschung abrunden. In folgender Abbildung sind die Vor- und Nachteile der drei Altenativen nochmals zusammengefaßt (Abbildung 1).

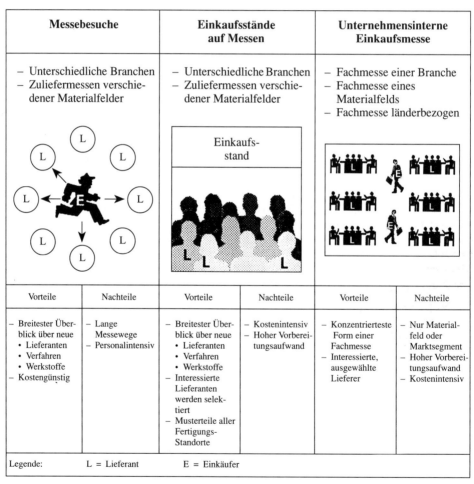

Abbildung 1: Stoßrichtungen der Einkaufs-Messepolitik

2.2 Sektor Investitionsgüter

Ziel der Besucher von Investitionsgüter-Messen ist einerseits die Kontaktpflege mit den bekannten Lieferanten und andererseits das Kennenlernen neuer Zulieferer im In- und Ausland sowie von Technologien und Verfahren, die in das Unternehmen eingebracht werden können.

In diesem Bereich wird der Besuch von ausgewählten Industriemessen bevorzugt. Denn hier dominiert die fragmentierte Nachfrage mit spezifischen Anforderungen an die Ausstellungsobjekte. Der Einkäufer benötigt dieses breite Angebot, damit er gezielt den Anbieterkreis ansprechen und vergleichen kann, um eine optimale Erfüllung der Pflichtenhefte seiner Anfrageprojekte zu erreichen.

Demzufolge geht der Einkaufsspezialist für bestimmte Felder von Investitionsgütern gezielt auf Messen, auf denen er sich auf sein spezifisches Arbeitsgebiet konzentrieren kann. Beispiele sind die Hannover Messe, die „METAV" und „K" in Düsseldorf für Metall- bzw. Kunststoffbearbeitung, die „EMO" (Internationale Messe für Werkzeugmaschinen) mit wechselnden Standorten oder z. B. die „MACH" in Birmingham (Werkzeugmaschinen-Fertigungstechnologie).

Als Ergänzung und zum Teil auch als Ersatz haben für bestimmte Werkzeugmaschinenhersteller sogenannte Hausmessen eine gewisse Bedeutung erlangt. Häufig sind es Kostengründe oder zu geringe Ausstellungsflächen auf renommierten Messen, die diese Hersteller dazu bewegen, temporär auf die Teilnahme an Fachmessen zu verzichten. Mit Hilfe eigener Hausmessen, zu der in der Regel alle bekannten Interessenten eingeladen werden, besteht die Möglichkeit, das komplette Angebotsspektrum zu präsentieren. Ein Vorteil für den spezialisierten Einkäufer ist, daß er optimal selektieren kann. Dagegen spricht die Tatsache, daß zu viele Veranstaltungen kosten-, reise- und personalintensiv sind. Ferner läuft auch der Aussteller Gefahr, sich von bestimmten Kundensegmenten abzukoppeln, da nicht alle potentiellen Verwender angesprochen werden können.

3. Zusammenfassung

Alle möglichen Formen von Messe-Aktivitäten seitens des Einkaufs bieten dem Beschaffungsmarktforscher eine gute Gelegenheit, seine Kenntnisse über neue Lieferanten, technische Neuerungen, verbesserte Produktionsverfahren, Substitutionsgüter und zukünftige technische Entwicklungen zu erweitern (vgl. Arnolds/Heege/Tussing, 1985, S. 123). Als wichtiger Bestandteil eines hinreichend funktionierenden Einkaufsmarketings sind sie deshalb unentbehrlich.

Literatur

ARNOLDS, H.; HEEGE, F.; TUSSING, W. (1985): Materialwirtschaft und Einkauf, 4. überarbeitete und erweiterte Auflage, Wiesbaden 1985.
DILLER, U.: Global Sourcing. Eine Herausforderung an das Management, in: Wildemann (Hrsg.), Kundennahe Produktion und Zulieferung durch Just-in-Time. München 1989, S. 559–570.
KOTLER, P. : Marketing-Management: Analyse, Planung und Kontrolle, 4. Auflage. Stuttgart 1982.
LAYER, G. B.: Internationale Messen, der Beschaffungsmarkt vor Ort, in: Beschaffung Aktuell, 11/1988, S. 44–46.
NIESCHLAG, R.; DICHTL, E.; HÖRSCHGEN, H. : Marketing. Berlin 1983.
O.V.: Kunststoff-Mekka. In: Beschaffung Aktuell, 12/1989, S. 55–57.

Kapitel 6

Verbundveranstaltungen im Messewesen

Hannelore Selinski

Begleitveranstaltungen von Messen

1. Begleitveranstaltungen von Messen

2. Messegesellschaften als Dienstleistungsunternehmen

3. Veranstaltungspolitik von Messegesellschaften

4. Veranstalterkonstellation bei Begleitveranstaltungen
    4.1 Begleitveranstaltungen als Eigenveranstaltungen der Messegesellschaft
        4.1.1 Sonderschauen – Symposien – Vorträge
        4.1.2 Ausstellerabende
        4.1.3 Seminare
    4.2 Begleitveranstaltungen der Aussteller im Rahmen ihrer Messepräsenz
        4.2.1 Vortragsveranstaltungen – Podiumsdiskussionen
        4.2.2 Erlebnisgastronomie
        4.2.3 Preisverleihungen – Messestandprämierungen
        4.2.4 Seminare
    4.3 Begleitveranstaltungen durch Fremdveranstalter

5. Fazit und Schlußbetrachtung

Literatur

1. Begleitveranstaltungen von Messen

Für Begleitveranstaltungen von Messen gibt es vielfältige Beispiele. So werden MESSEN mit Kongressen, Symposien oder Sonderausstellungen verbunden, und umgekehrt, KONGRESSE mit Fachausstellungen, Rahmenprogrammen und Gala-Dinners (vgl. Strothmann, 1983, S.391 ff.). Bei der Durchführung von Begleitveranstaltungen geht es um die Steigerung der Attraktivität und des Ereignischarakters derjenigen Veranstaltung, die die Hauptfunktion innehat.

Begleitveranstaltungen im engeren Sinne sind also solche Veranstaltungen, die *während* der Hauptveranstaltung stattfinden. Begleitveranstaltungen im weiteren Sinne sind jedoch auch solche Veranstaltungen, die unter der Zielsetzung durchgeführt werden, die Effizienz der Hauptveranstaltung zu steigern und die vor dem eigentlichen Messetermin liegen.

Vorrangig sollten Begleitveranstaltungen auf dem Gelände der Messegesellschaft durchgeführt werden. Zwar besteht auch die Möglichkeit, Begleitveranstaltungen an einen anderen attraktiven Platz außerhalb des Messegeländes hinzuverlegen. Dies dürfte jedoch weniger im Sinne der Messegesellschaften sein, denn sie sind es, die als Dienstleistungsanbieter zahlreiche Fasziliäten für ihre Kunden bereithalten und die wirtschaftliche Verantwortung für eine optimale Auslastung des Veranstaltungszentrums tragen.

Begleitveranstaltungen können themenzentriert, themenneutral oder themenübergreifend konzipiert werden. Die Kombination verschiedener Veranstaltungsarten miteinander gestattet ihren Nutzern, das ihnen zur Verfügung stehende Marketinginstrumentarium integriert einzusetzen. Integrierter Instrumentareinsatz bedeutet, daß z. B. auf einer Messe nicht nur die kommunikationspolitischen Instrumente Werbung, Öffentlichkeitsarbeit, Persönlicher Verkauf und Verkaufsförderung miteinander verknüpft, sondern auch alle Errungenschaften aus den anderen Instrumentarbereichen der Produkt- und Entwicklungspolitik bei Sachgütern (bzw. der Angebots- und Leistungspolitik bei Dienstleistungen), der Preispolitik oder der Distributionspolitik vorgestellt und visualisiert werden können.

Die Vorteile eines integrierten Instrumentareinsatzes liegen für die Nutzer auf der Hand: sie können mehrere unterschiedliche Zielgruppen zeitgleich ansprechen, besser selektieren und in ihrer Informationsaufnahme präziser beeinflussen.

2. Messegesellschaften als Dienstleistungsunternehmen

Messegesellschaften sind Dienstleistungsunternehmen, die ein immaterielles Wirtschaftsgut in Kombination mit Sachgütern vermarkten.

Die *Angebots- und Leistungspolitik* einer Messegesellschaft besteht zum einen aus dem Verkauf der Messeveranstaltung (Konzept) an Aussteller und Besucher, zum anderen aus der Vermietung und Verpachtung der Fasziliäten am Messeplatz (Standort).

Bei der Vermarktung ihres Dienstleistungsangebotes werden die Messegesellschaften mit mehreren Herausforderungen gleichzeitig konfrontiert: zum einen mit der hohen *Personal- und Marketingkostenintensität als Messeveranstalter*, und zum anderen mit der hohen *Anlagekostenintensität als Messeplatzbesitzer* und Betreiber von Messe- und Kongreßhallen (vgl. Dethloff, 1991, S.3).

Unter betriebswirtschaftlichen Aspekten sind die Messegesellschaften bestrebt, eine bestmögliche Auslastung der Gebäude- und Geländekapazitäten herbeizuführen. Dieses unternehmerische Ziel kann eine Messegesellschaft durch mehrere Maßnahmen erreichen:

– durch die *Erhöhung der Anzahl von Eigenveranstaltungen*, sofern der Veranstaltungskalender noch Freiräume aufweist, oder aber durch die *Verkürzung der Auf- und Abbauzeiten für die Messestände;*
– durch die *Gewinnung von Fremdveranstaltungen*, die sich in das eigene Programm einer Messegesellschaft integrieren lassen, weil weder Termine noch Themen die Expansion bestehender oder die Etablierung neuer Eigenveranstaltungen blockieren oder in irgendeiner Weise beeinträchtigen, sowie
– durch die *Realisierung von Begleitveranstaltungen* (eigene oder fremde) anläßlich bereits bestehender Messen.

Alle drei Maßnahmen der Messegesellschaft sind darauf ausgerichtet, die Umschlaggeschwindigkeit des Messeplatzes zu erhöhen und die Kapazitäten vorhandener Anlagen besser auszunutzen.

Alle großen Messegesellschaften in den alten Bundesländern der Bundesrepublik Deutschland haben in den vergangenen Jahren in den sukzessiven Ausbau ihrer Hallen- und Ausstellungsflächen sowie in die Anbindung ihres Messegeländes an ein Kongreßzentrum investiert (in den neuen Bundesländern kommt dieser Prozeß gerade in Gang). Sie halten damit raum- und kommunikationstechnisch Anlagen vor, die multifunktional nutzbar, architektonisch ansprechend und zukunftsweisend für neue Veranstaltungsformen sind. Multifunktional nutzbare Anlagen auf dem Messegelände steigern bei Ausstellern und Besuchern nicht nur rational die Anziehungskraft des Messeplatzes, sondern schaffen auch einen „emotionalen Mehrwert", eine „Aura, die das Produkt umgibt" (Höhler, 1991, S. 4).

3. Veranstaltungspolitik von Messegesellschaften

Ebenso, wie die Produkt- und Entwicklungspolitik eines Sachgüterherstellers alle an den unternehmerischen Zielsetzungen orientierte Strategien umfaßt, die darauf abzielen, neue Produkte oder Produktgruppen (Innovation) auf den Markt zu bringen, bereits auf dem Markt befindliche Produkte zu modifizieren (Variation) oder veraltete Produkt vom Markt zu nehmen (Elimination), kann auch eine Messegesellschaft als Dienstleistungsanbieter agieren.

Analog zu der Vorgehensweise im Sachgüterbereich lassen sich auch für den Dienstleistungsbereich der Messegesellschaften Veranstaltungsvariationen, -innovationen und -eliminationen realisieren (vgl. Schwermann, 1976, S.120 ff.).

Zur *Veranstaltungsvariation* zählen die Veranstaltungs*spaltung* (Herauslösung einzelner Bereiche aus der Gesamtveranstaltung) sowie die Veranstaltungs*fusion* (Zusammenfassung einzelner Bereiche oder nicht tragfähiger Einzelveranstaltungen zu einer Gesamtveranstaltung). Beide aufgezeigten Möglichkeiten der Veranstaltungsvariation haben sowohl expansive als auch kontraktive Wirkungen auf das gesamte Veranstaltungsprogramm einer Messegesellschaft. In beiden Fällen hat die Messegesellschaft Möglichkeiten, variierte Messen durch Begleitveranstaltungen zu „bereichern".

Zur *Veranstaltungselimination* wird sich eine Messegesellschaft nur dann entschließen, wenn die betreffende Messe auf der Aussteller- und Besucherseite mittel- oder langfristig auf zu geringe Akzeptanz stößt und ein Markterfolg auf Dauer nicht sichergestellt werden kann. Weil die Elimination einer Veranstaltung das Erfolgsimage einer Messegesellschaft unter Umständen beeinträchtigen kann, wird die Messegesellschaft in derartigen Situationen vermutlich eher eine Veranstaltungsfusion als eine Auflösung anstreben. Möglicherweise bestehen aber auch Chancen, Teile einer „sterbenden" Veranstaltung zu retten und sie als Begleitveranstaltung in einen anderen Kontext zu stellen.

Auch im Messewesen sind *Veranstaltungsinnovationen* üblich. So werden z. B. technologische Entwicklungen, der Wertewandel in der Gesellschaft sowie Branchenumstrukturierungen im Investitions- oder Konsumgüterbereich eine Messegesellschaft veranlassen, neue Messethemen in das Gesamtprogramm aufzunehmen. Auch hier ergeben sich zahlreiche Ansätze, eine neue Veranstaltung thematisch durch Begleitveranstaltungen anzureichern und die Attraktivität der neuen Hauptveranstaltung für Aussteller und Besucher auf diese Weise zu erhöhen.

Messegesellschaften können allerdings nicht beliebig viele Veranstaltungsinnovationen anbieten. Vielfach heißt es bereits, der „Messekuchen" sei aufgeteilt. Themenüberschneidungen und Turnus würden Aussteller und Besucher nur überfordern; es drohe die Gefahr, daß neue Messen in Ermangelung ausreichender Beteiligung nach kurzer Zeit wieder eingestellt werden müßten. Nun sind Erstveranstaltungen aber immer mit einem großen Risiko für alle Beteiligten behaftet, denn anders als Sachgüterhersteller, die vor der Markteinführung Produkttests durchführen können, ist die Dienstleistung „neue Messe" vorher nicht abzutesten. Die Bewährungsprobe findet also unweigerlich während der Realisierung statt.

Um das Risiko einer Veranstaltungsinnovation zu minimieren, bieten sich ebenfalls Begleitveranstaltungen (z. B. in Form von Sonderschauen) an, um zunächst als flankierende Maßnahme anläßlich einer bestehenden Messe bestimmte Trends auszuloten. Bewähren sich dann diese Begleitveranstaltungen, so können sie sich eines Tages verselbständigen und als Veranstaltungsinnovation in das Programm der Messegesellschaft aufgenommen werden. In solchen Fällen hätten Begleitveranstaltungen die Funktion eines *Dienstleistungs-Testmarktes*, bevor sie endgültig zur Innovation avancieren.

4. Veranstalterkonstellation bei Begleitveranstaltungen

Begleitveranstaltungen können, genau wie Hauptveranstaltungen, von mehreren Seiten initiiert und durchgeführt werden. Üblich sind folgende Veranstalterkonstellationen:

– Begleitveranstaltungen, die die *Messegesellschaft als Eigenveranstaltung* realisiert;
– Begleitveranstaltungen, die die *Aussteller im Rahmen ihrer Messepräsenz* realisieren, und
– Begleitveranstaltungen, die durch *Fremdveranstalter* (z. B. *Durchführungsgesellschaften* oder *ideelle Träger* ohne eigenes Messegelände) realisiert werden.

Je nach Veranstalterkonstellation sind die Möglichkeiten der Messegesellschaft, zeitlich, inhaltlich und räumlich auf Begleitveranstaltungen Einfluß zu nehmen, größer oder kleiner. Da die Angebots- und Leistungspolitik einer Messegesellschaft sowohl aus einer Kombination von materiellen als auch von immateriellen Wirtschaftsgütern besteht, erschließen sich die Messegesellschaften durch Begleitveranstaltungen quantitative und qualitative Expansionsmöglichkeiten. Durch eine *Preis-Mengen-Strategie* streben sie die Expansion durch Mehrbelegung an Fläche für ihre Dienstleistungen aus Vermietung und Verpachtung an, durch eine *Präferenzstrategie* die Expansion durch Vermarktung kreativer Konzepte in Orientierung an der Multifunktionalität des Veranstaltungszentrums.

Hier zeigt sich, daß die *Multifunktionalität des Veranstaltungszentrums* für Messegesellschaften eine mindestens ebenso große Rolle spielt wie die Produktionsanlagen für Sachgüterhersteller, wenn sie sich komparative Konkurrenzvorteile erschließen wollen. Eine professionelle Ausrichtung von Begleitveranstaltungen ist in multifunktionalen Veranstaltungszentren gewährleistet. Derartige *Erfolgsfaktoren* einer Messegesellschaft fördern die Bindung der Aussteller an den jeweiligen Messeplatz. Keine Messegesellschaft dürfte ein Interesse daran haben, effektive und potentielle Kunden an die Konkurrenz zu verlieren – seien dies andere Messegesellschaften, Mehrzweckhallenbetreiber, Hotels oder Tagungszentren.

Bei der Vermarktung veranstaltungsrelevanter Dienstleistungen können Messegesellschaften generell stark auf das Involvement ihrer Kundenzielgruppen setzen. Unter *Involvement* „ist der Grad wahrgenommener persönlicher Wichtigkeit und/oder persönlichen Interesses" zu verstehen, „der durch einen Stimulus (oder Stimuli) in einer bestimmten Situation hervorgerufen wird"(Antil, 1984, zitiert nach Kuß, 1991, S. 30). Das Involvement-Konzept stammt aus dem Bereich der Werbeforschung und besagt, daß die Art der Informationsverarbeitung wesentlich von der Relevanz einer Information für den Konsumenten abhängt. Hohes Involvement führt tendenziell zu extensiven Kaufentscheidungen, geringes Involvement eher zu Routineentscheidungen (vgl. hierzu ausführlich Kroeber-Riehl, 1990).

Wird das Involvement-Konzept auf das Messewesen übertragen, so kann die Messegesellschaft ein geringes Involvement innerhalb der Ausstellerschaft ausschließen, weil die Tragweite einer Investition in ein immaterielles Wirtschaftsgut – wie es die Messe nun einmal darstellt – stets mit großen Chancen und Risiken verbunden ist. Kein Aussteller käme auf die Idee, seine Messebeteiligung als Routineentscheidung aufzufassen, selbst wenn er zum wiederholten Male auf einer Veranstaltung präsent ist. Lange Anmeldungs- und Vorbereitungszeiten sowie hoher Kosten- und Personalaufwand zwingen einen Aussteller dazu, sich gründlich mit einer Veranstaltung auseinanderzusetzen. Hohes Involvement gilt somit nicht nur für messe-unerfahrene Erstaussteller, sondern auch für messe-erfahrene Wiederholungsaussteller.

Ein generell hohes *Zielgruppen-Involvement* hinsichtlich der Hauptveranstaltung dürfte den Messegesellschaften eigentlich auch die Akquisitionsarbeit und den Absatz von Begleitveranstaltungen erleichtern. Da das Dienstleistungsangebot einer Messegesellschaft auf eine ohnehin hochgradig motivierte und involvierte Abnehmerschaft trifft, dürften die effektiven Kunden besonders Begleitveranstaltungen gegenüber aufgeschlossen sein. Die Expansionsreserven einer Messegesellschaft liegen damit zu einem erheblichen Teil in Begleitveranstaltungen. Diese Reserven auszuschöpfen wird allerdings nur gelingen, wenn die Messegesellschaften ihre Abnehmer von den Vorzügen eines integrierten Marketing-Instrumentareinsatzes hinreichend überzeugen können.

4.1 Begleitveranstaltungen als Eigenveranstaltungen der Messegesellschaft

Treten Messegesellschaften als Eigenveranstalter auf, dann tragen sie konzeptionell und wirtschaftlich die Verantwortung für das erfolgreiche Gelingen einer Veranstaltung.

Den größtmöglichen Spielraum, um auf die Ausgestaltung von Begleitveranstaltungen Einfluß zu nehmen, haben Messegesellschaften dann, wenn es sich um Eigenveranstaltungen handelt. Anläßlich einer Messe können sie z. B. Sonderschauen arrangieren, Symposien und Seminare abhalten oder Ausstellerabende durchführen.

4.1.1 Sonderschauen – Symposien – Vorträge

Die Management & Marketing Services in Frankfurt ist eine Fachmesse, auf der alle zwei Jahre Produktneuheiten, vor allem aber auch Dienstleistungen vorgestellt werden.

Im Oktober 1991 hat sich diese Messe mit neuer Struktur und Zielsetzung als die internationale Fachmesse für zeitgemäße Management- und Marketinginstrumente präsentiert. Vier Fachmärkte (Management, Marketing, Kommunikation und Visuelles Gestalten) waren als erste Europa-Messe konzipiert. Fast einhundert Verbände und Vereinigungen haben in Rahmenprogrammen, Sonderveranstaltungen, Symposien und Vorträgen den Background für Fachgespräche gebildet.

Die Schirmherrschaft über diese erste Fachmesse für „Europa-Marketing" hatte die EG-Kommission übernommen. Zahlreiche Begleitveranstaltungen, bestehend z. B. aus einem Business Opportunity Center, einem Ost-West-Forum für Geschäftskontakte auf Mittelstandsebene, Produktpräsentationen und Tagungen der Branchenverbände sowie der EF-

FIE-Preisverleihung der Deutschen Werbewirtschaft und eine offene Ausstellungslandschaft „Design in Europa" rundeten den Ereignischarakter dieser variierten Marketing Services Messe ab.

Ziel der Messe Frankfurt war es, mittelständische Unternehmen auf ein straff europäisches Denken und Handeln in den 90er Jahren vorzubereiten. Sämtliche Begleitveranstaltungen lieferten in diesem Falle die *themenzentrierte Klammer* für die Vereinigung von vier unterschiedlichen Fachmärkten (vgl. Kater, 1991, S. 49; vgl. Sachse, 1991, S. 23 f.).

Eine andere, wenngleich noch wenig beachtete Möglichkeit für Messegesellschaften ist die, Begleitveranstaltungen in eigener Sache zu nutzen. In Anbetracht der Tatsache, daß es keine Messe zur Selbstpräsentation des Dienstleistungsangebotes von Messegesellschaften gibt, liegt es nahe, diese Lücke durch Sonderschauen, Symposien oder Vorträge zu schließen und hier aktiv zu werden.

Da sich Aussteller- und Besucherzielgruppen anläßlich einer Hauptveranstaltung bereits auf dem Messegelände befinden, könnten sie via Begleitveranstaltung ganz hervorragend von der Messegesellschaft über das gesamte Jahresprogramm inclusive Service-Angebot informiert werden. Begleitveranstaltungen wären in diesem Falle für die Messegesellschaft ein geeignetes Marketinginstrument zur Imageprofilierung ihres Messeplatzes und zur Präsentation ihrer kreativen Veranstaltungskonzepte.

4.1.2 Ausstellerabende

Es ist fast schon Tradition, daß die Messegesellschaften einen Tag vor Messebeginn oder am Eröffnungstag der Messe einen Ausstellerabend arrangieren. Solche Ausstellerabende dienen der Einstimmung auf die Hauptveranstaltung, dem besseren Kennenlernen in zwangloser Atmosphäre und forcieren die Erwartungshaltung aller Beteiligten gegenüber der jeweiligen Messe.

So hat die Münchener Messegesellschaft MMG anläßlich der Frühjahrs-INHORGENTA Internationale Fachmesse für Uhren, Schmuck, Edelsteine und Silberwaren 1991 einen sehr exklusiven Ausstellerabend arrangiert. Neben den auch sonst üblichen Eröffnungs- und Begrüßungsansprachen wurden dort Ausschnitte aus dem Musical „My Fair Lady" vorgeführt. Ein viergängiges Menue setzte lukullische Akzente. Das Besondere an dieser Begleitveranstaltung bestand darin, daß der Schwerpunkt nicht – wie sonst üblich – auf Vorträgen und Diskussionen zu Branchen- und Messethemen lag, sondern hier eher der Förderung von Gemeinsamkeit auf einer davon differenzierten Ebene dienen sollte.

Trotz der diesen Abend und die Vorstellung betreffenden außerordentlich guten Kritiken, wurde auf der INHORGENTA 92 wieder der direkte Bezug zum Messethema hergestellt. Anstatt eines Musicals stand diesmal ein Diavortrag über die branchenspezifische Struktur Pforzheims auf dem Programm (vgl. MCS-Messeconsulting Sperling, 1992).

4.1.3 Seminare

Die Messe Frankfurt Service GmbH, ein Tochterunternehmen der Messe Frankfurt, bietet seit 1985 regelmäßig Aus- und Weiterbildungsseminare zu Messethemen an. Das Angebot reicht von Grund- und Praktikerseminaren über Kompaktseminare zu Spezialthemen (Messeplanung von A–Z, Presse zur Messe, Standbau, AV-Medien, Personal etc.) bis hin zu Crash-Kursen in Englisch.

Auch wenn die Seminare der Messe Frankfurt Service GmbH keine *„klassischen" Begleitveranstaltungen* im engeren Sinne (also während der Hauptveranstaltung) sind, so zielen sie im weiteren Sinne als Maßnahme im Vorfeld von Messen ganz klar auf das Verhalten von Ausstellerkunden während der Messe ab. Aktives Lernen für eine effizientere Messebeteiligung bedeutet letztlich, Know-how-Vorsprung gegenüber der Konkurrenz zu besitzen, die sich ebenfalls auf der Messe präsentiert (vgl. Harbecke, 1991, S. 45).

4.2 Begleitveranstaltungen der Aussteller im Rahmen ihrer Messepräsenz

Treten Aussteller im Rahmen ihrer Messepräsenz als Initiatoren von Begleitveranstaltungen auf, so tun sie das in erster Linie, um die Möglichkeiten eines *integrierten Instrumentareinsatzes* besser auszuschöpfen.

Mit ihrer Anmeldung zur Messe buchen Aussteller zunächst ihre *„Einmalpräsenz"* auf dem Messegelände oder in der Halle. Wenn sie dann anläßlich einer Messe entweder selbst Begleitveranstaltungen ausrichten (oder sich an Begleitveranstaltungen anderer Träger beteiligen), kommt es zur *„Mehrmalpräsenz"*. Mit ein und demselben Medium MESSE kann ein Aussteller also über Begleitveranstaltungen seine Kontaktchancen mit Besuchern erhöhen.

Aus der Mediaplanung ist ein solches Vorgehen bereits hinreichend bekannt. Wenn z. B. ein Anbieter von Konsumgütern mit seiner Anzeige gleich mehrmals in einer Ausgabe einer Zeitschrift (sog. Anzeigenstrecke) vertreten ist, so erhöht er damit innerhalb der Zielgruppe die Wahrscheinlichkeit, wahrgenommen zu werden. Aus dem gleichen Grunde werden TV-Spots mehrmals hintereinander im Werbefernsehen und Spots im Hörfunk wiederholt. Ziel des Inserenten ist es, die Kontaktwahrscheinlichkeit mit den Zielpersonen zu erhöhen, wohl wissend, daß Werbeträger- und Werbemittelkontaktwahrscheinlichkeit unterschiedlich groß sind. Gleiches gilt auch für das Medium Messe.

Mehrmalpräsenz ermöglicht dem Aussteller, das kommunikationspolitische Instrumentarium zielgruppenpräziser zur Steuerung unterschiedlicher Phasen des Entscheidungsprozesses auf der Abnehmerseite einzusetzen und gleichzeitig Streuverluste zu vermeiden. Integrierter Instrumentareinsatz führt beim Aussteller zu *Synergieeffekten* und damit zur *Kostendegression im Marketing*. Der Nutzen ist für den Aussteller also ein mehrfacher. Es lohnt, Begleitveranstaltungen auch unter diesem Aspekt zu sehen.

4.2.1 Vortragsveranstaltungen – Podiumsdiskussionen

Entweder mietet ein Aussteller von der Messegesellschaft lediglich Räume (z. B. im Kongreßzentrum) an und realisiert dort für besonders wichtige Zielgruppen Vortragsveranstaltungen, oder aber er beteiligt sich selbst an einer wichtigen Podiumsdiskussion, zu der die Messegesellschaft oder ein anderer (ideeller) Träger eingeladen hat. Ein Beispiel dafür sind die Podiumsdiskussionen „Jugend & Technik" anläßlich der Hannover Messen.

Eine weitere Möglichkeit besteht für den Aussteller darin, Begleitveranstaltungen auch an seinem eigenen Messestand durchzuführen. Voraussetzung ist allerdings, daß dieser genügend groß ist, um dort z. B. Talkshows oder Diskussionen, die von Prominenten moderiert werden oder spezielle Produktvorführungen, die zu bestimmten Uhrzeiten am Stand stattfinden, realisieren zu können.

4.2.2 Erlebnisgastronomie

Vielfach werden ausstellerseitige Begleitveranstaltungen auch unter dem Aspekt der Geselligkeit arrangiert. Wenn z. B. der Service der Messegastronomie auch höchsten Ansprüchen gerecht wird, dann besteht für einen Aussteller keinerlei Veranlassung, ein Lokal außerhalb des Messegeländes aufzusuchen. Er wird vielmehr seine VIP-Kunden zu einem get together-Abend in das Messerestaurant einladen. Essen auf Messen hat in den letzten Jahren eine ganz neue Qualität erlangt. Heute wird das Angebot an Speisen mit dem Anspruch serviert, nicht nur Zunge und Gaumen, sondern auch Auge und Herz zu erfreuen (vgl. Reimann, 1991, S. 38).

So verfügt z. B. die Messe Frankfurt über 25 Restaurants mit einer Kapazität von insgesamt 5.500 Sitzplätzen. Auf der Speisekarte finden sich Feinschmecker-Spezialitäten von Fisch bis Salat, von Vegetarischem bis Gegrilltem. Eilige Messebesucher können sich natürlich auch in Selbstbedienungsrestaurants verpflegen. Die Bandbreite der Messegastronomie reicht von der Ausrichtung exklusiver Empfänge für ca. 20 Gäste bis hin zu Gala-Abenden mit mehreren tausend Gästen. Außerdem ist die Messegastronomie auch auf Stand-Catering spezialisiert: so wurde z. B. die Versorgung der Messestände von Mercedes zur Internationalen Automobil Ausstellung IAA oder von Viessmann zur Internationalen Fachmesse Sanitär – Heizung – Klima ISH für ca. 2.500 Besucher pro Tag übernommen.

Erlebnisgastronomie auf dem Messegelände ist somit keine Utopie. Sie ist Mittel zum Zweck der *Kundenbindung an den Messeplatz* und zählt ebenso zu den professionell organisierten Begleitveranstaltungen wie Vorträge oder Symposien.

4.2.3 Preisverleihungen – Messestandprämierungen

Vielfach werden die Aktivitäten der Aussteller auch durch die Messegesellschaften unterstützt. So wurden z. B. vom Fachverband Messe- und Ausstellungsbau FAMAB e.V. anläßlich der HANNOVER MESSE Industrie '91 und der Management & Marketing Services '91 in Frankfurt *Messestandprämierungen* durchgeführt.

An solchen Preisverleihungen nimmt dann – neben den Juroren, den Firmenvertretern der prämierten Stände und den FAMAB-Repräsentanten – auch ein Vertreter der Messegesellschaft teil. Die Tatsache, daß ein Mitglied der Geschäftsführung der Messegesellschaft derartige, von Ausstellern initiierte Begleitveranstaltungen unterstützt, unterstreicht die Bedeutung solcher Ausstelleraktivitäten. Schließlich liegt es durchaus im Sinne einer Messegesellschaft, wenn die Aussteller das Messeereignis durch besonders ästhetische und einfallsreiche Standgestaltung optisch bereichern. Eine excellente Standarchitektur trägt zum Wohlbefinden aller bei und schafft „emotionalen Mehrwert". In solchen Fällen treten Messegesellschaften gewissermaßen als Promotoren ausstellerseitig initiierter Begleitveranstaltungen auf und pushen highlights, die in der Presse wiederum entsprechend positive Resonanz finden.

4.2.4 Seminare

Auf der Handwerks-Messe NRW '92 in Köln, einer Erstveranstaltung der Köln Messe, war u.a. auch die Handwerkskammer zu Köln als Aussteller mit zwei Messeständen vertreten, und zwar im Fachzentrum 4 (Beratung und Dienstleistungen für Handwerker) und im Aktionszentrum 1 (Bau/Ausbau/Umbau) (vgl. Handwerksmesse zu Köln, 1992).

Bereits im Oktober 1991 – also lange vor dem eigentlichen Messetermin – hat die Handwerkskammer in Zusammenarbeit mit der Firma MCS-Messeconsulting Sperling ein ganztägiges Seminar durchgeführt, um kleine und mittelständische Handwerksbetriebe auf ihren (meist ersten) Messeauftritt vorzubereiten (vgl. MCS-Messeconsulting Sperling, 1991). Auch hier handelte es sich nicht um eine „klassische" Begleitveranstaltung, sondern vielmehr um eine *vorgelagerte Maßnahme*, um die Mitglieder der Handwerkskammer „fit für die Messe" zu machen. Die Initiative der Handwerkskammer zu Köln fand auch durch die Köln Messe Unterstützung. Sie entsandte einen Vertreter zu diesem Seminar, der den künftigen Ausstellern diese Erstveranstaltung noch einmal aus der Sicht der Messegesellschaft erläuterte und ihren Entschluß zur Teilnahme an der Handwerksmesse 92 bekräftigte. Eventuell vorhandene kognitive Dissonanzen auf seiten der Aussteller sollten auf diese Weise abgebaut, Zweifel und Unsicherheiten beim Kauf einer Investitionsdienstleistung von der Messegesellschaft beseitigt werden. Mit dieser Maßnahme haben Handwerkskammer, Köln Messe und MCS ein Zeichen in die richtige Richtung gesetzt.

Erfahrungsgemäß tun sich kleine und mittelständische Handwerksbetriebe in puncto Selbstdarstellung außerordentlich schwer. Oft agieren sie noch immer auf einem „*Verkäufermarkt*" ohne Befürchtung, daß sich dieser Markt auch für sie eines Tages in einen „*Käufermarkt*" verwandeln könnte. Daß Marketing inzwischen auch in Handwerksbetrieben stärkeren Einzug hält, hat vermutlich etwas mit dem *Generationenwechsel* zu tun. Sich rechtzeitig auf einen Wandel vom Verkäufermarkt zum Käufermarkt vorzubereiten, wenn der sprichwörtlich „goldene Boden" des Handwerks erhalten bleiben soll, heißt auch, angebotene Begleitveranstaltungen vor der Messe zu nutzen.

4.3 Begleitveranstaltungen durch Fremdveranstalter

Die IGEDO Internationale Modemesse Kronen GmbH & Co. Kommanditgesellschaft, Düsseldorf, und ihr Tochterunternehmen IGEDO International GmbH, Düsseldorf – Berlin, sind Messegesellschaften ohne eigenes Messegelände. Um ihre Messen durchzuführen, ist die IGEDO auf die Anmietung geeigneter Räumlichkeiten und Sachgesamtheiten bei den Messegesellschaften angewiesen. Sie mietet z. B. regelmäßig Hallenkapazitäten von der NOWEA in Düsseldorf oder von der AMK in Berlin an, um dort Mode-Ordermessen durchzuführen. Die IGEDO Internationale Modemesse Kronen GmbH & Co. Kommanditgesellschaft und die IGEDO International GmbH ist dann gewissermaßen „Untermieterin" bei einer der großen Messegesellschaften, die über das entsprechende multifunktionale Veranstaltungszentrum verfügt.

Die IGEDO Internationale Modemesse Kronen GmbH & Co. Kommanditgesellschaft ist alleinverantwortlich für die Realisierung der Igedo Modemessen Düsseldorf, der Collections Premieren Düsseldorf, der Igedo Dessous Düsseldorf, der Igedo Dessous/Igedo Beach Düsseldorf und der ModaBerlin. Die IGEDO International GmbH führt eigenständig die ModaBerlin zweimal jährlich durch. Beiden Veranstaltern obliegt die Aussteller- und Besucherakquisition für die Hauptveranstaltung, mithin auch die Realisierung von Begleitveranstaltungen, die sie im eigenen Namen arrangieren (vgl. Igedo-Presseinformationen, 1991).

Begleitveranstaltungen werden von der IGEDO unterschieden in

- fachliche Veranstaltungen, wie Seminare, Symposien, Workshops und Modenschauen, sowie
- social events, d. h. gesellschaftliche Veranstaltungen, die als Kommunikationstreff zwischen Ausstellern, Besuchern und der Presse dienen.

Die IGEDO Internationale Modemesse sieht – als größte Modemesse der Welt – ihre Funktion längst nicht mehr nur in der organisatorischen Abwicklung des Messegeschehens, sondern hat es sich zur Aufgabe gemacht, der Bedeutung des Marketing in der Modebranche mehr Gewicht zu verleihen. Deshalb werden in Seminaren, Symposien und Fashion Summits ständig aktuelle Themen aufgegriffen und im Hinblick auf die Marketingstrategie in internationales Mode-Business umgesetzt. Nur ein aktives Modemarketing findet bei den zunehmend differenzierteren und individuelleren Wünschen des Endverbrauchers Resonanz. Mit Hilfe dieser fachlichen Haupt- und Begleitveranstaltungen werden Problemlösungen geboten, in denen sich Kompetenz und Autorität in Sachen Kleidung manifestieren.

So wurden von der IGEDO z. B. zu allen Messen Modenschauen als Begleitveranstaltung durchgeführt, um den Einkäufern innerhalb von nur 3o Minuten einen Überblick über trendweisende Kollektionen zu vermitteln. Die für die Schauen speziell errichteten und installierten Saal- und Technikausstattungen wurden von Ausstellern der IGEDO genutzt. Unternehmen wie K. L. by Lagerfeld, Mondi oder Laurèl führten große Presseschauen mit Fachbesucherzahlen von 800 Personen pro Schau durch.

Weiterhin wurde ein Order-Info, ein Seminar zur jeweiligen Einkaufssaison für den Fachhandel, messebegleitend eingerichtet. Gemeinsam mit der Textil-Wirtschaft, dem offiziellen Organ des Bekleidungsfachhandels, realisierte die IGEDO diese Begleitveranstaltung, auf der der leitende Moderedakteur und die Geschäftsführerin des Deutschen Modeinstituts referierten.

Ein besonderes Marketingkonzept hat die IGEDO für den hochwertigen Modebereich auf der Messe geschaffen. Die Halle 6 – neu gestaltet und anspruchsvoll ausgestattet – bot unter der Bezeichnung „Düsseldorf Gallery" ein Showroom-Center mit internationalen Modemarken. Angeboten wurden den Einkäufern hier nur die besten „Stücke", die Prime Collections der Mode.

Entsprechend der Produktpolitik der anspruchsvollen Modemarken entstanden Showrooms in folgenden Clubs:

Class 1 Club: die Luxus-Prêt-à-Porter-Kollektionen
Country Club: Mode mit Tradition und Innovation im Stile von Ralph Lauren
Creative Club: junge, erfolgreiche Designer des unkonventionellen Stils.

Diese neuen Einrichtungen wurden begleitet durch kommunikative Veranstaltungen wie „Die Brotzeit – Essen à la Campagne" oder durch die täglichen „Meeting Points" zu den Gallery Hours.

Die ModaBerlin, die als Tor zwischen Ost und West gilt und als einzige Messe alle modischen Produktgruppen (Mode für Herren, Damen, Kinder, Jeans/Casual, Body/Beach, Accessoires und Prestige für die exclusiven Angebote) präsentiert, fungierte gleichzeitig auch als Plattform für aufklärerische Arbeit. Interessenten hatten hier die Wahl zwischen fünf bis sechs verschiedenen, messebegleitenden Seminaren, wenn es um die Zusammenarbeit mit Handelspartnern in Osteuropa und den fünf neuen Bundesländern ging. Als Referenten wurden erfahrene Branchenspezialisten aus Ost und West verpflichtet.

Anläßlich der eigenen Messen auf fremdem Messegelände führte die IGEDO auch *Preisverleihungen als Begleitveranstaltungen* durch. Dies waren:

– der Internationale Mode-Marketing Preis, eine Auszeichnung für Industrie und Handel für hervorragende Marktleistungen;
– der Fashion Future Award Düsseldorf, ein internationaler Förderpreis für den Modenachwuchs, sowie
– der European Fashion Diamond, eine Auszeichnung, die an Persönlichkeiten geht, durch deren unternehmerische Leistung europäische Mode in alle Länder getragen wird, die für die Kooperation in Europa beispielhaft ist und die entscheidend dazu beitragen, den gemeinsamen Markt mit Leben zu erfüllen.

Wie diese Beispiele zeigen, weisen die Begleitveranstaltungen von Fremdveranstaltern inhaltlich Ähnlichkeiten mit den Begleitveranstaltungen auf, wie sie bereits unter Punkt 4.1 und 4.2 beschrieben worden sind. Der Unterschied besteht lediglich darin, daß die Messegesellschaften, auf deren Gelände derartige Fremdveranstaltungen stattfinden, keinen Einfluß auf deren Ausgestaltung nehmen.

Weil sie – wie hier im letzten Beispiel – keine konzeptionellen Dienstleistungen, sondern nur solche aus Vermietung und Verpachtung erbringen, verschenken sie im grunde genommen Expansionsmöglichkeiten. Deshalb stellt sich die Frage, ob Messegesellschaften hier nicht eine *Diversifikation in vor- oder auch nachgelagerte Bereiche* anstreben sollten, wie dies auch Sachgüterhersteller tun. Denkbar wäre z. B. die Einrichtung einer Datenbank, die die Aussteller und Fremdveranstalter in Anspruch nehmen könnten und in der die Anschriften von Künstleragenturen, Messeconsulter, Messebauer, Moderatoren, Referenten etc. gespeichert sind. Wann immer es um die Ausrichtung von Begleitveranstaltungen ginge, könnten Messegesellschaften gegen Entgelt Informationen und Ideen anbieten. Dies wäre eine *Diversifikation* in einen vorgelagerten, messenahen Bereich.

Eine Diversifikation in einen nachgelagerten Bereich könnte eine Messegesellschaft vornehmen, indem sie für Aussteller und Fremdveranstalter umweltfreundliche Entsorgungskonzepte nach Beendigung von Haupt- und Begleitveranstaltungen anbieten würde (vgl. Fleischer et.al., 1991). Auch solche Zusatzleistungen böten einer Messegesellschaft Expansionsmöglichkeiten in messenahe Bereiche. Dies weiter auszuführen, ist allerdings nicht mehr Gegenstand dieses Beitrages. Deshalb sollen zum Schluß noch einmal die wesentlichsten Punkte zusammengefaßt werden.

5. Fazit und Schlußbetrachtung

– *Begleitveranstaltungen verstärken den Ereignischarakter* von Messen für Aussteller und Besucher. Beide Zielgruppen nutzen Messen mit unterschiedlichen Absichten: Aussteller als Marketinginstrumente zur Steuerung abnehmerseitig verlaufender Entscheidungsprozesse; Besucher als Medium der Information und Kommunikation, entweder als einkaufsentscheidende Fachleute oder als fachinteressierte Laien.
– Sowohl in Aussteller- als auch in Besucherzielgruppen kann hohes Involvement bei der Nutzung von Haupt- und Begleitveranstaltung vorausgesetzt werden. *Begleitveranstaltungen steigern den „emotionalen Mehrwert".*
– *Begleitveranstaltungen ermöglichen die Reduktion der Gesamtbeteiligungskosten* für eine Messe. Durch optimierten integrierten Instrumentareinsatz werden Synergieeffekte geschaffen und Kostendegressionen durch Mehrfachpräsenz erzielt. Pro Besucherkontakt sinken damit die Messebeteiligungskosten der Aussteller.
– Messegesellschaften sollten *Begleitveranstaltungen* viel stärker *zur dienstleistungs- oder firmenimagebezogenen Selbstdarstellung* einsetzen.
– *Begleitveranstaltungen* können ggfs. die *Funktion eines Dienstleistungs-Testmarktes* einnehmen und bei Erfolg als Veranstaltungsinnovation in das Programm der Messegesellschaft aufgenommen werden.
– *Begleitveranstaltungen tragen zur besseren Kapazitätsauslastung* des Messegeländes und zur Marketing-Kapazitätsauslastung des Managements der Messegesellschaften bei. Im Angebot von Begleitveranstaltungen liegen für Messegesellschaften erhebliche Expansionsreserven.

Literatur

DETHLOFF, H.: Messeplatzmarketing. In: Galleria. Zeitschrift der Messe Frankfurt. Heft 2, Frankfurt a. M. 1991.

FLEISCHER, G.; BERNINGER, B.; HÄRTEL, J.; KOHLMEYER, R.; SEICHTER, M.: Abfallvermeidung und -verwertung bei Großveranstaltungen am Beispiel der „Grünen Woche". Technische Universität Berlin. Berlin 1991.

HANDWERKSKAMMER ZU KÖLN: Interview mit Herrn Dipl.-Ing. U. Fesser, Projektleiter und Messebeauftragter „Handwerksmesse", Köln 1992.

HARBECKE, B.: Messe-Experten vermitteln Know-how für den erfolgreichen Auftritt. In: Galleria. Zeitschrift der Messe Frankfurt. Heft 1, Frankfurt a. M. 1991.

HÖHLER, G.: Zwischenraum 1/91. Interview zwischen Prof. Dr. G. Höhler und C. Brühe. Hrsg. der Publikation Zwischenraum. Der Informationsdienst von Uniplan. 1991.

IGEDO INTERNATIONALE MODEMESSE: Diverse Presseinformationen und Interview mit Frau M. Jandali, Geschäftsführerin der IGEDO Internationale Modemesse GmbH & Co. KG und IGEDO International GmbH, Berlin, Düssseldorf. Interview Dezember 1991.

KATER, W.: Management & Marketing Services ganz europäisch. In: Horizont Nr. 44 vom 1. November 1991.

KROEBER-RIEHL, W.: Konsumentenverhalten. München 1990.

KUSS, A.: Käuferverhalten. Stuttgart 1991.

MCS-MESSECONSULTING SPERLING: Intensivseminar. Unveröffentlichte Seminarunterlagen. MCS-Messeconsulting Ute A. Sperling. Overath. Oktober 1991.

MCS-MESSECONSULTING SPERLING: Interview mit Frau Ute A. Sperling über die INHORGENTA '92 im Februar 1992.

NORMANN, R.: Dienstleistungsunternehmen. Hamburg u.a. 1987.

REIMANN, B.: Messegastronomie mit besonderem Akzent: „Wenn es um die Bewirtung geht, sind wir Spezialisten". In: Galleria. Zeitschrift der Messe Frankfurt. Heft 3, Frankfurt a. M. 1991.

SACHSE, H.: Management & Marketing Services: Erste Fachmesse für Europa-Marketing. In: Galleria. Zeitschrift der Messe Frankfurt. Heft 2, Frankfurt a. M. 1991.

SCHWERMANN, J.: Grundlagen der Messepolitik – Eine Analyse der Marktpolitik von Messegesellschaften in der Bundesrepublik Deutschland. Hamburg 1976.

SELINSKI, H.: Messe-Marketing. Ein Ratgeber für Aussteller. 1. Auflage 1991. Freiburg im Breisgau 1991.

SELINSKI, H.: „Fair Play" in Europa – Plädoyer für ein grenzenloses Messemarketing nach 1992. In: Kliche, Mario (Hrsg.): Investitionsgüter-Marketing. Positionsbestimmung und Perspektiven. Karl-Heinz Strothmann zum 60. Geburtstag. Wiesbaden 1990.

SPÄTH, H.: Handwerk im EG-Binnenmarkt. Eine gemeinsame Handwerkspolitik verlangt die Angleichung der Strukturen. In: Galleria. Zeitschrift der Messe Frankfurt. Heft 3, Frankfurt a. M. 1991.

STROTHMANN, K.-H.: Verbundveranstaltungen des Messe- und Kongreßwesens im Investitionsgüter-Marketing. In: Rost, D. und Strothmann, K.-H. (Hrsg.): Handbuch der Werbung für Investionsgüter. Wiesbaden 1983.

STROTHMANN, K.-H.: Veranlassungen zum integrierten Instrumentar-Einsatz/Die Instrument-Integration im Messe- und Kongreßwesen/Messestand-Konzeption und Begleitveranstaltung. In: Rost, D. und Strothmann, K.-H. (Hrsg.): Handbuch der Werbung für Investitionsgüter. Wiesbaden 1983.

Karl-Albert Winkler

Kongreß mit Ausstellung

1. Einleitung
   1.1 Definition des Themas
   1.2 Ausstellungsformen beim Kongreß
   1.3 Fehlentwicklungen

2. Wirtschaftliche Bedeutung
   2.1 Veranstalter
   2.2 Kongreß
   2.3 Kongreßort
   2.4 Kongreßhaus

3. Ausstellungsorganisation
   3.1 Organisation
      3.1.1 Veranstalter
      3.1.2 Personal Congress Organizer/Kongreßagentur
      3.1.3 Kongreßhaus
      3.1.4 Messe- und Ausstellungsgesellschaft
   3.2 Rechtsbeziehungen zwischen Veranstalter und Organisator
   3.3 Finanzierung

4. Ausstellungsplanung
   4.1 Planungsmethoden
   4.2 Zusammenarbeit Veranstalter und Organisator
   4.3 Anmietung der Ausstellungsflächen
   4.4 Vertragsbindungen
   4.5 Standplan

5. Zusammenfassung

1. Einleitung

1.1 Definition des Themas

Das Bedürfnis vieler Kongreß- und Tagungsveranstalter die oft optisch gut umrahmte verbale Darstellung der Kongreßthemen durch eine Präsentation von Exponaten und Erzeugnissen einschlägiger Hersteller aus Industrie und Handwerk zu ergänzen, kann und sollte als Hauptgrund für die zunehmende Einbindung der fachbegleitenden oder kongreßbegleitenden Ausstellung in das Kommunikationsgeschehen angesehen werden.

Steigende Mieten und Kosten infolge zunehmenden Kostenbewußtseins der Betreiber von Kongreßhäusern zwingen die Kongreßveranstalter aber auch, sich um Einnahmequellen zu bemühen, wovon die Ausstellung neben den Teilnahmegebühren die ertragreichste Pfründe ist.

Nicht alle Kongresse eignen sich von ihrer Thematik und von der Struktur der Veranstalter für eine kongreßbegleitende Ausstellung, wenn man beispielsweise an Kongresse aus dem geisteswissenschaftlichen oder politischen Bereich denkt. Aber alle medizinischen und naturwissenschaftlichen Veranstaltungen, auch die ihrer internationalen und nationalen Fachorganisationen bedürfen geradezu einer ausstellungsmäßigen Ergänzung.

Inwieweit hier Mutationen im Laufe der Jahre zu verzeichnen und auf welche Ursachen sie zurückzuführen sind, soll noch näher untersucht werden.

Die einem Kongreß angegliederte Ausstellung läßt sich wie folgt definieren:

„Die kongreßbegleitende Fachausstellung ist eine messemäßig organisierte und oft nur für Kongreßteilnehmer zugängliche Produkt- und Informationspräsentation ausgewählter Aussteller zur Anreicherung des verbalen Kongreßprogramms in oft einheitlicher und räumlich begrenzter Standgestaltung."

1.2 Ausstellungsformen beim Kongreß

Kongreßbegleitende Ausstellungen unterscheiden sich also von Messen im Platzangebot, in der begrenzten Zahl der Aussteller und in der äußeren Aufmachung.

Nicht sehr viele Kongreßhäuser verfügen über entsprechend große und zweckentsprechend ausgestattete Räumlichkeiten, um eine Ausstellung, die durchschnittlich 30 bis max. 60 Aussteller umfaßt, aufnehmen zu können. Oft müssen dann Foyerbereiche, die eigentlich als Ruhe- und Erholungszonen für Kongreßteilnehmer gedacht sind, zweckentfremdet werden. Noch gravierender wird dies deutlich, wenn in den Kongreßhotels die Ausstellung in der Empfangshalle und auf Gängen stattfindet und der normale Hotelgast sich zwischen Ständen und Exponaten hindurchzwängen muß. Auf dem Boden umherliegende und oft ungesicherte Kabel stellen darüber hinaus eine erhebliche Gefährdung der Besucher dar, was auch teilweise für Kongreßcenter gilt, die über ortsgebundene Anschlüsse nur selten verfügen.

Im Gegensatz zu den Konsum- und Produktmessen zeichnen sich dem Kongreß angegliederte Ausstellungen durch eine in der Regel vorgegebene einfache Standgestaltung und Standgröße aus, bei der die Information über Entwicklungen und Neuheiten im Vordergrund steht. Mit dem neuesten Ausstellerangebot werden den Kongreßteilnehmern über das Vortragsprogramm hinaus Anregungen für ihre Arbeit gegeben und umgekehrt erfährt die ausstellende Wirtschaft durch den persönlichen Kontakt mit Wissenschaftlern beispielsweise Denkanstöße, die sich in der Praxis umsetzen lassen.

Es wird also ein in jeder Beziehung wichtiger Dialog von Theorie und Praxis ausgelöst.

1.3 Fehlentwicklungen

Wenn die Fachausstellung die Aufgabe hat, das Informationsangebot des Kongresses zu erweitern, so muß bei der Auswahl der Aussteller größte Sorgfalt angelegt werden, um auch tatsächlich eine Informationsergänzung zu erreichen. Es wäre daher der falsche Weg, ausschließlich auf die Einnahme von Standmieten abzustellen.

In der von dem Institut für Planungskybernetik (IPK) München 1988 angefertigten Untersuchung über das Verhalten von Kongreßteilnehmern ergab sich, daß den Teilnehmern die Tagung wichtiger war, als die Ausstellung, wie die nachstehenden Zahlen beweisen:

	Tagungsteilnehmer		
	insgesamt	Inländer	Ausländer
Veranstaltung wichtiger	75 %	78 %	67 %
Beides gleich wichtig	20 %	20 %	17 %
Ausstellung wichtiger	4 %	4 %	17 %

Abbildung 1: Bedeutung von Veranstaltungen und Ausstellungen

Basierend auf diesen Zahlen ist der Verzicht auf aufwendige Standgestaltung und Bewirtung der Besucher abzuleiten, der trendmäßig auch festzustellen ist. Ebenso hat die üppige Hingabe von Geschenken und Proben aller Art, die im medizinischen Bereich ohnedies nicht mehr erlaubt sind stark abgenommen, was jedoch zu einer bedauerlichen Mißachtung von Fachausstellungen, gerade bei medizinischen Kongressen, geführt hat. Dieser Wandel zwingt Veranstalter und Aussteller zum Umdenken hinsichtlich Ausstellungsanordnung und Standgestaltung.

Das Ausstellungsgeschehen muß einerseits noch mehr als bisher in den Kongreßbereich integriert, zum anderen müssen neue Anreize, die zum Standbesuch animieren, gefunden werden.

2. Wirtschaftliche Bedeutung

2.1 Veranstalter

Auf die monetären Auswirkungen auf der Einnahmeseite des Kongreßetats wurde bereits hingewiesen. Sie sind von Kongreß zu Kongreß sicherlich verschieden hoch, je nachdem, um welchen Kongreß es sich handelt und in welchem Umfang Aussteller gewonnen werden können. Die geforderten Standmieten, die in der Regel maßvoll angesetzt werden und meistens für die gesamte Kongreßdauer von 2 bis 3 Tagen zwischen 250,00 DM bis 400,00 DM variieren, stellen neben den Kongreßgebühren eine nicht unwesentliche Einnahmequelle dar. Sie reduzieren sich je nachdem, ob der Veranstalter selbst oder ein Dritter, oft ein PCO (Professional Congress Organizer) oder das Kongreßhaus, als Organisator auftritt.

2.2 Kongreß

Der Kongreß erfährt durch die fachbegleitende Ausstellung eine innovative Ergänzung zwischen Theorie und Praxis und komplettiert gerade im technisch-wissenschaftlichen Bereich das Kongreßprogramm.

2.3 Kongreßort

Auch die ausstellenden Firmen und ihre Standbesatzungen leisten einen nicht unwesentlichen Beitrag zur Umwegrentabilität, indem sie nicht nur Aufträge zur Standausgestaltung vor Ort erteilen, sondern auch durch ihre Mitarbeiter das örtliche Hotel- und Gaststättengewerbe frequentieren, von anderen Nebenausgaben einmal ganz abgesehen.

2.4 Kongreßhaus

Je nach der Entscheidung des Veranstalters gelangt das Kongreßhaus zu Einnahmen. Entschließt er sich, die Kongreßorganisation dem Kongreßhaus zu übertragen, so partizipiert das Kongreßhaus mit einem prozentualen Anteil an den Bruttoeinnahmen aus der Standflächenvermietung. In der Regel werden dann für die genutzten Räume keine Mieten und Nebenkosten mehr erhoben, die vom Veranstalter zu tragen wären, wenn er die Ausstellung selbst oder durch einen Dritten organisieren läßt. In der Praxis macht dann das Kongreßhaus zusätzlich einen Pauschalbetrag für die genutzte Nettoausstellungsfläche geltend, der zwischen 2,50 DM bis 3,00 DM pro qm liegt.

Unabhängig davon können die Kongreßhäuser durch Bereitstellung von Ausstellungsausstattung wie Mobiliar, Stellwänden, Strom- und Kommunikationsanschlüssen zusätzliche Einnahmen erzielen.

3. Ausstellungsorganisation

3.1 Organisation

3.1.1 Veranstalter

Wie bereits ausgeführt, liegt es in der Hand des jeweiligen Kongreßveranstalters, in welcher Art und Weise er die vorgesehene kongreßbegleitende Ausstellung organisieren und durchführen möchte. Im wesentlichen hängt die Entscheidung davon ab, in welchem Ausmaß er zeitlich und personell in der Lage ist, sich um die Ausrichtung zu kümmern. Ein in das Präsidentenamt eines wissenschaftlichen Kongresses berufener Hochschullehrer oder der Vorsitzende einer berufsständischen Organisation dürfte wohl wenig Neigung verspüren, sich diese Last aufzuladen, weil er die notwendige Zeit nicht aufbringen kann und ihm geschultes und ausreichendes Personal nicht oder selten zur Verfügung steht. Daher ist mit zunehmender Tendenz zu beobachten, daß sich viele Veranstalter nach Dritten umsehen, die professionell diese Aufgabe übernehmen.

3.1.2 Personal Congress Organizer/Kongreßagentur

Da viele Kongreßveranstalter zunehmend die dem administrativen Bereich zuzurechnenden Organisationsaufgaben eines Kongresses einem Professional Congress Organizers (PCO) übertragen, tritt dieser oft auch als Organisator der kongreßbegleitenden Ausstellung auf. Die naheliegende Absicht, möglichst alles in einer Hand zu belassen und nur einen Ansprechpartner zu haben, spricht für diese Lösung. Die oft noch mangelnde Erfahrung und Kenntnis der meisten PCO's auf diesem Gebiet spricht jedoch gegen diese Lösung, weil der PCO unter Umständen von seinen eigentlichen Aufgaben zu sehr beansprucht wird.

3.1.3 Kongreßhaus

Mehr und mehr gehen die Kongreßhäuser dazu über, sich den Kongreßveranstaltern als Organisator dieses Ausstellungstyps anzudienen. Der Vorteil dieser Lösung gegenüber anderen Anbietern ist in erster Linie darin zu erblicken, daß in preislicher Hinsicht die Kongreßhäuser günstigere Angebote machen können, weil sie das technische know how in vielfältiger Form und Ausstattung in ihrem Hausequipment vorhalten und ohne anfallende Transportkosten bereitstellen können. Damit steigt zugleich der Veranstalteranteil an den Bruttoeinnahmen, die er seinem Kongreßetat zuführen kann.

Da, von wenigen Ausnahmen abgesehen, fast alle in Kongreßhäusern stattfindenden Kommunikationsveranstaltungen mit Ausstellungen angereichert werden, kann sich das dort tätige Personal auch einen Erfahrungsumfang zulegen, der gegenüber Dritten nicht zu unterschätzen ist. Voraussetzung für eine gute Serviceleistung ist allerdings, und das soll deutlich hervorgehoben werden, daß im Kongreßhaus Personal und technische Ausstellungsausstattung zur Verfügung steht, um die anfallende Arbeit zu bewältigen und sie nicht nur so nebenbei erledigt wird.

3.1.4 Messe- und Ausstellungsgesellschaft

Es unterliegt keinem Zweifel, daß die am Markt tätigen und nicht selbst ein Messezentrum betreibenden Messe- und Ausstellungsgesellschaften am ehesten prädestiniert wären, kongreßbegleitende Ausstellungen zu organisieren. Es ist jedoch nachweisbar, daß dies nicht der Fall ist. Im wissenschaftlichen Kongreßgeschehen treten sie so gut wie nicht in Erscheinung und bei anderen Veranstaltungen nur sehr selten. Es liegt wohl daran, daß dieser Ausstellungstyp von Größe und Aufmachung nicht den Vorstellungen dieser Branche entspricht. Firmen dieser Branche treten lieber als Eigenveranstalter auf und betätigen sich in den anderen Marktbereichen des allgemeinen Messe- und Ausstellungsgeschehens. Dem Verfasser sind in seiner über zwanzigjährigen Praxis nur wenige Beispiele bekannt, wo eine solche Ausstellungsgesellschaft als Organisator einer kongreßbegleitenden Fachausstellung aufgetreten ist. Verhältnismäßig geringer Umfang und Ertrag dürften die Hauptgründe sein, die diese Abstinenz begründen.

3.2 Rechtsbeziehungen zwischen Veranstalter und Organisator

So unterschiedlich die Organisatoren von kongreßbegleitenden Ausstellungen auch sind, so einheitlich gestalten sich die Rechtsbeziehungen zwischen ihnen und dem Veranstalter. Grundlage ist ein Werkvertrag gemäß § 631 ff. BGB. Nach Absatz 2 des § 631 BGB kann Gegenstand des Werkvertrages einmal die Herstellung oder Veränderung einer Sache sein oder jeder andere durch Arbeit oder Dienstleistung herbeizuführende Erfolg.

Charakteristisch für den Werkvertrag ist zunächst die Zusage, ein bestimmtes Werk herzustellen. Hier wird also, anders als beim Dienstvertrag, nicht nur ein Arbeitseinsatz, sondern ein bestimmter Arbeitserfolg geschuldet, für dessen Eintritt der Unternehmer das Risiko zu tragen hat.

Entsprechend den vorstehenden Ausführungen schuldet der PCO nicht nur einen Arbeitseinsatz in Form der Organisation ohne Erfolgsgarantie, vielmehr hat er seine werkvertraglichen Pflichten erst erfüllt, wenn die von ihm organisierte Veranstaltung reibungslos und damit erfolgreich abgelaufen ist.

Gegenstand des Werkvertrages kann auch eine Geschäftsbesorgung sein (z. B. Inkassotätigkeit). Diese unterliegt dann im bestimmten Umfang den Auftragsregeln (§ 675 BGB).

Der Geschäftsbesorgungsvertrag hat die Verpflichtung zur entgeltlichen Geschäftsbesorgung zum Gegenstand. Noch heute ist der Begriff Geschäftsbesorgung umstritten. Nach herrschender Meinung liegt eine Geschäftsbesorgung vor, wenn eine selbständige Tätigkeit wirtschaftlichen Charakters im Interesse eines anderen innerhalb einer fremden wirtschaftlichen Interessensphäre vorgenommen wird. Würde man diese Einschränkung nicht machen, wäre bei jedem Dienst- oder Werkvertrag auch Auftragsrecht anzuwenden.

Das Werk ist an den Besteller auszuliefern, wie sich aus § 640 BGB ergibt, wonach der Besteller zur Abnahme verpflichtet ist. Abnahme ist grundsätzlich die körperliche Hinnahme im Wege der Besitzübertragung, verbunden mit der Erklärung, daß der Besteller (Kongreßveranstalter) die Leistung als vertragsmäßig anerkennt, und zwar nicht als Erfüllung schlechthin, wohl aber als Hauptsache nach vertragsmäßiger Leistung. Ist nach der Beschaffenheit des Werkes, wie bei einem Kongreß, die Abnahme ausgeschlossen, so tritt an die Stelle der Abnahme gemäß § 646 BGB die Vollendung des Werkes. Als Abnahme kommt beim PCO die tatsächliche Durchführung der Veranstaltung durch den Veranstalter in Betracht, nachdem sich der Veranstalter von der ordnungsgemäßen Vorbereitung, soweit ihm dies möglich ist, überzeugt hat.

Da die Auswahl und Bestimmung der Aussteller in der Regel auf das Kongreßthema abgestimmt wird und diese Festlegungen nur vom Veranstalter in Zusammenarbeit mit dem Organisator erfolgen können, bedürfen vertragliche Vereinbarungen in beiderseitigem Interesse bestimmter Mitwirkungsregelungen für beide Seiten.

Die Abgrenzung zwischen Dienst- und Werkvertrag bereitet besondere Schwierigkeiten. Theoretisch läßt sie sich zwar leicht durchführen, da beim Dienstvertrag die Dienstleistung als solche, beim Werkvertrag hingegen ein bestimmter Arbeitserfolg, ein Arbeitsergebnis versprochen wird.

Schwer feststellbar ist im Einzelfall, ob nun ein Arbeitseinsatz oder aber ein Arbeitserfolg geschuldet wird. Denn auch beim Dienstvertrag werden die Tätigkeiten nicht als Selbstzweck, sondern im Hinblick auf einen bestimmten Erfolg in Anspruch genommen.

Der wesentliche Unterschied besteht darin, daß der Verpflichtete beim Werkvertrag für die Realisation des angestrebten Erfolges einzustehen hat, also insoweit das Unternehmerrisiko zu tragen hat, während der aus einem Dienstvertrag Verpflichtete nicht mit dem Erfolgsrisiko belastet ist. Beim Werkvertrag kann der Unternehmer beim Ausbleiben des versprochenen Erfolges das vereinbarte Entgelt nicht beanspruchen, wobei der Dienstpflichtige seinen Lohn auch dann erhält, wenn der mit seiner Tätigkeit bezweckte Erfolg nicht eintritt.

So schuldet z. B. der Arzt seinem Patienten keinen Erfolg in Form von Heilung, sondern lediglich eine Behandlung lege artis. Hier liegt der klassische Fall eines Dienstvertrages vor.

3.3 Finanzierung

Da eine ganze Reihe von kostenbegleiteten Maßnahmen zeitlich im Voraus vor dem eigentlichen Ereignis bewerkstelligt werden müssen – z. B. Druck und Versand der Ausstellungsunterlagen, Telefongebühren, Werbung etc. – muß der Organisator oft vorfinanzieren. Eine Abdeckung seiner Gesamtkosten wird durch einen prozentualen Anteil an den Gesamteinnahmen aus der Ausstellung vorgenommen. Er beläuft sich im allgemeinen zwischen 30 % und 40 % der Gesamtbruttoeinnahmen und umfaßt neben den Mieten für die Ausstellungsräume auch das Entgelt für erbrachte Arbeitsleistungen.

Als Berechnungsgrundlage für die Einnahmen dient die jeweils vermietete Nettoausstellungsfläche. Heute sind Quadratmeterpreise zwischen 250,00 DM und 400,00 DM je nach Ausstellungscharakter für die Dauer der Veranstaltung üblich, wenn sie nicht länger als 4 Tage dauert.

4. Ausstellungsplanung

4.1 Planungsmethoden

Kongresse mit fachbegleiteten Ausstellungen bedürfen in der Regel längerer Vorbereitungszeiträume, die je nach Bedeutung und Größe der Veranstaltung oft 2 bis 3 Jahre umfassen. Schon in einem frühen Zeitpunkt muß die Planung der Ausstellung einsetzen, da einmal die Budgetplanung von den erzielbaren Einnahmen aus der Ausstellung abhängt und zum anderen bei der Fixierung von Vorauszahlungen auf die Standmiete in der Ausstellungsausschreibung Zahlungen eingehen, die für andere Vorbereitungsmaßnahmen verwendet werden können.

Für die Planung stehen als Planungshilfen die Checkliste, das lineare Programm oder Balkendiagramm und die Netzplantechnik zur Verfügung. Durch den Einsatz der EDV hat die Netzplantechnik sich im allgemeinen durchgesetzt. Sie hat den Vorteil, daß die Zusammenhänge einzelner Tätigkeiten durch graphische Darstellungen verdeutlicht werden können.

4.2 Zusammenarbeit Veranstalter und Organisator

Da die thematische Abstimmung der Ausstellung auf das Programm des Kongresses wichtigste Voraussetzung für ihre Annahme durch die Kongreßteilnehmer ist, muß eine enge Koordination zwischen dem Veranstalter und dem Ausstellungsorganisator stattfinden. Sie erstreckt sich in erster Linie auf die gezielte Auswahl der aufzufordernden Firmen.

Die äußere Form der Ausstellung, Standgrößen etc. muß vor Erstellung der Ausstellungsausschreibung festgelegt werden. Die Abstimmung des Standplanes hat, um Konkurrenten möglichst nicht nebeneinander zu placieren, gemeinsam zu erfolgen, wenn die Anmeldungen vorliegen, was unterstreicht, daß auch nach der Planungsphase immer wieder beiderseitig Kontakt gehalten werden muß. Oftmals übernimmt diese Aufgaben ein Ausstellerbeirat, der vom Veranstalter frühzeitig berufen wurde. Vor einer Gefahr sollte sich jedoch der Veranstalter hüten. Er darf und sollte sich nicht um reine administrative Aufgaben kümmern. Dafür hat er seinen Organisator.

4.3 Anmietung der Ausstellungsflächen

Die meisten Veranstaltuangshäuser haben für ihre vermietbaren Ausstellungsräume festgesetzte Mieten, die nicht einheitlich sein müssen und sich jeweils nach Ausstellungsart und Umfang richten können. Gleiches gilt für Sach- und Dienstleistungen, die teilweise wieder durch Dritte erbracht werden.

Im allgemeinen basieren die Mietpreise auf der vermietbaren Bruttofläche, es sei denn, das Kongreßhaus organisiert die Ausstellung selbst.

In der Regel werden die Ausstellungsräume vom Veranstalter angemietet und sind somit Bestandteil des Gesamtmietvertrages. Daraus ergibt sich auch die unmittelbare Zuordnung der Ausstellung zum Kongreß mit der zwangsläufigen Folge, daß beim Ausfallen des Kongresses aus Gründen, die der Veranstalter zu vertreten hat, auch keine fachbegleitende Ausstellung stattfindet, während umgekehrt der Kongreß durchaus ohne Ausstellung stattfinden kann, wenn beispielsweise keine oder nur ganz wenige Aussteller sich für die Ausstellung gemeldet haben.

4.4 Vertragsbindungen

Wie vorstehend erwähnt, bestehen für die Ausstellung im Rahmen eines Kongresses Mietvertragsbindungen mit allen Rechtsfolgen zwischen Veranstalter und Kongreßhaus und zwischen Veranstalter und Organisator ein Werkvertrag nach § 631 ff. BGB.

Die Aussteller ihrerseits schließen mit dem Ausstellungsorganisator über die gewünschte Standfläche einen Mietvertrag ab, der eine ganze Reihe von Nebenabreden z. B. über Untervermietung, Haftung, Rücktritt usw. enthält und nach den dafür geltenden gesetzlichen Regelungen abzuwickeln ist.

In den Ausstellungsausschreibungen, die als Mietbedingungen anzusehen sind, werden in der Regel Gewährleistungen des Organisators, wie etwa eine garantierte Besucherzahl, ausgeschlossen.

4.5 Standplan

Auch der exakte und alle Aspekte berücksichtigende Standplan ist eine wichtige Voraussetzung für das Gelingen einer kongreßbegleitenden Ausstellung. Es liegt nahe, daß er nur in enger Zusammenarbeit zwischen Veranstalter, Organisator und Kongreßhaus erstellt werden muß. Er sollte so frühzeitig feststehen, daß er den Ausstellern rechtzeitig zugesandt werden kann, um die eigenen Dispositionen frühzeitig zu ermöglichen.

5. Zusammenfassung

Die vorstehenden Ausführungen sollten deutlich machen, daß es sich bei der kongreßbegleitenden Ausstellung um eine Messe sui generis handelt, die nur entfernt Wesensmerkmale mit herkömmlichen Ausstellungen aufweist, die aber, was ihre Organisation anbelangt, doch sehr große Ähnlichkeiten besitzt. Ihre Zielsetzung ist nicht wie bei Konsum- und Industriemessen auf Kaufabschlüsse ausgerichtet, sondern mehr auf Information und evtl. Vorbereitung von Kaufverträgen zugeschnitten. Sie sind unzweifelhaft eine Kongreßbereicherung nicht nur in finanzieller Hinsicht.

Manfred G. Heinicke

Das verhaltenssteuernde Potential firmenindividueller Begleitveranstaltungen

1. Kausalität und Zusammenhang als Kriterien wählen

2. Das Problem erkennen
   2.1 Nicht wahrgenommen werden: Informationsüberflutung
       und Low Involvement
   2.2 Nicht identifiziert werden: Fehlende Eigenständigkeit
       durch Homogenität des Produkts und seines Auftritts
   2.3 Nicht gelernt werden
   2.4 Problem-Multiplikation durch Internationalisierung des Marketing
   2.5 Das Meta-Problem:
       Fehlender Ursache- Wirkungs-Durchblick infolge Komplexität

3. Das Ganze sehen: Marketing-, Kommunikations- und Messemix.
   Die komplementäre Funktion firmenindividueller Begleitveranstaltungen

4. Das spezifische Problemlösungspotential von Begleitveranstaltungen nutzen
   4.1 Der kommunikations- und planungstheoretische Zusammenhang
   4.2 Zielgruppen: Streuverluste vermeiden und die Konkurrenz ausschließen
   4.3 Nachricht: Empfangsbedingungen verbessern
   4.4 Gestaltung: Durch Inszenierung zu Aktivierung, Unterhaltung und Erlebnis

5. Zusammenfassung

Literatur

1. Kausalität und Zusammenhang als Kriterien wählen

Es geht um die Fragen: Firmenindividuelle Begleitveranstaltungen anläßlich von Messen und Ausstellungen durchführen? Als Begleitung eines Ausstellungsstandes? Als Satelliten-Veranstaltung nur der Messe oder Ausstellung, also ohne eigene Präsenz auf der Messe selbst? Diese Fragen münden in eine zentrale, nämlich die nach dem Erfolgspotential von Begleitveranstaltungen, besser natürlich wohl: des Verbundes Kongreß, Messestand, Begleitveranstaltung?

Um es vorweg zu sagen und denjenigen Leser vor Enttäuschung zu bewahren, der wohlfeile Checklisten oder Beispiele zur Nutzung für Kreativitäts-Inspiration oder die Organisation solcher Veranstaltungen sucht: Es soll im folgenden nicht um die operationalen Fragen gehen, mit welchen Themen, welcher Form der Einladung, welcher Auswahl des Orts des Geschehens oder welcher Art von aufmerksamkeitsheischenden Events Messebesucher als Besucher des hauseigenen Individual-Ereignisses abgezweigt werden können. Da hat die Marketing-Realität zahlreiche Kostproben bereit. Auch hat die Agentur-Szene eine besondere Spezies von sog. Event-Marketing-Agenturen hervorgebracht, die ein Füllhorn von kreativen, sachlichen bis unterhaltsamen, Ideen für Messebesucher und Begleitung über einen Kunden ausschütten können, der eine solche Veranstaltung plant.

Die folgenden Gedanken sollen vielmehr dem ernsthaft Gewillten, dem strategischen Denker und Planer – auf der Meta-Ebene – in einer frühen Phase des gedanklichen Prozesses Anregungen zur weiteren Auseinandersetzung vermitteln. Gemeint ist derjenige, der betriebswirtschaftliche Verantwortung nicht in der oberflächlichen Betrachtung des äußerlich Attraktiven und Auffälligen sieht, sondern in einer Auseinandersetzung mit Ursache und Wirkung, und der folglich ein Konzept für firmenindividuelle Begleitveranstaltungen aus der Kenntnis der Probleme, der zur Verfügung stehenden Wirkhypothesen und des instrumentellen Gesamtkontextes nicht nur beschreiben, sondern auch begründen, und damit Prognosen über den Erfolg wagen kann.

Hierzu bedarf es des Hinweises auf die aktuelle Problematik des Marketing-Erfolges, auf die unerläßliche Gesamtbetrachtung zumindestens des Messe-Mixes sowie des spezifischen Beitrages, den firmenindividuelle Begleitveranstaltungen zum Marketing-Erfolg in bestimmten Situationen beizutragen vermögen.

2. Das Problem erkennen

2.1 Nicht wahrgenommen werden: Informationsüberflutung und Low Involvement

2.1.1 Die Informationsüberflutung

Die Situation der Informationsüberflutung ist keineswegs neu. Schon 1981 konnte anläßlich des Kongreßforums 1981 im ICC (Internationales Congress Centrum), Berlin gezeigt werden, daß die Fülle der Informationen vom Rezipienten nicht mehr aufnehmbar ist (vgl. Heinicke 1981 a, S. 46 ff). *Kroeber-Riel* (1987 a; b, 1988) hat zwischenzeitlich weitere Zahlen hierzu vorgelegt. Danach bleiben 95 % der heutigen Zeitschriftenwerbung ohne Wirkung. Die Informationsüberlastung insgesamt für die Bundesrepublik Deutschland ist vom Institut für Konsum- und Verhaltensforschung der Universität des Saarlandes mit 98,1% errechnet worden (Naisbitt/Aburdene 1990, S. 1). Aus internationaler Sicht heben *Naisbitt* und *Aburdene* (1990, 11) „eine noch nie dagewesene Zahl von neuen Zeitschriften, Mitteilungsblättern, Fachzeitschriften und Zeitungen" sowie „Fernsehgesellschaften- und Kanäle, Video- und Film" hervor. Die Streuverluste dieser Massenmedien führen dazu, daß Werbungtreibende diese durch Häufigkeit und Menge zu kompensieren versuchen – ein weiterer Beitrag zur Informationsüberflutung. „Die Oberfläche des Informationsmeeres um uns herum", so hatte Toffler 10 Jahre zuvor geschrieben, gerät „in Aufruhr" (Toffler 1977).

2.1.2 *Die Folgen der Informationsüberlastung*

Diesem Aufruhr des Informationsmeeres, der Massenhaftigkeit der bruchstückhaften Radarsignale, treffen auf eine informationelle Situation des Menschen, die „der eines zu kleinen Computers" entspricht, „dem ständig Aufgaben gestellt werden, die seine Aufnahme-, Verarbeitungs- Speicherkapazität bei weitem überfordern" (Steinbuch 1978, Kap. 1.5.7). Konsumenten sind wegen der „Enge ihres Bewußtseins" (von Rosenstiel/Neumann, 1982, S. 164), ebenso aber aus einer „informellen Angst" vor Widerspruch und Kontra-Weltbild (Gerken 1990, S. 210) nur zum Teil in der Lage, die ihnen angebotenen Informationen auf- oder anzunehmen.

Die Informationsaufnahme durch den Konsumenten wird „flüchtiger, nachlässiger, wesentlich selektiver, stichprobenartig" (Tostmann 1987, S. 110). Nicht mehr aufnehmbare Informationen führen zu Verunsicherung und Informationsblockade (vgl. Heinicke 1981, S. 52) mit dem Ergebnis, daß weniger als 1 % aller angebotenen Informationen konsumiert wird, wie das Research Institute of Telecommunications and Economics in Tokio feststellte (vgl. Tostmann 1987, S. 110).

Es ist unter anderem die Massenhaftigkeit der Informationen, die bestenfalls zu einer bruchstückhaften Wahrnehmung führt. „Fragmentarische Eindrücke prasseln auf uns ein, wie verstümmelte Radarsignale" (Toffler 1980, S. 177).

„Ohne eine Struktur, ein Bezugssystem, prallt die ungeheure Masse von Fakten, die jeden Tag auf Sie einstürmen, einfach von Ihnen ab" (Naisbitt/Aburdene 1990, S. 1).

Die Rezipienten von Werbebotschaften suchen nach einer einfacheren und schnelleren Möglichkeit der Orientierung, der Vor-Bewertung. So ist in diesem Zusammenhang auf die Stiftung Warentest hinzuweisen.

2.1.3 *Low und High Involvement*

Ob und in welchem Maße potentielle Nachfrager Informationen suchen, hängt von ihrer „Ich-Beteiligung" (vgl. Unger 1989, S. 226) ab, ihrem Engagement der Zuwendung, anders ausgedrückt, in welchem Maß ein Angebot eine Beziehung zu den Wünschen und Werten des Rezipienten hat.

Dieses gegebene Produktinteresse kann auch mit einer Aktivierung des Nachfragers gleichgesetzt werden (vgl. Kroeber-Riel 1984, S. 611 ff).

Die Stärke dieses Involvements bestimmt ganz entscheidend die Zuwendungsbereitschaft und damit die Erfolgsaussichten der Marketing-Maßnahmen. Sie wird bestimmt durch die Werte und Motive der Persönlichkeit, die Eigenschaften des Produkts, die Medien, insbesondere aber durch die (Kauf-) Situation (Kroeber-Riel 1988 b, 98 f).

Je nachdem, ob sich der Rezipient in einer Situation des High- oder des Low-Involvements befindet, ist sein Informationsinteresse unterschiedlich und bedingt unterschiedliche Formen der Ansprache.

Nachfrager im High-Involvement-Bereich setzen sich intensiv mit den Argumenten auseinander und haben eine eher feste Einstellung, die zu ändern nach Erkenntnis der Konsistenztheorien schwierig ist. Hingegen scheinen diskrepante Informationen bei Low-Involvement-Empfängern weniger Dissonanzen zu bewirken. Folglich geht man bei ihnen von einer leichteren Möglichkeit der Veränderung von Verhaltensprädiktoren aus, die freilich den Nachteil haben, weniger stabil zu sein. Entsprechend wird im High-Involvement-Bereich dem argumentativen Inhalt der Botschaft die Priorität gegeben, während man im Low-Involvement-Bereich die häufige Wiederholung als Mittel der Wahl ansieht (vgl. Unger 1989, S. 226).

2.1.4 Informationsdefizit

Was nicht ankommt, nicht wahrgenommen, interpretiert, eingeordnet und gespeichert werden kann, bleibt ohne Wirkung. Der Informationsbedarf jedoch ist da. Das beweist nicht zuletzt der Erfolg der Stiftung Warentest.

„Wir ertrinken in Informationen und hungern nach Wissen" (Naisbitt, Aburdene, 1990, S. 10)

Damit aber ist die Frage nach einer Kommunikationsstrategie einschließlich eines Mediums gestellt, die umfassend genug und selektiv zugleich ist, um die Informationswünsche zu erfüllen.

2.2 Nicht identifiziert werden: Fehlende Eigenständigkeit durch Homogenität des Produkts und seines Auftritts

Produkte gleichen sich wie ein Ei dem anderen, nicht nur funktional, sondern auch im Design. Beispiele sind Haushaltsgeräte und Computer (vgl. Kroeber-Riel 1988b, S. 68). Sie sind homogen und vermögen wenig zur Präferenzbildung innerhalb bestimmter Kategorien beizutragen. Marginale Veränderungen werden als USP (Unique Selling Proposition) hochstilisiert und bewirken oft das Gegenteil dessen, was man erreichen möchte:

Unglaubwürdigkeit, denn was nicht echt und wirklich ist, wird vom Konsumenten instinktsicher als solches erkannt. Die Irradiation, die Übertragung des durch eine Teilqualität bewirkten Gefühls der Verunsicherung trifft das Ganze.

Selbst dort, wo es der marketingorientierten Forschung und Entwicklung gelungen ist, eine Differenzierung herbeizuführen, geht diese häufig fehl, weil der Rezipient gar keinen Zugang zur objektiven Beschaffenheit der Ware hat. Er kann sie nicht wahrnehmen oder bewerten. Selbst Spezialisten haben Probleme: „Es ist für einen Abnehmer einer gesamten Anlage der Meß- und Regeltechnik schlechterdings unmöglich, alle technischen Details zu überprüfen und auf ihre sachliche Bedeutung hin zu kontrollieren. Es bleibt ein großer Wissensabstand zwischen Abnehmer und Anbieter, der weder von der Werbung noch dem besten Beratungsingenieur überbrückt werden kann" (Bunkenburg 1975, S. 775)

Seit Jahrzehnten versucht man deshalb, das Produktangebot psychologisch anzureichern, um ihm auf diese Weise einen sog. Zusatznutzen zu vermitteln oder, in Anwendung der Theorie des Selbstkonzepts, das Produkt als Schlüssel für die erstrebte Selbstverwirklichung über einen der sozialen Zielgruppe genehmen Demonstrativkonsum zu vermarkten.

Gleichwohl scheint es auch hier, als orientierten sich die Marketing- und Produktmanager mehr an dem, was ihre Konkurrenz jeweils tut, als an dem, was die potentiellen Kunden auf ihrem Wunschzettel haben. Jedenfalls finden sich diese von den Produktauslobern und ihren Agenturen in eine Landschaft von Produktfaszinationen gestellt, die kaum noch solche sind, weil ihnen gerade das fehlt, was eine Faszination wesentlich mitbestimmt – die Einmaligkeit. Eine Handvoll Motivbündel, vom Traum von Freiheit und Abenteuer bis zu erotischer Unwiderstehlichkeit, ist es, in dem sich ein Großteil der Angebote wiederfinden.

Je ähnlicher Botschaften sind, umso schwerer ist es für ihre Empfänger, sie zu unterscheiden. Dieses als Interferenz bezeichnete Phänomen der fehlenden Eigenständigkeit behindert das Lernen der Botschaft (vgl. Unger 1989, S. 225).

In einer Situation der Informationsüberflutung, des Low Involvement und problematischer Positionierungskonzepte hätte die Kommunikation, insbesondere die Werbung, wenn schon nicht die Positionierung herbeiführend, Sorge zu tragen für ein Bemerkt- und ein unterscheidendes Erkannt-Werden, eine Identifizierung des Angebots zumindestens. Aber auch hier zeigt sich mit einem Blick z.B. auf die Bier-, Auto- oder Kosmetik-Werbung, daß es schwer ist, den Absender zu erkennen, wenn man den Marken- oder Firmennamen mit der Hand abdeckt.

2.3 Nicht gelernt werden

Wahrnehmen und im Hinblick auf den Absender richtig einordnen sind erste Stufen des Wirkungsprozesses. Erfolg setzt neben der Aufnahme und Kurzzeitspeicherung eine (Langzeit-)Speicherung im Gedächtnis voraus. Diese hängt von der Tiefe der Informationsverarbeitung ab, die umso besser gelingt, je mehr sie semantische, d. h. inhaltliche Aspekte aufweist (vgl. Irle 1986, S. 124).

Abgesehen davon, daß die o. g. Wahrnehmungsbarrieren zugleich Lernbarrieren sind, zeigt sich eine permanente Gefährdung zunächst aufgenommener Informationen, insbesondere, wenn diese nicht mehr genutzt werden, durch die Überlagerung von anderen Botschaften (vgl. Unger 1989, S. 225).

2.4 Problem-Multiplikation durch Internationalisierung des Marketing

Mit der Realisierung der EG-Pläne werden es die Anbieter von 12 europäischen Staaten ab dem 1.1.93 mit dem größten Binnenmarkt der Welt zu tun haben. Über 325 Mill. potentielle Verbraucher bieten die Chance, richtig informiert, überzeugt und emotional gewonnen, zu Käufern zu werden.

Zusätzlich öffnet sich Osteuropa mit einer Bevölkerung etwa gleicher Größe. Insgesamt umfaßt ein „Großraum Europa" als Teil der Landmasse Eurasien mit einer Fläche von ca. 10 Mio km² (abgegrenzt durch die Linie Uralgebirge, Uralfluß, Kaspisches Meer, Kaukasus, Schwarzes Meer) eine Bevölkerung, die fast dreimal größer ist als die der USA.

Das bedeutet für den bisher national in Deutschland operierenden Anbieter, daß sich sein Nachfragepotential etwa verzehnfacht (vgl. Stahr 1990, S. 19). Selbst wer sich als Anbieter nach dem Motto „Schuster bleib bei Deinen Leisten" bescheiden möchte, wird sich auf dem eigenen (Heim-) Markt zunehmend intensiver ausländischer Konkurrenz ausgesetzt sehen und es schwerer finden, seinen Markt zu verteidigen. Die EG-Länder sind allesamt exportintensiv (vgl. Stahr 1990, S. 19). Die Frage wird sein, welche Konsequenzen sich hieraus für die Kommunikationsstrategien im allgemeinen und Messen und Ausstellungen sowie firmenindividuelle Begleitveranstaltungen im besonderen ergeben. Vorhersehbar ist, daß in den neuen Märkten nicht nur die Bekanntheit des Produktes/Unternehmens, sondern auch die oft in Jahrzehnten mühsam aufgebauten Basispräferenzen fehlen. Und dies in einer Entwicklungsphase der Marktwirtschaften, die durch hohe Wettbewerbsintensität und damit hohen Kommunikationsdruck mit der Folge der Informationsüberlastung gekennzeichnet sind.

In einer solchen Situation käme es mithin darauf an, bekannt zu werden und Vertrauen aufzubauen, also sowohl kognitive als auch emotionale Ziele anzusteuern. Hierzu sind imageprofilierende Maßnahmen ein wesentlicher Teil. Die spezifischen Marketing- und Kommunikationsaufgaben aus einer solchen Situation heraus werden alle Bereiche der Planungshierarchie betreffen: Zielgruppen-Definition, Zielwirkungen, Zielmittel (Leistung, Nachricht, Gestaltung, Medien). Für die Bedeutung von firmenindividuellen Begleitveranstaltungen ergibt sich daraus, abhängig von der jeweiligen Branchensituation: Die Zielgruppen könnten sich als ungeheuer groß und mit den zur Verfügung stehenden Etats als nicht erreich- und beeinflußbar erweisen. Es bietet sich an, Zielgruppen sorgfältig zu definieren und zu komprimieren. Hieraus könnte sich für die Medien ergeben, daß diese vielfach mit hohen Streuverlusten einerseits und mit zu geringen Reichweiten (allein durch Sprachbarrieren) andererseits problematisiert sind. Hier wäre z. B. an die klassischen Print- und AV-Medien zu denken. Es könnte mithin sinnvoller sein, zu versuchen, mit kleineren Gruppen in direkten Kontakt zu kommen und auf diese Weise dort nicht nur bekannt zu werden, sondern eine entsprechende Reputation aufzubauen.

Die Folge der Markt-Multiplikation wird ansonsten sein, daß eine lineare Fortsetzung der bisherigen Marketing-Politik zu einer weiteren Informationsüberflutung mit ausbleibender

Differenzierung und damit der für Lernen und Zuwendung vorauszusetzenden Eigenständigkeit führen werden. Zu fordern wären deshalb Marketing- und Kommunikationskonzepte, die insbesondere dem Problem der Identifizierbarkeit von Marken, Produkten und Anbietern als Vorausssetzung für eine Begründung von Verhaltensbereitschaften vorausschauend Rechnung trügen.

2.5 Das Meta-Problem:
Fehlender Ursache-Wirkungs-Durchblick infolge Komplexität

Leicht gesagt, zeigt doch der Blick auf Gegenwart und Vergangenheit der kleineren nationalen Märkte, daß schon hier die Wirklichkeit hinter dem zurückbleibt, was Erfolg eigentlich voraussetzt.

Deshalb gehört zur Untersuchung der Frage, inwieweit die Nutzung der einen oder anderen Instrumentvariablen einen und welchen Beitrag zur Bewältigung der genannten Probleme leistet, auch der Hinweis auf der Meta-Ebene: Komplexität ist nur durch Gegen- (Eigen-) Komplexität beherrschbar (vgl. Malik 1986, S. 193).

Verhaltensvielfalt ist gefordert. Diese wird bestimmt durch eine Beherrschung der Daten der Märkte wie der Theorien einer Verhaltenssteuerung (vgl. Heinicke 1989, S. 139 ff).

Dies heißt für die Planung firmenindividueller Begleitveranstaltungen, daß diese nicht nur mit einem Seitenblick auf den Informationsbedarf der Nachfrager sowie die diesbezüglichen Konkurrenzaktivitäten entscheidbar sind. Verhaltensvielfalt setzt die profunde Kenntnis der Wirk- (Erfolgs-) Zusammenhänge des Verhaltens voraus, soweit sie durch Psychologie, Soziologie und Sprachwissenschaften erkannt worden sind.

3. Das Ganze sehen:
Marketing-, Kommunikations- und Messe-Mix.
Die komplementäre Funktion firmenindividueller Begleitveranstaltungen

Der Problemerkenntnis folgt die Problembehandlung. Wenn hier nun die Frage nach den Erfolgskriterien eines spezifischen Instruments gestellt ist, so sollte von vornherein klar sein: Diese Frage zu beantworten ist nur zulässig im Kontext mit der Gesamtheit der Einfluß nehmenden Mittel. Dies muß leider immer wieder betont werden, da in der Praxis z. B. ein „Denken in Werbemitteln" (Heinicke 1985, 23) zu beobachten ist, d. h. ein Aktionismus, der mit einer formallogisch richtigen, dem Prinzip der Zweckrationalität konsequent folgenden gedanklichen Entwicklung der einzelnen Mittel nichts zu tun hat. Auch in der Literatur führt die Spezialisierung der Themen häufig zu dem nicht gemeinten Eindruck, die maximale Beherrschung und professionelle Ausreizung des jeweils besprochenen Erfolgsfaktors wäre die anzusteuernde Lösung.

Deshalb sei an dieser Stelle betont: *Firmenindividuelle Begleitveranstaltungen ergeben nur einen Sinn, wenn sie sytematisch als Teil eines zusammenhängenden Konzepts kreiert werden.* Der Zusammenhang mit den anderen Instrumenten des Marketing-Mixes muß vielleicht nicht hervorgehoben werden, er wird, wegen einer gewissen Großzügigkeit der Beziehungen mehr oder weniger immer nachweisbar sein. Aber schon im Kommunikations-Submix ist die Frage nach den Zusammenhängen zwischen den „laufenden" Maßnahmen und dem Ereignis Messe, die über eine bloße Addition hinausgehen, d. h. z. B. nach einer einen Höhepunkt ansteuernden Dramaturgie, häufig nicht beantwortbar.

Noch konkreter wird die Situation, wenn man prüfen will, inwieweit ein Ereignis sozial-kommunikativen Beieinanders und Miteinanders, wie es Messen, in ihrer Optimierung Kongreß-Messen und hier weiter im Zusammenwirken mit firmenindividuellen Begleitveranstaltungen sind, eine ganzheitliche, synergistische Inszenierung darstellt.

Der Hinweis soll also sein: *Nur das Konzert insgesamt vermag Erfolg zu erzielen und nur dann, wenn alle Instrumente sich aufeinander eingespielt haben.*

4. Das spezifische Problemlösungspotential von Begleitveranstaltungen nutzen

Es ist unsinnig, von jedem Instrument die gleiche Leistung oder auch nur die gleiche Art der Leistung erwarten zu wollen. Genau aber das passiert mehr oder weniger in der Praxis. Man steht unter dem Eindruck, soweit überhaupt ein konkretes Kommunikationsziel fixiert ist, es handele sich um das der Bekanntmachung.

Um die Frage nach dem möglichen Erfolgsbeitrag firmenindividueller Begleitveranstaltungen weiterhin zu beantworten, muß folglich neben der Frage nach dem, was zu leisten ist (Ziel) die nach dem, was geleistet werden kann (Instrumentalpotential), gestellt werden, darüber hinaus auch die der Relativität: Welches Instrument, welche Kombination ist am besten, effektivsten, wirtschaftlichsten?

Wenn es für den Marketing-Planer in seiner konkreten Situation richtig sein sollte, was weiter oben allgemein als Problemfeld beschrieben wurde, wäre z. B. zu fragen: Was können Messen und Ausstellungen, und in diesem Zusammenhang firmenindividuelle Begleitveranstaltungen für die o. g. Problemfelder Wahrnehmung, Eigenständigkeit und Speicherbarkeit des Marktauftritts leisten?

4.1 Der kommunikations- und planungstheoretische Zusammenhang

Will man das Konzert einstudieren, muß man die Gesetze der Musik, ihre Regeln, ihren Ablauf kennen. *Für die firmenindividuellen Begleitveranstaltungen heißt es, sich zum einen in Erinnerung zu rufen, wie denn, auf welchem Wege, über welche Wirkmechanismen (Wirkhypothesen) Kommunikation zu einer Wirkung führen kann, und zum anderen, welche Mittel des Bewirkens (die alles andere sind als die sog. Werbemittel) ihr zur Verfügung stehen und an welcher Stelle des Kommunikationsprozesses und in Abhängigkeit wovon sie in Aktion treten. Des weiteren empfiehlt es sich, zu prüfen, wo es Schwachstellen im Orchester gibt, um schließlich zu sehen, ob und inwieweit das einzelne Instrument „Begleitveranstaltung" einen Beitrag zu ihrer tendenziellen Eliminierung leisten kann.*

Eines ist jedenfalls klar: Wer meint, dies alles wäre viel zu kompliziert oder zu „theoretisch", hat übersehen, daß in der heutigen Zeit eines gewaltigen Kommunikationsdrucks nichts, aber auch gar nichts mehr zu bewegen ist, es sei denn man tut es mit voller Konzentration und ganzer Kraft. Hierzu gehört auch der Geist, der durchaus in der Lage ist, komplexe Zusammenhänge zu erkennen, zu verstehen und problemlösende Aktivitäten hieraus abzuleiten.

Abbildung 1 bildet vereinfacht unsere Vorstellung davon, wie eine Wirkung unter kommunikationstheoretischen Gesichtspunkten zustandekommt, ab. Die Anregung soll sein, systematisch darüber nachzudenken, wo denn das eigentliche Problem oder die Probleme, nach Prioritäten geordnet, liegen könnte(n): Ist es die fehlende Wahrnehmung? Oder kommt die gewünschte Prädisposition des Empfängers nicht zustande, weil z. B. unser Image nicht dem empfängerseitigen Sollprofil entspricht?

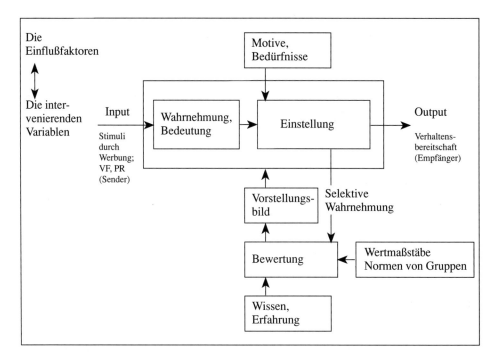

Abbildung 1: Die Erklärung der Werbewirkung nach dem Konzept der intervenierende Variablen (als Grundlage für die Planung von Kommunikationszielen [Zielwirkungen] und Zielmittel) – in Anlehung an Rutschmann, M. (1976), Bern u. Stuttgart, S. 59

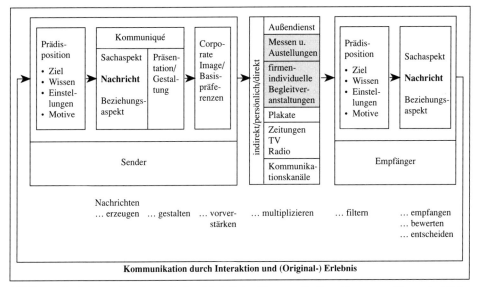

Abbildung 2: Informationstheoretisches Modell des Kommunikations-Prozesses: Der gedankliche Standort firmenindividueller Begleitveranstaltungen

Hier wäre der erste Ansatzpunkt, Geist statt Geld zu investieren. Nur die Erkenntnis der Problemfelder kann zu einem Lösungskonzept führen, das sich dann der Gesamtheit des zur Verfügung stehenden Instrumentariums bedient, somit auch zu einer Entscheidung über den Einsatz von firmenindividuellen Begleitveranstaltungen. Weil dieser gedankliche Schritt in der Praxis immer wieder vernachlässigt wird, soll zunächst Abbildung 2 an einem informationstheoretischen Kommunikationsmodell darlegen, daß allein die Betrachtung des Kommunikationsvorganges zeigt, daß es nicht nur die sog. Werbemittel oder Medien sind, über die man nachzudenken hat. Wichtiger sind zunächst einmal Nachricht (in Verbindung mit Leistung) und Gestaltung.

Für firmenindividuelle Begleitveranstaltungen heißt das, sich vor jeder Frage nach dem „Wie"? zuächst zu überlegen, „was" denn eigentlich die Nachricht ist, die zu übermitteln ist. Erst dann kann geprüft werden, ob die Begleitveranstaltung das richtige Instrument ist und wie es zu gestalten ist.

Abbildung 3 zeigt dann – als Planungsmodell – den Gesamtzusammenhang auf und macht deutlich, daß vor der Nachricht und ggfs. der Leistung oder Aktion ein spezifisches Kommunikationsziel zu stehen hat, das sich wiederum an der jeweiligen Zielgruppe orientiert.

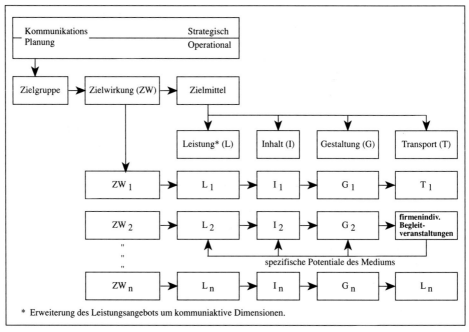

Abbildung 3: Planungstheoretisches Modell: Firmenindividuelle Begleitveranstaltungen im Gesamtzusammenhang ihrer Planung

4.2 Zielgruppen:
Streuverluste vermeiden und die Konkurrenz ausschließen

Abbildung 3 zeigt, daß von der Formallogik die Auswahl der Zielgruppe am Anfang der Planung steht.

Der Thematik der Zielgruppendefinition, -segmentation oder -differenzierung einerseits, der Auswahl der diese dann optimal erreichenden Werbeträger andererseits ist in der Literatur breiter Raum gewidmet.

Auf die besondere Problematik, die sich aus einer Vervielfachung des Kundenpotentials durch die Internationalisierung des Marketing ergibt, ist schon hingewiesen worden. Hier wird es häufig zwangsläufig zu einer Komprimierung und Konzentration kommen müssen. Diese wiederum über herkömmliche Massenmedien zu erreichen wird schwer und aufwendig sein, weil sie mit hohen Streuverlusten verbunden ist.

Gerken benutzt das Beispiel der amerikanischen Campbell-Group, die ihre uniforme Massenproduktion durch spezifische, regionale Produkte ablöst, um den Abschied vom „Massen-Marketing" und eine neue Ära von „Fragmentierungs-" Strategien anzukündigen, die ihrerseits eine Neuorientierung im Media-Bereich bedingen. „Campbell glaubt, daß Massenmedien fragmentierte Märkte nicht mehr richtig erreichen können" (vgl. Gerken 1990, S. 240 ff).

Direktere Formen der Kommunikation werden deshalb in Zukunft gefragt sein. Hierzu gehören zweifelsfrei Messen und Ausstellungen und ihre Begleitveranstaltungen.

Firmenindividuelle Begleitveranstaltungen lösen nicht das Problem der Zielgruppendefinition, zumindest nicht auf direktem Wege. Sie ermöglichen hingegen die Vermeidung von Streuverlusten: Teilnehmer ist nur, wer dazugehört und eingeladen wurde. Indirekt können sie die Zielgruppendefinition erleichtern, wenn man sich z. B. nicht von anspruchsvollen psychografischen Differenzierungsmerkmalen sondern von der tatsächlichen Erreichbarkeit und Beeinflußbarkeit leiten läßt.

Ein weiteres wesentliches Merkmal von firmenindividuellen Begleitveranstaltungen ist der Ausschluß der Konkurrenz. Zwar bieten auch Messestände für Gespräche in den Kabinen diese Gewähr, aber sie reduzieren sich zwangsläufig von der Menge her. Firmenindividuelle Begleitveranstaltungen hingegen können ggfs. auch in größerem Rahmen das Forum für eine gewisse vertraute Atmosphäre sein.

Durch den Ausschluß der Konkurrenz ist vor allem das Problem der fehlenden Eigenständigkeit, das heute als eines der gravierendsten gelten darf, in den Griff zu bekommen.

Die Gefahr, Geld in Werbemittel zu investieren, die, wenn wahrgenommen, nicht dem Absender zugeordnet oder gar erinnert werden, ist praktisch Null. Wenn es sich nicht um Veranstaltungen handelt, die in einem Kongreßzentrum oder Hotel Tür an Tür und thematisch und gestalterisch undifferenziert durchgeführt werden, m. a. W., wenn man nicht alle denkbaren Fehler zugleich macht, wird jeder Teilnehmer den Veranstalter identifizieren und seine Botschaft lernen.

4.3 Nachricht:
Empfangsbedingungen verbessern

4.3.1 Die Nachricht ist mehr als ihr sachlicher Inhalt.

Die Nachricht ist der Kern der Dinge. Und sie ist ihr sachlicher Inhalt und zugleich mehr als das.

Zum sachlichen Inhalt, dem Sachaspekt sei bezug genommen auf die Ausführungen zum Low und High Involvement.

Kroeber-Riel (1988b, S. 103) greift die von *Petty* und *Cacioppo* (1983) getroffene Unterscheidung in zentrale und periphere Wege der Beeinflussung auf, die für die Betrachtung firmenindividueller Begleitveranstaltungen erkenntnisreich ist. Danach nutzen High-Involvement-Empfänger Informationen, die sich auf wesentliche Aussagen beziehen, mithin zentral sind. Im Gegensatz hierzu führt der Weg zum wenig involvierten Rezipienten über einen peripheren Weg der Beeinflussung, das sind sozusagen Nebensächlichkeiten wie die Aufmachung eines Produkts, die Gefälligkeit der Werbung u. dgl. Man könnte auch sagen, hier ist eher die Domäne des gefühlsmäßigen Sich-Einlassens, während bei High Involvement die rationale Überlegung die Hauptrolle spielt.

Bei firmenindividuellen Begleitveranstaltungen wird man es wohl eher mit hoch involvierten Teilnehmern zu tun haben. Dies ist zumindest aus der Tatsache zu folgern, daß es sich um Besucher einer Messe oder Ausstellung handelt.

Folglich wäre anzuregen, Entscheidungen über die Durchführung von solchen Begleitveranstaltungen sowie ihre Gestaltung auf hoch involvierte Teilnehmer und damit auf zentrale Wege der Beeinflussung abzustellen. Auf diese Weise könnten derartige Instrumente zugleich eine wesentliche Bereicherung für eine Marktsegmentation nach Involvement-Dimensionen liefern. Aus einem entsprechenden Vorschlag *Mühlbachers* (1982, S. 226) folgert *Unger* (1989, S. 230), Zielgruppen unterschiedlichen Involvements gleichzeitig mit unterschiedlichen Kommunikationsstrategien anzusprechen.

„Dazu müßte es jedoch mit vertretbarem Aufwand möglich sein, zu erkunden, welche Werbeträger von hoch involvierten und welche von wenig involvierten Personen der Zielgruppe präferiert werden …" (Unger 1989, S. 230), was er bezweifelt. *Für firmenindividuelle Begleitveranstaltungen hingegen läßt sich die o. g. Aussage treffen.*

Die Nachricht, ob an hoch oder niedrig involvierte Empfänger gerichtet, ist mehr als ihre sachliche Information. Das Problem ist, daß Nachrichten gesendet werden, wieder und immer wieder, weil man den schon von Gustave le Bon 1895 postulierten Kommunikationsdruck (le Bon 1982, S. 88 f) und die „Mere exposure-Theorie" für erfolgversprechend hält, ohne daß sich letzten Endes dieser Erfolg auch einstellt.

Die Erklärung mag bei Watzlawick et. al. (1982, S. 55) zu finden sein. Danach ist zwischen dem Sach- und dem Beziehungsaspekt einer Nachricht zu unterscheiden, wobei dem Beziehungsaspekt die entscheidende (weil Steuerungs-) Funktion zukommt. Die Datenübermittlung („unser Produkt kann, leistet, erreicht, vermeidet …") allein tut es nicht, weil die Art der Beziehung zwischen Sender und Empfänger dazu führt, wie dieser Teil der Nachricht interpretiert wird, und ob er vielleicht sogar Reaktanz erzeugt. Die große Erfolgsformel des USP, des einzigartigen Nutzenversprechens, der sich die Altmeister der Werbung verpflichtet fühlten: Wo ist sie heute schon anwendbar bei all den Gleichen unter Gleichen? Und in welcher Situation? Dies gilt auch oder im besonderen für Messen: „Die Massenhaftigkeit und Unüberblickbarkeit der Sach- und Informationsangebote vieler Messen überfordern insbesondere die Fähigkeiten zu lernen und zu entscheiden" (Haseloff 1980, S. 43).

Hier könnte die firmenindividuelle Begleitveranstaltung eine Zweckbestimmung finden. Was in der Massenhaftigkeit, der Hektik und dem Informationsüberangebot des heutigen Messegeschehens trotz des in der Literatur beschworenen sozialkommunikativen Miteinanders auf der Strecke bleibt, ist u. a. eben genau dieses Miteinander. Für Beziehungen ist da kaum noch Platz. Die Fähigkeit, auf den Wunsch jedes Menschen, wahrgenommen und bestätigt zu werden, einzugehen, liegt weitgehend brach (vgl. Buber 1957, S. 101 f).

Hingegen vermögen Begleitveranstaltungen, z. B. in Form wissenschaftlicher Satelliten-Symposien, nicht nur Voraussetzungen für die Aufnahme der Sachnachricht zu schaffen, sondern auch für Gemeinsamkeiten des Sprechens und Tuns, des Zuhörens und aktiven Zuhörens, das zudem eine wichtige Marktforschungsfunktion beinhaltet. Allein die Tatsache, zu einer Gruppe persönlich Eingeladener zu gehören, schafft einen positiven Gefühlsrahmen, der Wahrnehmung und Akzeptanz von vornherein begünstigt.

4.3.2 Produktion vor Multiplikation: Die Bedeutung von Events

Werbung oder Kommunikation wird allgemein als das Instrument(arium) gesehen, das die Aufgabe hat, durch das Produkt (seine Eigenschaften, Vorteile) gegebene Nachrichten geschickt präsentierend weiterzuverbreiten, sie der Zielgruppe zu vermitteln.

Sie ist hingegen mehr: Nicht nur, daß Werbung psychologische Zusatznutzen entwickelt, sie kreiert und realisiert zielgruppen- und mentalitätsgerechte Erlebniswelten, verhilft durch Ambiente und Lifestyle Verbrauchern zur Erfüllung ihrer Sehnsüchte.

Was sie im Ganzen zu produzieren imstande ist, kann sie auch im Teil: Fehlt es an Nachrichten oder sind diese trotz allen kreativen Gestaltungs-Bemühens nicht über die Wahrnehmungsschranke, der ersten intervenierenden Variablen im o. g. Kommunikationswirkungsprozeß, zu bekommen, müssen Nachrichten geschaffen werden.

Die Citroen Automobil AG hat alle 30.000 freiverkäuflichen Eintrittskarten für das Bundesliga-Spiel Werder Bremen/Waldhof Mannheim am 18. März 1989 aufgekauft und aus diesem Spiel einen um ein werbliches Rahmenprogramm angereicherten Familien-Erlebnis-Tag gemacht. Dasselbe Unternehmen realisierte anläßlich der 200-Jahr-Feier der französischen Revolution die Welt-Uraufführung der Revolutions-Oper „Marat" auf dem Königsplatz in München, zu der über 70.000 Menschen strömten.

Dies sind beeindruckende Beispiele für ein Event-Marketing, die große Chancen, aber auch immense Risiken beinhalten. Der Ansatzpunkt für Begleitveranstaltungen von Messen könnte ein bescheidenerer sein. Er könnte sich darauf richten, Nachrichten im kleinen Rahmen zu produzieren, die mit dem Produkt oder dem Unternehmen, aber keineswegs zwangsläufig mit diesen zu tun haben. Der Gedanke des Beziehungsaspekts könnte geradezu zu einem anderen Thema, einer anderen Form des Miteinander-Verhaltens führen. So ist dem Verfasser das Bild eines Anbieters vor Augen, der auf einem Weltkongreß auf Hawaii nahezu die Gesamtheit der Opinion Leaders der Branche an einer großen Tafel um sich versammelt hatte, und sich alle im verbalen Nach-Erleben der Diskussion der soeben beendeten Golf-Competition hingaben, die dieser Anbieter veranstaltet hatte. Hier lag ein Event vor, das Nachrichten, vor allem auf der Beziehungsseite beinhaltete, die auch empfangen und akzeptiert wurden.

Es wäre allerdings falsch, zu meinen, der Wert oder Erfolg von Events oder, in diesem Fall, firmenindividueller Begleitveranstaltungen läge in ihrem materiellen Wert der Einladung zur Reise, zum Essen usw.

4.3.3 Senden ist nicht empfangen: Die Antenne für den Empfänger verlängern

Menschen – als Konsument, als Einkäufer, als Entscheider, Beeinflusser, Meinungsbildner, als Mitglied in einem Buying Center ... – sind verunsichert. Ihr Sachwissen ist nicht nur beim Kauf einer HiFi-Anlage überfordert, wie das o. g. Beispiel einer Anlage der Meß- und Regeltechnik zeigte.

„Laut schreien, um gehört zu werden". Diesem von John Naisbitt formulierten möglichen Ausweg aus der Informationsfülle, den *Kroeber-Riel* (1987 c, S. 32) benutzt, um auf das Erfordernis eines höheren Aktivierungspotentials, auf die Vorteile der Bildkommunikation und die Bedeutung des Unterhaltungswertes einer Werbung hinzuweisen, könnte ein weiterer beigeordnet werden: die Verlängerung der Empfangsantenne.

Warum denn immer noch lauter senden? Da die Marketing-Fachleute in der Regel sich eher konkurrenz- als kundenorientiert verhalten, führt das kräftige Stoßen ins Horn nur dazu, daß alle anderen Wettbewerber das gleiche tun, mit dem Ergebnis, daß das Konzert insgesamt lauter, d. h. auch bebilderter und unterhaltsamer, wird, aber keines der einzelnen Instrumente besser zu hören ist. Im Gegenteil: die Empfänger halten sich über den Mechanismus der Informationsblockade, bestenfalls der selektiven Wahrnehmung die Ohren zu.

Man könnte auch besser gehört und sogar verstanden werden, wenn man dafür Sorge trüge, daß sich die Emfangsbedingungen verbessern, so daß sich Rezipienten möglicherweise sogar von der Zusatzantenne der Stiftung Warentest abkoppeln könnten.

Was bedeutet das für die firmenindividuellen Begleitveranstaltungen? Empfangsbedingungen heißt, den Empfänger besser in die Lage zu versetzen, die gesendete Botschaft auch verstehen und damit richtig interpretieren zu können. „Tatsachenkenntnis ermöglicht seine autonome Entscheidung" (Steinbuch 1978, S. 199). Messen sind das Stelldichein der Fachleute. Sie kommen eigens angereist, um (neue) Tatsachen zur Kenntnis zu nehmen. Die Möglichkeiten des Ausstellungsstandes selbst sind hinsichtlich einer vertiefenden Kommunikation ebenso beschränkt wie das Zeitbudget des Besuchers. Eine Satelliten-Veranstaltung könnte hier anknüpfen und im eigenen Betrieb oder an Referenzanlagen unmittelbare praktische Einsichten gewähren. Es könnten Vorträge von Anwendern des Produkts gehalten werden oder sogar eine tatsächliche praktische Arbeit mit dem Produkt.

Der Verfasser blickt auf langjährige positive Erfahrungen mit Begleit- und anderen Veranstaltungen zurück, deren Wesen darin begründet lag, daß internationale Experten sich zu Symposien zusammenfanden, um Fragen aus der täglichen Praxis der Anwender zu diskutieren. Diese Referate und Diskussionen wurden, ergänzt um spezifische Interviews, zu Videos verarbeitet, die dann wiederum von den Außendienst-Mitarbeitern des Unternehmens benutzt wurden, um regionale Veranstaltungen zu diesen Themen mit ihren jeweiligen Kunden durchzuführen. Die Videos dienten dabei als Steuerungsinstrument für einen Erfahrungsaustausch unter den Kunden, so daß hier auch der Beziehungsaspekt, das Wahrgenommen- und Beachtet-Werden der Teilnehmer zum Zuge kam.

4.4 Gestaltung:
Durch Inszenierung zu Aktivierung, Unterhaltung und Erlebnis

4.4.1 Reizüberflutung und Messe-Monotonie

Der frühere Geschäftsführer der Düsseldorfer Messegesellschaft NOWEA bekannte schon vor einem guten Jahrzehnt: „Wir sehen die Gefahr, daß eine immer perfekter arbeitende ‚Kommunikationsmaschinerie Messe' den Besucher einer Reizüberflutung aussetzen könnte, die ihn letztlich dazu veranlassen würde, sich zu verweigern" (Schoop 1981).

Auch hat es nicht an frühen Warnungen außenstehender Experten gefehlt. So schreibt *Haseloff:* „Die Massenhaftigkeit und Unüberblickbarkeit der Sach- und Informationsangebote vieler Messen überfordern insbesondere die Fähigkeit zu lernen und zu entscheiden. Lernfähigkeit und Entscheidungskompetenz werden erfahrungsgemäß im Verlauf weniger Stunden eines Messebesuchs immer mehr durch passiv-rezeptive Einstellung verdrängt …" Er bemängelt eine „unvermeidliche Gleichförmigkeit der Exponate" und fordert, „das explosionsartig wachsende Informationsangebot moderner Messen" durch eine „neuartige Messe-, Ausstellungs- und Kongreßdidaktik zu kompensieren" (Haseloff 1980, S. 42 f).

Seine Empfehlung war eine verbesserte „Voraus-Kommunikation, weil der Nutzen der Messe als Präsentationsbühne für Innovationen davon abhängt, daß der Messebesucher präsentierte Innovationen hinreichend zu verstehen vermag" (Haseloff 1980, S. 45).

Wenn also offensichtlich – und nicht erst jetzt! – Schwachstellen im Konzept der Präsentation via Messe erkannt worden sind und der Lösungsansatz in Richtung „Voraus"-Kommunikation geht, mag an dieser Stelle die Frage angezeigt sein: Warum nur voraus? Warum nicht parallel, begleitend?

Ganz offensichtlich sind die Probleme der Messe-Kommunikation die Probleme der Kommunikation schlechthin: nicht oder schlecht Gehört-, Verstanden-, Gelernt- und Akzeptiert-Werden, die Erfolgsschritte, die zu einer Verhaltensbereitschaft führen.

Wenn hier also der Frage nachgegangen wird, ob firmenindividuelle Begleitveranstaltungen mehr sind als eine zufällige Modeerscheinung und wo und aus welchen Gründen sie ihre Berechtigung haben könnten, muß die Überlegung wohl hier einsetzen. Es wäre zu prüfen, ob sie besser allein oder ergänzend für sich oder im Verbund diesen Schwachstellen zu begegnen in der Lage sind, also: für bessere Wahrnehmung, eindeutige Identifizierung (Eigenständigkeit), dauerhaftes Erinnert-Werden und positive Einstellungsbildung oder -verstärkung taugen.

Die Gestaltungsmittel (das WIE?) hierzu sind, ergänzend zur Nachricht selbst, beispielsweise: Aktivierung, Unterhaltung, Erlebnis.

Der Trend unter den heutigen Marktbedingungen meist trivialer Botschaften ist die erlebnisorientierte Positionierung (vgl. Kroeber-Riel 1988 b, S. 68).

Die Empfehlung geht deshalb im allgemeinen dahin, Marketing zu einem „Erlebnis-Marketing" zu machen, den potentiellen Nachfragern mithin ein Angebot zur Realisierung von mehr Lebensqualität zu machen, das durch die trivialen funktionalen Produkteigenschaften nicht zu leisten ist. Beispiele finden sich inzwischen in einer Vielzahl von Branchen. Die Vermittlung solcher Erlebnisse übernehmen die herkömmlichen Medien der Massen-Kommunikation. Hierbei dominiert die Bild-Kommunikation, die bei den Rezipienten „innere Erlebnisbilder" erzeugen soll. Bilder aktivieren. Sie sind „schnelle Schüsse ins Gehirn" und „gespeicherte Gefühle", die das Verhalten lenken (Kroeber-Riel 1988b, 69, 74, S. 107 ff).

Bilder, ob in Anzeigen, Video-Spots oder auf Plakaten, bleiben, der Name sagt es, ein Bild oder Abbild der Realität. Um wieviel wirksamer muß da nicht die Realität selbst sein? Das Erlebnis, nicht abgebildet, sondern direkt. „Der Meta-Trend heißt: Direkter werden" (Gerken 1990, S. 359).

Firmenindividuelle Begleitveranstaltungen haben, wenn man die Fähigkeit zu Visionen und zu lateralem Denken hat, ungeahnte Möglichkeiten, über Experten-Vorträge oder letzten Endes auf Essens-Einladungen hinauslaufende Begleitprogramme hinauszuwachsen. Sie können selbst zum direkten Erlebnis werden, wenn die Veranstaltung ein Ereignis darstellt – der Name sagt schon, daß dazu etwas „Eigenes", also Differenzierendes, Besonderes gehört. Damit wären sie nicht nur in der Lage, die geforderte Aktivierung zu bewirken sowie Beiträge zur Image-Profilierung zu liefern, sie könnten selbst die Nachrichten für die Erlebnis-Kommunikation in den Massenmedien liefern. Die Camel-Trophy mag ein Beispiel, wenngleich nicht im Zusammenhang mit Messen und Ausstellungen, sein.

Lebendigmachen / Vividness

Lernen wird dadurch begünstigt, daß die Botschaft an möglichst viele Assoziationsfelder und -muster anknüpft. Dies ist im Zusammenhang mit der Konkretheit, Bildhaftigkeit und dem Bedeutungsgehalt von Wörtern untersucht worden und auch Erkenntnis der Imagery-Forschung, die sich mit der Entstehung, Verarbeitung und Speicherung innerer Bilder befaßt (vgl. Esch 1966, 166, S. 160 ff).

Eine Konsequenz, die hieraus gezogen wird, ist, möglichst mehrere Sinneskanäle direkt anzusprechen (vgl. Vester 1975, S. 173). Aber: „Massenkommunikation ist allerdings in der Art der benutzbaren Kanäle eingeschränkt" (Beike 1976, S. 13).

Es bedarf möglicherweise gar nicht einmal einer großen Phantasie oder Kreativität, sich vorzustellen, welche Möglichkeiten sich den direkten Formen der Kommunikation bieten, z. B. den Messen und Ausstellungen und ihren Begleitveranstaltungen.

Gerade die firmenindividuellen Begleitveranstaltungen haben durch ihre Gestaltungsfreiheit (keine Normen der Messegesellschaft, keine Platz- oder Zeitvorschriften, keine Bindungen im Hinblick auf Architektur, Innenausstattung, Ambiente, Flair, keine Konkurrenz) ideale Voraussetzungen für ein multisensuales Ereignis. Hier können durch Nutzung aller Sinne (Sehen, Hören, Schmecken, Riechen, Tasten, und dies alles im Original) klare, deutliche und damit einprägsame Gedächtnisbilder erzeugt werden.

Für die Bild-Kommunikation ist festgestellt worden: „Je konkreter die bildliche Gestaltung einer Anzeige ist, desto lebendiger wird das ausgelöste innere Bild empfunden" (Ruge 1988, S. 185).

Was kann konkreter sein, als das Erlebnis selbst?

Veranstaltungen, zu denen ein Aussteller anläßlich einer Messe einlädt, haben also die Chance, sich von den Hinderungsfaktoren Reizüberflutung und Monotonie zu lösen. Die Aufmerksamkeit derer, die als Teilnehmer kommen, ist ausschließlich focussiert auf das, was auf dieser Veranstaltung geschieht.

„Lernen findet am leichtesten in einem streßlosen, entspannten, aber zugleich positiv angeregten Zustand statt. Die Darbietung der Lerninhalte sollte unter optimalen Bedingungen so erfolgen, daß dieser Zustand gewährleistet ist" (Beike 1976, S. 14). Es ist die Kunst des Veranstalters, dieses Geschehen zu einem attraktiven zu machen. Hierzu gehört neben dem, was möglicherweise frontal zu geschehen hat, zweifelsfrei die kommunikative Interaktion, idealerweise auch Gemeinsamkeiten des Tuns.

Auf diese Weise könnte der Aussteller selbst einen Beitrag dazu leisten, was Haseloff von Messen und Ausstellungen schlechthin forderte: „Die Zukunft von Messen und Ausstellungen ... hängt davon ab, daß es ... gelingt, ihr über ihre traditionelle Markt- und

Austauschfunktion hinaus auch neuartige Kommunikationsaufgaben zu stellen..." (Haseloff 1980, S. 13).

4.4.2 High Touch: Kommunizieren statt distribuieren und gemeinsam etwas tun

Bert Brecht hat gefordert, den Rundfunk von einem Distributionsapparat in einen Kommunikationsapparat umzuwandeln (vgl. Steinbuch 1985, S. 132).

Kommunikationsapparat will sagen: Nicht nur senden, auch empfangen, zuhören und vielleicht sogar aktiv zuhören (vgl. Gordon 1972). Das persönliche Gespräch ist das Mittel der Wahl hierzu: „All other conditions being equal, as they are in the laboratory, face-to-face contact is more efficiently persuasive then radio, which, in turn, is more efficient than print. TV and films probably rank between face-to-face contact and radio..." (Klapper 1960, S. 108 f).

Informationsempfänger leiden, wie dargelegt, unter der Informationsüberflutung und ihrem Informationsdefizit zugleich. Sie sind verunsichert und suchen nach Orientierung. Diese Orientierung wird erleichtert, wenn sie im Gruppen-Prozeß erfolgt.

Der Mensch ist ein soziales Wesen. Er möchte im Einklang sein mit seiner sozialen Bezugsgruppe. Er möchte akzeptiert werden und ist bereit, sich einzuordnen. Sein Verhalten ist also im wesentlichen mitbestimmt durch die Normen der Gruppe. M. a. W., sein Verhalten ist durch diese Gruppe steuerbar. „Im Konsumgüterbereich kann das Bedürfnis nach Anpassung dazu führen, daß Konsumenten Produkte in ähnlicher oder gleicher Weise beurteilen wie ihre Bezugspersonen" (Kroeber-Riel, Meyer-Hentschel 1982, S. 137). *„Das grundlegende Bedürfnis, sich an anderen zu orientieren" (Kroeber-Riel, Meyer-Hentschel 1982, S. 126), um damit Unsicherheiten abzubauen, kann in firmenindividuellen Begleitveranstaltungen gut genutzt werden.*

Langjährige Erfahrungen des Verfassers mit Gruppen-Kommunikation im Marketing haben diese Erkenntnisse nicht nur bestätigt, sie haben auch gezeigt, wie durch die Zusammensetzung der Gruppe, die in der Hand eines jeden Veranstalters liegt, durch Themenstrukturierung, Dramaturgie und Didaktik einschließlich des Einbringens von Statements der Meinungsführer kommunikative Gruppenprozesse im Sinne gemeinsamer Problemlösungen zustandegebracht werden können.

In den USA hat sich der Begriff „high touch" für ein Verlangen nach verstärkten sozialen Kontakten eingebürgert, nach einem Zusammensein in der Gruppe. Auch in Deutschland sind derartige Tendenzen empirisch nachweisbar (vgl. Müller-Hagedorn 1987, S. 224).

Der Verfasser hat sich 1971 und den Folgejahren mit den Erfolgskriterien von „group promotion" in England und anderen Ländern auseinandergesetzt. Ein wesentlicher empirischer internationaler Befund war regelmäßig, daß die Teilnehmer den Kontakt zu Kollegen als wesentliches Motiv für ihre Teilnahme angaben.

Erfahrungen des Verfassers mit sog. Workshops, die mit Gruppen aus dem Kundenkreis regelmäßig durchgeführt werden, belegen:
Firmenindividuelle Begleitveranstaltungen bieten die Möglichkeit zum „high touch" wie kaum ein anderes Instrument. Mit Hilfe der Metaplan-Moderationstechnik erkennen und sy-

stematisieren die Teilnehmer ihre eigenen Probleme und entwickeln schließlich auch eigene Vorstellungen über mögliche Lösungen. Dazu gehört, daß sie Ideen oder Wünsche aufschreiben, in welcher Form sie der Veranstalter dieser Workshops dabei unterstützen kann.

Ähnliche Beobachtungen teilt Gerken (1990, S. 357 ff) im Zusammenhang mit Computer Integrated Manufacturing (CIM) als Antwort auf die Instabilität des Konsumenten, seine „Außen-Zappeligkeit", mit. Endverbraucher gestalten immer stärker den eigentlichen Produktions-Prozeß mit. „Aus den blassen Zielgruppen der Werber werden lebendige Mitgestaltungs-Gruppen".

Firmenindividuelle Begleitveranstaltungen können hierzu die Plattform bieten. Sie zeigen, wie durch Kommunikation im eigentlichen Sinne, die zugleich eine Ereignis-Kommunikation ist, eine Gemeinsamkeit des Handelns herbeigeführt werden kann. Eine Paradoxie menschlichen Verhaltens bzw. Reaktanz werden dabei ausgeschlossen. Der sokratische Gruppendialog führt zudem zu einer Harmonie beider Seiten und damit zu einer positiven Beziehungsebene. Aufgrund dieser positiven Basispräferenzen ist es anderen, späteren Informationen leicht, über den Mechanismus der selektiven Wahrnehmung Gehör und Akzeptanz zu finden.

„Die anderen Medien (Info-Blätter, Workshops, Computer-Mailbox, Gespräche) werden entdeckt werden. Das sind alles Medien, in die man nicht durch Geld, sondern durch Mithilfe, Mitgliedschaft oder Sympathie hineinkommt. Die nicht-kaufbaren Medien gewinnen an Bedeutung" (Gerken 1990, S. 378).

5. Zusammenfassung

Der Wert von firmenindividuellen Begleitveranstaltungen liegt zum einen in seiner Komplementärfunktion: Wieweit können Kongreß, Messe und eigene Begleitveranstaltung zu einer besseren Ganzheit entwickelt werden? Zum anderen sind mit Blick auf die Schwachstellen der Kommunikation-schlechthin und die der Messe-Kommunikation im besonderen durch Begleitveranstaltungen wesentliche Beiträge zu Aktivierung (Wahrnehmung), Differenzierung (Eigenständigkeit) und Einstellungsaufbau und -verstärkung sowie zur Mitgestaltung erwartbar, die durch Unterhaltung und Erlebnis nicht nur den Sach- sondern auch den Beziehungsaspekt einer Botschaft berühren.

Firmenindividuelle Begleitveranstaltungen sind ein Instrument der Kommunikation in ihrer ursprünglichsten Form. Sich persönlich austauschen, gemeinsam erleben, sich in der sozialen Bezugsgruppe akzeptiert fühlen usw. sind Potentiale, die allen indirekten (Massen-) Kommunikationsformen fehlen und die sie mühsam durch Ähnlichkeiten (Bild-Kommunikation) aufzubauen versuchen.

Die Entscheidung für firmenindividuelle Begleitveranstaltungen ist eine strategische: ein Schritt zurück zum Original, zur Urform der (unmittelbaren, direkten) Kommunikation, und damit ein Schritt nach vorn auf den Nachfrager, auf ein Transaktions-Marketing zu.

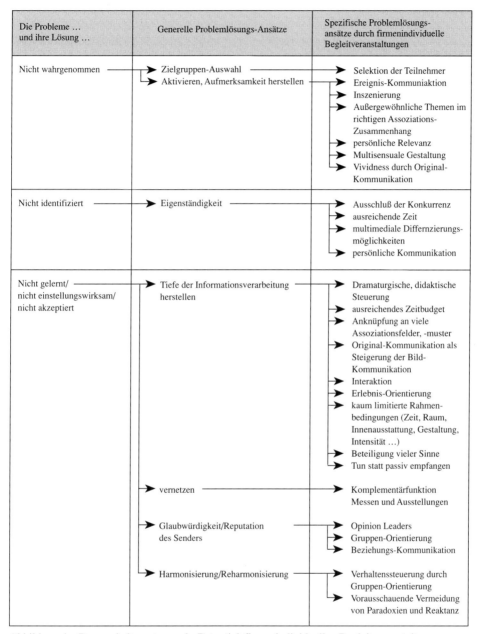

Abbildung 4: Das verhaltenssteuernde Potential firmenindividueller Begleitveranstaltungen von Messen und Ausstellungen (Zusammenfassung)

Literatur

BEIKE, P.: Lernprozesse in der Werbung. Praktische Anwendung, Publikation der BILD-Anzeigenabteilung. Berlin, 1976.

BUBER, M.: Distance and Relations. In: Psychiatry, 1957, S. 20–97.

DEYHLE, A.: Management -& Controlling Brevier, Band I Manager & Controller im Team. Gauting bei München, 1976.

ESCH, F.-R. Expertensystem zur Beurteilung von Anzeigenwerbung. Heidelberg, 1990.

GERKEN, G.: Die Trends für das Jahr 2000. Die Zukunft des Business in der Informations-Gesellschaft. Düsseldorf, Wien, New York 1990.

GORDON, TH.: Familienkonferenz. Hamburg, 1972.

HASELOFF, O. W.: Messen heute – Kommunikation, Information und Entscheidung – Vortrag anläßlich der Jahrestagung des AUMA am 22.5.1980, Druckschrift des AUMA 1980. Köln, 1980.

HEINICKE, M. G.: Der Stellenwert von Kongreß-Messen in der Kommunikationsstrategie der 80er Jahre. In: Congreß Forum '81 Dokumentation. Berlin/Bonn 1981, S. 43–85.

HEINICKE, M. G.: Marketing: Klar zur Wende – Kausal therapieren statt symptomatisch behandeln. In: Pharma Horizont, Nr. 8, August 1985, S. 21–23.

HEINICKE, M. G.: Ausstellungen einstellen? Kosten-Nutzen-Überlegungen bei Kongressen. In: Pharma Horizont, Nr. 4, April 1985, S. 29.

HEINICKE, M. G.: Der Umgang mit der Kommplexität als zentrales Problem einer Marketing- und Kommunikationsplanung. Mangelnde Planungs- und Handlungskompetenz als Ursache für Mißerfolge im Pharma-Marketing. In: Dichtl, E./Raffée, H./Thiess, M. (Hrsg.): Innovatives Pharma-Marketing. Marktorientierung als Erfolgsstrategie der 90er Jahre. Wiesbaden 1989, S. 131–157.

IRLE, E.: Lerntheorien. In: Unger, F. (Hrsg.): Konsumentenpsychologie und Markenartikel. Heidelberg 1986, S. 122–140.

KLAPPER, J. T.: The Effects of Mass Communication. Glencoe 1960.

KROEBER-RIEL, W./MEYER-HENTSCHEL, G.: Werbung. Steuerung des Konsumentenverhaltnes Würzburg, Wien 1982.

KROEBER-RIEL, W.: Konsumentenverhalten. München, 3. Aufl., 1984.

KROEBER-RIEL, W.: Informationsüberflutung durch Massenmedien und Werbung in Deutschland,. In: BDW-Die Betriebswirtschaft, 47. Jg., Heft 3, 1987, S. 257–264.

KROEBER-RIEL, W.: Trends in der Werbung. Die wachsende Informationsüberlastung fordert die Werber. In: Marketing Journal, 20. Jg., Nr. 6, 1987, S. 608–613.

KROEBER-RIEL, W.: Laut schreien, um gehört zu werden. Trends in Werbung und Werbeforschung. In: COPY, Heft 23, 1987, S. 32–35.

KROEBER-RIEL, W.: Weniger Information, mehr Erlebnis, mehr Bild. In: Absatzwirtschaft, 28. Jg., Nr. 3, 1985, S. 84–97.

KROEBER-RIEL, W.: Macht der Gefühle. In: Wirtschaftswoche, Nr. 50, 7.12.1984, S. 96–101.

KROEBER-RIEL, W.: Kommunikation im Zeitalter der Informationsüberlastung. In: Marketing ZFP, 10. Jg., Heft 3, 1988, S. 182–189.

KROEBER-RIEL, W.: Strategie und Technik der Werbung. Verhaltenswissenschaftliche Ansätze. Stuttgart, Berlin, Köln, Mainz 1988.

LE BON, G.: Psychologie der Massen. Stuttgart, 15. Auflage, 1982.

MALIK, F.: Strategie des Managements komplexer Systeme. Ein Beitrag zur Management-Kybernetik evolutionärer Systeme. Bern, Stuttgart 1986.

MÜLLER-HAGEDORN, L.: Konsument 2000. Auf dem Weg zum homo oeconomicus?. In: Schwarz, C./Sturm, F./Klose, W. (Hrsg.): Marketing 2000 – Perspektiven zwischen Theorie und Praxis. Wiesbaden 1987, S. 213–226

NAISBITT, J.: Megatrends, 10 Perspektiven, die unser Leben verändern werden. Bayreuth, 6. Aufl., 1986.

NAISBITT, J./ABURDENE, P.: Megatrends 2000 – Zehn Perspektiven für den Weg in das nächste Jahrtausend. Düsseldorf, Wien, New York, 3. Auflage, 1990.

PETTY, R. E./CACIOPPO, J. T.: Central and Peripheral Routes to persuasions: Application to Advertising. In: Percy, L./Woodside, Arch, G. (Hrsg.): S. 3–24.

VON ROSENSTIEL, L./NEUMANN, P.: Einführung in die Markt- und Werbepsychologie. Darmstadt, 1982.

RUGE, H. D.: Die Messung bildhafter Konsumentenerlebnisse. Entwicklung und Test einer neuen Meßmethode. Heidelberg 1988.

SCHOOP, K.: Messe-Marketing im Umbruch – Funktionswandel der Messen im Marketing der Veranstalter, der Aussteller und der Besucher, Vortrag vor dem Marketing-Club Düsseldorf e. V. am 22.5.81; Druckschrift der Düsseldorfer Messen. Düsseldorf 1981.

STEINBUCH, K.: Maßlos informiert. München, Berlin, 1978.
STEINBUCH, K.: Unsere manipulierte Demokratie. Herford 1985.
TOFFLER, A.: Die Zukunftschance. München, 1980.
TOSTMANN, T.: Kommunikation 2000. Wie sich Werbung wandeln wird. In: Schwarz, C./Sturm, F./Klose, W. (Hrsg.): Marketing 2000. Perspektiven zwischen Theorie und Praxis. Wiesbaden 1987, S. 107–119.
UNGER, F.: Werbemanagement. Heidelberg 1989.
VESTER, F.: Denken, Lernen, Vergessen. Stuttgart 1975.
WATZLAWICK, P./BEAVIN, J./JACKSON, D.: Menschliche Kommunikation: Formen, Störungen, Paradoxien. Bern, Stuttgart, Wien, 6. Auflage, 1982.

Kapitel 7

Dienstleistende Institutionen des Messemarketing

Georg Lippsmeier

Das Standbau-Unternehmen

1. Historische Entwicklung
   1.1 Vom Markt zur Leipziger Messe
   1.2 Entwicklung von Standbauunternehmen nach 1945
   1.3 Ursprung der Unternehmensgründungen
       1.3.1 Handwerker
       1.3.2 Manager
       1.3.3 Planer
       1.3.4 Großfirmen
   1.4 Grenzüberschreitendes Leistungsangebot

2. Größe und Zuschnitt der Unternehmen
   2.1 Mitarbeiter
   2.2 Umsatz
   2.3 Arbeitsweise
   2.4 Leistungsspektrum
   2.5 Dienstleistungen
   2.6 Sondergebiete

3. Bauformen
   3.1 Systembau
   3.2 Konventioneller Bau
   3.3 Miet- oder Kaufverträge
   3.4 Wiederholungsbau
   3.5 Abbau

4. Entwicklungstendenzen

1. Historische Entwicklung

Es wird schwer festzustellen sein, wann spezielle Standbauunternehmen entstanden sind. Man kann einen gleitenden Übergang vom Handwerker, Architekten, einer Baufirma zum Standbauunternehmen feststellen, der wohl nie abgeschlossen sein wird, solange sich die Ausstellungskonzepte ändern.

1.1 Vom Markt zur Leipziger Messe

Der Ursprung der Ausstellungen liegt in den alten Marktplätzen, und auch die Leipziger Messe war in ihren Anfangszeiten eine Aneinanderreihung von tischförmigen Ausstellungsflächen innerhalb einer Halle, auf der die Waren angeboten wurden.

1.2 Entwicklung von Standbauunternehmen nach 1945

Nach dem 2. Weltkrieg wurden die Universalweltausstellungen seltener. Statt dessen traten immer mehr die Weltfachausstellungen wie in Knoxville, Tsukuba, Vancouver, Brisbane oder Genua auf. Bei diesen ist typisch, daß die Hallen für die nationalen Beteiligungen einheitlich vom gastgebenden Land erstellt werden, wodurch sich die Länder auf das Halleninnere und den Ausbau konzentrieren. Dafür gibt es seit langer Zeit eigens für solche Aufgaben spezialisierte Unternehmen. Wenn es solche am Ort nicht gab, wurden dort eigens für diese Veranstaltungen neue Firmen gegründet.

Mit den aufkommenden internationalen und nationalen Fachausstellungen für Industrie, Landwirtschaft und Wissenschaft entstanden die immer zahlreicheren und auch erheblich wachsenden Standbauunternehmen. Von besonderer Bedeutung waren dabei die nationalen Industrieausstellungen in anderen Ländern, die exklusiv nur die jeweiligen Erzeugnisse und Leistungsfähigkeiten eines Staates präsentierten. Hierfür wurden von den Regierungen erhebliche Mittel zur Unterstützung der ausstellenden Firmen zur Verfügung gestellt. Weil damit oft die Verpflichtung verknüpft war, einen einheitlichen Rahmen für die einzelnen Aussteller und deren Stände zu schaffen, entstand ein breites Arbeitsfeld gerade für solche Standbauer, die in der Lage waren, sich auf die Probleme des jeweiligen Landes einzustellen und schnell agieren bzw. improvisieren konnten.

Neben diesen Großveranstaltungen entwickelten sich immer mehr reine Fachausstellungen, die mit Einzel- oder Firmengemeinschaftsständen besetzt wurden. In den ersten Jahren nach 1945 wurden diese weitgehend von den technischen Abteilungen der Messegesellschaften den Nutzern angeboten und errichtet, während erst später immer stärker die neuen privaten Standbaufirmen in Erscheinung traten.

Schon früh arbeitete man mit vorgefertigten Elementen, die aber zumeist konventionell und individuell hergestellt wurden. Es war die Zeit der Rauhfaser-Panels, immer wieder neu tapeziert und überstrichen. Die Bruchquote dieser Elemente war erheblich.

Auf dem amerikanischen Kontinent wurden damals für fast alle Veranstaltungen Einheitsstände angeboten, deren Rück- und Seitenwände aus Metallrohren bestanden, auf die stark drapierte Vorhänge in verschiedenen Farben aufgezogen wurden. Die wenigen hiermit beauftragten Standbauunternehmen konnten große Ausstellungsflächen innerhalb von Stunden damit füllen. Das Erscheinungsbild war nach heutigen Begriffen entsprechend primitiv.

Zwangsläufig suchte man daher nach besseren Elementen und entwickelte solche, bei denen die tragenden Elemente leichte Stützen, die aus Membranen, Hartfaser- oder andere Platten waren. Diese Elemente waren leicht montierbar, transportabel und vor allen Dingen stapelbar. In ihrer perfektionierten Form wurden diese Konstruktionen von der einheitlichen Grundform aus in zahlreichen Varianten weiterentwickelt.

1.3 Ursprung der Unternehmensgründungen

Die häufigsten Ausgangspunkte für die Gründung von Standbaufirmen sind Handwerksbetriebe, Manager, die eine solche Firma kreieren, Planer, also meistens Architekten und Designer, die ihre Planung auch selbst ausführen wollen sowie größere Firmen auf dem Bau- und dem PR-Sektor.

1.3.1 Handwerker

Es sind hauptsächlich Tischler, aber auch Metallbauer oder Dekorateure, die sich selbständig machen. Aus einer kleinen Zelle und zeitweiligen Subunternehmern bzw. freien Mitarbeitern entsteht dann eine Standbaufirma mit immer größerer Leistungsfähigkeit. Diese Gruppe besitzt eine beachtliche Leistungsfähigkeit im technischen Bereich. Ihre Einsatzbereitschaft ist außerordentlich hoch. Und um ein gutes Werk zu erstellen, werden häufig feste Arbeitszeiten oder die Einhaltung von Sonn- und Feiertagen vergessen. Die Improvisationsfähigkeit ist beachtlich und „Last-Minute"-Entscheidungen vor Ort bereiten keine oder nur geringe Probleme. Die Firmeninhaber waren entweder Meister mit einer eigenen Werkstatt oder spielten eine wichtige Rolle in den technischen Abteilungen der Messegesellschaften, bevor sie sich selbständig machten.

Schwierigkeiten für die Auftraggeber kann es eher auf der kaufmännischen und, soweit gewünscht, auch planerischen Seite geben. Deshalb ist eine leichtverständliche und präzise Leistungsbeschreibung ebenso wichtig wie eine Beschränkung bei den Vorbemerkungen auf das Notwendigste, um zu klaren vergleichbaren Angebotsergebnissen zu kommen.

Im allgemeinen sind diese Standbauer in der Lage, nichtfirmengebundene Kräfte selbst heranzuziehen, da sie häufig mit solchen Firmen zusammenarbeiten. Nicht immer werden sie aber in der Lage sein, High-Tech-Ansprüchen, besonders auf audio-visuellen und anderen Gebieten mit Effektwirkungen, gerecht zu werden. Hier ist der direkte Weg zwischen Planer bzw. Klient und Spezialfirma erfolgreicher als der Umweg über die Standbaufirma.

Die handwerklichen Unternehmen haben den großen Vorteil, daß sie die im Ausstellungsbau erheblichen Schwankungszyklen durch anderweitige Arbeiten ausgleichen können.

Die kleineren Betriebe kennen inzwischen die Ressourcen auf dem Gebiete des Systembaus und haben entweder bereits eigene Lager eines bestimmten Fabrikates oder aber den schnellen Zugriff hierzu. Probleme entstehen dann, wenn die Aufgabe so umfangreich ist, daß die zur Verfügung stehenden Ressourcen nicht ausreichen. Dann gibt es Zeit- und Qualitätseinbußen und bei plötzlichen Bauänderungen auch die Unmöglichkeit der Baudurchführung.

Andererseits benötigt auch der beste Systembau wegen Sonderwünschen, nicht vorhergesehenem Gefälle im Boden, fehlender Ver- und Entsorgung oder anderen Gründen bauliche Ergänzungen, die durch die handwerkliche Inmprovisationsfähigkeit leichter lösbar sind.

Bei Auslandsaufträgen kann sich fehlende Sprachkenntnis nachteilig bemerkbar machen, die aber bei routinierten Arbeitsgruppen mit erstaunlicher Geschicklichkeit überbrückt wird.

Positiv wirkt sich weiterhin aus, daß die Overhead-Kosten relativ niedrig sind, insbesondere dann, wenn die Meister selbst mit Hand anlegen.

1.3.2 Manager

Viele Firmen wurden von Berufsfremden gegründet oder solchen dynamischen Personen, die nur berufstangierend für den Ausstellungsbau sind. Sie ziehen Fachleute als Partner oder leitende Mitarbeiter heran und befassen sich selbst vornehmlich mit Akquisition, Repräsentation, kaufmännischer Beobachtung und Finanzierung. Besonders in Nord- und Südamerika und den erfolgreichen Ländern des Fernen Ostens kann man schnelle Firmengründungen beobachten, aber auch deren baldiges Verschwinden in der Versenkung, wenn sie keine lukrativen und attraktiven Aufträge mehr finden.

Diese Standbauunternehmen zeichen sich durch eine schnelle Anpassungsfähigkeit an die jeweilige Aufgabe aus, da sie fast immer die erforderlichen Fachkräfte von außen heranziehen.

Zu dieser Gruppe gehören auch jene Manager, die früher einen eigenen Betrieb hatten, diesen aber aufgegeben haben. Wenn ihnen eine Veranstaltung zusagt, sammeln sie die erforderlichen Mitarbeiter relativ schnell auf dem internationalen Feld und operieren von Aufgabe zu Aufgabe, oft auch in größeren zeitlichen Abständen.

Ihre preisgünstigen Angebote diktiert der Konkurrenzdruck, ihre Anpassungsfähigkeit an die jeweilige Aufgabe ist erstaunlich und der unbürokratische Schwung sympathisch. Oft haben sie Schwierigkeiten, auf einer Folgeveranstaltung gleichartige Konstruktionen wieder zu verwenden oder einen ganzen Stand nach mehreren Monaten oder Jahren wiederholt aufzubauen, weil sie keine oder nur unzureichende Lagermöglichkeiten haben.

1.3.3 Planer

Wenn ein Standbauunternehmen wächst, möchte es die Planung, d. h. die Leistungen von Architekt, Ingenieur und anderen Fachleuten, im eigenen Hause abwickeln.

Umgekehrt wollen die Planer neben der Planung auch die Ausführung einer Aufgabe übernehmen. Unter gleichem Namen oder als Tochterunternehmen werden hierzu Firmen gegründet, die die Ausführung im Auftrage des mit dem Projekt betrauten planenden Büros durchführen.

Das Ergebnis, nämlich die schlüsselfertige Übergabe des auszuführenden Standes, hat naturgemäß für den Klienten Vorteile.

Andererseits kann dabei der Auftraggeber durch die Einholung von Konkurrenzofferten Richtlinien von Wettbewerbsordnungen der Architekten oder ähnliche andere Regularien verletzen.

1.3.4 Großfirmen

Die Einrichtung von eigenen Standbaufirmen als Töchter von Großunternehmen ist insbesondere auf dem Bausektor relativ selten. Die Ausnahme bildet das große Gesamtprojekt, z. B. eine Weltausstellung.

Im allgemeinen verschwinden diese Strandbaufirmen nach Abschluß der Aufgabe wieder aus den Handelsregistern.

Große unabhängige Standbaufirmen haben häufig an wichtigen Messeplätzen eine eigene Niederlassung und erleichtern damit dem Klienten bzw. dem beauftragten Architekten die Zusammenarbeit, insbesondere dann, wenn Änderungen erforderlich sind.

1.4 Grenzüberschreitendes Leistungsangebot

Das Anwachsen der Standbaufirmen auf früher unbekannte Dimensionen, die Spezialisierung auf bestimmte Bauformen und Vorhaltung von riesigen Materiallagern führt zu der Überlegung, die eigenen Leistungen weltweit anzubieten und zu erbringen. Heute ist es kein Einzelfall mehr, wenn z. B. im deutschen Auftrag mit einem italienischen Planer von einer asiatischen Firma auf dem amerikanischen Kontinent ein Stand errichtet wird. Das Erstaunliche hierbei ist, daß das auch durchaus konkurrenzfähig durchgeführt werden kann.

Auftraggeber, die die Leistungsfähigkeit einer so weiträumig denkenden Standbaufirma einmal erkannt haben, ziehen diese sodann immer wieder bei Aufgaben in anderen Regionen heran.

Wenn solche Unternehmen immer mehr wachsen, liegt es nahe, daß sie frühere Konkurrenten in den neuen Betätigungsländern aufkaufen. Dieser Konzentrationsprozeß ist in vollem Gange.

2. Größe und Zuschnitt der Unternehmen

Der Umfang der einzelnen Standbauunternehmen reicht von einigen wenigen Mitarbeitern bis zu mehreren Hundert. Eine gute Übersicht über die Strukturen ergeben die Untersuchungen des Fachverbandes Messe- und Ausstellungsbau e. V. FAMAB. Die nachfolgenden Zahlen geben im wesentlichen das Resümee hieraus wieder.

Von ca. 250 als verbandsfähig erkannten Firmen in Deutschland sind zur Zeit 150 dieser Institution angeschlossen. Sie untersteht wiederum dem internationalen Dachverband „International Federation of Exhibition Services" – IFES – zusammen mit neun anderen nationalen Verbänden.

2.1 Mitarbeiter

Gerade im Messewesen kann die Zahl der Mitarbeiter bei den einzelnen Standbauunternehmen nur schwer fixiert werden, da sie gewöhnlich in Stoßzeiten freie Kräfte heranziehen, doch sind es in der Bundesrepublik mehr als 10.000. Die Aufteilung nach einzelnen Disziplinen ist wie folgt zu erkennen (FAMAB-Ermittlung).

Geschäftsleitung + Verwaltung + Vertrieb rund 24 %, Architekten und Designer rund 6 %, Betriebsleitung + Werkstätten + Lager + Montage rund 70 %. Ein Drittel der Mitarbeiter sind also „white-collar-Kräfte", zwei Drittel im praktischen Einsatz beschäftigt.

2.2 Umsatz

Fast die Hälfte des bekannten Gesamtumsatzes wird von relativ kleinen Unternehmungen mit durchschnittlich 16 Mitarbeitern erarbeitet. Es handelt sich um Betriebe, die weniger als 5 Mio. DM Umsatz jährlich haben. Großbetriebe mit durchschnittlich 180 Mitarbeitern und mehr als 20 Mio. DM Umsatz erarbeiten demgegenüber nur 8,1 %.

2.3 Arbeitsweise

Die Standbauunternehmer arbeiten als handwerkliche Meisterbetriebe für den reinen Messebau, können aber auch den gesamten Service abdecken.

Immer mehr bürgert sich ein, Standbauunternehmer einzuschalten, die die gesamte Verantwortung für einen Messestand tragen und Subunternehmer für die einzelnen Fachbereiche hinzuziehen.

2.4 Leistungsspektrum

Ein guter Standbauunternehmer muß ein echter Allround-Mann sein, er muß Probleme lösen, die eigentlich Sache des Auftraggebers sein können, er muß kurzfristige Änderungen berücksichtigen, Terminverschiebungen in seinen Arbeitsplan einbauen, muß flexibel und innovativ sein.

2.5 Dienstleistungen

Zum Service gehört auch, ausländische Auftraggeber oder Auslandsvertretungen rechtzeitig und eingehend über die jeweilige Messe und deren Vorschriften bzw. Regularien zu informieren.

Ein guter Standbauer wird auch Empfehlungen für die Plazierung der jeweiligen Flächen aufgrund seiner Kenntnisse machen.

Besonders wichtig ist die fremdsprachliche Betreuung durch den Unternehmer, was Verstehen einer Ausschreibung in einer Fremdsprache oder die Übernahme von speziellen Übersetzungsarbeiten bedeutet.

Falls vom Klienten gewünscht, umfaßt das Servicepaket auch, Flugtickets zu beschaffen, Besprechungsräume zu organisieren, die Übernahme von Reinigungs- und Sicherungsaufgaben und auch die Versorgung des Standes mit allen notwendigen Dingen.

2.6 Sondergebiete

Die meisten Standbaufirmen werden wohl bald auch PR-Arbeit im eigenen Hause leisten, wozu insbesondere Graphik, Fotographik und allgemeine Werbeaufgaben zählen.

Wenn die ganze Standeinrichtung dem Standbauunternehmen überlassen wird, benötigt es dafür in Messenähe ein entsprechend großes Lager. Alle Gegenstände müssen hohen Kundenansprüchen genügen.

Eine Sonderform sind mobile Ausstellungen auf Schiffen oder Fahrzeugen. Deutschland hat von dieser Möglichkeit bisher nur relativ wenig Gebrauch gemacht, sodaß sich keine Spezialfirmen hierfür herausgebildet haben.

3. Bauformen

Die Standbauunternehmen sind gezwungen, sich sehr flexibel den Wünschen nach wechselnden Konstruktionsarten anzupassen. Man kann ausgesprochene Modewellen beobachten, die zumeist in den hochindustrialisierten Ländern ihren Anfang nehmen und sich dann in andere Länder sehr schnell ausbreiten.

3.1 Systembau

Die verschiedenen Bausysteme sind so vielfältig geworden, daß die Firmen nicht mehr in der Lage sind, jede Form anzubieten und auf Lager zu halten. Sie werden sich im allgemeinen auf ein, maximal zwei Grundprinzipien der verschiedenen Konstruktionen stützen und nur bei großen Aufgaben diese Ressourcen durch Zukauf erweitern.

Die häufige Wiederverwendung von Systemen führt zwangsläufig zur Abnutzung und zur verminderten ästhetischen Erscheinung. Raumtragwerke auf Leihbasis sind nur dann akzeptabel, wenn ihre Stäbe und Knoten neu und gleichartig erscheinen. Das gleiche gilt für Panels oder Deckenelemente.

Der Systembau hat zwar einen unwahrscheinlichen Siegeszug hinter sich, aber auch zu einer gewissen Systemmüdigkeit bei Auftraggebern und Planern geführt.

Eine Fachausstellung z. B. in Hongkong wird in nur noch sehr wenigen Tagen errichtet. Bei der Freigabe der Halle zum Aufbau überschlagen sich hier zwei konkurrierende Hauptunternehmer, die einen in grünen, die anderen in roten Overalls, um möglichst schnell alle Stände aufzubauen. Das Ergebnis ist aber nicht mehr nach rot oder grün zu unterscheiden, sondern völlig einheitlich. Und aus dem großen Feld von Systembauten ragen letztendlich nur wenige, konventionell gestaltete Stände heraus.

3.2 Konventioneller Bau

Auf Systembau spezialisierte Standbauunternehmen können auch jede konventionelle Lösung ausführen. Ihnen bereiten jedoch die ausgefallenen Gestaltungen, insbesondere im Hinblick auf die Qualität, Schwierigkeiten.

Viele Unternehmen haben erkannt, daß der reine Systembau in eine große Einseitigkeit führt und schlagen deshalb Kombilösungen vor: den großen konventionell gebauten Stand als Rahmen mit Installationen von Systemen für die einzelnen Sektionen (s. deutscher Pavillon TELECOM '91 Genf) oder auf von Systemen bestimmten Ständen die erforderliche Individualisierung durch konventionell geplante Zuführungen.

3.3 Miet- oder Kaufverträge

Im allgemeinen werden Systemkonstruktionen dem Unternehmer mietweise abverlangt. Dieses kann auch bei konventionellen Bauten geschehen, jedoch ist der Verbilligungsgrad durch Miete statt Kauf nur sehr gering. Denn bei jeder Veranstaltung, die länger als drei Wochen dauert, ist der Mietpreis mit der Kaufsumme identisch.

3.4 Wiederholungsbau

Der Wiederholungsbau führt im allgemeinen nicht zu den Kostenreduzierungen, die der Auftraggeber daraus erwartet. Der immer weiter steigende Lohnanteil an den Gesamtkosten wird auch bei absolut gleichem Wiederaufbau an gleicher oder anderer Stelle nicht wesentlich gesenkt werden können. Dazu kommen noch große Lagergebühren für die Zwischenzeit.

3.5 Abbau

Auch der Abbau spiegelt die Qualität eines Unternehmens wider. Die immer sehr kurzen Abbauzeiten werden von einer guten Firma eingehalten werden wie auch die reibungslose Übergabe des sauberen Areals an den Veranstalter.

4. Entwicklungstendenzen

Die Aufwendungen für Standbauten steigen ständig. 1989 betrugen sie in der Bundesrepublik ca. 2,5 Mrd. DM, 1990 bereits 2,8 Mrd. DM, also eine Steigerung von mehr als 10 %. Dabei ist die Tendenz zu immer größeren Ständen mit teurerem Aufbau steigend.

Die Konzentration des Leistungsangebotes bei den Großfirmen wird sich fortsetzen. Andererseits wird sich die Konkurrenz zwischen Privatunternehmen, Kapitalgesellschaften und Firmen bzw. konzerngebundenen Betrieben verstärken.

Gleichzeitig wird ein immer intensiverer Allround-Service erwartet. Immer mehr wird die schlüsselfertige Erstellung des Standes oder des Pavillons mit allen dazugehörigen Dienstleistungen der Normalfall werden, bei dem am Tage der Eröffnung der Auftraggeber die Leistung abnimmt und gleichzeitig (unter Umständen) den ersten Scheck überreicht. Das bedeutet, daß die Firmen sich darauf einstellen müssen, auch die Finanzierung der später zu übergebenden Leistungen mit zu tragen.

Das Erscheinungsbild des Messestandes ist das Aushängeschild seines Ausstellers. Der Klient, der weniger am schnellen, flüchtigen Erfolg interessiert ist, sondern auch bei Ausstellungen auf Dauer setzt, wird jener Gestaltung auch in Zukunft den Vorzug geben, die zurückhaltend und qualitätvoll, mit Erinnerungsqualitäten behaftet und Teil einer langfristig angelegten Strategie ist. Und auch der beste Standbauer weiß, daß immer noch und in Zukunft besonders der Inhalt eines Standes, das Produkt, das er umfaßt, das Entscheidende ist. Seine Arbeit bleibt, den adäquaten Rahmen dafür zu schaffen.

Karl Ohem

Messe-Zeitschriften, Fachzeitschriften und Tageszeitungen

1. Öffentlichkeitsarbeit vorher und nachher
2. Wichtig für den Messeplatz
3. Journalistisch ergiebig
4. Der Profi hat das Wort
5. Forum Pressekonferenz
6. Persönlicher Kontakt obenan
7. Schwierigere Berichterstattung
8. Keine Patentrezepte

Literatur

1. Öffentlichkeitsarbeit vorher und nachher

Messen und Ausstellungen sind Informationsveranstaltungen im weitesten Sinn. Sie rangieren für den Fachmann gleich hinter der Informationsquelle Fachpresse. Der Aussteller muß deshalb daran interessiert sein, das Informationsbedürfnis zu befriedigen, und zwar nicht nur auf seinem Messestand, sondern auch in der breiteren Öffentlichkeit. Die Zusammenarbeit mit der Tages- und Fachpresse ist somit selbstverständlich. Dennoch wird die Presse-Arbeit viel weniger gepflegt als das Gespräch mit den Messebesuchern, sprich den Einkäufern. Vor allem den kleinen und mittleren Ausstellern fehlt es an Kenntnissen über den Umgang mit der Presse. Sie haben allerdings auch wenig Chancen, auf sich aufmerksam zu machen, denn auch die größte Zeitung kann nicht über tausende von Ausstellern gleichzeitig berichten.

Aber selbst bei großen Ausstellern mangelt es oft an der Presse-Arbeit. Da gibt es zuviel eingefahrene Wege, Kompetenzgerangel und schlichte Unwissenheit. Die Arbeit auf dem Messestand ist anders als im heimischen Büro. Messen sind hochaktuelle Veranstaltungen, die große Flexibilität auch von den Presse- und PR-Leuten erfordern. Der Kontakt zu den Zeitungen und Zeitschriften gehört bereits zu den Messevorbereitungen. Er darf nicht zu früh aufgenommen werden, aber auch nicht zu spät. Das Pressematerial sollte nicht zu umfänglich sein, nicht zu werblich und schon gar nicht laienhaft gestaltet. Ein paar Prospekte sind noch keine Messe-Vorbereitung für die Öffentlichkeitsarbeit.

Ganz besonders muß aber darauf geachtet werden, an wen sich sowohl die Messeleitungen als auch die einzelnen Aussteller wenden müssen. Dabei haben die Aussteller deutlich zwischen Fach- und Tagespresse zu unterscheiden. Die Bedürfnisse der Fachjournalisten und der Tageszeitungsleute sind grundverschieden. Grob gesprochen braucht die Fachpresse ausführlichere Informationen technischer und wirtschaftlicher Art als die Tageszeitung, die eine breitere Öffentlichkeit unterrichten muß. Da ist mehr die Stimmung einer Branche wichtiger als das letzte Komma hinter einer technischen Formel. Die Konsumnähe gibt letztlich den Ausschlag im Tageszeitungsgeschehen; die Experten suchen in ihren Fachblättern Anregungen und Hintergrundwissen.

Bei der Tageszeitung kommt noch hinzu, daß sie in verschiedene Ressorts aufgeteilt ist, und zwar in die Lokalredaktion, die Wirtschaftsredaktion und bei größeren Blättern auch noch in einen technischen Bereich. Sowohl die Fachzeitschriften als auch zahlreiche größere Tageszeitungen geben für große Messen und Ausstellungen sogar eigene Messe-Beilagen heraus, die wieder andere Unterlagen erfordern, als beispielsweise die schnelle, aktuelle Berichterstattung im Lokal- und Wirtschaftsteil. Die Messe-Berichterstattung hat somit viele Gesichter, und für die ausstellende Firma ist es nicht ganz einfach, den richtigen Schwerpunkt zu finden. Ein Konsumgüterhersteller, womöglich mit einem bekannten Markennamen, wird sich mehr an das breite Publikum wenden als ein Investitionsgüterproduzent, dessen Maschinen und Anlagen nur in Fachkreisen bekannt sind. Nationale und internationale Beziehungen spielen ebenfalls eine nicht geringe Rolle. In der Regel sind die meisten deutschen Industrieunternehmen exportorientiert. Sie werden deshalb auch in ausländischen Presse-Organen für ihre Messe-Beteiligung werben. Kenntnisse von Fremdsprachen sind dabei unerläßlich. Die Presse-Arbeit im Messewesen wird zunehmend internationaler. Zumindest Englisch sollte ein Mitarbeiter von Messe-Pressestellen der ausstellenden Unternehmen sprechen.

Viele Fachmessen dauern nur drei bis vier Tage, lassen also wenig Zeit für eine eingehende Information des breiten Publikums. Ist die Messe erst einmal vorbei, kann jedenfalls in der Tagespresse höchstens noch in kurzer Form über ihr Ergebnis berichtet werden. In der Fachpresse hat die Nachmesse-Berichterstattung allerdings noch wesentliche Bedeutung, vor allem mit Blick auf die technische Entwicklung. Insgesamt gesehen sind jedoch Messen und Ausstellungen journalistisch eine sehr verderbliche Ware. Es kommt dabei natürlich auf die Art der Messe an. Große Veranstaltungen, wie die Hannover-Messe oder die großen Fach- und Publikumsmessen in Frankfurt (zum Beispiel Frühjahrs- und Herbstmessen, Automobilausstellung, Buchmesse), Köln (Möbelmesse, Domotechnica, Anuga, Photokina), Düsseldorf (Drupa, Verpackungsmesse, Modemessen) München (Handwerksmesse, Sportartikelmesse, Uhren- und Schmuckmesse), Berlin (Funkausstellung, Tourismusbörse, Grüne Woche) oder Leipzig (Frühjahrs- und Herbst-Konsumgütermessen) werfen ihre Schatten schon wochenlang voraus und gelten als wichtige wirtschaftliche Ereignisse für viele Branchen, ja als „Konjunkturbarometer". Sie spiegeln auf jeden Fall die Lage ganzer Wirtschaftszweige wider.

Ob sie Konjunktur machen, wird allerdings bezweifelt. Auch Minister-Appelle bei Großmessen und noch so positive Konjunkturbetrachtungen in den Wirtschaftsteilen der Tagespresse verhallen ergebnislos, wenn die allgemeine Konjunkturlage nicht für das Engagement der Einkäufer, sprich des Handels und der Investoren, günstig ist. Auch als Neuheitentermine für die Industrie spielen zahlreiche Messen und Ausstellungen nicht mehr eine so große Rolle wie in früheren Jahren.

2. Wichtig für den Messeplatz

Dennoch ist der Neuheiten-Wert einer Messe noch immer hoch zu veranschlagen. Zumindest nach außen hin versuchen die Aussteller, mit Neuheiten Kunden anzulocken, wobei manchmal sogar des Guten zuviel getan wird. Angesichts des harten Wettbewerbs in fast allen Industriezweigen wird nicht auf die nächste Messe gewartet, um Neuentwicklungen auf den Markt zu bringen. Der Handel ist meist schon gut informiert, wenn er auf eine Messe geht. Dafür sorgen die Vertriebs- und Marketingabteilungen der Herstellerunternehmen mit ihrer internen Presse-Arbeit, die keineswegs unterschätzt werden darf. Kostproben davon in Form von ausgewachsenen Messe-Zeitungen oder -Zeitschriften erhält der Messebesucher auf zahlreichen Messeständen. Es sind oft Fundgruben auch für den „normalen" Messe-Journalisten. Daß dabei die Messe-Neuheiten ganz oben stehen, versteht sich von selbst. Schließlich wollen die Fabrikanten ja ihre Erzeugnisse verkaufen, sei es nun weltweit oder auch nur im regionalen Umfeld.

Messen sind zwar in erster Linie eine wirtschaftliche Angelegenheit, also größere oder kleinere Märkte, aber sie haben auf jeden Fall für die Messeplätze eine wichtige Bedeutung. Die großen internationalen Messestandorte pflegen deshalb meist eine enge Zusammenarbeit mit den örtlichen Zeitungen, so vor allem in Fragen des Nahverkehrs, der Hotellerie und der Gastronomie. Messen bringen Unruhe und Behinderungen in die Städte. Die Presse kann hier der Messeleitung viel helfen – oder ihr auch das Leben schwer machen. Eine gewisse Messe-Müdigkeit ist da und dort in der breiten Öffentlichkeit festzustellen, vor allem mit Blick auf die verstopften Straßen, die schon in Normalzeiten Ärgernis hervorrufen.

Es gilt daher, die Bürger einer Messestadt von der Bedeutung ihrer Messen zu überzeugen, sie hineinzuziehen in das Messegeschehen. Das kann eine gute Pressearbeit durchaus bewirken. Ein Teil Öffentlichkeitsarbeit ist zweifellos auch die Einrichtung von Besuchertagen bei großen Fachmessen, zu denen überwiegend die heimische Bevölkerung kommt. Dabei kann mit Sonderdrucken und informierenden Broschüren Aufklärungsarbeit betrieben werden. Noch nutzen die Messegesellschaften diese Möglichkeit viel zu wenig.

3. Journalistisch ergiebig

Messen leben von der Masse, sprich dem Zuspruch der Öffentlichkeit. Daher ist eine Messe ohne Presse nur eine halbe Sache. Das gilt nicht nur für die großen Publikums-Ausstellungen, sondern auch für die vielen kleineren, vor allem die regionalen Fachveranstaltungen. Hier ist es allerdings schwer, das Interesse der Journalisten, also der breiteren Öffentlichkeit, zu wecken. Nur die einschlägige Fachpresse kann eingespannt werden. Dennoch gibt es hier eine Möglichkeit, zumindest ein paar Zeilen in der überregionalen Wirtschaftspresse unterzubringen. Das kann die Messe-Pressestelle in Zusammenarbeit mit den zuständigen Wirtschaftsverbänden bewerkstelligen.

Jede Branche ist auf ihre Weise interessant. Sie sollte auf jeden Fall die wichtigsten Kennzahlen veröffentlichen, wie da sind: Umsatz, Zahl der Betriebe und Beschäftigten, Hauptabnehmer, Auslandsaktivitäten sowie wirtschaftliche und technische Entwicklung in Vergangenheit und Zukunft. Auch negative Erscheinungen sollten ruhig erwähnt werden, wie überhaupt eine objektive, die Dinge nicht beschönigende Betrachtungsweise am besten in der Öffentlichkeit ankommt. Der sogenannte Laie ist heutzutage über wirtschaftliche Zusammenhänge besser orientiert, als mancher „Experte" das wahrhaben will. Aber auch der Branchenführer kann gewissermaßen als Sprecher auftreten und allgemeines Interesse erwecken. Wichtig ist nur, etwas Pfiffiges und allgemein Interessantes herauszustellen. Es muß eben journalistisch ergiebig sein.

Vorsicht ist bei der Vorstellung von Neuheiten geboten. Hier wird nur allzu gern über die Stränge geschlagen. Selbst die Technik-Seiten der Tagespresse machen einen Bogen um allzu pauspäckige Neuheitenveröffentlichungen der Industrie. Alle Übertreibungen sind von Übel, und mit Superlativen läßt sich heute kaum jemand hinter dem Ofen hervorlocken. Dieses Werbemittel ist auch im Messewesen abgenutzt. Nüchterne Erklärungen sind für den Techniker und Wirtschaftler am besten. Für den interessierten Laien kann schon eine etwas aufgelockerte Darstellungsweise gut sein, doch sie darf nicht primitiv wirken und muß technisch hieb- und stichfest sein.

4. Der Profi hat das Wort

Es läuft also zunächst darauf hinaus, die Presse-Öffentlichkeitsarbeit so professionell wie möglich zu gestalten. Die Zeiten sind vorbei, da es genügte, den Journalisten einen Waschzettel und einen Kugelschreiber in die Hand zu drücken. Die Berichterstattung über die Messen und Ausstellungen hat sich sichtlich verfeinert, neigt allerdings zur Gefahr, Routine zu werden. Jedes Jahr die gleichen Unternehmen, die gleichen Messestände, die gleichen Gesichter und die gleichen Sprüche! Das stumpft ab. Bei den ersten Messen im Jahr wird noch über die Ergebnisse des Vorjahres berichtet und auf die kommenden Monate hingewiesen. Später im Jahr entfällt dieses Motiv. Die Aussteller müssen sich also etwas anderes einfallen lassen, wenn sie Interesse erwecken wollen. Das erfordert Phantasie und das Wissen um die Bedürfnisse der angesprochenen Branchen. Der Profi kennt sich dabei meist am besten aus.

Er wird vor allem den persönlichen Kontakt zur Fach- und Tagespresse anstreben. Bei der Fachpresse ist das zweifellos einfacher als bei den Tageszeitungen, die oft keinen speziellen Messe-Fachmann haben. Meist wird sogar nur der Volontär zu einer lokalen Messe geschickt. Bei den Großmessen sind aber auch gestandene Journalisten überfordert. Wo soll er anfangen, wo aufhören? Da ist es gut, wenn er sowohl von den Messe-Pressestellen gutes Material in die Hände bekommt, als auch von den maßgeblichen Unternehmen unterstützt wird. Rechtzeitige Einladungen zum Messebesuch können da manches bewirken.

5. Forum Pressekonferenz

Natürlich ist die Messe-Pressekonferenz noch immer ein gutes Forum für die Selbstdarstellung einer Branche oder eines Unternehmens. Doch auch hier ist allzuviel ungesund. Wenn stündlich eine Pressekonferenz über die Bühne geht, ist die Kapazität der Pressevertreter schnell erschöpft. Viele Presse-Leute der Industrie vergessen offenbar immer wieder, daß es nicht damit getan ist, etwas zu erzählen, und sei es noch so interessant. Es muß hinterher geschrieben und an die heimischen Redaktionen übermittelt werden. Die Übermittlung ist übrigens ein Kapitel für sich. Je kürzer eine Pressekonferenz, desto besser. Eine Stunde ist während einer Messe lang genug. Was schriftlich vorliegt, sollte nicht mündlich wiedergekäut werden. Ein kurzer Überblick genügt, dann sollte die Diskussion einsetzen. Gibt es nichts zu fragen, dann sollte sich der Veranstalter freuen, denn das beweist, daß er gute Unterlagen geliefert hat – oder daß kein Interesse besteht. Auch erfolglose Pressekonferenzen können lehrreich sein. Gerade auf Messen und Ausstellungen sollte nur derjenige Aussteller vor die Presse treten, der wirklich etwas zu sagen hat. Reine Repräsentation ist nicht mehr gefragt, auch wenn immer mehr Messen von einer Verkaufsveranstaltung zu Informations- und Präsentations-Schauen mutiert sind. Über eine solche „Show" mit Glanz und Glamour kann der Feuilletonist besser schreiben als der Wirtschaftsredakteur. Für den Rundfunk und besonders für das Fernsehen allerdings sind aufwendige Vorführungen auf den Messeständen schon wesentlich besser geeignet. Hier dürfte sich in Zukunft noch einiges in der Messeberichterstattung tun. Über die Kosten müssen sich die Veranstalter im klaren sein. Sie sind durchweg weit höher zu veranschlagen als diejenigen der „normalen" Pressearbeit.

6. Persönlicher Kontakt obenan

Die herkömmliche Messe-Berichterstattung hat sich zwar auch geändert, aber sie beruht nach wie vor in erster Linie auf dem persönlichen Gespräch und dem Augenschein. Viel besser als alle Prospekte oder noch so opulente Presse-Mappen und selbst als manche langatmige Pressekonferenz ist es, wenn die kompetenten Firmenvertreter für ein Gespräch mit Journalisten bereit sind, und zwar möglichst ohne große Terminvereinbarungen. Ganz auf die Minute lassen sich namentlich auf den Großmessen Gesprächstermine kaum einhalten. Schon der Gang von einer Halle zur anderen braucht Zeit, in vollen Hallen ist es schwer, sich durchzuschlängeln. Vor den Informationstheken der Ausstellungsstände gibt es ebenfalls immer einen Stau, die Pressestellen sind oft im letzten Winkel des Standes versteckt. Messe-Pressearbeit ist eine mühselige und körperlich strapaziöse Angelegenheit. Auch das wird oft übersehen. So wird es der Berichterstatter stets begrüßen, wenn er, am Ziel angekommen, gleich gut und aus erster Hand informiert und nicht mit einem Glas Sekt abgespeist wird. Meist nutzen die Wirtschaftsjournalisten eine Messe, um sich über laufende Entwicklungen im Unternehmen zu unterrichten. Hier sollten die Verantwortlichen nicht kneifen. Im Rahmen eines Messe-Berichts kann auch manches dargestellt werden, was sonst zu schwergewichtig daherkäme. Ein bißchen Klatsch hat noch kaum geschadet.

Gleiches gilt für allgemeine Branchenfragen. Ein Unternehmen sollte immer vor dem Hintergrund der Branche gesehen werden. Das läßt die Bedeutung der Firma erst richtig erkennen. Besonders bei Mehrbranchenmessen und kleineren Unternehmen sind allgemeine Branchenzahlen, nicht zuletzt über die Preisentwicklung, eine willkommene Ergänzung. Die sollte jeder maßgebliche Firmenvertreter griffbereit haben. Vorbereitung ist somit ganz wichtig. Wird der Journalist nur mit Plattheiten abgespeist, dann kann er auch nichts Anständiges berichten. Noch immer glauben die Presse- und Marketingabteilungen vieler Unternehmen, der Journalist sei ein besserer Anzeigenakquisiteur. Eine scharfe Trennung zwischen Textteil und Anzeigenteil ist für alle Seiten besser. „Wenn Sie etwas über uns bringen, geben wir Ihnen auch eine Anzeige", heißt es nur allzu oft. Seriöse Journalisten werden dann in der Regel das Gespräch beenden und auf ihre Anzeigenabteilung verweisen.

7. Schwierigere Berichterstattung

Das Messegeschehen befindet sich in stetem Wandel, dementsprechend auch die Messeberichterstattung. Immer noch sind Messen und Ausstellungen Informationsbörsen ersten Ranges. Aber es ist angesichts des immer breiteren Angebots aus dem In- und Ausland vieles differenzierter, schwieriger geworden. Hinzu kommt, daß eine neue Generation von Journalisten heranwächst, die von der Nachrichtenfülle verwöhnt ist, kaum mehr recherchieren kann und sich leider allzu sehr auf die schriftlichen Unterlagen der Verbände und Unternehmen verläßt. Es wird „Papier aus Papier" gemacht. Von Stand zu Stand zu wandern und die Aussteller über das Geschäft zu fragen, kommt aus der Mode.

Das ist nur vordergründig vorteilhaft für die Pressestellen der Wirtschaft. Denn einer der großen Vorteile einer Messe war schon immer der persönliche Kontakt zwischen Unternehmen und Presseleuten. Viele solcher Kontakte wirken über das Messegeschehen hinaus und haben meist zu einer dauerhaften Verbindung geführt. Messe-Pressearbeit ist Zukunftsarbeit. Die Kontinuität einer solchen Arbeit ist für alle Teile fruchtbar. Berührungsängste sollte es nicht geben. Wenn man sich persönlich kennt, kann man offener sprechen. Wie oft kann man es erleben, daß der Standnachbar besser über die Konkurrenz Bescheid weiß, als das befragte Unternehmen zugeben will. Es ist deshalb empfehlenswert, die Verbindung zu den Journalisten auch nach der Messe aufrecht zu erhalten, was besonders für die regionale Presse und für die Wirtschaftsredaktionen gilt. Kontinuität hat sich noch immer für beide Seiten bezahlt gemacht.

Berichte über den Messe-Erfolg werden zwar in den Wirtschaftsredaktionen nur bedingt berücksichtigt, aber wenn sie mit einer aktuellen Nachricht verbunden sind, werden sie durchaus ernst genommen. Sie können auch politisch interessant sein, denn gerade in der heutigen Zeit sind alle Meldungen über Vorgänge im Osten von Bedeutung. Messen und Ausstellungen als Berührungspunkte mit den neuen Staaten Osteuropas werden noch lange Zeit wichtig bleiben. Kontakte von Unternehmen mit ihren östlichen Konkurrenten haben vorerst Neuheitenwert. In der Nachmesse-Berichterstattung lassen sich Begegnungen und Kooperationspläne besonders gut unterbringen.

8. Keine Patentrezepte

Der Bogen ist also weitgespannt, der die Presse-Arbeit vor, während und nach der Messe umfaßt. Es gibt keine Patentrezepte für eine erfolgreiche Arbeit. Auch in der Betreuung und Belieferung der Journalisten gelten die Regeln eines guten Kaufmanns und eines phantasievollen Unternehmers. Stillstand ist Rückschritt. Am Ball bleiben, lautet die Devise. Erfahrungsaustausch, Weiterbildung und eine genaue Beobachtung des Marktes garantieren letztlich den Erfolg, den sich jeder verspricht, der eine Messe oder Ausstellung beschickt. Literatur ist vorhanden. Für das Messe- und Kongreßwesen selbst gibt es in Europa nur eine einzige maßgebliche Fachzeitschrift, nämlich m + a Report, Frankfurt, herausgegeben vom m + a Verlag für Messen, Ausstellungen und Kongresse GmbH, Frankfurt a. M. Dieser Verlag bietet auch den jährlichen „Messe-Planer" an, den einzigen und ausführlichsten internationalen Messe-Führer in der Welt. m + a hat sich bereits auf den europäischen Binnenmarkt eingestellt.

Einige bedeutende Messebaufirmen, wie zum Beispiel Uniplan in Kerpen oder Octanorm in Filderstadt, bringen entweder ziemlich regelmäßig oder in größeren, oft unregelmäßigen

Abständen Kundenzeitschriften heraus, die zum Teil gut und aufwendig gestaltet sind. Sie enthalten viele Tips für Aussteller und Besucher. Zahlreiche Messegesellschaften beliefern die Zeitungen und Zeitschriften regelmäßig mit Pressematerial. Die Qualität ist unterschiedlich, aber durchweg brauchbar. Es handelt sich dabei um wirtschaftliche und technische Beiträge, aber auch um Internas aus den Messegesellschaften selbst. Auch die Messe-Kataloge sind eine gute Informationsquelle, und manche gehen über das obligate Ausstellerverzeichnis hinaus, indem sie Branchen- und Lageberichte veröffentlichen. Als Adreßbuch bieten die Kataloge gute Dienste vor allem nach der Messe, sowohl für Einkäufer, Aussteller und Presseleute.

Die diversen Wirtschaftsverbände äußern sich nur sporadisch zum Messegeschehen ihrer Branchen. Hier wäre noch mehr für die Messe-Pressearbeit herauszuholen, zumal die Verbände meist über die statistischen Zahlen verfügen, die für Wirtschaftsartikel notwendig sind. Die Zusammenarbeit zwischen Verbänden und Messegesellschaften ist aber in der Regel sehr eng, so daß viele Wirtschaftsverbände ihr Material von der Messe-Pressestelle verarbeiten lassen. Die Frankfurter und Kölner Messen nutzen diese Verbindung besonders effektiv, um nur ein Beispiel zu nennen.

Fast alle größeren Zeitungen veröffentlichen regelmäßig oder auch nur bei Großmessen eigene Beilagen. In den Wirtschaftsteilen der Frankfurter Allgemeinen Zeitung, der Süddeutschen Zeitung oder der Welt sowie in größeren Regionalblättern, wie beispielsweise der Stuttgarter Zeitung, werden größere Messen unter eigenen Rubriken („Auf der Möbelmesse notiert") und mit entsprechenden Kopfleisten im Wirtschaftsteil herausgestellt. Die dicken Messe-Hefte der Fachzeitschriften sprechen für sich. Die Beiträge und laufenden Veröffentlichungen des AUMA-Ausstellungs- und Messe-Ausschusses der deutschen Wirtschaft, Köln, sind praxisnahe und stets aktuelle Hilfereichungen für die ausstellende Wirtschaft. Als Auskunftsstelle ist der AUMA für die gesamte ausstellende Wirtschaft und für die Presse die beste Adresse.

Literatur

AUMA, Ausstellungs- und Messe-Ausschuß der deutschen Wirtschaft: AUMA-Ratgeber. Köln 1990.
GOSCHMANN, K.: Die erfolgreiche Beteiligung an Messen und Ausstellungen von A–Z. Landsberg/Lech 1988.
GRAF VON WEDEL, P.: Messen – Vom Markt zum Marketing. Frankfurt 1977.
HOCHE, K.: Handbuch für Aussteller, 111 Messetips. München 1974.
KUNSTENAAR, J.: Messe-Handbuch. Bern/Stuttgart 1983.
LAMBECK, A.: Zwischen Tabu und Toleranz. Handbuch der Pressearbeit. Würzburg, 1981.
M + A. VERLAG FÜR MESSEN, AUSSTELLUNGEN UND KONGRESS GMBH: Medium Messe. Das Handbuch für den Aussteller. Frankfurt 1983.
WEISHÄUPL, G.: Die Messe als Kommunikationsmedium. München 1980.

Kapitel 8

Die Sonderformen des Messewesens

Bryan Montgomery

Exhibition Organisers without their own exhibition halls:

Messegesellschaften ohne Messegelände

1. Introduction: Definitions and categories

2. Independent organisers/separately owned halls

3. The use of buildings other than exhibition halls

4. Temporary construction on an empty site

5. Peripatetic events and agricultural shows

6. Conclusion

1. Introduction: Definitions and categories

I will start this article by considering the title and my understanding of what it means.

I have taken "Messegesellschaften" to refer to an "organiser of exhibitions" in the broadest sense. Although I will be referring to single companies and solus country exhibitions, in general I will treat as "exhibitions" those which are organised by one person on behalf of a group of separate legal entities.

The word "Messegelaende" I take that to mean "established halls built for the purpose of holding exhibitions"; although I will also be referring to multi-purpose halls, hotels and other buildings which are temporarily used to accommodate international displays of goods and equipment.

There are no doubt several ways of handling this subject: I have chosen to break it down into four distinct categories. I will first outline these and then go on to describe each in detail; its characteristics, advantages and any problems.

The first and most common of my four categories involves an exhibition organiser in a city possessing a number of exhibition halls, who uses different halls for different purposes or for different industries. This situation is common throughout English exhibition cities and also in Paris.

In other places the relationships between exhibition halls and organiser vary considerably. Thus in the United States exhibition halls are almost without exception run independently and there is seldom any organising company specialising in exhibitions associated with a particular hall.

My second category involves exhibition organisers who run exhibitions or manage them on behalf of associations but use other facilities than established exhibition halls. These might be car parks, hotels, warehouses, conference centres, swimming pools, markets or a variety of other public or private spaces capable of enclosure and providing at least some of the services required by visitors and exhibitors.

My third category includes the established exhibition organisers who build temporary facilities for one-off exhibitions. These can either be constructed as temporary pavilions which are subsequently dismantled; or as something rather more permanent which can be left behind for another use in a green or a desert site. Normally, no facilities will exist beforehand and everything has to be provided – from the telephones to the car parking to the catering and public and private offices.

My fourth and last category contains those organisers who specialise in a particular event which they take around from city to city or sometimes from country to country. These peripatetic events are often very large and may be confined to a particular industry. They are often industry led and usually concern investment goods of very high value that it would be difficult to display on a regular basis in any one country. It also includes, for example, organisers of agricultural shows which move around, appearing in different agricultural centres in different years.

Other kinds of exhibition location or international exhibition organiser may well come to mind but I believe they can satisfactorily accommodated within these four main groupings.

2. Independent organisers/separately owned halls

This section deals with organisers who have been established for some years and who normally use halls under separate ownership. Thus in Paris, London, Manchester, Birmingham and Glasgow exhibition halls may be owned by a public limited company, by a Chamber of Commerce, by a municipality or a by regional institution. The construction of such facilities or their creation by the adapting of existing buildings may well have involved public or private investment or a combination of both.

The pattern is for different organisers with different specialities and representing different industries to rent accommodation on a regular basis and pay a rent according to the time involved, the number of halls used or the amount of space taken up.

What are the principal advantages of this arrangement? First and foremost, the clear separation of two different functions – organising exhibitions and owning exhibition halls. For the exhibition organiser the objective of an exhibition is in these circumstances straightforward: to provide satisfaction to the visitor by attracting the right kinds of exhibitor. The exhibition organiser can be single-minded in this purpose without distraction about the upkeep and use of the building or the ancillary fees raised through catering, security, or car parking. These are the owner's responsibility together with considerations of wider economic benefit to the city and region.

The independent exhibition organiser can negotiate positively for the particular advantages required – length of time, build up and breakdown, hours of opening, days of opening, additional outlets available to visitors and the time of year most suitable for the industry represented.

The hall owner, of course, has to negotiate for his own objectives but when two people are in negotiation, each with a different set of objectives, it is much easier for both to reach a satisfactory agreement than when the attempt is made to maximise benefits for very different groups and interests within the same organisation.

There are other advantages to organisers of working in separately owned exhibition halls. Their staff can be single minded. They can be down at the exhibition site full time for the purpose of a particular exhibition alone. There is no distraction from different shows by different organisers or from having to rush back to their offices continually to deal with other matters.

Indeed it is not necessary for independent exhibition organisers to work from their own offices at all during the peak period as offices for organisers are normally available in the halls. These enables the team to concentrate on looking after the needs of visitors and of exhibitors. It also means that as different specialists are involved in the organisation of different types of exhibitions, ranging from the exhibitors' representatives through to the industry supporters, collective team spirit can be built up for each individual exhibition. This in turn means that the people can be motivated to act in the best interests of the industry in question and give it a single face and a clear identity nationally and internationally which is one of the important benefits which trade exhibitions can offer as a form of promotion.

The division of responsibility also allows part time people brought in for one exhibition not to be influenced by what may have happened in others. It is also possible to cross fertilise the best ideas for managing and organising exhibitions by comparing the way in which different groups of people who come together on different occasions in different halls use the various facilities provided.

Despite the efforts of UFI (Union des Foires Internationales) and other organisations to enable cross fertilisation to spread, I believe those who work only in one exhibition hall have in fact little knowledge about what goes on elsewhere. When the organisers are independent they can build up a diversity of experience of other people's specialities which allow incremental improvements to benefit visitors and exhibitors on successive occasions.

Turning to the owners of exhibition halls, their prime objective should be to bring the greatest possible number of high spending visitors to their city and region with a view to their staying, spending money and perhaps establishing a regional office or distribution centre in the area. The benefits of an exhibition centre to a city in terms of trickle-down expenditure are well known, are very considerable and can regularly bring in a great deal of money.

Nevertheless, hall owners and the politicians or bankers to whom they may be responsible often take a very short-sighted and narrowly commercial view of the operation and attempt to charge rents sufficiently high to cover costs of land acquisition and construction, maintenance and management and of servicing loans. To view the commercial viability of exhibition halls in this way can defeat the wider objective of bringing more people to the city.

Hall owners should quite properly be interested in achieving a good income; but in my opinion rents should be set at a level likely to attract the maximum possible number of exhibitions, with the consequential economic benefit to the city being brought into the calculation.

These responsibilities of ownership and management cannot easily be combined with the specialised and highly detailed business of organising individual exhibitions.

What are the drawbacks of separating the functions of organisation and ownership? There are a few, but if properly understood the problems can be overcome quite easily.

Where a lot of people use the same infrastructure on a regular basis they can become so accustomed to the different uses to which it is put by different organisers that they automatically give information to those visiting one exhibition about activities relevant only to others. Again, as rooms are used for different purposes by different industries and according to the organisers' needs, resident staff can loose track of what is going on and misdirect inquirers.

In other words, the permanent staff at a hall must remember that they are dealing with a different set of people and a different subject on each occasion. While permanent staff at the hall may not have the comfortable feeling that comes from working in a team of permanent in-house organisers, if care is taken to bear in mind the points I have mentioned they can benefit greatly from the stimulus of working regularly with different people and gaining from the variety of experience involved.

3. The use of buildings other than exhibition halls

Probably the most widespread alternative to purpose-built exhibition halls is the use of space. in conference centres and hotels. In the United States most large hotels will have a ballroom which can easily be divided and used for seminars and conferences. It can also often be opened up into one big space and used as an exhibition hall.

There are obvious drawbacks. The floor loading of ballrooms is often very light; the access from surrounding streets for bringing in goods is often inadequate; and there is usually little time available for build-up and breakdown which restricts the quality and variety of stands available. There are also fewer opportunities for incorporating specialised services to allow goods to be demonstrated to the greatest advantage and not merely passively displayed.

Nevertheless hotels have the advantage that they often have available rooms that are well suited to committee meetings, small seminars, workshops and other purposes of information exchange. Catering facilities are usually varied and good and the opportunity exists for delegates to stay in the same hotel and for all activities to be combined under one roof.

Another group of buildings commonly used for exhibitions includes sports halls and football stadia, which usually have large areas of covered space free of columns. They usually have adequate toilets, cloakrooms and often possess catering facilities as well. They are usually so constructed as to be secure at night and have both natural and artificial lighting. Heat and ventilation can often be provided. Because most of such places also host sporting events there is usually adequate signposting, car parking and good arrangements for handling the coming and going of large numbers of people. This is a great advantage to the exhibition organiser.

Variants of the sports hall include ice rinks, race courses and swimming pools. Airport hangars and buildings and warehouses temporarily out of use for their normal purpose are sometimes taken over for exhibitions. These also usually have the advantage that there is adequate space for handling exhibits and looking after the needs of visitors.

Hospitals are often used for medical exhibitions and car parks can be used. These may be either in the open air where there is plenty of room for temporary structures; or underneath hotels or office blocks, where exhibits can sometimes be placed in a secure position with close access to the building or office block itself where the necessary other support services are available.

Finally there are the mobile self-contained exhibitions which rely upon their own wheels to provide the permanent exhibition stand. These include trains, trucks, land-trains, aircraft, ships and ferry boats and exhibitions made up entirely of containers kept in one overall container laager.

Exhibitors will generally need convincing that the attitude of visitors will be favourable to an unusual venue. When assessing the advantages and disadvantages of the kinds of buildings I have described it is important to identify how each will perform in relation to the needs of the visitors. Clear signposting and identity can do a lot to transform peoples' perceptions of an unusual location and encourage acceptance of its use for an exhibition. Nevertheless, time, attention and imagination as well as money must be applied to the important question of identity.

Organisers themselves have to be sure that their own requirements can be met. Usually these can be quite simply imported and adapted or added to whatever arrangements are made for the management of the facility in the first place. Then, of course, it is important to remember that each exhibitor will have a large number of subcontractors and suppliers whose needs must be met.

Some of the locations used on an occasional basis will not always have adequate space available for some of the necessary services. And there may be no catering or at least not of the variety or of the standard required by exhibitors and visitors.

More important still, the customs authorities are very often understandably nervous about the security of goods which may be consigned in bond for the exhibition. In fact, it may not always be possible for goods to be admitted under bond to the place being used. This means that the goods have to be inspected either at the port of entry or at some other bonded area in the same city. Time must be allowed for the considerable negotiations that will be necessary with the appropriate customs authorities if it is anticipated that the foreign goods will need to come in under the terms of the Brussels Convention.

In selecting an unconventional location it should be remembered that a very wide range of other services and supplies other than those specific to exhibitions are required by exhibitors. For example, lawyers and accountants should be available close to the exhibition hall and when business is done with national or local government it could prove a disadvantage if the exhibition is held in a different city to that in which the main offices of national and local government are situated.

It should not be forgotten that exhibitions also require a wide range of shops not only for business needs such as printing and stationary suppliers but also laundries, dry cleaners, chemists, souvenir shops and the variety of shops to meet the demands of a substantial group having to lead normal lives away from home.

It is necessary to deal with one major problem which comes up time after time when using sports facilities. These may be available for long periods punctuated by isolated single day events which cannot be changed from their place in an international sporting calendar. Such bookings often fall into the middle of the proposed exhibition time and cannot be varied.

It is, therefore, unwise to schedule an exhibition in a sports building without very careful advance consultation with the managers of the facility. It must be made absolutely clear that the sports managers cannot hold a one day event in the middle of the period booked for holding or setting up an exhibition. Managers are seldom aware of the long lead times required for exhibitions and the impossibility of clearing a hall "just for one day for a very special event being organised by the government"!

We have experience of putting on exhibitions in most of the places I have mentioned. Although the need to use unorthodox locations generally arises because a city or country does not possess a specialised facility, they present an interesting challenge to the ingenuity both of the exhibition organiser and his team and to the local people. There is often a strong desire to make the exhibition succeed and one gets especially generous help and cooperation from the local community for these one-off and unusual events.

4. Temporary construction on an empty site

In many developing countries there are not even adequate hotels or sports facilities which can be used for temporary exhibitions. However, there is generally plenty of land whether in the form of desert, tropical jungle or green fields and the local authorities are often helpful in suggesting areas which could be used to build a temporary exhibition hall. The problems of preparing an exhibition in such places are somewhat similar to those encountered in some of the more unusual facilities I have just mentioned. But, of course, a very great deal more has to be done to make an exhibition possible.

In the first place there may be no adequate approach road or connection to a main trunk road by which exhibitors or visitors can come and go. There is unlikely to be hard standing for car parking. There is unlikely to be any electricity, gas, water, waste, telephones or other essential services which are taken for granted where a building already exists. So it may be necessary to start with a completely blank plan and erect your own temporary buildings in the knowledge that you will have probably not only to clear the site but restore it to its former unused state at the end of the exhibition!

Sometimes, the organiser may be required to build an exhibition hall and its appropriate facilities and leave it behind as a permanent investment for the community. In these circumstances it is necessary to spend more money on the preparation of the infrastructure because what you can get away with on a temporary basis for an exhibition of two weeks would be quite unsuitable as a permanent installation expected to remain in working order for 10 years or more.

One great advantage of an empty site is that you are likely to be able to choose the exact date of your exhibition taking advantage of the most favourable weather conditions both for construction and the scheduling of the actual exhibition.

You also have greater freedom to erect buildings of an appropriate size, laid out in the most convenient possible way. This makes it possible to build halls of different sizes and to relate them one to another with suitable intervening spaces and generally to create an ideal layout for the industry involved and the country in question.

It will sometimes be possible to create a complete business centre and entrance combined with facilities for foreign visitors and other special groups. The registration facilities at the entrance can be controlled in a much more satisfactory way then when using the inflexible structure of an existing building, be it temporary or permanent.

In addition to these advantages the organiser can create a corporate identity both in the building and in its surroundings by the design of notices and signs. The corporate identity of the country or its industry can be clearly portrayed and in fact a complete exhibition culture can be created without any hangover from previous events or other historical associations. It is very valuable to those who are trying to create a distinctive cultural climate for the event not to have to incorporate or deliberately exclude the physical or political momentos of the past.

There are many different kinds of buildings which can be used on vacant sites on a temporary basis. They include prefabricated and demountable factory buildings, reusable on another location. Then there are tented structures. These nowadays come in a variety of materials and forms which can be used in hot and cold climates and different wind strengths. Some of these are inflatable, highly insulated structures to which ventilation and even air conditioning can be added provided that sufficient care and attention is paid to insulation and to the mechanical and electronic controls.

Sometimes a piece of waste land may be selected for the creation of an exhibition in order to stimulate improvements to the surrounding economy and infrastructure. Examples are the various Garden Festivals that have taken place in various cities in Germany over the last 20 years and more recently in England, Wales and Scotland. These have been used as deliberate instruments of change, accompanied by the allocation of public funds for modern infrastructure to encourage subsequent private investment in a depressed area. Old and derelict factories have been rehabilitated and abandoned docks, derelict and contaminated industrial wasteland cleared and transformed into attractive accommodation and surroundings for a new purpose. The impetus in these cases has been provided by the organisation of international flower or garden exhibitions. Permanent reusable buildings have been provided and the rehabilitated area subsequently used as an industrial park or for housing.

Great care and attention has been paid to planting both in the short term to provide an immediately attractive setting for the exhibition and for the longer term to provide a steadily maturing landscape around the new permanent activities on the site.

Within this category I should also include the Olympics which take place every four years and which stimulate the construction of sports halls and other sporting facilities in host cities. The original intention of the Olympics founded in 1896 in Athens was that there should be substantial associated activity in the arts. This has not happened much in recent decades but may do so in the future. If so even more varied kinds of buildings will be required to accompany the permanent structures for the Olympics.

World Fairs are outside the scope of this commentary but are always worth noting for the ideas they generate which are of interest to anybody who has to arrange temporary exhibitions, albeit of a shorter and more modest nature than of a World Fair.

5. Peripatetic events and agricultural shows

The section includes the peripatetic exhibitions which by the nature of the product advertised are only held infrequently in any one country.

Some investment goods, such as printing machinery, plastic extrusion equipment, laundry equipment or textile machinery are very large and complicated. Sales in any one country are bound to be limited and an objective of the exhibitors has, therefore, been to hold an exhibition in any one country only every four or eight years. They can then go round the world on a regular basis without repeating themselves in any one place. Such exhibitions are expensive and tend to be organised very strictly by those industries which are large in size and few in number and where there is a strong degree of cooperation between manufacturers.

Anti-trust laws in many countries frown upon this sort of cooperation and such exhibitions are specifically forbidden under the Treaty of Brussels and subsequent amending treaties of the European Community. However, the European Community has made certain exceptions, although reasoning is not always logical and intervention has probably distorted trade more than the authorities realise.

In addition to these very large peripatetic exhibitions some small industries and exhibitions devoted to consumer goods need to move around frequently in order to cover the whole population of a large country. For instance those selling a comparatively low-priced product in the United States do not find it easy to attract people from great distances to spend a number of days and spend a few thousand dollars in order to just to buy a low price product on a one-off basis.

Therefore such industries and manufacturers of consumer goods often exhibit on a regional basis, moving around the country yearly, twice yearly or even quarterly. The aim would be to bring 80% or 90% of the population within a comparatively easy one day drive by car. It is astonishing what percentage of the US population can be covered by this kind of a peripatetic exhibition of goods and products which are easily moveable and where the cost of exhibiting is not very great. The direct contact that can be made in these circumstances makes peripatetic exhibitions an ideal form of marketing.

A further example of exhibitions which move around to different sites is the Ideal Home shows. They have been used as a means of opening up a new area of a city where the basic infrastructure has been planned or recently brought into operation. Thus in a city which is increasing rapidly in size a developer might set up an Ideal Home exhibition and persuade six or seven different builders to construct different kinds of houses for exhibition purposes. These houses are sold when the exhibition is over for normal use, each becoming the centre of a housing estate. The idea is that the public by visiting the houses during the exhibition will be encouraged to order one in the proposed development nearby.

In addition to the housing it is desirable to provide adequate catering and the occasion makes a good opportunity to associate small outdoor exhibits or exhibits in caravans and trailers to show specific building materials, kitchens, bathrooms and other household goods. These can be displayed on a temporary basis and subsequently removed when the exhibition site becomes the site for the new housing estate.

Finally, I refer to agricultural shows. These are a special kind of exhibition, which by their very nature take place in different parts of the country, most commonly on different sites without any fixed exhibition facilities. The requirements are very similar to those of any temporary exhibition hall but the particular nature of the industry does mean that a wider variety and use of land is necessary and the exhibiting of live animals entails problems of feeding, cleaning and maintaining. There is also the requirement to show crops at various stages of growth and which may mean that it is necessary to have access to the land anything up to twelve months beforehand in order to ensure that the crops will have reached the appropriate stage of growth when the exhibition is being held.

A special problem with agricultural shows is that the use of heavy equipment often damages the land and means that it is out of production for agricultural use for anything up to two or three years after the exhibition. This is due primarily to the oil which leaks from vehicles, rutting from heavy wheels and the scattering of hard core and temporary materials brought onto site.

Fragments of temporary buildings often get left behind and hidden in grass causing damage to the farming equipment. It is often necessary to create some form of hard standing for tented machinery halls and other covered areas. The outside demonstration areas are often dug up during the exhibition and cannot then be used for some time. For example, where machinery is demonstrating ditching, deep ploughing, drainage, or fencing it will be appreciated that special measures have to be taken to restore the land to a suitable condition for normal agricultural use.

All these considerations must be borne in mind and allowed for by the organisers when planning an agricultural show.

6. Conclusion

Few independent organisers will be involved in the whole range of exhibitions I have described; but many are involved in a considerable variety. From this it can be seen they will bring to any one exhibition a background of comparative experience which could never be assembled by an in-house team associated with one facility. They will also have an up-to-date appreciation of trends, be alive to opportunities and resourceful in solving problems.

It is perhaps worth mentioning this in arranging exhibitions in developing countries where existing facilities are very limited and administration and commercial services restricted. Organisers will often have to assume an important "pro-client" advisory role to ensure that the host country fully understands its responsibilities in the whole operation.

However, this does not diminish the important principle stressed throughout this article of the advantages that come from a clear separation of organisation of exhibition and the ownership and management of facilities.

Franz Kirchmair

Weltausstellungen

1. Weltausstellungen

2. Geschichte der Weltausstellungen

3. Volkswirtschaftliche Aspekte von Weltausstellungen

4. Reglement des Bureaus International des Expositions (B. I. E.)

5. Vorschau auf Weltausstellungen

6. Chronologie der Weltausstellungen

Literatur

Unter dem internationalen Marketing versteht man die auslandsmarktorientierte Führung eines Unternehmens und das Vermarkten von Waren und Dienstleistungen im Ausland, also die Ausrichtung aller unternehmerischen Aktivitäten auf dem Markt.

Das im Außenhandel diesbezüglich zur Verfügung stehende absatzpolitische Instrumentarium umfaßt die Bereiche Produktpolitik, Distributionspolitik, Kontrahierungspolitik und Kommunikationspolitik. Gerade die letztgenannte bietet vielfältige Möglichkeiten, informierend und motivierend auf ausländische Zielgruppen zu wirken und daher haben sich Messen und Ausstellungen für das Auslandsgeschäft einzelner Unternehmungen und ganzer Volkswirtschaften schon bisher sehr bewährt.

Messen und Ausstellungen bieten jedoch neben der produktbezogenen Absatzwerbung auch günstige Möglichkeiten, den Aufbau, die Erhaltung und die Pflege eines positiven Erscheinungsbildes eines Staates im Ausland zu sichern und zu versuchen, durch eine dynamische Imagepolitik und ihre ausstellungsmäßige Darstellung die Meinung und das Verhalten einer ausländischen Öffentlichkeit günstig zu beeinflussen.

Daher stellen Weltausstellungen für Staaten und internationale Organisationen eine gute Möglichkeit einer diesbezüglichen Öffentlichkeitsarbeit und Good-Will-Werbung dar und haben sich insgesamt auch als Instrumente des internationalen Marketings gut bewährt.

1. Weltausstellungen

Eine Weltausstellung ist eine Veranstaltung, deren Hauptziel, ohne Rücksicht auf ihre Benennung, die Unterrichtung des Publikums ist, in dem sie einen Überblick über die Mittel gibt, über die der Mensch zur Befriedigung der Bedürfnisse einer Zivilisation verfügt, und in einem oder mehreren Zweigen der menschlichen Tätigkeit die erzielten Fortschritte oder die Zukunftsaussichten aufzeigt. Die Ausstellung ist international, wenn mehr als 1 Staat daran teilnimmt. Die Teilnehmer an einer internationalen Ausstellung sind einerseits die Aussteller der offiziell vertretenen Staaten, die in nationale Abteilungen zusammengefaßt werden, andererseits die internationalen Organisationen oder die Aussteller aus nicht offiziell vertretenen Staaten sowie schließlich jene, die gemäß den Ausstellungsbedingungen befugt sind, eine andere Tätigkeit auszuüben, insbesondere die Konzessionäre.

Dieses Abkommen findet Anwendung auf alle internationalen Ausstellungen mit Ausnahme von Ausstellungen, die weniger als 3 Wochen dauern, Ausstellungen der schönen Künste und Ausstellungen, die hauptsächlich kommerziellen Charakter haben.

Ungeachtet der Bezeichnung, die einer Ausstellung von ihren Veranstaltern gegeben werden könnte, unterscheidet dieses Abkommen zwischen universellen Ausstellungen und Fachausstellungen. Eine Ausstellung ist universell, wenn sie einen Überblick über die in mehreren Zweigen der menschlichen Tätigkeit verwendeten Mittel und erzielten oder zu erzielenden Fortschritte gibt. Eine Ausstellung ist eine Fachausstellung, wenn sie einem einzigen Zweig der menschlichen Tätigkeit, soweit dieser Zweig in der Klassifikation definiert wird, gewidmet ist.

Die folgenden Begriffsbestimmungen basieren auf dem Abkommen über internationale Ausstellungen, abgeschlossen in Paris am 22. November 1928, abgeändert und ergänzt durch die Protokolle vom 10. Mai 1948, 16. November 1966 und 30. November 1972. Die vorhin erwähnte Unterscheidung existiert jedoch gemäß Beschluß der Generalversammlung des B. I. E. vom 31. Mai 1988 nicht mehr. Sie wird hier eben dennoch aufgeführt, weil sie für das Verständnis nützlich ist.

2. Geschichte der Weltausstellungen

Als die Vorläufer der Weltausstellungen können die Industrie- und Gewerbeausstellungen des Mittelalters betrachtet werden. Umfassende Leistungsschauen der Innungen und Zünfte und die Entwicklung bedeutender Handelsplätze zu zentralen Messeplätzen förderten diese Entwicklung.

Die 1798 in Paris auf dem Marsfeld abgehaltene „Première Exposition de Produits de l'Industrie Francaise" stellte die erste große und richtungsweisende Industrieausstellung in der zweiten Hälfte des 18. Jahrhunderts dar und wies die für Weltausstellungen typischen Merkmale auf. Ihr folgten in der ersten Hälfte des 19. Jahrhunderts in vielen Städten Europas nationale Industrieausstellungen wie z. B. 1835 in Wien die große „Industrie- und Produktausstellung". Bei all diesen Veranstaltungen waren jedoch ausländische Aussteller noch nicht zugelassen, die Zeit für einen internationalen Leistungsvergleich also noch nicht reif.

In der Mitte des 19. Jahrhunderts gelang dann der Durchbruch zur Internationalität und Universalität. 1851 fand in London „Die große Ausstellung der Industriearbeiten aller Nationen" statt, die allgemein als die erste Weltausstellung gilt. Sie symbolisierte den wirtschafts- und kulturpolitischen Fortschritt und setzte neue Dimensionen in der gesamten internationalen Ausstellungsstrategie.

Bei den folgenden Ausstellungen war die Ausstellungsthematik stark wirtschaftlich orientiert und anläßlich der Weltausstellung in Paris 1855 wurde beschlossen, in regelmäßigen Abständen von 5 Jahren in den großen Reichsstädten Europas Weltausstellungen durchzuführen.

Von den bedeutenderen Weltausstellungen in diesem Jahrhundert seien jene von London 1862, Paris 1867 und 1878 sowie 1889 anläßlich des 100. Jahrestages der Französischen Revolution, Wien 1873, Philadelphia 1876 anläßlich des 100. Jahrestages der Unabhängigkeitserklärung und Chicago 1893 anläßlich der 400. Wiederkehr der Entdeckung Amerikas durch Christoph Kolumbus erwähnt. Auch australische Städte traten 3 x als Veranstalter in Erscheinung.

Zur Feier der Jahrhundertwende fand 1900 in Paris wiederum eine Weltausstellung statt, die sich im besonderen durch eine hohe Besucherfrequenz auszeichnete. Die bekannten politischen und wirtschaftlichen Probleme dieser Epoche sowie eine zunehmende Konkurrenzierung durch das internationale Messewesen reduzierte zu Beginn des 20. Jahrhunderts die Bedeutung von Weltausstellungen.

Das Jahr 1928 bildete einen wichtigen Meilenstein in der geschichtlichen Entwicklung von Weltausstellungen. Am 22. November 1928 konnte in Paris das erste Abkommen über internationale Ausstellungen verschiedener Staaten unterzeichnet und das Bureau International des Exposition (B.I.E.) mit dem Zweck gegründet werden, die Einhaltung der beschlossenen Vorschriften zu überwachen. Einer der wichtigsten Punkte dieses Abkommens war die Normierung des Begriffes Weltausstellung, denn bis zu diesem Zeitpunkt war nicht genau definiert, nach welchen Kriterien Weltausstellungen beurteilt werden sollen. Dieses Abkommen sah noch die Unterscheidung zwischen universellen Ausstellungen und Fachausstellungen vor. Universelle Ausstellungen widmeten sich mehreren Bereichen des menschlichen Lebens, Fachausstellungen beschränkten sich auf einzelne Gebiete wie z. B. Transport, Energie, Freizeit, Technologie etc.

Die Kriegs- und Nachkriegsereignisse beeinflußten verständlicherweise die Planung und Durchführung von Weltausstellungen. Zwar fanden 1939 und 1940 in New York und gleichzeitig in San Francisco Weltausstellungen statt, die für 1940 in Rom geplante universelle Ausstellung wurde im Hinblick auf die Kriegsereignisse abgesagt. Die erste Weltausstellung nach dem 2. Weltkrieg fand 1958 in Brüssel unter dem aktuellen Motto „Bilanz für eine menschlichere Welt" mit großem Erfolg statt. Es folgten mehrere universelle und Fachweltausstellungen in Europa, Nordamerika, Asien und Australien.

Viele dieser Ausstellungen dokumentierten auch bereits eine moderne Ausstellungsarchitektur und eine fortschrittliche Baugesinnung und viele ihrer Wahrzeichen symbolisieren bis heute die Geschichte der Weltausstellungen. Stellvertretend für viele seien nur erwähnt der Kristallpalast in London 1851, der Industriepalast in London 1855, die Rotunde in Wien 1873, der Eiffelturm in Paris 1889, das Wasserschloß in Paris 1900, das Atomium in Brüssel 1958 oder das Habitat in Montreal 1967.

Die relative Häufigkeit dieser Ausstellungen, die zunehmende Bedeutung des internationalen Messewesens, die neuen Medien der Informations- und Kommunikationspolitik, die Fragen eines angemessenen Verhältnisses von Kosten und Nutzen, eine wachsende Sensibilisierung der Bevölkerung gegenüber Großprojekten und viele andere Überlegungen bewirkten neue Strategien und Kriterien für die Beurteilung von neuen Projekten.

Das B.I.E. war bemüht, neue Vorschläge für eine verbesserte Strukturierung von Weltausstellungen, insbesondere hinsichtlich der Festlegung angemessener Zeitintervalle zwischen den einzelnen Ausstellungen und eine Beseitigung der bisherigen Unterscheidung zwischen universellen und fachspezifischen Weltausstellungen auszuarbeiten. Die Generalversammlung des internationalen Ausstellungsbüros in Paris hat daher am 31. Mai 1988 eine Reihe von Abänderungen der bisherigen Vorschriften und Verfahren beschlossen. Das internationale Ratifizierungsverfahren über dieses neue Reglement ist zwar noch nicht gänzlich abgeschlossen, wird jedoch bereits jetzt bei der Beurteilung von Ausstellungsbewerbungen angewandt.

3. Volkswirtschaftliche Aspekte von Weltausstellungen

Es wäre sicherlich falsch, den Wert oder Unwert von Weltausstellungen ausschließlich nach wirtschaftlichen Faktoren und Ergebnissen bewerten zu wollen, da sowohl für das Veranstaltungsland als auch die Teilnehmer auch andere Erfolgskriterien maßgebend sind.

Die Erfassung von objektiven gesamtwirtschaftlichen Effekten von Veranstaltungen der letzten Jahrzehnte ist überdies äußerst schwierig, da entsprechend aussagefähige Aufzeichnungen nur unvollständig und unsystematisch vorliegen.

Trotz dieser Einschränkung kann davon ausgegangen werden, daß Weltausstellungen für das Veranstalterland – neben beachtlichen Prestige- und Imagegewinnen – eine Verbesserung der Leistungsbilanz durch Tourismus und Warenexporte und für den Veranstaltungsort und die angrenzenden Regionen auch beachtliche Wachstums- und Modernisierungsschübe bringen, die insbesondere durch eine wesentliche Verbesserung der lokalen Infrastruktur auch mittelfristig positiv bewertet werden können.

So entstehen verschiedene ausstellungsbedingte Ausgabenströme für Güter und Dienstleistungen durch Ausgaben der öffentlichen Hand (Planung, Verwaltung und Organisation in der Vorbereitungsphase, Marketing und Werbung, Infrastruktur- und Errichtungsinvestitionen inklusive Beschaffung und Erschließung von Grundstücken, Betrieb der Weltausstellung, Ausgaben der Besucher, insbesondere durch Inanspruchnahme der touristischen Dienstleistungen, Investitionen im Gastronomie- und Handelsbereich, Mieten-, Sponsorgelder, Lizenzen, TV-Rechte etc.).

Neben den Aufwendungen der öffentlichen Hand fallen auch eine Unzahl von privaten Investitionen und Ausgaben ins Gewicht.

Die durch eine Weltausstellung verursachte große Investitionstätigkeit insbesondere im Hoch-, Tief-, Straßen- und Verkehrsbereich bewirkt in Bezug auf Wertschöpfung, Beschäftigung und Steueraufkommen und insbesondere durch die Erfassung eines sehr großen touristischen Nachfragevolumens einen beachtlichen gesamtwirtschaftlichen Nutzen.

Diesen positiven Effekten stehen jedoch bei der Vorbereitung und Durchführung derartiger Großprojekte eine Reihe von Komponenten gegenüber, die insbesondere in letzter Zeit verstärkt artikuliert werden.

Erwähnt wird beispielsweise die befürchtete Verschlechterung der Umweltqualität (Zerstörung natürlicher Lebensräume, Lärmbelästigung, Luftverschmutzung), die temporäre Verschlechterung von Lebensbedingungen (Verkehrsstaus, unzureichende Parkplätze, überfüllte Restaurants, Erhöhung von Mietpreisen) sowie insgesamt eine ungünstige Entwicklung der Lebenshaltungskosten, der Grundpreise und der öffentlichen Sicherheit.

Eine positive Gesamtbewertung aus volkswirtschaftlicher Sicht erfordert jedoch von den Veranstaltern die zeitgerechte Vorlage möglichst privatwirtschaftlich orientierter Organisations- und Finanzierungskonzepte, die Integration in die Planungen der jeweiligen Stadtentwicklung, die Gewährleistung einer effizienten Nachnutzung der geschaffenen Anlagen und Einrichtungen und eine aktuelle Themengestaltung.

Da die Attraktivität von Weltausstellungen jedoch in erster Linie von einer großen internationalen Beteiligung abhängt, sollten Veranstalter und beschlußfassende Instanzen insbesondere bemüht sein, den ausländischen Teilnehmern günstige und attraktive Bedingungen anzubieten und ein vertretbares Kosten-Nutzen-Verhältnis im Hinblick auf die hohen Investitionserfordernisse der ausländischen Teilnehmer zu sichern.

4. Reglement des Bureaus International des Expositions (B.I.E.)

Die fortschreitende Entwicklung des internationalen Ausstellungswesens und vielfältige Erfahrungen bei den bisherigen Weltausstellungen ließ es dringend erforderlich erscheinen, die generellen Rahmenbedingungen für diese Veranstaltungen auf internationaler Ebene neu festzulegen. Nach mehreren fehlgeschlagenen Versuchen, ist es dann zu Beginn der 20er Jahre gelungen, Änderungen zu erreichen und am 22. November 1928 unterzeichneten in Paris die Vertreter von 31 Staaten das erste Abkommen, das die Organisation und Durchführung von internationalen Ausstellungen regelte.

Gleichzeitig wurde das B.I.E. mit dem Ziele geschaffen, die Einhaltung des Abkommens und seiner Vorschriften zu überwachen und vorliegende Bewerbungen nach objektiven Kriterien zu beurteilen und zu bewerten.

Das Abkommen vom 22. November 1928, abgeändert und ergänzt durch die Protokolle vom 10. Mai 1948, vom 16. November 1966 und vom 30. November 1972, sowie die Abänderung vom 24. Juni 1982 sah bekanntlich die Unterscheidung zwischen einer universellen Ausstellung und einer Fachausstellung vor. Der im deutschen Sprachgebrauch übliche Begriff einer Weltausstellung erscheint im Originalprotokoll dieser Abkommen nicht. Auf die inhaltliche Differenzierung der beiden obengenannten Varianten wurde bereits verwiesen. Eine weitere Unterscheidung bestand darin, daß bei universellen Weltausstellungen alle teilnehmenden ausländischen Regierungen ihre Pavillons auf eigene Kosten errichten mußten. Begrenzte Ausnahmen gab es nur bei Ländern oder Staatengemeinschaften, die sich eigene Pavillons nicht leisten konnten. Bei Fachausstellungen oblag die Errichtung der Baulichkeiten hingegen dem Veranstalter.

Die Entscheidung, ob eine Ausstellung als universell oder fachspezifisch eingestuft wird, trifft die Generalversammlung des B.I.E. nach vorheriger Prüfung durch den Exekutivausschuß. Teilnehmer sind die Aussteller der offiziell vertretenen Staaten, internationale Organisationen, Aussteller aus nicht offiziell vertretenen Staaten und Konzessionäre. Ausstellungen, die weniger als 3 Wochen dauern, sowie Ausstellungen der schönen Künste und Ausstellungen mit hauptsächlich kommerziellem Charakter waren von diesem Abkommen ausgeschlossen.

Die Zeitfolge der im *früheren* Reglement festgelegten Ausstellungen war wie folgt geregelt:
– Im selben Staat mußte zwischen 2 universellen Ausstellungen ein Mindestabstand von 20 Jahren liegen, zwischen einer universellen und einer Fachausstellung war ein Mindestabstand von 5 Jahren zu bachten.

- Im selben Staat mußte zwischen gleichartigen Fachausstellungen ein Mindestzeitabstand von 10 Jahren liegen. Zwischen zwei Fachausstellungen verschiedener Art war ein Mindestabstand von 5 Jahren vorgeschrieben.
- In verschiedenen Staaten mußte zwischen 2 gleichartigen Fachausstellungen ein Mindestzeitabstand von 5 Jahren liegen. Der Mindestabstand zwischen zwei Fachausstellungen verschiedener Art war mit zwei Jahren vorgegeben.

Unklare Begriffsbestimmungen, die Genehmigung von Alternativszenarien, ein Überhandnehmen von Angeboten und die Nichtbeachtung der Richtlinien über die Zeitintervalle ließen eine Überarbeitung des B.I.E.-Reglements dringend notwendig erscheinen. Die B.I.E.-Generalversammlung hat in ihrer Sitzung vom 31. Mai 1988 eine Reihe wichtiger Änderungen beschlossen, das Ratifizierungsverfahren ist zwar noch nicht gänzlich abgeschlossen, das neue Reglement wird jedoch bereits jetzt berücksichtigt. Dementsprechend ist *künftig* folgende Regelung verbindlich:

- Internationale Ausstellungen, die folgende Eigenschaften aufweisen, können seitens des B.I.E. eingetragen bzw. *registriert* werden:
  - Internationale Ausstellungen, die einen Zeitraum von 6 Wochen nicht unterschreiten und einen solchen von 6 Monaten nicht überschreiten
  - Der Abstand zwischen zwei derartigen Ausstellungen muß mindestens 5 Jahre betragen. Übergangsregelungen sind möglich.
  - Die Gebühr für die von den Teilnehmerländern verwendeten Ausstellungsgebäude wird in der allgemeinen Ausstellungsregelung festgelegt.
- Internationale Ausstellungen, die folgende Eigenschaften aufweisen, können seitens des B.I.E. *anerkannt* werden:
  - Internationale Ausstellungen, die einen Zeitraum von 3 Wochen nicht unterschreiten und einen solchen von 3 Monaten nicht überschreiten.
  - Zwischen zwei eingetragenen Ausstellungen kann nur eine anerkannte, im Laufe ein und desselben Jahres kann nur eine eingetragene oder anerkannte Ausstellung stattfinden.
  - Diese Ausstellungen müssen ein genau definiertes Thema präsentieren und die gesamte Ausstellungsfläche darf 25 Hektar nicht überschreiten.
  - Den teilnehmenden Ländern müssen Anlagen zur Verfügung gestellt werden, die vom Veranstalter errichtet wurden und frei von Mieten, Gebühren, Steuern oder sonstigen Kosten sind.

Die neue Konvention billigt dem B.I.E. auch die Anerkennungsmöglichkeit für Ausstellungen dekorativer Kunst und moderner Kunst der Triennale in Mailand sowie unter gewissen Bedingungen auch von Gartenbauausstellungen zu.

Gemäß dem B.I.E.-Reglement wird das Veranstalterland durch den Generalbevollmächtigten der Regierung des Gastlandes und der teilnehmende Staat durch den Generalbevollmächtigten seiner Regierung repräsentiert. Die Organisatoren von eingetragenen bzw. registrierten Ausstellungen haben den ausländischen Teilnehmern eine entsprechende Landfläche zur freien Verfügung zu stellen. Die Teilnehmer ihrerseits müssen sich verpflichten, unter Beachtung der örtlichen Bauvorschriften auf dieser Grundparzelle auf eigene Kosten einen Pavillon zu errichten. Die Organisatoren von anerkannten Ausstellungen haben den ausländischen Teilnehmern die notwendigen Baulichkeiten unentgeltlich zur Verfügung zu stellen. Die näheren Konditionen werden in den jeweiligen Teilnahmeverträgen festgelegt.

Dem internationalen Ausstellungsbüro in Paris gehören mit Stand per Ende 1991 41 Mitgliedsländer an. Nach dem erfolgten Zuschlag einer Ausstellungsbewerbung eines Staates durch die Generalversammlung des B.I.E. werden die genauen Rahmenbedingungen und Konditionen für die Teilnahme vertragsmäßig genau festgelegt. Diese Verträge enthalten detaillierte Hinweise über die Ausstellungsthematik, das Ausstellungsgelände, die Dauer der Ausstellung, die Verwaltungsorganisation, die Beziehungen des Veranstalters zum B.I.E., die allgemeinen Bedingungen für offizielle Teilnehmer sowie kommerzielle Aktivitäten, Hinweise auf allgemeine Dienstleistungen wie z. B. Zoll und Versicherungen, Sicherheitsbestimmungen, urheberrechtliche Bedingungen etc.

5. Vorschau auf Weltausstellungen

Die Generalversammlung des B.I.E. hat sich in den letzten Sitzungen auch mit einer Reihe von Vorschlägen für kommende Weltausstellungsprojekte befaßt. Auf Grund der entsprechenden Beschlüsse dürften im Laufe der nächsten Jahre folgende Projekte zur Durchführung gelangen:

Jahr	Ort/Land	Titel/Motto
1993 (7.8.–7.11.)	Taejon/Korea	Die Herausforderung neuer Entwicklungsmöglichkeiten
1996 (11.5–4.10.)	Budapest/Ungarn	Wege in die Zukunft durch friedliche Kommunikation
2000 (1.6.–31.10.)	Hannover/Deutschland	Der Mensch, die Natur und die Technologie

Neben den obengenannten, bereits registrierten Weltausstellungen liegen beim B.I.E. derzeit noch 2 Bewerbungen zur Durchführung von Ausstellungsprojekten im Jahre 1998 in Toronto/Kanada und Lissabon/Portugal vor.

6. Chronologie der Weltausstellungen

Jahr	Ort/Land	Titel / Motto (Anlaß)	Besucher (in Mio.)	Fläche (in ha)	Beteiligte Staaten
1851	London/England	Great Exhibition of the Works of Industry of all Nations	6	8	14
1853	Dublin/Irland	Great Industrial Exhibition	1,2	2	–
1853/54	New York/USA	World's Fair of the Works of Industry of all Nations	1,2	2,5	–
1855	Paris/Frankreich	Exposition Universelle	5,2	16	24
1862	London/England	International/Industrial Exhibition	6,2	18	28
1865	Dublin/Irland	International Exhibition of Arts and Manufactures	0,9	5	–
1867	Paris/Frankreich	Exposition Universelle	6,8	41	35
1871	London/England	London International Exhibition	1,1	5	–
1872	London/England	Second Annual International Exhibition	0,6	2,5	–
1873	London/England	Third Annual International Exhibition	0,5	2,5	–
1873	Wien/Österreich-Ungarn	Weltausstellung Wirtschaft und Kultur	7,3	250	42
1874	London/England	Fourth Annual International Exhibition	–	2,5	–
1876	Philadelphia/USA	Centennial Exposition (100-Jahr-Feier der Unabhängigkeitserklärung der USA)	10	30	30
1878	Paris/Frankreich	Exposition Universelle	16	22	52
1879/80	Sydney/Australien	Sydney International Exhibition	1,1	6	–
1880/81	Melbourne/Australien	Melbourne International Exhibition	1,3	25	–
1883	Amsterdam/Niederlande	Internationale Koloniaale en Uitvoerhandel-Tentoonstelling te Amsterdam	–	25	–
1884/85	New Orleans/USA	World's Industrial and Cotton Centennial Exhibition	3,5	30	–
1885	Antwerpen/Belgien	Exposition Universelle d'Anvers	2,5	22	–
1888	Barcelona/Spanien	Exposicion Universal de Barcelona	1,2	45	–
1888	Brüssel/Belgien	Grand Concours International des Sciences et de l'Industrie	–	88	–
1888	Glasgow/Schottland	International Exhibition	5,7	6,5	–
1888/89	Melbourne/Australien	Centennial International Exhibition (100 Jahre Gründung der britischen Strafkolonie Sydney)	2	8,8	–
1889	Paris/Frankreich	Exposition Universelle (100-Jahr-Feier der Französischen Revolution)	32,3	21	55
1893	Chicago/USA	World's Columbian Exposition (400-Jahr-Feier der Entdeckung Amerikas)	21,5	80	–
1894	San Francisco/USA	California Midwinter International Exposition/Fair	1,3	65	–
1894	Antwerpen/Belgien	Exposition Internationale d'Anvers	3	60	–
1897	Brüssel/Belgien	Exposition Internationale	6	132	–
1900	Paris/Frankreich	Exposition Universelle Internationale (Feier der Jahrhundertwende)	51	46	83
1901	Glasgow/Schottland	Glasgow International Exhibition	11,6	40	–
1904	St. Louis/USA	Louisiana Purchase Exposition (100-Jahr-Feier der Erwerbung des Louisiana-Territorium von Frankreich zur räumlichen Ausdehnung der Vereinigten Staaten)	19,7	120	–
1905	Lüttich/Belgien	Exposition Universelle Internationale	6,1	70	39
1906	Mailand/Italien	Esposizione Internazionale (Eröffnung des Simplon-Tunnels)	7	60	–
1910	Brüssel/Belgien	Esposition Universelle et Internationale	13	90	24
1911	Turin/Italien	Esposizione Internazionale delle Industrie e del Lavoro (gemeinsam mit Rom: 50-Jahr-Feier der Proklamation des Königsreichs Italien)	4	100	–

Jahr	Ort/Land	Titel / Motto (Anlaß)	Besucher (in Mio.)	Fläche (in ha)	Beteiligte Staaten
1911	Rom/Italien	Esposizione Internazionale di Roma: Mostra Internazionale di Belle Arti (s. o.)	–	–	–
1913	Gent/Belgien	Exposition Universelle et Industrielle	11	125	–
1915	San Francisco/USA	Panama-Pacific Exposition (Eröffnung des Panamakanals)	19	255	–
1926	Philadelphia/USA	Sesqui-Centennial Exposition (150-Jahr-Feier der Unabhängigkeitserklärung der USA)	6,4	110	–
1929	Barcelona/Spanien	Exposicion Internacional de Barcelona	–	111	–
1930	Antwerpen/Belgien	Exposition Internationale Coloniale, Maritime et d'Art Flamand (gemeinsam mit Lüttich: 100-Jahr-Feier der nationalen Unabhängigkeit Belgiens)	–	69	–
1930	Lüttich/Belgien	Exposition Internationale de Liege (s. o.)	–	67	–
1933/34	Chicago/USA	A Century of Progress International Exposition	49	170	–
1935	Brüssel/Belgien	Exposition Universelle et Internationale	20	125	35
1937	Paris/Frankreich	Exposition Internationale des Arts et Techniques dans la Vie Moderne	34	100	–
1939/40	New York/USA	New York World's Fair „The World of Tomorrow" (150 Jahre US-Bundesverfassung und Georg Washington Präsident)	45	490	–
1939/40	San Francisco/USA	Golden Gate International Exposition/World's Fair of the West (Erbauung der Oakland Bay-Brücke)	17	162	–
1958	Brüssel/Belgien	Exposition Universelle et Internationale/Expo '58 „Bilanz einer Welt für eine menschliche Welt" (50 Jahre Belgisch-Kongo)	41,5	200	42
1962	Seattle/USA	Century 21 Exposition „Die Menschheit im Raumzeitalter"	9,6	30	–
1964/65	New York/USA	New York World's Fair „Friede durch Verständigung" (Diese Ausstellung wurde vom B. I. E. nicht anerkannt)	51,6	260	–
1967	Montreal/Kanada	Universal and International Exhibition/Exposition Universelle et Internationale/Expo '67 „Man and His World/Terre des Hommes" (100-Jahr-Feier des Kanadischen Staatenbundes)	50,9	400	62
1968	San Antonio/USA	HemisFair '68 „The Confluence of Civilizations in the Americas"	6,3	37,5	–
1970	Osaka/Japan	Japan World Exposition/Expo '70 „Fortschritt und Harmonie der Menschheit"	64,2	350	–
1974	Spokane/USA	Expo '74 World's Fair „Celebrating Tomorrow's Fresh New Environment"	5,1	40	–
1975	Okinawa/Japan	International Ocean Exhibition „Das Meer und seine Zukunft"	3,5	100	35
1982	Knoxville/USA	International Energy Exposition/The 1982 World's Fair „Energie bewegt die Welt"	11	29	22
1984	New Orleans/USA	World's Fair New Orleans 1984 Louisiana World Exposition „The World of Rivers: Fresh Water as a Source of Life" (Cotton Centennial-Weltausstellung 1884, 100jähriges Jubiläum davon)	7	33	24
1985	Tsukuba/Japan	International Exhibition „Wohnwelt und Umfeld – Wissenschaft und Technik für den Menschen zu Hause"	20,3	102	47
1986	Vancouver/Kanada	Expo '86 „The World in Movement, the World in Communication"	22	68	54
1988	Brisbane/Australien	World Expo 88 „Leisure in the Age of Technology" (200-Jahr-Feier der Gründung Australiens als britische Strafkolonie Sydney)	16	30	52
1992	Sevilla/Spanien	Universelle Weltausstellung „Das Zeitalter der Entdeckungen"	–	215	110

Literatur

DANIELA BIRKLHUBER: „Die wirtschaftsräumlichen Effekte der Expo 1986 in Vancouver im Hinblick auf das gemeinsame Projekt von Wien und Budapest für 1995". Dissertation an der Wiener Wirtschaftsuniversität 1990.

ÖSTERREICHISCHES INSTITUT FÜR WIRTSCHAFTSFORSCHUNG: „Volkswirtschaftliche Aspekte der Weltausstellung 1995", Verfasser Dr. Egon Smeral, November 1988.

„PERSPEKTIVEN" Magazin für Stadtgestaltung und Lebensqualität, Compreß Verlagsges. m. b. H. Wien, Heft 2/3/1989.

WELTAUSSTELLUNG WIEN 1995 – Perspektiven und Planungsvoraussetzungen, Transfer-Verlag Regensburg, Herausgeber Helfried Bauer und Michael Wagner.

Kapitel 9

Verbände im Messewesen

Hans Haupt

Organisationen der Wirtschaft als Partner der Messen: Kammern und Verbände

1. Aufgaben von Kammern und Verbänden

2. Teilnahme an der Messepolitik
    2.1 Messeplätze und Messethemen
        2.1.1 Entscheidungen über Investitionen und Messethemen
        2.1.2 Auslandsmesseförderung des Bundes
    2.2 Kammern als Gutachter
        2.2.1 ... in der Bauleitplanung, Kommunal- und Landespolitik
        2.2.2 ... bei Festsetzungen nach Titel IV der Gewerbeordnung

3. Zusammenarbeit mit den Messegesellschaften
    3.1 Trägerschaft von Veranstaltungen – Direkte Partnerschaft
    3.2 Kammern und Verbände als Aussteller und Messevertretung

4. Weiterbildung im Messewesen
    4.1 Fachkaufmann für Marketing, Außenwirtschaft
        4.1.1 Fachkaufmann für Marketing
        4.1.2 Fachkaufmann für Außenwirtschaft
    4.2 Messeseminare

5. Messen und Ausstellungen als Kommunikationszentren für Unternehmen und Wirtschaftsorganisationen

Literatur

1. Aufgaben von Kammern und Verbänden

Die Teilnahme an der Meinungsbildung zur Wirtschafts- und Rechtspolitik auf Ebene der Europäischen Gemeinschaft, des Bundes, der Bundesländer, der Landkreise und Kommunen aus Wirtschaftssicht sowie Informationen und Beratung der Unternehmen über Gesetze, Verordnungen und eine Fülle betriebswirtschaftlicher Fragen ist die Kernaufgabe der Industrie- und Handelskammern, der Handwerkskammern und der Wirtschaftsverbände einschließlich ihrer Spitzenorganisationen (z. B. DIHT, BDI) auf Bundesebene. Auf Grund ihrer Struktur steht bei den Kammern das gesamtwirtschaftliche Interesse – die Zusammenfassung aller Wirtschaftszweige und Branchen – im Vordergrund, während die Verbände sich stärker am Brancheninteresse orientieren.

Nicht unerwähnt bleiben dürfen hier die deutschen Auslandshandelskammern, die mit ihrer Arbeit die bilateralen Wirtschaftsbeziehungen im Waren- und Dienstleistungsgeschäft sowie bei Auslandsinvestitionen fördern und sich dabei auch der Messegesellschaften annehmen.

In diesem Spektrum ist die Partnerschaft zu den Messegesellschaften angesiedelt, die als Wirtschaftsunternehmen auch Mitglieder der Industrie- und Handelskammern sind, die alle gewerblichen Unternehmen außer Landwirtschaft und Handwerk als Pflichtmitglieder erfassen; den Wirtschaftsverbänden gehören die Messegesellschaften nicht an. Eine Ausnahme machen davon nur der Ausstellungs- und Messe-Ausschuß der Deutschen Wirtschaft (AUMA), in dem auch die Messegesellschaften Mitglied sind, ebenso zwei spezielle „Messebünde", die Interessengemeinschaft Deutscher Fachmessen und Ausstellungsstädte (IDFA) und der Fachverband Messen und Ausstellungen (FAMA). Einige Messegesellschaften sind auch Mitglied bei Auslandshandelskammern.

Grob umrissen ergeben sich folgende Felder der Zusammenarbeit im weitesten Sinne mit den Messegesellschaften für Kammern und Verbände

– Konzeption der Veranstaltungen einschließlich Ausstellungsnomenklatur
– interne und externe Messeinfrastruktur
– Besucher- und Ausstellerwerbung
– Berufsbildung

Umfang und Intensität der Zusammenarbeit in diesen Bereichen sind von Messegesellschaft zu Messegesellschaft und dort wieder von Veranstaltung zu Veranstaltung verschieden. Man kann darin einen Ausdruck der individuellen Gestaltung von Wirtschaftsbeziehungen sehen, sozusagen ein Teil des jeweiligen Markenprodukts Messe.

2. Teilnahme an der Messepolitik

Die Zusammenarbeit zwischen Wirtschaftsorganisationen als Vertreter von Ausstellern und Besuchern und Messegesellschaften liegt in beider Interesse. Diese Notwendigkeit wurde bereits Anfang dieses Jahrhunderts im Kern erkannt, als 1907 die „Ständige Ausstellungskommission der Deutschen Industrie" gegründet wurde. Sie war Vorläufer des Ausstellungs- und Messe-Ausschusses der Deutschen Wirtschaft (AUMA), dem heute die gesamte gewerbliche Wirtschaft über ihre Organisationen einschließlich der Messegesellschaften angehören. Erst mit dieser Zusammenarbeit und organisatorischen Zusammenfassung konnt die Grundlage für das „Konzept Messeplatz Deutschland" – Veranstaltungen in Deutschland als zentrale Messen für die Welt – entwickelt werden, sozusagen als Ergebnis gemeinsamer kooperativer Arbeit vom großen Wurf bis zum Detail in der Tagesarbeit. Teil dieses Konzepts ist auch die Partnerschaft zwischen Wirtschaftsorganisationen und Messegesellschaften.

2.1 Messeplätze und Messethemen

Die Wirtschaft – geschichtlich Handel und Handwerk – schuf Märkte, auch überregionale Märkte in den Städten des Mittelalters und der Neuzeit. Dies waren und sind die Kristallisationspunkte der Messen. So haben seit jeher die produzierende und handelnde Wirtschaft ein Interesse daran, zu beeinflussen, wo was aus ihrer Produktion einschließlich Dienstleistungen angeboten wird, denn der Standort entscheidet maßgeblich mit über den Verkaufserfolg. Dies gilt auch für eine Messe.

Die Wirtschafts- und Messeentwicklung dieses Jahrhunderts hat aus einem Platz des Zusammentreffens von Anbietern und Nachfragern hoch entwickelte Produkte entstehen lassen, sowohl was die Messeplätze selbst als auch die einzelnen Veranstaltungen anbelangt. Das Produkt Messe wurde zu einem Markenartikel, zugeschnitten auf die differenzierte Struktur der Produkte und Dienstleistungen der Industrie und des Handwerks und gleichzeitig bestimmt durch die Nachfrage nach Problemlösungen seitens der Messebesucher. Der Markenartikel Messe steht so seit Jahren vor eigenständigen Absatzfragen, in Konkurrenz mit anderen Messeplätzen, was sich in permanentem Wettbewerbsverhalten der Messegesellschaften untereinander ausdrückt im Rahmen ihrer Investitionspolitik – Verbesserung der Messeinfrastruktur, Erweiterung der Ausstellungskapazitäten – und Gestaltung der Messethemen.

2.1.1 Entscheidungen über Investitionen und Messethemen

In diese unternehmerische Messepolitik der Messegesellschaften ist die ausstellende Wirtschaft engstens eingebunden, denn sie ist direkter Bestandteil dieser Politik. Neue Messethemen, variierte Messethemen betreffen sie unmittelbar bei der Entscheidung über Pro und Contra einer Messebeteiligung; einmal als Kostenfaktor und zum anderen als Teil der eigenen Absatzstrategie: Ist ein neues Messethema nötig, bietet das variierte Messethema die gleichen Absatzchancen (Zahl und Struktur der Fachmessebesucher)? An dieser Stelle kann ein Interessenkonflikt zwischen den Unternehmenszielen der Messegesellschaften und der ausstellenden Wirtschaft (teilweise auch der messebesuchenden Wirtschaft) entstehen.

Der Aussteller sucht aus absatzstrategischen Gesichtspunkten die hochkarätige Messe und ist aus Kostengesichtspunkten an möglichst wenigen dieser Art interessiert. Dieses Grundprinzip könnte zu gemeinsamen (abgesprochenen) Verhaltensweisen über Verbandsempfehlungen führen. Hier wird der schmale Grat zur Kartellrelevanz beschritten, ist aber langfristig nicht sehr praxisrelevant, denn gute Produkte (Messen) setzen sich durch. Im Maschinenbau gibt es allerdings eine kartellrechtlich auf EG-Ebene abgesegnete Beteiligungsregelung für die EMO, die Ausstellern im EMO-Jahr die Teilnahme an vergleichbaren Branchenveranstaltungen untersagt (Marcinski, 1991). Daneben existieren in den Verbänden messepolitische Leitlinien als Orientierungshilfe für die Mitgliedsunternehmen.

Über die Akzeptanz neuer oder veränderter Produkte entscheidet der Markt. Je mehr Transparenz dort herrscht, desto besser funktioniert er, und hier liegt eine Aufgabe der Wirtschaftsorganisationen, mit Messegesellschaften und ausstellender Wirtschaft, behutsam die unternehmerische Politik der Messegesellschaften zu erörtern. Dazu gibt es vielfältige Instrumente:

– Bilaterale Gespräche zwischen den betroffenen Verbänden und den Messegesellschaften
– Erörterungen in den einzelnen Messebeiräten
– Mitarbeit der Kammern und Verbände in den Aufsichtsräten der Messegesellschaften
– Einschaltung der Verfahrensordnung des AUMA.

Die internationale wirtschaftliche Verflechtung, die Weiterentwicklung des europäischen Binnenmarktes, die wirtschaftliche Einbindung der mittel- und osteuropäischen Staaten stellen permanent neue Anforderungen an das produzierende Gewerbe, damit an deren Produktpolitik und Marketingstrategie und machen eine permanente Überprüfung der Messethemen und Messeplätze nötig. Gleichzeitig sind diese gesamtwirtschaftlichen Entwicklungen mit einem Ausbau des internationalen Messewesens verbunden; darauf müssen die deutschen Messegesellschaften reagieren. Auch hier liegt eine besondere Aufgabe für die partnerschaftliche Zusammenarbeit, z. B. in der ganz wichtigen Frage: Sollen Messeveranstaltungen im Rahmen des internationalen Messewettbewerbs auch exportiert werden, sozusagen wie jeder andere Markenartikel auch? Hier kollidieren Ziele der Messegesellschaften – Erhaltung und Ausbau internationaler Marktanteile am Messegeschäft – mit dem Wunsch deutscher Aussteller nach der Messe ihrer Branche vor der „eigenen Haustür", was viele Vorteile hat.

Grundsätzlich ist die Grenze der messebezogenen Arbeit der Wirtschaftsorganisationen dort zu suchen, wo der Verband zum „Messeverhinderungsverein" würde (Böttcher, 1989). Allerdings ist jeder Veranstalter gut beraten, die Realisierungschancen eines neuen Messethemas mit den Branchenorganisationen vorher zu erörtern. Dies erspart beiden Seiten Enttäuschungen und unnötige Kosten. Das gleiche gilt aber auch für die Überprüfung der Konzepte bestehender Veranstaltungen. Die neuere deutsche Messegeschichte gibt viele Beispiele für derartige Veränderungen, u. a. die Abspaltung von der Hannover-Messe für die Hausgeräte zur DOMOTECHNICA, die Unterhaltungselektronik zur Funk-Ausstellung, die Bauelemente zur Electronica, die Ausgliederung des Themas Bodenbeläge aus Frankfurt's Heim- und Haustextilien-Messe in die Domotex in Hannover, die Aufspaltung der Frankfurter Frühjahrsmesse in Premiere und Ambiente und der Hannover-Messe in CeBIT und Industriemesse. Daneben steht die Absage einer Fülle neuer Messethemen, von denen nach eingehender Erörterung mit den Wirtschaftsorganisationen im Rahmen des AUMA abgeraten und die deshalb sofort oder spätestens nach der ersten Durchführung abgesagt wurden.

2.1.2 Auslandsmesseförderung des Bundes

Die Bundesrepublik Deutschland fördert die Teilnahme deutscher Aussteller an ausländischen Messen. Die Geldmittel werden zur generellen Verbilligung der Teilnahme an deutschen Gemeinschaftsausstellungen eingesetzt. Es gibt also keine finanzielle Einzelförderung. Die Entscheidung darüber, welche ausländischen Messen in das Förderprogramm einbezogen werden, erfolgt durch das Bundesministerium für Wirtschaft in engster Abstimmung mit dem AUMA und den Wirtschaftsorganisationen.

Über 100 Beteiligungen dieser Art sind jedes Jahr weltweit durchzuführen. Damit sind spezielle Messedurchführungsgesellschaften betraut, heute überwiegend Tochtergesellschaften der großen deutschen Messegesellschaften. Verbände und Durchführungsgesellschaften erarbeiten gemeinsam alle Details für die Gemeinschaftsbeteiligung und sind auch gemeinsam vor Ort während der Messe tätig. Dazu gehört auch ein Informationsstand, der von Vertretern der jeweiligen Verbände, der Durchführungsgesellschaft und je nach Messethema und Beteiligungsgröße auch der Kammern betreut wird.

Die deutschen Auslandshandelskammern sind ebenfalls in die Betreuung und Durchführung deutscher Gemeinschaftsbeteiligungen eingeschaltet (Besucherwerbung für die Veranstaltung vor Ort, Verhandlungen mit den örtlichen Messegesellschaften und Regierungsstellen, Betreuung von Sonderveranstaltungen, z. B. „Deutscher Tag").

Diese Aufgaben nehmen einen besonderen Umfang an bei der Durchführung einer TECHNOGERMA, eine in mehrjährigen Abständen stattfindende deutsche Industrieausstellung im Ausland, vornehmlich in Schwellenländern (in der Industrialisierung befindliche Entwicklungsländer).

2.2 Kammern als Gutachter

In mehreren Bereichen werden die Kammern als Vertreter öffentlicher Belange gehört, wenn es um wirtschaftliche Anliegen der Messegesellschaften geht.

2.2.1 ... in der Bauleitplanung, Kommunal- und Landespolitik

Standortfragen sind Grundsatzfragen der Unternehmenspolitik und Bestandteil des jeweiligen Messekonzepts, insbesondere bei Messegesellschaften, wo auch die Größe und Ausstattung des Messegeländes als ein entscheidender Faktor die Qualität des jeweiligen Messeproduktes mitbestimmen.

Bei der Aufstellung der Flächennutzungspläne und der Bebauungspläne in den Gemeinden werden die Kammern im Rahmen der Wahrnehmung öffentlicher Belange gehört (Baugesetzbuch, Baunutzungsverordnung, Verwaltungserlasse der Länder) und nehmen gegenüber Kommunen und Regierungspräsidien gutachtlich Stellung. Es geht dabei um die Bewertung von Bauprojekten der Messegesellschaften, den Erfordernissen der Städtebaupolitik und den Zielen der Raumordnung und Landesplanung.

Die jeweilige Kammer ist durch vertrauensvolle Zusammenarbeit mit den Messegesellschaften in den verschiedensten Messegremien über die mit den einzelnen Bauprojekten verbundenen messewirtschaftlichen Zielen bestens vertraut, was ihre Arbeit im Rahmen der Bauleitplanung erheblich erleichtert.

Dazu gehört nicht nur die jeweils projektbezogene Aufgabe in der Bauleitplanung und bei Raumordnungsverfahren, sondern genauso auch die Möglichkeit, messewirtschaftliche Aspekte auf kommunal- und landespolitischer Ebene einzubringen, wenn generelle Fragen der Stadt- und Landesentwicklungsplanung, der Verkehrsplanung (Straßen-, Bahn- und Luftverkehr) oder in der Bauleitplanung z. B. Hotelprojekte anstehen. Auch messewirtschaftliche Belange werden so in den gesamtwirtschaftlichen Abwägungsprozeß mit eingebracht.

So wird auch die Messe nicht nur als Wirtschaftsfaktor für Aussteller und Fachbesucher gesehen, sondern ebenso als Teil dessen, was den gesamten Attraktivitätsgrad einer Stadt und ihres unmittelbaren räumlichen Umfeldes ausmacht (Tietz, 1991). Gute Messen und Ausstellungen heben die städtische Attraktivität, beleben von daher den gesamten Dienstleistungsbereich und können erfolgreich in ein Stadtmarketing einbezogen werden, woran Kammern und regionale Verbände des Handels- und Dienstleistungsgewerbes meist intensiv mitarbeiten. Gute Messen und Ausstellungen bringen ebenso Kunden in die Stadt wie auch eine gut vermarktete Stadt zusätzlich Messebesucher.

2.2.2 ... bei Festsetzungen nach Titel IV der Gewerbeordnung

Im Titel IV der Gewerbeordnung sind die Voraussetzungen festgelegt, nach denen Messen, Ausstellungen und Märkte festgesetzt werden können. Grundsätzlich sind Marktveranstaltungen in Deutschland nicht reglementiert. Messen, Ausstellungen und Märkte finden jedoch oft auch an Sonn- und Feiertagen statt, manches Mal bis in die Abendstunden. Zu diesen Zeiten gibt es einige wichtige Beschränkungen für wirtschaftliche Betätigungen – z. B. Arbeitsverbote, Öffnungsverbote –, von denen Ausnahmegenehmigungen erteilt werden müssen. Diese sogenannten Marktprivilegien werden in einem behördlichen Festsetzungsverfahren (§§ 64 ff. Gewerbeordnung) erteilt, im Rahmen dessen die Kammern gutachtlich gehört werden (Meyer-Hentschel). Die Kammern haben dabei auch die Aufgabe übernommen, die betroffenen Verbände einzubeziehen (Verwaltungsvorschrift zu Titel IV Gewerbeordnung); auch der AUMA nimmt an diesem Verfahren teil.

Bei den etablierten Veranstaltungen internationaler, nationaler und auch regionaler Art bringt das Festsetzungsverfahren keine Probleme. Anders ist dies jedoch bei vielen Veranstaltungen, die als Ausstellungen (§ 65 Gewerbeordnung) oder Spezialmärkte (§ 68 Gewerbeordnung) festgesetzt werden sollen, aber nichts anderes darstellen als reine Verkaufsveranstaltungen an den Letztverbraucher unter Umgehung des Ladenschlußgesetzes, des Arbeitsverbots an Sonn- und Feiertagen und anderer gesetzlicher Regelungen. Für derartige Veranstaltungen ist die Gewährung der Marktprivilegien ebenso wenig gedacht wie für Messen und Ausstellungen, die weder das repräsentative Angebot eines oder mehrerer Wirtschaftszweige oder einer Wirtschaftsregion bieten. Hier hat die Kammer diffizile

Bewertungen vorzunehmen und mit dazu beizutragen, ein attraktives Messe-, Ausstellungs- und Marktwesen sichern zu helfen, also eine gesamtwirtschaftlich orientierte Marketingaufgabe wahrzunehmen, die auch mit den Unternehmenszielen von Messe- und Marktveranstaltern kollidieren kann. Dieser Problembereich spielt beim Aufbau eines Messe-, Ausstellungs- und Marktwesens in den neuen Bundesländern eine besondere Rolle.

3. Zusammenarbeit mit den Messegesellschaften

Bestimmte Formen der Zusammenarbeit bedürfen der weiteren Darstellung, weil sie die Partnerschaft mit den Messegesellschaften, die Verwobenheit zwischen Messegesellschaft und Wirtschaftsorganisationen besonders dokumentieren.

3.1 Trägerschaft von Veranstaltungen – Direkte Partnerschaft

In Deutschland gibt es grundsätzlich drei Formen der Trägerschaft für Messen und Ausstellungen:

- Messen und Ausstellungen als alleiniges Projekt der Messegesellschaft, entweder auf eigenem oder gemietetem Gelände
- Messen und Ausstellungen in gemischter Trägerschaft, wobei hier verschiedenste Formen auch der wirtschaftlichen Mitverantwortung der Verbände anzutreffen sind, bis hin zu lediglich ideeller Trägerschaft
- Messen und Ausstellungen als Projekt einer oder mehrerer Branchen (Verbandsprojekt); die Messegesellschaft vermietet nur das Gelände (z. B. Internationale Automobil-Ausstellung, Buchmesse in Frankfurt).

Die ersten beiden Formen sind das Feld engster Zusammenarbeit zwischen Messegesellschaften und Verbänden. Es kommt hier im Kern darauf an, das Messekonzept der Messegesellschaft mit den Marketingkonzepten der Aussteller weitestgehend deckungsgleich zu bekommen und dabei die Ziele der Fachmessebesucher voll einzubeziehen, denn davon hängt der langfristige Erfolg jeder Messe ab. Ausstellungsnomenklatur, ergänzende Kongreß- und Seminarveranstaltungen, Messetermine und Veranstaltungsturnus, Öffnungszeiten, Zusammenfassungen von Messedetailthemen zu Fachmessen in der Messe, Besucherakquisition, Standplazierung, Stand- und Eintrittskosten sind Fragen, die nicht nur bei einer Messeneukonzeption mit allen betroffenen Wirtschaftskreisen in ihren Verbänden erörtert werden müssen, sondern die einer permanenten, kritisch konstruktiven Erörterung bedürfen. Ein wichtiges Gremium dafür sind die Messebeiräte/Ausstellerbeiräte, in denen Aussteller, Besucher, Kammern und Verbände vertreten sind. Der Grad der Internationalität einer Veranstaltung sollte dabei der Maßstab dafür sein, ob auch ausländische Firmenvertreter einbezogen werden. Je intensiver die Messegesellschaft dieses Instrument nutzt, desto genauer und zeitnaher gestaltet sich die Prüfung des Messekonzepts.

3.2 Kammern und Verbände als Aussteller und Messevertretung

Das Dienstleistungs- und Informationsangebot auf Messen und Ausstellungen hat seit langem neben der Warenpräsentation einen eigenen Wert bekommen. Auf allen Messen und Ausstellungen sind daher heute auch Kammern und Verbände mit eigenen Ständen vertreten, um sowohl Fachbesucher als auch Aussteller in Wirtschafts- und Rechtsfragen sowie bei technischen Problemen zu beraten. Der sogenannte Know-how-Transfer steht dabei ebenso im Mittelpunkt wie die Information über Absatzwege, den Nachweis von Geschäftspartnern und die Vermittlung von Kooperationspartnern. Dies gilt insbesondere gegenüber ausländischen Fachbesuchern und ausländischen mittelständischen Ausstellern. Die Qualität der Kammer- und Verbandsarbeit auf Messen und Ausstellungen bestimmt so die Qualität dieser Veranstaltungen und die Realisierung des Messekonzepts und der Marketingkonzepte der Aussteller mit. Dieses gesamte Spektrum der Messe-Informationsarbeit wird nicht nur bei Messen erfüllt, sondern gehört genauso zur Tagesarbeit von Kammern und Verbänden bis hin zu generellen Messe-Informationsseminaren, die ganz praktische Messefragen behandeln.

Der hohe Grad der Internationalität deutscher Messen und Ausstellungen – 20 % der Besucher und 42 % der Aussteller sind Ausländer – erfordert hohe Akquisitionsanstrengungen im Ausland; bei bisher nur 3 % Besuchern aus Übersee liegt in der Besucherwerbung noch ein besonderes Teilproblem. Diese Diskrepanz muß auch aus messepolitischen Gründen vermindert werden, wenn auch künftig das Konzept – „Messeplatz Deutschland – Deutsche Messen sind zentrale Messen für die Welt" Bestand haben und ihre Angebotsfunktion für ausländische Hersteller gleichrangig neben der Exportmarketingfunktion für deutsche Aussteller stehen soll.

Darin liegt eine schwierige Marketingaufgabe, der sich die deutschen Auslandshandelskammern als Vertretungen deutscher Messegesellschaften im Ausland angenommen haben. Sie betreiben im Rahmen besonderer vertraglicher Vereinbarungen sowohl Besucher- als auch Ausstellerakquisition und führen die Besucherbetreuung durch Vermittlung weiterer Dienstleistungen wie Flug und Unterkunft bis vor Ort in Deutschland durch. Dazu zählt auch der Verkauf von Eintrittskarten und Messekatalogen, was auch im Inland von Kammern und Verbänden betrieben wird.

4. Weiterbildung im Messewesen

Gute Mitarbeiter sind für ein Dienstleistungsunternehmen wie die Messegesellschaften wichtiges Kapital. Die Vielfalt der notwendigen Experten im Messewesen hat noch keinen speziellen Ausbildungsberuf entstehen lassen. Es gibt aber spezielle Formen der Weiterbildung, die von den Industrie- und Handelskammern angeboten und besonders auch im Messegeschäft eingesetzt werden können: der Fachkaufmann für Marketing, für Außenwirtschaft.

Ebenso wie bei den Messegesellschaften wird der Messefachmann auch in der ausstellenden Wirtschaft gesucht. Eigene Weiterbildungsmaßnahmen der Unternehmen, aber auch entsprechende Seminare der Kammern und Verbände sorgen für qualifizierten Nachwuchs.

4.1 Fachkaufmann für Marketing, Außenwirtschaft

Dies sind zwei Weiterbildungsangebote der Industrie- und Handelskammern, deren Absolventen auch im Messebereich gut eingesetzt werden können.

4.1.1 Fachkaufmann für Marketing

„Der Fachkaufmann für Marketing ist ein erfahrener Praktiker, der über eine mehrjährige Berufserfahrung im Vertrieb und anderen Teilfunktionen des Marketing verfügt und durch eine umfassende berufliche Weiterbildung sein Marketingwissen systematisch erweitert und vertieft hat" (Klause, 1991, S. 67). Dieser Fortbildungsgang umfaßt ca. 580 Unterrichtsstunden, in die die gesamte Palette des Marketing sowie grundlegende wichtige Bereiche der Volkswirtschafts-, Betriebswirtschaftslehre und des Wirtschaftsrechts einbezogen sind. Voraussetzung für die Teilnahme an dieser Fortbildung ist eine abgeschlossene Ausbildung in einem anerkannten Ausbildungsberuf und eine umfassende Berufspraxis von mindestens drei Jahren in absatzwirtschaftlichen Tätigkeiten (Klause).

4.1.2 Fachkaufmann für Außenwirtschaft

„Der Fachkaufmann für Außenwirtschaft ist ein erfahrener Praktiker des Außenhandelsgeschäfts, der über eine kaufmännsiche Berufsausbildung und einige Jahre Berufspraxis in der Außenwirtschaftsabteilung eines Unternehmens verfügt" (Klause, S. 52). Ebenso wie beim Fachkaufmann für Marketing setzt die Teilnahme an den rund 490 Unterrichtsstunden eine abgeschlossene Ausbildung in einem anerkannten kaufmännischen Ausbildungsberuf oder eine entsprechende dreijährige Berufspraxis und eine Berufspraxis von mindestens drei Jahren im Außenhandelsbereich voraus. Das Lehrprogramm umfaßt schwerpunktmäßig Bereiche der Außenwirtschaft einschließlich Wirtschaftsrecht sowie Volkswirtschaftslehre und spezielle betriebswirtschaftliche Fragen (Klause).

4.2 Messeseminare

Kammern und Verbände veranstalten für ihre Mitgliedsfirmen Seminare, die sowohl die Grundlagen des Messewesens als auch alle notwendigen Details für die Teilnahme an einer Messe umfassen. Insbesondere wird auch die Bedeutung der Messe im Marketingmix dargestellt. Messeseminare sind fester Bestandteil des umfangreichen Weiterbildungsangebots der Wirtschaftsorganisationen. So hat gerade die Arbeit der Kammern, Verbände und des AUMA in den neuen Bundesländern dazu beigetragen, daß die Beteiligung der Unternehmen von dort an deutschen und ausländischen Messen in 1991 ganz erheblich zugenommen hat. Dies gilt sowohl für den Aussteller- als auch Fachbesucherbereich.

5. Messen und Ausstellungen als Kommunikationszentren für Unternehmen und Wirtschaftsorganisationen

Für die Wirtschaftsorganisationen ist der unmittelbare Kontakt zu ihren Mitgliedsunternehmen ein wichtiges Fundament ihrer Arbeit und gleichzeitig Basis für Verbandsmarketing, das in gebündelter Form in einer Fülle von Gesprächen und Seminaren auch auf den Messen wahrgenommen werden kann. Hier ist die Arbeit der Wirtschaftsorganisationen kompakt vor Ausstellern und Besuchern darstellbar und für die Unternehmen auch bewertbar. Das Kommunikationszentrum Messe wird so nicht nur für ausstellende Wirtschaft und Fachbesucher zu einem wichtigen Bestandteil im Marketingmix, sondern auch für die Arbeit der Wirtschaftsorganisationen. Hier schließt sich der Kreislauf der Partnerschaft.

Literatur

AUMA: Messen und Ausstellungen in der Europäischen Gemeinschaft, Studie im Auftrag der EG-Kommission, Köln, 1990.

AUMA: Handbuch Messeplatz Deutschland '92, Nr. 10, Köln, 1991.

AUMA: Erfolg auf Auslandsmessen, Die Förderung von Auslandsmessebeteiligungen des Bundes und der Länder, Köln, 1990.

AUMA: Verfahrensordnung für deutsche Messen und Ausstellungen, Fassung vom 22. Mai 1986, Köln, o. J.

AUMA: Tätigkeitsbericht des Ausstellungs- und Messe-Ausschusses der Deutschen Wirtschaft für das Jahr 1990, Köln 1991.

BÖTTCHER, B.: Kooperation im Messemarketing, Referat beim 16. Münsteraner Führungsgespräch am 14. März 1989, unveröffentlichtes Manuskript.

BUNDESMINISTERIUM FÜR RAUMORDNUNG: Bauwesen und Städtebau, Gemeinsamer Einführungserlaß zum Baugesetzbuch, Köln, 1990.

GOEHRMANN, K.; MEFFERT, H.: Messen als Marketinginstrument, Düsseldorf, 1988.

KLAUSE, D.: Wegweiser zur Weiterbildung, Herausgeber: Deutscher Industrie- und Handelstag, Bonn, 1991.

KÖSTER, H.-J.: Kaufkraftzufluß für das Umfeld in Milliardenhöhe, Handelsblatt vom 27. 6. 1988.

LÜCKMANN, R.: Die Internationalen Messen in der Bundesrepublik werden zunehmend unter Konkurrenzdruck geraten, Handelsblatt vom 7. 10. 1988.

MARCINSKI, H.-J.: Messe-Report: Wir brauchen weltweit gute Messen, in: M+A-Report 6/91.

MARZIN, W.R: Markenartikel Messe, Schriftenreihe Internationales Messewesen des M+A-Verlag für Messen, Frankfurt, 1990.

MEYER-HENTSCHEL, K.; RINDERMANN, R.: Märkte, Messen, Ausstellungen, Gewerberechtliches Handbuch für Verwaltung und Wirtschaft, Köln, 1980.

SPIEGEL-VERLAG RUDOLF AUGSTEIN: Messen und Fachbesucher in Deutschland, Spiegel-Verlagsreihe „Fach und Wissen" Nr. 9, Hamburg 1992.

TIETZ, B., ROTHHAAR, P.: City-Studie: Marktbearbeitung und Management für die Stadt, Landsberg/Lech, 1991.

WEITZEL, G.: Messeplatz Deutschland, Ifo-Schnelldienst 32/91.

ZIEGLER, R.: Deutsche Messen im europäischen und weltweiten Wettbewerb, Ifo-Schnelldienst 29/91.

Claus H. Boerner

Der Ausstellungs- und Messe-Ausschuss der Deutschen Wirtschaft e. V. (AUMA) und seine Aufgaben

1. Allgemeine Aufgabenstellung

2. Historische Entwicklung

3. Mitgliederstruktur

4. Organisation

5. Aufgaben des AUMA im einzelnen
    5.1 Schaffung von Markttransparenz und Koordinierung von deutschen Messen
    5.2 Koordinierung der Auslandsmesseaktivitäten der deutschen Wirtschaft
    5.3 Vertretung der Interessen der Messewirtschaft nach außen
    5.4 Kontakte zu ausländischen und internationalen Messeorganisationen
    5.5 Mitarbeit in Messegremien von Verbänden und Ministerien
    5.6 Information und Beratung von Messe-Interessenten
    5.7 Vergabe von Forschungsaufträgen
    5.8 Unterstützung von Aus- und Weiterbildung
    5.9 Förderung einer marktwirtschaftlich orientierten Messewirtschaft in Osteuropa
    5.10 Presse- und Öffentlichkeitsarbeit
    5.11 Geschäftsführung der Gesellschaft zur freiwilligen Kontrolle von Messe- und Ausstellungszahlen (FKM)

1. Allgemeine Aufgabenstellung

Zu den auch im internationalen Vergleich wichtigsten Kennzeichen der deutschen Messewirtschaft gehört die intensive Zusammenarbeit zwischen Aussteller-, Veranstalter- und Besucherseite. Sie kommt zum Ausdruck in einer Vielzahl von Gremien, in denen auf der Veranstaltungsebene die Messeveranstalter mit der beteiligten Wirtschaft Messekonzepte, -termine und andere Fragen abstimmen. Dies kommt aber auch zum Ausdruck in der Verbandsstruktur der deutschen Messewirtschaft.

Zentralverband der Branche ist der Ausstellungs- und Messe-Ausschuss der Deutschen Wirtschaft e. V., Köln, kurz AUMA genannt. Er ist keine Organisation einer einzelnen Gruppe, die im wesentlichen ihre eigenen Interessen wahrnimmt, sondern er ist ein Zusammenschluß der drei Kräfte, die als Partner den Messemarkt gestalten, nämlich Veranstalter, Aussteller und Besucher. Dementsprechend setzt sich der Mitgliederkreis des AUMA im Kern aus diesen drei Gruppen zusammen, und er bestimmt auch die generelle Aufgabenstellung des AUMA, nämlich: Die Wahrung der gemeinsamen Belange der Wirtschaft auf dem Gebiet des Messe- und Ausstellungswesens, und zwar der Aussteller, Besucher und Veranstalter von deutschen Messen und Ausstellungen und der deutschen Aussteller, Besucher und Veranstalter von Messen und Ausstellungen im Ausland. (AUMA-Satzung)

2. Historische Entwicklung

Entwickelt hat sich diese übergeordnete Aufgabenstellung erst aus der Situation der deutschen Messe- und Ausstellungswirtschaft nach dem zweiten Weltkrieg. Die Vorläuferin des AUMA, die im Jahre 1907 in Berlin gegründete „Ständige Ausstellungskommission der Deutschen Industrie" war ein Zusammenschluß der Aussteller und ihrer Verbände. Sie sollte vornehmlich die Interessen der deutschen Industrie gegenüber den Veranstaltern koordinieren und Informationen über das weltweite Ausstellungsgeschehen sammeln und verbreiten. Im Jahre 1920 wurde die Kommission in ein „Ausstellungs- und Messeamt der deutschen Industrie" umgewandelt. Ab 1927 wurde das Spektrum der Mitglieder um weitere Verbände der ausstellenden Wirtschaft und um die Nachfrageseite, also die Handelsorganisationen, erweitert. Gleichzeitig wurde die Organisation in das „Deutsche Ausstellungs- und Messeamt" umbenannt. Dieser Name unterstrich auch die nun erweiterten, über die Vertretung von Industrie-Interessenten hinausgehenden Aufgaben. Seit 1934 besteht die Bezeichnung „Ausstellungs- und Messe-Ausschuss der Deutschen Wirtschaft".

Als der AUMA 1949 neu gegründet wurde, hatten sich die Verhältnisse auch in der Messewirtschaft entscheidend gewandelt. Die bis in die dreißiger Jahre unangefochtene Rolle der Leipziger Universalmessen hatte sich mit der Teilung Deutschlands drastisch verändert. Ergebnis war eine Dezentralisierung der Messelandschaft in Westdeutschland, die sehr schnell einherging mit der Entwicklung zu Fachmessen für zahlreiche Branchen. Außerdem hatten die damaligen Besatzungsmächte, aber natürlich auch die Wirtschaft selbst großes Interesse daran, daß die deutsche Industrie möglichst schnell ihre alte Exportstärke wiedergewann. Dazu waren international beschickte Messen in Deutschland ein hervorragendes Instrument. Diese Auffassung deckte sich mit dem Bestreben der deutschen Messegesellschaften, sich international zu profilieren und dementsprechend ihre Messen für Interessenten aus aller Welt zu öffnen.

So hat sich in der Bundesrepublik Deutschland sehr rasch das System durchgesetzt, nach dem unabhängige Veranstaltergesellschaften auf eigenem Gelände fachlich ausgerichtete Messen und Ausstellungen mit internationaler Beteiligung organisieren, die von den jeweiligen Verbänden als ideelle Träger oder Mitveranstalter unterstützt werden. Daraus erwuchs auch ein neues Verständnis von Partnerschaft zwischen Aussteller-, Besucher- und Veranstalterseite. Dementsprechend wurden ab 1956 auch die Messegesellschaften und ihre Verbände in den AUMA aufgenommen.

3. Mitgliederstruktur

Zu den 49 Mitgliedern des AUMA gehören die deutschen Messe- und Ausstellungsveranstalter, die Spitzenverbände der Industrie, des Handwerks, des Handels, der Landwirtschaft und des Hotel- und Gaststättengewerbes sowie der Deutsche Industrie- und Handelstag und eine Reihe von Messe-interessierten Fachverbänden der Industrie. Darüber hinaus gehören die Durchführungsgesellschaften für Auslandsmessebeteiligungen zu seinen Mitgliedern. Dazu kommen die Veranstalterverbände IDFA (Interessengemeinschaft deutscher Fachmessen und Ausstellungsstädte) und FAMA (Fachverband Messen und Ausstellungen). Seit Anfang 1991 sind auch die deutschen Messebauunternehmen mit ihrem Verband FAMAB (Fachverband Messe- und Ausstellungsbau) unter dem Dach des AUMA.

Nach der Vereinigung Deutschlands hat der AUMA sein Zuständigkeitsgebiet auf ganz Deutschland ausgeweitet. Organisationen für Messeveranstalter, Aussteller oder Besucher hatte es in der DDR nicht gegeben.

4. Organisation

Organe des AUMA sind Mitgliederversammlung, Beirat, Vorstand und Geschäftsführung. In der Mitgliederversammlung hat jedes der 49 AUMA-Mitglieder Sitz und Stimme. Mitglieder des Beirates sind 30 Delegierte der Spitzenverbände der deutschen Wirtschaft und der Messegesellschaften und weitere bis zu 30 gewählte sachverständige Persönlichkeiten aus der Wirtschaft und dem Kreis der Messe- und Ausstellungsveranstalter.

Der Vorstand besteht aus höchstens 18 Vertretern der ausstellenden und besuchenden Wirtschaft sowie der Messegesellschaften. Der Vorsitzende und zwei Stellvertretende Vorsitzende haben der ausstellenden Wirtschaft, ein Stellvertretender Vorsitzender einer Messegesellschaft anzugehören. Die Geschäftsführung des AUMA besteht aus einem Hauptgeschäftsführer und je einem Geschäftsführer für die Bereiche Inlandsmessen und Auslandsmessen.

5. Aufgaben des AUMA im einzelnen

5.1 Schaffung von Markttransparenz und Koordinierung von deutschen Messen

Seine satzungsgemäße Aufgabe der „Wahrung der gemeinsamen Belange der Wirtschaft auf dem Gebiet des Messe- und Ausstellungswesens" nimmt der AUMA natürlich zunächst im eigenen Land wahr. Besondere Bedeutung spielt in diesem Zusammenhang die Beobachtung der Wettbewerbssituation in der Messewirtschaft. Um ein Mindestmaß an freiwilliger Koordinierung innerhalb der Messewirtschaft zu erreichen, hat der AUMA als ein Instrument zur Förderung eines rationellen Messeangebots die Verfahrensordnung für deutsche Messen und Ausstellungen entwickelt, die mit dem Bundeskartellamt abgestimmt ist. Sie soll dazu dienen, bei Bedarf Angebot, Standort, Termin, Dauer und Turnus von Veranstaltungen zwischen Veranstaltern und den betroffenen Verbänden in Gleichklang zu bringen.

So tauscht der AUMA zu bestehenden und vor allem zu neu angekündigten Veranstaltungen Informationen und Einschätzungen unter den angesprochenen Wirtschaftskreisen aus; der Zusammenarbeit mit den Fachverbänden der Anbieter- und Nachfragerseite kommt dabei besondere Bedeutung zu. Ziel ist es, durch einen möglichst hohen Informationsstand aller Beteiligten die Markttransparenz zu verbessern. Wenn es gewünscht wird, organisiert der AUMA auch Einigungsverhandlungen zwischen den betroffenen Wirtschaftsverbänden und Veranstaltern.

5.2 Koordinierung der Auslandsmesseaktivitäten der deutschen Wirtschaft

In enger Kooperation mit den entsprechenden Bundesministerien arbeitet der AUMA bei der Festlegung des offiziellen deutschen Auslandsmesseprogramms mit, d. h. bei der Auswahl der von der Bundesregierung finanziell unterstützten Firmengemeinschaftsausstellungen bei ausländischen Veranstaltungen und der Festlegung von selbständigen Präsentationen der deutschen Industrie im Ausland.

Für diese Beteiligungen und Präsentationen tritt der AUMA gemeinsam mit den jeweiligen Bundesministerien auch als Mitveranstalter auf, insbesondere bei den alle drei bis vier Jahre durchgeführten Deutschen Industrieausstellungen, die jetzt jeweils die Bezeichnung TECHNOGERMA tragen.

Zur Koordinierung der Interessen von Wirtschaft und Politik auf diesem Gebiet existiert beim AUMA ein spezieller Arbeitskreis für Auslandsmessebeteiligungen, in dem sich Vertreter exportorientierter Verbände und Unternehmen mit Vertretern der Ministerien regelmäßig treffen.

Außerdem werden in einem speziellen Gremium beim AUMA die Auslandsmesseaktivitäten der Bundesländer abgestimmt.

5.3 Vertretung der Interessen der Messewirtschaft nach außen

Ein wichtiger Schwerpunkt in der Arbeit des AUMA ist die Vertretung der Interessen der Messewirtschaft gegenüber Gesetzgeber, Behörden und anderen Organisationen. Dazu gehören die Exportförderung für kleine und mittelständische Unternehmen ebenso wie arbeits-, umwelt- und steuerrechtliche Fragen.

Aufgabe des AUMA ist aber auch die Wahrung der Position der deutschen Messewirtschaft gegenüber der EG-Kommission. Zu diesem Zweck unterhält der AUMA seit 1990 ein Büro in Brüssel. So ist der AUMA auf EG-Ebene mit juristischen und technischen Fragen und der Harmonisierung von Statistiken beschäftigt und ist auch in die Trade Promotion Group eingebunden, die für die Auslandsmesseförderung der EG zuständig ist. Das Büro soll aber auch der besseren Zusammenarbeit mit anderen Vertretungen deutscher und internationaler Organisationen in Brüssel dienen und die Zusammenarbeit mit anderen Messeorganisationen in EG-relevanten Fragen verstärken.

5.4 Kontakte zu ausländischen und internationalen Messeorganisationen

Generell pflegt der AUMA intensive Beziehungen zu anderen nationalen und internationalen Organisationen der Messewirtschaft. So nimmt ein Vertreter des AUMA regelmäßig am Jahreskongreß der in Paris ansässigen Union des Foires Internationales (UFI) teil. Diese Treffen dienen vor allem auch der Kontaktpflege mit Verbänden und Veranstaltern aus dem Ausland. Darüberhinaus ist der AUMA auf dem internationalen Messeseminar vertreten, das jährlich von Messeverbänden in Österreich, der Schweiz und der Interessengemeinschaft Deutscher Fachmessen und Ausstellungsstädte (IDFA) veranstaltet wird. Regelmäßigen Kontakt unterhält der AUMA z. B. auch zur National Association of Exposition Managers (NAEM) in den USA.

Durch die Mitgliedschaft des Fachverbandes Messe- und Ausstellungsbau (FAMAB) im AUMA seit 1991 hat der AUMA auch seine Beziehungen zum internationalen Verband der Messebauunternehmen, der International Federation of Exhibition Services (IFES), intensiviert.

5.5 Mitarbeit in Messegremien von Verbänden und Ministerien

Seine Koordinierungsaufgabe nimmt der AUMA auch durch die Mitarbeit in den Messegremien der Spitzenverbände der deutschen Wirtschaft wahr. So gibt es beim Bundesverband der Deutschen Industrie (BDI) und beim Deutschen Industrie- und Handelstag (DIHT) jeweils Arbeitskreise zum Thema Messen und Ausstellungen.

Auch an den Sitzungen des Bund-Länder-Ausschusses Messen und Ausstellungen nimmt der AUMA als ständiger Gast teil. Diesem Gremium gehören die für Messefragen zuständigen Mitarbeiter des Bundesministeriums für Wirtschaft und der Landeswirtschaftsministerien an.

5.6 Information und Beratung von Messe-Interessenten

Breiten Raum in der AUMA-Arbeit nehmen die Bereitstellung von Informationen und die Beratung von Interessenten ein. Der AUMA informiert und berät über Termine, das Angebot und die Besucherstruktur von in- und ausländischen Messen und Ausstellungen, um interessierten Ausstellern und Besuchern die Entscheidung über die Beteiligung oder den Besuch zu erleichtern.

Dazu erhebt und veröffentlicht der AUMA jährlich Datenmaterial von mehr als 1200 Veranstaltungen im In- und Ausland. Kernangebot sind die Handbücher Messeplatz Deutschland, Regionale Ausstellungen und International. Sie enthalten jeweils eine qualitative Auswahl von Veranstaltungen und bieten dem Nutzer über die einzelnen Veranstaltungen ein breites Spektrum von Informationen. Ergänzend dazu veröffentlicht der AUMA Fachbroschüren zur konkreten Vorbereitung und Durchführung von Messebeteiligungen im In- und Ausland.

Eine besondere Rolle spielt die Information ausländischer Interessenten. So veröffentlicht der AUMA Broschüren in bis zu neun Sprachfassungen; er organisiert und unterstützt Seminare und Präsentationen für Meinungsbildner im Ausland, insbesondere in außereuropäischen Ländern.

Außerdem ist es für den AUMA gegenwärtig eine zentrale Aufgabe, Unternehmen aus den neuen Bundesländern an marktorientierte Messeaktivitäten heranzuführen. Dabei arbeitet er eng mit dem Bundesministerium für Wirtschaft zusammen. Auch steht der AUMA Kommunen und Wirtschaftsorganisationen in den neuen Bundesländern zur Beratung in messefachlichen Fragen zur Verfügung.

5.7 Vergabe von Forschungsaufträgen

Im Interesse der gesamten Messewirtschaft vergibt der AUMA Forschungsaufträge und führt selbst eigene Untersuchungen durch. Dazu gehören z. B. Fragen der internationalen Position der deutschen Messewirtschaft, der Besuchererfassung auf Messen, der Messekosten oder der Entsorgung.

5.8 Unterstützung von Aus- und Weiterbildung

Der AUMA unterstützt Hoch- und Fachschulen, die sich mit der Aus- und Weiterbildung in der Messewirtschaft beschäftigen. Auch steht der AUMA Doktoranden und Diplomanden mit messewirtschaftlichen Themen beratend zur Verfügung. Dazu unterhält der AUMA eine umfangreiche Präsenzbibliothek mit messewirtschaftlicher Literatur.

5.9 Förderung einer marktwirtschaftlich orientierten Messewirtschaft in Osteuropa

Angesichts der starken wirtschaftlichen Umbrüche in Osteuropa bemüht sich der AUMA, dort den Aufbau neuer Messestrukturen zu unterstützen. Er stellt sich deshalb auch im

Interesse der deutschen Wirtschaft als Ratgeber zur Verfügung und fördert den Knowhow-Transfer von westdeutschen zu osteuropäischen Messeveranstaltern.

Diese Unterstützung schließt auch den Aufbau von Selbstverwaltungsorganisationen der Messewirtschaft ein. Denn die deutsche Wirtschaft hat großes Interesse daran, daß in Osteuropa möglichst schnell eine funktionsfähige Messewirtschaft entsteht, die einerseits marktwirtschaftlich ausgerichtet ist, andererseits aber nicht zu einer unkontrollierten Messeinflation führt.

5.10 Presse- und Öffentlichkeitsarbeit

Intensive Kontakte unterhält der AUMA zur messeinteressierten Tages- und Fachpresse. Darüberhinaus informieren die monatlich erscheinenden AUMA-Mitteilungen und Presse-Informationen die AUMA-Mitglieder und die Öffentlichkeit über die Arbeit des AUMA, über messewirtschaftliche Entwicklungen und bevorstehende Veranstaltungen. Eine Übersicht über die Messe-Aktivitäten der deutschen Wirtschaft und die Arbeit des AUMA enthält auch der jährlich erscheinende AUMA-Bericht.

5.11 Geschäftsführung der Gesellschaft zur freiwilligen Kontrolle von Messe- und Ausstellungszahlen (FKM)

Ergänzend zu seinen Kernaufgaben nimmt der AUMA auch die Geschäftsführung der Gesellschaft zur freiwilligen Kontrolle von Messe- und Ausstellungszahlen (FKM) wahr.

Die FKM ist ein Zusammenschluß von gegenwärtig 45 Messe- und Ausstellungsveranstaltern, der 1965 gegründet wurde. Sie hat das Ziel, durch geprüfte und standardisierte Messestatistiken zur Wahrheit und Klarheit im Messe- und Ausstellungswesen beizutragen. Die Gesellschafter der FKM verpflichten sich, Besucher-, Flächen- und Ausstellerzahlen der von ihnen angemeldeten Veranstaltungen nach einheitlichen Kriterien zu ermitteln und von einem unabhängigen Wirtschaftsprüfer kontrollieren zu lassen, so daß die Ergebnisse der Messen untereinander und im Zeitablauf vergleichbar sind.

Darüber hinaus wurden von der FKM standardisierte Fach- und Privatbesucherstrukturtests entwickelt, die ebenfalls von einem unabhängigen Wirtschaftsprüfer kontrolliert werden und den Messe-Interessenten detaillierte Angaben über die Besucherherkunft und -qualität liefern.

Auf internationaler Ebene bemüht sich die FKM, andere Länder bei der Gründung von selbständigen Prüforganisationen für Messezahlen zu unterstützen. Darüberhinaus fördert die FKM die Aktivitäten der Internationalen Messeunion UFI, die Messestatistiken der Veranstalter in den einzelnen Ländern vergleichbar zu machen.

Eine neue Aufgabe, die sich die FKM gestellt hat, ist der Versuch, innerhalb Europas aus möglichst vielen Ländern die geprüften Messezahlen in einem gemeinsamen Nachschlagewerk zusammenzuführen. Auf diese Weise soll international tätigen Unternehmen die

Messeplanung erleichtert werden. Erstes Ergebnis ist die Broschüre „European Trade Fair and Exhibition Statistics", die jährlich von den Prüforganisationen in den Benelux-Ländern, Deutschland, Frankreich, Italien, Österreich und der Schweiz herausgegeben wird. Mit weiteren Ländern steht die FKM bei ihren Bemühungen um die Verbesserung der europäischen Messetransparenz in engem Kontakt.

Gerda Marquardt

Die Union des Foires Internationales (UFI) und ihre Aufgaben

1. Einführung

2. Zur Geschichte der UFI

3. Die UFI-Mitglieder im Jahre 1992

4. Der Geschäftssitz der UFI

5. Interessenvertretung der UFI

6. Der organisatorische Rahmen der UFI-Arbeit

7. UFI-Fortbildungs-Seminare

8. Die Vorteile einer UFI-Mitgliedschaft

9. Kostenlose UFI-Publikationen

Literatur

1. Einführung

Als einzige Weltorganisation für das internationale Messewesen hat die UFI, Union des Foires Internationales, den Auftrag, durch die Arbeit ihrer Mitglieder den internationalen Handel zu fördern. Diese Zielsetzung wird durch keine politischen Auflagen oder Richtlinien eingeschränkt, vielmehr ist die UFI eine strikt unpolitische Non-Profit-Organisation, die Möglichkeiten zur Erfüllung ihrer Aufgabe vor allem in der Praxis findet. In dem Bestreben, das Medium Messe/Ausstellung im Dienste des Welthandels noch effektiver zu gestalten, stehen im Vordergrund der UFI-Aktivitäten Bemühungen um die Weiterentwicklung des Messewesens im allgemeinen, ein intensiver Erfahrungsaustausch zur Qualitätsverbesserung der von ihren Mitgliedern durchgeführten Veranstaltungen im einzelnen.

Diese Aktivitäten werden, wohlgemerkt, von den UFI-Mitgliedern selbst gesteuert, die in verschiedenen Gremien – Arbeitsgruppen, Ausschüssen, beratenden Organen – die Fülle der sich ergebenden Themen behandeln.

2. Zur Geschichte der UFI

Die UFI wurde 1925 in Mailand von einer Reihe von Messen gegründet, die sich zusammenschlossen, um angesichts der rasch wachsenden wirtschaftlichen Bedeutung von internationalen Messen im Welthandel für eine zentrale Interessengemeinschaft zu sorgen.

Diese Gründungsmitglieder haben eine Organisation aufgebaut, die im Laufe der Jahre immer aktiver und wirkungsvoller wurde. Zu den Gründungsmitgliedern gehörten seinerzeit 20 Messen aus 12 Ländern: Brüssel, Bordeaux, Budapest, Danzig, Frankfurt, Köln, Leipzig, Ljubljana, Lwow, Lyon, Mailand, Nishni Novgorod, Padua, Paris, Prag, Reichenberg, Utrecht, Valencia, Wien und Zagreb.

In den Jahren bis zum Zweiten Weltkrieg war die Mitgliederzahl auf 33 Messen angestiegen. Nach zehn Jahren kriegsbedingter Unterbrechung der Messetätigkeit und damit auch der UFI-Verbandsarbeit war der Mitgliederbestand bei Wiederaufnahme der Tätigkeit 1947 von 33 auf 24 Messen zusammengeschmolzen. Neun Messen hatten inzwischen aufgehört zu bestehen oder sich von der UFI gelöst.

1956 brachte dann auch eine weitere entscheidende Änderung: neben den großen allgemeinen Messen wurden internationale Fachmessen als Mitglieder zugelassen. Eine entsprechende Änderung der Statuten wurde ausgearbeitet. Mit dieser zukunftsweisenden Entscheidung – damals wurde die Entwicklung des Fachmessewesens noch von den wenigsten vorausgesehen – begann ein neuer Zeitabschnitt auch in der Geschichte der UFI. Die Mitgliedszahlen wuchsen sprunghaft: 59 im Jahre 1960, fünf Jahre später gehörten der Union bereits 86 Messen an, und 1970 waren es 112. Von ihnen waren bereits insgesamt 15 in außereuropäischen Ländern angesiedelt. Die sprunghafte Vermehrung des Fachmesseangebots in diesen Jahren machte schließlich eine weitere Satzungsänderung notwendig, die 1972 beschlossen wurde: als UFI-Mitglieder wurden von diesem Zeitpunkt ab nicht mehr einzelne Veranstaltungen, sondern die Messeorganisationen selbst geführt.

Damit wurde der Übergang zu einer veranstalterbezogenen Messepolitik endgültig vollzogen. Das Messe- und Ausstellungswesen ist zum Medium geworden, zum Kommunikationsinstrument, das auch von modernsten Technologien nicht zu verdrängen oder zu ersetzen ist.

3. Die UFI-Mitglieder im Jahre 1992

Mitglieder der UFI sind führende Messegesellschaften weltweit mit ihren von der UFI anerkannten Messeveranstaltungen.

Stand der Mitgliedschaft 1992:

- 153 Mitgliedgesellschaften mit
- 444 von der UFI anerkannten Veranstaltungen in
- 5 Kontinenten,
- 61 Ländern und
- 128 Messestädten.

Von der UFI anerkannt werden nur solche Messeveranstaltungen, die mindestens dreimal durchgeführt wurden und für die ein bestimmter Anteil internationaler Aussteller und Besucher nachgewiesen wird. Außerdem muß das internationale Ausstellungsangebot umfassend sowie repräsentativ sein und vor allem auch den Marktbedürfnissen im Veranstalterland oder der wirtschaftlichen Region entsprechen. Die Einrichtungen bei diesen Messen erfüllen die hohen, in den UFI-Richtlinien festgelegten Anforderungen.

Abbildung 1: UFI-Logo

Die UFI-Messeveranstaltungen sind gekennzeichnet durch das UFI-Logo – ein Qualitätssiegel für internationale Messen.

4. Der Geschäftssitz der UFI

Dieser ist seit 1947 in Paris. Von 1925 bis 1947 war der Geschäftssitz der UFI in Mailand. An der Spitze der UFI steht der Präsident. Die laufenden Geschäfte werden von der Generalsekretärin und ihren Mitarbeitern wahrgenommen. Die Tätigkeiten der UFI werden durch den Mitglieder-Jahresbeitrag finanziert, der auf der Basis der vom einzelnen Mitglied im Vorjahr bei UFI-Veranstaltungen vermieteten Ausstellungsfläche berechnet wird. Offizielle UFI-Sprachen sind: Französisch, Deutsch und Englisch.

5. Interessenvertretung der UFI

Die UFI vertritt ihre Mitglieder in den in Frage kommenden internationalen Gremien; sie ist korrespondierendes Mitglied mit Beraterstatus bei der UNO und der UNIDO und pflegt auch Beziehungen zu ITC-UNCTAD-GATT sowie zu anderen internationalen Organisationen für das Messewesen und den internationalen Handel – wie z. B. EG (Europäische Gemeinschaft), IHK (Internationale Handelskammer) – und außerdem auch zu nationalen und internationalen Messeverbänden sowie zu Dachorganisationen des Messedienstleistungssektors.

Die UFI interveniert, falls erforderlich, bei Behörden, wenn Mitglieder Schwierigkeiten bei der Durchführung ihrer Tätigkeit haben, so insbesondere bei diskriminierenden Praktiken, die eine Teilnahme an internationalen Messeveranstaltungen beeinträchtigen.

6. Der organisatorische Rahmen der UFI-Arbeit

Für ihre weltweite Arbeit hat sich die UFI eine effiziente Organisation geschaffen. Ihre Entscheidungsorgane sind:

– *Die Generalversammlung aller UFI-Mitglieder – als höchste Instanz,*

welche jährlich im Oktober zu einem Kongreß zusammentritt. Diese Mitglieder-Tagung dient neben der Behandlung von UFI-Verbandsangelegenheiten und Mitgliederfragen u. a. auch der Erörterung von Themen, die für die Delegierten von besonderem Interesse sind. In jedem Jahr wird über die Aufnahme neuer Mitglieder und die Anerkennung von Veranstaltungen abgestimmt sowie auch das Ausscheiden von Veranstaltungen bekanntgegeben, die nicht mehr stattfinden oder zur weiteren Mitgliedschaft nicht mehr berechtigt sind. Jedes Mitglied hat Anspruch auf Teilnahme an der Generalversammlung oder kann sein Stimmrecht für die Wahlen auf einen anderen Delegierten übertragen. Zum Kongreß eingeladen werden von der UFI auch führende Vertreter anderer Organisationen, zu denen enge Beziehungen bestehen, sowie außerdem auch Journalisten der Fachpresse für das Messewesen.

– *Der UFI-Präsident – als legaler und offizieller Vertreter der Messeunion*

Der Präsident wird alle zwei Jahre (ungerade Jahre) von der Generalversammlung gewählt, und er kann für eine weitere Amtsperiode wiedergewählt werden. Er muß u. a. fünf Jahre lang eine verantwortliche Funktion in der Geschäftsführung seiner Messegesellschaft ausgeübt haben, und diese Gesellschaft muß seit mehreren Jahren UFI-Mitglied sein. Außerdem muß er aktiv in den UFI-Komitees mitgewirkt haben.

– *Der Vorstand besteht aus*

- dem UFI-Präsidenten,
- maximal 6 Vize-Präsidenten,
- dem Schatzmeister,
- dem Generalsekretär.

Vize-Präsidenten und Schatzmeister werden vom Direktionskomitee aus deren Reihe gewählt. Der Vorstand entwickelt das grundsätzliche Konzept der UFI-Politik, untersucht anstehende Probleme in erster Instanz und legt die Schlußfolgerungen seiner Beratungen dem Direktionskomitee zur Entscheidung vor.

– *Das Direktionskomitee*

besteht aus maximal 32 Mitgliedern nach einer in der Satzung verankerten Sitzverteilung. Die Mitglieder des Direktionskomitees werden von der Generalversammlung in geraden Jahren gewählt. Es hat die Entscheidungen der Generalversammlung durchzuführen und die Politik der UFI nach den Richtlinien der Generalversammlung festzulegen. Zur Vorbereitung dieser Entscheidungen hat es alle, im Interesse der Mitglieder notwendigen, Untersuchungen von aktuellen Problemen des Messewesens und des internationalen Handels durchzuführen und Vorschläge dazu auszuarbeiten. Das Direktionskomitee tritt drei- oder viermal jährlich zusammen und befaßt sich u. a. auch mit der Vorbereitung des Jahreskongresses und mit den während der Generalversammlung zu behandelnden Themen. Das Direktionskomitee löst auch etwaige Kontroversen zwischen Mitgliedern. Es genehmigt die Durchführung von Seminaren und Veranstaltungen, die der kontinuierlichen Förderung und Fortbildung von UFI-Mitgliedern dienen.

Jeder Verband lebt vom Engagement seiner Mitglieder. Für die UFI gilt das jedoch in besonderem Maße, weil ihre Mitglieder Anbieter von Dienstleistungen sind, die der Förderung des internationalen Handels dienen. Die UFI-Mitglieder haben damit auch als Wettbewerber besondere Verantwortung der Sache gegenüber, die sie vertreten. Das schließt geradezu ihre Verpflichtung zur Kooperation ein. Praktische Ansätze für diese Zusammenarbeit bieten die beratenden Organe, Kommissionen und Arbeitsgruppen der UFI.

In den Kommissionen werden vom Direktionskomitee spezielle Aufgabenbereiche den Vize-Präsidenten übertragen:
- Die Kommission „Planung und Entwicklung" beobachtet Trends im Messewesen und gibt Anregungen für geeignete Folgemaßnahmen.
- Die Kommission „UFI Mitgliedschaft – Wahrung des Qualitätsniveaus" befaßt sich u. a. mit der Aufnahme von Mitgliedern und der Anerkennung von Messeveranstaltungen sowie mit Änderungen der Besitzverhältnisse bei Mitgliedsgesellschaften, bevor diese dem Direktionskomitee zur Entscheidung unterbreitet werden.
- Die Kommission „Satzung" arbeitet Vorschläge aus für die in der Satzung und der Geschäftsordnung vorzunehmenden Änderungen.

Darüber hinaus hat sich die Behandlung von einigen grundsätzlichen Fragen in ständigen Ausschüssen und Arbeitsgruppen als nützlich und richtig erwiesen. Diese Ausschüsse und Arbeitsgruppen arbeiten unter dem Vorsitz eines Direktionskomitee-Mitgliedes oder eines Vizepräsidenten. Die Ausschußmitglieder wiederum werden vom Direktionskomitee ernannt, dem auch die Tätigkeitsberichte und eventuelle Vorschläge zur Entscheidung vorgelegt werden.

Der Kooperationsausschuß, eine seit langem bewährte, in der Satzung verankerte Einrichtung, unterstützt junge Messen in Entwicklungsländern bei der Lösung ihrer besonderen Probleme, läßt ihnen Beratung, aber auch technische Hilfe zuteil werden. Außerdem vermittelt er Messegesellschaften in Mittel- und Osteuropa bei dem Übergang von der zentral geplanten Volkswirtschaft zu marktwirtschaftlichen Strukturen die modernen Methoden des Messemarketing. Viel Erfolg hatten die von diesem Ausschuß, gelegentlich auch in Zusammenarbeit mit der EG und anderen zwischenstaatlichen Organisationen, durchgeführten Ausbildungsseminare in Entwicklungs- und Schwellenländern. Als sehr wirkungsvoll hat sich daneben ein Mitarbeiteraustausch zwischen den einzelnen Mitgliedsmessen erwiesen, bei dem sich der Kooperationsausschuß, falls nötig, vermittelnd einschaltet.

Eine wesentliche Rolle spielt der Technische Ausschuß und seine verschiedenen Arbeitsgruppen.

Dieser befaßt sich mit neuen Ideen für die Messeorganisation und das Messemanagement und führt Umfragen im Mitgliederkreis durch, um die so gewonnenen Informationen über neue Trends und Entwicklungen weitergeben zu können.

Die dem Technischen Ausschuß angeschlossenen vier Arbeitsgruppen befassen sich im wesentlichen mit folgenden Aufgaben:

- *„Statistik und Messetransparenz"*

    Dieser Bereich umfaßt alle Fragen im Zusammenhang mit der satzungsgemäß obligatorischen Kontrolle von statistischen Messedaten, mit deren Harmonisierung weltweit und insbesondere mit Fragen der Messetransparenz.

- *„Marketing, PR und Promotion"*

    Der Aufgabenbereich dieser Arbeitsgruppe umfaßt u. a. Fragen zur Öffentlichkeitsarbeit der UFI, zur externen und internen Information der UFI, UFI Logo, Corporate Identity.

- *„Messe- und Ausstellungstechniken"*

Im Rahmen dieser Arbeitsgruppe werden Fragen solcher Mitglieder behandelt, die Eigentümer des Messegeländes sind.

- *„Kommunikation, Datenverarbeitung und neue Medien"*

Diese Arbeitsgruppe befaßt sich im wesentlichen mit neuen Kommunikationstechniken, dem Einsatz und der wachsenden Anwendung von elektronischer Datenverarbeitung im Messemanagement.

7. UFI-Fortbildungs-Seminare

Eine der UFI Tätigkeiten ist die Durchführung von Fortbildungsseminaren. Diese erfreuen sich zunehmender Wertschätzung, da sie für die Mitglieder eine anerkannte Erweiterung von Erfahrungen und Fachwissen bieten. Da keine andere Organisation eine derartige Fortbildung durchführt, bilden diese Seminare auch die einzige Möglichkeit einer fachgerechten Weiterbildung. Sie sind UFI Mitgliedern vorbehalten, und sie werden in den UFI Ausschüssen und Arbeitsgruppen vorbereitet und dank der Mitwirkung von UFI Mitgliedern durchgeführt und stellen so auch einen wertvollen Vorteil der Mitgliedschaft dar.

Der Kooperationsausschuß führt Ausbildungs-Seminare durch, einige auch in Zusammenarbeit mit der Europäischen Gemeinschaft (EG) und anderen zwischenstaatlichen Stellen sowie Organisationen der Vereinten Nationen. Die Seminare finden vorwiegend in Entwicklungsländern statt; teilnehmen können sowohl UFI Mitglieder in diesen Ländern als auch Nicht-Mitglieder, die weitere Informationen über die UFI oder über die Durchführung internationaler Messen erhalten möchten.

Der Technische Ausschuß und seine Arbeitsgruppen veranstalten Fortbildungs-Seminare zum Management von Ausstellungshallen und ihren Einrichtungen, Seminare für Fachleute aus dem Bereich Computer-Einsatz sowie außerdem eine regelmäßige Seminarreihe für Public Relations, Besucher- und Ausstellerwerbung, Marketing, Karriereplanung, Sicherheit auf Messegeländen usw.

8. Die Vorteile einer UFI-Mitgliedschaft

Die Aussteller, welche an einer UFI anerkannten Messe teilnehmen, wissen, daß sie bei ihrer Messebeteiligung volle Unterstützung eines weltweit erfahrenen Messeveranstalters und einen international hohen Ansprüchen entsprechenden Service erwarten können. Für Besucher einer UFI Messe werden besondere Vorkehrungen für den Empfang von ausländischen Besuchern getroffen und viele Einrichtungen stehen den Besuchern zur Verfügung, damit sie die Zeit, die sie auf der Messe verweilen, maximal nutzen können. Für einen Messeveranstalter liegt der Vorteil darin, daß dieser die Möglichkeit hat, mit vielen Kollegen mit großer Erfahrung im Messemanagement kollegiale Verbindungen zu pflegen. Außerdem besteht als weiterer Service für die Mitgliedsveranstalter u. a. die Möglichkeit individuelle und gemeinsame Belange bei den zuständigen internationalen Instanzen kollektiv vorzutragen.

Große Aufgaben erwarten die UFI in den kommenden Jahren. Die Messewirtschaft muß auf die Veränderungen gerüstet sein, die sich auch für sie durch neue politische, wirtschaftliche und technologische Entwicklungen ergeben. Dies wird nur gelingen, wenn die UFI-Arbeit von allen Mitgliedern getragen wird und ihr Vertrauen in den Verband, ihre Bereitschaft zu gegenseitiger Hilfeleistung im Austausch und in der Vermittlung von Erfahrungen sowie die guten und freundschaftlichen gegenseitigen Kontakte weiterbestehen, denn nur durch die Weiterentwicklung des internationalen Messewesens kann die UFI einen effektiven Beitrag zur Förderung des internationalen Handels leisten.

9. Kostenlose UFI-Publikationen

– Jahreskalender der Mitgliedsorganisationen, in dem die Daten der UFI-Messen für die folgenden drei Jahre sowie statistische Angaben zur vorherigen Veranstaltung enthalten sind.
– „Who is who" – eine Veröffentlichung mit den Fotos führender Persönlichkeiten der Mitgliedsorganisationen.
– „UFI Congrès" – berichtet in einem kurzen Extrakt von den Themen und Ergebnissen der jährlichen Generalversammlung.

Für die Mitglieder wird zweimal jährlich ein Informationsblatt veröffentlicht sowie zusammenfassende Berichte über die Fortbildungsseminare.

Literatur

STEIGE, J.: Auszüge aus m+a Sonderheft 60 Jahre Internationale Messe-Union, 1985.

Mathias Treinen

Nationale und internationale Verbände des Messewesens

1. Vorbemerkung

2. Zielsetzung der nationalen und internationalen Verbände im Messewesen

3. Nationale Verbände in Europa
    3.1 Deutschland
    3.2 Frankreich
    3.3 Großbritannien
    3.4 Schweiz
    3.5 Österreich
    3.6 Italien
    3.7 Spanien und Portugal
    3.8 Benelux-Länder
    3.9 Skandinavien

4. Verbände in Osteuropa

5. Verbände in Übersee
    5.1 Nord-Amerika
    5.2 Süd-Amerika
    5.3 Asien
    5.4 Afrika

6. Internationale Verbände des Messewesens
    6.1 Union des Foires Internationales (UFI)
    6.2 INTEREXPO
    6.3 International Federation of Exhibition Services (IFES)
    6.4 European Major Exhibition Centre Association (EMECA)

7. Schlußbemerkung

1. Vorbemerkung

Der nachfolgende Beitrag wurde zu einem Zeitpunkt verfaßt in dem das Verbandswesen in der europäischen Messe-Landschaft entscheidende Veränderungen erfahren hat und noch weiterhin erfahren wird.

Das Verschwinden der nationalen Grenzen im Zuge der Entstehung des gemeinsamen europäischen Binnenmarktes führte sinngemäß schon frühzeitig bei vielen Messeveranstaltern zu einer Neuorientierung ihrer Marketingtätigkeit. Eine überregionale Ausrichtung auf Märkte, die bis dahin als Auslandsmärkte galten, hat bei vielen Messen- und Fachmessen den Vorrang gegenüber einer rein nationalen Ausrichtung erhalten. Bedingt durch die wirtschaftliche und politische Entwicklung in den früheren kommunistischen Ländern, verändert sich das Messewesen im Osten Europas beständig.

Im Bestreben Verbände zu bilden, die alle Messe-Sparten vereinen und damit das Medium Messe in seiner Gesamtheit in der Öffentlichkeit zu vertreten, öffnen sich die bereits bestehenden nationalen und internationalen Gruppierungen für Unternehmen, die sie vorher nicht als Mitglieder zugelassen hatten. Zwischen einigen nationalen und internationalen Gesellschaften sind neue Arbeitsgemeinschaften entstanden weil in ihren Augen die Vertretung ihrer Einzel-Interessen durch die bestehenden Verbänden nicht mehr gewährleistet schien. Wegen dieser Entwicklung kann es möglich sein, daß einige der folgenden Ausführungen bei Erscheinen des vorliegenden Handbuches nicht mehr den Tatsachen entsprechen. Dennoch behalten sie ihren ursprünglichen Sinn: sie sind eine Bestandsaufnahme der Vielfalt von Verbänden, die sich auf nationaler, überregionaler und internationaler Ebene die Interessenvertretung aller im Messewesen tätigen Unternehmen als Aufgabe gesetzt haben.

2. Zielsetzung der nationalen und internationalen Verbände im Messewesen

Allgemein verfolgen alle Fachverbände des Messewesens ähnliche Ziele: In erster Linie steht das soziale Moment, das dem kollegialen Erfahrungsaustausch die notwendigen Impulse gibt. Dabei soll ein harmonisches Klima gegenseitiger Zusammenarbeit zu einer rationellen und marktgerechten Verteilung der Ausstellungsprogramme sowie der Veranstaltungsdaten der verschiedenen Messen und Fachmessen führen. Durch ihre gemeinsamen Stellungnahmen vertreten die Verbände die Interessen ihrer Mitglieder auf nationaler und internationaler Ebene vor öffentlichen nationalen und internationalen Institutionen, Wirtschaftskreisen und Fachverbänden.

Schlußendlich bieten die Verbände optimale Bedingungen zum Austausch von Informationen, Projekten und Erfahrungen sowie zur Durchführung von gemeinsamen Werbemaßnahmen. In den meisten Verbänden ist eine Verbandsmitgliedschaft grundsätzlich erst nach mehrjähriger Tätigkeit oder mehrmaliger Veranstaltung sowie nach einer Prüfung durch den Vorstand des jeweiligen Verbandes möglich. Um die Qualifikation ihrer Mitglieder im Vergleich zu verbandsexternen Veranstaltungen hervorzuheben, haben viele Verbände die Schaffung von Kontrollinstitutionen zur Beglaubigung ihrer Aussteller- und Besucherzahlen geschaffen. Die auf diese Weise erreichte Transparenz des Messewesens wird von der Mehrzahl der nationalen und internationalen Verbände als vorrangig betrachtet.

3. Nationale Verbände in Europa

3.1. Deutschland

Der repräsentativste und für die Wirtschaft der Bundesrepublik im Zusammenhang mit der Veranstaltung von Messen und Fachmessen im Inland sowie ebenfalls im Ausland wichtigste Zusammenschluß ist der AUMA (Ausstellungs- und Messe-Ausschuß der Deutschen Wirtschaft e. V.).

Als relevantester nationaler Zusammenschluß des Ausstellungswesens in Europa überhaupt blickt der AUMA auf eine inzwischen lange Tradition zurück und übt eine vielseitige Tätigkeit aus.

Da an anderer Stelle der vorliegenden Veröffentlichung dem AUMA ein eigenes Kapitel gewidmet ist, soll er hier nur kurz erwähnt werden. Auc die FKM (Gesellschaft zur freiwilligen Kontrolle von Messe- und Ausstellungszahlen), die nationale Prüforganisation der deutschen Messegesellschaften, wird in anderen Beiträgen dieses handbuchs besprochen.

Ein sehr wichtiger Zusammenschluß von Messegesellschaften in Deutschland ist zweifellos der „Gesprächskreis Deutscher Großmessen" (GDG). Dem steht nicht entgegenm daß er in der Öffentlichkeit kaum hervortritt, keine Verbandshierarchie hat und einmal einen Ort als juristischen Sitz. Gleichwohl darf sein „Funktionieren" angenommen werden. Seine Mitglieder sind die Messegesellschaftem von Berlin, Düsseldorf, Frankfurt/M., Hannover, Köln und München.

Weiterhin gibt es in der Bundesrepublik noch zwei regelrecht nationale Verbände von Messeveranstaltern, die „Interessengemeinschaft Deutscher Fachmessen und Ausstellungsstädte"-IDFA sowie der „Fachverband Messen und Ausstellungen e. V."-FAMA.

Die IDFA vereinigt zur Zeit die Messegesellschaften der Städte Dortmund, Essen, Friedrichshafen,Hamburg, Karlsruhe, Nürnberg, Offenbach, Pirmasens, Saarbrücken und Stuttgart.

Die zehn IDFA-Mitglieder organisieren jährlich über 130 Fachmessen und Ausstellungen mit nationaler, viele auch mit internationaler Ausstrahlung. Die meisten dieser Veranstaltungen werden von der „Gesellschaft zur freiwilligen Kontrolle von Messe- und Ausstellungszahlen"-FKM kontrolliert. Die Mitgliedschaft in der FKM ist jedoch keine Voraussetzung für eine Mitgliedschaft in der IDFA.

Die IDFA-Mitglieder sind in der Regel ebenfalls die Betreiber, wenn nicht sogar die Besitzer des Messegeländes auf dem ihre Veranstaltungen stattfinden.

In Erscheinung tritt die IDFA mit gemeinsamen Werbeaktionen in der in- und ausländischen Fachpresse sowie besonders durch die Organisation in Zusammenarbeit mit den Messeverbänden in Österreich und der Schweiz des „Internationalen Messe-Seminars". Dieses nach den UFI-Veranstaltungen wohl größte internationale Treffen des europäischen Messewesens findet jedes Jahr im Winter abwechselnd an einem deutschen, österreichischen oder schweizerischen Messeplatz statt. Es vereinigt regelmäßig annähernd 200 Führungskräfte aus den deutschsprachigen Ländern Europas, die während drei Tagen bei Vorträgen und in Arbeitsgruppen ihre Erfahrungen auf aktuellen Gebieten des Messewesens austauschen. Sitz der IDFA ist turnusmäßig die Messestadt ihres ebenfalls turnusmäßig gewählten Vorsitzenden.

Die Mitglieder des FAMA sind überwiegend Unternehmen, die regionale Fach- und Verbraucherausstellungen veranstalten. Einige haben Unternehmen, die im Laufe der Jahre ihren Erfolg überregional ausweiten können. Die meisten FAMA-Mitglieder sind Mieter jener Messegelände, auf denen sie ihre Veranstaltungen organisieren. Viele lassen ihre Messen und Ausstellungen ebenfalls von der FKM kontrollieren, obschon dies für eine Mitgliedschaft nicht Vorschrift ist. Der FAMA tritt mit gemeinsamen Anzeigen, besonders in der deutschen Presse, in Erscheinung. Seit mehreren Jahren gibt er eine Veröffentlichung mit den Veranstaltungsterminen und den Adressen seiner Mitglieder heraus. Sitz des FAMA ist das Messezentrum in Nürnberg.

Außer den Messeveranstaltern sind seit mehreren Jahren auch die Standbau-Unternehmen in einem Verband zusammengeschlossen. Es handelt sich hierbei um den „Fachverband Messe- und Ausstellungsbau e.V."-FAMAB mit Sitz in Rheda-Wiedenbrück.

Der FAMAB nimmt in seinen Veröffentlichungen regelmäßig Stellung zu technischen Problemen bei der Durchführung von Messen und Fachmessen im In- und Ausland. Der Nachwuchs-Schulung für diesen Berufszweig, die sich in den letzten Jahren außerordentlich entwickelt hat, wird in eigenen Kursen eine besondere Aufmerksamkeit gewidmet.

Mit gleichartigen Verbänden im Ausland strebt der FAMAB gezielt eine enge Zusammenarbeit an.

3.2 Frankreich

Seit dem Ende des letzten Weltkrieges prägen zwei Verbände mit unterschiedlicher Zielsetzung das Messewesen in Frankreich. Es sind dies die „Fédération des Foires et Salons de France"-FFSF (Verband der Messen und Fachausstellungen Frankreichs) sowie die „Fédération Française des Salons Spécialisés"-FFSS (Französischer Verband der Fachmessen).

Eine Mitgliedschaft in der FFSS (Fédération Française des Salons Spécialisés) ist jenen Veranstaltungen vorbehalten, die ausschließlich einem dem Messethema entsprechenden fachlich qualifizierten Publikum zugänglich sind. Die Mehrzahl der Mitgliedsveranstaltungen der FFSS werden direkt von einem oder mehreren Fachverbänden sowie auch im Auftrag eines oder mehrerer Fachverbände von selbständigen Messeveranstaltungs-Unternehmen durchgeführt. Die in der FFSS vereinigten Veranstaltungen mieten fast ausnahmslos die jeweils benötigten Hallen- und Service-Infrastrukturen bei den in den großen französischen Städten vorhandenen Messegeländen und Dienstleistungsfirmen an. Da die verschiedenen Fachmessen sich im Besitz der jeweiligen Berufsverbände befinden, kann es in Frankreich vorkommen, daß der Organisator oder das Messegelände einer Veranstaltung wechselt, ohne daß dafür das Programm der Fachmesse selbst und damit ihre Mitgliedschaft im Verband ändert.

Mitglieder der FFSS sind fast ausschließlich Veranstaltungen mit internationaler Ausstrahlung. Die Bezeichnung „international" wird hierbei vom französischen Wirtschaftsministerium verliehen und nach festgelegten Kriterien kontrolliert.

Neben der Herausgabe von verschiedenartigsten Veröffentlichungen über das Messewesen in Frankreich, der Durchführung von gemeinsamen Werbeaktionen und Tagungen sowie der permanenten Kontaktpflege mit den zuständigen Dienststellen der öffentlichen Hand sieht die FFSS eine ihrer vorrangigen Aufgaben in der Auslandswerbung. So wurde zu Beginn der 70er Jahre speziell zu diesem Zweck die Vereinigung „Promosalons" ins Leben gerufen. Aufgabe von „Promosalons" ist eine gezielte Aussteller- und Fachbesucherwerbung in den für die französischen Veranstaltungen wichtigen europäischen, amerikanischen und asiatischen Einzugsländern, dies besonders im Hinblick auf die Steigerung des Internationalitätsgrades der vertretenen Mitglieder. Zur Zeit sind über 100 Fachmessen aus einer die gesamte französische Wirtschaft umfassenden Vielzahl von Wirtschaftszweigen Mitglied der FFSS. Die meisten Veranstaltungen finden in Paris statt.

Der Verband der Messen und Fachausstellungen Frankreichs FFSF (Fédération Française des Foires et Salons) sah sich bei seiner Gründung als Sprachrohr der allgemeinen Messen, die in Frankreich noch sehr zahlreich und als Nachfolgerinnen der mittelalterlichen regionalen Handelsmessen meistens von städtischen Dienststellen und auf städtischen Messegeländen veranstaltet werden. Prominentestes Mitglied ist die Pariser Messe, die im Laufe der Jahre nie ihren Charakter als Marktveranstaltung mit einem weitgefächerten Angebotsspektrum, das sich an ein zahlreiches allgemeines Publikum richtet, aufgegeben hat.

Im Zuge der Erweiterung der Ausstellungsprogramme vieler Veranstalter von allgemeinen Messen durch die Organisation von thematisch begrenzten Fachausstellungen, hat die FFSF ihr Tätigkeitsfeld ebenfalls ausgeweitet. Viele Fachausstellungen, die von den Mitgliedern der FFSF veranstaltet werden, sind inzwischen als Einzelmitglieder der FFSF beigetreten. Hauptmerkmal bleibt bei den Fachausstellungen der FFSF jedoch in der Regel die Öffnung für ein nicht nach beruflichen Qualifikationen gesondertes Besucherpublikum.

Da die Erschließung von regionalen Märkten für viele internationale Hersteller eine zunehmende Rolle spielt, kommt einigen allgemeinen Messen, die in industriellen Ballungszentren Frankreichs stattfinden eine verstärkt internationale Bedeutung zu. Dies ist besonders für Städte wie Marseille, Nizza, Bordeaux, Toulouse und Lille der Fall. Diesen Messen und einigen weiteren, die hier nicht einzeln aufgeführt werden können, hat das französische Wirtschaftsministerium seit Jahren ebenfalls die Qualifikation „international" bewilligt. Da diese Bezeichnung vom Wirtschaftsministerium nach festgelegten Kriterien vergeben wird, kann es vorkommen, daß einige Messen sich nur alle zwei Jahre oder in einem anderen Zeitabstand „international" nennen dürfen. Die FFSF ist beauftragt, die Berechtigung zum Führen dieser geschätzten Bezeichnung zu prüfen.

Die FFSF tritt regelmäßig mit Veröffentlichungen und Untersuchungen über das französische Messewesen in die Öffentlichkeit. Sie veranstaltet jährlich einen Kongreß sowie mehrere Tagungen für ihre Mitglieder. Die FFSF zählt zur Zeit 106 Mitglieder, von denen einige sich in regionalen Gruppen zusammengeschlossen haben.

Ein Novum ist die während des Jahreskongresses von Juni 1992 beschlossene Trennung der Mitglieder in drei verschiedene Kategorien: die internationalen und regionalen allgemeinen Messen, die internationalen und regionalen Fachausstellungen ohne Berücksichtigung ob sie einem allgemeinen oder fachlich orientierten Publikum zugänglich sind, und die Messegelände als reine Besitz- oder Betreibergesellschaften. Die FFSF ist damit der erste nationale Verband im europäischen Messewesen, der außer seinen Mitgliedsveranstaltungen auch Nicht-Messeveranstalter zugelassen hat. Aufgrund dieser Entscheidung möchte sie den Anspruch auf die Vertretung des französischen Messewesens in seiner Gesamtheit geltend machen.

Eine enge und konstruktive Zusammenarbeit verbindet die FFSS und die FFSF bei der Kontrolle der Messestatistiken in Frankreich. Diese Kontrolle obliegt dem OJS (Office pour la Justification des Statistiques – Amt für die Beglaubigung von Statistiken), das im Jahre 1966 von der FFSS gegründet und kurze Zeit später durch die FFSF verstärkt wurde. Vergleichbar mit der FKM in Deutschland, und nach fast identischen Richtlinien, werden im Auftrag des OJS die Messestatistiken (Ausstellerzahlen, Ausstellungsflächen und Besucherzahlen getrennt nach nationaler oder internationaler Zugehörigkeit) von über 270 Messeveranstaltungen in Frankreich durch einen vereidigten Wirtschaftsprüfer kontrolliert und in einem Jahresbericht veröffentlicht.

Die zusätzliche Veröffentlichung dieser Statistiken zusammen mit den Messestatistiken der FKM aus der Bundesrepublik Deutschland, der FFSB aus den Beneluxländern sowie der FKM-Austria ist ein positives Beispiel der Zusammenarbeit der beiden französischen Messeverbände im internationalen Verbund.

Neben den Messeveranstaltern haben sich die französischen Standbau-Unternehmen zusammen mit anderen im Messewesen tätigen Unternehmen wie Überwachungsgesellschaften, Elektro-Installateure, Messespediteure u. ä in einem Verband zusammengeschlossen. Es ist dies die Fédération Française des Activités de l'Exposition (Französischer Verband der Messetätigkeiten), die bei ihren international ausgerichteten Zielsetzungen mit dem FAMAB zusammenarbeit.

Alle Verbände des französischen Messewesens haben ihren Sitz in Paris.

3.3 Großbritannien

In Großbritannien werden Messen und Fachmessen fast ausschließlich von unabhängigen Veranstaltungsfirmen konzipiert und durchgeführt. Die Eigner der Messegelände treten nur ausnahmsweise als Messeveranstalter in Erscheinung.

Ältester und aktivster Messeverband ist die Association of Exhibition Organisers-AEO (Verband der Messeveranstalter) mit Sitz in London. In diesem Verband sind alle Veranstalter von Messen und Fachmessen mit internationaler Ausstrahlung zusammengeschlossen. Die Eigner der Messegelände haben die National Association of Exhibition Hallowners (Nationalverband der Besitzer von Messehallen) mit Sitz in Birmingham gegründet. Die British Exhibition Venues Association (Britischer Verband der Messeplätze), deren Sitz sich in East Sussex befindet, vereint in erster Linie die Verantwortlichen der verschiedenen Messestädte. Die Betreiber der Londoner Messegelände treffen sich zusätzlich in einer eigenen Arbeitsgemeinschaft.

Auch in Großbritannien haben die Standbau-Unternehmen einen Fachverband gegründet. Es ist dies die British Exhibition Contractors Association-BECA mit Sitz in London.

Erste Versuche der Zusammenführung aller in Großbritannien am Messewesen beteiligten Unternehmen in einem übergeordneten Dachverband werden von der Exhibition Industry Federation-EIF (Verband der Ausstellungs-Industrie), mit einer nationalen wie auch internationalen Zielsetzung unternommen. Erfolge dieser Bemühungen sind jedoch bis jetzt nicht bekannt.

3.4 Schweiz

Ältester und aktivster Messeverband in der Schweiz ist die Arbeitsgemeinschaft Schweizerischer Messegesellschaften. Der Mehrsprachigkeit der Schweiz entsprechend wechselt die Geschäftsführung der ASM turnusmäßig von einer deutschsprachigen zu einer französischsprachigen Messegesellschaft. Zur Zeit obliegt sie dem Comptoir Suisse, der Messegesellschaft von Lausanne.

In der ASM sind alle wichtigen Veranstalter von Messen und Fachmessen mit nationaler und internationaler Ausstrahlung vereint. Eine der Hauptaufgaben dieses Verbandes ist die Erstellung und Veröffentlichung eines gesamtschweizerischen Messekalenders, der neben einer Beschreibung des jeweiligen Messeplatzes alle in der entsprechenden Messestadt veranstalteten Messen und Fachmessen aufführt. Außerdem versuchen die Mitglieder der Arbeitsgemeinschaft, durch gemeinsame Verhandlungen zeitliche wie auch thematische Überschneidungen von Messen weitestgehend zu vermeiden.

International tritt die Arbeitsgemeinschaft Schweizerischer Messegesellschaften jedes Jahr bei dem im Vorhergehenden beschriebenen Internationalen Messeseminar in Erscheinung, das sie in Zusammenarbeit mit der IDFA und der AMA, der Arbeitgemeinschaft Österreichischer Messen, veranstaltet.

Neben der ASM, die als Interessenverband der sechs großen schweizerischen Messeplätze gewertet wird, besteht die Vereinigung Schweizerischer Messen und Ausstellungen – VSMA, die in erster Linie ein Forum für den Meinungsaustausch zwischen den privaten Messeveranstaltern oder den eher regionalen Organisatoren in der Schweiz ist. Interessant ist der Tatbestand, daß auch alle Mitglieder der ASM in der VSMA vertreten sind.

Als ein besonderer Erfolg der Kooperation zwischen den großen Messeplätzen der Schweiz gilt die Gründung der FKM-SUISSE. Seit 1991 werden die Aussteller- und die Besucherzahlen der wichtigsten in Basel, Bern, Genf, Lausanne, St. Gallen und Zürich stattfindenden Veranstaltungen nach den gleichen strengen Masstäben wie in Deutschland gemessen und veröffentlicht.

Erwähnenswert ist, daß die Standbauer in der Schweiz sich ebenfalls zu einem Verband zusammengeschlossen haben. Es ist dies die Interessengemeinschaft Schweizerischer Standbauer mit Sitz in Zürich, die mit Fachseminaren und marketingbezogenen Veröffentlichungen in die Öffentlichkeit tritt.

3.5 Österreich

Die österreichischen Messen und Fachmessen der Messegesellschaften in Dornbirn, Graz, Innsbruck, Klagenfurt, Ried, Salzburg, Wels und Wien sind seit vielen Jahren in der Arbeitsgemeinschaft Österreichischer Messen-AMA zusammengeschlossen. Präsidentschaft und Sitz der AMA obliegen zur Zeit der Messe in Ried.

Ähnlich wie die schweizerischen Kollegen, bemühen sich die großen Messegesellschaften Österreichs um die Aufstellung und Veröffentlichung eines Messekalenders aller Veranstaltungen der einzelnen Mitgliedsgesellschaften sowie um die Vermeidung von thematischen und zeitlichen Überschneidungen. Der Zusammenarbeit mit den deutschen Kollegen der IDFA und den schweizerischen Kollegen der ASM bei der Organisation des jährlichen Internationalen Messeseminars kommt eine besondere Bedeutung zu.

Nach dem Vorbild der deutschen FKM haben auch die vorgenannten österreichischen Messeveranstalter sich das Ziel gesetzt, durch vergleichbare und kontrollierte Zahlen zur Klarheit und Wahrheit im Messewesen beizutragen. In diesem Sinne gründeten sie im Jahre 1986 die FKM-AUSTRIA, die seitdem regelmäßig nach den FKM-Richtlinien zusammengestellte Statistiken veröffentlicht.

3.6 Italien

Das Messewesen in Italien wird durch den Tatbestand der staatlichen Regulierung besonders gekennzeichnet. Die Wirtschaftsministerien der italienischen Regionen erteilen nach Konsultation der regionalen wie auch der nationalen Wirtschafts- und Messeverbände die Genehmigung zur Veranstaltung einer Messe oder Fachmesse. Die Qualifikation als „international" wird unter Einhaltung festgelegter Richtlinien vom Bundesministerium für Industrie zugesprochen. So kommt es auch, daß die Messezahlen der fast 200 als international anerkannten italienischen Veranstaltungen obligatorischerweise durch das Bundesministerium für Industrie kontrolliert und veröffentlicht werden.

Die im italienischen Messewesen tätigen Gesellschaften sind in drei verschiedenen Verbänden zusammengeschlossen:

- die Associazione Enti Fieristici Italiani-AEFI vereinigt die Mehrzahl aller Veranstalter von allgemeinen Messen wie auch von Fachmessen,
- die Associazione delle Mostre Specializzate-ASSOMOSTRE widmet sich eher den Belangen der Fachmessen.

Neben diesen beiden Vereinigungen besteht ein Verband der Standbauer, die Associazione Nazionale delle Aziende Allestritice di Fiere e Mostre – ASAL.

3.7 Spanien und Portugal

Der spanische Messeverband Asociacion de Ferias Espanolas vereinigt die wichtigsten Veranstalter von Messen und Fachmessen in Spanien. In 17 Städten werden von 19 Organisatoren, meistens auf eigenen Messegeländen, jährlich bis 200 nationale und internationale Veranstaltungen durchgeführt.

Bis 1987 veröffentlichte der spanische Verband in Zusammenarbeit mit den Messegesellschaften von Lissabon und Braga in Portugal einen jährlichen Bericht mit den von einem unabhängigen Revisor geprüften Besucher- und Ausstellerstatistiken aller Mitgliedveranstaltungen. Seit 1988 erfolgt diese Veröffentlichung für Spanien und Portugal getrennt.

3.8 Benelux-Länder

Schon 1966 hatten sich die Messegesellschaften der Städte Brüssel und Gent in Belgien, Amsterdam und Utrecht in den Niederlanden sowie der Stadt Luxemburg zu einem nach dem Vorbild der politischen und wirtschaftlichen Benelux-Union gegründeten Messeverband zusammengeschlossen. Unabhängigen Veranstaltern von Messen und Fachmessen auf den Messegeländen der vorgenannten Städte wurde eine Zusammenarbeit in dem Benelux-Fachverband ebenfalls ermöglicht.

Da der Benelux-Messeverband zur Zeit seiner Gründung neben der UFI die einzige supranationale Vereinigung von Messeveranstaltern war, wurden seine Satzungen an jene des Weltverbandes angelehnt. So wurde u. a. den regionalen Messen und Fachmessen sowie deren Veranstaltern eine Mitgliedschaft untersagt. Ein nach UFI-Vorbild einzureichendes Aufnahmegesuch sowie ein Untersuchungsbericht, der eine zumindest nationale Repräsentativität der Veranstaltung bestätigt, bilden die Grundlagen zur Entscheidung des Aufsichtsrates, ein neues Mitglied aufzunehmen. Eine Besonderheit bei der Zusammenarbeit in dem Drei-Länder-Verband ist der Tatbestand, daß Entscheidungen, die sich auf die Mitglieder eines der drei Länder beziehen, von den Vertretern der beiden übrigen Länder gemeinsam getroffen werden.

Dies trifft hauptsächlich seit der Einführung im Jahre 1976 eines nach den Bestimmungen der FKM operierenden Kontrollorgans der Messestatistiken der Mitgliedsveranstaltungen zu.

Alle 90 Mitglieder in den drei Ländern reichen ihre Ausstellungsflächen-, Aussteller- und Besucherzahlen dem Verband zur Kontrolle ein. Eine physische Kontrolle wird nach Losziehung durchgeführt. Hierbei werden die kontrollierten Zahlen des einen der drei Länder durch die Aufsichtsratsvertreter der beiden anderen Länder attestiert.

Mit der Veröffentlichung der Messestatistiken, eines Veranstaltungskalenders sowie eines Jahrbuchs mit den wesentlichen Informationen über die insgesamt fast 90 Mitgliedsmessen und Fachmessen hat der Benelux-Verband bis 1991 auf eine traditionelle Weise die für internationale Verbände übliche Öffentlichskeitsarbeit geleistet.

Jährliche Seminare, zu denen international renommierte Fachreferenten auch von außerhalb der Benelux-Länder eingeladen wurden, sowie Informationstreffen von Fachkräften aus den verschiedensten Tätigkeitsbereichen der einzelnen Mitgliedsgesellschaften haben dem Benelux-Verband der Messen und Fachmessen im Laufe der Jahre eine Eigendynamik verschafft.

Da es nicht verwunderlich ist, daß drei Länder trotz einer gemeinsamen Geschichte eine unterschiedliche wirtschaftliche Entwicklung und Ausrichtung haben können, konnte es nicht ausbleiben, daß ein Partner bestrebt war, aus dem bisherigen Konzept der Zusammenarbeit auszubrechen.

In Anlehnung an die in Europa allgemein spürbare Entwicklung des Zusammenführens aller im Wirtschaftszweig „Messen und Ausstellungen" tätigen Unternehmen, haben die niederländischen Mitglieder des Benelux-Verbandes ihre Mitarbeit im Drei-Länder-Verband aufgekündigt, falls eine gemeinsame Interessenvertretung aller betroffenen Tätigkeiten nicht erreicht würde.

Da geopolitische Bedingungen eines Landes sich nicht ohne weiteres in die wirtschaftliche Realität eines andern Landes umsetzen lassen, konnte zu Beginn des Jahres 1992 eine Teilung des Verbandes der Benelux Messen und Fachmessen in drei gesonderte Landesverbände nicht vermieden werden.

Die einzelnen Landesgruppierungen haben jedoch eine Kooperation verabredet, die mit der zwischen der IDFA in der Bundesrepublik, der ASM in der Schweiz und der AMA in Oesterreich bestehenden Zusammenarbeit verglichen werden kann. Allerdings werden die früheren gemeinsamen Veröffentlichungen nicht weitergeführt, da die Veranstalter jedes Landes selbst über ihre Öffentlichkeitsarbeit entscheiden wollen.

Seit dem Monat April des Jahres 1992 besteht in den Niederlanden die Federatie voor Beurzen en Tentoonstellingen Nederland – FBTN, die neben den großen Messegesellschaften der Städte Amsterdam, Rotterdam und Utrecht ebenfalls den niederländischen Fachverband der Standbauunternehmen und Messezulieferfirmen – ESAH in einem neuartigen Verbund zusammenschliesst. Geplante regelmäßige Analysen über das Messegeschehen in den Niederlanden sowie dessen statistische Darstellung durch ein Institut der Universität Rotterdam lassen auf eine künftig rege Tätigkeit schließen.

Der niederländische Messeverband möchte damit alle im nationalen Messewesen zusammenarbeitenden Unternehmen in einem einzigen Zusammenschluß vereinen.

Dies scheint jedoch nicht auf Anhieb dem Gesichtspunkt aller niederländischen Messeveranstalter zu entsprechen. Besonders die Veranstalter von kleineren oder eher regionalen Messen sowie die Betreiber von kleineren Messegeländen fühlen sich wegen des alleinigen Vertretunganspruchs der Brancheninteressen durch die führenden Messeplätze übergangen. Aus diesem Grund planen sie die Gründung eines eigenen zusätzlichen Verbandes. Ähnlich wie in der Schweiz ist eine Mitgliedschaft der größeren Messegesellschaften in diesem Verband ebenfalls vorgesehen.

Das Messewesen in Belgien ist im Vergleich zu den Niederlanden geographisch stärker zentralisiert. Die überwiegende Mehrheit der internationalen Veranstaltungen findet in der Hauptstadt Brüssel statt. Das Vorhandensein eines einzigen großen Messegeländes in Belgien seit 1935, das anfangs nicht aktiv vermarktet wurde, hat in Brüssel sehr früh zum Entstehen von unabhängigen Veranstaltergesellschaften geführt. Private Messeveranstalter und Wirtschaftsverbände sind zu gleichen Teilen mit den Betriebsgesellschaften der bestehenden Messegelände der Hauptstadt die Träger der Vielzahl von Messen und Fachmessen, die in Brüssel stattfinden.

Seit der Regionalisierung des Landes in vier sprachlich abgegrenzte Teilbereiche hat jedoch auch Gent als größter flandrischer Messeort an Bedeutung gewonnen. Die Hauptstädte der anderen Regionen nutzen das Medium Messen und Fachmessen immer häufiger zur eigenen Profilierung. Erfolge werden allerdings nur in Ausnahmefällen verbucht.

Zur Zeit sind im belgischen Messewesen zwei Tendenzen zu erkennen. Einerseits sucht die Betriebsgesellschaft des Brüsseler Messegeländes durch den Ankauf von unabhängigen Veranstaltungen ihre Position als größte Messeveranstalterin des Landes zu festigen. Andererseits sind die privaten Veranstalter immer häufiger bereit, die Möglichkeiten der regionalen Infrastrukturen zu nutzen, um ihre Märkte vor Ort in den dortigen Ballungszentren zu bedienen.

Die belgischen Messeveranstalter haben das Auseinanderfallen des Benelux-Verbandes daher zu einer Bestandsaufnahme genutzt. Sie bilden zur Zeit eine nicht statutarische Arbeitsgemeinschaft, die sich in unregelmäßigen Zeitabständen trifft, um anfallende Probleme zu besprechen.

Den in Luxemburg veranstalteten Messen und Fachmessen kam seit dem Mittelalter eine über die Grenzen des kleinen Landes hinausgehende Bedeutung zu. Die Positionierung des Großherzogtums auf dem geographischen und kulturellen Treffpunkt Deutschlands und Frankreichs ließ sehr früh politische Grenzen vergessen.

So benutzen die Luxemburger Messeveranstalter die Gelegenheit, die sich ihnen durch die nun mögliche Gründung eines eigenen Verbandes bietet dazu, um sich eine euroregionale Ausrichtung zu geben. Eine aktive Zusammenarbeit mit den Messeveranstaltern im Saarland, Rheinland-Pfalz, Lothringen und im angrenzenden Belgien sind ein erstes Ziel. Ein Erfahrungsaustausch mit ähnlich gelagerten Messeorten, wie z. B. Maastricht mit seinem belgisch-holländisch-deutschen Einzugsgebiet oder Koortrijk mit seiner Ausstrahlung nach Flandern, Nordfrankreich und sogar Großbritannien, werden mit Erfolg angestrebt.

Die seit mehreren Jahren bestehende Zusammenarbeit der Luxemburger Messen mit der IDFA, der AMA und der ASM bei dem jährlichen deutschprachigen internationalen Messeseminar sowie die auch weiterhin aufrecht erhaltene Teilnahme an der von der FKM und der OJS initiierten Veröffentlichung „European Tradefair and Exhibition Statistics" sind ein Zeugnis der neuen Ausrichtung des Messewesens in dieser europäisch wichtigen Region.

3.9 Skandinavien

Die Entwicklung der Messeverbände in Skandinavien geht im Vergleich zu den Benelux-Ländern in die gegensätzliche Richtung. Vor einigen Jahren haben die dänischen, finnischen, norwegischen und schwedischen Veranstalter von Messen und Fachmessen mit überregionaler Bedeutung sich zu dem „skandinavischen Messerat" zusammengeschlossen.

Neben der Abstimmung von Messeterminen und der Veröffentlichung eines skandinavischen Messekalenders kümmert der Verband sich intensiv um die Einrichtung und den Ausbau einer Datenbank für internationale Messeliteratur sowie auch um die Schaffung von Ausbildungsmöglichkeiten für die Nachwuchskräfte im Messewesen. Ab Sommer 1992 wird der Skandinavische Messerat eine Prüforganisation nach dem Beispiel der deutschen FKM einrichten und dann ab 1993 seine Prüfergebnisse mit den bei der Veröffentlichung „European Trade Fair and Exhibition Statistics" zusammenarbeitenden Verbänden vorlegen.

4. Verbände in Osteuropa

Die wirtschaftliche Revolution im Osten Europas hat als direkte Konsequenz eine grundsätzlich andere Ausrichtung des früher staatsdirigistischen Messewesens zur Folge. Bestehende Zusammenschlüsse sind hinfällig geworden, neue Möglichkeit den Zusammenarbeit werden gesucht. So ist es im Frühjahr 1992 leider illusorisch, von dem früheren jugoslawischen Messeverband zu schreiben, der – neben anderen Tätigkeiten – jedes Jahr die vom Wirtschaftsministerium bestätigten Messezahlen seiner Mitglieder veröffentlichte.

Eine ähnliche, bis 1989 erschienene Veröffentlichung der Messen in Polen, Bulgarien, Ungarn, der UdSSR, der DDR und der Tschechoslowakei ist durch die politische und wirtschaftliche Entwicklung zu einem messegeschichtlichen Kuriosum geworden. Andererseits ist es erfreulich, daß die Messeveranstalter in der Republik Russland sich sehr früh an den deutschen AUMA gewandt haben um mit dessen Beratung einen ähnlichen Verband zu gründen.

Die Nachricht, daß der offizielle Messeveranstalter Ungarns „Hungexpo" mit der Wiener Messen & Congress GmbH eine Gesellschaft zur statistischen Überprüfung der in Budapest durchgeführten Messen gegründet hat, läßt auf eine effiziente Zusammenarbeit über die bis jetzt noch bestehenden Grenzen hinaus schließen.

5. Verbände in Übersee

5.1 Nord-Amerika

Entsprechend der Bedeutung des nordamerikanischen Marktes werden in den USA und in Kanada eine Vielzahl von Messen und Fachmessen unterschiedlicher nationaler und internationaler Ausrichtung durchgeführt, deren Veranstalter in der seit Jahren als repräsentativster Messeverband geltenden National Association of Exhibition Managers – NAEM mit Sitz in Indianapolis zusammengeschlossen sind. Bei ihrer Jahresversammlung treffen sich über 1.000 Messeverantwortliche zu einem weitgespannten fachlichen Erfahrungsaustausch.

Im Zuge der Internationalisierung der amerikanischen Messetätigkeit strebt die NAEM eine Zusammenarbeit mit dem Weltverband UFI an. Erster Niederschlag dieser Annäherung ist die ab Juni 1992 geplante regelmäßige aktive Teilnahme von leitenden UFI-Mitgliedern an den jährlichen NAEM-Tagungen.

Die Zulieferfirmen des nordamerikanischen Messewesens haben sich ebenfalls in Verbänden zusammengeschlossen. Hier seien die Trade Show Services Association – TSSA – und die Exposition Service Contractors Association – ESCA – genannt.

5.2 Süd-Amerika

Seit Anfang der 70er Jahre besteht eine enge Zusammenarbeit zwischen den Veranstaltungsgesellschaften der internationalen Messen in Argentinien, Brasilien, Kolumbien, Peru, Uruguay und Venezuela, die zu der Gründung der Associaciòn de Ferias Internacionales de América geführt hat. Sitz des Verbandes ist der Messeplatz des turnusmässig gewählten Präsidenten, zur Zeit Lima, die Hauptstadt Perus.

5.3 Asien

Der überaus schnellen Entwicklung des Messewesens in Asien folgend haben die Messeveranstalter und ihre Zulieferer am wohl aktivsten asiatischen Messestandort Singapur sehr früh die Notwendigkeit eines fachlichen Zusammenschlusses erkannt.

Die Besonderheit dieser Singapore Association of Convention and Exhibition Organizers & Suppliers – SACEOS – besteht darin, daß sie als einziger Verband im weltweiten Vergleich seit ihrer Gründung sämtliche messerelevanten Wirtschaftszweige und auch die Kongreß- und Tagungsveranstalter umfaßt.

Hier wurde eine Entwicklung vollzogen, die sich in Europa jetzt möglicherweise anbahnt.

5.4 Afrika

In Anbetracht der sich positiv entwickelnden Weltwirtschaftsbeziehungen mit Südafrika sei der Vollständigkeit halber ebenfalls die seit Beginn dieses Jahrhunderts in dieser großen Region bestehende Messetätigkeit erwähnt.

Als Verband der Veranstalter von Messen und Fachmessen in den wichtigsten Industriezentren des Landes besteht die Exhibition Association of South Africa – EXSA – mit Sitz in Johannesburg.

6. Internationale Verbände des Messewesens

An verschiedenen Stellen dieses Beitrags wird auf die grenzüberschreitende Zusammenarbeit verschiedener europäischer nationaler Messeverbände aufmerksam gemacht.

An die Zusammenarbeit der entsprechenden Verbände in Deutschland, Frankreich, Österreich, der Schweiz, Italien sowie in den Benelux- und den skandinavischen Ländern beim Zustandekommen des Jahrbuchs über „European Trade Fair and Exhibition Statistics" sei kurz erinnert.

Als Folge der Entstehung des europäischen Binnenmarktes wird sich diese Zusammenarbeit immer mehr verstärken. Regionale Märkte werden zu regionalem Erfahrungsaustausch und auf den Markt der Region ausgerichteten Synergien führen. Neue Arbeitsgemeinschaften werden jetzt schon gegründet, um vor dem Stichtag des 1. Januar 1993 den europäischen Gedanken „durch die Hintertür" zu verwirklichen. So ist neben der seit Ende der 1960er Jahre bestehenden und damit schon fast traditionellen Euregion Saar-Lor-Lux ein weiterer ebenso aktiver Verbund zwischen den deutschen, französischen und schweizer Regionen Baden-Württemberg-Elsaß-Basel entstanden. Ähnliche Beispiele gibt es in vielen anderen Mehrländer-Grenzregionen.

Die Auswirkung dieser Bestrebung auf das Messe- besonders das Kongreßwesen in diesen Großregionen ist jetzt schon deutlich.

Diesen Arbeitsgemeinschaften sind zwar keine statutarische Verbände, sie zeigen jedoch richtungweisende Tendenzen.

6.1 Union des Foires Internationales (UFI)

Dem Weltverband des Messewesens „Union des Foires Internationales" – UFI – wird an anderer Stelle dieses Handbuchs ein eigenes Kapitel gewidmet. Wenn auch der UFI von einigen Seiten kritische Bemerkungen entgegengebracht werden, so muß hier doch unterstrichen werden, daß ihre Rolle „UFI als Katalysator des Erfahrungsaustauschs zwischen Messeveranstaltern in der gesamten Welt" nicht oft genug hervorgehoben werden kann.

6.2 INTEREXPO

Gruppen-Beteiligungen von Industrie- und Dienstleistungsbetrieben eines Landes unter der Schirmherrschaft der entsprechenden Ministerien sind seit jeher ein wichtiges Merkmal des Internationalitätsgrades einer Messe oder Fachmesse. Als kostengünstige Beteiligungsmöglichkeit werden sie immer noch als Einstieg, besonders in neue Märkte genutzt.

Die öffentlichen Dienststellen aber auch spezialisierte Unternehmen der jeweiligen Länder, die mit der Koordinierung dieser Beteiligungen befaßt sind, haben sich früh zu einem internationalen Verband zusammengeschlossen.

Das Comité des Organisateurs de Participations Collectives Nationales aux Manifestations Economiques Internationales (Komitee der Organisatoren von nationalen Gruppenbeteiligungen an internationalen Wirtschaftsveranstaltungen) – INTEREXPO – mit Sitz in Wien, bietet seinen Mitgliedern seit vielen Jahren die Möglichkeit des Erfahrungsaustauschs über die von Land zu Land verschiedenen Arbeitsbedingungen im Messewesen.

Man kann somit die INTEREXPO als einen ersten internationalen Verband von Ausstellern bezeichnen, muß aber zugleich betonen, daß es sich zumeist um sogenannte „offizielle" Beteiligungen handelt.

6.3 International Federation of Exhibition Services (IFES)

Die International Federation of Exhibition Services – IFES – ist ein erster europäischer Zusammenschluß der nationalen Verbände der Zulieferfirmen des Messewesens, zunächst der nationalen europäischen Verbände der Standbauunternehmen aus Deutschland, Frankreich, Italien, Großbritannien, Dänemark, Belgien und den Niederlanden.

Neben dem Erfahrungsaustausch über die von Land zu Land unterschiedlichen technischen und gesetzlichen Bestimmungen im Messewesen, hat die IFES sich als Ziel gesetzt, aktiv auf die Dienststellen der Kommission der Europäischen Gemeinschaft in Brüssel einzuwirken, um einerseits notwendige Vereinheitlichungen herbeizuführen und andererseits störenden Einflußnahmen der EG vorzugreifen und sie damit zu verhindern. Aus diesem Grund hat die IFES ihren Sitz in Brüssel.

6.4 European Major Exhibition Centre Association (EMECA)

Als neuer internationaler Verband tritt seit Frühjahr 1992 die European Major Exhibition Centre Association (Europäischer Verband der führenden Messegelände)- EMECA – in Erscheinung. In ihr haben sich einige Betriebsgesellschaften von Messegeländen in Belgien, Deutschland, Frankreich, Großbritannien, Italien, den Niederlanden, der Schweiz und Spanien zusammengeschlossen, deren Ausstellungshallen eine Bruttoausstellungsfläche von 100.000 qm überschreiten.

Ziel dieses Verbandes, dem auch Mitglieder der UFI und anderer nationaler Messeverbände angehören, ist das Herbeiführen von gemeinsamen Normen im Messewesen sowie eine verstärkte Kontaktpflege mit den internationalen politischen, wirtschaftlichen und technischen Institutionen deren Tätigkeit in Zusammenhang mit dem Messewesen steht. In erster Linie wird hierbei an die Kommission der Europäischen Geminschaften in Brüssel gedacht.

Obschon die EMECA vor allem technische Ziele verfolgt, möchte sie die Pflege des Marketinginstrumentes Messe nicht vernachlässigen. Sie bietet daher allen nationalen und internationalen Verbänden ihre Zusammenarbeit auf diesem Gebiet an. Man kann hinzufügen, daß die Gründung EMECA kontrovers diskutiert wird. Messegesellschaften vor allem wenden ein, daß die UFI als Weltverband in der Lage sein, alle regionalen und alle fachlichen Fragen zu diskutieren und entsprechende Standpunkte zu erarbeiten und zu vertreten.

7. Schlußbemerkung

Alle im Vorhergehenden beschriebenen Verbände verfolgen als Hauptziel die Erstellung und die Einhaltung von quantitativen und qualitativen Normen. Damit verteidigen sie das Prädikat „wertvoll" der ihnen angeschlossenen Mitglieder.

Obschon die Vielzahl der oft gleichartigen Verbände manchmal auf einen Profilierungswunsch der jeweiligen Initiatoren schließen lassen könnte, zeugen die immer häufigere internationale Zusammenarbeit vieler Verbände und die daraus entstehenden erfolgreichen gemeinsamen Aktionen und Veröffentlichungen davon, daß nationale und internationale Verbandsarbeit im Messewesen in erster Linie der Profilierung des Mediums Messe dient.

Kapitel 10

Aus- und Weiterbildung und Organisationen im Messewesen

Dieta Simon

Aus- und Weiterbildung im Messewesen

1. Messen im Innovationsprozeß

2. Aus- und Weiterbildungsbedarf im Messewesen
    2.1 Qualifizierungsbedarf aus der Perspektive von Unternehmen
    2.2 Qualifizierungsbedarf aus der Perspektive von Messegesellschaften
    2.3 Qualifizierungsbedarf aus der Perspektive von regionalen Organisationen

3. Die aktuelle Situation der Aus- und Weiterbildung im Messewesen
    3.1 Ausbildung im Messewesen
    3.2 Weiterbildung im Messewesen

4. Resümee

5. Organisationen des Messewesens, Messegesellschaften und -veranstalter und Ausbildungsstätten
    5.1 Organisationen des Messewesens
    5.2 Messegesellschaften und Messeveranstalter
    5.3 Ausbildung

1. Messen im Innovationsprozeß

Messen haben im Marketing von Unternehmen einen herausragenden Stellenwert, der bei zunehmender Internationalisierung und Globalisierung der Märkte künftig noch ansteigen wird. Die vielfältigen Facetten des Messewesens sind in den vorangestellten Beiträgen ausführlich beschrieben worden. Gemeinsam stützen sie die Aussage, daß das Messewesen in einen Innovationsprozeß eingetreten ist, der die beteiligten Institutionen – die ausstellenden Unternehmen, die Messegesellschaften und die verschiedenen Träger der Regionalpolitik – herausfordert, durch neue Ideen und Aktivitäten ihre Wettbewerbspositionen zu festigen und auszubauen. Aus betriebswirtschaftlicher Sicht bilden die jeweils in einer Organisation vorhandenen qualifikatorischen Ressourcen eine der wichtigen Voraussetzungen für die erfolgreiche Umsetzung von Konzepten in operative Maßnahmen.

Daher ist es naheliegend, am Schluß dieses Bandes die Frage aufzuwerfen, wie es eigentlich mit der Aus- und Weiterbildung im Messewesen bestellt ist. Mit Bezug auf die drei am stärksten betroffenen Handlungsfelder ist Qualifizierungsbedarf im Messewesen mindestens aus drei Perspektiven zu betrachten:

- Erstens aus der Perspektive von Unternehmen, die sich mit ihren Produkten, Leistungen und Mitarbeitern auf Messen präsentieren.
- Zweitens aus dem Blickwinkel von Messegesellschaften, deren zentrales Produkt/Leistungsangebot die Planung, Organisation und Durchführung von Messeveranstaltungen ist.
- Drittens schließlich aus der Sichtweise von regionalen Einrichtungen unterschiedlicher Art, denn Regionen und Nationen können im Interesse der Erschließung und Förderung ihres spezifischen Wirtschaftsraumes Messeplätze durch Bereitstellung moderner Infrastruktur aufwerten.

Einleitend sollen zunächst die drei Perspektiven skizziert werden, aus denen sich der Aus- und Weiterbildungsbedarf, nachfolgend als Qualifizierungsbedarf zusammengefaßt, im Messewesen herleitet.

2. Aus- und Weiterbildungsbedarf im Messewesen

2.1 Qualifizierungssbedarf aus der Perspektive von Unternehmen

Für Unternehmen ist die Messe ein zentrales Marketinginstrument, dessen Aufgabe es ist, auf Entscheidungsprozesse gezielt und effektiv so einzuwirken, daß ein Kauf oder Geschäftsabschluß und möglichst auch die Anbahnung einer langfristigen Kunden- oder Geschäftsbeziehung zustande kommen. Vor allem für Investitionsgüterverkäufe gewinnen Messen an Bedeutung, weil es insgesamt wenig Gelegenheiten gibt, die von der technischen Installation und Ausrüstung her aufwendig präsentablen Produkte Kunden und potentiellen Kunden persönlich vorzustellen. Da Herstellerunternehmen von Investitionsgütern aus diesem Grund für ihre Messeteilnahme erhebliche Mittel einsetzen, stehen sie unter dem Anspruch, ihr Ausstellungskonzept gründlich vorzubereiten, um ihre Messebeteiligung zügig in Verkaufserfolge umzusetzen. Je nach Charakter der Produkt-/Leistungspalette muß das Unternehmen festlegen, welche Produkte vorgestellt werden sollen, wie sie präsentiert werden und vor allem welche Leistungsmerkmale gegenüber vergleichbaren Wettbewerbsprodukten besonders herausgehoben werden sollen; schließlich auch welche Mitarbeiter die Präsentationen und Beratungen durchführen sollen. Vor der Messe sind entsprechende unterstützende Informationsmaterialien zu erstellen und zu verteilen, Einladungen an spezielle Kunden auszugeben und es ist auch im Hinblick auf einen erfolgreichen Kundenbesuch nach der Messe sicherzustellen, daß durch nachfolgende persönliche Informations- und Beratungsleistungen die angebahnten Geschäfte auch realisiert werden können. Die Messeinvestitionen würden sich kaum lohnen, wenn Kunden während der Messe ein reges Interesse an den Produkten und Dienstleistungen formulieren, den Kunden ein baldiger Besuch sowie spezifischere Informationen über die Produkte zugesagt werden, aber mangels ausreichender Betreuungs- und Beratungskapazität sie dann monatelang warten müssen, bis sich überhaupt jemand meldet.

Messe als kommunikationspolitisches Instrument von Investitionsgüterherstellern impliziert also vielfältige Handlungs- und damit auch Qualifikationsanforderungen im Hinblick auf Planung, Vorbereitung, tatsächliche Messebeschickung und Nachbereitung. Neben dem bisher Genannten muß das Unternehmen zudem darauf achten, welchen Gesamteindruck es durch die dargebotenen Produkte und Leistungen sowie die persönlichen Kontakte bei vielen individuellen Besuchern und insgesamt in der fachlichen und allgemeinen Öffentlichkeit, geplant oder ungeplant, vermittelt.

Diese Situation verschärft sich durch den technologischen Innovationsprozeß vor allem für diejenigen Unternehmen, die Produkte mit einem hohen Technologieanteil und von großer Komplexität anbieten. Aufgrund wachsender Ähnlichkeit der Leistungsmerkmale vieler dieser Produkte sind die Hersteller gezwungen, ihre Produkte durch zusätzliche Besonderheiten von denen ihrer Wettbewerber abzusetzen. Gerade mit diesen Zusatzleistungen können sich die Unternehmen im Rahmen von Produkt-/Leistungspräsentationen auf Messen exponieren. Hinzu kommt, daß viele Unternehmen nicht nur einmal im Jahr eine wichtige Messe beschicken, sondern je nach Konstellation mitunter an mehreren verschiedenen Messen im In- und Ausland teilnehmen oder zur Ergänzung interne Hausmessen durchführen. Messebeteiligung ist somit ein ständiger und an Bedeutung und Sensibilität zunehmender Arbeitsschwerpunkt in vielen Unternehmen, auch in kleinen und mittelständischen. In der Folge sind von den verschiedenen Messeaktivitäten nicht nur wenige ausgewählte Marketing-Experten, sondern eine Vielzahl von Mitarbeitern betroffen, selbst wenn sie gar nicht persönlich auf der Messe erscheinen. Mit wachsendem Wettbewerbsdruck werden die Unternehmen die Frage lösen müssen, an welchen strategischen Gesichtspunkten sie ihre Messebeteiligungen ausrichten und als Voraussetzung und Folge davon durch welche Maßnahmen sie ihre Mitarbeiter in die Messepolitik einbinden und sie für die erfolgreiche Durchführung der vielfältigen Messeaktivitäten qualifizieren wollen.

Ergänzend ist darauf hinzuweisen, daß für immer mehr Unternehmen Messebesuche dazu dienen, einen gezielten Überblick über die Produkte des Wettbewerbs zu gewinnen, umfassende Informationen über Geräte, Anlagen und Systeme zu sammeln, die in naher

Zukunft gekauft werden sollen, ganz allgemein über neue relevante Trends z.B. in der Computerbranche auf dem laufenden zu bleiben oder auch um für bestimmte Bereiche Kooperationspartner oder einfach persönliche Ansprechpartner zu finden. Damit auch diese oft mit aufwendigem Reisen verbundenen unterschiedlich gerichteten Informationsaktivitäten produktiv und ergebnisreich verlaufen, sind auch hierfür Vorbereitung und systematisches Vorgehen geboten.

Diese kurzen Hinweise veranschaulichen, daß Unternehmen zur Wahrnehmung dieser vielfältigen verschiedenen messebezogenen Aufgaben Mitarbeiter brauchen, die über hohe und zugleich breite fachliche Qualifikationen verfügen sollten, um die jeweiligen Produkte und Leistungsangebote angemessen vertreten zu können. Darüber hinaus sollten die Mitarbeiter geschult sein in systematischem und aktivem Informations- und Kommunikationsverhalten, um die vielfältigen Kundenkontakte, die sich auf einer Messe ergeben, für die benannten Zwecke nutzen zu können.

2.2 Qualifizierungsbedarf aus der Perspektive von Messegesellschaften

Im Marketing werden Messen, wie oben dargestellt, zunächst als kommunikationspolitisches Instrument gesehen. Die Veranstaltung von Messen ist aber auch aus der Perspektive des Unternehmens zu betrachten, das Anbieter des Produkts „Messe" auf dem Markt ist, der Messegesellschaft. Wie vorab aufgezeigt, wächst nicht nur die Zahl der nationalen und internationalen Messeplätze ständig, sondern auch das Produktangebot der einzelnen Messegesellschaften unterliegt einem dynamischen Veränderungsprozeß. Laufend werden neue Fach- und Spezialmessen kreiert, die infrastrukturellen Angebote werden differenziert und im Messeumfeld entstehen viele neue Konzepte und Ideen, um noch gezielter auf die Wünsche der Aussteller und Messebesucher einzugehen. Der Messeplatz soll rundherum attraktiver werden (vgl. Roloff, 1992).

Bei der konkreten Ausrichtung des Leistungsangebots steht jede Messegesellschaft unter einem vergleichbaren Erfolgs- und Kostendruck wie ein Unternehmen bei seiner Produktgestaltung. Einerseits möchte die Messegesellschaft ihren Kunden, Ausstellern und Besuchern, einen noch umfassenderen und bedarfsgerechten Service bieten, andererseits muß sie bestimmte Kostenrahmen berücksichtigen sowie ein komplexes wirtschaftliches und politisches Umfeld, das ihre Handlungsspielräume mitunter stark beeinträchtigt.

Gleichwohl stehen Messegesellschaften in einem verschärften Wettbewerb, in dem sie sich und ihr Leistungsangebot profilieren müssen. Folgt man den Überlegungen von Porter zur Entwicklung von Wettbewerbsvorteilen von Dienstleistungsanbietern, dann haben es besonders inländische Messegesellschaften schwer, sich über Kostenvorteile zu positionieren; aussichtsreich erscheint allein eine Diversifikationsstrategie, durch die interessante innovative Leistungskomponenten ins Spiel gebracht werden können. (vgl. Porter 1991, S. 263 f.)

Für die Entwicklung künftiger Diversifikationskonzepte sind aus aktueller Sicht vor allem folgende Trends relevant:

- Neue technologische Entwicklungstrends wie z.B. Biotechnologien, Satellitenkommunikation
- Neue gesellschaftliche, kulturelle oder soziale Orientierungen wie z. B. Ressourcenschonung, Umweltschutz, neue Verkehrs- und Transportkonzepte
- Wichtige Veränderungen im politischen Umfeld wie beispielsweise die Demokratisierung Osteuropas oder die Errichtung des Europäischen Binnenmarktes
- Verschiebungen im weltwirtschaftlichen Kräfteverhältnis wie z.B. die Entwicklung des Asiatischen Wirtschaftsraumes
- Neue Organisations-, Management- oder Kommunikationskonzepte wie z.B. die japanischen Logistiksysteme.

Angesichts all dieser Entwicklungen sind Messegesellschaften herausgefordert, im schärfer werdenden internationalen Wettstreit für ihre künftigen Geschäftsfelder und Produkte Marketingkonzepte zu entwerfen. Diese Marketingkonzeptionen müssen sich an den allgemeinen Unternehmenszielen ausrichten und sollten langfristig tragfähig sein. Hierfür muß das Unternehmen in den einzelnen Produktbereichen Zielvorgaben erarbeiten und für die Umsetzung der Konzepte die erforderlichen Kapazitäten schafffen. Eine wichtige Voraussetzung für die Entwicklung so betrachteter innovativer Unternehmens- und Produktstrategien ist, daß die Messegesellschaften entsprechend qualifiziertes Personal vorhalten, die diese auf der Grundlage zukunftsrelevanter Trends erstellen, sie im politischen Umfeld abstimmen und kommunikativ verankern und sie schließlich professionell realisieren.

Im Hinblick auf den rein quantitativen Bedarf an Fachkräften mit oben skizzierten Qualifikationsdimensionen ist zu bedenken, daß Messegesellschaften als Unternehmen zum Dienstleistungssektor gehören, der in den nächsten Jahren nach vorliegenden Prognosen zu den expandierenden Wachstumsfeldern der Wirtschaft zählt (vgl. v. Rothkirch/ Weidig, 1985). Messegesellschaften müssen damit rechnen, um die knapper werdenden qualifizierten Dienstleistungsfachkräfte mit vielen anderen Wirtschaftszweigen zu konkurrieren. Gegenwärtig sind im gesamten Messewesen in der Bundesrepublik etwa 5000 Mitarbeiter, davon etwa die Hälfte allein bei den sechs größten Messegesellschaften tätig. Für sie werden sich vermutlich besondere Engpässe ergeben.

2.3 Qualifizierungsbedarf aus der Perspektive von regionalen Organisationen

Schließlich können sich auch Kommunen, Regionen und Länder nicht davor verschließen, sich über künftige Qualifikationsschwerpunkte für den Messebereich Gedanken zu machen. Messeveranstaltungen sind, wie in diesem Band ausführlich erläutert, das Produkt eines intensiven Zusammenwirkens zwischen Unternehmen, Fach- und Industrieverbänden, Organen der Presse und des öffentlichen Lebens. Eine Messegesellschaft kann für sich allein einen bestimmten Messestandort nicht attraktiv machen, sondern sie ist angewiesen auf die Unterstützung der benannten Einrichtungen und vor allem auf die der regionalen politischen Verantwortungsträger. Allein die wachsenden Verkehrsprobleme zwingen die Regionen, neue Vorschläge zu erarbeiten, um rechtzeitig die oft erst mittel- bis langfristig greifenden Maßnahmen einleiten zu können, sei es für die Einrichtung neuer Verkehrsmittel wie zum

Beispiel der Magnetbahn, sei es für den Ausbau von Straßen-, Wasser-, Luft- und Schienenverbindungen sowie ihrer logistischen Koppelung untereinander. Anstöße aus dem regionalen Bereich sind in diesem Sektor jedoch nur dann zu erwarten, wenn dort entsprechendes Know-how vorhanden ist, um auf die sich wandelnden Erfordernisse von Messeplätzen einzugehen. Auch bei den hier geschilderten Institutionen wird daher mit einem erheblichen Bedarf an qualifiziertem Fachpersonal zu rechnen sein.

Bezogen auf die drei vorab skizzierten allgemeinen Bedarfsperspektiven soll nun dargelegt werden, wie die aktuelle Aus- und Weiterbildungssituation im Messewesen konkret aussieht und in welchen Bereichen besondere Qualifizierungsaktivitäten vorfindbar sind.

3. Die aktuelle Situation der Aus- und Weiterbildung im Messewesen

Obgleich über Themen der beruflichen Aus- und Weiterbildung eine sehr umfassende Literatur vorhanden ist, ist festzustellen, daß sich mit den speziellen Fragen der Qualifizierung für Aufgaben in der Messewirtschaft bisher nur sehr wenige Experten befaßt haben. Mit dieser Situation korrespondiert der Tatbestand, daß es auch heute genau genommen nur eine einzige Ausbildungsinstitution gibt, die ein konzeptionell ausgerichtetes Angebot für die Ausbildung von Fachkräften im Messewesen vorhält. Nicht wesentlich anders sieht die Situation auf dem Gebiet der Weiterbildung aus, was um so erstaunlicher ist angesichts des anhaltenden Booms auf dem Weiterbildungssektor. Zunächst einige Aspekte zur Situation der Ausbildung.

3.1 Ausbildung im Messewesen

Die nachfolgende Beschreibung der gegenwärtigen Situation stützt sich auf die derzeit vorhandene aktuellste empirische Untersuchung, deren Datenmaterial vor etwa vier Jahren zusammengetragen wurde (vgl. Beier, 1988). Zur Vorbereitung und inhaltlichen Konzipierung eines neuen Ausbildungsschwerpunktes wurde diese Untersuchung an der Berufsakademie Ravensburg durchgeführt. Im Herbst 1986 begann die Berufsakademie Ravensburg, die eine betriebswirtschaftliche Ausbildung mit dem Abschluß eines Diploms anbietet, mit der Ausbildung in dem neuen Schwerpunkt „Messewirtschaft". Orientiert an dem dualen Ausbildungskonzept des Landes Baden-Württemberg werden hier Abiturienten drei Jahre lang als Nachwuchskräfte für Aufgaben im mittleren Mangement qualifiziert. Die theoretischen Ausbildungsanteile vermittelt die Fachhochschule, die praktischen Ausbildungsanteile werden in Firmen, Verbänden und anderen Einrichtungen des Messewesens, mit denen die Studenten – vergleichbar der Situation in der dualen Berufsbildung – Ausbildungsverträge haben, erworben. Die Ausbildungskonzeption ist mit dem AUMA, dem Ausstellungs- und Messeausschuß der deutschen Wirtschaft e.V., abgestimmt und bei Bedarf wird sie neuen Entwicklungen angepaßt.

Die empirische Befragung umfaßte beinahe 200 Unternehmen der Messewirtschaft, darin enthalten die Großmessen (die sogenannte GDG-Gruppe, also der Gesprächskreis der deutschen Großmessen), die Veranstalter der IDFA und der FAMA sowie die Messebauunternehmen. Neben den bundesdeutschen Teilnehmern wurden bei einigen qualitativen Fragen auch Unternehmen aus der Schweiz, Österreich sowie den Benelux-Staaten berücksichtigt. Die Rücklaufquote der schriftlichen Befragung lag bei 35 %. Zur Abstützung wurden Untersuchungsergebnisse aus zwei früheren Studien eingearbeitet. Die Analyse hatte vier Schwerpunkte, deren wichtigsten Ergebnisse nachfolgend zusammengefaßt werden.

Erstens: Die Gewinnung von Fach- und Führungskräften im Messewesen

Ausgehend von der These, daß mittlere Fach- und Führungskräfte eine zunehend wichtige Rolle für den Erfolg und Mißerfolg der Messeaktivitäten haben, wurden die Unternehmen zunächst danach gefragt, wo sie in der Vergangenheit ihre Nachwuchskräfte rekrutierten. Zu beinahe gleichen Teilen kommen danach die Führungskräfte aus dem eigenen Hause und vom freien Arbeitsmarkt. Die zweite Gruppe wird dann intern für die besonderen Anforderungen einer Arbeit im Messeunternehmen qualifiziert. Dabei fällt auf, daß die Hälfte der befragten Unternehmen sowohl Probleme mit der Dauer der internen Einarbeitung hat als auch mit der fachlichen Eignung der Kandidaten. Der Verfasser leitet aus diesen Ergebnissen die Vermutung ab, daß offensichtlich die auf dem Arbeitsmarkt zum Befragungszeitpunkt verfügbaren Kräfte nur wenig verwendbare Voraussetzungen für einen qualifizierten Einsatz im Messewesen mitbringen. Um so dringender scheint die Aufgabe, diesem Defizit durch geeignete Qualifizierungsangebote öffentlicher Art entgegenzuwirken, da sich ja offensichtlich bei Eignung hier zukunftsträchtige Beschäftigungschancen bieten.

Zweitens: Künftiger quantitativer und qualitativer Personalbedarf

a) Qualitativer Bedarf

Aus den vorab geschilderten Veränderungen im Messewesen und seinem wirtschaftlichen, politischen und sozialen Umfeld leitet der Verfasser die generelle Aussage ab, daß Messen und Ausstellungen Führungsnachwuchskräfte „mit breit angelegtem Wissen, die flexibel sind, neuen Entwicklungen aufgeschlossen gegenüber stehen und ein gehöriges Maß an Kreativität und Sensibilität mitbringen" (vgl. Beier, S. 12), verlangen. Diese generelle Aussage wurde durch die Untersuchung in vier Dimensionen konkretisiert.

– Die Ausbildung soll vor allem praxisbezogen sein

Nach den Ergebnissen der Befragung soll das berufsspezifische Wissen durch eine Kombination von beruflicher Fortbildung und Ausbildung an Hochschulen entstehen. Von einer einseitigen entweder rein theoretischen oder rein praktischen Qualifizierung halten nur jeweils ein Viertel der Befragten etwas. Wichtig an diesem Ergebnis ist die implizite Erkenntnis der Unternehmen, daß es ohne eine kontinuierliche Fortbildung vermutlich schwer ist, sich den vielfältigen Prozessen des Wandels, denen das Messewesen ausgesetzt ist, erfolgreich zu stellen. Gleichwohl plädieren die Unternehmen auch für eine aktive

Ausbildungsleistung von Hoch- und Fachhochschulen. Betont wird aber sowohl für die Ausbildung wie auch für die Fortbildung die Notwendigkeit praxisorientierten Lernens.

– *Die wirtschaftswissenschaftlichen Inhalte sollen Bezug zu Aufgabenstellungen des Messewesens haben*

Die Befragung ergab, daß auf folgende Inhalte bei der praxisorientierten Wissensvermittlung besonderes Gewicht zu legen ist:

– Organisation und Unternehmensführung
– Absatz und Marketing
– EDV
– soziales Verhalten
– Entscheidungs- und Problemlösungsverhalten (vgl. Beier, S. 15).

Alle diese Schwerpunkte decken nach Meinung des Autors wichtige Anforderungen von Aufgaben im Messewesen ab und stimmen im wesentlichen mit älteren Untersuchungsergebnissen überein.

– *Messespezifisches Wissen ist unverzichtbar*

Zusätzlich wurde nach messespezifischen Wissensgebieten gefragt. Hier wurden vor allem Qualifikationen im Messe-Management, im Marketing für Messen und Ausstellungen und auf dem Gebiet der englischen Sprache gewünscht. Auffallend weniger wurden Kenntnisse über Auslandsmessen, das Finanz- und Rechnungswesen sowie Exkursionen genannt. Dies erklärt der Verfasser vor allem damit, daß die bundesdeutschen Messeunternehmen zum Befragungszeitpunkt vorwiegend national tätig waren. Angesichts des gegenwärtigen Trends zu stärkerer Internationalisierung ist jedoch anzunehmen, daß sich heute mehr Unternehmen zu dieser Frage anders äußern würden. Dementsprechend würden auch weitere Sprachkenntnisse eine größere Rolle spielen.

– *Persönlichkeitsförderliche Verhaltensweisen sind zu berücksichtigen*

Als letzter Ausbildungsschwerpunkt wurde nach Anforderungen im Bereich persönlichen Verhaltens und allgemeiner kognitiver Fähigkeiten gefragt. An vorderer Stelle der Nennungen standen hierbei Fähigkeiten selbständigen Arbeitens, Problemlösens und aktiver Einsatzbereitschaft.

Alle diese Schwerpunktsetzungen zusammengefaßt sucht die Messewirtschaft nach Interpretation des Autors den „Machertyp", der das breite Spektrum der im Messebereich anfallenden Aktivitäten gut planen, organisieren, praktisch durchführen und effizient kontrollieren und steuern kann. Organisationstheoretisch ausgedrückt ist vor allem ein professioneller Projektmanager gefragt, der nicht nur Methoden und Techniken des Projektmanagements kennt, sondern sie in der praktischen Anwendung beherrscht. Zudem sollte dieses Methoden-Know-how durch solides Marketingwissen und wünschenswert natürlich vor allem durch Kenntnisse des Messewesens ergänzt sein. Die Messefachkraft der Zukunft sollte zudem ein effizienter Problemlöser und ein aufgeschlossener Mensch sein, der ergebnisorientiert mit anderen Menschen kooperiert und kommuniziert.

Zu diesen Wünschen der Messewirtschaft merkt der Autor kritisch an, daß diese Anforderungen an die Vermittlung von Qualifikationen sehr wohl an eine Hoch- oder Fachhochschule gerichtet werden können; allerdings ist nicht davon auszugehen, daß die Ausbildungseinrichtungen in allen Dimensionen den Bedarf der Unternehmen befriedigen können. Mit Bezug auf eine Untersuchung der Schmalenbachgesellschaft wird die Vermutung formuliert, daß vor allem im Bereich der persönlichen und kognitiven Verhaltensanforderungen die Ausbildungsstätten sicher den Ansprüchen der Praxis nicht folgen könnten. Dieser Aspekt ist bezogen auf die aktuelle Ausbildungssituation in den Massenfächern Betriebswirtschafts- und Volkswirtschaftslehre zu unterstreichen, denn in den letzten Jahren haben sich die Studienbedingungen dort nicht verbessert. Hoch- und Fachhochschulen sind vornehmlich Vermittler von Wissen, nur indirekt Vermittler von sozialen Verhaltensweisen.

Zu diesen inhaltlichen Ergebnissen der Studie ist insofern wenig zu sagen, als sie relativ allgemein bleiben und sich im wesentlichen decken mit Qualifikationsanforderungen, die generell von Unternehmen an Marketing-Experten gestellt werden. Im Interesse der Messewirtschaft sollte bald möglichst eine Untersuchung folgen, die die skizzierten Anforderungen konkretisiert und damit eine operationale Grundlage für bedarfsgerechte Aus- und Weiterbildungsmaßnahmen schafft.

b) Quantitativer Bedarf

Neben den qualitativen Anforderungen wurde in der Studie auch der quantitative Bedarf der Messeunternehmen erhoben. Dazu wurde die mittlere Führungsebene auf qualifizierte Sachbearbeiter ohne Personalverantwortung und mittleres Management mit partieller Sach- und Personalverantwortung eingegrenzt. Unterteilt nach den Großmessen, der IDFA, FAMA und Messebaubetriebe wurde der Gesamtbedarf für die Jahre 1989 bis 1993 errechnet. Danach werden für den Einsatz in der kaufmännischen Verwaltung insgesamt 437 Fachkräfte gebraucht, allein 273 davon von den Messebaubetrieben; im Bereich Presse werden insgesamt 75 neue Mitarbeiter gesucht, fast gleichverteilt von allen genannten Gruppen; für das Marketing werden 326 Experten gewünscht, wobei hier wieder die Messebauunternehmen mit dem Riesenanteil von 177 Fachkräften vertreten sind; als relativ gering ist dagegen der Bedarf nach Mitarbeitern für Auslandsaktivitäten anzusehen: hier erscheint nur die Zahl von nur 100 Mitarbeitern. Noch geringere Bedeutung hatte das Kongreßwesen: hier wurden nur insgesamt 53 Personen gewünscht. Der größte Bedarf fiel mit insgesamt über 500 Personen auf den Bereich Objekt/Projektleiter, was mit den gewünschten qualitativen Leistungsschwerpunkten gut übereinstimmt. Auch hier artikulierten die Messebauunternehmen mit einem Bedarf von 340 Personen ihre größten personellen Engpässe.

Der errechnete jährliche Durchschnittsbedarf an mittleren Führungskräften entspricht nach Interpretation des Autors dem durchschnittlichen Akademikerbedarf von Großunternehmen. Umgerechnet auf die 152 in der Auswertung repräsentierten Unternehmen ergibt sich, daß jedes Unternehmen jährlich im Durchschnitt etwa zwei bis drei qualifizierte Mitarbeiter finden muß (vgl. Beier, S. 22f.).

Zur Bewertung der Relevanz dieser Angaben ist darauf hinzuweisen, daß sie sich allein auf den Bedarf von Unternehmen der Messewirtschaft beziehen, die Unternehmen, die an den

Messen und Ausstellungen als Aussteller teilnehmen, sind hierbei ebensowenig berücksichtigt wie die Nachfrage von Verbänden, Kommunen, Kongreßveranstaltern etc. Abgesehen davon, daß die Zahlen für die nächste Zukunft überholt sind, bilden die hier genannten Angaben nur einen kleinen Ausschnitt aus der realistischen Bedarfsmenge an Fachkräften ab. Hinzu kommt, daß in dieser Untersuchung ausschließlich die mittlere Führungsebene erfaßt wurde und selbst hierbei mit Verzerrungen zu rechnen ist, da im Einzelfall der Befragten unter diesem Begriff durchaus unterschiedliche Personen berücksichtigt sein können.

Drittens: Künftige Chancen zur Gewinnung von Fachkräften

Nach Identifizierung des Engpasses wurde als weiterer Analyseschwerpunkt nach den Chancen zur Gewinnung künftiger Fach- und Führungskräfte gefragt. Hierbei ist auffallend, daß mehr als 60 % der Befragten sehr günstige Beschaffungsaussichten für den Nachwuchs sahen. Als Gründe hierfür wurden die hohe Anzahl an Beschäftigungslosen sowie der geringe Bedarf in den einzelnen Unternehmen angegeben. Diese Einschätzungen basieren auch auf der Erfahrung der Unternehmen, daß sie die Mehrzahl ihrer Führungskräfte aus den internen Ressourcen rekrutieren. Der Autor kommentiert diese Ergebnisse dahingehend, daß die Unternehmen offensichtlich die Qualität der auf dem Arbeitsmarkt verfügbaren Potentiale und die sich daraus ergebende Anzahl überhaupt in Frage kommender Interessenten sowie schließlich den Bezahlungsaspekt unberücksichtigt gelassen haben (vgl. Beier, S. 22 f.)

Der Verfasser unterscheidet generell die beiden Rekrutierungswege für Nachwuchskräfte aus dem internen Mitarbeiterpool und über den externen Arbeitsmarkt. Interne Reserven sind aber nach seiner Einschätzung oftmals deshalb nicht oder nur begrenzt nutzbar, weil entweder keine geeigneten Personen verfügbar sind, oder der Aufwand, sie durch spezifische Qualifizierungsmaßnahmen für den Einsatz im Messebereich vorzubereiten, zu groß oder aus Kapazitätsengpässen nicht zu leisten ist. Neben dem Arbeitsmarkt beleuchtet der Autor daher verschiedene weitere Rekrutierungsquellen für Fachkräfte: dazu zählt er die Konkurrenzunternehmen der Messewirtschaft selber, Ausstellerunternehmen mit eigenen Messeabteilungen, Dienstleistungsunternehmen, die auf diesem Gebiet beratend tätig sind oder auch Unternehmen ohne einen unmittelbaren Bezug zur Messearbeit sowie schließlich Absolventen von Ausbildungsgängen ohne konkrete Messeausrichtung.

Bei den externen Potentialen konstatiert der Autor jedoch eine erhebliche Diskrepanz zwischen der quantitativen Bedarfszunahme und der erforderlichen fachlichen Kompetenz auf dem Feld Messewesen. Mit insgesamt 200 Unternehmen des Messewesens und etwa 2400 größeren Unternehmen mit eigener Messeabteilung, also 2600 Unternehmen, in denen Messe-Fachkräfte in Deutschland zum Befragungszeitpunkt beschäftigt waren, gibt es eine relativ große Abnehmer- und Nachfragergruppe für Messefachkräfte. Schon zum Untersuchungszeitpunkt beurteilt der Autor daher die Absicherung des erforderlichen Bedarfs als kritisch. Sein Resumee lautet:

„Die Arbeitsmarktsituation ist insofern als eng zu bezeichnen als die Messebranche mehr oder weniger autodidaktisch ihre Fach- und Führungskräfte ausbildet und versucht, sie im eigenen Unternehmen zu halten. Ein Zustrom neuer Bewerber von außerhalb des Messewesens ist nicht vorhanden. Dadurch übersteigt der Bedarf von zumindest 326 Fachkräften der mittleren Führungsebene aus dem unmittelbaren Messebereich tendenziell das Angebot. Fazit: Der künftige Bedarf kann nicht im Rahmen einer normalen Fluktuation nur von Fach- und Führungskräften aus dem Messewesen (Messe-Dienstleistung/Veranstalter) selbst gedeckt werden" (Beier, S. 29).

Zwar gab es offenbar damals bei den Führungskräften ohne jeglichen Messebezug ein relativ großes Auswahlpotential, aber mit der Qualifizierung sehr allgemein ausgebildeter Führungskräfte für Messeaufgaben wurden nicht nur positive Erfahrungen gemacht. Fast 60 % der befragten Unternehmen gaben an, daß die neuen Mitarbeiter lange Zeit brauchen, bis sie selbständig einsetzbar sind, und fast 56 % der Unternehmen äußerten, daß diesen Mitarbeitern Fachwissen fehlt. Berücksichtigt man darüber hinaus, daß jede Neueinstellung üblicherweise mit erheblichen Kosten verbunden ist – für eine Führungskraft werden etwa 120.000 DM Fluktuationskosten berechnet – so sind mit diesem Konzept nach Meinung des Autors künftig Probleme zu erwarten. Insgesamt betrachtet stellt sich die Beschaffungssituation für die Messewirtschaft zum Befragungszeitpunkt offenbar kritischer dar als die befragten Unternehmen sie selber wahrzunehmen scheinen.

Daher stellt der Autor ans Ende seiner Studie Vorschläge für erfolgsversprechende Wege zur Personalakquisition.

Viertens: Ausrichtung künftiger Personalpolitik

Zur Sicherung aktueller und künftiger Geschäftsaktivitäten sollte danach jedes Unternehmen eine mittel- und längerfristig orientierte Personalplanung durchführen. Sie kann dem Unternehmen rechtzeitig verdeutlichen, wo absehbar personelle Engpässe zu erwarten und welche Qualifizierungs- oder Beschaffungsmaßnahmen einzuleiten sind. Neben der Anzahl sollten vor allem die qualitativen Anforderungsprofile an zu besetzende Stellen ermittelt werden. Als Hilfsmittel schlägt der Autor Stellenbeschreibungen vor, in denen Art und Umfang der Tätigkeiten und ihre erforderlichen Qualifikationen festgeschrieben sind. Diese sollten fachliche, persönliche und messespezifische Komponenten enthalten, entsprechend den Befragungsergebnissen (s. O.), und sie sollten durch betriebsspezifische Anforderungen ergänzt werden.

Für die konkrete Qualifizierung von Fach- und Führungskräften im Messewesen fordert er die Messewirtschaft auf, die duale Aus- und Fortbildung beizubehalten. Damit könne man am besten der für die Messewirtschaft nur schwer nutzbaren Arbeitsmarktreserven gerecht werden. Unternehmen sollten folglich auch künftig Auszubildende oder Absolventen von Hochschulen, Fachschulen oder Akademien einstellen und diese Absolventen in Zusammenarbeit mit Bildungseinrichtungen, die Messethemen oder messeorientierte Ausbildungskonzepte anbieten, auf die berufsspezifischen Aufgaben im Messewesen vorbereiten (vgl. Beier, S. 32). Darüber hinaus legt er der Messewirtschaft nahe, den Kontakt zu den Hoch- und Fachhochschulen aktiv auszubauen mit der Intention, das Thema Messewesen als festen Bestandteil langfristig in den Lehrplänen zu etablieren, damit Seminare regelmäßig angeboten, Diplomarbeitsthemen vergeben und auch Praxissemester für die Studenten organisiert werden können. Wichtig erscheint dem Autor vor allem die Entwicklung einer kontinuierlichen Zusammenarbeit, denn aus zufälligen Kooperationen werde sich keine wirkliche Angebotsverbesserung ergeben. Dieser Betrachtungsweise ist auch auf dem Hintergrund der generellen Entwicklungstendenzen, insbesondere dem Engpaß an qualifizierten Fachkräften mit speziellen technischen und wirtschaftswissenschaftlichen Schwerpunkten, zuzustimmen.

Soweit die Befragungsergebnisse zur Ausbildungssituation von Fachkräften im Messewesen. Interessant ist die Frage, ob und wie sich die dort beschriebene Situation bis heute geändert hat. Hierzu ist nach Einschätzung verschiedener Messe-Experten jedoch festzustellen, daß dies nicht der Fall ist. Die Berufsakademie Ravensburg ist bis heute die einzige Ausbildungseinrichtung mit einem systematischen Curriculum im Messewesen. In der Fachrichtung Handel ist dort die Zusatzausbildung „Messewirtschaft" angekoppelt. Neben einer Einführung in das Messewesen werden Veranstaltungen zu den Funktionen von Messen und Ausstellungen, zum Produkt „Messen und Ausstellungen", zum Messemanagement, zum Messe- und Ausstellungsstand, zum Messe- und Ausstellungsmarketing u.a. angeboten. (vgl. Zeit- und Stoffplan der Berufsakademie). Nach Auskunft der Akademie wählen etwa 15–20 Studenten pro Semester diesen Schwerpunkt, die dann der Messewirtschaft zur Verfügung stehen.

Ergänzend zu diesem speziellen Ausbildungsgang werden von den meisten Hoch- und Fachhochschulen, vornehmlich in den Fächern Betriebswirtschaft und Architektur, einzelne spezielle Veranstaltungen angeboten. So beispielsweise an der Fachhochschule in Köln oder der Freien Universität Berlin, wo seit mehreren Semestern in Verbindung mit Dozenten aus der Messewirtschaft Themen zum internationalen Messewesen bearbeitet werden, die bei den Studenten großen Anklang finden.

Betrachtet man die Situation der Ausbildung insgesamt, so ist es erstaunlich, daß die Unternehmen keinen größeren Ausbildungsbedarf artikulieren. Berücksichtigt man, daß in der zitierten empirischen Untersuchung ausschließlich die Unternehmen der Messewirtschaft selber befragt wurden, die ausstellenden Unternehmen und regionalen Einrichtungen jedoch nicht einbezogen waren, so müßte sich eigentlich ein stärkerer Bedarf ergeben. Einzelne Nachfragen bei Unternehmen deuten darauf hin, daß diese ihre messebezogenen Aufgaben in der Regel mit nicht spezifisch im Messebereich qualifizierten Kräften erledigen, eine Lösung, die als mehr oder weniger zufriedenstellend bezeichnet wird. Dieser Tatbestand leitet über zu der Frage, ob diese Situation eventuell damit zu erklären ist, daß die Unternehmen Ausbildungsdefizite ihrer Mitarbeiter durch gezielte Weiterbildungsmaßnahmen auffangen. Daher abschließend noch einige Bemerkungen zur Situation der Weiterbildung.

3.2 Weiterbildung im Messewesen

Weder über das Weiterbildungsangebot noch über die effektive Teilnahme an Weiterbildungsmaßnahmen im Bereich Messewesen liegen einschlägige Untersuchungen vor. Eine vollständige Übersicht über aktuelle Weiterbildungsangebote im Messewesen existiert ebenfalls nicht und ist auch aufgrund der großen Dynamik im Weiterbildungsbereich schwer zu erstellen. Im Gegensatz zur Ausbildung, die vornehmlich in öffentlichen Einrichtungen wie Hoch- und Fachhochschulen angesiedelt ist, wird die Weiterbildung vornehmlich durch private Weiterbildungsunternehmen abgedeckt. In den Programmen von Anbietern, die sich speziell an Messeunternehmen richten, findet man Themen wie Messe Team Training, Messe-Konzeptionen, Messe-Beratung und Betreuung, Präsentieren und Verkaufen auf Messen, Messe-Management und ähnliches. Seminare dieser Art dauern in der Regel ein bis zwei Tage und sind, nach Angaben der Anbieter, sehr anwendungsbezogen aufgebaut. Leiter und Trainer in diesen Veranstaltungen sind, wieder den Angaben der Anbieter folgend, erfahrene Messeexperten.

Um festzustellen, ob sich die vorab formulierte Hypothese, derzufolge Defizite im Bereich messespezifischer Ausbildungsinhalte durch messespezifische Weiterbildung kompensiert werden, bestätigen läßt, wurden einige Entscheidungsträger aus Unternehmen zur Teilnahme ihrer Fach- und Führungskräfte an Weiterbildungsveranstaltungen befragt. Hierzu ist zusammenfassend festzuhalten, daß die Unternehmen in der Regel ihre Mitarbeiter sehr wohl zu Weiterbildungsverastaltungen schicken, allerdings in der Mehrzahl ganz punktuell und an jeweils konkreten Fragen ausgerichtet. Häufig bleibt gerade für die wichtigen Führungskräfte dazu gar keine Zeit. Die verschiedenen Auskünfte vermitteln insgesamt nicht den Eindruck, daß die im Messewesen aktiven Unternehmen der Weiterbildung einen systematischen Stellenwert in ihren Personal(entwicklungs)strategien beimessen. Hierzu ist allerdings ausdrücklich zu unterstreichen, daß diese Aussage keinesfalls durch repräsentative Daten abgestützt werden kann, sondern auf einer zufälligen Gesprächsauswahl basiert.

4. Resümee

Dieser kurze Überblick vermittelt eher den Eindruck, daß die Unternehmen des Messewesens in Bezug auf den zukunftsträchtigen Bereich der Aus- und Weiterbildung ihrer Nachwuchs- sowie Fach- und Führungskräfte in einem Dornröschenschlaf schlummern, als daß sie dabei sind, sich den Herausforderungen des schärferen nationalen und internationalen Wettbewerbs durch offensive Strategien für eine bessere Nutzung ihrer Humanressourcen zu stellen. Dies könnte einerseits sehr zu denken geben.

Es ist jedoch nicht auszuschließen, daß sich hinter den beschriebenen Tatbeständen ein anderes Problem verbirgt. Die meisten der Messetätigkeiten haben, wie unter Punkt zwei beschrieben, vornehmlich Dienstleistungscharakter und sind in ihrer inhaltlichen Ausrichtung als interdisziplinär zu kennzeichnen. Die bisherigen Erfahrungen der Messeunternehmen scheinen insgesamt dafür zu sprechen, daß die erforderlichen Qualifikationen für Tätigkeiten dieser Art eher durch „Learning-by-doing" als durch seminaristische Kurse und Schulungen zu erlangen sind. Das Messewesen könnte ein anschauliches Beispiel dafür sein, daß unser sehr stark in fachliche Einzeldisziplinen aufgeteiltes Ausbildungswesen an Hoch- und Fachhochschulen dem zunehmend interdisziplinären Charakter von beruflichen Tätigkeiten, allen voran den intelligenten Dienstleistungsaufgaben, immer weniger entspricht. In jedem Fall aber wird deutlich, daß die vom Messewesen tangierten Unternehmen und Organisationen sich der Qualifizierungsfrage künftig stärker widmen sollten.

5. Organisationen des Messewesens, Messegesellschaften und -veranstalter und Ausbildungsstätten

5.1 Organisationen des Messewesens

5.1.1 Messebezogene Organisationen
BfAI Bundesstelle für Außenhandelsinformationen Blaubach 13 W-5000 Köln 1 Tel.: (02 21) 2 05 71 FKM Gesellschaft zur freiwilligen Kontrolle von Messe- und Ausstellungszahlen Lindenstr. 8 W-5000 Köln 1 Tel.: (02 21) 20 90 70 GCB German Convention Bureau Lyoner Str. 20 W-6000 Frankfurt/M. 71 Tel.: (0 69) 6 66 70 83
5.1.2 Überregionale Verbände des Messewesens
AUMA Ausstellungs- und Messe-Ausschuß der Deutschen Wirtschaft e.V. Lindenstr. 8 W-5000 Köln 1 Tel.: (02 21) 20 90 70 FAMA Fachverband Messen und Austellungen e.V. Messezentrum W-8500 Nürnberg 50 Tel.: (09 11) 8 21 02 IDFA Interessengemeinschaft Deutscher Fachmessen und Ausstellungsstädte Postfach 30 24 80 W-2000 Hamburg 36 Tel.: (0 40) 35 69 24 09

UFI
Union Internationaler Messen
35 bis rue Jouffroy
F-75017 Paris
Tel.: (0 03 31) 42 27 19 29

VDSM
Verband Deutscher Stadt- und Mehrzweckhallenbetreiber e.V.
Albersloher Weg 32
W-4400 Münster
Tel.: (02 51) 6 60 00

5.1.3 Im Messewesen engagierte Wirtschaftsorganisationen, Mitglieder des AUMA

BAO
Berliner Absatz-Organisation GmbH
Hardenbergstraße 16–18
W-1000 Berlin 12
Tel.: (0 30) 3 15 10-318

BDI
Bundesverband der Deutschen Industrie e.V.
Gustav-Heinemann-Ufer 84–88
W-5000 Köln 51
Tel.: (02 21) 3 70 81

BGA
Bundesverband des Deutschen Groß- und Außenhandels e.V.
Kaiser-Friedrich-Straße 13
W-5300 Bonn 1
Tel.: (02 28) 2 60 04-0

BVE
Bundesvereinigung der Deutschen Ernährungsindustrie e.V.
Rheinalle 18
W-5300 Bonn 1
Tel.: (02 28) 35 10 51-53

CDH
Centralvereinigung Deutscher Handelsvertreter- und Handelsmakler-Verbände
Geleniusstraße 1
W-5000 Köln 41
Tel.: (02 21) 54 40 43-44

DEHOGA
Deutscher Hotel- und Gaststättenverband e.V.
Kronprinzenstraße 46
W-5300 Bonn 2
Tel.: (02 28) 82 00 80

Deutscher Weinbauverband e.V.
Heussallee 26
W-5300 Bonn 1
Tel.: (02 28) 22 14 01

DIHT
Deutscher Industrie- und Handelstag
Adenauerallee 148
W-5300 Bonn 1
Tel.: (02 28) 1 04-0

EBM-Wirtschaftsverband e.V.
Kaiserswerther Straße 135
W-4000 Düsseldorf 30
Tel.L (02 11) 45 49 30

F + O
Verband der deutschen feinmechanischen und optischen Industrie e.V.
Pipinstraße 16
W-5000 Köln 1
Tel.: (02 21) 21 94 58

FAMAB
Fachverband Messe- und Ausstellungsbau e.V.
Berliner Str. 26
W-4840 Rheda-Wiedenbrück
Tel.: (0 52 42) 4 78 87

Gesamttextil
Gesamtverband der Textilindustrie in der Bundesrepublik Deutschland e.V.
Frankfurter Straße 10–14
W-6236 Eselborn
Tel.: (0 61 96) 9 66-0

HDE
Hauptverband des Deutschen Einzelhandels e.V.
Sachsenring 89
W-5000 Köln 1
Tel.: (02 21) 3 39 80

VCI
Verband der Chemischen Industrie e.V.
Karlstraße 19-21
W-6000 Frankfurt/M. 1
Tel.: (0 69) 25 56-0

VDMA
Verband Deutscher Maschinen- und Anlagenbau e.V.
Lyoner Str. 18
W-6000 Frankfurt/M. 71
Tel: (0 69) 6 60 30

ZDH
Zentralverband des Deutschen Handwerks
Johanniterstr. 1
W-5300 Bonn 1
Tel.: (02 28) 5 45-0

Zentralausschuß der Deutschen Landwirtschaft
Godesberger Allee 142–148
W-5300 Bonn 2
Tel.: (02 28) 81 98-0

ZGV
Zentralverband Gewerblicher Verbundgruppen e.V.
Vorgebirgsstraße 43
W-5300 Bonn 1
Tel.: (02 28) 98 58 40

ZVEI
Zentralverband Elektrotechnik- und
Elektronik-Industrie e.V.
Lilienthaler Allee 4
W-6000 Frankfurt/M. 90
Tel.: (0 69) 24 77 47-0

5.1.4 Datenbanken im Messewesen

„FAIR-BASE" über Host datastar
Fa. INTAG
Deisterstr. 13
W-3000 Hannover 91
Tel.: (05 11) 44 33 30

„m+a Messe-Kalender" über Genios Wirtschaftsdatenbanken
Fa. m+a Verlag für Messen, Austellungen und Kongresse GmbH
Große Eschersheimer Str. 16
W-6000 Frankfurt/M.
Tel.: (0 69) 28 10 30

5.2 Messegesellschaften und Messeveranstalter

*5.2.1 Mitglieder des Ausstellungs- und Messe-Ausschuss
der Deutschen Wirtschaft e.V. (AUMA)*

AMK Berlin
Ausstellungs-Messe-Kongress-GmbH
Messedamm 22
W-1000 Berlin 19
Tel.: (0 30) 30 38-1

DEGA
Durchführungsgesellschaft für
Ausstellungs- und Messebeteiligung
und Werbung
Postfach 11 60
W-8110 Riegsee
Tel.: (0 88 41) 20 05

Deutsche Messe AG
Messegelände
W-3000 Hannover 82
Tel.: (05 11) 89-0

DURMA
Messe Stuttgart International GmbH
Am Kochenhof 15
W-7000 Stuttgart 10
Tel.: (07 11) 25 89-0

Düsseldorfer Messegesellschaft mbH – NOWEA
Postfach 32 02 03
W-4000 Düsseldorf 30
Tel.: (02 11) 45 60-01

Fur & Fashion Frankfurt Messe GmbH
Niddastraße 57
W-6000 Frankfurt/M. 1
Tel.: (0 69) 23 02 16-18

GHM
Gesellschaft für Handwerksaustellungen und -messen mbH
Postfach 12 05 28
W-8000 München 12
Tel.: (0 89) 51 98-0

Hamburg Messe und Congress GmbH
Jungiusstr. 13
Messehaus
W-2000 Hamburg 36
Tel.: (0 40) 35 69-0

IGEDO
Internationale Modemesse
Kronen GmbH & Co. KG
Danziger Straße 101
W-4000 Düsseldorf 30
Tel.: (02 11) 43 96 01

IMAG
Internationaler Messe- und
Ausstellungsdienst GmbH
Postfach 12 07 09
W-8000 München 12
Tel.: (0 89) 50 06 10

Internationale Bodensee-Messe Friedrichshafen GmbH
Messegelände
W-7990 Friedrichshafen
Tel.: (0 75 41) 7 08-0

Karlsruher Kongreß- und Ausstellungs-GmbH
Postfach 12 08
W-7500 Karlsruhe 1
Tel.: (07 21) 37 20-0

Leipziger Messe GmbH
Postfach 720
O-7010 Leipzig
Tel.: (03 41) 88 30

Messe Essen GmbH
Postfach 10 01 65
W-4300 Essen 1
Tel.: (02 01) 72 44-0

Messe Frankfurt GmbH
Ludwig-Erhard-Anlage 1
W-6000 Frankfurt/M. 1
Tel.: (0 69) 75 75-0

Messe- und Ausstellungs-Ges. m.b.H. Köln
Messeplatz 1
Postfach 21 07 60
W-5000 Köln 21
Tel.: (02 21) 8 21-0

Messepark Leipzig-Markkleeberg Betriebsgesellschaft mbH
Bommersche Str. 210
O-7030 Leipzig
Tel.: (03 41) 39 20-0

Münchner Messe- und Ausstellungsgesellschaft mbH
Postfach 12 10 09
W-8000 München 12
Tel.: (0 89) 51 07-0

NürnbergMesse GmbH
Messezentrum
W-8500 Nürnberg 50
Tel.: (09 11) 86 06-0

Offenbacher Messe Gesellschaft mbH
Postfach 10 14 23
W-6050 Offenbach/M.
Tel.: (0 69) 81 70 91/92

Pirmasenser Messe GmbH
Messegelände
W-6780 Pirmasens
Tel.: (0 63 31) 6 40 41

Saarmesse GmbH
Messegelände
W-6600 Saarbrücken
Tel.: (06 81) 5 30 56

Spielwarenmesse eG
Messezentrum
W-8500 Nürnberg 50
Tel.: (09 11) 8 66 21

Stuttgarter Messe- und Kongressgesellschaft mbH
Am Kochenhof 16
Postfach 10 32 52
W-7000 Stuttgart 1
Tel.: (07 11) 25 89-0

Westfalenhallen Dortmund GmbH
Hauptabteilung Messen und Ausstellungen
Postfach 10 44 44
W-4600 Dortmund 1
Tel.: (02 31) 12 04-521

5.2.2 Mitglieder vom Fachverband Messen und Ausstellungen e.V. (FAMA)

AFAG
Ausstellungsgesellschaft mbH
Messezentrum
W-8500 Nürnberg 50
Tel.: (09 11) 8 60 70

Der Magistrat der Stadt Wächtersbach
Abteilung Messe
Main-Kinzig-Staße 31
W-6480 Wächtersbach 1
Tel.: (0 60 53) 80 20

Fachausstellungen Heckmann GmbH
Hannover/Bremen
Postfach 26 65
W-3000 Hannover 1
Tel.: (05 11) 9 90 95-0

FBT
Gesellschaft zur Durchführung von Ausstellungen und Kongressen mbH
Wasserhohl 55
W-6702 Bad Dürkheim
Tel.: (0 63 22) 86 02

Freiburger Stadthallen- und Ausstellungs-GmbH
Postfach 505
W-7800 Freiburg
Tel.: (0 76 17) 10 20/7 10 29

Friedrich Haug Messen und Ausstellungen
Cappelner Damm 90
W-4590 Cloppenburg
Tel.: (0 44 71) 23 26/23 27

Friedrich Haug-West
Messe- und Ausstellungsgesellschaft mbH
Wiedstraße 15
W-4150 Krefeld 1
Tel.: (0 21 51) 6 09 15

GMA
Gesellschaft für Messen und Ausstellungen mbH
Benzstraße 19
W-4902 Bad Salzuflen 1
Tel.: (0 52 22) 2 24 51

Halle Münsterland GmbH
Albersloher Weg 32
W-4400 Münster
Tel.: (02 51) 66 00-0

Hinte Messe- und Ausstellungsges. mbH
Beiertheimer Allee 6
W-7500 Karlsruhe 1
Tel.: (07 21) 9 31 33-0

Josef-Werner Schmid GmbH
Goldbergstraße 1
W-8881 Finningen-Mörslingen
Tel.: (0 90 74) 20 39

Kinold Ausstellungsgesellschaft mbH
Prielweg 8-10
W-8990 Lindau-Bodolz (B)
Tel.: (0 83 82) 2 50 61

Loga Ausstellungsgesellschaft KG
Am großen Stück 4
W-4600 Dortmund 41
Tel.: (02 31) 48 31 99

M.A.K.
Messe-, Ausstellungs- und Kongreß GmbH Trier
Zurlaubener Ufer 60
W-5500 Trier
Tel.: (06 51) 2 80 85

Mainzer Ausstellungs-GmbH
Alexander-Diehl-Straße 12
W-6500 Mainz 26
Tel.: (0 61 31) 80 18-0

Mannheimer Ausstellungs-GmbH
Xaver-Fuhr-Str. 101
Postfach 10 21 63
W-6800 Mannheim 25
Tel.: (06 21) 42 50 90

Messe Sinsheim GmbH
Neulandstraße 30
W-6920 Sinsheim
Tel.: (0 72 61) 68 90

MesseHalle Hamburg-Schnelsen GmbH & Co.
Modering 1a
W-2000 Hamburg 61
Tel.: (0 40) 5 50 60 61

Oberrheinhallen GmbH
Messeplatz
W-7600 Offenburg
Tel.: (07 81) 92 26-0

P.E. Schall GmbH
Messeunternehmnen
Gustav-Werner-Straße 6
W-7443 Frickenhausen 3
Tel.: (0 70 25) 20 61

Sander GmbH Messen + Ausstellungen
Heimstetten
Räterstraße 24
W-8011 Kirchheim/München
Tel.: (0 89) 9 03 00 77

Schwaben-Werbung GmbH
Wasserhohl 55
W-6702 Bad Dürkheim
Tel.: (0 63 22) 86 02

Sindelfinger Messehalle GmbH
Mahdentalstraße 116
W-7032 Sindelfingen
Tel.: (0 70 31) 8 80 61

Stadt Kempten (Allgäu)
Allgäuer Festwoche
Rathausplatz 29
W-8960 Kempten (Allgäu)
Tel.: (08 31) 25 25-237

Stadt Passau
Rathaus
W-8390 Passau
Tel.: (09 11) 8 60 70

Südwest Messe- und Ausstellungsgesellschaft mbH
Messegelände
W-7730 Villingen-Schwenningen
Tel.: (0 77 20) 50 81

Ulm Messe GmbH
Böfinger Straße 50
W-7900 Ulm
Tel.: (07 31) 9 22 99-0

Ulmer Ausstellungsgesellschaft mbH
Besserer Straße 7
W-7900 Ulm
Tel.: (07 31) 9 66 15-0

Werner Fahrenkrog GmbH & Co. KG
Messen und Ausstellungen
Holstenstraße 84
Postfach 21 60
W-2300 Kiel
Tel.: (04 31) 9 11 60

Wirtschaftlicher Verband der Stadt
und des Landkreises Rosemheim e.V.
Postfach 243
W-8200 Rosenheim
Tel.: (09 11) 8 60 70

Wirtschaftsgemeinschaft
Zoologischer Fachbetriebe GmbH
Postfach 14 20
W-6070 Langen 1
Tel.: (0 61 03) 2 30 95

5.2.3 Gesellschafter der Gesellschaft zur freiwilligen Kontrolle von Messe- und Ausstellungszahlen (FKM)

AFAG
Ausstellungsgesellschaft mbH
Messezentrum
W-8500 Nürnberg 50
Tel.: (09 11) 8 60 70

AMK Berlin
Ausstellungs-Messe-Kongress-GmbH
Messedamm 22
W-1000 Berlin 19
Tel.: (0 30) 30 38-0

Blenheim-Heckmann GmbH
Neusser Straße 111
W-4000 Düsseldorf 1
Tel.: (02 11) 90 19 10

Deutsche Messe AG
Messegelände
W-3000 Hannover 82
Tel.: (05 11) 89-0

DLG
Deutsche Landwirtschaftsgesellschaft e.V.
Eschhorner Landstraße 122
W-6000 Frankfurt/M. 90
Tel.: (0 69) 24 78 80

Düsseldorfer Messegesellschaft mbH – NOWEA
Postfach 32 02 03
W-4000 Düsseldorf 30
Tel.: (02 11) 45 60-01

Fachausstellungen Heckmann GmbH
Hannover/Bremen
Postfach 26 65
W-3000 Hannover 1
Tel.: (05 11) 9 90 95-0

Fachausstellungen Heckmann GmbH
Hannover/Bremen
Postfach 15 05 05
W-2800 Bremen 1
Tel.: (04 21) 20 15 50

FBT
Gesellschaft zur Durchführung von Ausstellungen und Kongressen mbH
Wasserhohl 55
W-6702 Bad Dürkheim
Tel.: (0 63 22) 86 02

Freiburger Stadthallen- und Ausstellungs-GmbH
Postfach 5 05
W-7800 Freiburg
Tel.: (0 76 17) 7 10 20/7 10 29

Friedrich Haug Ausstellungen
Cappelner Damm 90
W-4590 Cloppenburg
Tel.: (0 44 71) 23 26/23 27

Friedrich Haug-West Messe und Ausstellungsgesellschaft mbH
Wiedstr. 15
W-4150 Krefeld 1
Tel.: (0 21 51) 6 09 15

GHM
Gesellschaft für Handwerksaustellungen und -messen mbH
Postfach 12 05 28
W-8000 München 12
Tel.: (0 89) 51 98-0

Hamburg Messe und Congress GmbH
Jungiusstr. 13
Messehaus
W-2000 Hamburg 36
Tel.: (0 40) 35 69-0

Hinte Messe- und Ausstellungsges. mbH
Beiertheimer Allee 6
W-7500 Karlsruhe 1
Tel.: (07 21) 9 31 33-0

Intergem Messe GmbH
Postfach 12 27 20
W-6580 Idar-Oberstein
Tel.: (0 67 81) 4 10 15

Internationale Bodensee-Messe Friedrichshafen GmbH
Messegelände
W-7990 Friedrichshafen
Tel.: (0 75 41) 7 08-0

Karlsruher Kongreß- und Ausstellungs-GmbH
Postfach 12 08
W-7500 Karlsruhe 1
Tel.: (07 21) 37 20-0

Kinold Ausstellungsgesellschaft mbH
Prielweg 8–10
W-8990 Lindau-Bodolz (B)
Tel.: (0 83 82) 2 50 61

Leipziger Messe GmbH
Postfach 7 20
O-7010 Leipzig
Tel.: (03 41) 2 23-0

Loga Ausstellungsgesellschaft KG
Am großen Stück 4
W-4600 Dortmund 41
Tel.: (02 31) 48 31 99

M.A.K.
Messe-, Ausstellungs- und Kongreß GmbH Trier
Zurlaubener Ufer 60
W-5500 Trier
Tel.: (06 51) 2 80 85

Magistrat der Stadt Wächtersbach
Postfach 11 64
W-6480 Wächtersbach 1
Tel.: (0 60 53) 8 02-0

Mainzer Ausstellungs-GmbH
Alexander-Diehl-Straße 12
W-6500 Mainz 26
Tel.: (0 61 31) 8 01 80

Mannheimer Ausstellungsgesellschaft mbH
Xaver-Fuhr-Str. 101
Postfach 10 21 63
W-6800 Mannheim 1
Tel.: (06 21) 42 50 90

Messe Essen GmbH
Postfach 10 01 65
W-4300 Essen 1
Tel.: (02 01) 72 44-0

Messe Frankfurt GmbH
Ludwig-Erhard-Anlage 1
W-6000 Frankfurt/M. 1
Tel.: (0 69) 75 75-0

Messe Sinsheim GmbH
Neulandstraße 30
W-6920 Sinsheim
Tel.: (0 72 61) 68 90

Messe- und Ausstellungs-Ges.m.b.H. Köln
Messeplatz 1
Postfach 21 07 60
W-5000 Köln 21
Tel.: (02 21) 8 21-0

Mode-Woche-München-GmbH
Postfach 12 09 27
W-8000 München 12
Tel.: (0 89) 5 19 90-0

Münchner Messe- und Ausstellungsgesellschaft mbH
Postfach 12 10 09
W-8000 München 12
Tel.: (0 89) 51 07-0

NürnbergMesse GmbH
Messezentrum
W-8500 Nürnberg 50
Tel.: (09 11) 86 06-0

Oberrheinhallen GmbH
Messeplatz
W-7600 Offenburg
Tel.: (07 81) 92 26-0

Offenbacher Messegesellschaft mbH
Postfach 10 14 23
W-6050 Offenbach/M.
Tel.: (06 9) 81 70 91/92

P.E. Schall GmbH
Messeunternehmnen
Gustav-Werner-Straße 6
W-7443 Frickenhausen 3
Tel.: (0 70 25) 20 61

RAM
Regio-Ausstellungs-GmbH Mainz
Rheinallee 109
W-6500 Mainz
Tel.: (0 61 31) 67 60 02

Saarmesse GmbH
Messegelände
W-6600 Saarbrücken
Tel.: (06 81) 95 40 20

Sander GmbH Messen + Ausstellungen
Heimstetten
Räterstraße 24
W-8011 Kirchheim/München
Tel.: (0 89) 9 03 00 77

Spielwarenmesse eG
Messezentrum
W-8500 Nürnberg 50
Tel.: (09 11) 8 66 21

Stuttgarter Messe- und Kongressgesellschaft mbH
Am Kochenhof 16
Postfach 10 32 52
W-7000 Stuttgart 1
Tel.: (0711) 25 89-0

Südwest Messe- und Ausstellungsgesellschaft mbH
Messegelände
W-7730 Villingen-Schwenningen
Tel.: (0 77 20) 50 81

Ulm Messe GmbH
Böfinger Straße 50
W-7900 Ulm
Tel.: (07 31) 9 22 99-0

Ulmer Ausstellungsgesellschaft mbH
Postfach 41 49
W-7900 Ulm
Tel.: (07 31) 9 66 15-0

Westfalenhallen Dortmund GmbH
Postfach 10 44 44
W-4600 Dortmund 1
Tel.: (02 31) 12 04-521

Wirtschaftsgemeinschaft Zoologischer Fachbetriebe GmbH
Postfach 14 20
W-6070 Langen 1
Tel.: (0 61 03) 2 30 95

5.2.4 Mitglieder der Interessengemeinschaft Deutscher Fachmessen und Ausstellungsstädte (IDFA)

Hamburg Messe und Congress GmbH
Jungiusstr. 13
Messehaus
W-2000 Hamburg 36
Tel.: (0 40) 35 69-0

Internationale Bodensee-Messe Friedrichshafen GmbH
Messegelände
W-7990 Friedrichshafen
Tel.: (0 75 41) 7 08-0

Karlsruher Kongreß- und Ausstellungs-GmbH
Postfach 12 08
W-7500 Karlsruhe 1
Tel.: (07 21) 37 20-0

Messe Essen GmbH
Postfach 10 01 65
W-4300 Essen 1
Tel.: (02 01) 72 44-0

Messe Offenbach
Postfach 10 14 23
W-6050 Offenbach/M.
Tel.: (06 9) 81 70 91/92

NürnbergMesse GmbH
Messezentrum
W-8500 Nürnberg 50
Tel.: (09 11) 86 06-0

Pirmasenser Messe GmbH
Messegelände
W-6780 Pirmasens
Tel.: (0 63 31) 6 40 41

Saarmesse GmbH
Messegelände
W-6600 Saarbrücken
Tel.: (06 81) 5 30 56

Stuttgarter Messe- und Kongressgesellschaft mbH
Am Kochenhof 16
Postfach 10 32 52
W-7000 Stuttgart 1
Tel.: (0711) 25 89-0

Westfalenhallen Dortmund GmbH
Hauptabteilung Messen und Ausstellungen
Postfach 10 44 44
W-4600 Dortmund 1
Tel.: (02 31) 12 04-521

5.2.5 Verbände als Messeveranstalter

Ausstellungs- und Messe-GmbH
des Börsenvereins des Deutschen
Buchhandels
Postfach 10 01 16
W-6000 Frankfurt/M. 1
Tel.: (0 69) 21 02-218

BDLI
Bundesverband der Deutschen Luftfahrt-, Raumfahrt- und Ausrüstungsindustrie e.V.
Konstantinstr. 90
W-5300 Bonn 2
Tel.: (02 28) 33 00 11

Bundesinnungsverband für Orthopädie-Technik
Postfach 10 06 51
W-4600 Dortmund 1
Tel.: (02 31) 57 93-21/-22

DECHEMA
Deutsche Gesellschaft für Chemisches Apparatewesen, Chemische Technik und
Biotechnologie e.V.
Postfach 97 01 46
W-6000 Frankfurt/M. 97
Tel.: (0 69) 75 64-0

Deutscher Didacta Verband e.V.
Eppensteiner Straße 36
W-6000 Frankfurt/M. 1
Tel.: (0 69) 71 71 06

DLG
Deutsche Landwirtschaftsgesellschaft e.V.
Eschhorner Landstraße 122
W-6000 Frankfurt/M. 90
Tel.: (0 69) 24 78 80

Fachgemeinschaft Textilmaschinen im VDMA e.V.
Lyoner Straße 18
W-6000 Frankfurt/M. 71
Tel.: (0 69) 6 60 32 71

VDA
Verband der Automobilindustrie e.V.
Westendstraße 61
W-6000 Frankfurt/M.
Tel.: (0 69) 75 75-1

VDW
Verband Deutscher Werkzeugmaschinenfabriken e.V.
Corneliusstraße 4
W-6000 Frankfurt/M. 1
Tel.: (0 69) 75 60 81-0

Verband der Deutschen Feinmechanischen und Optischen Industrie e.V.
Pipinstraße 16
W-5000 Köln 1
Tel.: (02 21) 21 94 58

Verband der Deutschen Dental-Industrie e.V.
Pipinstraße 16
W-5000 Köln 1
Tel.: (02 21) 21 59 93

Zentralverband des Deutschen Bäckerhandwerks e.V.
Bondorfer Straße 23
W-5340 Bad Honnef 1
Tel.: (0 22 24) 77 04-0

Zentralverband des Deutschen Dachdeckerhandwerks e.V.
Postfach 51 10 67
W-5000 Köln 51
Tel.: (02 21) 37 20 58

5.3 Ausbildung

5.3.1 Ausbildungsstätte

Berufsakademie Ravensburg
Staatliche Studienakademie
Marienplatz 2
W-7980 Ravensburg
Tel.: (07 51) 80 66 51

Die Berufsakademie Ravensburg ist derzeit die einzige Ausbildungsstätte im Messewesen. An verschiedenen Universitäten und Fachhochschulen werden einzelne Veranstaltungen, die den Vorlesungsverzeichnissen zu entnehmen sind, im Messewesen angeboten.

5.3.2 Auswahl an Seminaranbietern im Messewesen

Eine vollständige Übersicht liegt derzeit nicht vor.

Internationale Congress Akademie e.V.
Festplatz
W-7500 Karlsruhe 1
Tel.: (07 21) 3 72 04 50

Message PR-Agentur
Andreas Terheggen
Heerdter Landstr. 1
W-4000 Düsseldorf 11
Tel.: (02 11) 50 70 80

Messe Know How Spryß GmbH
An der Trollmühle 1
W-6538 Münster-Sarmsheim
Tel.: (0 67 21) 4 64 18

Dipl.rer.pol. Carlheinz Naumann
Schupfer Str. 92
W-8500 Nürnberg-Laufamholz 30
Tel.: (09 11) 50 17 48 und 50 18 35

System-Management
Hans-O. Rasche und Partner GmbH
Tüschener Str. 1
W-5628 Heiligenhaus
Tel.: (0 20 56) 51 17

Stand 1. Juli 1992

Stichwortverzeichnis

A

Agenda Setting 151
AUMA 597 ff.
Auslandsmessen 199
Ausstellende Wirtschaft 22 f.
Aussteller
– Ausstellerabende 492
– Marketing 269 ff.

B

B.I.E. 577 ff.
Bahlsen 397 ff.
Befragungen 260 ff.
Begleitveranstaltungen 485 ff., 511 ff.
– Ausstellerabende 492
– Fremdveranstalter 496 ff.
– Kongreß 501 ff.
– Seminare 493
– Symposien 491 f.
Bekleidungsmessen 457 ff.
Besuchende Wirtschaft 23
Briefing 306 f.

C

Computererfassung 356 f.
Corporate Design 305 f., 388 f.
Corporate Identity 148 f.

D

Dienstleistungsunternehmen 421 ff.

E

EG-Binnenmarkt 33, 289 f.
Einkaufs-Messepolitik 478 ff.
Einkaufsverbände 459 ff.

Einzelhändler 463 ff.
Elektronische Medien 49
EMECA 632
Entwicklungstendenzen 39 ff.
Erhebungsinstrumente 264 ff.
Exponatpräsentation 303 ff., 325 ff.

F

Fachbesucherwerbung 337 ff.
Fachmessen 32, 228 ff., 339 f.

G

Geschichte der Messen 3 ff.
Gesprächsnotizen 354 f.

H

HannoverMesse Industrie 59 f.

I

IFES 632
Imageanalysen 258
Industrieunternehmen 475 ff.
Infrastrukturanalysen 257
INTEREXPO 632

K

Kommunikationsmix 314 f., 518 f.
Kongreß 501 ff.
Kongreßmessen 198

L

Lobbying 151
Logistik 273 ff.

M

Marketing
- Dienstleistende Institutionen 535 ff.
- Messegesellschaften 155 ff.
- Nachmesse 357 ff.
Marktanalyse 293 f.
Marktforschung 249 ff.
Mehrbranchenmessen 31 f.
Messe-Veranstalter 20 ff., 160 ff., 279 f., 651 ff.
Messeaktivitäten 477 f.
Messebesuch 470 ff.
Messebetrieb 332 ff.
Messeerfolgskontrolle 365 ff., 376 ff.
Messegelände 172 ff.
Messegesellschaften 651 ff.
- Dienstleistungsunternehmen 487 f.
- Eigentümer der 71 ff.
- Gremien 74 ff.
- Marketing der 155 ff.
- Öffentlichkeitsarbeit 201 ff.
- ohne Messegelände 559 f.
- Serviceleistungen 235 ff.
- Veranstaltungspolitik 488 f.
- Werbung 221 ff.
Messekalender 412 f.
Messekonzept 163 ff.
Messekosten 372 ff.
Messen
- Bedeutung 399 f.
- Begleitveranstaltungen 485 ff.
- Beteiligungen 287 ff., 372 ff.
- Bewirtung 393
- Budget 431 f.
- Einladung 393
- Erfolgskontrolle 365 ff., 376 ff.
- Funktionen 90
- Geschichte 3 ff.
- Informationspolitik 83 ff.
- Internationale 194 ff., 415 f.
- Kommunikationsmedium 232 f., 314 f., 319 ff., 401 f.
- Logistik 273 ff.
- Makroökonomisches Subsystem 115 ff.
- Marktforschung 249 ff.
- PR 209 ff.
- Primäreffekte 132 ff.
- Produkteinführung 182 ff.
- Produktpflege 185 ff.
- Regionalpolitik 127 ff.
- Sekundäreffekte 134 f.
- Technischer Entwicklungsprozeß 51 ff.

- Unternehmenspolitik 143 ff.
- Wettbewerbsfaktoren 120 ff.
Messeplanung 296 ff.
Messeplatz Europa 33
Messepolitik 99 ff., 441 ff., 463 ff., 475 ff., 587 ff.
Messestrategie 375 ff.
Messestruktur 165 ff., 299 ff.
Messezielsetzungen 368 ff.
Multimedia-Systeme 390 f.

N

Nachmesse 345 ff.

O

Öffentlichkeitsarbeit 549 ff.
Organisation 446 ff., 506 ff.
Osteuropa 36 f., 603 f., 629 ff.

P

Pressekonferenz 552 f.
Prozeßphasen-Modell 216 ff.
Public Relations (PR) 209 ff.
Publikumsmesse 228 ff.

R

Regionalpolitik 125 ff.
Reichweitenanalysen 258 f.

S

Schenker-messeService 282 ff.
Segmentierung
- Entscheidungsorientiert 102 ff.
- Personenbezogen 108 ff.
Seidensticker 407 ff.
Seminare 493, 594
Serviceunternehmen 23
Speditionen 277 f., 279 ff.
Staat 67 ff.
Standbau 280, 537 ff.
Standbesatzung 392 f.
Standgestaltung 303 ff., 323 ff.
Standortfaktoren 174 ff.
Symposien 491 f.

T

Technischer Entwickungsprozeß 53 ff.
Technologiewettbewerb 56 f.
Thyssen 385 ff.
Transaktionsansatz 105 ff.
Transparenz im Messewesen 252 ff.
TUI 423 ff.

U

UFI 607 ff., 631
Unternehmensimage 150
Unternehmenspolitik 143 ff.

V

Veranstaltungstypen 15
Verbände 583 ff., 617 ff.

Verbandsmessen 198
Verbrauchernutzen 229
Versandhäuser 441 ff.
Visitenkartenbox 355 f.

W

Weiterbildung 593 f., 635 ff., 651 ff.
Weltausstellungen 571 ff.
Werbung 221 ff.
– Dilemma 226
Wettbewerbsfaktoren 120 ff.
Wirtschaftsverbände 193 ff.

Z

Zeitschriften 547 ff.
Zielgruppen 427 f.